Aktuelle Fragen der Produktkostenkalkulation
und des Produktkostencontrollings

Europäische Hochschulschriften

Publications Universitaires Européennes
European University Studies

Reihe V
Volks- und Betriebswirtschaft

Série V   Series V
Sciences économiques, gestion d'entreprise
Economics and Management

Bd./Vol. 3143

PETER LANG
Frankfurt am Main · Berlin · Bern · Bruxelles · New York · Oxford · Wien

Roland Dietrich

Aktuelle Fragen der Produktkostenkalkulation und des Produktkostencontrollings

PETER LANG
Europäischer Verlag der Wissenschaften

Bibliografische Information Der Deutschen Bibliothek
Die Deutsche Bibliothek verzeichnet diese Publikation in der Deutschen Nationalbibliografie; detaillierte bibliografische Daten sind im Internet über <http://dnb.ddb.de> abrufbar.

Zugl.: Erlangen, Nürnberg, Univ., Diss., 2005

D 29(n2)
ISSN 0531-7339
ISBN 3-631-53979-7

www.peterlang.de

Vorwort

Die vorliegende Arbeit entstand im Wesentlichen im Anschluss an meine Zeit als Assistent am Lehrstuhl für Rechnungswesen und Controlling der Friedrich-Alexander-Universität Erlangen-Nürnberg. Sie wurde von der Wirtschafts- und Sozialwissenschaftlichen Fakultät Anfang 2005 als Dissertation angenommen.

Zum erfolgreichen Abschluss einer Promotion tragen immer mehrere Personen bei. Ich nehme daher an dieser Stelle die Gelegenheit gerne wahr, mich bei allen Personen zu bedanken, die mich während meiner Promotion mit Rat und Tat, aber auch mit Zuspruch unterstützt und begleitet haben. Vor allem gebührt meinem akademischen Lehrer Prof. Dr. Wolfgang Männel Dank, ohne ihn wäre diese Arbeit in der vorliegenden Form nie zustande gekommen. Mit seinen wertvollen Hinweisen und Anregungen hat er die Entstehung dieser Arbeit wissenschaftlich begleitet und geprägt. Recht herzlich danke ich auch Herrn Prof. Dr. Volker H. Peemöller für die Übernahme des Korreferats und Herrn Prof. Dr. Werner Pfeiffer für die Bereitschaft zur Abnahme der mündlichen Prüfung.

Meinen ehemaligen und aktuellen Kolleginnen und Kollegen am Lehrstuhl danke ich für die ausgezeichnete Zusammenarbeit sowie für zahlreiche kritische Diskussionen und auch für viele gemeinsam verbrachte entspannte, gesellige und sportliche Stunden. Stellvertretend seien an dieser Stelle Dipl.-Kfm. Helmut Distler, Dr. Klaus Rösgen und Dr. Bernd Zirkler genannt.

Mein herzlichster Dank gilt schließlich meiner Familie. Das bedingungslose Vertrauen und die Liebe meiner Eltern gaben mir die Motivation und die Kraft für die Promotion. Die vorliegende Arbeit ist ihnen in liebevollem Gedenken gewidmet. Ohne das Verständnis und den Verzicht meiner Frau und meines Sohnes wäre die Fertigstellung der vorliegenden Arbeit ebenfalls unmöglich gewesen. Ihnen gebührt aus diesem Grund mein ganz besonderer Dank.

Roland Dietrich

Inhaltsverzeichnis

Abbildungsverzeichnis

Abkürzungsverzeichnis

a. a. O.	am angegebenen Ort
ABC	Activity Based Costing
AHP	Analytic Hierarchy Process
AMA	Arbeitsgemeinschaft Messwertaufnehmer e. V.
Aufl.	Auflage
BD	budgetierte Dauer
BDE	Betriebsdatenerfassung
BDE-System	System der Betriebsdatenerfassung
BDI	Bundesverband der Deutschen Industrie e. V.
BetrVG	Betriebsverfassungsgesetz
BFuP	Zeitschrift Betriebswirtschaftliche Forschung und Praxis
bspw.	beispielsweise
bzw.	beziehungsweise
CAD	Computer Aided Design
CAE	Computer Aided Engineering
CAM	Computer Aided Manufacturing
CAP	Computer Aided Planning
CAQ	Computer Aided Quality Assurance
CAx	umfasst die computerunterstützten Tätigkeitsbereiche CAD, CAE, CAM, CAP und CAQ
CIM	Computer Integrated Manufacturing
CM	Conjoint Measurement
d. h.	das heißt
d. V.	der (des) Verfasser(s)
DBW	Zeitschrift Die Betriebswirtschaft
DFG	Deutsche Forschungsgemeinschaft
DIN	Deutsches Institut für Normung e. V., Deutsche Industrie-Norm
Diss.	Dissertation
DL	Distributionslogistik
dmmv	Deutscher Multimedia Verband
DSS	Decision-Support-System
DV	Datenverarbeitung
EDIFACT	Electronic Data Interchange For Administration, Commerce and Transport
EDV	elektronische Datenverarbeitung
EIS	Executive-Information-System
ElektroG	Elektro- und Elektronikgesetz
EVKS	Entwicklungsbegleitendes Vorkalkulationssystem nach Gröner
evtl.	eventuell
F&E	Forschung und Entwicklung

f, ff	folgende, fortfolgende
FB/IE	Zeitschrift Fortschrittliche Betriebsführung/Industrial Engineering
FFS	flexibles Fertigungssystem
FMEA	Fehler-Möglichkeits- und Einfluss-Analyse
GE	Geldeinheiten
HGB	Handelsgesetzbuch
HP	Hauptprozess
hrsg. v.	herausgegeben von
Hrsg.	Herausgeber
HWProd	Handwörterbuch der Produktionswirtschaft
HWR	Handwörterbuch des Rechnungswesens
i. d. R.	in der Regel
i. e. S.	im engeren Sinne
i. w. S.	im weiteren Sinne
insbes.	insbesondere
IR	Infrarot
ISO	International Organization for Standardization
IT	Informationstechnologie
JFB	Journal für Betriebswirtschaft
Jg.	Jahrgang
KLR	Kosten- und Leistungsrechnung
krp	Zeitschrift Kostenrechnungspraxis
KrW-/AbfG	Kreislaufwirtschafts- und Abfallgesetz
KST	Kostenstelle
Lkw	Lastkraftwagen
lmi	leistungsmengeninduziert
lmn	leistungsmengenneutral
m&c	Zeitschrift Management & Computer
MDE	Maschinendatenerfassung
MIS	Management-Informations-System
MTBF	Mean Time Between Failure
MW	Megawatt
Nr.	Nummer
o. Jg.	ohne Jahrgang
o. V.	ohne Verfasser
PC	Projektcontrolling
PK	Prozesskosten

PKC	Produktkostencontrolling
Pkw	Personenkraftwagen
PPS	Produktionsplanung und -steuerung
PPS-System	Produktionsplanungs- und -steuerungssystem
prop	proportional
REFA	Verband für Arbeitsstudien und Betriebsorganisation e. V.
RKW	Rationalisierungs-Kuratorium der Deutschen Wirtschaft e. V.
ROI	Return on Investment
S.	Seite
Sp.	Spalte
Stck	Stück
Std.	Stunde(n)
SzU	Schriften zur Unternehmensführung
T	Tätigkeit
taz	die tageszeitung
TP	Teilprozess
TQM	Total Quality Management
u. a.	und andere
u. dgl.	und dergleichen
UDE	Unternehmensdatenerfassung
UHF	Ultrahochfrequenz
usw.	und so weiter
VDI	Verein Deutscher Ingenieure
VDMA	Verband Deutscher Maschinen- und Anlagenbau e. V.
vgl.	vergleiche
VK	Verkauf
VT	Vertrieb
WBS	Wissensbasiertes System
WiSt	Zeitschrift Wirtschaftswissenschaftliches Studium
WISU	Zeitschrift das wirtschaftsstudium
XPS	Expertensystem
z. B.	zum Beispiel
ZfB	Zeitschrift für Betriebswirtschaft
zfbf	Zeitschrift für betriebswirtschaftliche Forschung
ZfCM	Zeitschrift für Controlling und Management
ZfhF	Zeitschrift für handelswissenschaftliche Forschung
zfo	Zeitschrift Führung + Organisation
ZVEH	Zentralverband der Elektrohandwerke
ZwF	Zeitschrift für wirtschaftliche Fertigung

Symbolverzeichnis

ΔFL	Fremdleistungsabweichung
ΔG	Geschwindigkeitsabweichung
ΔL	Losgrößenabweichung
ΔM	Materialverbrauchsabweichung
ΔPL	Projektstruktur- und Leistungsabweichung
ΔQ	Qualitätsabweichung
ΔR	Ressourcenverbrauchsabweichung
ΔV	Verfahrensabweichung
φ_{HK}	Verhältnis der Herstellkosten von Folge- zu Grundentwurf
φL	konstantes Verhältnis der Längenmaßstäbe von Folge- zu Grundentwurf bei geometrischer Ähnlichkeit
EK	Einzelkosten
FK	Fertigungskosten
$FL_{i,\,p}$	tatsächlich und planmäßig in Anspruch genommene Fremdleistungen
G_0	bekanntes Gewicht eines bereits gefertigten Erzeugnisses
GA	Gesamtabweichung
GE	Geldeinheiten
GK	Gemeinkosten
G_{neu}	erwartetes Gewicht eines zu konstruierenden Erzeugnisses
HK	Herstellkosten
HK_0	Herstellkosten eines bereits gefertigten Erzeugnisses
HK_{kum}	kumulierte Herstellkosten
HK_{neu}	Herstellkosten eines neu zu fertigenden Erzeugnisses
i	Index für realisierte Werte
k	Produktlaufindex
kg	Kilogramm
K_i	Istkosten
kW	Kilowatt
L	Gesamtlänge
lg	dekadischer Logarithmus
$L_{i,\,p}$	tatsächliche und geplante Losgröße
m	Anzahl der Einflussgrößen
$M_{i,\,p}$	tatsächlicher und geplanter Materialverbrauch
MK	Materialkosten
MK_0	Materialkosten eines bereits konstruierten Erzeugnisses
MK_{neu}	Materialkosten eines zu konstruierenden Erzeugnisses

mm	Millimeter
M_{max}	maximales Drehmoment
n	Anzahl, Losgröße, zu erreichender Laufindex
p	Index für geplante Werte
PK	Prozesskosten
PKS	Prozesskostensatz
PM	Prozessmenge
$Q_{i,\,p}$	tatsächlich erreichte und geplante Produktqualität
$R_{i,\,p}$	tatsächlich und planmäßig in Anspruch genommene Ressource
RK	Rüstkosten
s	Index für Sollwerte
$ß_{jm}$	Teilnutzenwert der Ausprägung m von Eigenschaft j
t	Zeit
U	Umsatz
$V_{i,\,p}$	tatsächliches und geplantes Produktionsverfahren
x_{jm}	Eigenschaft j liegt in der Ausprägung m vor

Einführung

Die vorliegende Arbeit erörtert aktuelle **Instrumente für Kalkulation und Controlling auf der Ebene der Kostenträger**, sie zeigt Perspektiven für den Einsatz dieser Instrumente auf und ist letztendlich als Beitrag zum Kostenmanagement einzustufen. Ausgehend von den Entwicklungsperspektiven der führungsorientierten Kostenrechnung[1] werden die **wesentlichen Entwicklungslinien** aufgenommen und auf ihren aktuellen Stand und das immanente Potenzial hin untersucht. Die Vorgehensweise ist dabei bewusst betriebswirtschaftlich fokussiert und rechnungswesenorientiert gewählt. Besondere kalkulations- und controllingspezifische Anliegen der Informationstechnologie (IT) können daher in der vorliegenden Arbeit nicht behandelt werden.

Vor dem Hintergrund der gestiegenen Bedeutung der Marktorientierung und damit auch der frühzeitigen Kosten- und Erfolgsabschätzung müssen in den einzelnen Unternehmen nicht nur formal korrekte **Kalkulationsmethoden** zum Einsatz kommen, die jeweiligen Methoden müssen vor allem sachlich angemessen sein. Als Verfeinerung der Kalkulationsinhalte werden pauschal über Zuschlagssätze angelastete Kostenblöcke durch eine auf den Kostenträger bezogene leistungsorientierte Verrechnung abgelöst, die zudem auch die Ressourcennutzung abzubilden vermag. Aufgrund der immer kürzer werdenden Zeitspanne, die für die Amortisation von Produktinvestitionen verbleibt, kommt frühzeitigen und aussagekräftigen **Steuerungskonzepten** eine zentrale Rolle zu.

Eine periodenübergreifende Betrachtung löst sich vom abrechnungszeitraumbezogenen „Ausschnittsdenken" der traditionellen Kostenrechnung und berücksichtigt explizit vor und nach der eigentlichen Fertigung anfallende Kosten und Leistungen bereits bei der Entscheidung über eine Produktinvestition. Auch in diesem Zusammenhang ist eine begleitende Kontrolle und Steuerung notwendig. Das **kostenträgerbezogene Kostenmanagement** schließlich wirkt darüber hinaus aktiv auf die unternehmensspezifische Kostenposition ein und beeinflusst vor diesem Hintergrund Kostenniveau, Kostenstruktur, Kostenflexibilität, Kostenverhalten, Komplexitätskosten und Kostentransparenz[2].

Diese Ausführungen verdeutlichen schon zu Beginn die Bedeutung **richtiger, rechtzeitiger und relevanter Informationen**. Eine ganze Branche wird mit der Bezeichnung „Informationstechnologie (IT)" versehen, und der Begriff der Informationstechnologie ist kaum mehr eindeutig einzugrenzen. Vielfach werden Informationen bereits als „Produktionsfaktor" bezeichnet. Aus diesem Grund sei an dieser Stelle darauf hingewiesen, dass auch die Ergebnisse kostenrechnerischer Rechenoperationen Informationen darstellen, deren Aussagegehalt ganz wesentlich von den zugrunde liegenden Daten abhängt, so dass auch die adäquate Datenversorgung ein Anliegen der Kostenrechnung sein muss. Gleichzeitig muss jedoch an dieser Stelle für die vorliegende

---

1 Siehe dazu unter anderem Kilger, Wolfgang - Pampel, Jochen - Vikas, Kurt: Plankostenrechnung...(2002), Männel, Wolfgang: Kostenrechnungssysteme...(2003), S. 112, Männel, Wolfgang: Anpassung...(1992), S. 105 ff und Schweitzer, Marcell - Küpper, Hans-Ulrich: Systeme...(2003), S. 268 ff.

2 Siehe dazu insbesondere Männel, Wolfgang: Ziele...(1995), S. 25 ff.

Arbeit eine Einschränkung auf betriebswirtschaftliche Sachverhalte vorgenommen werden, da eine Untersuchung der Ebenen der Datenerfassung und der Datenverarbeitung den Rahmen dieser Arbeit sprengen würde.

I. Grundlegende Bedeutung der Kostenträgerrechnung für Kalkulation und Kostensteuerung

Die Kostenträgerrechnung stellt neben der Kostenartenrechnung und der Kostenstellenrechnung traditionell das dritte Teilgebiet der Kostenrechnung dar. Im Rahmen der Kostenträgerrechnung wird zwischen der **Kostenträgerstückrechnung** und der Kostenträgerzeitrechnung unterschieden[3]. Die Kostenträgerstückrechnung zur Ermittlung der Herstellkosten und der Selbstkosten von Kostenträgern steht dabei im Mittelpunkt dieser Arbeit. Die Kostenträgerzeitrechnung, weitergeführt zur Betriebsergebnisrechnung, errechnet streng genommen auf Basis der Ergebnisse der Kostenträgerstückrechnung periodisch das Unternehmensergebnis. Da sie damit letzten Endes nur eine Aggregation von Kalkulationsergebnissen darstellt, sei sie in der vorliegenden Arbeit außer Acht gelassen.

Die **Aufgabe der Kalkulation** als wesentlichem methodischem Bestandteil der Kostenträgerrechnung besteht vor diesem Hintergrund darin, „die Kosten zu ermitteln, die die Erstellung einer betrieblichen Leistung verursacht hat"[4]. Da bei einer leistungsorientierten Kalkulation das Verursachungsprinzips durch das Prinzip der anteiligen Inanspruchnahme abgelöst wird, wird Letzteres in der vorliegenden Arbeit durchgängig zugrunde gelegt. Ursprünglich wurde die Kalkulation als Teilgebiet der Kostenrechnung zum Zweck der **Angebotspreisermittlung** durchgeführt[5]. Nach der Ermittlung der Herstellkosten und anschließend der Selbstkosten wurde zur traditionellen Angebotspreiskalkulation ein unternehmens- oder auch produktspezifisch festgelegter Gewinnzuschlag zu den Selbstkosten hinzuaddiert. Die Selbstkosten wurden dabei regelmäßig vollkostenrechnerisch auf dem Wege der Zuschlagskalkulation mittels Gemeinkostenzuschlägen für Material-, Fertigungs-, Verwaltungs- und Vertriebsgemeinkosten ermittelt. Diese so genannte Selbstkosten-plus-Gewinnzuschlags-Kalkulation kann aufgrund der systemimmanenten Mängel der Vollkostenrechnung[6] und der regelmäßig exogen vom Markt vorgegebenen Erzeugnispreise jedoch aktuell nicht mehr als Hauptzweck der Kalkulation betrachtet werden. Unter den heute herrschenden Produk-

---

[3] Siehe stellvertretend Kilger, Wolfgang: Kostenträgerrechnung...(1986), S. 4 und auch Plaut, Hans-Georg - Müller, Heinrich - Medicke, Werner: Grenzplankostenrechnung...(1973), S. 197.

[4] Gutenberg, Erich: Einführung...(1958), S. 138. Siehe dazu auch Kilger, Wolfgang: Kostenrechnung...(1987), S. 265, der die betriebliche Leistung als Produkt- oder Auftragseinheiten konkretisiert.

[5] Vgl. Männel, Wolfgang: Entwicklungstendenzen...(1988), S. 142, Männel, Wolfgang: Produktkostenkalkulation...(1997), S. 205 sowie Schmalenbach, Eugen: Selbstkostenrechnung...(1934), S. 119 f.

[6] Vgl. zur Kritik an Selbstkostenkalkulationen Männel, Wolfgang: Produktkostenkalkulation...(1997), S. 206 und zu den Mängeln der Vollkostenrechnung und zu den Selbstkosten-plus-Gewinnzuschlags-Preisen Hummel, Siegfried - Männel, Wolfgang: Kostenrechnung 2...(1983), S. 24 ff.

tions- und Umweltbedingungen sind vornehmlich folgende **Kalkulationszwecke** herauszuheben[7]:

- **Bestandsbewertung** (sowohl für das interne als auch für das externe Rechnungswesen),
- **Herstellkosten- und Selbstkostenermittlung** (und letztendlich auch Ermittlung kostenrechnerischer Richtpreise),
- Bestimmung von **Preisuntergrenzen** im Absatz und Preisobergrenzen im Einkauf,
- Ermittlung von innerbetrieblichen **Verrechnungspreisen**,
- Alternativenbewertung über **Kostenvergleichsrechnungen**,
- **Kostensteuerung** durch Ermittlung von Plan-Soll-Ist-Abweichungen,
- deckungsbeitragsrechnerische **Ergebnisrechnung** sowie
- **Alternativ- und Simulationskalkulationen** zur Entscheidungsvorbereitung.

Nachstehende Abbildung 0-1 zeigt in diesem Kontext die für den enormen **Bedeutungsanstieg der Kalkulation** verantwortlichen Faktoren auf. So lange die mit Hilfe einer Selbstkosten-plus-Gewinnzuschlags-Kalkulation ermittelten Marktpreise am Markt auch durchsetzbar sind, stellt eine derartig ausgestaltete Angebotspreisermittlung kein Problem dar. Die Annahme statischer Umweltbedingungen kann jedoch nicht mehr aufrechterhalten werden, da eine Globalisierung der Märkte stattfindet, die mit einem wachsenden Konkurrenzdruck einhergeht[8]. In der Folge erlangen die Nachfrager immer größere Marktmacht, die Unternehmensumwelt zeichnet sich durch eine zunehmende Dynamik aus. Zudem nimmt die Produktkomplexität immer mehr zu, bedingt auch durch die zur gezielten Bedienung der Käufermärkte notwendigerweise gestiegene Variantenvielfalt[9]. Aus diesen Entwicklungen resultieren letztendlich für

---

[7] Vgl. hierzu in teilweise anderer Systematisierung Coenenberg, Adolf G.: Kostenrechnung...(2003), S. 84 und S. 101, Däumler, Klaus-Dieter - Grabe, Jürgen: Kostenrechnung...(1996), S. 298 f, Hummel, Siegfried - Männel, Wolfgang: Kostenrechnung...(1986), S. 258 f, Gutenberg, Erich: Einführung...(1958), S. 128, Jokisch, Jens: Kalkulation...(1993), Sp. 1021 f, Michel, Rudolf - Torspecken, Hans-Dieter - Jandt, Jürgen: Kostenrechnung...(1998), S. 138 ff, Scherrer, Gerhard: Kostenrechnung...(1991), S. 375 f, Schweitzer, Marcell - Küpper, Hans-Ulrich: Systeme...(2003), S. 155 f, Steger, Johann: Kostenrechnung...(1996), S. 285, Vormbaum, Herbert - Ornau, Hartmut: Kalkulationsverfahren...(1992), S. 533 f, Weber, Jürgen - Kalaitzis, Dimitrios: Aufgaben...(1984), S. 448 f und auch BDI – Bundesverband der Deutschen Industrie e. V.: Empfehlungen...(1980), S. 57 sowie Betriebswirtschaftlicher Ausschuß des Verbandes der Chemischen Industrie e. V.: Kostenrechnung...(1962), S. 50.

[8] Vgl. dazu und im Folgenden Neubürger, Heinz-Joachim - Sen, Michael: Unternehmensführung...(2001), S. 1051. Zum gestiegenen Preisdruck in der Wirtschaft siehe stellvertretend Pfohl, Markus Chr.: Lebenszyklusrechnung...(2002), S. 41.

[9] Siehe dazu Pfohl, Markus Chr.: Lebenszyklusrechnung...(2002), S. 42 und Roever, Michael: Ertragsreserven...(1992), S. 101 ff. Lehmann, Frank - Kümper, Ralf: Variantenmanagement...(1992), S. 143 berichten von der Automobilindustrie, dass in den seltensten Fällen dieselbe Produktvarian-

Abbildung 0-1
Ursachen der gestiegenen Bedeutung von Produktkostenkalkulationen

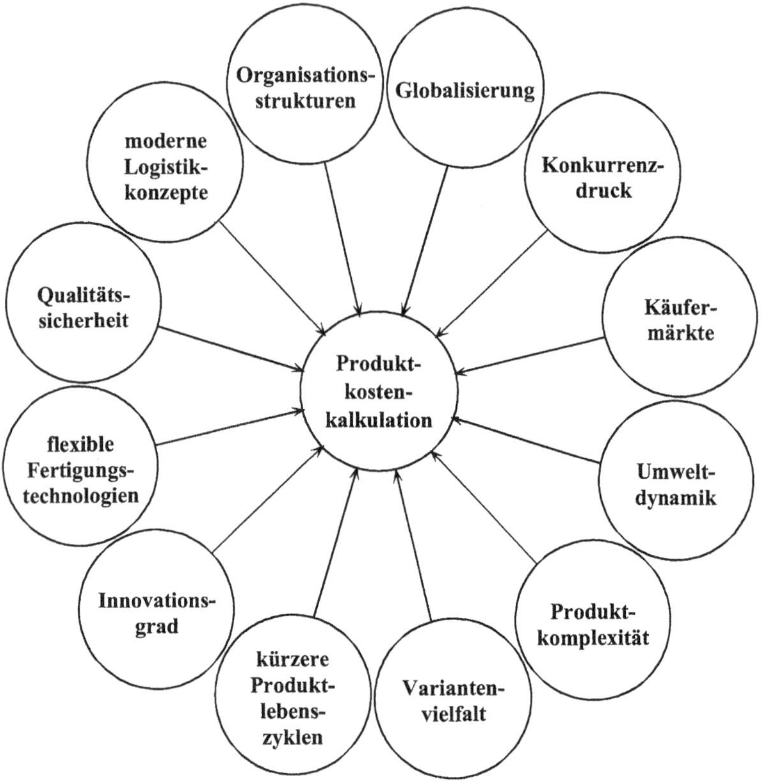

die Unternehmen kürzere Produktlebenszyklen[10], um die Anforderungen der Nachfragerseite befriedigen zu können. Gleichzeitig steigt die Notwendigkeit, innovative

---

te an einem Tag mehrfach produziert wird. Vgl. dazu auch die bei Rosenberg, Otto: Komplexitätsmanagement...(2002), S. 227 angeführten Beispiele.

10 Nach einer Studie des Fraunhoferinstituts für Arbeitswirtschaft und Organisation reduzierten sich die Produktlebenszeiten in den Jahren von 1981-1991 durchschnittlich um 40%. Vgl. Warschat, Joachim - Wasserloos, Georg: Simultaneous...(1991), S. 22 f. Siehe auch Berliner, Callie - Brimson, James A.: Cost Management...(1988), S. 21 ff und Pfohl, Markus Chr.: Lebenszyklusrechnung...(2002), S.37 ff. Neubürger, Heinz-Joachim - Sen, Michael: Unternehmensführung...(2001), S. 1057 berichten ebenfalls von kürzeren Produktlebenszyklen und gleichzeitig von höheren Entwicklungsaufwendungen. Kritisch äußert sich zur Verkürzung der Produktlebenszyklen Fischer, Marc: Produktlebenszyklus...(2001), S. 83 ff.

Produkte auf den Markt zu bringen, um die vorhandenen Potenziale ausschöpfen zu können.

Durch den Einsatz **moderner und flexibler Fertigungstechnologien** zur Bewältigung der marktlichen Anforderungen steigt die Fixkostenintensität im Fertigungsbereich immer mehr an. Zudem entsteht durch diese Technologien - wie auch durch die Variantenvielfalt - ein erhöhter Planungs-, Koordinations- und Steuerungsbedarf, der zu steigenden Gemeinkosten führt. Daraus resultierende Gemeinkostenzuschlagssätze von teilweise über 1000%[11] können dem Erfordernis einer leistungsorientierten Produktkalkulation nicht mehr gerecht werden. Moderne Fertigungstechnologien bieten bei einer betriebsmittelintensiven Produktion die Möglichkeit, qualitätssichere Produkte zu fertigen und damit die gestiegenen Ansprüche der Kunden und auch des Gesetzgebers zu befriedigen. Moderne Logistikkonzepte und Organisationsstrukturen wurden entwickelt, um den angesprochenen Sachverhalten gerecht zu werden. Vor diesem Hintergrund stellen sich veränderte Anforderungen an moderne Kalkulationsmethoden.

Vor allem die ressourcenorientierte Leistungsrechnung, die Prozessorientierung, die frühzeitige Kostenermittlung sowie eine lebenszyklusorientierte Betrachtungsweise, die gleichzeitig einen marktorientierten Ansatz erfordert, sind an wesentlichen Weiterentwicklungen im Bereich der **Kalkulationsmethoden und Kalkulationskonzepte** hervorzuheben. Moderne **Managementkonzepte** bedienen sich dieser Kalkulationsmethoden und entwickeln daraus Steuerungskonzepte, so dass die einzelnen Kalkulationsinstrumente letztendlich die Basis bereit stellen, von der aus über die Methodik des Kostenträgercontrollings der Brückenschlag zum **Kostenmanagement** gelingt. Die Kalkulationen müssen dabei stets auch auf die Unterstützung von **Benchmarking-Konzepten** ausgelegt sein, die über Betriebsvergleiche hinaus gehend Erfolgspotenziale identifizieren[12].

II. Veränderte Anforderungen an die Kalkulation

Aus den aktuellen unternehmensinternen und unternehmensexternen Bedingungskonstellationen ergeben sich ganz spezifische Kalkulationsanforderungen, die eine moderne Kalkulation erfüllen muss. An diesen in Abbildung 0-2 zusammengestellten Anforderungen orientiert sich der Aufbau der vorliegenden Arbeit.

Produktkostenkalkulationen müssen in ihrer Methodik den jeweiligen **unternehmensbereichs- oder sogar teilbereichsspezifischen Produktionstyp** berücksichtigen. Nur selten findet sich in der Praxis ein Unternehmen, das in seiner Gänze einem Produktionstyp eindeutig zugeordnet werden kann. Erforderliche Produktindividualisierungen finden möglichst spät im Produktionsprozess statt, so dass eine Massenfertigung der Grundkomponenten neben einer kundenindividuellen Endmontage unternehmens-

---

[11] Siehe dazu insbesondere Fußnote 25 auf Seite 65 der vorliegenden Arbeit.

[12] Vgl. dazu Schweitzer, Marcell - Küpper, Hans-Ulrich: Systeme...(2003), S. 39 mit weiteren Notationen.

Abbildung 0-2
Aufbau der vorliegenden Arbeit

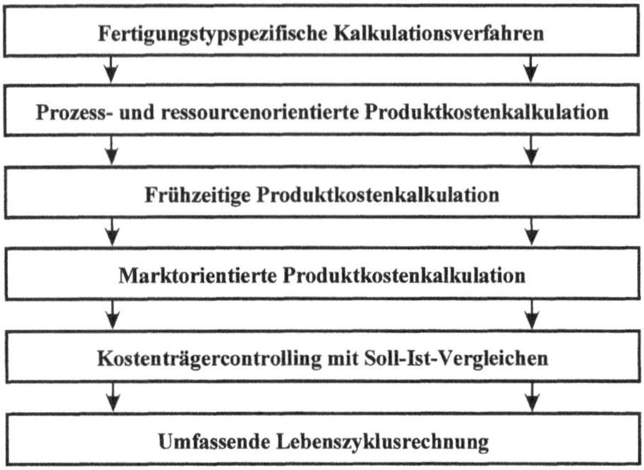

bezogen parallel existieren kann[13]. Die einzelnen Produktionstypen, die jeweils anhand verschiedener Merkmale voneinander abgegrenzt sind, besitzen dabei verschiedene Kalkulationsschwerpunkte und stellen damit auch differenzierte Anforderungen an die Kalkulationsmethodik.

Eine Steigerung der Kalkulationsgenauigkeit resultiert aus dem Bestreben nach einer **leistungsorientierten Produktkalkulation**, die auf die undifferenzierten Gemeinkostenzuschläge einer Zuschlagskalkulation verzichtet. Die der herkömmlichen Zuschlagskalkulation innewohnende Quersubventionierung zwischen verschiedenen Produkten muss aufgedeckt und vermieden werden. Im Fertigungsbereich kommen aus diesem Grund die Maschinen- und Systemstundensatzrechnung sowie die Bezugsgrößenkalkulation zur Anwendung, also Kalkulationsmethoden, die auch moderne Logistiksysteme und Fertigungsmethoden realitätsgetreu abbilden können. Zur Verrechnung der Kosten indirekter Bereiche, die zunehmend an Bedeutung gewinnen, wurde die Methodik der **Prozesskostenrechnung** entwickelt, die nicht nur eine prozessorientierte Kalkulation ermöglicht, sondern auch den Fokus auf die Leistungsspektren der betrieblichen Potenziale lenkt und so eine Ressourcenorientierung realisiert.

Im Gegensatz zu herkömmlichen Kostenrechnungsmethoden, die schwerpunktmäßig für die Produktions- und Vermarktungsphase eines Produkts konzipiert wurden, benötigen **Methoden der frühzeitigen Produktkostenkalkulation** keine komplett ausgearbeiteten Fertigungsunterlagen. Vielmehr sind die Instrumente der entwicklungs- und konstruktionsbegleitenden Kalkulation in ihrem Informationsbedarf speziell auf die einzelnen Konstruktions- und auch Kalkulationsphasen abgestimmt und setzen insofern vor der Konkretisierung von Stücklisten und Arbeitsplänen an. Die Produkt-

---

[13] Siehe dazu stellvertretend Holzer, Herbert: PPS-Systeme...(2000), S. 145 ff.

kosten können bereits frühzeitig abgeschätzt werden und ihre Realisierung im Produktentstehungsprozess wird kontinuierlich überwacht.

Eine logische Folge der herrschenden Wettbewerbssituation ist die ausdrückliche Marktorientierung in der **Konzeption des Target Costings**[14]. Dabei wird der zu fordernde Marktpreis nicht ausgehend von den Kosten des Unternehmens progressiv errechnet, sondern man ermittelt bereits in der Entwicklungsphase eines Produkts einen auf dem Markt durchsetzbaren Preis unabhängig von der Kostensituation des Unternehmens. Diesem dem Unternehmen exogen vorgegebenen Marktpreis[15] werden bereits während der Entwicklungs- und Konstruktionsphase eines Produkts die im Unternehmen voraussichtlich für die Produktion anfallenden Kosten gegenübergestellt. Falls der am Markt durchsetzbare Preis zur Kostendeckung nicht ausreicht, müssen im Unternehmen Maßnahmen zur Kostensenkung durchgeführt werden oder die Entwicklung des neuen Produkts wird eingestellt. Insofern ersetzt das Target Costing die bisherige kostenorientierte Preispolitik durch eine **marktpreisorientierte Kostenpolitik**. Es ist unmittelbar einsichtig, dass die klassische Selbstkostenkalkulation auf Vollkostenbasis für eine marktpreisorientierte Kostenpolitik keine adäquaten Informationen liefern kann, da zum einen die Kostenkalkulation bereits vor der endgültigen Festlegung des Mengengerüsts der Einsatzgüter durchgeführt werden muss und zum anderen Vollkosten hier keine geeignete Entscheidungsbasis darstellen.

Ein Kalkulationsergebnis erlaubt jedoch für sich allein genommen nahezu keine Aussage, abgesehen von der herkömmlichen Preisgestaltung über die Selbstkosten. Kalkulationen gewinnen erst durch den Vergleich mit anderen Kalkulationen an Aussagekraft. Hier sind unternehmensintern vor allem **Plan-Soll-Ist-Kostenvergleiche** zu nennen, die auf verschiedenen Informationsständen basierende Kalkulationsergebnisse einander detailliert gegenüberstellen. Diese Kostenvergleiche stellen den tatsächlichen Produktionsvollzug dem geplanten gegenüber und leiten so über die identifizierten Abweichungen wertvolle Erkenntnisse für alle an der Produktion direkt oder indirekt beteiligten Unternehmensbereiche ab[16].

Zur Vermeidung von Fehlentscheidungen - wie die Entwicklung eines Verlustprodukts oder die Einstellung der Entwicklung eines potenziellen Erfolgsprodukts - müssen die Produktgesamtkosten bereits in der Entwicklungs- und Konstruktionsphase kalkuliert werden. Je kleiner die Zeitspanne, während der ein Produkt auf dem Markt angeboten wird, desto geringer ist die Zeit, in der dieses Produkt Deckungsbeiträge erzielen kann. Die vom betreffenden Produkt erwirtschafteten Deckungsbeiträge müssen aber im

---

14 Vgl. dazu beispielsweise Franz, Klaus-Peter: Kostenbeeinflussung...(1992), S. 1500 ff und Franz, Klaus-Peter: Target Costing...(1993), S. 124 ff sowie Seidenschwarz, Werner: Target Costing...(1993), S. 15 ff.

15 Bemerkenswert ist, dass Plaut, Hans-Georg: Grenz-Plankostenrechnung...(1953), S. 411 bereits 1953 feststellt, dass „in den allermeisten Fällen [...] der Verkaufspreis doch nicht von den kalkulierten Selbstkosten, sondern vom Markt bestimmt [wird, d. V.]".

16 In diesem Zusammenhang ist vor allem der Herstellkosten-Soll-Ist-Vergleich auf Kostenträgerebene hervorzuheben, dem aufgrund seiner Bedeutung ein eigenes Kapitel in dieser Arbeit gewidmet ist. Siehe dazu insbesondere auch Medicke, Werner - Plaut, Hans-Georg: Abrechnung...(1991), S. 71 ff und Raps, Alfons - Nuppeney, Werner: Produktkosten-Controlling...(1993), S. 145 ff.

Sinne einer **Lebenszyklusrechnung** ausreichen, um sowohl die zugehörigen **Vorleistungskosten** (insbesondere die Entwicklungskosten) als auch die **Nachleistungskosten** (dies betrifft überwiegend Recyclings- und Entsorgungskosten) zu decken. In der Literatur findet sich noch weitergehend auch die Forderung, die dem Kunden entstehenden Kosten, z. B. Instandhaltungs- und Betriebsstoffkosten, frühzeitig zu berücksichtigen[17]. Die Verkürzung der Produktlebenszyklen unterstreicht die Notwendigkeit, bereits in der Entwicklungs- und Konstruktionsphase genaue, zuverlässige und umfangreiche Kostendaten zur Entscheidungsunterstützung verwenden zu können.

In diesem Rahmen befasst sich die vorliegende Arbeit mit der kostenrechnerischen Kalkulationsmethodik und insofern auch mit der Kostenträgerrechnung im Sinne der Produktkostenkalkulation. Neben der traditionellen Aufgabe der Preiskalkulation steht dabei aktuell die kostenorientierte Steuerung und das Produktkostenmanagement im Vordergrund. Die einzelnen Kalkulationsmethoden bilden letztlich die Grundlage für das **Kostenträgercontrolling** und darüber hinaus gehend den Ausgangspunkt für Konzepte des **Kostenmanagements** und zur Ermittlung von **Entscheidungsgrundlagen**.

III. Kostenträgerbezogenes Kostencontrolling und Kostenmanagement

„Das Controlling in seiner *Funktion als Bindeglied zwischen Führungsprozeß und Rechnungswesen* hat primär die Aufgabe, Informationen aus dem Rechnungswesen mit Hilfe geeigneter Instrumente und Methoden für das Management aufzubereiten, die einzelnen Teilphasen von Führungsprozessen methodisch und informationsbezogen zu unterstützen sowie das Management im Rahmen der Entscheidungsfindung mitwirkend zu beraten“[18]. Diese vergleichsweise umfassende Controlling-Definition[19] beinhaltet neben der **Koordinationsfunktion** auch die **Steuerungs- und Regelungsfunktion** sowie die **Informationsversorgung** der Führungsebene[20].

Um diese Funktionen erfüllen zu können, müssen entscheidungsrelevante Informationen zum Entscheidungszeitpunkt zur Verfügung stehen[21]. Bezogen auf die Ebene der

---

[17] Vgl. Ehrlenspiel, Klaus - Kiewert, Alfons - Lindemann, Udo: Produktentwicklung...(2000), S. 6 f und auch Zehbold Cornelia: Lebenszykluskostenrechnung...(1996), S. 176 f.

[18] Männel, Wolfgang: Anlagencontrolling...(1991), S. 198 (Hervorhebung im Original).

[19] Zu weiteren Controlling-Definitionen siehe stellvertretend Hahn, Dietger - Hungenberg, Harald: PuK...(2001), S. 265 ff, Horváth, Péter: Controlling...(1996), S. 141, Küpper, Hans-Ulrich - Weber, Jürgen - Zünd, André: Zum Verständnis...(1990), S. 282 oder Weber, Jürgen: Controlling...(1998), S. 19 ff. Vgl. dazu auch Reichmann, Thomas: Stand...(1997), S. 118 f.

[20] Müller, Heinrich: Prozeßkonforme...(1996), S. 105 f definiert Controlling als „Steuern durch Informationen“ (im Original Hervorhebungen) und erklärt den Begriff „Informationen“ in der Kostenrechnung als rechnerische Differenz zwischen zwei mengen- oder wertmäßigen Daten, also als Abweichungen.

[21] Die Kostenrechnung ist damit der wesentliche Informationslieferant für ein betriebliches Controlling. Die Qualität dieser Informationen hängt aber von den Beziehungen zu anderen betrieblichen Informationssystemen ab, wie der Finanzbuchhaltung, der Anlagen- und der Personalwirtschaft sowie der Produktionsplanung und -steuerung, siehe Baumgärtner, Jost: Kosten- und Erfolgs-Controlling ...(1992), S. 328 f.

Kostenträger[22] bedeutet dies, dass neben den für die Kostenträger geplanten und den dafür tatsächlich angefallenen Kosten auch die **Sollkosten** bereitgestellt werden müssen. Die geplanten Kostenträgerkosten allein sind als Maßstab für die tatsächlich angefallenen **Istkosten** der Kostenträger nicht aussagefähig, da sie auf Basis der Planpreise der Einsatzstoffe, der geplanten Mengengerüste der Kostenträger, der geplanten Fertigungsverfahren der Arbeitspläne und auch auf Basis der geplanten Ausbringungsmengen ermittelt werden. Daher werden Sollkosten auf mehreren Stufen als an die tatsächlichen Fertigungsverhältnisse angepasste Plankosten für die Beurteilung der tatsächlich angefallenen Istkosten benötigt[23].

Im Rahmen des Kostenträgercontrollings[24] erfolgt eine Gegenüberstellung der Istkosten und der Sollkosten der Kostenträger. Auf diese Weise ergibt sich der **Soll-Ist-Kostenvergleich** als wesentliches Element des Kostenträgercontrollings. Ergebnis des Soll-Ist-Kostenvergleichs sind im System der Grenzplankostenrechnung differenzierte Mengenabweichungen, die auf ihre Ursachen hin analysiert und den jeweils verantwortlichen Personen angelastet werden[25].

Ein **Kostenmanagement** zur Beeinflussung der unternehmensspezifischen Kostenposition geht über das vorzugsweise auf Soll-Ist-Kostenvergleichen basierende und damit ex post stattfindende Kostencontrolling hinaus. Der mehrstufige Beziehungszusammenhang zwischen Ressourcen, Prozessen, Produkten und letztendlich auch Kunden und Märkten wird auf seine wesentlichen Kostenbestimmungsfaktoren hin analysiert. Durch eine gezielte Optimierung der Strukturen und Abläufe sollen das Kostenniveau, die Kostenstrukturen, die Kostenflexibilität, das Kostenverhalten, die Komplexitätskosten und die Kostentransparenz zielkonform beeinflusst werden, so dass eine Kostenbeeinflussung auf verschiedenen Ebenen stattfindet[26].

---

22 Herkömmlicherweise versteht man nach Beinhauer, Manfred - Vikas, Kurt: Gemeinkostencontrolling...(1995), S. 99 unter dem Begriff Kostenträger „jede einzelne betriebliche Leistungseinheit, also jedes Produkt“. Findet der Kostenträgerbegriff jedoch über die Produktebene hinaus bspw. auch auf Vertriebswege oder Kundengruppen Anwendung, kann jeder betriebliche Sachverhalt, dem Kosten zugeordnet werden sollen, als Kostenträger bezeichnet werden. Von dieser weit gefassten Sichtweise ist in dieser Arbeit auszugehen, und vor diesem Hintergrund ist auch der Begriff des Kostenträgercontrollings zu sehen.

23 „Die Gegenüberstellung von Istkosten und Plankosten ist nur dann aussagefähig, wenn die *Vergleichbarkeit* der beiden Kostengruppen sichergestellt wird“. Plaut, Hans-Georg - Müller Heinrich - Medicke, Werner: Grenzplankostenrechnung...(1973), S. 62 (Hervorhebung im Original).

24 Der Begriff des Produktkostencontrollings wird im Folgenden synonym verwendet.

25 Die Preisabweichungen werden regelmäßig bereits im Vorfeld des Soll-Ist-Kostenvergleichs durch den Einsatz eines innerbetrieblichen Festpreissystems oder die Verwendung von Planpreisen eliminiert. Siehe zur Abweichungsanalyse generell Weber, Jürgen: Controlling...(1998), S. 144 ff.

26 Siehe insbesondere Männel, Wolfgang: Ziele...(1995), S. 25 ff und auch Männel, Wolfgang: Entwicklungsperspektiven...(1999), S. 125 ff.

IV. Kalkulationsergebnisse als Entscheidungsgrundlage

Im Zusammenhang mit der vorliegenden Arbeit muß man sich verdeutlichen, dass die **Ergebnisse von Produktkalkulationen** Informationen darstellen[27], die von den Entscheidungsträgern der Unternehmen kalkulationszweckspezifisch genutzt werden[28]. Die wachsende Bedeutung des „Produktionsfaktors Information"[29], der im Gegensatz zu den anderen Produktionsfaktoren gleichzeitig an verschiedenen Orten existieren kann[30], kann bei den vorherrschenden Umweltbedingungen auch für die Produktkostenkalkulation nicht mehr übersehen werden[31]. Die zunehmende Wichtigkeit von Informationen beruht vor allem auf der wachsenden Umweltdynamik und der daraus resultierenden Entscheidungsunsicherheit und damit auf den potenziell gravierenden Auswirkungen von ungenügenden, falschen oder zu spät vorliegenden Informationen[32].

Essenziell ist dabei, dass für die Auswertung von Kalkulationsergebnissen immer die **Entscheidungsrelevanz** gegeben sein muss. Genau vor diesem Hintergrund ist der

---

27 In der Informatik wird generell zwischen Daten und Informationen differenziert, siehe Grabowski, Hans - Gittinger, Armin - Schmidt, Martin: Informationslogistik...(1994), S. 49 und auch Holzer, Herbert: PPS-Systeme...(2000), S. 76 ff. Daten sind dabei Fakten, die in irgendeiner Art und Weise festgehalten und damit gespeichert werden. Sie werden erst durch eine zweckbezogene benutzeradäquate Auswertung zu Informationen. Äquivalent dazu definiert Krcmar, Helmut: Informationsproduktion...(1996), Sp. 718 Informationen als „in den Kontext eines Problemzusammenhangs gestellte Daten", siehe auch Rosenhagen, Klaus: Informationsversorgung...(1994), S. 273. Aufgabe von Informationen ist es somit immer, einen spezifischen Problemlösungsprozess zu unterstützen. Dies kann - ganz abgesehen von der Problemerkennung und Problemdefinition - zum einen durch die Verringerung bzw. Beseitigung von situationsbezogenen Unsicherheiten geschehen, zum anderen aber auch durch das vollständige Aufdecken der Lösungs- und auch Handlungsalternativen, vgl. dazu Köhl, Eva: Datenintegration...(1990), S. 16 f. Vor diesem Hintergrund weisen Gans, Christian - Reiß, Michael: Rechnungswesen...(1986), S. 96 auf „das Problem der *Überforderung der Entscheidungsträger* durch ‚Zahlentapeten', d. h. durch nicht auf die relevanten Informationen ausgerichtete Datensammlungen" hin (Hervorhebung im Original).

28 „Kostenrechnung *ist* Datenverarbeitung, und zwar in der Grundbedeutung dieses Begriffs [...]. Jede Aufbereitung, Verknüpfung und Verrechnung betrieblicher Werte und Zahlen bedeutet in irgendeiner Form die Sammlung, Weiterleitung und Verarbeitung von Daten, Tätigkeiten, die üblicherweise unter dem Begriff *Datenverarbeitung* zusammengefaßt werden" formulieren Plaut, Hans-Georg - Müller, Heinrich - Medicke, Werner: Grenzplankostenrechnung...(1973), S. 51 f (Hervorhebung im Original).

29 Vgl. Picot, Arnold - Franck, Egon: Planung...(1988), S. 544. Siehe dazu auch Conrad, Klaus-Jörg: Konstruktionslehre...(1998), S. 286, Eversheim, Walter - Caesar, Christoph: Kostenbewertung...(1991), S. 534, Kaiser, Alexander: Möglichkeiten...(1995), S. 95, Maier, Helmut: Integration...(1989), S. 82 und Scheer, August-Wilhelm: CIM...(1990), S. 1 sowie Krcmar, Helmut: Informationsproduktion... (1996), Sp. 720. Siebiera, Guido - Elsweiler, Bernd: IPS-Systeme...(1997), S. 46 betonen die Relevanz des „Wettbewerbsfaktors" Information speziell für die Instandhaltung.

30 Vgl. Grabowski, Hans - Gittinger, Armin - Schmidt, Martin: Informationslogistik...(1994), S. 49. Siehe zu den Informationscharakteristika allgemein Picot, Arnold - Franck, Egon: Planung...(1988), S. 545.

31 Brauckmann, Otto: Betriebsdaten-Management...(2002), S. 13 verweist darauf, dass „mehr als die Hälfte der Wertschöpfungskosten in den Produktionsfaktor Information" fließt.

32 Vgl. Lackes, Richard: Herausforderungen...(1990), S. 331. Gans, Christian - Reiß, Michael: Rechnungswesen...(1986), S. 95 weisen auf die Notwendigkeit rechnungswesenspezifischer Informationen zur richtigen und rechtzeitigen Erkenntnis betrieblicher Problemstellungen hin.

Begriff der "relevanten" Kosten zu sehen, die sich bei der Realisierung einer Handlungsalternative verändern und damit die Alternativenauswahl entscheidend beeinflussen[33]. Neben der Aktualität muss auch die rechtzeitige Verfügbarkeit der Kalkulationsergebnisse gewährleistet sein, da auch der **Faktor Zeit** eine große Rolle spielt[34]. Dieser Entwicklung entsprechen moderne Informationssammlungs- und Informationsversorgungs- bzw. Informationsbereitstellungskonzepte, wie Management-Informations-Systeme (MIS) und Executive-Information-Systeme (EIS), Data Warehouses, die Integration von Zulieferern[35], neue Verfahren der entwicklungs- und konstruktionsbegleitenden Kalkulation oder auch moderne Datenübertragungstechniken und Betriebsdatenerfassungs-Systeme[36]. Alle diese Konzepte stellen auf einen intakten **Informationsverbund** innerhalb der Unternehmen ab, der die bisher fast ausschließlich implementierten, aus der funktionalen Unternehmensteilung resultierenden Informationssystem-Inseln ablösen soll.

Wie bereits ausgeführt, können besondere kalkulations- und controllingspezifische Anliegen der Informationstechnologie (IT) in der vorliegenden Arbeit nicht behandelt werden, die an anderer Stelle bereits genannten Schwerpunkte werden aber im Folgenden aufgegriffen und mit ihren Folgen für die Produktkostenkalkulation diskutiert.

---

33 Vgl. Schweitzer, Marcell - Küpper, Hans-Ulrich: Systeme...(2003), S. 529.

34 So bezeichnet Siebuhr, Werner: Simultaneous...(1991), S. 30 den Faktor Zeit als den entscheidenden Erfolgsfaktor der Zukunft.

35 Man denke nur an das im Aufbau befindliche Extranet „Automotive Network eXchange (ANX)“ der US-Automobilindustrie, das die Autohersteller und einige tausend Zulieferbetriebe verbinden soll. Siehe Evans, Philip B. - Wurster, Thomas S.: Internet-Revolution...(1998), S. 62.

36 Baumöl, Ulrike - Scheer, René: Informationskostenmanagement...(1995), S. 209 ff fordern weiterführend ausgehend von der Information als Kostenfaktor die Entwicklung einer Informationskostenrechnung in Erweiterung der traditionellen Kostenrechnung.

1. Kapitel Fertigungstypspezifische Kalkulationsverfahren

Die Kalkulation ist das monetär bewertete Abbild der unternehmensspezifischen leistungswirtschaftlichen Prozesse. Diese Prozesse werden unternehmensintern durch unterschiedliche Fertigungstypen determiniert. Insofern ist eine **sachliche Systematisierung der Kalkulationsverfahren** nach dem Fertigungstyp geboten[1].

Die „Bildung von Produktionstypen ist eine wissenschaftliche Methode zur Ableitung einer zweckorientierten Ordnung der unterschiedlichen Erscheinungsformen der industriellen Produktion"[2], wobei ein Produktionstyp „eine **vereinfachte Situationsbeschreibung eines Produktionssystems**"[3] ist. Je nachdem, ob für die Systematik der Produktionstypen nur ein einzelnes Merkmal oder Merkmalskombinationen herangezogen werden, unterscheidet man zwischen Elementartypen und Kombinationstypen.

Wesentlich ist in diesem Zusammenhang, dass für die Kategorisierung regelmäßig nicht komplette Industrieunternehmen betrachtet werden, sondern in sich abgeschlossene Produktionsstufen und Produktionsbereiche[4], da sich in realen Unternehmungen oftmals verschiedene Produktionstypen **parallel** nebeneinander finden[5]. So werden in der Möbelindustrie Seitenteile oder Einlegebretter in Massenfertigung hergestellt, während die kundenwunschspezifische Montage der Einzelteile in Kleinserien- oder auch in Einzelfertigung erfolgt. Generell besteht bei allen Unternehmungen, die das Prinzip der Baukastenfertigung anwenden, die Möglichkeit, die Grundbestandteile des Erzeugnisprogramms in Massenfertigung herzustellen, während die abschließende Montage in Serien- oder Einzelfertigung erfolgt[6]. Je später im Fertigungsprozess die **Individualisierung der Erzeugnisse** stattfindet, desto größer ist die unternehmensbezogene Chance, Einzelteile und Komponenten in anonymer Massenfertigung herzustellen. Die auf Produktebene vorzufindende Variantenvielfalt dringt auf diese Weise nicht bis auf die Ebene der Komponenten oder Teile durch und somit können **Econo-**

---

1 Eine parallel dazu notwendige zeitliche Systematisierung differenziert die Kalkulationsverfahren dem Ablauf eines Konstruktions- und Produktionsprozesses entsprechend nach einer entwicklungs- und konstruktionsbegleitenden Kalkulation, einer Plan- bzw. Vorkalkulation, einer mitlaufenden Kalkulation, einer Nachkalkulation sowie einer lebenszyklusorientierten Kalkulation. Vgl. dazu die Ausführungen im Kapitel ‚Frühzeitige Produktkostenkalkulation'.

2 Hahn, Dietger: Produktionstypen...(1993), S. 2665.

3 Hoitsch, Hans-Jörg: Produktionswirtschaft...(1993), S. 12 (Hervorhebung d. V.).

4 Vgl. Hahn, Dietger: Produktionstypen...(1993), S. 2665.

5 Siehe dazu Medicke, Werner: Produktkosten-Controlling...(1988), S. 291 sowie Nowak, Paul: Betriebstyp...(1936), S. 30 ff und Schäfer, Erich: Industriebetrieb 1...(1969), S. 73 f, der darauf verweist, dass diese Differenzierung nicht unbedingt nur kostenstellenweise zu sehen ist, sondern auch in einer Kostenstelle Einzel- und Massenaufträge nacheinander bearbeitet werden können.

6 Lackes, Richard: Datenbankgestütztes...(1995), S. 281 verweist auf die Fahrzeugindustrie, bei der die Grenzen zwischen Serien- und Massenfertigung einerseits und auftragsindividueller Einzelfertigung andererseits fließend sind. Eberle, Rudolf: Produktcontrolling...(1992), S. 565 verweist unter Bezug auf Eversheim, Walter - Schuh, Günther - Caesar, Christoph: Produktionscontrolling...(1990), S. 75 darauf, dass „der bisherige Produktionstyp der Serienprogramm-Fertigung allmählich deutliche Konturen einer auftragsorientierten Fertigung mit einer umfassenden Variantenvielfalt [gewinnt, d. V.], bei gleichzeitig sinkenden Wiederholhäufigkeiten".

mies of Scale auf Komponentenebene realisiert werden[7]. Prinzipiell stehen unternehmensspezifisch Fertigungstypen mit hohem Standardisierungsgrad und dementsprechend geringem direktem Bezug zu Kundenaufträgen am Anfang der Wertschöpfungskette, während Typen mit tendenziell geringem Standardisierungsgrad am Ende des Fertigungsvorgangs stehen[8].

Andererseits existieren bei der heute üblichen Spartenfertigung oft vollkommen **unabhängige Unternehmenssparten** nebeneinander, die natürlich nicht demselben Produktionstyp zuzuordnen sein müssen. Hier können die betriebswirtschaftlichen Erkenntnisse der Produktionstypen auf die einzelnen abgeschlossenen Sparten angewandt werden. Dieselbe Argumentation gilt für die Bildung von Profit Centern, die ebenfalls nicht einem einheitlichen Produktionstyp angehören müssen.

Durch die Identifikation von Produktionstypen sollen **betriebswirtschaftliche Aufgabenstellungen**, wie die Aufstellung von Erklärungs-, Prognose- und Entscheidungsmodellen oder die Auswahl von Planungs-, Steuerungs- und Kontrollverfahren, erleichtert bzw. überhaupt erst ermöglicht werden. Die für eine Typisierung ausgewählten Merkmale und Merkmalskombinationen müssen also aus betriebswirtschaftlicher Sicht relevant sein[9]. Durch diese Kategorisierung real existierender Produktionssysteme, also die Ordnung der Fertigungsbetriebe nach gemeinsamen **Strukturmerkmalen**, sollen typische Merkmale dieser Produktionssysteme unter einem ganz bestimmten Blickwinkel herausgestellt werden. So werden Produktionssysteme unter dem Gesichtspunkt des Materialflusses oder auch der Ablauforganisation betrachtet. Die einzelnen in diesem Kapitel erörterten Merkmale oder Merkmalsgruppen, die jeweils für die Kategorisierung der Fertigungsbetriebe herangezogen werden, stellen somit jeweils eine andere Perspektive auf ein Produktionssystem dar[10].

Das unternehmensspezifisch anzuwendende Kalkulationsverfahren ist zwingend auf den generellen Typus der betrieblichen Leistungserstellung auszurichten, vor allem bei einer leistungsorientierten Kostenverrechnung. Vor diesem Hintergrund ist die Kostenrechnungsliteratur seit jeher an speziellen Fertigungstypen orientiert. In diesem Kapitel sollen die spezifischen **Merkmale derjenigen Produktionstypen** herausgearbeitet werden, die in besonderem Maße die Ausgestaltung des Kalkulationsverfahrens beeinflussen, da durch den Produktionstyp die generelle Kalkulationsmethodik determiniert ist. Allerdings kann es sich bei dieser Typisierung nur um **Grundtypen** handeln. In der betrieblichen Praxis muss jedes Unternehmen und jeder betriebliche Teilbereich

---

7 Eine Paradebeispiel dafür stellt die Neuausrichtung der Swatch-Gruppe dar, die derartige Maßnahmen im Rahmen eines Target Costing- und Benchmarking-Konzeptes konsequent umsetzte, vgl. o. V.: Unternehmenskultur...(1985), S. 28 ff.

8 Schäfer, Erich: Industriebetrieb 1...(1969), S. 75 führt aus, dass zu Beginn des Fertigungsprozesses tendenziell am häufigsten eine Massenfertigung vorzufinden ist, während durch die Differenzierung der Zwischenerzeugnisse im Fertigungsprozess die Individualisierung immer mehr fortschreitet.

9 Vgl. Hahn, Dietger - Laßmann, Gert: Produktionswirtschaft...(1990), S. 33 f. Im Gegensatz dazu befasst sich die Produktionstechnik mit der technologieorientierten Gliederung aus naturwissenschaftlich-technischer Sicht. Vgl. dazu auch Hahn, Dietger: Produktionstypen...(1993), S. 2666.

10 Vgl. Adam, Dietrich: Produktionsmanagement...(1998), S. 8.

einer individuellen Analyse unterzogen werden, da die in diesem Kapitel angeführten Kalkulationsverfahren nur Rechenalgorithmen zur Herstellkosten- bzw. Selbstkostenermittlung sind, die den generellen Aufbau des Kalkulationsschemas für **in sich geschlossene Produktionsstufen** oder Produktionsbereiche festlegen. Verschiedene Bereiche eines Unternehmens können und werden realiter durchaus verschiedenen Produktionstypen zugehören[11]. Auf diese Weise kann die Typisierung mit einer überschaubaren Anzahl an Merkmalen vollzogen werden. Zudem bleiben die Erkenntnisse für die Praxis anwendbar und können auf einen größeren Gültigkeitsbereich übertragen werden.

Die traditionelle Kalkulationslehre hat mit der Betrachtung von Industriebetrieben den Fokus auf die **synthetische Fertigung** gerichtet und andere Formen der Produktion vernachlässigt[12]. So ist auch die in der einschlägigen Fachliteratur regelmäßig zu findende Differenzierung in die Produktionstypen der **Massen-, Serien-, Sorten-, Einzel- und der Projektfertigung** zu erklären. Dass die in den Unternehmen ablaufenden Prozesse die Kalkulationsmethodik prägen, wird beim Vergleich der Industriekalkulation mit der Dienstleistungskalkulation besonders deutlich. Die vorliegende Arbeit konzentriert sich in diesem Zusammenhang auf Industriebetriebe. Da sich auch innerhalb der Industriebetriebe wegen unterschiedlicher Organisationsformen der Fertigung und verschiedener Technologien Differenzierungen ergeben, muss eine Kalkulation, die die anteiligen Kosten der Ressourceninanspruchnahme abbilden will, immer leistungsorientiert ausgestaltet sein und auf branchenspezifische Prozesse abstellen. Bezüglich der Besonderheiten von Dienstleistungsbetrieben, die auch die Dienstleistungskalkulation prägen, sei auf die einschlägige Fachliteratur verwiesen[13].

---

[11] Siehe dazu ausführlich Heber, Arthur - Nowak, Paul: Betriebstyp...(1933), S. 151 f und auch Hahn, Dietger - Hungenberg, Harald: PuK...(2001), S. 565. Vgl. auch Nowak, Paul: Betriebstyp...(1936), S. 8 f und S. 74 sowie Betriebswirtschaftlicher Ausschuß des Verbandes der Chemischen Industrie e. V.: Kostenrechnung...(1962), S. 51 und auch Kilger, Wolfgang: Industriebetriebslehre...(1986), S. 29.

[12] „Die Unternehmung des Maschinenbaus ist der *Prototyp der traditionellen Industriebetriebslehre*", Haberlandt, Karlheinz: Kostenrechnung...(1992), S. 967 (Hervorhebung im Original). Siehe dazu auch derselbe auf S. 968 f zum „Maschinenbau als Wiege der klassischen Kostenrechnung". An derselben Stelle findet sich auch der Hinweis, dass die Methodik der Zuschlagskalkulation nur bei einer synthetischen Stoffverwertung sinnvoll anwendbar ist. Bereits bei Schäfer, Erich: Industriebetrieb 1...(1969), S. 31 findet sich die folgende Aussage: „Die geläufigen Vorstellungen von ‚Industrie' entsprechen im wesentlichen, wenn nicht ausschließlich dem Fall der synthetischen Stoffverwertung. Ja, wir werden an späterer Stelle noch davon zu sprechen haben, daß dieser eingeengte Begriff von Industrie weithin dem technischen und wirtschaftswissenschaftlichen Fachschrifttum über den Industriebetrieb zugrunde liegt".

[13] Siehe dazu Güde, Udo: Sparkassenkalkulation...(1967), S. 15 ff, derselbe: Geschäftspolitik...(1995), S. 320 ff und S. 388 ff, Hagenmüller, Karl Fr.: Dienstleistungsgeschäfte...(1978), S. 15 ff, derselbe: Rechnungswesen...(1978), S. 156 ff, Hahn, Oswald: Bankbetriebslehre...(1967), S. 125 ff, Heine, Bernd: Binnenschiffahrt...(1972), S. 12 ff, Hölscher, Reinhold: Lebensversicherung...(1994), S. 7 ff und Roßbeck, Frederic: Feuerversicherungsmarkt...(1998), S. 127 ff. Es sei an dieser Stelle ebenfalls auf die Ausführungen zur Vorgangskalkulation im Kapitel ‚Prozess- und ressourcenorientierte Produktkostenkalkulation' sowie auf die dort angegebene Literatur verwiesen.

I. Produktionstypübergreifende Kalkulationsmerkmale

Auch wenn die Kalkulationsmethodik und die Ausgestaltung des Kalkulationsverfahrens stark von den unternehmensspezifischen Gegebenheiten abhängen, so lassen sich dennoch einige allgemein gültige und **produktionstypübergreifende Aussagen** zu den betrieblichen Anforderungen an die Kalkulation formulieren. Diese werden in den folgenden Ausführungen explizit dargestellt.

Gemeinsamkeiten lassen sich auch zwischen den prinzipiell verschiedenen Kalkulationsverfahren finden. So sind „die Begriffe ‚Divisionsrechnung' und ‚Zuschlagsrechnung' gar keine eigentlichen Gegensätze"[14], da bei beiden Kalkulationsmethoden dividiert wird. Darüber hinaus lassen sich noch weitere **verfahrensunabhängige Kalkulationsprinzipien** identifizieren, die die unterschiedlichen Kalkulationsverfahren verbinden.

A Produktionstypunabhängige Kalkulationsanforderungen

Als produktionstypunabhängig gültige Anforderung an die Kalkulation muss zunächst der Bezug einer Kalkulation zum spezifischen **Kalkulationsobjekt** genannt werden. Kalkulationen im Sinne einer Ermittlung von Herstell- oder Selbstkosten zielen immer auf einen Kostenträger als spezifisches Kalkulationsobjekt ab. Dieser Kostenträger muss genau **definiert** sein, da im Sinne einer modernen entscheidungsorientierten Kosten- und Leistungsrechnung nicht nur die hergestellten Produkte und die zugehörigen Vorstufen im Sinne von Baugruppen und Komponenten, sondern prinzipiell alle unternehmensindividuell erstellten Leistungen als Kostenzurechnungsobjekt in Frage kommen. Nur eine **objektbezogen genau definierte Kalkulation** gewährleistet die Vergleichbarkeit von zu unterschiedlichen Zeitpunkten durchgeführten Kalkulationsläufen und ermöglicht zudem die Speicherung der Kosteninformationen mit sämtlichen für eine Grundrechnung relevanten Kennzeichnungen.

Das Ergebnis der Kalkulation muss **korrekt und wesentlich** sein. Das heißt einerseits, dass formal die zugrunde liegenden Rechenalgorithmen fehlerfrei implementiert sein müssen und keine logischen Verknüpfungsfehler vorhanden sein dürfen. Andererseits muss auch die Kalkulationsmethodik korrekt umgesetzt sein, so dass das Kalkulationsergebnis tatsächlich den Aussagegehalt besitzt, der ihm beigemessen wird. Nach dem **Relevanzprinzip** müssen zudem die Kalkulationsergebnisse dazu beitragen, das Aufgabenspektrum der Kalkulation abzudecken. Die Kalkulation darf nicht um ihrer selbst willen durchgeführt werden[15].

---

[14] Peiser, Herbert: Rechnungswesen...(1930), S. 66, zitiert nach Nowak, Paul: Betriebstyp...(1936), S. 20. Schäfer, Erich: Industriebetrieb 1...(1969), S. 81 führt ebenfalls aus, dass die Divisionskalkulation als Massenkalkulation und die Individualkalkulation als Zuschlagskalkulation im Prinzip verwandt sind.

[15] Vgl. zu dieser eigentlich selbstverständlichen Aussage stellvertretend Betriebswirtschaftlicher Ausschuß des Verbandes der Chemischen Industrie e. V.: Kostenrechnung...(1962), S. 55 ff und sinngemäß für Informationssysteme generell Knoop, Jens: Kostenrechnung...(1986), S. 78.

Zudem müssen die Kalkulationsergebnisse **rechtzeitig** zur Verfügung stehen. Das heißt einerseits, dass die Datenerfassung als Grundlage für Istkosten-Kalkulationen zeitnah geschehen muss, andererseits müssen Kalkulationsergebnisse genau dann vorhanden sein, wenn spezifische Entscheidungssituationen beurteilt werden müssen. Die **Entscheidungsrelevanz** der Kalkulationsergebnisse muss zwingend gewährleistet sein. Zur Unterstützung von spezifischen Entscheidungsrechnungen muss auch der Rückgriff auf alternative und simulierte Kalkulationsergebnisse möglich sein, die im Sinne von Was-wäre-wenn-Rechnungen mögliche zukünftige Unternehmens- und Umweltszenarien bewertbar machen.

B Kalkulationsverfahrensunabhängige Kalkulationsprinzipien

In der Literatur wird regelmäßig zwischen verschiedenen Kalkulationsverfahren differenziert, die jeweils für bestimmte idealtypische Anwendungsfälle konzipiert sind. Bei näherer Betrachtung lassen sich jedoch **Gemeinsamkeiten** zwischen diesen der Fachliteratur folgend prinzipiell unterschiedlichen Kalkulationsverfahren finden. Diese Gemeinsamkeiten werden im folgenden Abschnitt entsprechend der Zusammenstellung in Abbildung 1-1 herausgearbeitet.

1. Proportionale Kostenverrechnung von Kostenträgereinzelkosten

Unabhängig vom Kalkulationsverfahren werden den einzelnen Kalkulationsobjekten direkt zurechenbare Verbräuche an Rohstoffen und möglicherweise auch Hilfsstoffen als Kostenträgereinzelkosten zugerechnet. Dies gilt prinzipiell für sämtliche Kosten, die ohne Schlüsselung auf einen bestimmten Kostenträger bezogen werden können, wie auch die Kosten von Zukaufteilen oder Produktkomponenten. Dem Gedankengut der Einzelkosten- und Deckungsbeitragsrechnung folgend besteht bei der Möglichkeit, bestimmte Kosten als Einzelkosten zu erfassen, gleichzeitig auch die Verpflichtung, diese als Einzelkosten zu behandeln. Stückbezogene, vor allem Repetierfaktoren betreffende Verbräuche werden von der Kalkulation regelmäßig als **Kostenträgereinzelkosten** behandelt.

In der einschlägigen Fachliteratur findet sich bei den Ausführungen zur Divisionskalkulation regelmäßig der Hinweis, dass dieses Kalkulationsverfahren auf die Trennung von Einzel- und Gemeinkosten verzichten würde. Gleichzeitig werden aber meist **differenzierende Varianten** vorgestellt, die eben doch verschiedene Kostenarten unterscheiden[16]. So nimmt auch die Äquivalenzziffernrechnung, die als Variante der Divisionskalkulation gilt, regelmäßig bestimmte Kostenarten von der Verteilung über Äquivalenzziffern aus[17]. Unbestritten, wenn auch selten explizit formuliert, ist dabei

---

[16] Bei Scherrer, Gerhard: Kostenrechnung...(1991), S. 390 findet sich explizit die „Verfeinerung" einer summarischen Divisionskalkulation derart, dass eine getrennte Erfassung der Kostenträgereinzelkosten und der Kostenträgergemeinkosten vorgenommen wird und dadurch auch getrennt die stückbezogenen Kostenträgereinzelkosten und die stückbezogenen Kostenträgergemeinkosten errechnet werden.

[17] Diese Argumentation findet sich auch bei Nowak, Paul: Betriebstyp...(1936), S. 20, der an derselben Stelle explizit darauf hinweist, dass auch "die direkte Beziehung bestimmter Kosten, der sog.

Abbildung 1-1
Kalkulationsverfahrensübergreifende Kalkulationsprinzipien

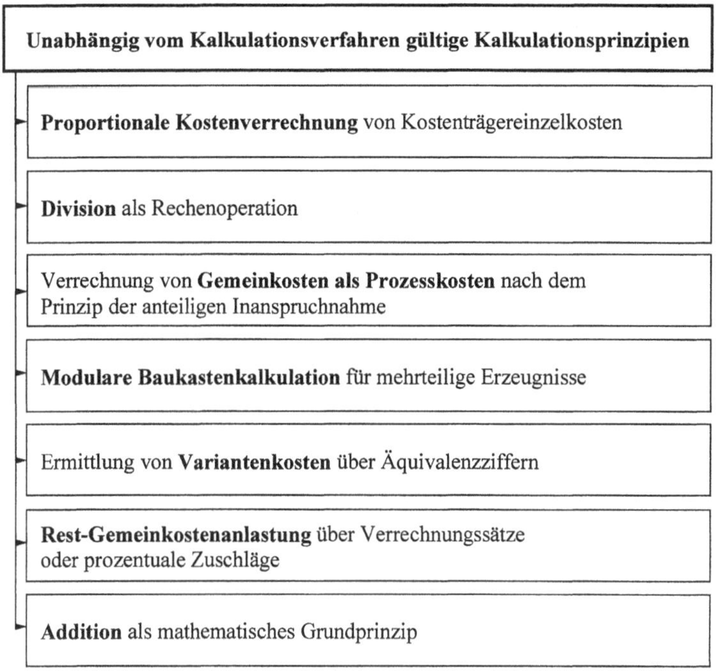

die Tatsache, dass die Anwendung einer bestimmten Kalkulationsmethodik nichts über den Umfang der über diese Methodik verrechneten Kosten aussagt. So ist die die formale Ausgestaltung einer Kalkulationsmethodik unabhängig davon, ob kostenträgerbezogene Vollkosten oder Teilkosten verrechnet werden[18].

2. Division als Rechenoperation

Die Bezeichnung ‚Divisionskalkulation' legt den Schluss nahe, dass bei dieser Kalkulationsmethodik die Stückkosten formal mittels eines Divisionsvorgangs errechnet werden. Ein derartiger Rechenschritt kann aber auch bei der Zuschlagskalkulation und sämtlichen anderen Kalkulationsverfahren identifiziert werden, so dass er kein Diffe-

direkten Kosten, auf bestimmte Leistungen bei der Zuschlagskalkulation [...] keinen wesentlichen Gegensatz zur Divisionskalkulation dar[stellt, d. V.], da sie auch bei Letzterer geschehen kann."

[18] Siehe stellvertretend Scherrer, Gerhard: Kostenrechnung...(1991), S. 387 und auch Schweitzer, Marcell - Küpper, Hans-Ulrich: Systeme...(2003), S. 159.

renzierungskriterium im eigentlichen Sinn darstellen kann[19]. Eine Division ist immer dann zwingend notwendig, wenn Kosten, die summarisch für eine bestimmte Anzahl von Produkten anfallen, in Kosten einzelner Produkteinheiten umgerechnet werden sollen. Vor allem der Ausweis der Kosten von Kapazitäten im Sinne von **Potenzialfaktoren** als **stückbezogene Kosten** macht eine Division durch die Anzahl der Kostenträgereinheiten erforderlich.

Diese Ausführungen gelten aber nicht nur für Produkte, sondern für sämtliche **betriebliche Leistungseinheiten**. Genau aus diesem Grund findet bei der Verrechnungssatzkalkulation eine Division der zu verrechnenden Kosten durch die geleisteten Arbeits-, Maschinen- oder Systemstunden statt. Bei der Bezugsgrößenkalkulation wird durch die jeweils gewählte Maßgröße dividiert und bei der Prozesskostenkalkulation durch die Prozessmenge. Letztendlich wird auch bei der Zuschlagskalkulation dividiert, nämlich durch die Zuschlagsbasis, um den Zuschlagssatz überhaupt zu erhalten. Der mathematische Vorgang einer Division ist also unabhängig von der gewählten Kalkulationsmethodik notwendig, um stückbezogene Kosten zu ermitteln. Lediglich bei einer Grenzplankostenrechnung im strengen Sinn, bei der sämtliche nicht direkt produktspezifisch zurechenbaren Gemeinkosten undifferenziert in die Ergebnisrechnung übernommen werden, entfällt die Notwendigkeit einer Division[20].

3. Verrechnung von Gemeinkosten als Prozesskosten nach dem Prinzip der anteiligen Inanspruchnahme

Nehmen Erzeugnisse Ressourcen aus betrieblichen Gemeinkostenbereichen in Anspruch, so werden deren Kosten regelmäßig **leistungsorientiert** und damit unabhängig vom eigentlichen Kalkulationsverfahren verrechnet. Besonders die Kalkulation der Vertriebskosten wurde in dieser Hinsicht immer weiter verfeinert[21].

Auch wenn die Zuschlagskalkulation Gemeinkostenbereiche über mehr oder weniger undifferenzierte wertmäßige Zuschlagssätze verrechnet, kann man davon ausgehen, dass diese Zuschlagssätze in der Praxis durch differenzierte Prozesskostensätze abgelöst wurden. Mit dem Gedankengut der Prozesskostenrechnung werden nämlich die Kosten betrieblicher Gemeinkostenbereiche unabhängig von der für den Fertigungsbereich zugrunde liegenden Kalkulationsmethodik als leistungsbezogene Kosten nach

---

[19] Nowak, Paul: Betriebstyp...(1936), S. 21 verweist darauf, dass der Wesensunterschied zwischen Divisions- und Zuschlagskalkulation „in erster Linie in der Art des Divisors zu suchen [ist, d. V.], nicht in dem Vorhandensein oder Fehlen der Operation des Dividierens". Auch Schäfer, Erich: Industriebetrieb 1...(1969), S. 85 führt die formale Verwandtschaft der Divisionskalkulation und der Zuschlagskalkulation an.

[20] Dieser Fall ist aber sicherlich nur theoretisch relevant, da zu einer praktisch anwendbaren Angebotspreisberechnung oder einer Prüfung der Preisauskömmlichkeit auch angemessene Teile der Produktgemeinkosten in die Produktkosten einbezogen werden müssen, und somit wieder eine produktbezogene Aufteilung notwendig ist.

[21] Siehe dazu stellvertretend Gau, Eberhard: Vertriebskosten...(1959), S. 53 ff, Jerger, Andreas: Ergebnisrechnung...(1995), S. 107 ff, Männel, Wolfgang: Exportkalkulation...(1986), S. 226 ff und Riebel, Paul: Deckungsbeitragsrechnung...(1994), S. 176 ff sowie Wille, Friedrich Kosten- und Erfolgsrechnung ...(1962), S. 209 ff.

dem **Prinzip der anteiligen Inanspruchnahme** verrechnet[22]. Dies bedeutet, dass nicht nachvollziehbare Schlüsselungen unterbleiben und die tatsächliche Ressourceninanspruchnahme abgebildet wird.

4. Modulare Baukastenkalkulation für mehrteilige Erzeugnisse

Absatzfähige Endprodukte sind regelmäßig aus anderen Erzeugnissen im Sinne von **Vorprodukten, Baugruppen oder Komponenten** zusammengesetzt. Auf der Ebene der Endprodukte finden oftmals keine Fertigungsvorgänge mehr statt, sondern nur noch Montagevorgänge. Die einzelnen Komponenten können dabei sowohl eigen gefertigt als auch fremd bezogen sein. Unabhängig von der speziellen Kalkulationsmethodik werden selbst gefertigte Teile und Baugruppen eigenständig kalkuliert, um das Kalkulationsergebnis für jede potenzielle Einsatzmöglichkeit der entsprechenden Komponente parat zu haben. Vor diesem Hintergrund kann der Gedanke einer Baukastenkonstruktion auch auf die Kalkulation übertragen werden[23]. Fremd bezogene Einzelteile werden mit den jeweiligen Einstandspreisen zuzüglich der unternehmensindividuellen Materialgemeinkosten als Zuschlags- oder Prozesskostensatz bewertet.

Der Kalkulationsaufbau eines mehrteiligen Erzeugnisses besteht aus den Kalkulationen der eingesetzten Teile und Baugruppen und bildet den konstruktiv in **Strukturstücklisten** definierten Produktaufbau für die Kalkulation ab[24]. Im Sinne einer **Baukastenkalkulation** werden die in einem Unternehmen eingesetzten Einzelteile und Baugruppen separat kalkuliert[25]. Wird eine bereits kalkulierte Komponente in einem Enderzeugnis verarbeitet, wird kein kompletter Kalkulationslauf durchgeführt, sondern es wird nur auf das bei der Komponente hinterlegte Kalkulationsergebnis zurückgegriffen[26].

Die einzelnen **Komponentenkalkulationen** werden nur bis zu den Herstellkosten gerechnet, die Verwaltungs- und die Vertriebskosten finden bei der Kalkulation des Enderzeugnisses Berücksichtigung. Lediglich wenn Zwischenprodukte auch selbstständig abgesetzt werden, werden dafür die Selbstkosten kalkuliert[27].

Neben der übersichtlichen und nachvollziehbaren Darstellung des Kalkulationsergebnisses hat diese **mehrstufige Vorgehensweise** bei der Erzeugniskalkulation den Vorteil, dass zum einen die Kalkulation in kürzerer Zeit erfolgen kann und zum anderen die Kalkulationsergebnisse auch konsistent sind. Bei der Kalkulation der einzelnen

[22] Vgl. dazu insbesondere die Ausführungen zur Prozesskostenrechnung im Kapitel zur prozess- und ressourcenorientierten Produktkostenkalkulation in dieser Arbeit.

[23] Vgl. Kilger, Wolfgang - Pampel, Jochen - Vikas, Kurt: Plankostenrechnung...(2002), S. 475 f. Siehe dazu auch die entsprechenden Ausführungen im Kapitel ‚Frühzeitige Produktkostenkalkulation'.

[24] Siehe Kilger, Wolfgang: Kostenrechnung...(1987), S. 344 und Vormbaum, Herbert - Ornau, Hartmut: Kalkulationsverfahren...(1992), S. 546.

[25] Vgl. Heber, Arthur - Nowak, Paul: Betriebstyp...(1933), S. 152.

[26] Vgl. Kilger, Wolfgang: Kostenrechnung...(1987), S. 344.

[27] Siehe Vormbaum, Herbert - Ornau, Hartmut: Kalkulationsverfahren...(1992), S. 546.

Teile und Baugruppen kommen natürlich wiederum die betriebsspezifischen Kalkulationsverfahren zum Einsatz, die nicht zwingend mit der Kalkulationsmethodik des Endprodukts identisch sein müssen.

5. Ermittlung von Variantenkosten über Äquivalenzziffern

Die Theorie der Äquivalenzziffernrechnung geht davon aus, dass die Kosten von Produktvarianten über **Äquivalenzziffern im Sinne von Verhältniszahlen** ermittelt werden. In der betrieblichen Praxis kommen diese Äquivalenzziffern als **Relativkosten-Kataloge** aber vorrangig in frühzeitigen Entwicklungs- und Konstruktionsphasen zur Anwendung, um die Kostenwirkungen alternativer technischer Lösungen abzuschätzen[28]. Der Einsatz von Relativkosten-Katalogen bezieht sich dabei regelmäßig auf eine detaillierte, elementare Erzeugnisgliederung und betrifft die grundlegende Auswahl technischer Lösungsvarianten auf eher tiefem Aggregationsniveau[29]. Es ist unmittelbar einsichtig, dass Äquivalenzziffern, die sich tendenziell auf die Ebene der Einzelteile von Baugruppen oder Komponenten beziehen, nicht zur globalen Beurteilung von kompletten Produktvarianten geeignet sind.

Modular aufgebaute Variantenkalkulationen werden aus den tatsächlichen unternehmensspezifischen Produktionsgegebenheiten abgeleitet und berücksichtigen auf den untersten Kalkulationsebenen auch Relativkosten. Aus diesen modularen Variantenkalkulationen werden **modul- und baugruppenspezifische Umrechnungsfaktoren** ermittelt, die letztendlich für die Variantenkalkulation auf der entsprechenden Ebene zur Verfügung stehen. Die Variantenkalkulation an sich ist - wie oben ausgeführt - modular aufgebaut, so dass die unterschiedlichsten Kombinationen von Modulen und Komponenten kalkuliert werden können, ohne jeweils einen kompletten Kalkulationslauf durchführen zu müssen.

6. Rest-Gemeinkostenanlastung über Verrechnungssätze oder prozentuale Zuschläge

Für Gemeinkosten fertigungsunterstützender Unternehmensbereiche, für die sich nicht der Weg einer leistungsbezogenen prozessorientierten Verrechnung erschließt, bleibt letztlich nur die Möglichkeit einer Kalkulation über leistungsorientierte Verrechnungssätze oder über prozentuale Zuschläge. Aus theoretischer Sichtweise sollte eine leistungsorientierte Verrechnungssatzkalkulation dabei den Vorzug erhalten, aus Gründen der einfacheren Handhabung und des geringeren Aufwands werden in der Praxis aber prozentuale Zuschläge bevorzugt.

Letztendlich bleiben unternehmensspezifisch aber auch immer Kostenblöcke übrig, für die nicht auf eine leistungsorientierte Kalkulationsmethodik zurückgegriffen werden kann oder soll. Regelmäßig betrifft dies die Kosten des dispositiven Faktors bzw. die

---

[28] Siehe dazu insbesondere Männel, Wolfgang: Relativkosten-Kataloge...(1997), S. 161 ff sowie die Ausführungen zu den Relativkosten-Katalogen im Kapitel zur frühzeitigen Produktkostenkalkulation dieser Arbeit.

[29] In diesem Sinne ist bspw. die adäquate Realisierung einer Verbindung von zwei Produktkomponenten über die Technik des Klebens, des Nietens oder über verschiedene Schraubentypen typischer Gegenstand einer Relativkosten-Betrachtung.

Kosten für administrative Leistungen, wie die Unternehmensführung, die Planung und Koordination und das Controlling. Auch moderne Kalkulationsverfahren können für derartige Leistungen und Prozesse keinen speziellen Kostenträgerbezug identifizieren, so dass nur der Weg bleibt, diese Kosten entweder über globale Zuschläge auf die einzelnen Kostenträger zu verrechnen oder in der Ergebnisrechnung im Sinne einer stufenweisen Fixkostendeckungsrechnung eine **generelle Deckungsvorgabe** für diese administrativen Fixkosten zu berücksichtigen[30].

7. Addition als mathematisches Grundprinzip

Letztendlich wird aus den vorstehenden Ausführungen deutlich, dass bei sämtlichen Kalkulationsverfahren auch **addierende Rechenoperationen** stattfinden. Kosten einer Kostenstelle, die auf dieselbe Zuschlagsbasis, Verrechnungsbasis, Bezugsgröße oder auch Prozessgröße bezogen werden sollen, werden vor diesem Rechenschritt addiert. Implizit wird damit eine **Proportionalität** der zu verrechnenden Kosten zur jeweiligen Verrechnungsgröße unterstellt, gleichzeitig wird durch die Addition aber die Komplexität der Kalkulation reduziert. So ist es unmittelbar einsichtig, dass in Kostenstellen, in denen Mitarbeiter ausschließlich für die Maschinenbedienung zuständig sind, ein integrierter Mensch-Maschine-Stundensatz gebildet wird. Die Personalkosten und die Maschinenkosten werden in diesem Fall summarisch auf die Maschinenlaufzeit bezogen. Anstelle von zwei prinzipiell auf dieselbe Verrechnungsbasis bezogenen Verrechnungssätzen findet ein summarischer Verrechnungssatz Anwendung.

Bei einer **modularen Produktkostenkalkulation** werden die Kosten der Einzelteile, Komponenten und Baugruppen mit den Montagekosten zu den Produktgesamtkosten aufaddiert. Über Zuschläge als **Deckungsvorgaben** verrechnete Gemeinkosten werden mit den Produkteinzelkosten und den leistungsorientiert verrechneten Produktgemeinkosten aufsummiert. Die Kalkulation des Endprodukts als Ergebnis einer Reihe von Additionen kann in diesen Fällen die tatsächliche Kostenreagibilität nicht mehr abbilden, so dass für spezielle Entscheidungsrechnungen Kalkulationsergebnisse niedriger Aggregationsstufe zur Verfügung stehen oder auch neue Kalkulationsschemata realisiert werden müssen.

So wie die oben angeführten verfahrensunabhängigen Kalkulationsprinzipien als grundlegend zu betrachten sind, lässt sich auch in Bezug auf die Produktionstypen eine grundsätzliche Differenzierung nach der Fertigungsorganisation finden.

II. Auf die Fertigungsorganisation bezogene Typologie von Produktionsbetrieben

Die **Bildung von Typen** ist ein wesentliches Hilfsmittel für eine wissenschaftliche Arbeit, dessen Notwendigkeit sich aus der Aufgabe der Wissenschaft ergibt, wesentli-

[30] Bei der Kostenverrechnung über pauschale Zuschläge müssen die jeweiligen Kostenblöcke aber ebenfalls als Deckungsvorgaben gekennzeichnet werden, da ansonsten die Gefahr besteht, falsche Aussagen über die Kostenreagibilität zu treffen.

che Strukturen und Abläufe zu erkennen[31]. Gleichwohl muss diese Typisierung immer zweckspezifisch **anhand von relevanten Merkmalen** erfolgen[32]. Der Begriff der Typologie lässt sich vor diesem Hintergrund als die Bildung einer zweckorientierten Ordnung von Betrachtungsobjekten durch Verwendung eines oder mehrerer zur Charakterisierung der realen Objekte geeigneten Merkmale verstehen[33].

Bei der auf die Fertigungsorganisation bezogenen Typisierung von Produktionsbetrieben sind die betriebsindividuell anzutreffenden, meist bewusst realisierten, **für die Produktion maßgeblichen Rahmenbedingungen** typisierungsrelevant. Abbildung 1-2 zeigt die für die Kalkulation relevanten Merkmale auf. Diese werden im Folgenden erläutert.

Abbildung 1-2
Auf das Fertigungssystem bezogene Typisierungskriterien

Fertigungssystembezogen kalkulationsrelevante Typisierungskriterien

- Einstufige und mehrstufige Fertigung
- Werkstattfertigung und Fließfertigung
- Fabrikproduktion und Baustellenproduktion
- Fertigungssystem mit und ohne produktionsintegriertem Recycling
- Kundenbezogene Auftragsproduktion und anonyme Marktproduktion

---

31 Siehe zur Typenbildung und Typisierung Riebel, Paul: Typen...(1965), S. 663 ff. Bereits Mellerowicz, Konrad: Betriebswirtschaftslehre...(1958), S. 41 weist darauf hin, dass die eigentliche wissenschaftliche Arbeit erst dann beginnen kann, wenn ein gewisser Abstraktionsgrad der Problemstellung erreicht ist.

32 Vgl. Mellerowicz, Konrad: Industrie...(1981), S. 61 ff.

33 Siehe dazu Hahn, Dietger - Laßmann, Gert: Produktionswirtschaft...(1990), S. 33, die im Gegensatz zur Typologie die Verwendung aller "logisch denkbaren Kombinationen der erfassten Merkmale zur Aufstellung einer Ordnung von realen Erscheinungen" als Klassifikation bezeichnen.

A Einstufige und mehrstufige Fertigung

Die Unterscheidung in eine einstufige und eine mehrstufige Fertigung bezieht sich auf die Anzahl der von einem Produkt zu durchlaufenden **Produktionsstufen**[34]. Während bei einer einstufigen Fertigung sämtliche auf die entsprechende Durchlaufzeit entfallenden Fertigungskosten dem einzelnen Produkt zugeordnet werden können, sind bei einer mehrstufigen Fertigung eine Lagerbildung zwischen den Fertigungsstufen, die Losgrößendimensionierung auf den einzelnen Stufen und auch die Existenz von Mengengefällen zu berücksichtigen.

Die Bildung von **Zwischenlagern** bei einer mehrstufigen Fertigungsorganisation wird immer dann zwingend notwendig, wenn technologisch oder organisatorisch bedingt auf den einzelnen Fertigungsstufen nicht die gleiche Produktmenge in derselben Durchlaufzeit bearbeitet werden kann oder wenn Zwischenprodukte als Produktkomponenten oder selbständige Produkte abgesetzt werden. Zwischenlagerbestände auf den einzelnen Fertigungsstufen müssen regelmäßig wenigstens aus Gründen der **Bestandsbewertung** separat kalkuliert werden. Das jeweils anzuwendende Kalkulationsschema der Zwischenprodukte darf dem Fertigungsfluss folgend nur die **tatsächlich durchlaufenen Fertigungsstufen** enthalten. Besondere Bedeutung erlangt hier die Frage, welche Kosten den lagernden Kostenträgern letztlich zugerechnet werden, und welche nur auf die weiterverarbeiteten Erzeugnisse bezogen werden[35]. Insbesondere betrifft diese Fragestellung die Leistungen der indirekten Bereiche.

Die Frage der optimalen Dimensionierung von **Losgrößen** wird ausführlich in der produktionswirtschaftlichen Literatur behandelt[36]. Die zentrale Problemstellung dabei ist die Abwägung zwischen den mit steigender Losgröße zunehmenden Lagerkosten und den gleichzeitig auf die einzelnen Produkteinheiten bezogen sinkenden Rüstkosten. Aufgrund unzähliger Nebenbedingungen, die Kapazitätsrestriktionen, Mindestmengen und auch Lieferzeiten berücksichtigen, gestaltet sich die **Minimierung der Gesamtkosten** mathematisch sehr komplex. Diese Komplexität steigt noch weiter mit der Anzahl verschiedener Produkte und der Existenz reihenfolgeabhängiger Rüstkosten. Vor diesem Hintergrund muss die Kalkulation mit produktspezifischen **Standardlosgrößen** im Sinne von stufenspezifisch durchschnittlich realisierten Losgrößen operieren, da die Erfassung und vor allem Bewertung der tatsächlich realisierten Losgrößen und Reihenfolgen zu zeitaufwendig und kostenintensiv ist.

---

[34] Allerdings ist die Praxisrelevanz einer einstufigen Fertigung als sehr gering einzustufen. „Da fast alle Erzeugungsprozesse in mehreren Arbeitsstufen, an verschiedenen Stellen vollzogen werden, fallen zwangsläufig [...] als weitere Aufgaben die Lagerung und der Transport der Güter an", entnommen aus Riebel, Paul: Erzeugungsverfahren...(1963), S. 29.

[35] Kilger, Wolfgang: Kostenträgerrechnung...(1986), S. 26 verweist in diesem Zusammenhang darauf, dass für eine entscheidungsorientierte Kostenrechnung „sämtliche Vor- und Zwischenprodukte kalkulatorisch mit *proportionalen Herstellkosten* zu bewerten sind" (Hervorhebung im Original).

[36] Siehe bspw. Andler, Kurt: Losgröße...(1929), S. 15 ff, Kimms, Alf: Losgrößenplanung...(1997), S. 227 ff und Oeters, Stefan - Woitke, Oliver: Reihenfolgeplanung...(1995), S. 651 ff mit weiteren Notationen.

Bereits bei der Kostenplanung werden durch fertigungsstufenbezogene **Ausschussfaktoren** die jeweils entstehenden, nicht qualitätssicheren Produktmengen oder Produktanteile in Abhängigkeit von der stufenspezifischen Einsatzmenge fertigungsvolumenabhängig quantifiziert[37]. Um eine bestimmte qualitätssichere Produktmenge in der letzten Fertigungsstufe zu erhalten, müssen **retrograd** von der letzten Fertigungsstufe ausgehend die jeweiligen stufenbezogenen Ausschussfaktoren sukzessiv berücksichtigt werden, bis die notwendige Einsatzmenge der ersten Fertigungsstufe berechnet ist. Genauer, aber auch aufwendiger kann tatsächlich entstehender Ausschuss als gesonderte Kostenart auftragsweise erfasst werden. Diese Vorgehensweise wird regelmäßig bei unabhängig vom Fertigungsvolumen anfallendem Ausschuss und bei der Fertigung mehrteiliger Stückgüter gewählt. Ausschussfaktoren kommen insbesondere bei der Produktion von Fließgütern zur Anwendung[38].

Letztlich müssen die **stufenbezogenen Fertigungskosten** im Kalkulationsschema bei einer mehrstufigen Fertigung dem Fertigungsfluss folgend separat ausgewiesen werden, um die Nachvollziehbarkeit des Kalkulationsergebnisses zu gewährleisten. In diesem Sinne liefert eine addierende Kalkulation jeweils stufenbezogene Kalkulationsergebnisse, während eine durchwälzende Kalkulation das Kalkulationsergebnis integriert bis zur letzten abgeschlossenen Fertigungsstufe ermittelt und somit keine stufenbezogenen Kalkulationen zur Verfügung stehen. Werden von einem Erzeugnis mehrere Betriebsbereiche durchlaufen, ist es durchaus sinnvoll, innerhalb der Betriebsbereiche eine durchwälzende und zwischen den Betriebsbereichen eine addierende Kalkulationsmethodik im Sinne einer modularen Kalkulation zu implementieren.

B Werkstattfertigung und Fließfertigung

Während bei der Werkstattfertigung funktionsgleiche Betriebsmittel nach dem Verrichtungsprinzip räumlich zusammengefasst sind[39], ist eine **dem Materialfluss entsprechende Anordnung der Betriebsmittel** das Kennzeichen einer Fließfertigung, so dass die Werkstoffe kontinuierlich oder in einem bestimmten Rhythmus durch die Betriebsmittel bewegt werden. Transportvorgänge sind bei modernen Systemen der Fließfertigung systemimmanent bereits integriert und werden daher nicht getrennt erfasst[40]. Eine Zwischenlagerbildung kann nur dann stattfinden, wenn die einzelnen **Bearbeitungsstationen** nicht über eine einheitliche Taktzeit gekoppelt sind. Bei der Werkstattfertigung dagegen nehmen **Transportvorgänge** zwischen den Werkstätten und auch innerhalb der Werkstätten eine gewichtige Rolle ein. Auch die **Bildung von Lagern** kann nicht vermieden werden.

Während eine richtig abgestimmte Fließproduktion die Verwendung eines kalkulationsrelevanten leistungsorientierten **Systemstundensatzes** ermöglicht und damit die

---

[37] Siehe sinngemäß Männel, Wolfgang: Schraubenfertigung...(1997), S. 48.

[38] Siehe dazu Kilger, Wolfgang: Kostenträgerrechnung...(1986), S. 15 f und Kilger, Wolfgang - Pampel, Jochen - Vikas, Kurt: Plankostenrechnung...(2002), S. 221 ff.

[39] Siehe zur Werkstattfertigung und einer kritischen Diskussion dieses Begriffs Schäfer, Erich: Industriebetrieb 1...(1969), S. 171 ff.

[40] Siehe zur Fließfertigung Schäfer, Erich: Industriebetrieb 1...(1969), S. 179 ff.

Kalkulation wesentlich vereinfacht, müssen bei der Werkstattfertigung die meist überwiegenden Personalkosten auf die werkstattspezifisch zu leistenden Funktionen geschlüsselt werden. Regelmäßig kommen bei der Werkstattfertigung **funktionsspezifische Personalkostensätze in Kombination mit Maschinenstundensätzen** zur Anwendung. Aufgrund der bei der Werkstattfertigung größeren Werkstückvielfalt und der damit verbundenen notwendigen Maschinenumrüstung müssen getrennte Kostensätze für Rüst- und für Bearbeitungsvorgänge vorgehalten werden.

C Fabrikproduktion und Baustellenproduktion

Eine **Baustellenproduktion** ist durch örtlich nicht festgelegte Betriebsmittel gekennzeichnet. Personal, Betriebsmittel und Werkstoffe werden zum Produktionsort hin transportiert, die Baustelle muss eingerichtet werden. Eine Baustellenproduktion ist damit letztendlich nur bei Unternehmen der **Projektfertigung** zu finden[41]. Aus dem Blickwinkel der Kalkulation bedeutet dies, dass im Vergleich zur stationären Fabrikproduktion **zusätzliche Prozesse** notwendig werden, die das Kalkulationsschema erweitern. Dies betrifft vor allem den Transport der Betriebsmittel zum Produktionsort, die Einrichtung und den Aufbau des Produktionsortes und letztendlich auch die Reinigung des Produktionsortes sowie die abschließende Übergabe des Produkts bzw. Projekts[42].

Die Organisation einer Baustellenproduktion als Projektfertigung beeinflusst die Möglichkeit der Kostenzurechnung entscheidend. Vor allem bei **längerfristigen Fertigungsvorhaben** kann dem als Kostenträger definiertem Projekt ein Großteil der anfallenden Kosten als **Einzelkosten** zugerechnet werden[43]. Dafür nimmt aber aufgrund des langfristigen Zeithorizonts und der damit verbundenen Planungsunsicherheit die Abweichungsermittlung und Abweichungsanalyse eine zentrale Rolle ein. Generell gilt, dass bei einer Baustellenproduktion die Zuordnung zwischen betrieblicher Ressource und Produkt bzw. Projekt wesentlich direkter getroffen werden kann als bei einer Fabrikproduktion, teilweise werden sogar projektspezifisch Werkzeuge gefertigt, die nach Abschluss des Projekts nicht mehr weiterverwendet werden können. Im Zusammenhang mit der Problematik, dass Werkzeuge unternehmensintern speziell für ein einzelnes Projekt geschaffen werden müssen, muss auch die Alternative des Leasings von Ressourcen erwähnt werden, die speziell auch Baumaschinen betrifft.

Eine Fertigungsorganisation als **Fabrikproduktion** liefert dagegen keine über die einschlägigen Lehr- und Fachbücher hinaus gehende Erkenntnis, da sie bereits traditionell im Fokus der Kostenrechnung steht[44]. Die Kalkulationsmethoden der einschlägigen Fachliteratur gehen standardmäßig von einer örtlich gebundenen Fabrikproduktion

---

41 Vgl. dazu Schäfer, Erich: Industriebetrieb 1...(1969), S. 168 f.

42 Vgl. Drees, Gerhard - Paul, Wolfgang: Kalkulation...(2002), S. 91 ff zur Kalkulation der Kosten der Baustelleneinrichtung und der Baustellenausstattung sowie der Kosten für die Beseitigung der Bauabfälle.

43 Vgl. dazu die Ausführungen zur Projektkostenrechnung und Projektkostenkalkulation im Kapitel ‚Kostenträgercontrolling mit Soll-Ist-Vergleichen'.

44 Siehe dazu insbesondere Fußnote 12 auf Seite 14 der vorliegenden Arbeit.

aus, die Baustellenfertigung wird dagegen regelmäßig implizit unter dem Blickwinkel der Projektfertigung behandelt.

D Fertigung mit und ohne produktionsintegriertem Recycling

Der Elementartyp des produktionsintegrierten Recyclings[45] stellt ab auf die Entscheidung, ob zwangsläufig anfallende Schlechtstücke oder Abfall nach einer **Aufbereitungsphase** dem Produktionsprozess wieder zugeführt werden können oder fachgerecht entsorgt werden müssen. Die betriebliche Notwendigkeit für ein produktionsintegriertes Recycling nimmt unter den heute herrschenden Produktions- und Umweltbedingungen laufend zu.

Für eine fachgerechte Entsorgung fallen über die Ausschusskosten hinaus zusätzliche Kosten an, die kalkulationsspezifisch als Deckungsvorgabe für die Gutstücke betrachtet werden müssen. Abhängig von der speziellen Unternehmenssituation können diese **Entsorgungskosten** entweder als Sondereinzelkosten der Fertigung auftragsspezifisch erfasst werden oder sie werden, falls zwischen den einzelnen Erzeugnissen keine oder nur vernachlässigbare Schwankungen auftreten, als Soll-Entsorgungskosten über Kostenstellen verrechnet[46]. Für eventuell zu erzielende **Verwertungserlöse** gelten diese Ausführungen sinngemäß.

Die **Kalkulation von Recyclingprozessen** gestaltet sich dagegen wesentlich komplexer, insbesondere dann wenn einzelne Komponenten, die bereits Teile der Produktion durchlaufen haben, dem ursprünglichen oder einem weiteren Produktionsprozess wieder zugeführt werden[47]. Neben den bereits im ursprünglichen Produktionsprozess empfangenen Leistungen sind auch die Recyclingkosten beim Wiedereinsatz zu berücksichtigen. Da sämtliche bis zur Entdeckung auf die Schlechtstücke entfallenden Material-, Fertigungs- und auch Prozesskosten als Ausschusskosten sunk costs darstellen, wird die Notwendigkeit einer rechtzeitigen **Identifizierung von Schlechtstücken** deutlich. Die oftmals fast unabhängig vom bereits erreichten Bearbeitungsstand anfallenden Recyclingkosten, werden entweder auftragsspezifisch oder über die entsprechenden Recyclingkostenstellen verrechnet. Die Implementierung eines produktions-

---

[45] Recycling sei in dieser Arbeit verstanden als „die erneute Verwendung oder Verwertung von Produkten oder Teilen von Produkten in Form von Kreisläufen", Verein Deutscher Ingenieure: VDI-Richtlinie 2243...(1991), S. 4, zitiert nach Herter, Ronald N. - von Wangenheim, Sascha: Controlling...(1997), S. 428. Ausführlicher definiert Inderfurth, Karl: Produktrecycling...(2000), S. 141 Recycling als „die Rückführung von internen und externen Recyclingprodukten in den regulären Produktionsfluß eines Unternehmens [, wobei, d. V.] Recyclingprodukte [...] intern in Form von Ausschuß oder durch Anfall von Rückständen bei Produktionsprozessen mit Kuppelproduktion entstehen sowie extern durch die Rückführung von Produkten nach Ablauf ihrer Gebrauchsfähigkeit auftreten [können, d. V.]".

[46] Vgl. dazu Kilger, Wolfgang - Pampel, Jochen - Vikas, Kurt: Plankostenrechnung...(2002), S. 222.

[47] Darauf verweist auch Inderfurth, Karl: Produktrecycling...(2000), S. 142 im Rahmen der Produktionsplanung und zeigt gleichzeitig Lösungsansätze zur Integration von Recycling in die Produktionsplanung auf.

integrierten Recyclings führt zu ganz eigenen, zusätzlichen Prozessen und Vorgängen, die von der Kalkulation erfasst, abgebildet und kalkuliert werden müssen[48].

Eine moderne Kostenrechnung muss dabei auch die **Entscheidung über Entsorgung oder Recycling** unterstützen. Wie bereits ausgeführt, stellen die bis zur Aufdeckung der mangelhaften Qualität für die Kostenträger bereits aufgelaufenen Kosten vor diesem Hintergrund entscheidungsirrelevante Kosten dar. Relevant sind dagegen die zukünftig anfallenden Kosten und auch Erlöse der beiden Alternativen Entsorgung und Recycling, wobei die jeweils andere Alternative dem **Opportunitätsgedanken** folgend berücksichtigt werden muss. Öko-Bilanzen, ökologieorientierte Kennzahlen, eine ökologieorientierte Kostenrechnung und auch Nutzwertanalysen dienen zur Kalkulation von Recyclingprozessen über rein monetäre Größen und auch über ein produktionsintegriertes Recycling hinaus[49].

Generell gilt das Entscheidungskriterium, dass ein Recycling genau dann unternehmensintern vorteilhaft ist und implementiert wird, wenn die **Prozesskosten des Recyclingvorgangs** geringer sind als die Kosten für den Einsatz von neuen Rohstoffen bzw. Zwischenprodukten. Aus Kalkulationsgesichtspunkten hat ein produktionsintegriertes Recycling zur Folge, dass eine bestimmte, zur Fertigung der gewünschten Endproduktmenge theoretisch notwendige Einsatzmenge eines Rohstoffs um genau die Menge reduziert werden kann, die aus dem Recyclingvorgang heraus wieder in den Fertigungsprozess eingeht. Die Materialkosten reduzieren sich also im Vergleich zur Stückliste ohne Recycling, die Fertigungskosten bleiben aber in voller Höhe erhalten, da der Fertigungsprozess teilweise mehrfach durchlaufen wird.

E Kundenbezogene Auftragsproduktion und anonyme Marktproduktion

Eine ganz wesentliche Relevanz für die Kalkulation besitzt die **Kundennähe der Fertigung**. In diesem Sinne sind die beiden Extremtypen der kundenbezogenen Auftragsproduktion und der anonymen Marktproduktion standardisierter Güter zu unterscheiden. Letztendlich ist die unternehmerische Entscheidung über eine kundenbezogene oder eine anonyme Fertigung regelmäßig bereits durch das herzustellende Produkt vorgegeben. Entscheidungsspielraum besteht aber auf Modul- und Komponentenebene dergestalt, dass Bauteile und Baugruppen anonym gefertigt und abschließend kundenwunschorientiert zusammenmontiert werden.

Bei einer **Vorratsproduktion** im Sinne einer anonymen Marktproduktion werden regelmäßig größere Mengen gefertigt, so dass die Fertigungsanlagen auf die herzustellenden Erzeugnisse abgestimmt und die Produktionsbedingungen konstant sind. Eine Kalkulation in diesem Bereich wird sicherlich zu **Standardkosten** durchgeführt wer-

---

[48] Siehe dazu stellvertretend die Ausführungen bei Kurbel, Karl: Produktionsplanung...(2003), S. 364 ff. Inderfurth, Karl: Produktrecycling...(2000), S. 142 nennt in diesem Zusammenhang Prozesse des „Sammelns und Sortierens, des Reinigens und der Qualitätsprüfung, der Demontage und des Trennens, der Aufarbeitung, Reparatur und Neumontage sowie der geordneten Beseitigung von Stoffen".

[49] Siehe dazu stellvertretend Herter, Ronald N. - von Wangenheim, Sascha: Controlling...(1997), S. 438 ff.

den, Abweichungen treten kaum auf. Demgegenüber steht bei der Auftragsproduktion eine die speziellen Kundenwünsche und konkreten Produktausprägungen betreffende Unsicherheit, so dass begleitend zum Produktionsfortschritt Kalkulationen erstellt und auf Abweichungen hin analysiert werden müssen[50]. Zur **Angebotspreisermittlung** müssen regelmäßig bereits im Vorfeld von Kundenaufträgen Kalkulationen erstellt werden, ohne dass genaue Fertigungsunterlagen im Sinne von Stücklisten, Arbeitsplänen oder Prozessplänen vorliegen..

Aus Sicht der Kalkulation stellen unvollständige Produktanforderungen eines der Hauptprobleme der **langfristigen Auftragsproduktion** im Sinne einer Projektfertigung dar. Die Angebotsvorkalkulation kann aus diesem Grund und darüber hinaus aus Zeit- und auch aus Kostengründen nur eine näherungsweise Kalkulation sein, die auch auf Kostenkennziffern artähnlicher Erzeugnisse zurückgreift. **Auftragsvorkalkulationen** sind demgegenüber wesentlich detaillierter und müssen auch Strukturvarianten aufgrund von kundenspezifischen Änderungswünschen abbilden können[51]. Die kalkulatorische Berücksichtigung von Funktions- und Gewährleistungsrisiken sowie von Termin- und Finanzrisiken stellt ebenfalls eine Spezialität der langfristigen Auftragsproduktion dar. **Projektbezogene Abweichungsanalysen** dienen der gezielten Projektsteuerung und ermöglichen eine frühzeitige Einflussnahme beim Auftreten von Abweichungen.

Die **kurzfristige Auftragsproduktion** als Serienauftragsproduktion steht der Marktproduktion standardisierter Erzeugnisse näher als der Projektfertigung. Als kalkulationsbezogene Besonderheit ist die Berücksichtigung mehrerer Kalkulationsebenen hervorzuheben. So kann der Gesamtauftrag in verschiedene Einzellose unterteilt werden, die sich wiederum aus den einzelnen Produktionseinheiten zusammensetzen. Die Endprodukteinheiten schließlich müssen nicht in jedem Fall mit den Produktionseinheiten identisch sein[52]. Notwendige Spezialwerkzeuge werden regelmäßig dem Kunden gesondert belastet, so dass sich vor diesem Hintergrund keine besondere Kalkulationsproblematik für die **Werkzeugkosten** ergibt[53].

Plankalkulationen bei der Marktproduktion standardisierter Erzeugnisse werden regelmäßig zeitraumbezogen konstant gehalten und basieren auf geplanten Mengen- und Wertdaten. Nur bei nachhaltigen Veränderungen der Kalkulationsdaten besteht die Notwendigkeit aktualisierte Plankalkulationen zu erstellen. Bei vorüber gehenden Schwankungen bleiben die ursprünglichen Plankalkulationen weiterhin gültig, da gerade solche Schwankungen zeitlich ausgeglichen werden sollen[54]. Werden standardi-

---

50 Meist wird der Begriff der Marktproduktion mit dem Begriff der Massen- und Großserienfertigung gleichgesetzt und der Begriff der Kundenproduktion mit dem der Einzel- und Auftragsfertigung. Obwohl diese Gleichsetzung zwar tendenziell richtig ist, kann sie nicht generell aufrechterhalten werden, so typisiert Riebel, Paul: Typen...(1965), S. 666 ff die Markt- und die Kundenproduktion und zeigt auch Ausnahmefälle für die angesprochene Gleichsetzung.

51 Vgl. Kilger, Wolfgang: Kostenträgerrechnung...(1986), S. 17 f.

52 Siehe wiederum Kilger, Wolfgang: Kostenträgerrechnung...(1986), S. 22.

53 Vgl. Männel, Wolfgang: Kunststoffertigung...(1997), S. 92 f.

54 Siehe Kilger, Wolfgang: Kostenträgerrechnung...(1986), S. 23 f.

sierte Teile und Baugruppen kundenwunschspezifisch montiert, können diese Komponenten detailliert kalkuliert werden. Lediglich für auftragsabhängige Komponenten und für die Fertigungs- oder Montagevorgänge fehlen die konkreten Mengengerüste einer Plankalkulation. Letztendlich ist somit auch der zu kalkulierende Kostenträger noch unbekannt.

III. Massen-, Sorten-, Serien- und Einzelfertigung als Anwendungsgebiete der traditionellen Kalkulationsverfahren

Untersucht man die einschlägige Fachliteratur nach den kalkulationsrelevanten Produktions- bzw. Fertigungstypen, gelangt man fast wie selbstverständlich zur Differenzierung nach **Massen-, Sorten-, Serien- und Einzelfertigung**[55]. Die **Kuppelproduktion** wird parallel zu diesen Typen als eigenständiger Methodenvorrat angesehen[56]. Während bei der Massenproduktion nur eine Produktart hergestellt wird, so dass dieser Produktart auch sämtliche Kosten des Produktionsbereichs ohne Schlüsselungen zugeordnet werden können, wird bei der Einzelfertigung nur ein einzelnes Produkt hergestellt, für den der weitaus größte Teil der Kosten identifizierbar ist. Bei der Sortenfertigung ist das Kalkulationsanliegen in einer Kostenzurechnung auf leistungswirtschaftlich ähnliche Erzeugnisse zu sehen. Von kalkulationsspezifischem Interesse sind bei der Serienproduktion insbesondere den einzelnen Fertigungslosen nicht direkt zurechenbare Kosten im Sinne von Maschinen-, Personal- oder auch Raumkosten. Abhängig von den jeweiligen Erfordernissen wurden von Theorie und Praxis Kalkulationsverfahren entwickelt, die auf die spezifischen Belange der einzelnen Fertigungstypen abstellen.

Diese nachfolgend ausgeführten Kalkulationsverfahren sind **Rechenalgorithmen** zur Herstellkosten- bzw. Selbstkostenermittlung, sie beschreiben also die Technik, "nach der rein rechnerisch die Kosten auf die Kostenträger verteilt werden"[57]. Ihr Einsatz kann grundsätzlich unabhängig vom Zeitpunkt der Kalkulationsdurchführung und vom zugrunde liegenden Kostenrechnungssystem erfolgen, da sie zwar den generellen Aufbau eines Kalkulationsschemas festlegen, jedoch keine Aussage über Inhalt und

---

[55] Siehe dazu bspw. Eisele, Wolfgang: Technik...(1998), S. 719 f, Gutenberg, Erich: Einführung...(1958), S. 138 und Lehmann, Max R.: Industriekalkulation...(1951), S. 259 ff, aber auch bereits Nowak, Paul: Betriebstyp...(1936), S. 29, der die Sortenfertigung noch in Sortenfertigung einerseits und Partie- und Chargenfertigung andererseits differenziert. Küpper, Hans-Ulrich: Produktionstypen...(1994), S. 1720 führt dagegen die Partie- und die Chargenfertigung als spezielle Erscheinungsformen der Produktion an.

[56] Prinzipiell können aber bei allen angeführten Produktionstypen Prozesse der Kuppelproduktion auftreten, so dass das Kriterium der Kuppelproduktion streng genommen einer anderen Merkmalsebene zuzurechnen ist, siehe Riebel, Paul: Marktprobleme...(1955), S. 66 ff und Schäfer, Erich: Industriebetrieb 1...(1969), S. 79. So weist auch Coenenberg, Adolf G.: Kostenrechnung...(2003), S. 84 darauf hin, dass die Kalkulation von Kuppelprodukten "nicht eigentlich als eigenständige Kalkulationsform anzusehen" ist. Vgl. dazu auch Vormbaum, Herbert - Ornau, Hartmut: Kalkulationsverfahren...(1992), S. 534 ff. Zur Leistungsverbundenheit und der Einordnung der Kuppelproduktion in diesen Rahmen siehe Männel, Wolfgang: Verbundwirtschaft...(1979), Sp. 2077 ff.

[57] Vormbaum, Herbert - Ornau, Hartmut: Kalkulationsverfahren...(1992), S. 533. Vgl. dazu auch Kilger, Wolfgang: Kostenrechnung...(1987), S. 305.

Umfang der einzelnen Kostenpositionen treffen. Die Kalkulationsverfahren können also - den unternehmensspezifischen Gegebenheiten folgend - sowohl im Rahmen von **Grenzkostenkalkulationen und Vollkostenkalkulationen** einerseits als auch für die unterschiedlichen **Kalkulationsphasen**[58] andererseits verwendet werden. Auf die konkreten Einsatzbedingungen und auch Varianten der einzelnen Verfahren wird im Folgenden näher eingegangen[59].

A Typisierungsansätze und Kalkulationsmethoden der Fachliteratur

Die Typisierung nach Unternehmen der **Massen-, Sorten-, Serien- und Einzelfertigung** geht letzten Endes zurück auf **Nowak**, der nach der Anzahl unterschiedlicher Erzeugnisse, dem Grad ihrer Verschiedenheit und der Planmäßigkeit und Häufigkeit des Leistungswechsels differenziert und so dem Leistungsprogramm einer Unternehmung entsprechend die Grundtypen der Massenleistung, Sortenleistung, Serienleistung und der Einzelleistung identifiziert, darüber hinaus führt er die Partie- und Chargenleistung als Grundtyp sowie die Kuppelleistungen als „Sondergruppe" mit an[60].

Mellerowicz greift auf diese Typisierung zurück, bezeichnet aber die **Partie- und die Chargenproduktion** nicht als Grundtypen, sondern als Sondertypen[61]. Eine etwas andere Gruppierung mit letztendlich denselben Produktionstypen findet sich bei **Müller**, der den Produktionstyp 1 als Serien- und Wiederholfertigung mit kommerziellen Fertigungsaufträgen, den Produktionstyp 2 als Prozess-, Massen- und Fließfertigung ohne kommerzielle Fertigungsaufträge und den Produktionstyp 3 als Einzelfertigung wiederum mit kommerziellen Fertigungsaufträgen unterscheidet. Die Partie- und die Chargenfertigung werden dabei unter dem Produktionstyp 1 subsumiert, die Sorten- und die Kuppelproduktion unter dem Produktionstyp 2. Dabei führt Müller als Kriterien zur Bildung dieser Produktionstypen die Wiederholbarkeit des Herstellungsprozesses, die Dauer desselben, die Erfassbarkeit der Istkosten sowie die Wirtschaftlichkeit der einzusetzenden Verfahren auf. Der Schwerpunkt seiner Darstellung liegt auf **abrechnungstechnischen** und somit auch zurechnungstechnischen Gesichtspunkten[62].

Lehmann differenziert im Rahmen der **sachbedingten Kalkulationsverfahren** in eine Massenerzeugung im weiteren Sinne mit zeitraumbezogenen Leistungen und eine Einzelerzeugung im weiteren Sinne mit auftragsbezogenen Leistungen. Unter die

---

58 Siehe dazu die entsprechenden Ausführungen im Kapitel zur frühzeitigen Produktkostenkalkulation.

59 Vgl. dazu auch die Übersicht bei Deutsches Institut für Normung e.V.: DIN 32992 Teil 1...(1987), S. 5 f.

60 Siehe Nowak, Paul: Betriebstyp...(1936), S. 29. Derselbe gibt auf den Seiten 11 ff auch einen kurzen Abriss über die Typisierungsansätze zum Veröffentlichungszeitpunkt. Siehe dazu auch Heber, Arthur - Nowak, Paul: Betriebstyp...(1933), S. 150.

61 Siehe Mellerowicz, Konrad: Kosten...(1973), S. 154.

62 Siehe dazu Müller, Heinrich: Prozeßkonforme...(1996), S. 334 ff. Vgl. dazu auch Medicke, Werner: Produktkosten-Controlling...(1988), S. 290 ff und Medicke, Werner - Plaut, Hans-Georg: Abrechnung...(1991), S. 71 ff.

Einzelerzeugung im weiteren Sinne werden die tatsächliche Einzelfertigung und die Serienfertigung subsumiert, unter die Massenerzeugung im weiteren Sinn die gekuppelte Massenerzeugung und die einheitliche Massenfertigung. Die **Sortenfertigung** nimmt nach Lehmann eine Zwischenstellung ein. Generell findet die Divisionskalkulation bei der Massenerzeugung und die Zuschlagskalkulation bei der Einzelerzeugung Anwendung. Die Kuppelproduktkalkulation wird als Verfahren der Divisionskalkulation mit Äquivalenzziffern betrachtet, wobei explizit darauf hingewiesen wird, dass die Äquivalenzziffern für Kuppelprodukte regelmäßig von der Marktseite her abgeleitet werden und damit in keinster Art und Weise die tatsächliche Kostensituation widerspiegeln können[63].

In den Erläuterungen von **Bussmann** werden die Marktwertmethode, die Restwertmethode und eine retrograde Rechnung als Methoden der **Kuppelproduktkalkulation** unter den Verfahren der Divisionskalkulation eingeordnet[64]. Auch an dieser Stelle finden sich wieder die Hinweise, dass die Anwendungsvoraussetzungen der Divisionskalkulation hauptsächlich im Bereich der Massengütererzeugung vorliegen und die Äquivalenzziffernrechnung bei Mehrproduktfertigung fertigungstechnisch ähnlicher Erzeugnisse Anwendung findet. Eine Darstellung der Verrechnungssatzkalkulation fehlt völlig.

Wille dagegen demonstriert für einen Industriebetrieb die Kostenverteilung auf die einzelnen Kostenträger, indem er zunächst die **Leistungsinanspruchnahme** („Leistungsanteile") der Kostenträger ermittelt und diese dann mit leistungsbezogenen Kostensätzen bewertet, also eine Verrechnungssatzkalkulation durchführt[65]. Gleichzeitig finden sich in diesem Werk Ansätze für eine leistungsorientierte Verrechnung der Verwaltungs- und Vertriebskosten mit Hilfe einer absatzorientierten Erzeugnisgliederung[66].

Kilger beschränkt sich grundsätzlich auf die Darstellung der **Bezugsgrößenkalkulation** und verweist darauf, dass diese unabhängig vom unternehmensspezifischen Produktionsprogramm einsetzbar ist, da sie die anderen bereits angeführten Kalkulationsmethoden als Spezialfall enthält[67]. Die Bezugsgrößenkalkulation ist aber nur bei unverbundener Produktion maßgeblich, bei Kuppelproduktion kommen Verfahren der Kuppelproduktkalkulation zum Einsatz. Bei gleichwertigen Kuppelprodukten werden neben technischen Äquivalenzziffern oftmals die erzielbaren Marktpreise als Äquiva-

---

63 Siehe Lehmann, Max R.: Industriekalkulation:...(1951), S. 259 ff.

64 Siehe Bussmann, Karl F.: Rechnungswesen ...(1979), S. 100 ff.

65 Vgl. Wille, Friedrich: Kosten- und Erfolgsrechnung...(1962), S. 23 f.

66 Siehe Wille, Friedrich: Kosten- und Erfolgsrechnung...(1962), S. 44 ff.

67 Kilger, Wolfgang: Plankostenrechnung...(1993), S. 683 verweist an dieser Stelle auf den Nachweis bei Reiser, Herbert: Rechnungswesen...(1930), S. 64 ff und Koch, Helmut: Kostenkalkulation...(1948), S. 12 ff.

lenzziffern verwendet, obwohl diese keinerlei Beziehung zur Ressourceninanspruchnahme aufweisen[68].

B Divisionskalkulation und Äquivalenzziffernkalkulation als einfache Kalkulationsverfahren

Im Rahmen der ausgeführten Produktionstypen ist die **Divisionskalkulation** das einfachste Kalkulationsverfahren zur Ermittlung der Herstell- bzw. Selbstkosten, das aber zugleich auch mit den meisten anwendungsbezogenen Einschränkungen behaftet ist[69]. Grundsätzlich errechnet die Divisionskalkulation die Stückkosten mittels **Division** der gesamten periodisch angefallenen und erfassten Kosten durch die in der entsprechenden Periode erbrachte Gesamtleistung, also die hergestellte Produktmenge[70]. Es gilt also:

$$\text{Stückkosten} = \frac{\text{Gesamtkosten}}{\text{Gesamtleistung}}$$

Es ist unmittelbar ersichtlich, dass dieses Verfahren in seiner reinen Form nur in **Einproduktbetrieben mit einheitlicher Massenfertigung** anwendbar ist. Gleichzeitig unterstellt die Divisionskalkulation in ihrer reinen Form, dass keinerlei Lagerbestandsveränderungen bei Halb- oder Fertigfabrikaten auftreten[71].

Weiterhin kann zwischen **einstufiger und mehrstufiger Divisionskalkulation** differenziert werden. Im Gegensatz zur einstufigen Divisionskalkulation, die die Gesamtkosten des Unternehmens undifferenziert en bloc verrechnet, besteht bei der mehrstufigen Divisionskalkulation die Möglichkeit, ein eventuell vorhandenes Mengengefälle in einzelnen Fertigungsbereichen sowie einen Lageraufbau oder einen Lagerabbau bei Rohstoffen, Halbfertig- oder Fertigfabrikaten zu berücksichtigen. Die Herstellkosten werden dabei auf die Menge produzierter Produkte bezogen, die Verwaltungskosten und die Vertriebskosten auf die Menge abgesetzter Produkte. Voraussetzung dafür ist allerdings eine wenigstens grobe Kostenstellenbildung zur getrennten Kostenerfas-

---

68 Siehe Kilger, Wolfgang - Pampel, Jochen - Vikas, Kurt: Plankostenrechnung...(2002), S. 472 ff und auch die Ausführungen zur verbundenen Produktion und zur Kuppelproduktkalkulation im vorliegenden Kapitel.

69 Siehe dazu Schmalenbach, Eugen: Selbstkostenrechnung...(1934), S. 184 ff, Schweitzer, Marcell - Küpper, Hans-Ulrich: Systeme...(2003), S. 160 ff und Kilger, Wolfgang: Kostenrechnung...(1987), S. 306 ff. Heber, Arthur - Nowak, Paul: Betriebstyp...(1933), S. 147, Nowak, Paul: Betriebstyp...(1936), S. 21 und auch Schäfer, Erich: Industriebetrieb 1...(1969), S. 80 verweisen darauf, dass der Begriff der Massenkalkulation synonym für die Divisionskalkulation gebraucht wird.

70 Nach Deutsches Institut für Normung e.V.: DIN 32990 Teil 1...(1987), S. 2 ist die Divisionskalkulation „das Kalkulationsverfahren, bei dem die Gesamtkosten eines Abrechnungsbereiches für einen Abrechnungszeitraum durch die Gesamtmenge der erstellten bzw. abgesetzten Kostenträger dividiert und so die Kosten pro Mengeneinheit ermittelt werden". Da kein Lagerbestand berücksichtigt wird, ist die Produktionsmenge gleich der Absatzmenge.

71 Vgl. dazu und im Folgenden Coenenberg, Adolf G.: Kostenrechnung...(2003), S. 74 ff, Hahn, Dietger - Hungenberg, Harald: PuK...(2001), S. 566 f, Hummel, Siegfried - Männel, Wolfgang: Kostenrechnung...(1986), S. 268 ff und Jehle, Egon: Divisionskalkulation...(1993), Sp. 380 ff.

sung. Bei der **addierenden Vorgehensweise** der mehrstufigen Divisionskalkulation werden die einzelnen Stufen zunächst jeweils separat betrachtet. Auf jeder Stufe werden die Stufenkosten durch die Ausbringungsmenge der Stufe dividiert. Auf diese Weise können Stückkosten auf einzelnen Fertigungsstufen oder auch in einzelnen Funktionalbereichen (z. B. Beschaffungskosten, Fertigungskosten oder Vertriebskosten) ermittelt werden. Die **durchwälzende Variante** der mehrstufigen Divisionskalkulation dagegen integriert bei der Herstellkostenermittlung auf jeder Stufe auch die Herstellkosten der jeweils wieder eingesetzten Vorprodukte und kann damit auch stufenbezogene Mengengefälle berücksichtigen, wie dies Abbildung 1-3 verdeutlicht.

Abbildung 1-3
Durchwälzende summarische Divisionskalkulation[72]

Kalkulationspositionen [Mengenangaben in Stück, Kostenangaben in Euro bzw. Euro/Stück]	Kostenstellen				
	Produktion				
	Stufe I	Stufe II	Stufe III	Stufe IV	Vertrieb und Verwaltung
stufenspezifischer Gütereinsatzkoeffizient	1,10	1,06	1,04	1,01	
Rohstoffeinsatzmenge	612				
stufenspezifische Produkionsmenge	612	556	525	505	
stufenspezifische Ausschussmenge	56	31	20	5	
stufenspezifische qualitätssichere Ausbringungsmenge	556	525	505	500	
Absatzmenge					500
stufenbezogene Rohstoffkosten	1.580	150	200		
Kosten des Zwischenproduktеinsatzes		4.380	10.030	12.430	
Fertigungskosten	2.800	5.500	2.200	3.270	
Σ kumulierte Herstellkosten der Produktionsmenge [HK_{kum}]	4.380	10.030	12.430	15.700	
kumulierte Herstellkosten pro Stück	**7,16**	**18,04**	**23,68**	**31,09**	
Ausschusskosten pro Stück	**0,72**	**1,06**	**0,93**	**0,31**	
HK_{kum} pro qualitätssicheres Stück	**7,88**	**19,10**	**24,61**	**31,40**	
Vertriebs- und Verwaltungskosten					750,00
Vertriebs- und Verwaltungskosten pro qualitätssicheres Stück					1,50
Selbstkosten pro abgesetztem Stück					**32,90**
Selbstkosten der Absatzmenge (500 Stück x 32,90 Euro/Stück)					**16.450**

72 Entnommen aus Männel, Wolfgang: Grundlagen...(2004), S. 72.

Wird ein über die gesamte Fertigung hinweg weitgehend gleich bleibendes Rohstoffquantum bestimmten Be- oder Verarbeitungsvorgängen unterworfen, so werden bei einer **Veredelungskalkulation** die Rohstoff- und die Fertigungskosten getrennt kalkuliert. Während die Rohstoffkosten dabei unmittelbar für das absatzfähige Endprodukt bestimmt werden, beziehen sich die fertigungsstufenbezogenen Kalkulationen der Fertigungskosten ausschließlich auf die Kosten der Be- und Verarbeitung. Bei der **mehrfachen Divisionskalkulation** schließlich werden im Unternehmen - im Gegensatz zur einfachen Divisionskalkulation, bei der das Gesamtunternehmen den relevanten Abrechnungsbereich darstellt - in getrennten Abrechnungsbereichen jeweils separate Divisionskalkulationen durchgeführt[73].

Problematisch ist bei der sehr einfachen Methodik der Divisionskalkulation in ihrer Reinform vor allem, dass keine Trennung in Kostenträgereinzel- und Kostenträgergemeinkosten vorgesehen ist[74]. Hinzu kommt, dass nicht wirklich einzelne Kostenträger kalkuliert werden, sondern eine **abrechnungszeitraumbezogene Durchschnittsbetrachtung** angestellt wird, die nur in Ausnahmefällen als kalkulationszweckadäquat bezeichnet werden kann[75].

Die **Äquivalenzziffernrechnung**, die eine Variante der Divisionskalkulation darstellt, findet in Unternehmen der **Sortenfertigung** bei Produktarten mit ähnlichen Kostenstrukturen Anwendung[76]. Bei diesem Verfahren wird versucht, die unterschiedliche, aber proportionale Ressourceninanspruchnahme der einzelnen Produktsorten i durch **Gewichtungsfaktoren**, so genannte Äquivalenzziffern[77], abzubilden, um auf diese Weise die Methodik der Divisionskalkulation anwenden zu können[78]. Zu diesem Zweck werden die betrachteten Produktsorten k durch Multiplikation der einzelnen Produkteinheiten mit den korrespondierenden Äquivalenzziffern in fiktive Einheiten eines Einheitsprodukts, das tatsächlich nicht existieren muss, umgerechnet. Die im

---

73 Vgl. Gleich, Ronald - Pfohl, Markus: Kostenrechnungssysteme...(2000), S. 181 ff, die die Differenzierungen der Divisionskalkulation an einem Beispiel erläutern.

74 Siehe dazu Schmalenbach, Eugen: Kostenrechnung...(1963), S. 304 f, der dieses Kriterium als wesentlichen Unterschiede zwischen Divisions- und Zuschlagskalkulation sieht. Anders dagegen Heber, Arthur - Nowak, Paul: Betriebstyp...(1933), S. 146 und Nowak, Paul: Betriebstyp...(1936), S. 20.

75 Schäfer, Erich: Industriebetrieb 1...(1969), S. 80 spricht in diesem Zusammenhang explizit vom „arithmetische[n, d. V.] Mittel der Kosten je Leistungseinheit".

76 Vgl. dazu und im Folgenden Gleich, Ronald - Pfohl, Markus: Kostenrechnungssysteme...(2000), S. 184 f, Hummel, Siegfried - Männel, Wolfgang: Kostenrechnung...(1986), S. 275 ff und Standop, Dirk: Äquivalenzziffernkalkulation...(1993), Sp. 36 ff. Vgl. bspw. auch die methodische Vorgehensweise bei Schmalenbach, Eugen: Selbstkostenrechnung...(1934), S. 189 ff und Kilger, Wolfgang: Kostenrechnung...(1987), S. 315 ff.

77 Die Äquivalenzziffern geben an, um welchen Faktor sich die Kosten einer Sorte von den Kosten der Einheitssorte unterscheiden. Ein typisches Anwendungsfeld für die Äquivalenzziffernrechnung sind Blechwalzwerke, die Bleche unterschiedlicher Stärke erzeugen.

78 Nach Deutsches Institut für Normung e.V.: DIN 32990 Teil 1...(1987), S. 2 ist die Äquivalenzziffernkalkulation „eine Divisionskalkulation, bei der die Kostenträger entsprechend der angenommenen Kostenverursachung gewichtet werden". Letztendlich ergibt sich somit kostenträgerbezogen ein gewogenes Mittel der Produktkosten.

Abrechnungsbereich für die Betrachtungsperiode aufgelaufenen Istkosten werden sodann durch die fiktive Gesamtmenge des Einheitsprodukts dividiert und man erhält die Stückkosten des Einheitsprodukts als:

$$\text{Stückkosten des Einheitsprodukts} = \frac{\text{Gesamtkosten}}{\text{fiktive Menge des Einheitsprodukts}}$$

Diese Stückkosten werden anschließend durch Multiplikation mit den entsprechenden Äquivalenzziffern in **Stückkosten der realen Produktsorten** umgerechnet:

$$\text{Stückkosten Produkt k} = \text{Stückkosten des Einheitsprodukts} \times \text{Äquivalenzziffer k}$$

Bei diesem Kalkulationsverfahren wird analog zur Divisionskalkulation je nach Anzahl der unternehmensspezifischen Abrechnungsbereiche zwischen **einfacher und mehrfacher Äquivalenzziffernrechnung** unterschieden. Im Gegensatz zur **einreihigen** werden bei der **mehrreihigen** Äquivalenzziffernrechnung separate Äquivalenzziffernreihen für einzelne Kostenarten verwendet. Zudem können Äquivalenzziffernrechnungen auch auf einzelnen Fertigungsstufen im Sinne einer mehrstufigen Anwendung zur Berücksichtigung von Zwischenlagern oder Mengengefällen eingesetzt werden.

Die **Festlegung der Äquivalenzziffern** stellt neben den bereits bei der Divisionskalkulation erläuterten einschränkenden Anwendungsbedingungen das Hauptproblem dieses Kalkulationsverfahrens dar[79]. Im Regelfall werden die Gewichtungsfaktoren aufgrund von Erfahrungswerten der Vergangenheit, aufgrund produktionstechnischer Gegebenheiten oder einfach nur aufgrund von Plausibilitätsüberlegungen subjektiv festgelegt. Zu den bereits bei der Divisionskalkulation angesprochenen Kritikpunkten kommt bei der Äquivalenzziffernrechnung also noch die meist fehlende Objektivierbarkeit der Gewichtungen hinzu.

C Zuschlagskalkulation

Grundlegendes Merkmal der **Zuschlagskalkulation**[80], die im Gegensatz zur Divisionskalkulation und der Äquivalenzziffernrechnung auch für Betriebe der Serien- und Einzelfertigung geeignet ist, ist die Differenzierung in Kostenträgereinzelkosten und Kostenträgergemeinkosten[81], wobei zwischen diesen beiden Kostenkategorien eine **proportionale Beziehung** unterstellt wird. Die Kostenträgereinzelkosten werden den

---

79 So stellt Schäfer, Erich: Industriebetrieb 1...(1969), S. 83 zurecht die Frage „wie man zu den Kostengewichten oder Kostenrelationen, sprich ‚Äquivalenzzahlen' gelangt" als eigentliche Problematik der Äquivalenzziffernrechnung dar.

80 Vgl. hierzu und im Folgenden Hummel, Siegfried - Männel, Wolfgang: Kostenrechnung...(1986), S. 283 ff, Reichmann, Thomas: Zuschlagskalkulation...(1993), Sp. 2262 ff und Schweitzer, Marcell - Küpper, Hans-Ulrich: Systeme...(2003), S. 168 ff. Siehe ausführlich Kilger, Wolfgang: Kostenrechnung...(1987), S. 326 ff.

81 Siehe insbesondere Schmalenbach, Eugen: Kostenrechnung...(1963), S. 304 f. Vgl. auch Coenenberg, Adolf G.: Kostenrechnung...(2003), S. 77 ff, Hahn, Dietger - Hungenberg, Harald: PuK...(2001), S. 570 und Vormbaum, Herbert - Ornau, Hartmut: Kalkulationsverfahren...(1992), S. 538.

Produkten direkt ohne Schlüsselungen zugerechnet, die Kostenträgergemeinkosten werden über prozentuale Zuschlagssätze auf Basis der Einzelkosten oder von Teilen davon verrechnet. Für die Ermittlung der Zuschlagssätze gilt folgende Formel:

$$\text{Zuschlagssatz (in \%)} = \frac{\text{Kostenträgergemeinkosten}}{\text{Bezugsbasis}} \times 100$$

Das generelle Schema der Zuschlagskalkulation sieht vor, die Materialgemeinkosten auf Basis der Materialeinzelkosten und die Fertigungsgemeinkosten auf Basis der Fertigungseinzelkosten bzw. der Fertigungslöhne zu verrechnen. Die Verwaltungsgemeinkosten sowie die Vertriebsgemeinkosten werden auf Basis der Herstellkosten zugeschlagen. Abbildung 1-4 zeigt das **grundlegende Rechenschema** der Zuschlagskalkulation auf, die ursprünglich für die Belange der **Serienfertigung** entwickelt und verfeinert wurde.

Abbildung 1-4
Grundschema der Zuschlagskalkulation[82]

			Materialeinzelkosten
			Materialgemeinkosten (in % der Materialeinzelkosten)
		Materialkosten	
			Fertigungseinzelkosten
			Fertigungsgemeinkosten (in % der Fertigungseinzelkosten)
			Sondereinzelkosten der Fertigung
		Fertigungskosten	
	Herstellkosten		
	Verwaltungskosten (in % der Herstellkosten)		
	Vertriebskosten (in % der Herstellkosten)		
	Sondereinzelkosten des Vertriebs		
Selbstkosten			

Während zur Durchführung einer **summarischen** Zuschlagskalkulation keine Kostenstellenrechnung notwendig ist, setzt eine **differenzierende Zuschlagskalkulation** eine Einteilung des Unternehmens in Kostenstellen voraus. Die Gemeinkosten des Unternehmens werden in den Kostenstellen erfasst und für die einzelnen Kostenstellen werden spezifische Zuschlagsgrundlagen und Zuschlagssätze ermittelt. In der Praxis ist die differenzierende Zuschlagskalkulation auch heute noch das am weitesten ver-

---

82 Siehe dazu Lehmann, Max R.: Industriekalkulation...(1951), S. 88, Männel, Wolfgang: Zuschlagskalkulation...(1986), S. 152 und ähnlich Nowak, Paul: Betriebstyp...(1936), S. 66 f. Kilger, Wolfgang - Pampel, Jochen - Vikas, Kurt: Plankostenrechnung...(2002), S. 472 ff kalkulieren die Fertigungskosten mit der im Folgenden zu erläuternden Bezugsgrößenkalkulation und differenzieren die Sondereinzelkosten des Vertriebs.

breitete Verfahren. Synonym wird die Zuschlagskalkulation oft auch als **Lohnzuschlagskalkulation** bezeichnet, da die Fertigungskosten meist nur auf Basis der Fertigungseinzellöhne verrechnet werden.

Gerade die von der Zuschlagskalkulation unterstellte **Proportionalität zwischen Einzel- und Gemeinkosten sowie die Kalkulation auf Basis von Wertschlüsseln** wird immer wieder als Argument gegen dieses Verfahren verwendet. Aus den hohen Gemeinkosten im Fertigungsbereich, die sich vor allem durch den Einsatz moderner Technologien ergeben, resultieren zum Teil Zuschlagssätze von über 1000%, so dass die Anwendung einer Zuschlagskalkulation immer mehr in Frage gestellt werden muss[83].

D Bezugsgrößenkalkulation

Im Zuge der Weiterentwicklung der Zuschlagskalkulation werden die Fertigungskosten als Summe aus Fertigungslöhnen und Fertigungsgemeinkosten leistungsorientiert über **Maschinenkostensätze bzw. Fertigungszeitkostensätze** auf die Erzeugnisse verrechnet:

$$\text{Stundensatz (in Euro/Zeiteinheit)} = \frac{\text{Fertigungskosten}}{\text{zur Verfügung stehende Zeiteinheiten}}$$

Diese Vorgehensweise wird als **Stundensatzkalkulation** bezeichnet[84]. Die Kalkulationsergebnisse werden aber nur dann im Vergleich zur Zuschlagskalkulation exakter, wenn ein proportionales Verhältnis zwischen Fertigungsgemeinkosten und Fertigungslöhnen sowie Maschinenlaufzeiten bzw. Fertigungszeiten besteht oder unterstellt werden kann. Bei Vorliegen dieser Proportionalität enthält der Maschinenstundensatz nicht nur die Kosten der Technologien selbst, sondern auch die „Kosten der Steuerung, Bedienung, Überwachung und Instandhaltung dieser Potenziale“[85].

---

83 Siehe zur Kritik an der Methodik der Zuschlagskalkulation die entsprechenden Ausführungen im Kapitel ‚Prozess- und ressourcenorientierte Produktkostenkalkulation’ sowie die dort angegebene Literatur. Die praktische Bedeutung einer Zuschlagskalkulation ist dennoch unbestritten. So gibt der Zentralverband der Elektrohandwerke (ZVEH) regelmäßig eine Kalkulationshilfe für Elektrobetriebe heraus, in der sowohl ein prozentualer Lohnzuschlagsatz auf produktive Arbeitsstunden für Lohnzusatzkosten angegeben ist, als auch ein Gemeinkostenzuschlagssatz. Nach Müller, Dieter - Winkler, Wolfgang: Elektro-Installationen...(2001), S. 192 f beträgt in den alten Bundesländern für das Jahr 1999/2000 der für die Lohnzusatzkosten empfohlene Zuschlagssatz 99,97%, für den Gemeinkostenzuschlagssatz werden je nach Betriebsgröße zwischen 85% und 125% angegeben.

84 Vgl. dazu sinngemäß Hummel, Siegfried - Männel, Wolfgang: Kostenrechnung...(1986), S. 302. Siehe auch Kilger, Wolfgang: Kostenrechnung...(1987), S. 333 ff. Deutsches Institut für Normung e.V.: DIN 32992 Teil 1...(1987), S. 9 spricht von einer Zuschlagskalkulation mit Maschinenstundensätzen bzw. Fertigungsstundensätzen, da die nicht leistungsabhängig behandelten Restfertigungsgemeinkosten weiterhin über Gemeinkostenzuschläge verrechnet werden. Gutenberg, Erich: Einführung...(1958), S. 145 bezeichnet die Platzkostenrechnung ebenfalls als besondere Form der Zuschlagskalkulation, so auch Gleich, Ronald - Pfohl, Markus: Kostenrechnungssysteme...(2000), S. 188, die die Maschinenstundensatzrechnung als verfeinerte Form der Zuschlagskalkulation bezeichnen. Siehe zur Platzkostenrechnung auch Holzer, Herbert: PPS-Systeme...(2000), S. 111 ff.

85 Männel, Wolfgang: Technisierung...(1993), S. 307.

Bei den komplexen Produktionsbedingungen der heutigen Zeit ist jedoch kaum davon auszugehen, dass die von der Stundensatzkalkulation unterstellte zeitproportionale Beziehung der Fertigungsgemeinkosten generell Gültigkeit besitzt. Aus diesem Grunde werden - bereits bei der Kostenplanung im Rahmen der Grenzplankostenrechnung - kostenstellen- bzw. kostenplatzspezifisch **Maßgrößen der Kostenverursachung** im Sinne von Maßgrößen der **Leistungsinanspruchnahme** identifiziert, die als **Bezugsgrößen** bezeichnet werden[86]. Bei heterogener Leistungsinanspruchnahme müssen in den einzelnen Kostenstellen mehrere Bezugsgrößen nebeneinander verwendet werden, so z. B. die Rüstzeiten parallel zu den Fertigungszeiten. Die Fertigungsgemeinkosten werden also bei der Bezugsgrößenkalkulation über die kostenstellenspezifischen Maßgrößen der Leistungsinanspruchnahme auf die Kostenträger verrechnet:

$$\text{Verrechnungssatz (in Euro/Bezugsgrößeneinheit)} = \frac{\text{bezugsgrößenproportionale Fertigungskosten}}{\text{Bezugsgrößensumme}}$$

Kilger weist darauf hin, dass prinzipiell die Grundsätze der **Bezugsgrößenkalkulation** auch Bezugsgrößen in den fertigungsunterstützenden Bereichen erfordern. Gleichzeitig verneint er jedoch die Eignung dieser Bezugsgrößen zur Produktkalkulation, da „sie keine direkte Beziehung zu den Produktmengen aufweisen“[87]. Diese Bezugsgrößen der indirekten Bereiche sind nach dem Gedanken der Plankostenrechnung lediglich für die Kostenkontrolle verwendbar[88].

E Kuppelproduktkalkulation

Unter **Kuppelproduktionsprozessen** werden Produktionsprozesse verstanden, „bei denen naturgesetzlich oder technologisch bedingt zwangsläufig zwei oder mehr Produktarten hervorgehen“[89], und die prinzipiell **fertigungstypunabhängig** auftreten können. Die sich ergebende Mengenrelation der Kuppelprodukte ist dabei entweder konstant oder in Bandbreiten variierbar[90]. Das Problem der Kalkulation der Kuppelprodukte besteht darin, dass sich Kosten des Kuppelproduktionsprozesses nicht einem einzelnen Kuppelprodukt als Einzelkosten zurechnen lassen, sondern nur dem **Kuppelproduktpäckchen**, den nebeneinander entstehenden Produktarten. Eine leistungsorientierte produktspezifische Zurechnung dieser Kosten ist theoretisch unmöglich und

---

86 Siehe insbesondere Kilger, Wolfgang - Pampel, Jochen - Vikas, Kurt: Plankostenrechnung...(2002), S. 243 ff und auch Vormbaum, Herbert - Ornau, Hartmut: Kalkulationsverfahren...(1992), S. 544.

87 Kilger, Wolfgang: Kostenrechnung... (1987), S. 335.

88 Vgl. dazu Müller, Heinrich: Prozeßkonforme...(1996), S. 41 sowie Kilger, Wolfgang: Kostenrechnung...(1987), S. 334 f.

89 Riebel, Paul: Kuppelproduktion...(1996), Sp. 993. Vgl. auch Männel, Wolfgang: Kalkulation...(1987), S. 31 und Verband der Chemischen Industrie e. V.: Kalkulation...(1997), S. 124. Siehe zum Begriff der Kuppelproduktion insbesondere Riebel, Paul: Marktprobleme...(1955), S. 11 ff.

90 Vgl. zu den Spezifika der Kuppelproduktion Kilger, Wolfgang: Absatzplanung...(1973), S. 340 ff und Riebel, Paul: Marktprobleme...(1955), S. 27 ff sowie die dort angegebene Literatur.

muss - wenn sie trotzdem vorgenommen wird - immer subjektiv bleiben[91]. Die Kosten, die vor oder im Anschluss an den betreffenden Fertigungsprozess anfallen, können den Kuppelprodukten aber wieder nach den oben bereits erläuterten Kalkulationsverfahren zugerechnet werden.

Bei der Kuppelproduktkalkulation muss danach unterschieden werden, ob das Kuppelproduktpäckchen ein **Hauptprodukt** und ein oder mehrere Neben- oder Abfallprodukte umfasst, oder ob **mehrere gleichwertige Produkte** entstehen[92]. Ist ein Hauptprodukt identifizierbar, werden die Produktkosten nach der Methode der **Restwertrechnung** kalkuliert[93]. Dabei wird unterstellt, dass im Kuppelprozess für die Nebenprodukte Kosten in genau der Höhe der erzielbaren Verkaufserlöse abzüglich eventuell im Anschluss an den Kuppelprozess anfallender Weiterverarbeitungs- und Vertriebskosten entstehen. Die Kosten des Kuppelprozesses, die nach der Kalkulation der Nebenprodukte noch nicht gedeckt sind, fallen annahmegemäß als Herstellkosten für das Hauptprodukt auf der Fertigungsstufe des Kuppelprozesses an.

Entstehen im Kuppelproduktionsprozess mehrere gleichwertige Produkte erfolgt die Anwendung einer **Marktpreisverhältnisrechnung**[94], bei der den Kuppelprodukten Herstellkosten des Kuppelprozesses in Relation der Marktpreise abzüglich eventuell im Anschluss an den Kuppelprozess anfallender Weiterverarbeitungs- und Vertriebskosten zugeordnet werden. Dieses Kalkulationsverfahren wird, da die Marktpreise hier als Äquivalenzziffern für die Kostenschlüsselung fungieren, auch als Marktpreis-Äquivalenzziffernverfahren bezeichnet[95].

Wesentlich komplexer wird die Kuppelproduktkalkulation für den Fall der **mehrstufigen Kuppelproduktion**, bei der Kuppelprodukte von Vorstufen in Kuppelproduktionsprozesse auf nachgelagerten Fertigungsstufen eingehen. Die Herstellkosten der Produkte bei derartigen Fertigungsbedingungen werden mit Hilfe des Verfahrens der **retrograden Kostenzuordnung mit Hilfe kumulierter Verwendungsüberschüsse** kalkuliert[96]. Ausgangspunkt dieses Verfahrens sind die Marktpreise der Kuppelprodukte der letzten Kuppelproduktionsstufe abzüglich der Weiterverarbeitungs- und der Vertriebskosten. Rückschreitend bis zur ersten Stufe mit Kuppelproduktion werden so-

---

[91] Vgl. Jokisch, Jens: Kalkulation...(1993), Sp. 1026, Kilger, Wolfgang: Kostenrechnung...(1987), S. 355 und Vormbaum, Herbert - Ornau, Hartmut: Kalkulationsverfahren...(1992), S. 547.

[92] Riebel, Paul: Marktprobleme...(1955), S. 126 ff differenziert nicht nur nach Haupt- und Nebenprodukten sondern führt eine komplette ökonomische Rangordnung von Produkten eines gekoppelten Produktionsprozesses ein: Verluste, nicht verwertbare Abfälle, gelegentlich verwertbare Abfälle, regelmäßig verwertbare Abfälle, Nebenprodukte, Koprodukte, das Leitprodukt, das Hauptprodukt und das Zweckprodukt.

[93] Siehe zum „Restwertdenken“ stellvertretend Riebel, Paul: Marktprobleme...(1955), S. 150 und Kilger, Wolfgang: Kostenrechnung...(1987), S. 356 ff.

[94] Kilger, Wolfgang: Kostenrechnung...(1987), S. 361 f spricht generell von Äquivalenzziffern- oder Verteilungsverfahren und führt aus, dass aus betriebswirtschaftlicher Sichtweise ökonomische Eigenschaften beschreibende Maßgrößen als Äquivalenzziffern zu verwenden sind.

[95] Vgl. Kilger, Wolfgang: Kostenträgerrechnung...(1986), S. 29.

[96] Vgl. zu diesem Verfahren Kilger, Wolfgang: Kostenträgerrechnung...(1986), S. 29.

dann Verwendungsüberschüsse pro Einheit errechnet, die sich auf den einzelnen Stufen wie Marktpreis-Äquivalenzziffern verwenden lassen.

Abschließend bleibt festzustellen, dass sämtliche Verfahren der Kuppelproduktkalkulation auf dem **Tragfähigkeitsprinzip** basieren, so dass keinesfalls von einer leistungsorientierten Herstellkostenermittlung gesprochen werden kann. Vielmehr stellen die vorgestellten Verfahren Kostenschlüsselungsalgorithmen dar. Die auf diese Weise ermittelten Stückkosten sind somit subjektiv festgelegt und besitzen letztendlich auch keine Entscheidungsrelevanz im theoretischen Sinne[97].

IV. Fertigungstypspezifische Kalkulationsschwerpunkte

Die typologiebezogene Differenzierung in Massen-, Sorten-, Serien- und Einzelfertigung betrifft sowohl die für die Kalkulation zur Verfügung stehende Datenqualität als auch die Möglichkeiten der direkt produktbezogenen Kostenzurechnung. Der bei der **Massenproduktion** hergestellten einzigen Produktart können sämtliche Kosten des Produktionsbereichs **ohne produktspezifische Schlüsselungen** zugeordnet werden. Gleichzeitig ist das Produktionsanliegen aber durch einen ausgereiften und gut durchdachten Planungs- und Vorbereitungsprozess abgesichert, so dass die Produktionsanlagen derart exakt auf die Endprodukte abgestimmt sind, dass kaum kalkulationsrelevante Abweichungen im Produktionsprozess auftreten. Im Gegensatz dazu nimmt die **Angebots- und die Auftragskalkulation bei der Einzelfertigung** als Projektfertigung eine zentrale Rolle ein. Dies ist vor allem darauf zurückzuführen, dass vor Beginn der Fertigung nicht sämtliche kalkulationsrelevanten Informationen verfügbar sind, aber dennoch die Produktkosten so genau als möglich ermittelt werden sollen. Die Möglichkeit der leistungsorientierten Kostenzurechnung auf die einzelnen Projekte geht weit über die der Massenfertigung hinaus.

Bei der **Sortenfertigung und der Serienfertigung** nehmen Genauigkeit, Aktualität und Auswertungsoffenheit des Kalkulationsergebnisses die zentrale Rolle ein. Die Produktionsanlagen und auch die Fertigungsdaten können nicht in dem Maße perfektioniert werden wie bei der Massenfertigung, so dass Verbesserungen aus **genauen und aktuellen Kalkulationsergebnissen** heraus entstehen müssen. Die Forderung der **Auswertungsoffenheit** bezieht sich darauf, dass produktspezifische Kalkulationsergebnisse auf vielfältigen Auswertungspfaden verdichtet werden können, um die betriebliche Erfolgssituation offen zu legen. Von kalkulationsspezifischem Interesse sind bei der Serienproduktion insbesondere den einzelnen Fertigungslosen nicht direkt zurechenbare Kosten im Sinne von Maschinen-, Personal- oder auch Raumkosten.

A Abschätzung der Preisauskömmlichkeit bei der Massenfertigung

Zentrale Aufgabenstellung der Erzeugniskalkulation bei der Massenfertigung ist die **Abschätzung der Preisauskömmlichkeit** im Sinne eines Target Costings bereits vor

---

[97] Siehe Kilger, Wolfgang: Kostenrechnung... (1987), S. 355 f und auch Hahn, Dietger - Hungenberg, Harald: PuK...(2001), S. 567, die die Verfahren der Kuppelproduktkalkulation unter der Methodik der Divisionskalkulation einordnen.

Beginn der Produktion. Bei der Massenfertigung und auch der Großserienfertigung sind die Produktionsanlagen speziell auf die geplanten Erzeugnisse ausgelegt und werden regelmäßig parallel zur Produktentwicklung ebenfalls erst entwickelt bzw. weiterentwickelt. Nach Beginn der Fertigung können zwar Kostenabweichungen bei der Fertigung aufgedeckt werden, die Möglichkeiten zur Gegensteuerung sind jedoch spezialisierungsbedingt eher gering. Die Berücksichtigung von **Erfahrungskurveneffekten**[98] aufgrund der hergestellten Stückzahlen findet bereits im Vorfeld bei der Abschätzung der Preisauskömmlichkeit statt.

Spätestens zum Abschluss der Konstruktion wird im Regelfall ein Prototyp des Erzeugnisses erstellt. Anhand dieses Prototyps werden die Herstell- und Selbstkosten dieses Erzeugnisses ermittelt. Der diesen Kosten gegenüberstehende Marktpreis wird von der Marktforschungsabteilung oder durch Vergleich mit den Preisen von Konkurrenzprodukten vorgegeben[99]. Im Rahmen einer **lebenszyklusbezogenen Amortisations- und Nutzschwellenrechnung**[100] wird nun untersucht, ob die über den gesamten Absatzzyklus unter Berücksichtigung von Kostendegressionseffekten erzielbaren Erzeugnisdeckungsbeiträge ausreichen, die Entwicklungskosten und eventuell anfallende Entsorgungskosten einerseits sowie die notwendigen Investitionsausgaben andererseits zu decken. Fällt diese Überprüfung der Preisauskömmlichkeit positiv aus, kann das Erzeugnis gefertigt werden. Wesentliches Merkmal der Massenfertigung ist hierbei eine **periodenbezogene Planung**, die sich von den einzelnen Erzeugniseinheiten löst und Zeiträume in den Mittelpunkt rückt[101]. Regelmäßig werden dabei **Standardkalkulationen** aufgebaut, die mit produktspezifischen Standardkosten und letztlich auch Standardergebnissen operieren.

Natürlich muss während der Produktion die **Kostenentwicklung** überwacht werden, aufgrund der speziellen Ausrichtung der Produktionsanlagen sind jedoch die Eingriffsmöglichkeiten in den Produktionsprozess eher von nachrangiger Bedeutung. Wesentlich ist eine möglichst exakte Analyse der Kostensituation vor Beginn der Fertigung.

B Genauigkeit, Aktualität und Auswertungsoffenheit des Kalkulationsergebnisses bei der Sorten- und Serienfertigung

Bei dem Produktionstyp der Sorten- und Serienfertigung stellt die **Vorkalkulation**, also das vor Beginn der Produktion ermittelte Kalkulationsergebnis, den Maßstab für die während oder nach der Produktion durchgeführten Kalkulationsläufe dar. Bei Beginn der Produktion sind sämtliche kalkulationsrelevanten Grunddaten - Stücklisten, Arbeitspläne und Prozesspläne - komplett definiert und auch die entsprechenden

---

98 Siehe dazu die entsprechenden Ausführungen im Kapitel ‚Umfassende Lebenszyklusrechnung'.

99 Vgl. Plaut, Hans-Georg - Müller, Heinrich - Medicke, Werner: Grenzplankostenrechnung...(1973), S. 202.

100 Siehe dazu wiederum die entsprechenden Ausführungen im Kapitel ‚Umfassende Lebenszyklusrechnung'.

101 Vgl. Schäfer, Erich: Industriebetrieb 1...(1969), S. 76.

Wertmaßstäbe - Preise und Kostensätze - stehen im Regelfall zur Verfügung, so dass eine genaue Kalkulation vor Fertigungsbeginn erstellt werden kann.

Dieses Kalkulationsergebnis wird der während oder nach Abschluss der Fertigung erstellten Kalkulation gegenübergestellt, um **Abweichungen** des Produktionsvollzugs und damit Unwirtschaftlichkeiten in der Fertigung aufzudecken. Die Abweichungen werden auf ihre Ursachen hin analysiert und den jeweiligen Verantwortlichen zugeordnet. Auf diese Weise sollen Unwirtschaftlichkeiten erkannt und künftig vermieden werden[102].

Es ist unmittelbar einsichtig, dass für diese Zwecke, der **Genauigkeitsgrad** der Kalkulationen sehr hoch sein muss, undifferenzierte Zuschlagssätze sind hierfür nicht geeignet. Zudem muss die Kalkulation auch das Kostengeschehen zum Kalkulationszeitpunkt abbilden. Nur **aktuelle Kosteninformationen** gewährleisten eine zeitnahe Steuerung der Produktion. Kosteninformationen, die zu spät vorliegen, sind für eine kostenorientierte Steuerung des Produktionsgeschehens nicht ausreichend[103].

Ein weiterer wesentlicher Aspekt der Kalkulation bei der Sorten- und Serienfertigung ist auch die Mehrdimensionalität und **Auswertungsoffenheit der Kalkulationsergebnisse**[104]. Die Auftragsposition ist dabei die modulare Einheit, deren kalkulationsspezifische Merkmale für offene, entscheidungsrelevante Auswertungen gespeichert werden. Für aussagefähige Ergebnisanalysen werden fallspezifische Auswertungsrechnungen durchgeführt, die die jeweiligen Positionsdaten über das Produktprogramm, über Kundenmerkmale, Vertriebswege oder sonstige entscheidungsrelevante Kriterien verdichten[105].

C Auftragserlangung und Anpassung der Kalkulation an den Informationszuwachs bei der Einzelfertigung

Bei der Einzelfertigung schließlich fehlen für eine genaue Kalkulation vor Produktionsbeginn meist die vollständigen Stücklisten und Arbeitspläne. In der Literatur wird im Rahmen der Einzelfertigung auf die Notwendigkeit einer möglichst genauen Vorkalkulation zur Erlangung von Kundenaufträgen hingewiesen. Dabei führen aber nur etwa 5 bis 15% der erstellten Angebote zu tatsächlichen Kundenaufträgen[106], so dass gerade für die Erstellung von **Angebotskalkulationen** das Gebot der Wirtschaftlich-

---

[102] Vgl. dazu auch die Ausführungen im Kapitel ‚Kostenträgercontrolling mit Soll-Ist-Vergleichen'.

[103] Siehe stellvertretend Plaut, Hans-Georg - Müller, Heinrich - Medicke, Werner: Grenzplankostenrechnung...(1973), S. 217 f.

[104] Siehe dazu und im Folgenden Baumgärtner, Jost: Kosten- und Erfolgs-Controlling...(1992), S. 329 und auch Männel, Wolfgang: Gesamtzusammenhang...(1992), S. 71 f.

[105] Vgl. dazu Männel, Wolfgang: Gesamtzusammenhang...(1992), S. 71 ff.

[106] Vgl. Bronner, Albert: Kalkulation...(1993), S. 364 ff. Siehe auch Kambartel, Karl-Heinz: Angebotsplanung...(1973), S. 2 f, Kilger, Wolfgang - Pampel, Jochen - Vikas, Kurt: Plankostenrechnung...(2002), S. 505, Medicke, Werner: Produktkosten-Controlling...(1988), S. 291 sowie Opitz, Herwart - Brankamp, Klaus - Kambartel, Karl-Heinz: Systematisierung...(1971), S. 8. Fischer, Werner: Erstellung...(1977), S. 1 beziffert das Verhältnis von Aufträgen zu abgegebenen Angeboten auf weniger als 5%. Siehe dazu auch die Notationen in Fußnote 242 auf Seite 180.

keit gilt[107]. Eine genaue Kalkulation vor Auftragseingang ist somit im Regelfall nicht möglich. Zudem würde eine solche annähernd exakte Kalkulation zu viel Zeit in Anspruch nehmen, und der potenzielle Kunde hätte sich schon längst für ein anderes Unternehmen entschieden[108]. Als weiteres Problem zeigt sich im Anlagenbau der steigende Bedarf an **Sondermaschinen**, die spezifische Kundenanforderungen erfüllen müssen, so dass die Erstellung eines Angebots und damit auch dessen Kalkulation immer umfangreicher und komplexer wird[109].

Während bei der kurzfristigen Einzelfertigung für die Vorkalkulation im Regelfall noch auf **komponentenspezifische Kalkulationsdaten** bereits gefertigter Erzeugnisse zurückgegriffen werden kann, beschränkt sich die Möglichkeit der Verwendung von Vergangenheitsdaten bei der langfristigen Einzelfertigung komplexitätsbedingt nahezu ausschließlich auf das Operieren mit relativ globalen Kenngrößen.

Während der laufende Informationszuwachs bei der kurzfristigen Einzelfertigung aufgrund des meist vorgegebenen Erzeugnisprogramms relativ gering ist, ist er bei der langfristigen Einzelfertigung im Sinne einer Projektfertigung enorm. Wird der Kundenauftrag tatsächlich erlangt, müssen zunächst abschließende Erzeugnisspezifikationen vereinbart werden. Während der Fertigung müssen in der Praxis meist geänderte Kundenwünsche berücksichtigt werden, die natürlich auch das Ergebnis der Vorkalkulation im Sinne einer Anforderungs- und damit auch Kostenaktualisierung beeinflussen. Die Kalkulationsmethodik bei langfristiger Einzelfertigung muss in der Lage sein, diesen **kostenrelevanten Informationszuwachs** abzubilden und auch den laufenden Fertigungsfortschritt zu berücksichtigen. Zu diesem Zweck müssen auch Hochrechnungen von bereits realisierten Istkosten und planmäßig bis zur Fertigstellung noch anfallenden Kosten durchgeführt werden können. Vor diesem Hintergrund muss das **Projektcontrolling** unterschiedlichste Kalkulationsstände vergleichen und analysieren können[110]. Gerade bei der regelmäßig sehr kapitalintensiven Projektfertigung ist eine frühzeitige Abweichungsermittlung, die rechtzeitig effektive Gegensteuerungsmaßnahmen erlaubt, unabdingbar.

V. Typisierung nach der Fertigungstechnologie

Aus den bisherigen Ausführungen wird deutlich, dass die in der Literatur fast ausschließlich anzutreffende Gliederung nach Unternehmen der Massen-, Sorten-, Serien-, und Einzelfertigung aus dem Blickwinkel der Kalkulation generell sehr grob ist. Die dieser Einteilung im Wesentlichen zugrunde liegenden unternehmensspezifi-

---

[107] Die zusätzlichen Kosten, die mit der Verbesserung der Kalkulationsgenauigkeit entstehen, müssen dem Nutzen des dadurch erreichten Informationszuwachses gegenübergestellt werden, Nowak, Paul: Betriebstyp...(1936), S. 8 spricht in diesem Zusammenhang vom Grundsatz der „Rechnungsökonomie".

[108] Vgl. Plaut, Hans-Georg - Müller, Heinrich - Medicke, Werner: Grenzplankostenrechnung...(1973), S. 201 und auch Holzer, Herbert: PPS-Systeme...(2000), S. 121 f.

[109] Siehe Kambartel, Karl-Heinz: Angebotsplanung...(1973), S. 3 ff.

[110] Vgl. die entsprechenden Ausführungen im Kapitel ‚Kostenträgercontrolling mit Soll-Ist-Vergleichen'.

schen Merkmale der Anzahl der Endproduktarten, der Wiederholungshäufigkeit der Produktion und des Verwandtschaftsgrads der Endproduktarten reichen zur Bildung eines kalkulationsrelevanten Produktionstyps nicht aus, sofern **differenzierte Kalkulationsaussagen** abgeleitet werden sollen[111]. Im Folgenden werden daher die in Abbildung 1-5 zusammengestellten kalkulationsrelevanten Merkmale mit ihren Konsequenzen für die Kalkulation herausgearbeitet.

Abbildung 1-5
Auf die Fertigungstechnologie bezogene Typisierungskriterien

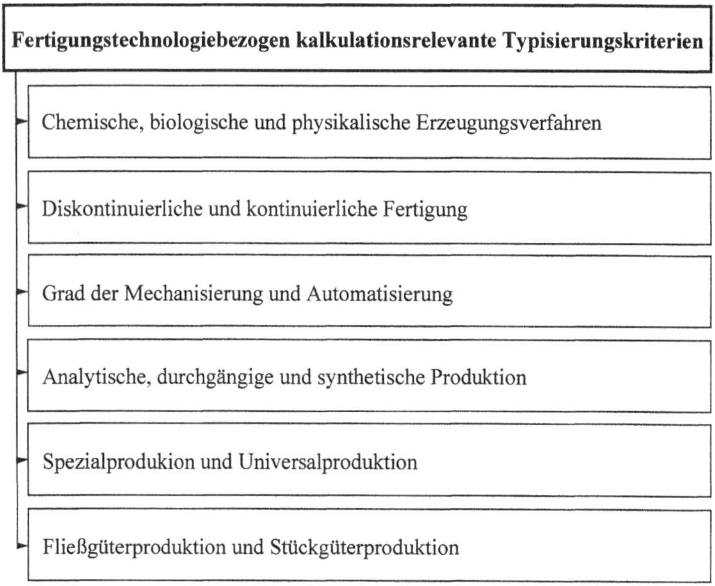

A Chemische, biologische und physikalische Erzeugungsverfahren

Bei chemischen Erzeugungsverfahren führen **naturgesetzlich determinierte Vorgänge** nach Schaffung bestimmter Reaktionsbedingungen zu autonomen Stoffumwandlungen, bei biologischen Erzeugungsverfahren finden diese Stoffumwandlungen unter Einsatz von **lebenden Organismen** statt, wobei biologischen Verfahren stets auch chemische Stoffumwandlungen zugrunde liegen. Physikalische Erzeugungsverfahren schließlich führen unter Einsatz von mechanischen, elektrischen, magnetischen oder

[111] In diesem Sinne verweist Schäfer, Erich: Industriebetrieb 1...(1969), S. 76 explizit darauf, dass „ohne Hinzunahme weiterer typischer Merkmale nur gewisse Tendenzen der Auswirkung des Massenprinzips aufgezeigt werden".

thermischen Verfahren zu bewusst gesteuerten Stoffumwandlungen und Stoffumformungen und werden von Menschen oder Werkzeugen bewirkt[112].

Während physikalische Verfahren augrund der bewussten menschlichen Steuerung sehr gut planbar und beherrschbar sind, unterliegen chemische und biologische Erzeugungsverfahren gewissen Unwägbarkeiten. **Biologische Prozesse** sind sicherlich am wenigsten beherrschbar. So können für **Wachstums- und Reifeprozesse** nur die bestmöglichen Umweltbedingungen geschaffen werden, der Wachstums- bzw. Reifeprozess selbst läuft dennoch autonom und manchmal auch unerwartet ab. Der Mensch kann den biologischen Prozess durch die Schaffung einer optimalen Umgebung lediglich aufrecht erhalten, unterstützen oder fallweise auch beschleunigen. Besonders in der **Land- und Forstwirtschaft** werden zahlreiche Unwägbarkeiten deutlich, die aktuellen Klimaverhältnisse können den jeweiligen Ernteertrag ebenso positiv wie negativ beeinflussen. Unwetter und Naturkatastrophen führen zu existenzbedrohenden Ertragseinbußen. Ebenfalls nur begrenzt vorhersehbare Rekordernten in Nachbarländern bewirken einen Preisverfall, für das Auftreten von Schädlingen und Tierkrankheiten lassen sich in den vergangenen Jahren etliche teilweise existenzvernichtende Beispiele finden. Im Wesentlichen beruht diese Problematik der biologischen Erzeugungsverfahren darauf, dass lebende Organismen die „Produktion“ ganz wesentlich mitbestimmen[113]. Die Kalkulation kann letztlich bei biologischen Verfahren nur **unterstützende Prozesse** kalkulieren, wie Prozesse des Säens, des Düngens und des Erntens in der Landwirtschaft oder Prozesse der Fütterung und der Schlachtung in der Viehwirtschaft, eine Produktion im fertigungswirtschaftlichen Sinn findet bei biologischen Verfahren nicht statt.

Die **Prozesse der chemischen Industrie** schließlich sind zwar wegen der auf molekularer und damit letztlich nicht beobachtbarer Ebene ablaufenden Reaktionen nicht in dem Maße als deterministisch anzusehen wie physikalische Prozesse, es können aber regelmäßig **feste Input-Output-Relationen** bestimmt werden. Die prozesskostenrechnerische Beurteilung der chemischen Prozesse ist abhängig davon, ob es sich um eine kontinuierliche oder eine chargenweise Fertigung handelt. Während bei der chargenweisen Fertigung die Prozessbedingungen im Zeitablauf variieren und auch Reinigungsprozesse zwischen den einzelnen Chargen berücksichtigt werden müssen, herrschen bei der kontinuierlichen chemischen Fertigung an verschiedenen Stellen des Fertigungssystems unterschiedliche Prozessbedingungen, deren Schaffung und Aufrechterhaltung kalkuliert werden muss. Die konkrete Ausgestaltung der Kalkulation hängt nicht zuletzt auch davon ab, ob es sich um eine analytische oder eine synthetische Fertigung handelt[114].

---

[112] Vgl. dazu und im Folgenden insbesondere Riebel, Paul: Erzeugungsverfahren...(1963), S. 62 ff.

[113] Siehe dazu Riebel, Paul: Erzeugungsverfahren...(1963), S. 75 f, der auch auf die besondere Stellung biologischer Organismen im System der Produktionsfaktoren hinweist. Diese können „einerseits Rohstoff, andererseits Produktionsmittel und schließlich auch noch Zwischen- und Enderzeugnis sein“.

[114] Vgl. dazu die weiteren Ausführungen im vorliegenden Kapitel.

B Diskontinuierliche und kontinuierliche Fertigung

Eine kontinuierliche Fertigung findet ohne speziellen verfahrensimmanenten Rhythmus gleichmäßig und pausenlos statt. Bei einer diskontinuierlichen Fertigung demgegenüber werden Arbeitsgänge oder Arbeitsgangfolgen verfahrensbedingt regelmäßig unterbrochen. Dabei gilt generell, dass ein höherer **Automatisierungsgrad** tendenziell zu einer kontinuierlicheren Fertigung führt, während ein hoher **Personalleistungsanteil** eine diskontinuierliche Fertigung zur Folge hat[115]. Bei einer **Chargenfertigung**, die zu den diskontinuierlichen Verfahren zählt, wird im Herstellungsprozess eine durch das Fassungsvermögen des Betriebsmittels begrenzte Produktmenge hergestellt[116].

Da nach jeder Unterbrechung des Produktionsablaufs die Ressourcen zwangsweise neu anlaufen müssen - dies gilt sowohl für Maschinen als auch für Personal - besteht prinzipiell nach jeder Unterbrechung die potenzielle Gefahr von **Anlaufverlusten** im Sinne von Schlechtstücken oder Abfall. Da Anlaufverluste regelmäßig nicht volumenabhängig auftreten, sollten diese kostenstellenspezifisch als eigene Kostenkategorie erfasst werden. Je nach unternehmensindividueller Relevanz dieser Anlaufverluste kann eine separate Kalkulationsposition dafür ausgewiesen werden oder sie werden der Einfachheit halber als Mehrverbrauch in der Stückliste (und fallbezogen auch im Arbeitsplan) berücksichtigt[117].

Werden Produktionsvorgänge verfahrensbedingt unterbrochen, so müssen stets **Hand- oder Zwischenlager** an diesen Nahtstellen gebildet werden. Damit stellt sich bei diskontinuierlicher Fertigung automatisch die Problematik der Erfassung und letztendlich auch Kalkulation genau dieser Lagerbestände[118].

Bei der **Chargenfertigung** wird das Betriebsmittel mit einer bestimmten Menge an Einsatzgütern befüllt, der Produktionsprozess wird durchlaufen und anschließend wird die Produktmenge insgesamt dem Betriebsmittel entnommen[119]. Dieser Herstellungsprozess wird stetig wiederholt durchlaufen. Regelmäßig ist es dabei nicht möglich prozesstechnologisch konstante Produktionsbedingungen zu schaffen, so dass die Endprodukte qualitätsmäßig differieren, wenn auch diese Unterschiede keineswegs

---

[115] Vgl. dazu Riebel, Paul: Erzeugungsverfahren…(1963), S. 103.

[116] Vgl. Riebel, Paul: Erzeugungsverfahren…(1963), S. 96.

[117] Männel, Wolfgang: Kunststoffertigung…(1997), S. 103 verweist darauf, dass für den Fall, dass auf Maschinenanlauf zurückzuführender Ausschuss der Ressource wieder der Verwertung zugeführt werden kann, fertigungswirtschaftliche keine spezifischen Ausschusskosten zu veranschlagen sind. Nicht mehr für den Fertigungsprozess zu verwendende Abfälle müssen stücklistenspezifisch erfasst und bei entsprechender Bedeutung in der Erzeugniskalkulation separat erfasst werden. Vgl. dazu auch Männel, Wolfgang: Schraubenfertigung…(1997), S. 48.

[118] Siehe zu dieser Thematik insbesondere die Ausführungen zur mehrstufigen Fertigung auf S. 23 f.

[119] Männel, Wolfgang: Kostenrechnungssysteme…(2003), S. 52 führt aus, dass bei Prozessen der Chargenfertigung „unterschiedliche Güterarten gleichzeitig den Produktionsbedingungen unterworfen werden“. Siehe auch Riebel, Paul: Erzeugungsverfahren…(1963), S. 50 f, der auch auf die Degression der Durchschnittskosten mit steigender Apparategröße hinweist, die aber ab einer bestimmten Größe in eine Progression umschlägt, weil immer aufwändigere Apparate notwendig sind.

gravierend oder sogar vernachlässigbar sind[120]. Neben einer chargenweisen Produktion sind hier insbesondere auch **chargenweise Dienstleistungen** zu berücksichtigen, wie Beförderungs- oder Unterhaltungsdienstleistungen[121].

Eine **Partiefertigung** als werkstoffbedingt nicht wiederholbare Produktion unterscheidet sich von der Chargenfertigung dadurch, dass bei der Chargenfertigung die herstellbare homogene Endproduktmenge von Produktionsprozess und Betriebsmittel abhängt, während bei der Partiefertigung die **vorhandene Menge homogener Einsatzgüter** die Endproduktmenge determiniert. Aufgrund von Qualitätsschwankungen der Einsatzgüter können bei der Partiefertigung regelmäßig keine exakten Mischverhältnisse oder Produktanteile angegeben werden[122]. Da die **Qualität** und die **Beschaffenheit** der Einsatzgüter variieren, müssen die Produktionsverfahren jeweils an die tatsächlichen Gegebenheiten angepasst werden. Dies bedeutet für die Kalkulation eine regelmäßige Plan-Ist-Abweichung aufgrund aktualisierter Fertigungsdaten. Industriell versucht man bei einer Partiefertigung, durch eine möglichst breit gefächerte Mischung von Einsatzstoffen die für das Endprodukt resultierenden **Qualitätsschwankungen** auf ein Minimum zu reduzieren[123].

Für die Kalkulation stellt sich insbesondere bei den kontinuierlichen Verfahren das Problem, dass die **Fertigungskosten** streng genommen nur für die hergestellte Erzeugnismenge insgesamt bestimmt werden können. Handelt es sich dabei um identische Erzeugnisse, so ist es unmittelbar nachvollziehbar, dass jede Erzeugniseinheit den gleichen Anteil der Fertigungskosten zu tragen hat. Bei unterschiedlichen Erzeugnissen müssen die Fertigungskosten nach fertigungsprozessbezogenen Kriterien auf die einzelnen Einheiten geschlüsselt werden.

Aber auch bei der Chargenfertigung können die **chargenspezifischen Fertigungskosten** nur der Charge insgesamt zugeordnet werden. Die Ermittlung der Schlüsselgrößen für die Kostenverteilung auf die einzelnen Chargeneinheiten ist speziell dann von Bedeutung, wenn die Chargen unterschiedliche Elemente enthalten, wie dies bei verschiedenen Backwaren in einem Backofen der Fall ist[124]. Letztlich können meist nur Hilfsgrößen wie Flächen-, Volumen- oder Gewichtsmaße zur Kostenanlastung herangezogen werden, falls nicht der Einfachheit halber nach dem Kostentragfähigkeitsprinzip vorgegangen wird.

---

[120] Riebel, Paul: Erzeugungsverfahren...(1963), S. 100 verweist darauf, dass durch die Mischung mehrerer Chargen einheitliche Erzeugnisse erreicht werden oder alternativ die unterschiedlichen Chargenqualitäten zur Sortendifferenzierung genutzt werden können.

[121] Siehe zur Preiskalkulation im Busverkehr und zu den einzelnen tarifbezogenen Gestaltungselementen Krämer, Horst - Fischer, Rudolf M.: Kalkulation...(2002), S. 68 ff.

[122] Dies betrifft natürlich auch die Stücklisten, Arbeitspläne und Prozesslisten bei der Fertigung von Stückgütern, jedoch ist eine Partiefertigung nahezu ausschließlich bei Fließgütern anzutreffen.

[123] So werden in der Tabakindustrie stets Mischungen mehrerer Tabaksorten zur Zigarettenherstellung verwendet, so dass etwaige Qualitätsdifferenzen der einzelnen Tabaksorten, die nicht nur im Verlauf mehrerer Jahre auftreten können, im Endprodukt nicht mehr identifizierbar sind.

[124] Letztendlich ist damit der Übergang von einer Chargenfertigung zu einer Kuppelproduktion fließend, wobei diese Differenzierung auf verschiedenen Merkmalsebenen angesiedelt und somit nicht theoretisch sauber ist.

Abgesehen von der Chargenfertigung ist eine **diskontinuierliche Fertigung** vor allem bei Stückgütern anzutreffen[125]. Auch hier stellt sich die Frage nach der Verteilung der Fertigungskosten, wobei regelmäßig im Rahmen einer leistungsorientierten Verrechnungssatzkalkulation Leistungsmaßstäbe zur Kostenzurechnung identifiziert werden können. Die Kalkulation muss hier aber sowohl ressourcenbezogen zusätzliche Umrüstvorgänge zwischen den einzelnen Stückgütern berücksichtigen als auch produktbezogen zusätzliche Transport- und meist auch Lagervorgänge zwischen den einzelnen Ressourcen.

C Grad der Mechanisierung und Automatisierung

Den niedrigsten Grad der Mechanisierung und Automatisierung der Fertigung weist die **arbeitsintensive Handarbeit** auf, bei der die Arbeitsleistung ohne Werkzeuge, Geräte oder sonstige Vorrichtungen erbracht wird. Bei der **Werkzeugarbeit** kommen bereits mit menschlicher Muskelkraft betätigte Hilfsmittel zum Einsatz, während der Mensch bei der Maschinenarbeit energiegetriebene Ressourcen nur noch manuell steuert. Auf der nächsten Stufe der **halb- und vollautomatischen Maschinenarbeit** finden sich maschinengestützte Steuerungs- und Bearbeitungsfunktionen, deren Arbeitserfolg bereits weitgehend von der Bedienung unabhängig ist. **Integrierte Fertigungsstraßen** schließlich bestehen aus hintereinander geschalteten Bearbeitungsstationen mit einer automatisierungsbedingt hohen Produktivität und einer sehr geringen manuellen Steuerungsintensität. Im Idealfall werden sämtliche Arbeitsschritte ohne manuelle Eingriffe abgearbeitet[126].

Mit zunehmender Automatisierung ändert sich die **Kosten- und auch die Leistungsstruktur** der jeweiligen Kostenstelle erheblich. Je höher der **Automatisierungsgrad** und damit auch die **Betriebsmittelintensität**, desto höher ist wegen der erheblichen ressourcenspezifischen Investitionsvolumina der Anteil der Kapitalkosten an den Kostenstellenkosten. Personal wird meist nur noch zur Steuerung, Überwachung und Instandhaltung der Ressourcen benötigt. Prinzipiell gilt dabei auch die keineswegs diskriminierende Aussage, dass eine Produktion um so qualitätssicherer ist, je geringer der Personalleistungsanteil. Personalstundensätze werden mit steigender Kapitalintensität der Kostenstellen von **Maschinenstundensätzen und Systemstundensätzen** abgelöst.

Die Wahrscheinlichkeit für **Abweichungen** gegenüber fundierten Plan- oder Sollkalkulationen sinkt mit steigendem Automatisierungsgrad. Dies bedeutet, dass die Relevanz der Abweichungsermittlung und Abweichungsanalyse direkt vom Grad der Mechanisierung und der Automatisierung abhängt. Zum einen liefern richtig eingestellte und gewartete Maschinen eine zu nahezu 100% qualitätssichere Leistung, zum

---

[125] So führt Riebel, Paul: Erzeugungsverfahren...(1963), S. 110 aus, dass kontinuierliche Verfahren und Prozesse für Stückgüter am schwierigsten zu implementieren sind, da Stückgüter „in sich abgegrenzte natürliche Leistungseinheiten sind [...] [und deshalb, d. V.] der Materialfluß zwangsläufig bei jedem Werkstückwechsel unterbrochen“ wird.

[126] Vgl. dazu Siegwart, Hans - Raas, Fredy: CIM-orientiertes...(1991), S. 16 f und wiederum Riebel, Paul: Erzeugungsverfahren...(1963), S. 113 ff.

anderen können vollautomatische Maschinen und Fertigungsstraßen im 3-Schicht-Betrieb arbeiten, so dass sowohl **Anlaufverluste** als auch **Verluste durch Produktionsunterbrechungen** minimiert werden können.

D Analytische, durchgängige und synthetische Produktion

Die Differenzierung in eine analytische, durchgängige und synthetische Produktion nimmt mit Blickwinkel auf die Produktionsfaktoren einen zentralen Stellenwert ein[127]. So werden in der klassischen Kalkulationslehre - wie bereits ausgeführt - nahezu ausschließlich Kalkulationsmethoden für die synthetische Fertigung behandelt[128]. Der Methodenvorrat für eine **zusammenfassende Produktion** ist dementsprechend ausgereift und die Kostenzurechnungsprinzipien bedürfen keiner neuen Diskussion. Kalkulationsanliegen ist letztendlich eine Preiskalkulation bzw. eine Kalkulation der Preisauskömmlichkeit im Sinne eines Target Costings.

Im Gegensatz zur synthetischen Fertigung wird die analytische Fertigung als **zerlegende Fertigung** in der Literatur so gut wie überhaupt nicht behandelt. Am Beispiel eines Schlachthofs wird deutlich, dass es unmöglich - und auch nicht sinnvoll - ist, bestimmte Kosten auf einzelne Teile des Schlachtviehs zuzurechnen. Hier verändert sich somit das Kalkulationsanliegen der Unternehmung und eine Preiskalkulation findet nicht mehr statt[129]. Vielmehr muss eine **reine Deckungsbeitragsrechnung** Anwendung finden, die darauf achtet, dass die Summe der Deckungsbeiträge der heterogenen Enderzeugnisse die jeweiligen Gesamtkosten als Deckungsvorgaben mindestens abdeckt[130]. Bei einer analytischen Fertigung mit homogenen Endprodukten ist es dagegen noch nachvollziehbar, wenn die Fertigungskosten und auch die Materialkosten den Endprodukten gleichverteilt als Deckungslasten vorgegeben werden.

Per definitionem handelt es sich bei der analytischen Stoffverwertung um eine **Kuppelproduktion**, bei der unterschiedliche Produkte anfallen. Diesbezüglich sei hier auf die entsprechenden Ausführungen zur Kalkulation bei Kuppelproduktion in dieser Arbeit verwiesen[131]. Während eine analytische Produktion oftmals als Massenfertigung

---

[127] Riebel, Paul: Erzeugungsverfahren...(1963), S. 56 f führt darüber hinaus noch die austauschende bzw. die umgruppierende Stoffverwertung an, die ausschließlich in Stoffumwandlungsindustrien und der landwirtschaftlichen Urproduktion vorkommt. Wegen der geringen praktischen Relevanz sei dieses Erzeugungsverfahren an dieser Stelle nicht näher erläutert.

[128] Vgl. dazu Fußnote 12 auf Seite 14 der vorliegenden Arbeit. Riebel, Paul: Erzeugungsverfahren...(1963), S. 55 f verweist darauf, dass synthetische Verfahren - die auch sämtliche Montagevorgänge umfassen - meist innerbetrieblich auf analytische oder durchgängige Erzeugungsverfahren folgen und führt das Beispiel des Zuschneidens und anschließenden Zusammennähens in der Bekleidungsindustrie an.

[129] Siehe dazu aber Fuchs, Hans - Fuchs, Martin: Kalkulation...(2001), S. 22 ff zur praktischen Ausgestaltung einer Schlachtkalkulation.

[130] Vgl. dazu Schäfer, Erich: Industriebetrieb 2...(1971), S. 353 f.

[131] Siehe dazu die Ausführungen im Abschnitt zur Kuppelproduktkalkulation des vorliegenden Kapitels.

ausgestaltet ist, findet sich eine synthetische Produktion tendenziell bei Serien- und Einzelfertigung[132].

Eine **durchgängige Stoffverwertung** schließlich, bei der genau ein Rohstoff zu einem Erzeugnis transformiert wird, findet sich vor allem bei Veredelungsbetrieben, die jeweils eine gegebene Rohstoffmenge be- oder verarbeiten. Bei einer **Veredelungskalkulation** wird im Rahmen der angesprochenen Erzeugungsverfahren ein über die gesamte Fertigung hinweg weitgehend gleich bleibendes Rohstoffquantum bestimmten Be- oder Verarbeitungsvorgängen unterworfen. Die Rohstoffkosten und die Fertigungskosten werden in diesem Fall getrennt kalkuliert. Während die Rohstoffkosten unmittelbar für das absatzfähige Endprodukt bestimmt werden können, werden in den fertigungsstufenbezogenen Kalkulationen der Fertigungskosten nur die Kosten der Be- und Verarbeitung berücksichtigt[133].

E Spezialproduktion und Universalproduktion

Eine Spezialproduktion als relativ unflexible Produktion mit Hilfe von Spezialmaschinen, spezialisierten Werkstoffen und hoch spezialisierten Arbeitskräften stellt an die Kalkulation gänzlich andere Anforderungen als eine Universalproduktion, die aufgrund von Universalmaschinen, tendenziell geringer spezialisiertem Personal und substituierbaren Werkstoffen sehr flexibel ist. Bei einer **Spezialproduktion** fallen nach einem längeren Planungszeitraum relativ hohe fixe Kosten für Personal und Betriebsmittel sowie hohe Kosten für Werkstoffe an[134]. Aufgrund der **detaillierten und spezialisierten Planung** treten aber im Ist kaum Abweichungen gegenüber den Planwerten auf. Zudem werden regelmäßig die Kosten der Spezialproduktion auf eine bestimmte, abgegrenzte Produktart verrechnet, so dass die klassischen Kalkulationsaussagen eher in den Hintergrund treten und die **Planungskontrolle** im Vordergrund steht. Eine speziell produktbezogene Produktionstechnologie findet sich regelmäßig bei einer einheitlichen Massenfertigung[135]. Ausnahmsweise müssen auch bei der Projektfertigung hoch spezialisierte Maschinen eingesetzt werden, im Extremfall werden diese sogar speziell für das Projekt gefertigt.

Die im Sinne der Betriebsmittelkosten günstigere Universalproduktion ist gegenüber der Spezialproduktion wesentlich flexibler[136]. Wie bereits der Begriff der **Universalproduktion** impliziert, werden regelmäßig mehrere Produktarten gefertigt. Dies bedeutet vorrangig, dass sich **Zurechnungsprobleme für Produktartgemeinkosten** auf

---

[132] Siehe dazu Schäfer, Erich: Industriebetrieb 1...(1969), S. 75.

[133] Siehe zur Veredelungskalkulation stellvertretend Männel, Wolfgang: Divisionskalkulation...(1986), S. 71 f und auch Schäfer, Erich: Industriebetrieb 2...(1971), S. 356.

[134] Schäfer, Erich: Industriebetrieb 1...(1969), S. 78 unterstreicht die mit zunehmender Spezialisierung in der Produktion zunehmende Verdrängung der menschlichen Arbeit und begründet dies mit der möglichen Automatisierung der Fertigung.

[135] Siehe dazu Schäfer, Erich: Industriebetrieb 1...(1969), S. 77.

[136] So verweist Schäfer, Erich: Industriebetrieb 1...(1969), S. 77 darauf, „daß mit zunehmender Vereinzelung der Erzeugnisse der Fertigungsapparat im ganzen beweglicher, anpassungsfähiger sein muss".

mehrere Produktarten ergeben, und auch die **Abgrenzung zwischen Rüstkosten und Fertigungskosten** notwendig wird. Da Universalmaschinen stets für mehrere Produktionsaufgaben ausgelegt sind, kann die Leistungsabgabe nicht in dem Maße deterministisch bestimmt werden wie bei der Spezialproduktion. Die Abweichungsermittlung und Abweichungsanalyse besitzt eine im Vergleich zur Spezialproduktion wesentlich größere Bedeutung.

F Fließgüterproduktion und Stückgüterproduktion

Während Stückgüter einzeln fassbar und als natürliche Leistungseinheiten nicht zerteilbar sind, werden Fließgüter beliebig in künstliche Leistungseinheiten unterteilt[137]. Letztere werden weiter differenziert in Gase, Flüssigkeiten, amorphe Massen (wie beispielsweise Asphalt) und Schüttgüter. Für die Kalkulation bedeutet dies, dass sich der Kostenträger bei Stückgütern aus **Zählvorgängen** automatisch als ein einzelnes Stück oder ein Vielfaches davon ergibt, während bei Fließgütern aus **Messvorgängen** regelmäßig Gewichts- oder Volumenmaße zur Definition von Kostenträgern verwendet werden. Die Definition und Abgrenzung der Kalkulationsobjekte stellt somit ein wesentliches Unterscheidungskriterium zwischen Fließ- und Stückgütern dar.

Die **Zurechnung von Gemeinkosten** kann sowohl bei Fließ- als auch bei Stückgütern letztlich nur über Schlüsselungen auf die Kalkulationsobjekte erfolgen, wobei rein mathematisch kein Unterschied zwischen der Zurechnung auf Mengeneinheiten, Gewichts- oder auch Volumeneinheiten besteht. Fließ- und Stückgüter stellen aber generell unterschiedliche Anforderungen an die Fertigungsorganisation und den Fertigungsablauf, aus denen sich kalkulationsrelevante Merkmale ableiten lassen[138]. Der Maschinenbau als Industriebetrieb par excellence für die Kostenrechnung arbeitet mit Stückgütern. Vor diesem Hintergrund ist die Kostenrechnung und mit ihr die Kalkulation traditionell im Wesentlichen auf Stückgüter ausgerichtet.

VI. Bedeutsame Typen produktionswirtschaftlicher Leistungsverbundenheit

Wie oben bereits ausgeführt, findet der Methodenvorrat der Kuppelproduktion bei einer verbundenen Produktion Anwendung. Die Verbundenheit des Produktionsprozesses[139] hat einen zentralen Einfluss auf die Möglichkeit, einen leistungsorientierten Maßstab für eine objektive Kostenzurechnung auf die entstehenden Produkten zu identifizieren. Maßgeblich ist dafür die **produktionswirtschaftliche Leistungsverbundenheit**. Bei dieser Verbundenheit muss zwangsläufig mindestens ein Potenzialfaktor von mehreren Leistungen in Anspruch genommen werden, so dass eine Leistungs-

[137] Siehe zur Differenzierung von Stück- und Fließgütern Riebel, Paul: Erzeugungsverfahren...(1963), S. 48 ff.

[138] Vgl. dazu Riebel, Paul: Erzeugungsverfahren...(1963), S. 95 ff, der die Unterschiede der diskontinuierlichen und der kontinuierlichen Fertigung sowohl für Fließgüter als auch für Stückgüter herausarbeitet.

[139] Siehe dazu insbesondere Riebel, Paul: Marktprobleme...(1955), S. 11 ff und auch Männel, Wolfgang: Verbundwirtschaft...(1979), Sp. 2077 ff.

verbundenheit über gemeinsame Kosten besteht. Abbildung 1-6 zeigt die Gemeinkostenintensität für ausgewählte, im Folgenden noch zu erläuternde Erscheinungsformen der verbundenen Produktion, die letztlich allesamt auf die Mehrfachverwendung von Systemen zurückzuführen sind

Zur Erfassung der relevanten Verbundenheitstypen müssen mehrere **Determinanten der produktionswirtschaftlichen Leistungsverbundenheit** simultan in Betracht gezogen werden. Im Einzelnen sind dies die Verbundenheit über gemeinsame Kosten, die dispositive, komplementäre oder technologische Verbundenheit, die gemeinsame Inanspruchnahme von Produktionsfaktoren, die Nutzung derselben Betriebsleistung, die gleichzeitige Leistungserstellung, die Konkurrenz einzelner Leistungen um knappe Kapazitäten sowie eine Variierbarkeit der Mengenverhältnisse[140].

Definitionsgemäß sind sämtliche Formen der produktionswirtschaftlichen Leistungsverbundenheit über nicht direkt zurechenbare Kosten im Sinne von **echten Gemeinkosten** gekennzeichnet. Bei einer **isolierten Produktion** besteht diese Verbundenheit nur in der Leistungsinanspruchnahme des dispositiven Faktors und ist rein dispositiv bedingt. Da diese gemeinsame Leistungsinanspruchnahme nur schwerlich gemessen werden kann, werden die Kosten des dispositiven Faktors regelmäßig als kalkulatorische Deckungsvorgaben berücksichtigt. Die Erscheinungsform der **parallelen Produktion** ist ebenfalls rein dispositiv bedingt, über den dispositiven Faktor hinaus werden auch Produktionsstätten, nicht aber Produktionsmittel gemeinsam genutzt. Bei dieser Erscheinungsform der Verbundenheit wird kalkulatorisch eine anteilige Produktionsstättennutzung verrechnet, die ihrem Wesen nach aber eine Deckungsvorgabe darstellt.

Die gemeinsame Nutzung der Produktionsmittel führt erweiternd zur **wechselnden Fertigung**. Die alternative Produktion bearbeitet vor diesem Hintergrund verschiedene, fertigungstechnisch ähnliche Produkte nacheinander auf denselben Betriebsmitteln. Bei der konkurrierenden Produktion als Sonderfall der wechselnden Fertigung muss die Leistungsinanspruchnahme der knappen Kapazitäten auf die einzelnen Leistungsempfänger aufgeteilt werden. Aus Sicht der Kalkulation führt eine gemeinsame Nutzung von Betriebsmitteln zur Anwendung leistungsorientierter Kalkulationsmethoden, so dass regelmäßig eine Maschinen- oder Systemstundensatzrechnung Anwendung findet.

Bei der eher selten auftretenden **komplementären Produktion** entstehen durch die Herstellung einer Produktart besonders günstige Produktionsbedingungen für weitere Produktarten[141]. Kalkulationsspezifisch werden bei der komplementären Produktion Kostenbestandteile, die ansonsten auf ein Produkt entfallen wären, auf mehrere Produkte verrechnet. Diese Kostenbestandteile können durchaus - wie anhand von Lauf-

---

[140] Siehe hierzu und im Folgenden insbesondere Männel, Wolfgang: Verbundwirtschaft...(1979), Sp. 2089 ff.

[141] Siehe dazu Männel, Wolfgang: Verbundwirtschaft...(1979), Sp. 2089 f, der auch das Beispiel eines Lastkraftwagens mit differierenden Transportleistungen auf Hin- und Rückfahrt anführt.

Abbildung 1-6
Gemeinkostenintensität ausgewählter Erscheinungsformen der verbundenen Produktion[142]

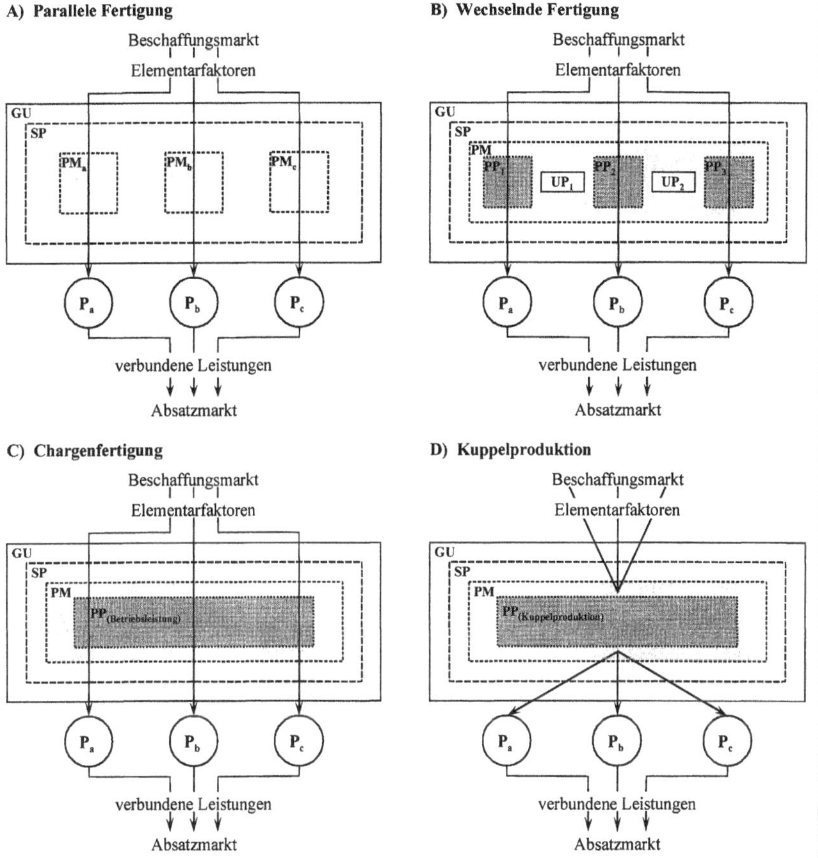

GU:	allgemeine Verwaltungskosten des Gesamtunternehmens
$PM_{(a,b,c)}$:	fixe Kosten der Produktionsmittel
$P_{(a,b,c)}$:	miteinander verbundene Produkte
SP:	fixe Kosten der Produktsparte
$PP_{(1,2,3)}$:	Kosten der Produktionsprozesse
$UP_{(1,2)}$:	Kosten der Umrüstvorgänge aufeinanderfolgender Produktionsprozesse

142 Entnommen aus Männel, Wolfgang: Kostenrechnungssysteme…(2003), S. 40.

leistungen bei Hin- und Rückfahrt mit verschiedenen Transportgütern im Speditionsgewerbe nachvollziehbar ist - leistungsorientiert bestimmt werden[143].

Bei der **Kuppelproduktion** schließlich entstehen aus einem Fertigungsprozess technologisch zwangsläufig verschiedene Produktarten als **Kuppelproduktbündel, bzw. Kuppelproduktpäckchen**[144]. Die Kosten dieser Kuppelprozesse sind nur nach subjektiv festgelegten Kriterien auf die Kuppelprodukte zu verteilen. In der Praxis haben sich dafür verschiedene Verfahren gebildet, die abhängig davon Anwendung finden, ob gleichberechtigte Hauptprodukte im Kuppelprozess entstehen oder eines der Kuppelprodukte als vorrangiges Hauptprodukt anzusehen ist. Kosten die im Produktionsablauf vor oder nach dem Kuppelprozess anfallen, werden mit den gleichen Methoden auf die einzelnen Produkte verteilt, wie bei der unverbundenen Produktion. Dies verdeutlicht nochmals, dass unternehmensspezifisch auch auf einzelnen Produktionsstufen verschiedene Kalkulationsverfahren zum Einsatz kommen können.

Prinzipiell wird bei Kuppelproduktion zwischen **Kuppelprozessen** mit starren Mengenverhältnissen der Kuppelprodukte oder mit variierbaren, elastischen Mengenverhältnissen differenziert. Für die Kalkulation lassen sich bei Kuppelprozessen mit starren Mengenverhältnissen für die Kuppelproduktpäckchen die identischen Kalkulationsverfahren anwenden, wie bei isolierter Fertigung. Probleme treten aber bei elastischen Mengenverhältnissen auf, da weder eine sinnvolle Kostenschlüsselung noch eine Kostenzurechnung auf ein **Kuppelproduktpäckchen**, dessen Inhalt nicht genau bekannt ist, zielführend ist[145].

VII. Ausgewählte Branchenempfehlungen

Die bisherigen Ausführungen verdeutlichen, dass aufgrund der betrieblichen Komplexität nur in Ausnahmefällen unternehmensübergreifend gültige Kalkulationsvorschriften angegeben werden können. Einer speziellen Branche zugehörige Unternehmen vollziehen aber zumindest im Regelfall **ähnliche Produktionsprozesse und Produktionsabläufe**. Daher werden im Folgenden ausgewählte Branchenempfehlungen einer kurzen Analyse im Hinblick auf die bereit gestellten Kalkulationsverfahren unterzogen.

---

[143] Bezüglich der Chargenfertigung sei an dieser Stelle auf die entsprechenden Ausführungen auf Seite 46 f dieses Kapitels verwiesen.

[144] Riebel, Paul: Erzeugungsverfahren...(1963), S. 57 verweist darauf, dass ein gekoppelter Produktionsanfall regelmäßig nur bei einer analytischen oder umgruppierenden Stoffverwertung auftreten kann, während eine durchgängige oder eine synthetische Stoffverwertung zu einem isolierten Produktionsanfall führt. In der Literatur wird dieser Anfall von Kuppelprodukten durchgängig als Spezialfall behandelt, was aber der tatsächlichen praktischen Bedeutung sicher nicht gerecht wird, siehe dazu Riebel, Paul: Marktprobleme...(1955), S. 27. Derselbe verweist auf S. 19 f darauf, dass als Modellunternehmen der Betriebswirtschaft regelmäßig ein Maschinenbaubetrieb mit synthetischer Fertigung herangezogen wird (dies gilt nach Ansicht des Verfassers dieser Arbeit nach wie vor) und somit vor allem die chemisch-technologischen Industrien nur in beschränkten Teilbereichen untersucht wurden. Siehe dazu auch Fußnote 12 auf Seite 14.

[145] Siehe dazu insbesondere die Ausführungen bei Riebel, Paul: Marktprobleme...(1955), S. 110 ff sowie auch die Ausführungen zur Kuppelproduktkalkulation im vorliegenden Kapitel.

Der Bundesverband der Deutschen Industrie e. V. (BDI) geht bereits im allgemeinen Teil seiner Empfehlungen zur Kosten- und Leistungsrechnung davon aus, dass das System der Kosten- und Leistungsrechnung (KLR) von der **betriebsspezifischen Fertigungsstruktur** bestimmt wird[146]. Ausgehend von dieser Erkenntnis werden die Massen-, die Serien- und die Einzelfertigung explizit als Fertigungstypen angeführt[147]. Bei den Kalkulationsmethoden werden die traditionellen Verfahren der Divisionskalkulation, der Äquivalenzziffernrechnung und der Zuschlagskalkulation sowie darüber hinaus der Verrechnungssatzkalkulation und der Kuppelproduktkalkulation nebeneinander erläutert[148]. Bemerkenswert ist im Vergleich zu anderen Branchenempfehlungen, dass auch die Darstellung der **Verrechnungssatzkalkulation** in diese Branchenempfehlung Eingang gefunden hat.

Für Unternehmen des **Maschinenbaus** als Industriebetriebe par excellence aus kostenrechnerischem Blickwinkel sind mehrere vom Verband Deutscher Maschinen- und Anlagenbau e. V. (VDMA) veröffentlichte Kalkulationsschemata verfügbar. Die Materialgemeinkosten sowie die Verwaltungs- und Vertriebsgemeinkosten werden dabei regelmäßig über undifferenzierte Zuschlagssätze in die Kalkulation einbezogen, für die Verrechnung der Fertigungsgemeinkosten finden differenzierte Zuschlagssätze Anwendung. Vor allem im Bereich der Fertigungskosten findet aber bei automatisierter Datenverarbeitung eine **leistungsorientierte Verrechnungssatzkalkulation** Anwendung[149]. Gleichzeitig ist aber gerade im Maschinenbau die betriebszweckbezogene Bandbreite der zugehörigen Unternehmen bemerkenswert: Typische Serienfertiger, wie der Elektromotorenbau, und die Fertigung von Holzbearbeitungsmaschinen als typische Bedarfsproduktion zählen genauso zum Maschinenbau wie typische Einzelfertiger des Einrichtungsbaus und typische Baustellenfertiger des Kraftwerkbaus[150]. Genau aus diesem Grund kann kein allgemein gültiges branchenspezifisches Kalkulationsschema angegeben werden.

Wie sehr die Kalkulationsanforderungen aber doch von den „typischen" branchenspezifischen Anwendungsfeldern abhängen, zeigt sich bei der Betrachtung der Kostenrechnungsempfehlungen der **chemischen Industrie**, die durch eine vielfältige **Verbundenheit der Produktionsstufen** gekennzeichnet ist. Bei den allgemeinen Grundlagen der Branchenempfehlungen werden Divisionskalkulation und Verrechnungssatzkalkulation als Rechenmethoden genannt, wobei die Divisionskalkulation die

---

[146] Siehe auch den Kommentar zu den kostenrechnerischen Empfehlungen des Bundesverbandes der Deutschen Industrie e. V. (BDI) bei Oebel, Christoph: BDI-Empfehlungen...(1992), S. 957 ff.

[147] Siehe BDI - Bundesverband der Deutschen Industrie e. V.: Empfehlungen...(1980), S. 21. Vgl. dazu auch Oebel, Christoph: BDI-Empfehlungen...(1992), S. 960.

[148] Vgl. dazu BDI - Bundesverband der Deutschen Industrie e. V.: Empfehlungen...(1980), S. 61 ff. Bemerkenswerterweise findet sich bei den allgemeinen Grundsätzen der Kostenträgerrechnung die Aussage, dass „die Einzelkosten bei sämtlichen Methoden den Leistungseinheiten direkt zugerechnet werden" [a. a. O., S. 58], während in der Folge bei der Divisionskalkulation und der Äquivalenzziffernrechnung die Gesamtkosten in den kalkulatorischen Rechengang einbezogen werden.

[149] Siehe Haberlandt, Karlheinz: Kostenrechnung...(1992), S. 980 f, der sich auf Veröffentlichungen des Verbandes Deutscher Maschinen- und Anlagenbau e. V. aus den Jahren 1978 und 1980 bezieht.

[150] Siehe zu dieser Aufstellung wiederum Haberlandt, Karlheinz: Kostenrechnung...(1992), S. 967 f.

Äquivalenzziffernrechnung und die Restwertrechnung umfasst und die Zuschlagskalkulation der Verrechnungssatzkalkulation gleich gesetzt wird[151]. Aus heutiger Sicht überrascht, dass die Methodik der **Kuppelproduktkalkulation** gerade bei ihrer Bedeutung für die chemische Industrie unter dem einfachen Verfahren der Divisionskalkulation subsumiert wird. Zumindest die Einordnung unter die Äquivalenzziffernverfahren lässt sich aber nachvollziehen, wenn man bedenkt, dass die für die Kuppelproduktkalkulation ausgewählten Verteilungsschlüssel methodisch sicherlich **Äquivalenzziffern** darstellen. Bei der detaillierteren Darstellung der Kalkulationsmethoden[152] werden die Anwendungsvoraussetzungen nur sehr knapp angesprochen, auch bei der Darstellung der Restwertrechnung fehlen ausführlichere Erläuterungen.

In einer jüngeren Veröffentlichung des **Verbandes der Chemischen Industrie e. V.** werden die vollkostenrechnerischen Verfahren der Divisions- und der Äquivalenzziffernkalkulation als ungeeignet für eine moderne entscheidungsorientierte Kostenrechnung charakterisiert. Die wesentliche Kritik zielt dabei auf die Verrechnung sämtlicher Kosten, also auch der Gemein- und Fixkosten auf die Kostenträger, und auf die informatorische Undifferenziertheit für spezifische Entscheidungssituationen. Ausgehend von dieser Kritik werden Anforderungen an moderne unternehmensindividuelle Konzepte formuliert, die generell auf einer **Grundrechnung** als Informationsspeicher und parallelen entscheidungs- und rechnungszweckabhängigen **Auswertungsrechnungen** basieren. Darüber hinaus wird eine Parallelkalkulation als **Standardkostenrechnung** propagiert. In den Fertigungskostenstellen werden die Kosten über verschiedene Bezugsgrößen auf die Fertigungsaufträge als Kalkulationselemente verrechnet und die Service- und Verwaltungsbereiche werden prozesskostenrechnerisch analysiert und verrechnet[153]. Als Verfahren der Kuppelproduktkalkulation werden die Verteilungskalkulation und die Restwertrechnung in aller Kürze dargestellt. Darüber hinaus wird aber auf spezifische Besonderheiten der chemischen Industrie eingegangen, so auf zyklische Prozesse, auf die Kampagnenabrechnung und auf die Mischkalkulation[154].

Auch die Bauwirtschaft stellt ganz differenzierte Anforderungen an die Kalkulationsmethodik. So findet im äußeren Rahmen der tendenziell **langfristigen Einzelfertigung** als Baustellenfertigung ein Nebeneinander von Markt- und Kundenproduktion statt. Die beiden traditionellen Konzepte der Zuschlagskalkulation in der Bauwirtschaft

---

[151] Siehe Betriebswirtschaftlicher Ausschuß des Verbandes der Chemischen Industrie e. V.: Kostenrechnung...(1962), S. 51 f. „Die *Verrechnungssatzkalkulation* (oft auch als Zuschlagskalkulation bezeichnet) [...] Hierbei werden die Einzelkosten unmittelbar und die Gemeinkosten nach Verrechnungssätzen mit absoluten Größen (z. B. x DM je Apparatestunde) oder nach möglichst verursachungsgerechten prozentualen Zuschlagssätzen den Kostenträgern zugerechnet“ (Hervorhebung im Original).

[152] Siehe Betriebswirtschaftlicher Ausschuß des Verbandes der Chemischen Industrie e. V.: Kostenrechnung...(1962), S. 103 ff.

[153] Siehe dazu Verband der Chemischen Industrie e. V.: Kalkulation...(1997), S. 29 ff.

[154] Siehe Verband der Chemischen Industrie e. V.: Kalkulation...(1997), S. 122 ff. An derselben Stelle werden auch die Behandlung von Verarbeitungsverlusten, von Kosten der Qualitätsprüfung, von Kosten des Umweltschutzes und von Verpackungen aus branchenspezifischer Sicht erläutert.

unterscheiden sich im Wesentlichen durch die Differenzierung der Kosten und damit automatisch in der Wahl der Zuschlagsbasen und der Höhe der Zuschlagssätze. Neuere Kalkulationsansätze zielen vor allem auf die Entscheidungsrelevanz der einzelnen Kostenarten und somit auf die Verrechnung der **Projektgemeinkosten**. Die Ermittlung einer **Preisuntergrenze** im Sinne der Leistungskosten als Summe der kurzfristig variablen Kosten steht im Mittelpunkt dieser Ansätze. Für bestimmte Zeitintervalle disponierbare Bereitschaftskosten werden den jeweiligen Perioden zugerechnet und bei den einzelnen Projekten auch als Bereitschaftskosten mit der jeweiligen Bindungsdauer ausgewiesen[155].

In aller Kürze werden im Rahmen der **Bauplanung** die Kalkulationsmethoden in der Dreiteilung Divisionskalkulation, Äquivalenzziffernrechnung und Zuschlagskalkulation abgehandelt. Aber auch hier findet sich der Vermerk, dass die Divisionskalkulation vorwiegend für einheitliche Massenproduktion geeignet ist, die Äquivalenzziffernrechnung für Sortenfertigung[156].

In der Druckindustrie[157] ist überwiegend die Fertigung individueller Erzeugnisse anzutreffen, daher fungieren die **Kundenaufträge als Kosten- und Erlösträger**. Die Ergebnisse und Deckungsbeiträge werden nach funktional, technisch oder kundenbezogen abgegrenzten Kostenträgergruppen verdichtet. Die betriebsindividuell zu identifizierenden Kostenträger werden regelmäßig nach Produktgruppen und Produktarten strukturiert[158]. Für Verbundleistungen und aus Wirtschaftlichkeitsgründen auch für Kleinaufträge werden Sammelkostenträger eingeführt. Als Kalkulationsverfahren kommt im Fertigungsbereich eine **Verrechnungssatzkalkulation** zur Anwendung, die branchenintern als Zeitwertkalkulation bezeichnet wird und die die „zeitliche Beanspruchung der einzelnen Kostenstellen mit Kostensätzen bewertet“[159]. Materialgemeinkosten, die Kosten der Arbeitsvorbereitung sowie Verwaltungs- und Vertriebsgemeinkosten werden auf dem Weg einer Zuschlagskalkulation verrechnet. Auflagenfixe und auflagenvariable Kosten werden getrennt ausgewiesen, da Angebotskalkulationen regelmäßig für verschiedene Auflagenhöhen erstellt werden. Die Kalkulation generell ist gekennzeichnet durch eine exakte Planung und eine genaue Erfassung der tatsächlichen Leistungseinheiten sowie durch nach Produktgruppen und Kostenbestandteilen[160] differenzierende Kostensätze und Zuschlagssätze für Materialgemein-

---

[155] Siehe dazu Hübers-Kemink, Rainer: Preiskalkulation...(1992), S. 1017 ff, der sich sowohl auf Opitz, Gerhard: Selbstkostenermittlung...(1940) als auch auf den Hauptverband der deutschen Bauindustrie - Zentralverband des deutschen Baugewerbes: KLR-Bau...(1990) bezieht.

[156] Pfarr, Karlheinz: Handbuch...(1976), S. 89.

[157] Siehe dazu Männel, Wolfgang - Warnick, Bernd: Druckindustrie...(1993), S. 1 ff.

[158] Siehe dazu stellvertretend den Produktartenrahmen bei Männel, Wolfgang - Warnick, Bernd: Druckindustrie...(1993), S. 57.

[159] Männel, Wolfgang - Warnick, Bernd: Druckindustrie...(1993), S. 15.

[160] So werden auftragsgrößenunabhängige Planungs- und Dispositionsprozesse mit einem auftragsunabhängig festgelegten Betrag auf die einzelnen Aufträge verrechnet, die restlichen Gemeinkosten der Arbeitsvorbereitung nach der Methodik der Zuschlagskalkulation.

kosten, Kosten der Arbeitsvorbereitung und Verwaltungs- und Vertriebsgemeinkosten. Die in der Druckindustrie regelmäßig vorzufindenden **planmäßigen Überlieferungen** als Mehrlieferungen erfordern eine Auftragskalkulation für die bestellte Menge und gleichzeitig für die planmäßige Ausbringungsmenge, wobei letztere den Maßstab für die Wirtschaftlichkeitskontrolle darstellt.

Aus Gründen der Kalkulationsvereinfachung werden **standardisierte Kalkulationsbausteine** eingeführt, die sich wiederholende Arbeitsabläufe abbilden, für standardisierte Kleinaufträge werden Preislisten empfohlen. Mit Blickrichtung auf das Auftragscontrolling sind in „allen Kalkulationsphasen (Angebots-, Auftragskalkulation und Auftragsabrechnung) […] die Kalkulationen durchgängig *identisch aufzubauen*. Nur dann besteht die Möglichkeit, konsequent die für das Controlling so wichtigen *Kosten-, Erlös- und Ergebnisabweichungen* zu ermitteln und getrennt nach einzelnen Ursachen zu analysieren“[161].

Als vergleichsweise junger Verband stellt der **Deutsche Multimedia Verband (dmmv)** ein Formularwerk vor, das als Leitfaden zur Kalkulation von Multimedia-Projekten dienen soll[162]. Einem systematischen Projektfortschritt folgend ist der Leitfaden in die Abschnitte Analyse und Strategie (zur Schaffung der Grundlagen für die projektspezifische Entwicklung und Umsetzung), Konzeption und Modellierung, Realisierung und Implementierung, Einsatz und Distribution sowie Allgemeines untergliedert. Unter dem Abschnitt Allgemeines werden dabei sowohl phasenübergreifende als auch administrative Leistungen subsumiert, wie das Qualitäts- und das Projektmanagement. Bei den einzelnen Kalkulationspositionen findet sich regelmäßig die Empfehlung einer **zeitaufwandsbezogenen Kalkulation**, wobei zusätzlich entstehende externe Kosten dem Auftraggeber weiterberechnet werden. Der Gemeinkostenzuschlag sollte realistisch geschätzt werden[163] und die Überschreitungsreserve für besonders risikobehaftete Projekte sollte 10% der Netto-Fertigungskosten nicht überschreiten[164]. Insgesamt werden die Projektkosten mit Hilfe einer Zuschlagskalkulation auf die zu fertigenden Einheiten bezogen, wobei zur Erhöhung der Kalkulationsgenauigkeit differenzierte Zuschläge bis hin zu einer Platzkostenrechnung zur Anwendung kommen[165].

---

[161] Männel, Wolfgang - Warnick, Bernd: Druckindustrie…(1993), S. 27 (Hervorhebung im Original).

[162] Vgl. dazu und im Folgenden Dellingshausen, Christoph von - Gläser, Martin - Pracht, Beate - Walter, Klaus - Winkelhage, Christoph: Kalkulationssystematik...(2004), S. 9 ff.

[163] „Um auf der sicheren Seite zu sein, wird häufig ein Zuschlag in Höhe von 6 bis 15% ausreichen“, ebenda, S. 92. Eine derartige Aussage kann sicherlich nur mit dem Innovationspotenzial von Multimedia-Projekten und dem Fehlen an Kalkulationserfahrungen in der „New Economy“ erklärt werden. Auch für einen angemessenen Gewinnzuschlag findet sich im Leitfaden eine konkret quantifizierte Angabe, die lediglich auf die Realisierbarkeit hin relativiert wird.

[164] Diese Überschreitungsreserve darf nur nach Rücksprache mit dem Auftraggeber verwendet werden.

[165] Siehe Dellingshausen, Christoph von - Gläser, Martin - Pracht, Beate - Walter, Klaus - Winkelhage, Christoph: Kalkulationssystematik...(2004), S. 102 f.

Letztendlich lassen sich in der Fachliteratur noch etliche weitere branchenspezifische Leitfäden finden. Die an dieser Stelle ausgewählten Darstellungen vermögen jedoch einen Einblick in die Detailliertheit und **unternehmensübergreifende Anwendbarkeit derartiger Kalkulationsempfehlungen** zu vermitteln. Je spezifischer die Kalkulationsaufgaben definiert werden, desto genauer können auch die Kalkulationsempfehlungen verfasst werden. Regelmäßig werden diese Veröffentlichungen dann nicht mehr von Verbänden oder Organisationen herausgegeben, sondern von erfahrenen und anerkannten Praktikern, die auf einen profunden Erfahrungsschatz zurückgreifen können[166].

[166] Siehe dazu Müller, Dieter - Winkler, Wolfgang: Elektro-Installationen...(2001), S. 192 f, die für ein 1-Familien-Haus mit Einliegerwohnung und eine mechanische Werkstatt jeweils die Angebotskalkulation auf Grundlage der Leistungsverzeichnisse ermitteln und für weitere Bauwerkstypen anschließend die Ermittlung der kalkulationsrelevanten Materialmengen aus technischer Sicht darstellen. Hauptverband Farbe Gestaltung Bautenschutz: Preisberechnung...(2002), S. 15 verwendet ebenfalls eine Zuschlagskalkulation und enthält auf S. 97 ff ein umfangreiches Tabellenwerk bezüglich Verbrauchsmengen und Zeitbedarfen für Beschichtungs-/Anstrich-, Korrosionsschutz- und Tapezierarbeiten sowie Verlegearbeiten von Deckensicht-, Wandplatten-, Wärmedämm- und Bodenbelägen.

2. Kapitel Prozess- und ressourcenorientierte Produktkostenkalkulation

Mit Verrechnungssatz- und Bezugsgrößenkalkulationen ist der traditionell im Fokus der Kostenrechnung stehende direkte Fertigungsbereich methodisch gut erschlossen. Modernere kostenrechnerische Ansätze wenden sich darüber hinaus den immer wichtiger werdenden internen Dienstleistungsbereichen zu. Gerade in diesen personal- und kostenintensiven Bereichen sind die **leistungsorientierte Kostenverrechnung** einerseits und die Kenntnis der **tatsächlichen Ressourcennutzung** andererseits von zentraler Bedeutung[1].

Für die Tätigkeiten und Prozesse der indirekten Bereiche stellt die Prozesskostenrechnung einen **direkten Produktbezug** her, so dass die entsprechenden Kosten leistungsbezogen auf die Kostenträger verrechnet werden können. Um die hinter diesen Prozessen stehenden **Kostentreiber** im Sinne von Kosteneinflussgrößen, die letztlich den tatsächlichen Kostenanfall bestimmen, zu identifizieren, muss die tatsächliche Nutzung der betrieblichen Potenziale offen gelegt werden. Diese **Inanspruchnahme der Kapazitäten** wird differenziert analysiert und nach genutzter und nicht genutzter Kapazität im Sinne von Ausfall- und Störzeiten separiert. Die genutzte Kapazität wird weiter differenziert in **wertschöpfende** und **nicht wertschöpfende Prozesse**[2]. Bereits in der Analyse des der Kostenrechnung zugrunde liegenden Mengengerüsts werden damit Ansätze der **Vermeidung von Verschwendung** knapper Ressourcen einbezogen.

I. Entstehungsgründe und Rechnungszwecke der Prozesskostenrechnung

Die Entwicklung der Prozesskostenrechnung ging im amerikanischen und im deutschen Sprachraum weitgehend parallel vor sich. Allerdings waren unterschiedliche Ausgangssituationen vorhanden, so dass sich für **Prozesskostenrechnung** im deutschsprachigen Raum und **Activity Based Costing** im amerikanischen Raum verschiedene Einsatzschwerpunkte ergeben. Da sich die Entstehungsgründe für die Prozesskostenrechnung im Umfeld der Unternehmen finden, ist es kaum verwunderlich, dass die ersten Entwicklungen in der Praxis zu finden sind, bevor in der einschlägigen Fachliteratur ins Detail gehende Diskussionen stattfanden[3].

---

[1] So bezeichnet Männel, Wolfgang: Entwicklungsperspektiven...(1999), S. 133 die Prozesskostenrechnung als eine „ressourcenorientierte Kapazitäts-, Aktivitäts- und Prozessrechnung". An gleicher Stelle führt er Einkauf, Materialwirtschaft, Produktionsplanung und Produktionssteuerung, Vertriebsabwicklung, Qualitätssicherung und Logistik, Forschung und Entwicklung sowie Konstruktion und Arbeitsvorbereitung als Dienstleistungsbereiche an.

[2] Unter wertschöpfenden Prozessen sollen dabei mit Kajüter, Peter: Prozesskostenmanagement...(2002), S. 259 im Folgenden Prozesse verstanden werden, „die zu einer Werterhöhung für den Kunden beitragen, die dieser auch zu vergüten bereit ist".

[3] Gemeinhin wird der Aufsatz von Miller, Jeffrey G. - Vollmann, Thomas E.: Hidden factory...(1985), S. 142 ff als Ausgangspunkt der Prozesskostenrechnung angesehen. Horváth, Péter - Mayer, Reinhold: Prozeßkostenrechnung...(1989), S. 214 ff prägen den Begriff der „Prozesskostenrechnung" und stellen damit gleichzeitig die erste wissenschaftliche Veröffentlichung im

A Unternehmensorganisation und Prozessorientierung als Gestaltungsdeterminanten der Prozesskostenrechnung

In zunehmendem Maße wird die in den Unternehmen vorherrschende funktionale Organisationsstruktur von **prozessorientierten Organisationsformen** abgelöst, die sich auf die wichtigsten Geschäftsprozesse konzentrieren[4]. Durch die bestehenden funktionsorientierten Organisationsstrukturen entstand eine **künstliche Segmentierung** der Geschäftsprozesse, die auch sämtliche Kontroll-, Steuerungs- und Informationsinstrumente determinierte[5] und auf die **Spezialisierung der einzelnen Unternehmensbereiche** ausgerichtet war[6].

Die traditionell funktionale Unternehmensorganisation betrachtet und optimiert vor diesem Hintergrund die einzelnen zur Leistungserstellung notwendigen Aktivitäten und Tätigkeiten jeweils isoliert[7]. Schnittstellen oder gar komplette funktionsübergreifende Unternehmensabläufe stehen nicht im primären Fokus der Betrachtung[8]. Vor allem die Globalisierung der Märkte, die den Faktor Zeit in den Vordergrund rückende zunehmende Wettbewerbsdynamik und die Bedeutung einer qualitätssicheren Leistungserstellung lenken zusammen mit der Kundenorientierung das Augenmerk auf die

---

deutschsprachigen Raum. Die Prozesskostenrechnung hat ihren konzeptionellen Ursprung aber nicht in der Unternehmenstheorie, sondern ist eine Entwicklung, deren Anstoß aus der Praxis erfolgte. So verweist Fröhling, Oliver: Thesen...(1992), S. 724 f darauf, dass „bereits 1978 (...) die Siemens AG in einem Werk in Regensburg eine prozeßorientierte Kostenrechnung [einführte und, d. V.] [...] weitere Implementierungen [...] 1982 in Bad Neustadt und 1984 in Augsburg [folgten, d. V.]“. Dies wird bei Horváth, Péter - Kieninger, Michael - Mayer, Reinhold - Schimank, Christof: Prozeßkostenrechnung...(1993), S. 611 bestätigt, zudem verweisen diese auf die Prozesskostenrechnung der Firma Schlafhorst. Vgl. dazu auch Götze, Uwe: Einsatzmöglichkeiten...(1997), S. 144 f, Michel, Rudolf - Torspecken, Hans-Dieter - Jandt, Jürgen: Kostenrechnung...(1998), S. 228, Wäscher, Dieter: Gemeinkosten-Management...(1987), S. 297 ff und Ziegler, Hasso: Kostenrechnung...(1992), S. 304 ff.

4 Vgl. Scheer, August-Wilhelm: Modellunterstützung...(1996), S. 4.

5 Siehe Berkau, Carsten: Geschäftsprozeß-Controlling...(1996), S. 182 und Berkau, Carsten - Flotow, Peter: Management...(1995), S. 198.

6 Weber, Jürgen: Prozeßkostenrechnung...(1995), S. 27 verweist darauf, das auch bei einer Spartenorganisation innerhalb der einzelnen Unternehmenssparten das Prinzip der Funktionsspezialisierung verfolgt wurde.

7 Vgl. Fröhling, Oliver - Baumöl, Ulrike: Informationsprozeß-Controlling...(1996), S. 142.

8 Hammer Michael - Champy, James: Reengineering...(1994), S. 53 ff, zitiert nach Küting, Karlheinz - Lorson, Peter: Benchmarking...(1996), S. 125 führen hierzu folgendes Beispiel an: Der Geschäftsprozess ‚Kreditbearbeitung' benötigte bei einem Unternehmen regelmäßig Durchlaufzeiten zwischen 6 und 14 Tagen von der Antragseinreichung über die Bonitätsprüfung bis zum Versand des Kreditvertrags, die Netto-Bearbeitungszeit betrug dabei aber nur 90 Minuten. Der hohe Anteil an Warte- und Übergangszeiten wurde dabei auf den arbeitsteiligen Ablauf und die Tatsache zurückgeführt, dass fünf verschiedene Abteilungen in den Bearbeitungsprozess involviert waren. Für ein repräsentatives Maschinenbauunternehmen geben Wiendahl, Hans-Peter - Dräger, Heinrich - Franken, Thomas - Fastabend, Holger: Überwachung...(1996), S. 204 den Anteil der Auftragsdurchlaufzeit in Konstruktion, Arbeitsvorbereitung, Beschaffung und Montage mit insgesamt 79% an, für die Teilefertigung verbleiben gerade 21% der Gesamtdurchlaufzeit.

Unternehmensprozesse und initiieren so eine **Umgestaltung der Unternehmensorganisation**[9].

Bei der **Prozessorientierung** steht nun „die kontinuierliche, möglichst störungsfreie Abwicklung von zusammenhängenden Abläufen entlang der **Wertschöpfungskette**"[10] im Vordergrund. Auf diese Weise werden Schnittstellen zwischen einzelnen Unternehmensfunktionen abgebaut und anstelle einer hierarchischen Unternehmensorganisation wird die logische Zusammengehörigkeit von Unternehmensaufgaben und -teilaufgaben beachtet[11]. Auch die Kostenrechnung muss dieser organisatorischen Umgestaltung folgen und die Abbildung und Kalkulation **funktions- und kostenstellenübergreifender Prozesse** ermöglichen[12].

Durch die Prozessorientierung rückt der **mehrstufige Beziehungszusammenhang zwischen Ressourcen, Prozessen und Produkten**[13] auch für nicht direkt der Produktion vor- oder nachgelagerte Bereiche in den Vordergrund. Für die Zwecke eines aussagekräftigen Kosten- und Ergebniscontrollings fixkostenintensiver Unternehmen spielt dabei die **Ressourcennutzung** eine zentrale Rolle. Genau diese deckt die Prozesskostenrechnung über den Produktionsbereich hinaus auch für **personalintensive Dienstleistungsbereiche** nach Struktur und Volumen auf[14]. Indirekte Leistungsbereiche werden auf ihre Prozess- und Leistungsstrukturen hin untersucht, um die Kosteneinflussgrößen zu identifizieren, die als Kostentreiber ursächlich für den Kostenanfall sind[15].

Für ein effizientes Kosten- und Ergebniscontrolling ist aber die Analyse und Gestaltung von Prozessen alleine nicht ausreichend, vielmehr muss ein Instrument zur **kostenrechnerischen Bewertung und Steuerung** der personalintensiven indirekten Dienstleistungsbereiche bereit gestellt werden. Die Kalkulationsanforderungen bei einem hohen Kostenvolumen in den indirekten Bereichen kann nur zur Ablösung einer undifferenzierten Gemeinkostenzuschlags-Kalkulation führen. Für funktions- und kostenstellenübergreifende unternehmensspezifische Prozesse muss ein Bezug zu den jeweiligen Kostenträgern hergestellt werden. Genau diese kostenträgerbezogenen

---

9 Siehe Schwarzer, Bettina - Krcmar, Helmut: Prozeßorientierung...(1995), S. 14 ff.

10 Schuh, Günther - Tanner, Rudolf: Prozeßkostenmanagement...(1996), S. 258 (Hervorhebung d. V.).

11 Vgl. dazu Picot, Arnold - Reichwald, Ralf - Wigand, Rolf T.: Unternehmung...(1996), S. 202 sowie die dort angegebene Literatur zur Prozessorientierung der Unternehmensorganisation. Scheer, August-Wilhelm: Modellunterstützung...(1996), S. 4 nennt die Logistikprozesse, die Leistungserstellungs- und Leistungsgestaltungsprozesse sowie die übergreifenden Informations- und Koordinationsprozesse als wichtigste Geschäftsprozesse eines Industrieunternehmens.

12 Siehe Berkau, Carsten: Prozeßmanagement...(1993), S. 143 und Weber, Jürgen: Prozeßkostenrechnung...(1995), S. 28 f. Schindler, Erich - Schimank, Christof: Prozeßkostenrechnung...(1998), S. 85 sprechen sogar von standortübergreifenden Prozessen.

13 Vgl. Männel, Wolfgang: Entwicklungsperspektiven...(1999), S. 117.

14 Siehe zur unternehmensspezifischen Bedeutung der Dienstleistungsorientierung generell Neubürger, Heinz-Joachim - Sen, Michael: Unternehmensführung...(2001), S. 1051 ff, die auch die Lösungsorientierung hervorheben.

15 Vgl. dazu Männel, Wolfgang: Entwicklungsperspektiven...(1999), S. 130 f.

Prozesse der indirekten Bereiche führen zu einer beanspruchungsgerechten Produktkostenkalkulation.

Nachstehende Abbildung 2-1 zeigt eine **Systematik unternehmensspezifischer Prozesse** entsprechend der Nähe der einzelnen Prozesse zur Produkterstellung[16]. Die bereits mit der Bezugsgrößenkalkulation leistungsbezogen verrechneten Produktionsvorgänge sind zentral dargestellt. Diese werden fertigungsflussbezogen ergänzt um die Prozesse der Beschaffung und des Absatzes. Zusammen mit den Umrüstvorgängen und den Prozessen zum Erhalt der betrieblichen Potenziale standen diese in den 80er Jahren im Fokus der kostenrechnerischen Bemühungen, wie auch die Entwicklungen der Vertriebskostenrechnung, des Lieferantenmanagements und der Anlagenkostenrechnung zeigen, die schließlich auch die Serviceleistungen zur Potenzialerhaltung einbeziehen. Logistische Prozesse begleiten die gesamte Wertschöpfungskette und stehen bei der konventionellen Kostenrechnung im Mittelpunkt der Logistikkostenrechnung[17].

Auf der nächsten Ebene stehen die dispositiven und steuernden Prozesse der Unternehmung, die ebenfalls entlang der gesamten Wertschöpfungskette stattfinden. Sowohl logistische als auch dispositive und steuernde Prozesse sind im Regelfall **volumeninduziert**, also von der Anzahl und der Variantenvielfalt der hergestellten Produkte abhängig, nicht jedoch direkt vom einzelnen Kostenträger im Sinne der Grenzplankostenrechnung. Die Lebenszykluskostenrechnung schließlich integriert die Vorleistungen zur Produkterstellung in eine produktbezogen geschlossene Betrachtungsweise. Auf einer letzten und umfassenden Ebene schließlich stehen die administrativen Leistungen der Unternehmensführung, der Planung und der Koordination und des Controllings.

B Gestiegene Gemeinkostenblöcke als Ausgangspunkt für die Entstehung der Prozesskostenrechnung

Ausgangspunkt für das Konzept der Prozesskostenrechnung war vor allem die **geänderte Wertschöpfungsstruktur** in den Unternehmen sowie die damit verbundene **Verschiebung der Kostenstruktur**[18]. Die zunehmende Automatisierung und Roboterisierung der Produktion gipfelt in modernen Unternehmen im Einsatz rechnergestütz-

---

[16] Siehe Männel, Wolfgang: Entwicklungsperspektiven...(1999), S. 133 ff. Horváth, Péter - Mayer, Reinhold: Konzeption...(1995), S. 63 f kategorisieren unterschiedliche Prozesstypen abweichend davon nach ihrem Bezug zu den Kostenträgern und ihrer Verrechnung auf die Kostenträger in Vorleistungs-, Betreuungs- und Abwicklungsprozesse, siehe dazu auch Mayer, Reinhold: State of the Art...(1998), S. 9 f.

[17] Vgl. dazu Weber, Jürgen: Logistik-Controlling...(1991), S. 97 ff.

[18] Siehe dazu insbesondere Coenenberg, Adolf G. - Fischer, Thomas M.: Prozeßkostenrechnung...(1991), S. 22 ff und Hahn, Dietger - Kaufmann, Lutz: Maschinenstundensatzrechnung...(1997), S. 223 f.

Abbildung 2-1
Für die Prozesskostenrechnung bedeutsame Prozesstypen[19]

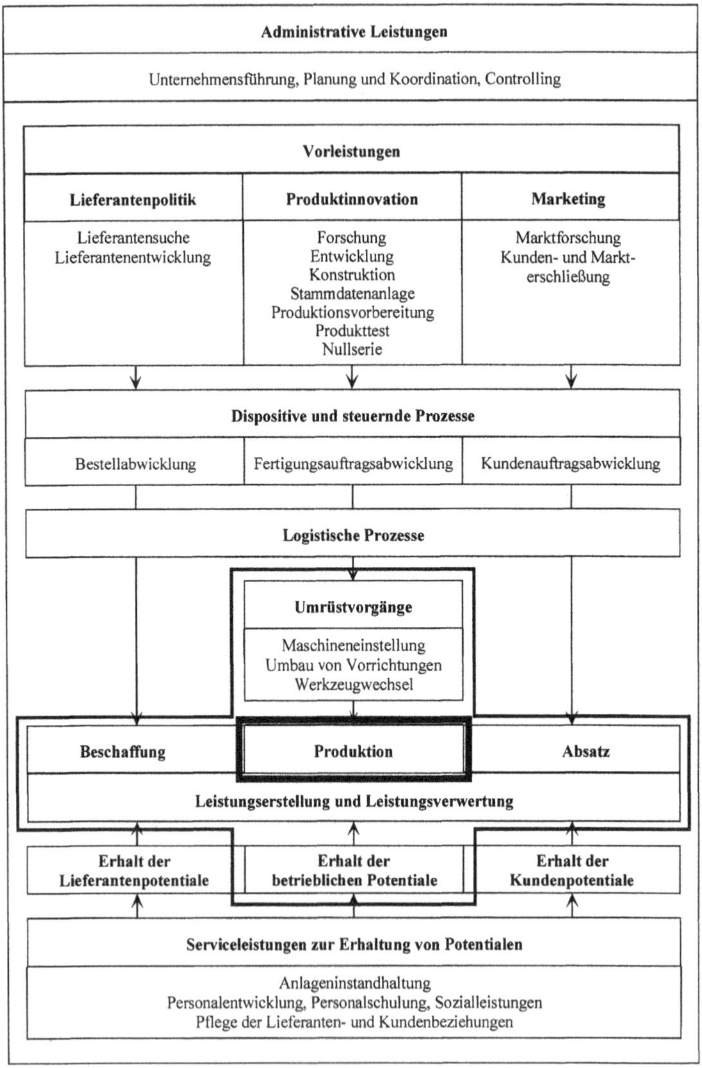

[19] Leicht modifiziert und um die logistischen Prozesse erweitert nach Männel, Wolfgang: Entwicklungsperspektiven...(1999), S. 134. Siehe ähnlich Männel, Wolfgang: Kostenrechnungssysteme...(2003), S. 158.

ter und computerintegrierter Produktionssysteme, so genannter CIM-Systeme[20]. Die damit zunehmende Flexibilität der Produktion erlaubt die wirtschaftliche Fertigung unterschiedlicher Produkte auf denselben Produktionssystemen und leistet damit einen großen Beitrag zur **Variantenvielfalt**. Gleichzeitig tritt durch die **Fokussierung auf den Kunden** die Qualitätssicherung in den Vordergrund. Die Konzentration auf Kernkompetenzen führt zum Outsourcing von Unternehmensfunktionen und damit zur Produktions- und Dienstleistungstiefenreduzierung. Letztendlich wird durch diese Entwicklungen der unternehmensinterne, aber auch der unternehmensübergreifende Koordinationsaufwand erhöht.

Indiziert durch diese Entwicklungen steigen sowohl die Gemeinkosten- als auch die Fixkostenanteile in den Unternehmen an[21], während gleichzeitig die den Produkten direkt zurechenbaren Einzelkosten zurückgehen[22]. Der **Anstieg der Gemeinkosten**[23] ist dabei bedingt durch den enorm gestiegenen Umfang vorbereitender, planender, steuernder, überwachender und koordinierender Tätigkeiten vor allem in den indirekten Bereichen Forschung und Entwicklung, Konstruktion, Beschaffung, Logistik, Produktionsplanung und -steuerung, Qualitätssicherung, Auftragsabwicklung, Vertrieb und Service[24].

Die technologiebedingt relativ zum Gesamtkostenvolumen gesunkenen Fertigungslöhne führen bei gleichzeitig gestiegenen Gemeinkostenblöcken besonders in anlagenintensiven Unternehmen zu **Gemeinkostenzuschlagssätzen von mehreren tausend Prozent**[25]. Dies bedeutet für die Zuschlagskalkulation bei einem beispielhaften

---

20 „Computer Integrated Manufacturing (CIM) bezeichnet die integrierte Informationsverarbeitung für betriebswirtschaftliche und technische Aufgaben eines Industriebetriebs", Scheer, August-Wilhelm: CIM...(1990), S. 2. Geitner, Uwe W.: CIM...(1996), Sp. 292 weist in diesem Zusammenhang darauf hin, dass der Begriff Manufacturing über den Begriff der Fertigung hinausgeht und dem Produktionsbegriff nach REFA (Verband für Arbeitsstudien und Betriebsorganisation e. V.), RKW (Rationalisierungs-Kuratorium der Deutschen Wirtschaft e. V.) und VDI (Verein Deutscher Ingenieure) entspricht, also der Fertigung einschließlich der Entwicklung, der Lagerung und der Beschaffung. Siehe zur Definition des Computer Integrated Manufacturings (CIM) auch Steffen, Reiner: Kostenrechnung...(1992), S. 1215 sowie Scholz, Bernd: CIM-Seminar...(1989), S. S1 und Siegwart, Hans - Raas, Fredy: CIM-orientiertes...(1991), S. 22 ff.

21 Zur Problematik der gestiegenen Fixkosten, die den Rahmen der vorliegenden Arbeit sprengen würde, sei hier stellvertretend verwiesen auf Backhaus, Klaus - Funke, Stephan: Managementherausforderungen...(1996), S. 75 f und Männel, Wolfgang: Anlagencontrolling...(1991), S. 193 ff.

22 Siehe zu den veränderten Kostenstrukturen neuer Fertigungstechnologien Böhler, Winfried: Prozeßkostenrechnung...(1995), S. 330 und Siegwart, Hans - Raas, Fredy: CIM-orientiertes...(1991), S. 52 und S. 60 ff.

23 Siehe bspw. Götze, Uwe: Einsatzmöglichkeiten...(1997), S. 143, Rau, Karl-Heinz - Schmidt, Jens: Implementierung...(1995), S. 177 und Wäscher, Dieter: Prozeßanalysen..(1995), S. 205. Im Gegensatz dazu konnten Troßmann, Ernst - Trost, Stefan: Gemeinkosten...(1996), S. 65 ff in einer empirischen Untersuchung keine generell steigenden Gemeinkostenanteile ermitteln.

24 Vgl. dazu Coenenberg, Adolf G. - Fischer, Thomas M.: Prozeßkostenrechnung...(1991), S. 22 oder Männel, Wolfgang: Anpassung...(1992), insbesondere S. 111 ff.

25 Siehe Kilger, Wolfgang: Kostenrechnung...(1987), S. 328 f und den dortigen Verweis auf Henzel, Friedrich: Kostenrechnung...(1964), S. 222, der Fälle mit Lohnzuschlagssätzen von 1.000 bis 5.000% anführt. Vgl. auch Miller, Jeffrey G. - Vollmann, Thomas E.: Fabrik...(1986), S. 84. Plaut,

Zuschlagssatz von 1.000%, dass bei einer Lohnabweichung von EUR 1,-- eine Abweichung der verrechneten Gemeinkosten von EUR 10,-- auftritt. Gleichzeitig erhält auch der traditionelle Fertigungslohn vor dem Hintergrund des Einsatzes neuer flexibler Fertigungstechnologien, Arbeitsorganisationen und Entlohnungsarten verstärkt **Gemeinkostencharakter**. Aktuelle Kalkulations- und Controlling-Schwerpunkte müssen sich folglich auf die Gemeinkostenblöcke konzentrieren. „Zielsetzung einer aussagefähigen Kostenrechnung [muss es, d. V.] sein, die Kosten der betrieblichen Aktivitäten zu ermitteln und für die Kalkulation der Produkte nutzbar zu machen. Diesen Weg geht die Prozesskostenrechnung“[26].

C Genauere Kalkulation und Unterstützung des Kostenmanagements als Rechnungszwecke

Die Prozesskostenrechnung will „einerseits die **Genauigkeit von Produktkalkulationen erhöhen**, zum anderen will sie die Kostensteuerung und das Kostenmanagement, somit also **zielgerichtete Strategien der Kostenbeeinflussung unterstützen**“[27].

Für die Kalkulation verzichtet die Prozesskostenrechnung auf die Verwendung wertmäßiger Bezugsgrößen und verrechnet die Kosten auf Basis von **in Anspruch genommenen Prozessmengen** nach dem Prinzip der anteiligen Inanspruchnahme von Ressourcen[28]. Gleichzeitig wird durch diese mengenorientierte Verrechnung der erbrachten Leistungen auch in indirekten Bereichen ein **Produktbezug** identifiziert und berücksichtigt. Durch die **beanspruchungsgerechtere Kalkulation** werden Auswirkungen der Unternehmenskomplexität auf Ressourcen-, Prozess- und Produktebene erst aufgedeckt. Die Prozesskostenrechnung kann durch die Aufdeckung der Komplexitätskosten einen wesentlichen Beitrag zur **Reduzierung der Komplexität** und damit zur **Optimierung des Produktportfolios** leisten. Besonders für den Fall der in unterschiedlichen Stückzahlen hergestellten Varianten ermöglicht die Prozesskostenrechnung eine der Inanspruchnahme von Potenzialen gerechte Kostenallokation, während mit der traditionellen Zuschlagskalkulation Standardprodukte im Vergleich zu selten hergestellten Varianten zu teuer kalkuliert werden[29]. Darüber hinaus berücksichtigt die Prozesskostenrechnung aber auch andere Kosteneinflussfaktoren wie die Auftragsgrößen oder die Produktkomplexität.

Das **Kostenmanagement** als systematische Beeinflussung von Kostenniveau, Kostenstrukturen, Kostenflexibilität, Kostenverhalten, Komplexitätskosten und Kostentrans-

Hans-Georg - Müller, Heinrich - Medicke, Werner: Grenzplankostenrechnung...(1973), S. 28 berichten bereits 1973 aus der Praxis von Lohnzuschlagssätzen von über 10.000%.

26 Coenenberg, Adolf G. - Fischer, Thomas M.: Prozeßkostenrechnung...(1991), S. 25.

27 Männel, Wolfgang: Bedeutung...(1995), S. 15 (Hervorhebung im Original).

28 Vgl. Männel, Wolfgang: Prozesskostenmanagement...(1996), S. 84 und Männel, Wolfgang: Produktkostenkalkulation...(1997), S. 213.

29 Weber, Jürgen: Prozeßkostenrechnung...(1995), S. 28 verweist darauf, daß Schmalenbach bereits 1899 diesen Effekt beschrieben hat.

parenz wird durch die Prozesskostenrechnung wesentlich unterstützt[30]. Durch die Fokussierung auf die Ressourcennutzung[31] werden zentrale Voraussetzungen für eine **optimale Ressourcendimensionierung** geschaffen. Gleichzeitig bilden die im Rahmen der Prozesskostenrechnung ermittelten kostenstellenbezogenen Leistungsspektren die Grundlage zur Schaffung von **Leistungs- und damit auch Kostentransparenz**[32].

Es darf dabei aber nicht außer Acht gelassen werden, dass es sich bei der Prozesskostenrechnung im Kern um eine **Vollkostenrechnung** handelt, so dass prozesskostenrechnerisch ermittelte Produktkosten auch immer kurzfristig nicht disponierbare Kostenanteile enthalten. Für das langfristig ausgerichtete Kostenmanagement stellen die so gewonnenen Kosteninformationen **vollkostenrechnerische Deckungslasten** dar, die sehr wohl wertvolle Hinweise einerseits für die langfristig angelegte Dimensionierung von Ressourcen und die Gestaltung von Prozessen und Produkten liefern und andererseits im Rahmen des Preismanagements zur Preisauskömmlichkeitsprüfung herangezogen werden können. Die leistungs- und prozessorientierte Kostenverrechnung erhöht damit die Genauigkeit **strategischer Produktkalkulationen**.

D Wesensmerkmale der Prozesskostenrechnung

Das Hauptaugenmerk der Prozesskostenrechnung liegt auf der Identifikation und Bewertung sämtlicher unternehmensspezifischer Vorgänge der Leistungserstellung und Leistungsverwertung im Sinne von Prozessen. Die **unternehmensindividuellen Tätigkeiten und Teilprozesse** werden **hierarchisch gegliedert** und **kostenstellenübergreifend zu Hauptprozessen** aggregiert. Der Produktbezug einzelner Prozesstypen wird nach deren Nähe zur Produkterstellung differenziert und die Kosten der Prozesse indirekter Bereiche werden ihrem Produktbezug entsprechend leistungsorientiert verrechnet.

Gemäß der noch zu erläuternden Vorgehensweise zur Ermittlung von Prozesskostensätzen ist das Anwendungsfeld der Prozesskostenrechnung auf **repetitive, standardisierbare Prozesse** beschränkt. Über die Ermittlung dieser Prozesse wird die Nutzung der betrieblichen Ressourcen offen gelegt. Dies ist die Grundlage für eine Vermeidung der Verschwendung knapper Kapazitäten und somit auch für eine optimale Ressourcendimensionierung.

Für die identifizierten Hauptprozesse werden **Kostentreiber** als Haupteinflussfaktoren der Kostenentstehung identifiziert und analysiert. Die darauf aufbauende vollkostenrechnerische Produktkostenkalkulation nach dem Prinzip der anteiligen Inanspruchnahme erhöht die Genauigkeit strategischer Kalkulationsergebnisse und trägt damit entscheidend zur langfristigen Unternehmenssicherung bei.

---

30 Siehe dazu und im Folgenden Männel, Wolfgang: Prozeßkostenmanagement...(1996), S. 70 ff und auch Fröhling, Oliver: Kostenmanagement...(1994), S. 147 f.

31 Schindler, Erich - Schimank, Christof: Prozeßkostenrechnung...(1998), S. 96 sprechen von einer Ressourcennutzungsrechnung.

32 Vgl. zur Verbesserung der Kostentransparenz auch Hintze, Heinz-Günther - Michel, Uwe: Prozeßkostenmanagement...(1998), S. 308 f.

Die Prozesskostenrechnung ist regelmäßig als **Plankostenrechnung** ausgestaltet. Im Rahmen der jahresbezogenen Unternehmensplanung werden Planwerte für Prozesskostensätze und Prozessmengen ermittelt und für den Planungszeitraum konstant gehalten. Wegen des hohen Erfassungs- und Datenpflegeaufwands erfolgt im Regelfall keine Erfassung von Ist-Zeiten, Ist-Mengen werden meist nur für Hauptprozesse erfasst. Die Bewertung sowohl in der Planung als auch in der Istverrechnung erfolgt dabei nach vollkostenrechnerischen Gesichtspunkten. Teilkostenrechnerische Aspekte können durch die enge Verknüpfung der Prozesskostenrechnung mit dem Kostenmanagement im Sinne einer Ressourcendimensionierung und Prozessgestaltung berücksichtigt werden, wobei Fristigkeitsgrade der Kostenabbaubarkeit und Einflüsse einer Ressourcenquantelung auch in Nebenrechnungen berücksichtigt werden können[33]. Nachstehende Abbildung 2-2 zeigt die wesentlichen Merkmale der Prozesskostenrechnung im Überblick.

II. Weiterentwicklung vollkostenrechnerischer Kalkulationsmethodiken und Konzepte der Prozesskostenrechnung

Ausgehend von systemimmanenten Mängeln der Zuschlagskalkulation wurden zunächst für den Fertigungsbereich mit der **Verrechnungssatz- und Bezugsgrößenkalkulation** leistungsorientierte Kalkulationsverfahren entwickelt und angewendet. Gleichzeitig implementierten personalintensive Dienstleistungsunternehmen die ebenfalls leistungsorientierte **Vorgangskalkulation**. Mit der Identifikation des Leistungsbezugs der indirekten Bereiche wurden diese leistungsorientierten Verfahren schließlich zur **Prozesskostenkalkulation** weiterentwickelt. Abbildung 2-3 zeigt die Weiterentwicklung vollkostenrechnerischer Methoden der Produktkostenkalkulation im Überblick.

A Systembedingt eingeschränkte Aussagekraft der Zuschlagskalkulation

Das in der Praxis weit verbreitete Verfahren der **Zuschlagskalkulation** ist durch die direkte Zurechnung nur der Einzelkosten auf die Kalkulationsobjekte gekennzeichnet. Die Kalkulation der Gemeinkosten erfolgt durch **prozentuale Zuschläge auf die Einzelkosten**[34]. Da die Fertigungsgemeinkosten der traditionell lohnintensiven Produktion im Regelfall auf Basis der Fertigungslöhne verrechnet werden, wird die Zuschlagskalkulation oft auch als **Lohnzuschlagskalkulation** bezeichnet.

Diese Verwendung **wertmäßiger Zuschlagsbasen** und die damit implizit unterstellten Proportionalitäten zwischen Materialgemein- und Materialeinzelkosten, zwischen Fertigungsgemein- und Fertigungseinzelkosten sowie zwischen Verwaltungs- bzw.

[33] Vgl. dazu Weber, Jürgen: Logistik-Controlling...(1991), S. 131 f, der für die Bereitschaftskosten im Rahmen der Logistikkostenrechnung die Angabe von Abbaufristen vorsieht. Siehe zur Fixkostenobligorechnung auch Fußnote 125 auf Seite 85 dieser Arbeit.

[34] Vgl. dazu auch das Kalkulationsschema und die entsprechenden Ausführungen im vorhergehenden Kapitel.

Abbildung 2-2
Charakteristika der Prozesskostenrechnung

Prozesskostenrechnung

- Berücksichtigung aller unternehmensinterner Beiträge zur Leistungserstellung und Leistungsverwertung im Sinne von **Prozessen**
- **Prozesshierarchie** von Tätigkeiten, Teilprozessen und Hauptprozessen
- Aggregation kostenstellenspezifischer Teilprozesse zu **kostenstellenübergreifenden Hauptprozessen**
- Produktbezug für nach ihrer Nähe zur Produktion differenzierte **Prozesstypen** bis hin zu Vorleistungs- und Vermarktungsprozessen
- **Leistungsorientierte Verrechnung** der Kosten indirekter Bereiche
- Beschränkung auf **repetitive, standardisierbare Prozesse**
- Identifikation der **Ressourcennutzung** zur Unterstützung des Kostenmanagements
- **Kostentreiber** als Haupteinflussfaktoren der Kostenentstehung
- Erhöhung der Genauigkeit von **strategischen Produktkalkulationen**
- Vollkostenrechnerische Kostenverrechnung nach dem **Prinzip der anteiligen Inanspruchnahme**
- Ausgestaltung als **Plankostenrechnung**

Vertriebsgemeinkosten und Herstellkosten der produzierten Produkte können aber dem Prinzip der anteiligen Ressourceninanspruchnahme nicht genügen. Zudem nimmt die

Abbildung 2-3
Weiterentwicklung vollkostenrechnerischer Methoden der Produktkostenkalkulation[35]

Bezugsgrößenkalkulation als Verrechnungssatzkalkulation
Die Varianten der **Bezugsgrößenkalkulation** verrechnen die differenziert nach Kostenstellen erfassten **Kostenträgergemeinkosten** proportional zum jeweiligen **Leistungsvolumen** der Kostenstellen weiter.

Maschinenstundensatz-kalkulation	**Systemstundensatz-kalkulation**	**Vorgangs-kalkulation**
Vor allem in **anlagenintensiven** Industriebetrieben werden die Kostenträger in Abhängigkeit von der Anzahl in Anspruch genommener Maschinenstunden mit **Kostenträgergemeinkosten** belastet.	Für flexible und logistisch verkettete Produktionsmittel wird ein auf die **Systemdurchlaufzeit** bezogener Stundensatz ermittelt. Kostenträger werden nach Maßgabe der Durchlaufzeit mit Gemeinkosten belastet.	Das Verfahren berücksichtigt Spezifika von **Dienstleistungsbetrieben** und **personalintensiven administrativen Bereichen** und stellt darauf ab, für standardisierbare Tätigkeiten Kalkulationssätze zu bilden.

Prozesskostenkalkulation
Für dieses Verfahren der Kalkulation ist charakteristisch, dass nicht nur kostenstellenweise, sondern auch **kostenstellenübergreifend** eine **leistungsorientierte Verrechnung von Kostenträgergemeinkosten** angestrebt wird. Tätigkeiten innerhalb von Kostenstellen werden identifiziert, zu **kostenstellenübergreifenden Prozessen** zusammengefasst, die hierfür anfallenden Prozesskosten ermittelt und nach Massgabe der **Prozessinanspruchnahme** weiterverrechnet. Die Zusammenfassung von Kosten in so genannten Kostenpools und Weiterverrechnung dieser Kosten über Prozesskostensätze und zwischengelagerte Zurechnungsobjekte (z. B. Transportlose) auf die Produkte ersetzt die Kalkulation von **Kosten indirekter Bereiche** auf Basis von Zuschlagssätzen.

„Genauigkeit" der Kalkulationsergebnisse mit steigendem Anteil der Gemeinkosten und damit einhergehenden steigenden Zuschlagssätzen ab[36].

Die Aussagekraft der Kalkulationsergebnisse leidet auch darunter, dass die Zuschlagssätze entweder auf Basis von **Plandaten** oder von **Daten vergangener Perioden** ermittelt werden und in der Periode ihrer Anwendung **keinen Bezug zur tatsächlich produzierten Produktmenge** aufweisen müssen. Der beschäftigungsunabhängige Charakter der fixen Gemeinkosten wird vollständig außer Acht gelassen. Somit eignet sich die Zuschlagskalkulation - wenn überhaupt - nur „für einen Hersteller relativ **homogener Erzeugnisse** mit einer relativ stabilen Stückzahlverteilung"[37]. Auch unter

[35] Entnommen aus Männel, Wolfgang: Kostenrechnungssysteme...(2003), S. 186.

[36] Vgl. stellvertretend Plaut, Hans-Georg: Kostenrechnungssystem...(1992), S. 217. Siehe zu weiteren Kritikpunkten an der Zuschlagskalkulation Eberle, Rudolf: Produktcontrolling...(1992), S. 569 f, Hahn, Dietger - Hungenberg, Harald: PuK...(2001), S. 571, Harrmann, Alfred: Fertigungslohn...(1962), S. 589 ff, Heinen, Edmund: Reformbedürftige...(1958), S. 1 ff, Henzel, Friedrich: Zuschlagskalkulation...(1963), S. 157 ff, Holzer, Herbert: PPS-Systeme...(2000), S. 108 ff sowie Plaut, Hans-Georg - Müller, Heinrich - Medicke, Werner: Grenzplankostenrechnung...(1973), S. 26 ff.

[37] Eberle, Rudolf: Produktcontrolling...(1992), S. 567.

dieser Voraussetzung kann der Zuschlagskalkulation aber nur sehr eingeschränkt eine Eignung zur Prüfung der Preisauskömmlichkeit oder zum Ergebnisausweis von Erzeugnissen zugesprochen werden. Mit Blick auf die Unterstützung eines Kostencontrollings und Kostenmanagements versagt die Zuschlagskalkulation völlig, da als zu steuernde Kosteneinflussgröße lediglich die Einzelkosten bzw. die Herstellkosten angenommen werden. Selbst eine Steuerung der Kostenhöhe muss anderen Analyse- und Managementmethoden vorbehalten bleiben und kann durch die zuschlagsbasierte Kostenträgerrechnung nicht unterstützt werden.

Auch bei Anwendung leistungsorientierter Kalkulationsverfahren im Fertigungsbereich kommt in der Praxis die Zuschlagskalkulation weiterhin für die produktspezifische Anlastung von **Entwicklungs-, Vertriebs- und Verwaltungskosten** zum Einsatz. Selbst Materialgemeinkosten werden oft noch über Zuschlagssätze verrechnet. Letzten Endes betrifft dies in praxi die Kosten sämtlicher Unternehmensbereiche und damit explizit auch Fertigungsbereiche, bei denen kein direkter Leistungsbezug zum herzustellenden Produkt identifiziert werden kann.

B Einsatz leistungsorientierter Kalkulationsmethoden im Fertigungsbereich

Die herausgestellten Mängel der Zuschlagskalkulation führen dazu, dass diese in der Praxis mehr und mehr durch die **Verrechnungssatzkalkulation** als Spezialfall der Bezugsgrößenkalkulation und die **Bezugsgrößenkalkulation** selbst im Fertigungsbereich abgelöst wurde[38].

1. Verrechnungssatzkalkulation als Maschinenstundensatz- und Systemstundensatzkalkulation

Kostenstellen- bzw. kostenplatzspezifisch werden in der Verrechnungssatzkalkulation die Fertigungslöhne zusammen mit den Fertigungsgemeinkosten nach dem **Grundprinzip der Divisionskalkulation** auf die Leistung der Kostenstelle bezogen. Für einen kostenstellen- oder kostenplatzspezifischen **Verrechnungssatz** gilt somit

$$\text{Verrechnungssatz (in EUR/Leistungseinheit)} = \frac{\text{Fertigungslöhne} + \text{Fertigungsgemeinkosten}}{\text{Leistungsvolumen der Kostenstelle}}$$

Das Kennzeichen sämtlicher Varianten der Verrechnungssatzkalkulation, dass „die Kosten einzelner Kostenstellen oder Kostenplätze **proportional zu deren Leistungsvolumen** verrechnet werden“[39] und somit keine wertmäßigen Bezugsgrößen im Fertigungsbereich mehr Verwendung finden, ist hier unmittelbar ersichtlich. Da als Leistungsmaßstab im Regelfall Zeitgrößen verwendet werden, wird die Verrechnungssatzkalkulation auch als **Stundensatzkalkulation** bezeichnet.

Die Leistung personalintensiver Kostenstellen der Fertigung wird regelmäßig in **Arbeitsminuten oder Arbeitsstunden** gemessen[40]. Mit zunehmender Anlagenintensität tritt jedoch die **Maschinenlaufzeit** an die Stelle der menschlichen Arbeitszeit als

---

38 Siehe bspw. Henzel, Friedrich: Kostenrechnung...(1964), S. 221 ff.

39 Männel, Wolfgang: Verrechnungssatzkalkulation...(1986), S. 189 (Hervorhebung d. V.).

40 Siehe hierzu und im Folgenden Männel, Wolfgang: Verrechnungssatzkalkulation...(1986), S. 189.

Leistungsmaßstab einer Kostenstelle[41]. Die kostenstellenspezifisch erfassten und maschinenabhängigen Kosten[42] werden auf die geleisteten Maschinenstunden als Maßgröße bezogen, die sich ergebenden **Maschinenstundensätze** werden zur Kalkulation der kostenträgerspezifischen Fertigungskosten herangezogen[43].

Die Voraussetzungen für die Gültigkeit eines kostenstellenspezifischen Maschinenstundensatzes sind natürlich, dass das Personal der Kostenstelle annähernd ausschließlich mit der Maschinenbedienung beschäftigt ist, und keine oder nur geringe Rüstzeiten anfallen[44], dass es sich also um **homogene Kostenverursachung** im Sinne eines homogenen **Leistungsbezugs** der Kostenstelle handelt[45]. Anderenfalls kann ein kostenstellenspezifischer Maschinenstundensatz nur dann zur Kostenverrechnung geeignet sein, wenn die Rüst- oder sonstigen Tätigkeiten gleichmäßig verteilt für die verschiedenen Produkte anfallen. Bei einem homogenen Leistungsbezug ist zudem die Maschinenlaufzeit mit der Personal-Fertigungszeit identisch, so dass das Gesetz von der **Austauschbarkeit der Maßgrößen** gilt[46], dass sowohl die Maschinenlaufzeit als auch die Fertigungszeit des Personals mit demselben Ergebnis als Basis des Stundensatzes verwendet werden kann[47]. Obwohl natürlich in einer Kostenstelle mit mehreren unterschiedlichen Maschinen maschinenindividuelle Stundensätze gebildet werden können, führt die Maschinenstundensatzrechnung schon aufgrund der Leistungserfassung und Kostenzuordnung tendenziell zu einer differenzierteren Kostenstelleneinteilung und damit letztendlich zu einer **Kostenplatzrechnung mit kostenplatzbezogenen Verrechnungssätzen**[48].

Insbesondere für flexible Fertigungssysteme (FFS), also für verkettete Mehrmaschinenkonzepte der rechnergestützten Fertigung mit übergeordneter Steuerung[49] wird ein

---

41 Vgl. zur Maschinenstundensatzrechnung stellvertretend Hahn, Dietger - Hungenberg, Harald: PuK...(2001), S. 572 ff mit weiteren Notationen.

42 Üblicherweise werden sowohl die Lohnkosten der Maschinenbedienung im Stundenlohn erfasst als auch die sekundären Kostenstellenkosten, also die von anderen Vorkostenstellen bereits weiterverrechneten Kosten.

43 Vgl. Loos, Günter: Ermittlung...(1992), S. 527 ff, der kalkulatorische Abschreibungen, kalkulatorische Zinsen, Instandhaltungs-, Raum-, Energie- und Werkzeugkosten zu den typischen maschinenabhängigen Kosten zählt. Nach Deutsches Institut für Normung e.V.: DIN 32990 Teil 1...(1987), S. 9 ist der Maschinenstundensatz „ein Verrechnungssatz, der die Maschinenkosten bezogen auf eine Nutzungsstunde der Maschine angibt" und sich durch Division der Maschinenkosten durch die Nutzungszeit des Abrechnungszeitraums ergibt. Siehe zur praktischen Ermittlung von Maschinenstundensätzen Hoffmeister, Frank: Nachkalkulation...(1996), S. 174.

44 Vgl. Kilger, Wolfgang: Kostenrechnung...(1987), S. 334.

45 Siehe zur homogenen Kostenverursachung im Sinne eines homogenen Leistungsmaßstabs insbesondere Kilger, Wolfgang - Pampel, Jochen - Vikas, Kurt: Plankostenrechnung...(2002), S. 108.

46 Siehe dazu wiederum Kilger, Wolfgang - Pampel, Jochen - Vikas, Kurt: Plankostenrechnung...(2002), S. 108, der auf Rummel, Kurt: Kostenrechnung...(1967), S. 5 verweist.

47 Für die Bauindustrie wird in diesem Zusammenhang eine Montagestundensatzrechnung vorgeschlagen, siehe Wienhold, Klaus - Schön, Dietmar: Ergebnisrechnung...(1997), S. 226 ff.

48 Vgl. dazu Haberlandt, Karlheinz: Kostenrechnung...(1992), S. 975 f und Männel, Wolfgang: Verrechnungssatzkalkulation...(1986), S. 189 f.

49 Vgl. Siegwart, Hans - Raas, Fredy: CIM-orientiertes...(1991), S. 12 ff.

Stundensatz für das gesamte Fertigungssystem gebildet, der so genannte **Systemstundensatz**[50]. Dieser Systemstundensatz enthält sämtliche Systemgemeinkosten der Bearbeitung, des Materialflusses, der integrierten Qualitätsprüfung sowie der Steuerung und der Überwachung. Die Stundensatzkalkulation wird auf diese Weise zur Systemstundensatzkalkulation ausgebaut. Die verschiedenen, das Fertigungssystem durchlaufenden Produkte werden entsprechend ihrer Durchlaufzeit mit dem Systemstundensatz belastet.

2. Auf die Leistungsinanspruchnahme abstellende Bezugsgrößenkalkulation

Im Regelfall werden sich in modernen Industrieunternehmen jedoch kaum Kostenstellen finden lassen, die den angeführten Prämissen der Stundensatzrechnung genügen. Bei **heterogener produktspezifischer Leistungsinanspruchnahme** einer Kostenstelle müssen mehrere **Bezugsgrößen als Maßgrößen der Kostenverursachung** parallel verwendet werden[51]. Im einfachsten Fall verhält sich ein Teil der kostenstellenspezifischen Kosten proportional zur Maschinenlaufzeit, während der andere Teil durch die Rüstzeit determiniert wird. Die Stundensatzrechnung wurde aus diesem Grund zu einer Bezugsgrößenkalkulation weiterentwickelt, „bei der nach Möglichkeit für alle Kostenstellen analytisch bestimmte Bezugsgrößen der Kostenverursachung als Kalkulationsgrundlagen verwendet werden“[52].

In der Umsetzung der Bezugsgrößenkalkulation ist aber zu beachten, dass insbesondere aus der Notwendigkeit einer wirtschaftlichen Erfassung und Planung eine zu weitgehende Differenzierung der **kostenstellenspezifischen Bezugsgrößen** vermieden werden muss[53]. Die im Fertigungsbereich gewählten Bezugsgrößen dienen dabei zum einen als **Maßstab für die Leistungsinanspruchnahme** und zum anderen als **Grundlage für die Kalkulation** der Kostenträger[54]. Die Berechnung eines **bezugsgrößenspezifischen Verrechnungssatzes** erfolgt formal analog zur Ermittlung eines zeitbezogenen Verrechnungssatzes, indem die gesamten auf die Bezugsgröße zu beziehenden Kosten durch die Bezugsgrößenmenge dividiert werden. Auf diese Weise erhält man die Kosten pro Bezugsgrößeneinheit, also die Kosten pro Fertigungsminute oder pro Rüstminute.

Aus den vorstehenden Ausführungen wird deutlich, dass die Verrechnungssatzkalkulation eine Sonderform der Bezugsgrößenkalkulation mit nur einer einzigen Bezugsgröße pro Kostenstelle (Arbeits-, Maschinen- oder Systemstunden) darstellt und damit auch nur bei homogenem Leistungsbezug in der Kostenstelle anwendbar ist. Während

---

[50] Siehe Männel, Wolfgang: Moderne Konzepte...(1993), S. 78, Männel, Wolfgang: Entwicklungsperspektiven...(1999), S. 175 f und detailliert Knoop, Jens: Kostenrechnung...(1986), S. 86 ff.

[51] Vgl. Kilger, Wolfgang: Kostenrechnung...(1987), S. 334.

[52] Kilger, Wolfgang: Kostenrechnung...(1987), S. 334.

[53] Siehe dazu Kilger, Wolfgang - Pampel, Jochen - Vikas, Kurt: Plankostenrechnung...(2002), S. 244.

[54] Nach Kilger, Wolfgang - Pampel, Jochen - Vikas, Kurt: Plankostenrechnung...(2002), S. 253 f werden in den indirekten Bereichen ebenfalls Bezugsgrößen identifiziert, die zur Leistungsmessung und damit als Kostenverursachungsmaßstab geeignet sind, jedoch fehlt diesen Bezugsgrößen die Eignung zur kalkulatorischen Weiterverrechnung, da keine ursächliche proportionale Beziehung zu den Produkten besteht.

für die Stundensatzrechnung die zu verrechnenden Kosten maschinenspezifisch erfasst werden müssen, um die Stundensätze zu ermitteln, werden im Gegensatz dazu bei der Bezugsgrößenkalkulation die **bezugsgrößenspezifisch anfallenden Fertigungskosten** auf Kostenstellenebene identifiziert[55].

C Vorgangskostenrechnung und Vorgangskalkulation für Dienstleistungsunternehmen

Wegen der zunehmenden Bedeutung und der steigenden Beschäftigtenzahlen im tertiären Sektor[56] wurde speziell für Unternehmen des Dienstleistungsbereichs die Grenzplankostenrechnung mit Bezugsgrößenkalkulation zur **Vorgangskostenrechnung mit Vorgangskalkulation** weiterentwickelt[57]. Die wesentlichen Kennzeichen solcher Dienstleistungsunternehmen[58] sind zum einen die **Immaterialität der Leistungserstellung**[59] - damit verbunden auch die Unmöglichkeit der Lagerproduktion - und zum anderen die **Personalintensität der Leistungserstellung**[60].

Dienstleistungen können zwar definiert und kundenbezogen in **standardisierbare und in individuell gestaltete Leistungen** differenziert werden[61], Messung und Vergleichbarkeit der Dienstleistungen, die bei der Erstellung von individuellen menschlichen Eigenschaften abhängen, sind jedoch im Vergleich zur Sachgüterproduktion in vielen Fällen erschwert[62]. Speziell für Dienstleistungsunternehmen und für besonders

---

55 Vgl. dazu Christmann, Albert - Jórasz, William: Kalkulation...(1992), S. 565, die ein Verfahren zur Fertigungsgemeinkostenkalkulation bei den beiden Bezugsgrößen Fertigungslohn und Maschinenzeit vorstellen.

56 Siehe zur Begründung dieser Entwicklung Corsten, Hans: Dienstleistungen...(1985), S. 23 f.

57 Siehe Vikas, Kurt: Controlling...(1988), S. 23. Zur Weiterentwicklung der speziell für Dienstleistungsunternehmen entwickelten Vorgangskalkulation zur Dienstleistungskalkulation für administrative Prozesse generell siehe Vikas, Kurt: Dienstleistungskalkulation,...(1996), S. 27 ff.

58 Vgl. zur generellen Charakterisierung von Dienstleistungen Corsten, Hans: Dienstleistungen...(1985), S. 89 ff.

59 Siehe Küpper, Hans-Ulrich: Entwicklungslinien...(1988), S. 59, Vikas, Kurt: Controlling...(1988), S. 24 und Vikas, Kurt: Grenzplankostenrechnung...(1988), S. 235 f.

60 So spricht Vikas, Kurt: Steuerungsinstrument...(1988), S. 70 von einem Anteil der Personalkosten in Höhe von 60 bis 70% am gesamten Kostenvolumen im Betriebsbereich von Banken, verweist aber gleichzeitig auch darauf, dass diese „Kosten keineswegs weitgehend als fix zu betrachten [sind, d. V.], wenn man von einem rein funktionalen Zusammenhang zwischen Kosten und Leistungen ausgeht". Siehe auch Meyer zu Selhausen, Hermann: Bank-Informationssysteme...(2000), S. 18, zitiert nach Merz, Thomas: Kalkulationsverfahren...(2001), S. 12.

Vikas, Kurt: Controlling...(1988), S. 24 f führt außerdem die Existenz zusätzlicher branchenspezifischer Produktionsfaktoren für Dienstleistungsunternehmen an, wie den monetären Faktor bei Banken oder den Risikofaktor bei Versicherungen. Für ausgewählte Dienstleistungsbereiche werden Produktionsfaktorsysteme bei Corsten, Hans: Dienstleistungen...(1985), S 48 ff ausführlich dargestellt. Speziell auf das Kreditgewerbe bezieht sich Schierenbeck, Henner: Kreditgewerbe...(1992), S. 1063 ff, für die Versicherungsbetriebe sei an dieser Stelle auf Farny, Dieter: Kosten-, Leistungs- und Erfolgsrechnung...(1992), S. 1097 ff sowie Albrecht, Peter: Gestaltung...(1992), S. 1101 ff verwiesen.

61 Vgl. Vikas, Kurt: Grenzplankostenrechnung...(1988), S. 236.

62 Siehe Küpper, Hans-Ulrich: Entwicklungslinien...(1988), S. 59.

personalintensive administrative Bereiche von Industrieunternehmen steht mit der **Vorgangskostenrechnung** und der **Vorgangskalkulation** ein Instrument zur Kalkulation und zur Kostenkontrolle zur Verfügung[63].

Ein spezielles Problem im Dienstleistungsbereich stellt die Wahl **geeigneter Bezugsgrößen** dar, die sich sowohl als Maßgröße für die Leistungsinanspruchnahme als auch gleichzeitig als Basis für die „verursachungsgerechte" Kostenverrechnung auf die Kostenträger eignen[64]. Zur Identifizierung der Tätigkeiten und der jeweiligen Zeitbedarfe ist eine **arbeitstechnische Analyse der Arbeitsabläufe** sämtlicher primärer Kostenstellen erforderlich, „als deren Ergebnis Standardwerte je Mengeneinheit der einzelnen Tätigkeit in Minuten/Mengeneinheit festgelegt werden. Neben- und Verteilzeiten sind im Standard enthalten"[65]. Werden nun die **monatlich geplanten Leistungsmengen** der einzelnen Tätigkeiten mit den Standardwerten je Mengeneinheit multipliziert und kostenstellenspezifisch aufsummiert, erhält man die Bezugsgrößenmenge einer Kostenstelle[66]. Die Division der kostenstellenspezifisch zu verrechnenden proportionalen Kosten durch die Bezugsgrößenmenge ergibt den proportionalen Kalkulationssatz der Kostenstelle pro Zeiteinheit.

Für wiederkehrende, standardisierbare Leistungen werden **Vorgangspläne**[67] implementiert, die die einzelnen notwendigen Tätigkeiten prozesskonform abbilden. Die Kosten einer Tätigkeit errechnen sich durch Multiplikation des **Leistungsstandards** mit dem proportionalen kostenstellenspezifischen Kostensatz[68]. Bei Tätigkeiten, die für mehrere Perioden einer Dienstleistung anfallen, werden die Kosten der Tätigkeit **durch die Periodenanzahl dividiert**[69].

---

63 Vgl. Vikas, Kurt: Controlling...(1988), S. 23 ff und Vikas, Kurt: Konzepte...(1991), S. 112 ff. Siehe zur Darstellung der Vorgangskostenrechnung im Folgenden auch Jehle, Egon - Wiesehahn, Andreas - Willeke, Martin: Gemeinkostenmanagement...(1997), S. 286 ff und Lorson, Peter: Kostenmanagement...(1993), S. 269 ff und Wimmer, Konrad: Bankkalkulation...(2002), S. 272 ff. Speziell auf die praktische Ausgestaltung von Bankkalkulationen bezogen siehe Merz, Thomas: Kalkulationsverfahren...(2001), S. 54 ff.

64 Siehe dazu Vikas, Kurt: Controlling...(1988), S. 36 f. An dieser Stelle findet sich auch das Beispiel der Schalter-Stunden als Bezugsgröße für eine Schalter-Kostenstelle in einer Bank. Die Schalter-Stunden eignen sich als Maßgröße für die Leistungsinanspruchnahme, wegen der Vielfalt der Kostenstellenleistungen (Einzahlungen, Auszahlungen, Überweisungen...) jedoch nicht zur Weiterverrechnung auf die Kostenträger.

65 Vikas, Kurt: Controlling...(1988), S. 37.

66 Siehe Vikas, Kurt: Controlling...(1988), S. 37 f und Wimmer, Konrad: Bankkalkulation...(2002), S. 274.

67 In Vikas, Kurt: Konzepte...(1991), S. 154 ff werden diese Vorgangspläne als Prozessfolgestrukturen bezeichnet. Siehe auch Kagermann, Henning: Dienstleistungskalkulation...(1992), S. 356 und Vikas, Kurt - Klein, Andreas: Prozeßkostenmanagement...(1997), S. 468 f.

68 Vgl. dazu auch die Ausführungen zur prozessorientierten Standardkostenrechnung bei Merz, Thomas: Kalkulationsverfahren...(2001), S. 65 ff.

69 Siehe Vikas, Kurt: Controlling...(1988), S. 61 ff, ein Vorgangsplan mit Plankalkulation für die jährlichen Kosten eines Sparbuchs findet sich auf S. 64. Die Kosten der Tätigkeiten Sparbuch-Eröffnung und Sparbuch-Auflösung werden bei einer durchschnittlichen Sparbuch-Laufzeit von 6

Die zu verrechnenden Kostenstellenkosten[70] werden nach der dargestellten Vorgehensweise auf leistungsorientierte Bezugsgrößen bezogen. Dies gilt allerdings nur insofern, als das Leistungsspektrum einer Kostenstelle aus **repetitiven und formalisierten Tätigkeiten** besteht. Nicht zurechenbare Fixkosten werden im Rahmen einer **stufenweisen Deckungsbeitragsrechnung** in die Kostenträgerzeitrechnung übernommen, nicht jedoch in die teilkostenorientierte Kostenträgerstückrechnung[71].

Die reine Vorgangskostenrechnung stellt damit eine **konsequente Weiterentwicklung der Grenzplankostenrechnung** dar[72], die sich mit der Berücksichtigung der Personalkosten „bewusst vom Fristigkeitsgrad der Kostenplanung [löst]"[73], und weist in ihrer eigenständigen Anwendung in Dienstleistungsunternehmen und in der Verrechnungsmodalität der beschäftigungsunabhängigen Fixkosten zentrale Unterschiede zur herkömmlichen Prozesskostenrechnung und zur vollkostenrechnerischen Prozesskostenkalkulation auf.

D Prozessdefinitionen und Prozesskostenkalkulation

Vor einer Darstellung der Prozesskostenkalkulation seien an dieser Stelle zunächst die in der Fachliteratur oftmals nicht einheitlich verwendeten zentralen Begriffe einer Prozesskostenrechnung in ihrer Bedeutung für die vorliegende Arbeit definiert[74]. So wird im Folgenden zwischen den Begriffen **Tätigkeit**, **Aktivität**, **Teilprozess** und **Hauptprozess** differenziert. Eine kurze Darstellung der **Wesensmerkmale einer Prozesskostenkalkulation** schließt sich an dieser Stelle an, um die zentrale Bedeutung einer derartigen Kalkulation hervorzuheben.

1. Begriffliche Differenzierung zwischen Tätigkeit, Teilprozess und Hauptprozess

Der aus dem Activity Based Costing als **Aktivität** ins Deutsche übernommene Begriff activity bedeutet die „Bearbeitung eines Vorganges innerhalb einer Kostenstelle, der mit einem Arbeitsergebnis abgeschlossen wird und Produktionsfaktoren verzehrt"[75]. **Tätigkeiten** werden regelmäßig „als Elemente von Aktivitäten angesehen, so dass eine Aktivität eine Zusammenfassung logisch zusammengehöriger Tätigkeiten innerhalb

---

Jahren zur Ermittlung der jährlichen Tätigkeitskosten jeweils durch 6 dividiert. Vgl. auch Vikas, Kurt: Konzepte...(1991), S. 155 ff.

[70] Auf die Dominanz der Personalkosten wurde bereits an anderer Stelle hingewiesen.

[71] Siehe Vikas, Kurt: Controlling...(1988), S. 71 ff. Vgl. dazu auch die Darstellung einer mehrdimensionalen stufenweisen Deckungsbeitragsrechnung bei Vikas, Kurt: Besonderheiten...(1992), S. 1049 ff. Vor diesem Hintergrund beschreibt auch Rendenbach, Hans-Georg: Prozesskostenmanagement...(2002), S. 281 ff ein Prozesskostenmanagement in Versicherungsunternehmen und zeigt damit gleichzeitig, dass die theoretische Trennung zwischen Vorgangskostenrechnung und Prozesskostenrechnung praktisch so nicht mehr aufrecht erhalten werden kann.

[72] Siehe Lorson, Peter: Kostenmanagement...(1993), S. 313.

[73] Wimmer, Konrad: Bankkalkulation...(2002), S. 274.

[74] Siehe dazu auch Schehl, Michael: Kostenrechnung...(1994), S. 415 f.

[75] Lorson, Peter: Kostenmanagement...(1993), S. 257, der sich auf Hartung, Wolfgang: ABC... (1991), S. 4 bezieht.

einer Kostenstelle repräsentiert"[76]. In diesem Sinne sind **Aktivitäten mit Teilprozessen gleichzusetzen**, die definiert sind als „Kette homogener Aktivitäten einer Kostenstelle, die einem oder mehreren Hauptprozessen zugeordnet werden kann und für die Prozeßkosten ermittelt werden sollen"[77].

Demgegenüber ist ein **Hauptprozess** definiert als eine „Kette homogener Aktivitäten, die demselben Kosteneinflußfaktor unterliegt und für die Prozeßkosten ermittelt werden sollen"[78]. Homogenität bedeutet dabei, dass sich Struktur, Ablauf, Arbeitsaufwand und Ressourceninanspruchnahme der zusammengefassten Aktivitäten nicht wesentlich unterscheiden dürfen[79].

Ausgehend von den Tätigkeiten einer Kostenstelle als kleinste Einheit über die ebenfalls kostenstellenspezifischen Aktivitäten und Teilprozesse bis hin zu den **kostenstellenübergreifenden Hauptprozessen** ergibt sich aus den angeführten Definitionen eine **Prozesshierarchie**[80]. Abbildung 2-4 verdeutlicht diesen hierarchischen Aufbau der Prozesskostenrechnung und zeigt gleichzeitig, dass Hauptprozesse zwar kostenstellenübergreifend sein können und regelmäßig auch sein werden, dies aber keinesfalls zwingend notwendig ist. Praktischerweise wird der Schwerpunkt einer prozessorientierten Betrachtung vor dem Hintergrund einer differenzierten Kostenstelleneinteilung auf kostenstellenübergreifenden Hauptprozessen liegen, da die Überwindung von „Abteilungsschranken" einen zentralen Aspekt der Prozesskostenrechnung darstellt.

Der **Begriff des Prozesses** an sich wird in der Literatur ebenfalls nicht einheitlich verwendet. Teilweise werden darunter nur die Hauptprozesse verstanden[81], teilweise umfasst er sowohl Haupt- als auch Teilprozesse[82]. Im Sinne des Terminus „Prozesskostenrechnung", bei dem der Prozessbegriff alle Arten von Prozessen umfasst, werden in dieser Arbeit sowohl Hauptprozesse als auch Teilprozesse und Tätigkeiten unter dem allgemeinen Begriff des Prozesses subsumiert[83].

---

76 Lorson, Peter: Kostenmanagement...(1993), S. 258, der wiederum auf Hartung, Wolfgang: ABC...(1991), S. 4 verweist. Siehe dazu auch Mayer, Reinhold: State of the Art...(1998), S. 8 f, der zudem auf die enorme Komplexität einer Kostenbewertung auf Ebene einzelner Tätigkeiten hinweist und diese Kostenbewertung auf Tätigkeitsebene deshalb ablehnt.

77 Horváth, Péter - Mayer, Reinhold: Konzeption...(1995), S. 63 (im Original hervorgehoben).

78 Horváth, Péter - Mayer, Reinhold: Konzeption...(1995), S. 62 (im Original hervorgehoben). Man beachte hier, daß der kostenstellenübergreifende Aspekt nicht Gegenstand dieser Hauptprozessdefinition ist.

79 Siehe Horváth, Péter - Mayer, Reinhold: Konzeption...(1995), S. 62.

80 Mayer, Reinhold: State of the Art...(1998), S. 6 f führt auf einer höheren Hierarchieebene noch Geschäftsprozesse ein, die ablauforientierte, unternehmensbezogen umfassende Aufgabenfelder darstellen.

81 Siehe bspw. Lorson, Peter: Kostenmanagement...(1993), S. 258.

82 Siehe dazu besonders die Ermittlung von Prozesskostensätzen für Teilprozesse bei Horváth, Péter - Mayer, Reinhold: Konzeption...(1995), S. 72 oder die Berechnung von Gesamtprozesskostensätzen auf Teilprozessebene bei Horváth, Péter - Renner, Andreas: Prozeßkostenrechnung...(1990), S. 103.

83 Vgl. Michel, Rudolf - Torspecken, Hans-Dieter - Jandt, Jürgen: Kostenrechnung...(1998), S. 232.

Abbildung 2-4
Prozesshierarchie der Prozesskostenrechnung[84]

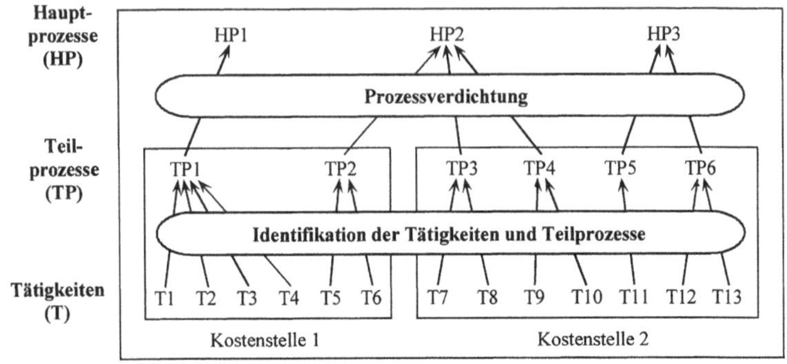

2. Wesen der Prozesskostenkalkulation für indirekte Bereiche

Die aufgezeigte Hierarchie über Tätigkeiten und Teilprozesse hinweg zu Hauptprozessen und die damit verbundene kostenstellen- und möglicherweise abteilungsübergreifende Betrachtungsweise hat natürlich auch Auswirkungen auf die prozessorientierte Kostenträgerrechnung. Für die **Prozesskostenkalkulation**[85] ist ein über den Fertigungsbereich hinaus auch für **Leistungen fertigungsunterstützender Bereiche** identifizierter Produktbezug charakterisierend. Zudem werden kostenstellenbezogene Schranken aufgehoben und kostenstellenübergreifende Hauptprozesse **leistungsorientiert** in die Produktkalkulation einbezogen. Die Kalkulation der Kosten indirekter Bereiche auf Basis wertmäßiger Schlüsselgrößen wird bei der Prozesskostenkalkulation durch eine mengenbezogene Kalkulation mit Hilfe von Hauptprozessen abgelöst.

Kostenstellenspezifisch werden Tätigkeiten und Teilprozesse identifiziert, die dann zu regelmäßig kostenstellenübergreifenden Hauptprozessen im Sinne von **cost pools** zusammengefasst werden[86]. Die Kostenplanung und auch die Kostenerfassung findet in den einzelnen Kostenstellen statt. Die Kostenstellenkosten werden zur Ermittlung der **Prozesskostensätze** durch die jeweiligen Prozessmengen dividiert, um die Kosten für die einmalige Durchführung des betrachteten Teilprozesses angeben zu können. Analog zur Zusammenfassung sachlich zusammengehöriger Teilprozesse zu Hauptprozessen werden **auch die Kosten der entsprechenden Teilprozesse zu den Hauptprozesskosten** aggregiert.

In unternehmensspezifischen **Prozessplänen** wird in Analogie zu den Arbeitsplänen die Inanspruchnahme der betrieblichen Hauptprozesse abgebildet. Entsprechend diesen

---

84 Leicht modifiziert nach Lorson, Peter: Kostenmanagement...(1993), S. 259, siehe ähnlich auch bei Michel, Rudolf - Torspecken, Hans-Dieter - Jandt, Jürgen: Kostenrechnung...(1998), S. 230.

85 Kilger, Wolfgang: Plankostenrechnung...(1993), S. 108 spricht von einer Weiterentwicklung der „herkömmlichen Bezugsgrößenkalkulation zur Bezugsgrößenkalkulation mit Prozeßkosten".

86 Vgl. Männel, Wolfgang: Entwicklungsperspektiven...(1999), S. 135.

Prozessplänen werden die beanspruchten Hauptprozesse in die **Kostenträgerkalkulation** übernommen und ersetzen im Kalkulationsschema undifferenziert gebildete Zuschlagssätze für die Gemeinkosten[87].

E Activity Based Costing und Prozesskostenrechnung als unterschiedliche Konzepte

Der Begriff der **Prozesskostenrechnung** wird oftmals synonym zum Begriff des **Activity Based Costings (ABC)** gebraucht. Tatsächlich bestehen aber zentrale Unterschiede zwischen diesen beiden Konzepten, die Varianten ein und derselben Grundidee darstellen[88].

Ausgangspunkt der Entwicklung des Activity Based Costings[89] in den **USA** war die Tatsache, dass trotz des Einsatzes rechnergestützter Fertigungstechnologien auch in den 80er Jahren weiterhin überwiegend eine **vollkostenorientierte Lohnzuschlagsrechnung** (Absorption Costing) im Fertigungsbereich angewandt wurde[90]. Im Vergleich zum deutschsprachigen Raum wurden und werden nur **sehr wenige Kostenstellen** eingerichtet[91]. Mit dem Zweck, Kosteninformationen für die bilanzielle Bestandsbewertung zu liefern, wurde die Kostenrechnung **vom externen Rechnungswesen dominiert**[92].

Im **deutschsprachigen Raum** dagegen wurde der Fertigungsbereich mit dem System der flexiblen Plankostenrechnung, das zudem auf einer **ausgefeilten Kostenstellenrechnung** basierte und eine **differenzierte Bezugsgrößenkalkulation** ermöglichte, vollständig abgedeckt[93]. Hier bewirkten ab etwa Mitte der 80er Jahre Änderungen im Unternehmensumfeld eine Verlagerung des Kostenschwerpunkts in die indirekten

---

87 Bezüglich einer detaillierten Darstellung der Prozesskostenkalkulation sei an dieser Stelle auf die entsprechenden Ausführungen in diesem Kapitel verwiesen.

88 Vgl. dazu ausführlich Gaiser, Bernd: Prozeßkostenrechnung...(1998), S. 67 ff. Siehe auch Kloock, Josef: Prozeßkostenrechnung 1...(1992), S. 184 sowie den Praxisbericht eines globalen Prozesskostenmanagements bei Hintze, Heinz-Günther - Michel, Uwe: Prozeßkostenmanagement...(1998), S. 317 ff.

89 Siehe dazu die grundlegenden Ausführungen bei Cooper, Robin: Costing...(1992), S. 360 ff sowie bei Johnson, Thomas H. - Kaplan, Robert S.: Relevance Lost...(1987), S. 12 ff.

90 Siehe stellvertretend Cooper, Robin: Costing...(1992), S. 360, Jehle, Egon - Wiesehahn, Andreas - Willeke, Martin: Gemeinkostenmanagement...(1997), S. 273 ff, Herzog, Ernst: Entwicklungen...(1992), S. 338 f und Mayer, Reinhold: Weiterentwicklung...(1997), S. 141.

91 Vgl. Gaiser, Bernd: Prozeßkostenrechnung...(1998), S. 68 oder auch Plaut, Hans-Georg: Kostenrechnungssystem...(1992), S. 215. Herzog, Ernst: Entwicklungen...(1992), S. 343 ff zeigt auf, dass künftig auf Basis des Cost Management Systems der CAM-I-Studie von 1986 eine wesentlich differenziertere Kostenstelleneinteilung benötigt wird.

92 Siehe Herzog, Ernst: Stand...(1989), S. 313 f, Horváth, Péter - Mayer, Reinhold: Konzeption...(1995), S. 60, Lorson, Peter: Kostenmanagement...(1993), S. 213 ff sowie Cooper, Robin: Activity-Based Costing...(1990), S. 210 ff, der für das ABC Zahlenbeispiele aus dem Fertigungsbereich diskutiert.

93 Auch Herzog, Ernst: Entwicklungen...(1992), S. 347 verweist darauf, dass im deutschsprachigen Raum speziell mit der Grenzplankostenrechnung die wesentlichen Grundsätze des Cost Management Systems bereits Systembestandteil sind.

Bereiche, für die keine adäquaten Instrumente zur kostenrechnerischen Durchdringung und leistungsorientierten Kostenanlastung in der Kalkulation zur Verfügung standen. Zudem gewann die Dienstleistungsbranche mit ihren regelmäßig geringen variablen Kosten an Bedeutung[94].

Der Einsatzbereich des **Activity Based Costings** umfasst demzufolge sowohl die Planung und Verrechnung der Kosten **direkter Fertigungsbereiche** mit direkten Bezugsgrößen als auch die **indirekten Bereiche**[95]. „Im Prinzip wurde für direkte Bereiche nachgeholt, was in Deutschland lange Tradition hatte, und zugleich wurde ein wesentlicher innovativer Schritt für das Kostenmanagement indirekter Bereiche eingeleitet“[96]. Im Vergleich zu den differenzierten Bezugsgrößen der Grenzplankostenrechnung beschränkt sich das Activity Based Costing im Fertigungsbereich jedoch auf nur **eine Bezugsgröße bzw. einen Kostentreiber pro Kostenstelle** und unterscheidet für das Kostencontrolling beispielsweise auch nicht zwischen Verbrauchs- und Beschäftigungsabweichung. Die Methodik des Activity Based Costings ist generell durchgängig als Vollkostenrechnung konzipiert und differenziert weder nach Kostenstellen noch nach Haupt- und Teilprozessen[97].Vor diesem Hintergrund und auf Grundlage der wesentlichen Zielsetzungen des Activity Based Costings - **„Verbesserung der Produktkosteninformationen, besseres Verständnis der Kostenbestimmungsfaktoren und Rationalisierung der betrieblichen Leistungserstellung“**[98] - kann dieses im Fertigungsbereich denn auch eher mit der deutschen Plankostenrechnung[99] als mit der Prozesskostenrechnung verglichen werden[100], wobei das Activity Based Costing aber vor allem im Bereich der Managementunterstützung konzeptionelle Unterschiede zur Grenzplankostenrechnung aufweist[101].

Während somit das Activity Based Costing in den USA als **eigenständiges Kostenrechnungskonzept** entwickelt wurde, das die undifferenzierte Lohnzuschlagskalkulation im Fertigungsbereich ablöst und eine genauere Produktkostenkalkulation ermöglicht, stellt die **Prozesskostenrechnung** in Deutschland keinen eigenen Rechenkreis,

---

94 Siehe Gaiser, Bernd: Prozeßkostenrechnung...(1998), S. 69.

95 Vgl. Lorson, Peter: Kostenmanagement...(1993), S. 240. Mayer, Reinhold: Weiterentwicklung...(1997), S. 140 verweist auf die „methodische[n] Gleichbehandlung von Fertigungsprozessen und Verwaltungs- und Logistikprozessen“ beim Activity Based Costing.

96 Gaiser, Bernd: Prozeßkostenrechnung...(1998), S. 69.

97 Siehe Horváth, Péter - Mayer, Reinhold: Konzeption...(1995), S. 60 sowie Zirkler, Bernd: Management Accounting...(2002), S. 194. Unter Bezugnahme auf das CAM-I-Projekt identifiziert Lorson, Peter: Kostenmanagement...(1993), S. 229 ff sehr wohl eine Kostenstellenbildung im Fertigungsbereich und eine differenzierte Prozessbetrachtung.

98 Lorson, Peter: Kostenmanagement...(1993), S. 245 (Hervorhebungen d. V.).

99 Siehe dazu insbesondere die Ausführungen bei Kilger, Wolfgang - Pampel, Jochen - Vikas, Kurt: Plankostenrechnung...(2002), S. 43 ff.

100 Siehe auch Gaiser, Bernd: Prozeßkostenrechnung...(1998), S. 69 f, Herzog, Ernst: Stand...(1989), S. 325 und Kloock, Josef: Prozeßkostenrechnung 2...(1992), S. 245, der das Activity Based Costing als Sonderfall der Grenzplankostenrechnung betrachtet.

101 Lorson, Peter: Kostenmanagement...(1993), S. 246 f.

sondern eine **Ergänzung** zur Plankostenrechnung speziell für die indirekten Unternehmensbereiche dar[102].

Die wesentlichen Unterschiede zwischen Activity Based Costing und Prozesskostenrechnung beruhen also auf der unterschiedlichen kostenrechnerischen Ausgangssituation und den damit verbundenen **unterschiedlichen Anforderungen** an diese Entwicklungen in den USA und in Deutschland[103]. Im einzelnen bestehen diese in der Ausgestaltung der Prozesshierarchie und der Produktkalkulation sowie der Einbeziehung prozessorientierter Kosteninformationen bereits bei der Produktentwicklung[104]. Die Prozesskostenrechnung differenziert zwischen kostenstellenspezifischen Teilprozessen und kostenstellenübergreifenden Hauptprozessen. Das Activity Based Costing dagegen kennt nur die **Ebene der Hauptprozesse bzw. Activities**, da die Kostenstellengliederung in amerikanischen Unternehmen regelmäßig so grob ist[105], dass Activities ausschließlich in einer Kostenstelle stattfinden. Die Anzahl identifizierter Activities in amerikanischen Unternehmen ist regelmäßig größer als die Anzahl der Hauptprozesse deutscher Unternehmen, aber wesentlich kleiner als die Anzahl der Teilprozesse. Die Unterscheidung von Teil- und Hauptprozessen erhöht zwar die Komplexität der Kostenrechnung, aber eben auch deren Aussagekraft. Abbildung 2-5 verdeutlicht diesen Unterschied zwischen Prozesskostenrechnung und Activity Based Costing bezüglich der Kostenstelleneinteilung und der Anzahl der Prozessebenen.

Da das Activity Based Costing nur die Ebene der Activities kennt, können auch nur Activities in die Kalkulation der Kostenträger eingehen[106]. Bei der Prozesskostenrechnung werden ausschließlich Hauptprozesse auf die Kostenträger verrechnet, die Kosten der Teilprozesse gehen in die Kalkulation der Hauptprozesse ein. Prozesskostenrechnung und Activity Based Costing unterscheiden sich unter diesem Aspekt bezüglich der **Differenzierung des Kalkulationsschemas**, wobei das Kalkulationsschema beim Activity Based Costing länger ist. Dagegen kann bei der Prozesskosten-

---

[102] Siehe Lorson, Peter: Kostenmanagement...(1993), S. 310 sowie Schehl, Michael: Kostenrechnung...(1994), S. 413. Dies folgt auch bereits daraus, daß sich die Prozesskostenrechnung auf die indirekten Bereiche konzentriert und somit nicht als alleiniges Kostenrechnungssystem implementiert werden kann, siehe Götze, Uwe: Einsatzmöglichkeiten...(1997), S. 145. Mayer, Reinhold: Weiterentwicklung...(1997), S. 141 ff führt aus, dass eine Integration der Prozesskostenrechnung in bestehende Kostenrechnungssysteme bisher sowohl aus konzeptionellen Gründen als auch aus ungenügenden DV-instrumentellen Voraussetzungen scheiterte und unterbreitet anschließend Vorschläge zu einer methodischen Integration.

[103] Siehe dazu auch Arnaout, Ali - Niemand, Stefan - von Wangenheim, Sascha: Kostenmanagement...(1997), S. 184, Gaiser, Bernd: Prozeßkostenrechnung...(1998), S. 67 ff und Michel, Rudolf - Torspecken, Hans-Dieter - Jandt, Jürgen: Kostenrechnung...(1998), S. 229 f.

[104] Siehe hierzu und im Folgenden Gaiser, Bernd: Prozeßkostenrechnung...(1998), S. 72 ff und auch Zirkler, Bernd: Management Accounting...(2002), S. 193 ff.

[105] Vgl. Herzog, Ernst: Stand...(1989), S. 320, der darauf verweist, daß in den USA zukünftig zur Vermeidung falscher Kostenzurechnungen weit mehr primäre und sekundäre Kostenstellen notwendig sind, als heute üblich.

[106] Siehe Lorson, Peter: Kostenmanagement...(1993), S. 242.

Abbildung 2-5
Grundstruktur von Prozesskostenrechnung und Activity Based Costing[107]

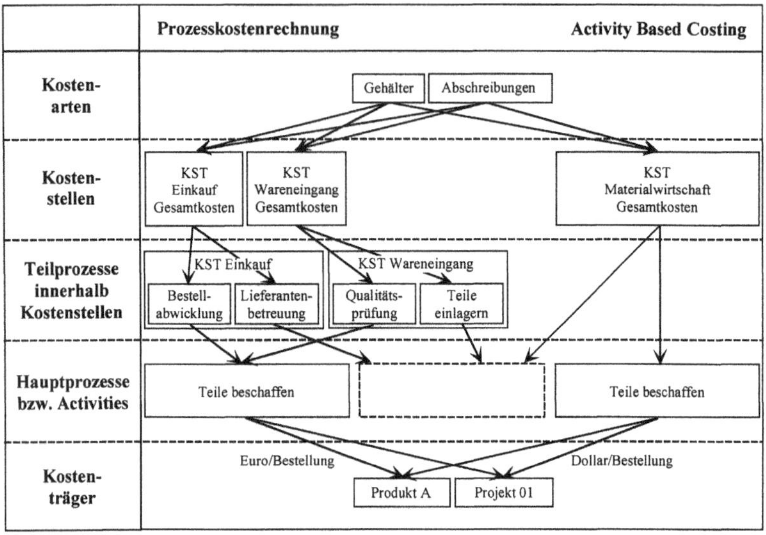

rechnung durch die Verfolgung der Teilprozesse die Kostenentstehung genauer analysiert werden[108].

Die Nutzung von prozessorientierten Kosteninformationen bereits in der Phase der Produktentwicklung und insbesondere bei der **Vorgabe von Zielkosten** im Rahmen des Target Costings rückt im deutschsprachigen Raum mehr und mehr in den Vordergrund. Demgegenüber ist in nordamerikanischen Unternehmen die Berücksichtigung indirekter „Activity Costs" bei der Produktentwicklung kaum zu beobachten[109].

III. Leistungsanalyse zur Implementierung einer Prozesskostenrechnung

Bei der Realisierung einer Prozesskostenrechnung sind zuallererst diejenigen Funktionsbereiche und Kostenstellen festzulegen, für die eine Prozesskostenrechnung **vorrangig implementiert** werden soll. Obwohl sich durchaus Praxisberichte finden, die über eine unternehmensweite Einführung der Prozesskostenrechnung berichten[110], wird wegen der Komplexität und dem Grad der Innovation meist vorab ein **Pilotprojekt**

[107] Leicht modifiziert nach Gaiser, Bernd: Prozeßkostenrechnung...(1998), S. 72.
[108] Siehe Gaiser, Bernd: Prozeßkostenrechnung...(1998), S. 73.
[109] Vgl. wiederum Gaiser, Bernd: Prozeßkostenrechnung...(1998), S. 74.
[110] So bspw. Berberich, Hans Joachim: Activity...(1995).

durchgeführt[111]. Auch die spezifische Schwerpunktsetzung des Projekts ist festzulegen. Wird eine **Erhöhung der Gemeinkostentransparenz** als vordergründiges Ziel angestrebt, so ergeben sich andere Anforderungen an die Datenerhebung und die Informationsgewinnung als bei einer **Prozessoptimierung** in Verbindung mit einer Reorganisation der jeweiligen Unternehmensbereiche. Steht schließlich die **Kalkulationsfunktionalität** im Fokus, muss darüber hinaus das eingesetzte Softwaresystem die Integration von Prozesskostensätzen in die Kalkulationsmethodik gestatten[112].

Das **Projektteam** für die Einführung der Prozesskostenrechnung umfasst im Regelfall Fachleute aus dem Controlling und den Fachabteilungen und meist auch externe Berater, die bereits Erfahrungen mit der Prozesskostenrechnung gesammelt haben[113]. Ausgangsbasis für die Arbeit des Projektteams bilden **konkrete Vorstellungen** über mögliche Hauptprozesse und zugrunde liegende Kostentreiber, die dann als Anhaltspunkte für die Strukturierung der kostenstellenspezifischen Leistungsspektren dienen und konkrete Fragestellungen an die jeweiligen Kostenstellenleiter ermöglichen[114].

A Aufdeckung des Leistungsspektrums der Kosten- und Leistungsstellen

Die Prozesskostenrechnung deckt im Rahmen der Tätigkeitsanalyse das Leistungsspektrum personeller, maschineller und immaterieller Ressourcen auf und liefert damit die Grundlage für eine **ausgebaute Leistungsrechnung**[115]. In diesem Sinne ist eine prozesskostenrechnerische Durchdringung des betrieblichen Leistungsgeflechts nicht nur für die indirekten Unternehmensbereiche von hohem Interesse, sondern auch für die **Fertigungskostenstellen**. Die **Tätigkeitsanalyse** - die Analyse der Arbeitsabläufe

---

[111] Vgl. zu einer stufenweisen Einführung der Prozesskostenrechnung Peter, Hans G. - Schimank, Christof: Prozeßkostenrechnung...(1995), S. 237 ff. Vor allem größere Unternehmen beginnen die Implementierung der Prozesskostenrechnung als Pilotprojekt. Als Auswahlkriterien für die in ein Pilotprojekt einzubeziehenden Funktionsbereiche finden sich in der Literatur die enge Orientierung des Unternehmensbereichs am Produktionsprozess, die Vermutung eines hohen Rationalisierungspotenzials oder auch ein hohes bereichsspezifisches Gemeinkostenvolumen. Siehe Horváth, Péter - Renner, Andreas: Prozeßkostenrechnung...(1990), S. 102. Horváth, Péter - Mayer, Reinhold: Konzeption...(1995), S. 70 führen darüber hinaus aus, dass aus Motivations- und Überzeugungsgründen Pilotprojekte am besten in Bereichen durchgeführt werden sollten, in denen bereits aussagefähigere Kosteninformationen verlangt werden, in denen interessante Ergebnisse zu erwarten sind oder in denen eine einfache Erhebung von Maßgrößen und Kostentreibern möglich ist.

[112] Siehe Horváth, Péter - Mayer, Reinhold: Konzeption...(1995), S. 70 f.

[113] Vgl. Horváth, Péter - Renner, Andreas: Prozeßkostenrechnung...(1990), S. 102.

[114] Siehe Horváth, Péter - Mayer, Reinhold: Konzeption...(1995), S. 71, Lorson, Peter: Kostenmanagement...(1993), S. 280 f, Mayer, Reinhold: Anwendungsfelder...(1992), S. 115 und Mayer, Reinhold: State of the Art...(1998), S. 12, der darauf hinweist, dass im Anschluss an diese Hypothesenbildung noch überprüft werden muss, ob die Kostentreiber informationstechnisch erfassbar oder ableitbar sind, und ob die Hauptprozesse in der gewünschten Form in die Kalkulation und die Ergebnisrechnung integriert werden können.

[115] Vgl. zu den Forderungen nach einer Leistungsrechnung stellvertretend Klingebiel, Norbert: Leistungsrechnung...(1996), S. 77 ff oder Männel, Wolfgang: Anpassung...(1992), S. 121 ff sowie Männel, Wolfgang: Bedeutung...(1995), S. 16 f. Siehe zur Anlagenleistungsrechnung Männel, Wolfgang, Entwicklungsperspektiven...(1999), S. 171 f.

und Tätigkeiten und deren Strukturierung in den einzelnen Kostenstellen[116] - identifiziert und strukturiert die Tätigkeiten in den betrachteten Unternehmensbereichen und Kostenstellen[117]. Bei der herkömmlichen Zuschlagskalkulation werden im Gegensatz zur Prozesskostenrechnung wesentliche Kostenbestandteile ohne Leistungsbezug kalkuliert, da kein Beziehungszusammenhang zwischen den Leistungen der Gemeinkostenbereiche und den Kalkulationsobjekten hergestellt wird[118], so dass in der Praxis regelmäßig wenigstens für Gemeinkostenbereiche keine ausgebauten **Leistungsrechnungen** existieren.

Die Prozesskostenrechnung macht eine **Identifizierung des Tätigkeitsspektrums** einer Kostenstelle zwingend notwendig. In Verbindung mit der Analyse der Tätigkeiten und Teilprozesse einer Kostenstelle werden die zugrunde liegenden **Maßgrößen** und zudem die **relative Ressourceninanspruchnahme** durch die einzelnen Teilprozesse und Tätigkeiten identifiziert, wie dies Abbildung 2-6 verdeutlicht. Die Prozesskostenrechnung leistet somit einen wertvollen Beitrag zur Abbildung der **Ressourcennutzung**[119]. Die kostenstellenübergreifende Zusammenfassung von Tätigkeiten und Teilprozessen zu Hauptprozessen dient ebenfalls der Aufdeckung und Strukturierung des **betrieblichen Leistungsgeflechts**. Die so entstehende Leistungstransparenz leistet einen unübersehbaren Beitrag zur oft postulierten Kostentransparenz.

Gleichzeitig zeigt Abbildung 2-6 die Ergebnisse einer Tätigkeitsanalyse und verdeutlicht die **Identifizierung der einzelnen Teilprozesse** sowie deren **Zuordnung zu Hauptprozessen**, die noch näher zu erläutern ist. Gleichzeitig wird die **relative Ressourceninanspruchnahme** durch die Teilprozesse deutlich, die später der Kostenzuordnung dient. Abbildung 2-7 zeigt **Teilprozesslisten** als Ergebnis von Tätigkeitsanalysen für ausgewählte Kostenstellen, wobei exemplarisch auch auf eine Fertigungskostenstelle abgestellt wird. Durch die Tätigkeitsanalysen werden den Unternehmen die in den indirekten und fertigungsunterstützenden Bereichen durchgeführten Tätigkeiten direkt bewusst, gleichzeitig bieten sich auf diese Weise zentrale Ansatzpunkte zur **Um- und Neustrukturierung von Arbeitsabläufen**.

B Leistungstransparenz und Optimierung der Ressourcennutzung als Ziele der Leistungsrechnung

Unternehmenserfolge werden „vorrangig von der Effektivität der Nutzung betrieblicher Ressourcen bestimmt"[120]. Das traditionelle Kostenstellencontrolling zielt hauptsächlich auf die Reduzierung von unwirtschaftlichen Güter- und Ressourcenver-

---

[116] Streng genommen müsste im Folgenden jeweils von „Kosten- und Leistungsstellen" gesprochen werden. Da diese Terminologie aber noch kaum Anwendung findet, wird im Folgenden stets der Begriff der Kostenstelle im Sinne einer Kosten- und Leistungsstelle verwendet.

[117] Siehe Horváth, Péter - Mayer, Reinhold: Prozeßkostenrechnung...(1989), S. 216.

[118] Vgl. Warnick, Bernd: Einsatzschwerpunkte...(1995), S. 191 ff und auch die Ausführungen zur Zuschlagskalkulation im vorliegenden Kapitel.

[119] Vgl. Pampel, Jochen: Konzepte...(1998), S. 338.

[120] Männel, Wolfgang: Ergebniscontrolling...(2003), S. 117.

Abbildung 2-6
Ergebnisse der Tätigkeitsanalyse einer Kostenstelle Einkauf[121]

Kostenstelle 5501 Einkauf						
Teilprozess		Maßgröße		Kosten-zurechnung	Zuordnung auf Hauptprozess (HP)
Nr.	Bezeichnung	Art	Menge	Basis Mannjahre	
1	Rahmenverträge abschließen	Rahmen-verträge	70	0,70	Beschaffung Serienmaterial über Rahmenverträge (HP 7)
2	Abrufe über Rahmenverträge	Abrufe	5.000	1,50	Beschaffung Serienmaterial über Rahmenverträge (HP 7)
3	Bestellungen Serienmaterial Einzelbestellungen	Einzel-bestellungen	2.000	2,00	Beschaffung Serienmaterial Einzelbeschaffung (HP 8)
4	Bestellungen Gemeinkostenmaterial	Bestellungen	3.000	1,80	Beschaffung Gemein-kostenmaterial (HP 9)
5	Kontakte mit Lieferanten halten	Lieferanten	70	1,00	Lieferantenbetreuung (HP 6)
6	Abteilung leiten			1,00	
	Summe			**8,00**	

bräuchen. Im Gegensatz dazu muss ein modernes effektivitätsorientiertes Controlling outputorientiert die **Verwendung der knappen Ressourcen** planen, überwachen und steuern.

Eine ausgebaute Leistungsrechnung hat die Aufgabe „in den Dimensionen Zeit und Mengen das häufig vielschichtige Verwendungsspektrum fixkostenintensiver Ressourcen messbar sowie plan- und steuerbar [zu, d. V.] machen“[122]. Der Ausbau der Kostenrechnung zur **Kosten- und Leistungsrechnung**[123] ist vor dem Hintergrund einer zunehmenden Fixkostenintensität unabdingbar, die Leistungsrechnung muss dabei **„Leistungsstruktur, Leistungsarten, Leistungsvolumina, Leistungsintensitäten, Leistungsmengen und auch Leistungsqualitäten“**[124] der Kosten- und Leistungsstellen abbilden. Das **Fixkostencontrolling** mit seiner **Fixkostenobligorechnung**[125]

---

[121] Entnommen aus Horváth, Péter - Mayer, Reinhold: Konzeption...(1995), S. 72. Die Originalabbildung enthält zusätzlich noch die Prozesskostensätze, die aber erst nach der Tätigkeitsanalyse ermittelt werden und deshalb hier nicht berücksichtigt sind.

[122] Männel, Wolfgang: Moderne Konzepte...(1993), S. 76.

[123] Siehe dazu auch Männel, Wolfgang: Entwicklungsperspektiven...(1999), S. 181 ff.

[124] Männel, Wolfgang: Prozeßkostenmanagement...(1996), S. 77 (Hervorhebungen im Original).

[125] Vgl. dazu insbesondere Männel, Wolfgang: Anlagencontrolling...(1991), S. 204 und Männel, Wolfgang: Moderne Konzepte...(1993), S. 71 sowie auch Holzer, Herbert: PPS-Systeme...(2000), S. 129 f.

Abbildung 2-7
Teilprozesslisten ausgewählter Kostenstellen[126]

Teilprozesse einer Fertigungs-kostenstelle eines Serienfertigers	**Teilprozesse der Schadensabteilung einer Versicherung**
• Fertigung • Rüsten • Qualitätsprüfung • Verschleißwerkzeugwechsel • Reparatur • Wartung • Transport • Einlagerung • Auslagerung	• Schadensanlage inkl. Erstbearbeitung • Folgebearbeitung • Einholung Zweitunterschriften • Bearbeitung Gerichtsprozesse • Rentenbearbeitung • Rücksprachen Schadensbearbeitung • Betreuung Filialdirektion • Wartung/Betreuung Systeme • Personalführung
Teilprozesse der Kostenstelle Ortsleihe einer Bibliothek	**Teilprozesse der Kostenstelle Vorprüfung eines Bauordnungsamts**
• Verbuchung Ausleihungen • Verbuchung Rückgaben • Überwachung Ausleihfristen • Ausstellung Mahnungen • Ausstellung Benutzerausweise • Abrechnung Gebühren- und Portokasse • Administration Ausleihsystem • Abwicklung Dokumentenlieferungen über Schnellbestellsystem • Abrechnung Kostenerstattungen für Schnelllieferungen	• Registrierung eingehender Bauanträge • Vollständigkeitsüberprüfung der Unterlagen • Zurückweisung von unvollständigen Anträgen • Prüfung nachbarlicher Einwände • Prüfung der Bauzeichnungen • Vorbereitung Ausnahmen und Befreiungen • Vorbereitung Genehmigung von Bauanfragen • Leitung Abteilung

unterstützt die optimale Dimensionierung der Ressourcen mit Entscheidungen über den Auf- und Abbau von Kapazitäten und zeigt auch **Kostenremanenzen** auf[127]. Eine

[126] Die Teilprozesse der Schadensabteilung wurden modifiziert nach Rendenbach, Hans-Georg - Mayer, Reinhold: Geschäftsprozeßoptimierung...(1998), S. 414. Die Teilprozesse der Ortsleihe stammen aus Ceynowa, Klaus - Finkeißen, Alexander: Prozeßkostenmanagement...(1998), S. 470 und die Teilprozesse der Vorprüfung wurden modifiziert nach Zimmermann, Gebhard: Kostenrechnung...(1995), S. 288.

[127] Mayer, Reinhold: Weiterentwicklung...(1997), S. 149 ff schlägt zur Kostenkategorisierung bei der prozessorientierten Abbildung von Kostenreagibilitäten die drei Kostenkategorien „leistungsabhängige Sachkosten", „Personalkosten" und „zeitgebundene Nutzungskosten" vor. Die entscheidungsrelevante Bindungsdauer von „zeitgebundenen Nutzungskosten" kann dann der Anlagenbuchhaltung oder analog einer Zusammenstellung aller vertraglichen Bindungen entnommen werden. Zum Problemkreis Kostenremanenz siehe Plaut, Hans-Georg - Müller, Heinrich - Medicke,

ausgebaute Leistungsrechnung stellt darüber hinaus - auch im Fertigungsbereich - die Basis für eine **optimale Anlagenverfügbarkeit** und damit für eine optimale Nutzung der Ressourcen bereit[128].

Abbildung 2-8 zeigt den Aufbau eines kostenstellenbezogenen **Leistungsberichts** im Fertigungsbereich. Ausgehend von der entstehenden Leistungstransparenz können **wertschöpfende und nicht wertschöpfende Leistungsarten** identifiziert und bei fehlendem oder nur geringem Wertschöpfungsbeitrag reduziert oder gar eliminiert werden[129]. Die Aufdeckung des Leistungsspektrums eines Potenzialfaktors ist zugleich auch eine wesentliche Voraussetzung für die **Optimierung der Ressourcendimensionierung**, die bei steigender Fixkostenintensität immer wichtiger wird[130]. Hervorzuheben ist, dass ein Leistungscontrolling im Sinne einer optimalen Ressourcendimensionierung und Ressourceninanspruchnahme prinzipiell zunächst kostenunabhängig über die **Identifikation der Kapazitätsinanspruchnahme** und **Analyse der Kapazitätsverwendung** implementiert werden kann.

Abbildung 2-8
Kostenstellenbezogener Leistungsbericht[131]

bereitgestellte Kapazität				**150,0 Std.**	**100,0%**
./. nicht genutzte Kapazität	Ausfallzeiten, Brachzeiten und dergleichen			12,0 Std.	8,0%
	organisatorisch oder technisch bedingte Störzeiten			8,0 Std.	5,3%
= zur Produktion nutzbare Kapazität				**130,0 Std.**	**86,7%**
	Prozesstyp	**Anzahl der Prozesse**	**Prozess-dauer**	**Gesamtzeit**	**%**
./. nicht wert-schöpfende Prozesse	Maschineneinstellung	30	4 min	2,0 Std.	1,3%
	Maschinenreinigung	21	10 min	3,5 Std.	2,3%
	Umrüsten	40	15 min	10,0 Std.	6,7%
	Werkzeugwechsel	30	21 min	10,5 Std.	7,0%
	planmäßige Instandhaltung	12	30 min	6,0 Std.	4,0%
= wertschöpfende Produktion				**98,0 Std**	**65,4%**

Werner: Grenzplankostenrechnung...(1973), S. 36 f und auch Reiß, Michael - Corsten, Hans: Gestaltungsdomänen...(1992), S. 1483.

128 Siehe dazu Pampel, Jochen: Konzepte...(1998), S. 137 f.

129 Siehe dazu Männel, Wolfgang: Bedeutung...(1995), S. 16 f, der für nicht wertschöpfende Prozesse beispielhaft Rüstzeiten, Nebenzeiten und auch administrative Tätigkeiten anführt.

130 Siehe dazu Männel, Wolfgang: Bedeutung...(1995), S. 18 und Männel, Wolfgang: Fixkostencontrolling (1996), S. 57.

131 Entnommen aus Männel, Wolfgang: Entwicklungsperspektiven...(2003), S. 128.

Analoge Ansatzpunkte für eine **Prozessgestaltung** und **Prozessoptimierung** auf Basis einer **Differenzierung nach wertschöpfenden und nicht wertschöpfenden Tätigkeiten**[132] bieten sich vor allem in der Analysephase der Prozesskostenrechnung[133]. Im Anschluss an die Tätigkeitsanalyse werden die identifizierten, sachlich zusammengehörenden Tätigkeiten und Teilprozesse zu regelmäßig kostenstellenübergreifenden Hauptprozessen zusammengefasst. Hier bietet sich den Unternehmen die Chance, aktiv und gestaltend auf das bestehende **Prozessgeflecht** einzuwirken[134].

Der Ausweis der **Kosten nicht wertschöpfender Prozesse und Tätigkeiten** stellt einen besonderen Beitrag der Prozesskostenrechnung zum Kostenmanagement dar[135]. Aber nicht nur der Kostenausweis, sondern schon die **Kenntnis des Wertschöpfungsbeitrags** jeder einzelnen Tätigkeit stellt für die Unternehmen ein wesentliches Rationalisierungspotenzial dar. Nicht wertschöpfende Tätigkeiten sollten entsprechend den unternehmensspezifischen Gegebenheiten reduziert, eliminiert oder gar integriert werden[136]. In der Theorie der **Verschwendungsvermeidung** werden vor allem Schein-, Blind- und Fehlleistungen von den produktiven Nutzleistungen abgegrenzt[137]. Ziel dieses ressourcenorientierten Ansatzes ist die möglichst vollständige Vermeidung jeglicher Ressourcenverschwendung. Vor diesem Hintergrund muss das Controlling **leistungsbezogene Informationen für effektivitätsorientierte Steuerungskonzepte** bereitstellen[138].

---

[132] Siehe Männel, Wolfgang: Entwicklungsperspektiven...(1999), S. 133 ff, Männel, Wolfgang: Bedeutung...(1995), S. 17 und Yoshikawa, Takeo - Innes, John - Mitchel, Falconer: Funktionsanalyse...(1995), S. 190 f, die neben der Wertschöpfungsanalyse weitere prozessorientierte Ansätze zur Kostensenkung darstellen. Weber, Hans: Wertschöpfung...(1990), S. 511 definiert betriebliche Wertschöpfung (value added) als den „in einer Periode durch die Unternehmenstätigkeit erzeugte[n, d. V.] Wertzuwachs (...) [. Die, d. V.] Wertschöpfung [stellt, d. V.] die Differenz dar zwischen der Summe aller vom Unternehmen erbrachten Leistungen (*Gesamtleistung*) und dem wertmäßigen Verbrauch der von außen bezogenen Vorprodukte und Dienstleistungen (*Vorleistungen*)“ (Hervorhebung im Original).

[133] Siehe Wäscher, Dieter: Prozeßanalyse...(1995), S. 206 f. Vgl. dazu auch die Maßnahmen der Prozessbereinigung, der Prozessverlagerung und der Änderung der Prozessstruktur als Möglichkeiten zur Prozessoptimierung bei Kajüter, Peter: Prozesskostenmanagement...(2002), S. 258 ff.

[134] Weber, Jürgen: Prozeßkostenrechnung...(1995), S. 29 f weist explizit auf die Gefahr hin, mit der Einführung der Prozesskostenrechnung bereits bestehende Prozessstrukturen zu zementieren.

[135] Brauckmann, Otto: Betriebsdaten-Management...(2002), S. 11 verweist in diesem Zusammenhang auf die entscheidende Bedeutung der Betriebsdatenerfassung bei der Erfassung der Zeitanteile der Wertschöpfung und damit gleichzeitig auch der Zeitanteile, die keinen Wertschöpfungsbeitrag liefern.

[136] In einer wesentlich differenzierteren Systematik nennt Kieninger, Michael: Reengineering...(1998), S. 40 ff die Prozessstruktur, das Prozessvolumen und die Prozesseffizienz als Ansatzpunkte für die Prozessoptimierung, bezieht sich dabei aber generell auf Unternehmensprozesse und nicht ausschließlich auf nicht wertschöpfende Prozesse.

[137] Vgl. zur Verschwendungsvermeidung Männel, Wolfgang: Ergebniscontrolling...(2003), S. 118 und Pampel, Jochen: Konzepte...(1998), S. 76 ff und S. 344.

[138] Siehe Männel, Wolfgang: Ergebniscontrolling...(2003), S. 118.

Eine aussagefähige **Anlagenleistungsrechnung**[139] ergänzt die traditionelle Kostenrechnung um detaillierte Informationen über **Leistungszeiten** und **Leistungsmengen**, aber auch über **Leistungsqualitäten**. Die entsprechende Informationsstruktur ist dazu auf die unternehmensspezifischen Besonderheiten auszurichten und muss die jeweils relevanten **Verlustquellen** berücksichtigen. Demgemäß kann regelmäßig zwischen Betriebszeitverlusten, Auslastungsverlusten, Verfügbarkeitsverlusten, Anlaufverlusten, Umrüstverlusten, Intensitätsverlusten und Qualitätsverlusten unterschieden werden[140]. Nur eine detaillierte Differenzierung der Verlustquellen - wie dies Abbildung 2-9 aufdeckt - bietet die notwendigen Ansatzpunkte für effektive Strategien zur Verlustquellenbekämpfung.

Abbildung 2-9
Unternehmensspezifisch bedeutsame Verlustquellen[141]

Periodenkapazität	
	Urlaubszeiten
	nicht genutzte Schichten
	verkürzte Wochenarbeitszeit
- Betriebszeitverluste	
=organisierte Betriebszeit	
	Unterbeschäftigung
	Auslastung mit Nebenleistungen
- Auslastungsverluste	
=realisierte Betriebszeit	
	Anlagenausfälle
	Instandsetzung
	geplante Instandhaltung
- Verfügbarkeitsverluste	
=verfügbare Betriebszeit	
	ungünstige Maschineneinstellung
	noch nicht realisierte Lernerfolge
- Anlaufverluste	
=Nutzungszeit	
- Umrüstverluste als Rüstzeiten für die Vorbereitung der Produktionsausführung	
=Produktionszeit	
- Intensitätsverluste als zu geringe Produktionsgeschwindigkeit	
=Produktionsmenge	
- Qualitätsverluste als Produktion von Minder- und Nichtqualitäten	
=qualitätssichere Produktionsmenge	

139 Vgl. zur Anlagenleistungsrechnung insbesondere Männel, Wolfgang - Warnick, Bernd: Kosten- und Leistungsrechnung...(1993), S. 3 ff.

140 Siehe Männel, Wolfgang: Ergebniscontrolling...(2003), S. 127.

141 Inhaltlich entnommen aus Männel, Wolfgang: Ergebniscontrolling...(2003), S. 127.

Abbildung 2-10 zeigt potenzielle, nicht nur auf den indirekten Bereich bezogene Verfahrensalternativen zur Reduktion und Eliminierung der jeweiligen Tätigkeiten sowie zur Integration der Tätigkeiten in die Wertschöpfungskette auf. Es muss an dieser Stelle jedoch explizit darauf hingewiesen werden, dass es keine allgemein- oder branchengültigen Richtlinien zur Identifizierung und Behandlung nicht wertschöpfender Tätigkeiten geben kann, sondern dass diese Kategorisierung und auch die jeweils abzuleitenden Maßnahmen stets von den konkreten individuellen Unternehmensverhältnissen abhängig sind.

Abbildung 2-10
Verfahrensalternativen bei nicht wertschöpfenden Tätigkeiten und Prozessen

Aktion	Tätigkeits- und Prozessbeispiele
Reduktion der Tätigkeiten	• Reduktion von Materialbewegungen durch Betriebsmittelumordnung • Reduktion von Materialprüfungen durch Lieferantenwechsel • Reduktion der Nacharbeit mangelhafter Produkte durch qualitätssichere Produktion
Eliminierung der Tätigkeiten	• Vermeidung einer doppelten Auftragserfassung durch EDI-Einsatz in Vertrieb und Produktion • Ausgliederung von Servicetätigkeiten durch Unternehmensgründungen (Outsourcing)
Integration der Tätigkeiten in die Wertschöpfungskette	• Produktionsbegleitende Wartung und Instandhaltung durch Fertigungspersonal • Fertigungsintegrierte Qualitätsprüfung durch Fertigungspersonal

Neben der Identifizierung nicht wertschöpfender Prozesse werden noch weitere Rationalisierungspotenziale aufgedeckt. Bereits mit der Identifikation der einzelnen Tätigkeiten und deren Aggregation zu Teilprozessen werden prozessbezogene **kostenstelleninterne Schnittstellen** und auch **unwirtschaftliche Prozessabläufe** transparent. Nicht nur der Abbau von nicht wertschöpfenden Prozessen ist damit das Ziel einer Prozessgestaltung, sondern auch die Erhöhung der **Wirtschaftlichkeit wertschöpfender Prozesse** steht im Fokus. So werden mehrfache Umrüstvorgänge durch eine entsprechende Losgrößendimensionierung obsolet, Lager- und Transporttätigkeiten können mit einer optimierten Reihenfolgeplanung reduziert werden.

Das Ergebnis einer Prozessoptimierung mit Beeinflussung des Volumens der kostenstellenspezifischen Tätigkeiten und Teilprozesse zeigt Abbildung 2-11 kostenstellenbezogen auf. Leistungsmengenneutrale Tätigkeiten werden ebenso wie nicht wertschöpfende Tätigkeiten signifikant reduziert.

Abbildung 2-11
Effekte eines prozessorientierten Fixkostencontrollings

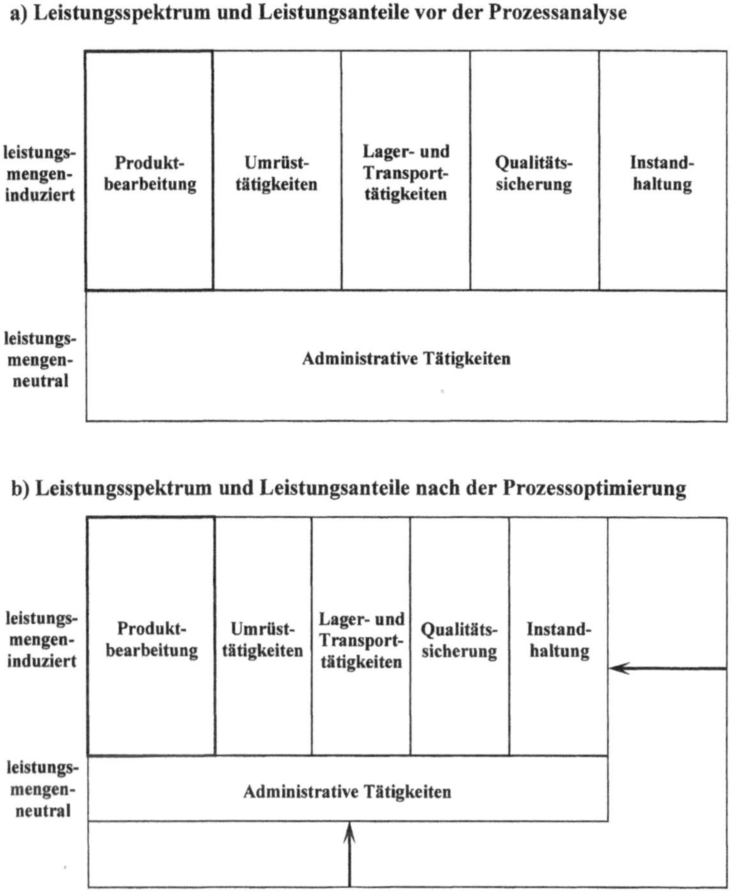

Im Endergebnis führt eine erfolgreiche Bekämpfung der unternehmensspezifischen Verlustquellen bei einer entsprechenden Kundennachfrage zu einer **Steigerung des Deckungsbeitragsvolumens**. Bei gesättigten Märkten ist eine entsprechend **sparsame Ressourcendimensionierung** möglich, so dass letztlich die Fixkosten gesenkt werden können. Dies zeigt die enorme Bedeutung der Verschwendungsvermeidung für die Unternehmenspraxis auf.

C Tätigkeitsanalyse zur Teilprozessermittlung

Zur Durchführung der **Tätigkeitsanalyse** als zeitaufwendigstem Arbeitsschritt einer Prozesskostenrechnung stehen prinzipiell folgende Möglichkeiten zur Verfügung[142]: die persönliche **Befragung** der Mitarbeiter, die Auswertung von **Zeitaufschreibungen** oder anderen Unterlagen, **Zeitaufnahmen** oder **Multimomentverfahren** sowie der Rückgriff auf bereits **vorhandene Analyseergebnisse** (aus Gemeinkostenwertanalyse oder Zero-Base Budgeting[143]).

Unter diesen angeführten Erhebungsmethoden ist das **Interview** mit Kostenstellenleitern und Mitarbeitern eindeutig zu bevorzugen[144], da diese zum einen den besten Überblick über Tätigkeiten und Teilprozesse besitzen, und zum anderen die Informationen für den konkreten Verwendungszweck zielbezogen und originär erhoben werden können. Diese Befragungen basieren auf **gedanklich idealtypisch identifizierten Hauptprozessen** und ermitteln, welche Tätigkeiten und Teilprozesse in den Kostenstellen für genau diese Hauptprozesse geleistet werden. Gleichzeitig können aber auch während der Interviews weitere Hauptprozesse festgestellt werden, so dass insofern kein streng iteratives Ablaufschema der Prozessanalyse existiert, sondern lediglich eine Grobstruktur, die auch Rekursionen beinhalten kann. Aus den Befragungen ergibt sich eine **Mindestdifferenzierung** für die kostenstellenspezifischen Tätigkeiten und Teilprozesse, die nach Bedarf weiter verfeinert werden kann[145].

Als Ergebnis der Tätigkeitsanalyse stehen **kostenstellenbezogene Teilprozesslisten** zur Verfügung, die auch die generelle zeitliche Inanspruchnahme der Ressourcen beinhalten. Für die leistungsmengenabhängigen Prozesse müssen schließlich noch die zugrunde liegenden **Prozessgrößen** zur mengenmäßigen Quantifizierung und zur Planung der Prozessmengen identifiziert werden. Für diese Prozessgrößen wird unterstellt, dass zumindest näherungsweise eine proportionale Beziehung zur Leistungsinanspruchnahme des Teilprozesses besteht[146]. Die bereits angesprochene Abbildung 2-6 zeigt das Ergebnis einer Tätigkeitsanalyse.

D Differenzierung in leistungsmengeninduzierte und leistungsmengenneutrale Prozesse

Sind die einzelnen abzuwickelnden Tätigkeiten und Teilprozesse einer Kostenstelle identifiziert, werden diese dahingehend weiter differenziert, ob sie sich zum Leistungsvolumen der Kostenstelle mengenvariabel - also **leistungsmengeninduziert (lmi)** - oder mengenfix - also **leistungsmengenneutral (lmn)** - verhalten[147]. Die klassi-

---

[142] Siehe Horváth, Péter - Mayer, Reinhold: Konzeption...(1995), S. 71 f und Horváth, Péter - Renner, Andreas: Prozeßkostenrechnung...(1990), S. 102.

[143] Siehe dazu Sauter, Ralf: Target Costing...(2002), S. 84 ff.

[144] Vgl. Coenenberg, Adolf G.: Kostenrechnung...(2003), S. 212 und auch Horváth, Péter - Mayer, Reinhold: Konzeption...(1995), S. 72.

[145] Horváth, Péter - Mayer, Reinhold: Konzeption...(1995), S. 72 warnen gleichzeitig auch vor einer zu feinen Differenzierung, die den permanenten Einsatz der Prozesskostenrechnung gefährden kann.

[146] Vgl. Götze, Uwe: Einsatzmöglichkeiten...(1997), S. 148.

[147] Vgl. Horváth, Péter - Mayer, Reinhold: Prozeßkostenrechnung...(1989), S. 216 ff.

sche Plankostenrechnung unterscheidet demgegenüber proportionale und fixe Kosten nur in Abhängigkeit von der Beschäftigung im Sinne der Erzeugnismenge. Während Verfechter der Prozesskostenrechnung diese Tatsache als wesentliche Neuerung darstellen, weisen Vertreter der Grenzplankostenrechnung darauf hin, dass bei einer Erweiterung des Bezugsgrößengedankens der Ausbau zu einer **prozesskonformen Grenzplankostenrechnung**[148] bzw. zu einer **Bezugsgrößenkalkulation mit Prozesskosten**[149] nicht nur möglich, sondern bereits geschehen ist. In der Literatur finden sich Belege für direkte Bezugsgrößen aus indirekten Bereichen, die den aus zahlreichen Artikeln bekannten Kostentreibern der Prozesskostenrechnung nahezu gleichen[150]. Zu Recht wird jedoch darauf hingewiesen, dass es wesentliches Verdienst der Prozesskostenrechnung ist, „den Blick - neben unmittelbar volumen- oder wertorientierten Bezugsgrößen - auch auf andere Kosteneinflussgrößen gelenkt zu haben“[151].

Für **leistungsmengeninduzierte Prozesskosten** wird eine proportionale Beziehung zwischen Kostenanfall und Leistungsoutput einer Kostenstelle unterstellt, dementsprechend werden diese Kosten **direkt prozessabhängig verrechnet**. Die **leistungsmengenneutralen** Tätigkeiten sind dagegen durch einen fehlenden Prozessbezug gekennzeichnet, dienen jedoch zur Unterstützung der leistungsmengeninduzierten Tätigkeiten[152]. Die Kosten dieser leistungsmengenneutralen Prozesse werden im Regelfall **proportional zu den Prozesskosten der leistungsmengeninduzierten Prozesse** umgelegt[153].

E Prozesstypabhängige Anwendungsmöglichkeiten der Prozesskostenrechnung

Zur Berechnung der Prozesskostensätze werden die Prozesskosten durch die Prozessmenge dividiert. In Analogie zur Vorgehensweise der Divisionskalkulation ist damit unmittelbar einsichtig, dass dieses Verfahren zu einer **Durchschnittsbildung über die Prozessmenge** führt[154]. Folglich kann diese Vorgehensweise nur dann gültige Ergeb-

---

[148] Siehe Müller, Heinrich: Prozeßkonforme...(1996), S. 127 ff.

[149] Vgl. Herzog, Ernst: Bezugsgrößenkalkulation...(1995), S. 125.

[150] Siehe Kilger, Wolfgang - Pampel, Jochen - Vikas, Kurt: Plankostenrechnung...(2002), S. 253. Vgl. dazu auch Küting, Karlheinz - Lorson, Peter: Stand...(1995), S. 99 und Reichmann, Thomas - Fröhling, Oliver: Prozeßkostenrechnung...(1995), S. 160. In diesem Zusammenhang weist bereits Kagermann, Henning: Abbildung...(1991), S. 291 darauf hin, dass „die Umsetzung einer prozeßorientierten Kostenrechnung im Rahmen der methodenneutralen Standardsoftware RK der Firma SAP [...] prinzipiell ohne grundsätzliche Erweiterungen möglich sein müsste“. So wurde denn auch nachgewiesen, „dass eine Prozeßkostenstellenrechnung problemlos abbildbar ist und keine neuen DV-technischen Instrumentarien erfordert“.

[151] Vikas, Kurt - Klein, Andreas: Prozeßkostenmanagement...(1997), S. 471.

[152] Klassisches Beispiel für eine leistungsmengenneutrale Tätigkeit ist die Abteilungsleitung. Siehe Horváth, Péter - Mayer, Reinhold: Prozeßkostenrechnung...(1989), S. 217 oder Lorson, Peter: Kostenmanagement...(1993), S. 279.

[153] Siehe Horváth, Péter - Mayer, Reinhold: Prozeßkostenrechnung...(1989), S. 217.

[154] Vgl. dazu Horváth, Péter - Mayer, Reinhold: Konzeption...(1995), S. 74: „Der Prozeßkostensatz stellt die durchschnittlichen Kosten für die einmalige Durchführung eines Prozesses dar.“ Siehe auch Eversheim, Walter - Caesar, Christoph: Kostenbewertung...(1991), S. 534, Mayer, Reinhold:

nisse liefern, wenn sich die der Prozessmenge zugrunde liegenden Tätigkeiten oder Teilprozesse in ihrer Art und der Dauer der Ausführung nicht wesentlich unterscheiden. Grundsätzlich ist die Prozesskostenrechnung damit nur für Unternehmensbereiche mit überwiegend **repetitiven Tätigkeiten und Prozessen** geeignet[155]. Zusätzlich sollte ein relativ **geringer Entscheidungsspielraum** für den Prozessverantwortlichen bestehen[156].

Die Eignung der Prozesskostenrechnung für Prozesse mit eher geringem Entscheidungsspielraum hängt unmittelbar mit der Forderung nach der **Gleichartigkeit der Prozesse** zusammen, da ein großer Entscheidungsspielraum im Regelfall gleichzeitig einen länger dauernden, ausgeprägten und auch differenzierten Vorgang der Entscheidungsfindung bedeutet, so dass wohl nicht mehr von einer Gleichartigkeit der Prozesse ausgegangen werden kann. Diese Durchschnittsbildung für bestimmte Tätigkeiten verdeutlicht Abbildung 2-12 a).

Variiert der Zeitaufwand für einzelne Tätigkeiten zu stark, so dass keine **Referenztätigkeit** im Sinne einer „durchschnittlichen" Tätigkeit identifiziert werden kann, muss auf den Einsatz der Prozesskostenrechnung verzichtet werden, wenn die ansonsten entstehenden Ungenauigkeiten nicht akzeptiert werden können. Alternativ kann aber auch die betrachtete Tätigkeit weiter differenziert werden, so dass sich **mehrere Referenztätigkeiten** ergeben, wie Abbildung 2-12 b) schematisch zeigt[157]. Der **Grundsatz der Wirtschaftlichkeit** muss jedoch auch hier beachtet werden.

Besteht das Leistungsspektrum einer Kostenstelle zum überwiegenden Teil aus **innovativen Tätigkeiten** oder bestehen **größere Entscheidungsspielräume**, so kann die Prozesskostenrechnung in diesem Bereich nicht eingesetzt werden. Aber auch wenn das Spektrum aus repetitiven Tätigkeiten besteht, muss sich die betrachtete Kostenstelle nicht unbedingt für die Prozesskostenrechnung eignen. Da in einem späteren Schritt der Prozesskostenrechnung Prozesskosten auf die Kostenträger verrechnet werden, muss sich für die Tätigkeiten einer für die Prozesskostenrechnung geeigneten Kostenstelle ein **Kostenträger- bzw. Prozessbezug** herstellen lassen. Dies gelingt für Unternehmensbereiche wie die Beschaffung, die Logistik oder auch die Qualitätssicherung.

Anwendungsfelder...(1992), S. 117 und auch Fröhling, Oliver: Kostenmanagement...(1994), S. 165, der sich auf durchschnittliche Hauptprozesse bezieht.

[155] Siehe dazu Kagermann, Henning: Dienstleistungskalkulation...(1992), S. 358, Mayer, Reinhold: Prozeßkostenrechnung...(1996), S. 45, Michel, Rudolf - Torspecken, Hans-Dieter - Jandt, Jürgen: Kostenrechnung...(1998), S. 223 und Pfohl, Hans-Christian - Stölzle, Wolfgang: Anwendungsbedingungen...(1991), S. 1288.

[156] Vgl. Coenenberg, Adolf G. - Fischer, Thomas M.: Prozeßkostenrechnung...(1991), S. 25 und Coenenberg, Adolf G.: Kostenrechnung...(2003), S. 211 f sowie Küting, Karlheinz - Lorson, Peter: Stand...(1995), S. 92.

[157] So kann man sich vorstellen, daß die Tätigkeit der Auftragsbearbeitung weiter untergliedert wird in Eil-, Änderungs- und Normalaufträge oder nach Ländern oder Ländergruppen.

Abbildung 2-12
Durchschnittsbetrachtung bei der Ermittlung der Prozesskostensätze

a) Bildung einer Referenztätigkeit

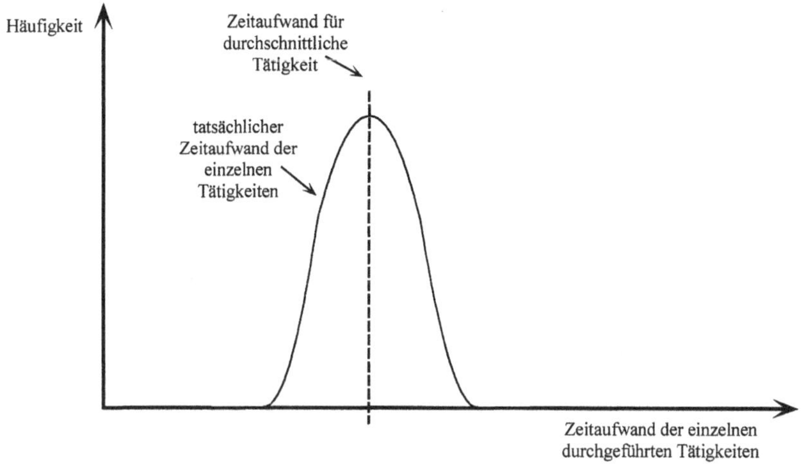

b) Identifizierung mehrerer Referenztätigkeiten bei stark schwankendem Zeitaufwand

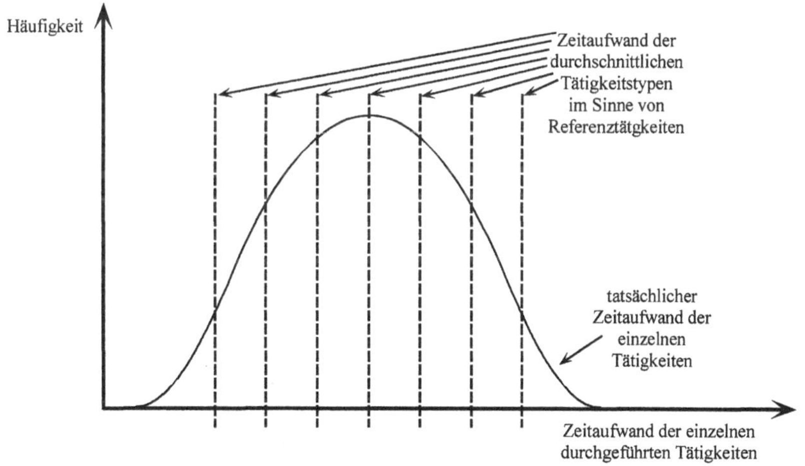

Vor allem in größeren Unternehmen existieren auch Kostenstellen, für die sich kein Prozessbezug identifizieren lässt, die aber sehr wohl auch repetitive Prozesse ableisten. Man denke hier an den Pförtner einer Unternehmung, an eine betriebseigene Tankstelle oder eine Schulungsabteilung. Die Kosten dieser Kostenstellen sind der Kategorie

prozessunabhängig zuzuordnen und somit nicht Einsatzgebiet der Prozesskostenrechnung. Diese prozessunabhängigen Kosten, für die keinerlei Bezug zur Leistungsmenge des Unternehmens herzustellen ist, finden regelmäßig auf Ebene des Gesamtunternehmens direkt Eingang in die **Ergebnisrechnung**[158].

F Ableitung der kostenstellenspezifischen Teilprozesskostensätze

Die **kostenstellenspezifische Zuordnung von Kapazitäten** auf Tätigkeiten und Teilprozesse kann für den im Regelfall jährlichen Planungszeitraum grundsätzlich entweder bottom up oder top down erfolgen[159]. Bottom up werden zunächst die **durchschnittlichen Bearbeitungsdauern** einzelner Tätigkeiten und Teilprozesse geschätzt. Die Anzahl der unterschiedlichen Prozessdurchführungen im Planungszeitraum multipliziert mit den jeweiligen Bearbeitungsdauern muss anschließend die Gesamtkapazität der Kostenstelle (in Jahres-Arbeitsminuten) ergeben, sofern keine Schätzfehler, Erfassungsfehler oder tatsächlichen Unterauslastungen vorliegen. Top down stellt die Mitarbeiterkapazität in Jahren den Ausgangspunkt dar. Diese wird auf die einzelnen Tätigkeiten und Teilprozesse aufgeteilt, eine Division der teilprozessbezogenen Kapazitätsanteile durch die Anzahl der jeweils geplanten Prozessdurchführungen ergibt die durchschnittliche Bearbeitungsdauer und damit auch den durchschnittlichen Kapazitätsanteil einer einzelnen Prozessdurchführung.

Bei der **Ermittlung der Prozesskosten und Prozesskostensätze** können drei grundsätzliche Vorgehensweisen unterschieden werden[160]: eine analytische Planung der Prozesskosten auf Prozessebene, eine auf einer analytischen Planung der Kostenstellenkosten aufbauende Prozesskostenplanung oder eine retrograde Ermittlung der Prozesskosten aus Vorjahres- oder Budgetwerten.

Eine **prozessbezogen analytische Kostenplanung** bedeutet in Analogie zur Vorgehensweise der Plankostenrechnung[161], „auf Basis der Planprozessmengen alle Kostenarten mit Hilfe technisch-kostenwirtschaftlicher Analysen originär zu planen“[162]. Diese Vorgehensweise verursacht einen hohen Aufwand, so dass bei einer **Dominanz der Personalkosten** nur diese analytisch geplant werden, während andere Kostenarten ausgehend von den kostenstellenbezogenen Normalkosten vereinfachend proportional zu den Personalkosten auf die Prozesse verteilt werden[163].

---

[158] Siehe dazu Lorson, Peter: Kostenmanagement...(1993), S. 276 f und Mayer, Reinhold: Weiterentwicklung...(1997), S. 149. Es sei hier jedoch nochmals darauf hingewiesen, daß diese Einteilung nur unternehmensindividuell getroffen werden kann. So kann für die betriebseigene Tankstelle eines Speditionsunternehmens sehr wohl ein kostenträgerrelevanter Prozessbezug identifiziert werden.

[159] Siehe hierzu und im Folgenden Mayer, Reinhold: State of the Art...(1998), S. 13.

[160] Siehe Horváth, Péter - Mayer, Reinhold: Konzeption...(1995), S. 73 und auch Lorson, Peter: Kostenmanagement...(1993), S. 282 ff.

[161] Siehe dazu Kilger, Wolfgang - Pampel, Jochen - Vikas, Kurt: Plankostenrechnung...(2002), S. 272.

[162] Horváth, Péter - Mayer, Reinhold: Konzeption...(1995), S. 73.

[163] Siehe Horváth, Péter - Mayer, Reinhold: Konzeption...(1995), S. 73 und auch Horváth, Péter - Renner, Andreas: Prozeßkostenrechnung...(1990), S. 103. Vgl. dazu kritisch Lorson, Peter: Kostenmanagement...(1993), S. 283 ff.

Als Alternative zur analytischen Kostenplanung auf Prozessebene können Prozesskosten **aus analytisch geplanten Kostenstellenkosten abgeleitet** oder aus **Vorjahres- bzw. Budgetwerten retrograd ermittelt** werden. In der Literatur findet sich hier meist sowohl aus Zeitgründen als auch aus Wirtschaftlichkeitsgründen die retrograde Prozesskostenableitung aus Budgetwerten[164]. Die Kostenstellenbudgets werden mit Hilfe geeigneter Zuordnungsschlüssel auf die Prozesse verteilt. Stellen die Personalkosten den größten Kostenblock, erfolgt diese Verteilung im Regelfall über den Zuordnungsschlüssel Arbeitsaufwand in Mannjahren[165].

Für das bereits bekannte Ergebnis der Tätigkeitsanalyse in der Kostenstelle Einkauf zeigt Abbildung 2-13 die **Zuordnung der Prozesskosten** und die **Ermittlung der Prozesskostensätze**. Von den insgesamt 8 Mannjahren und 800.000 EUR Gesamtkosten der Kostenstelle entfallen im konkreten Fall 7 Mannjahre und damit 700.000 EUR auf die leistungsmengeninduzierten (lmi) Teilprozesse. Im Verhältnis des Arbeitsaufwands der einzelnen Teilprozesse in Mannjahren werden diese 700.000 EUR weiter verteilt und ergeben so die leistungsmengeninduzierten Kosten der Teilprozesse. Die **leistungsmengenneutralen Prozesskosten** in Höhe von 100.000 EUR werden proportional zu den Kosten der leistungsmengeninduzierten Prozesse umgelegt. Aus der Summe der leistungsmengeninduzierten und der leistungsmengenneutralen Kosten ergeben sich die gesamten Prozesskosten der einzelnen Teilprozesse.

Die Ermittlung der **Teilprozesskostensätze** erfolgt grundsätzlich formal analog zur Maschinenstundensatzrechnung[166] durch **Division der Prozesskosten durch die Prozessmengen** mit dem Ergebnis der (geplanten) Kosten für die einmalige Durchführung eines Teilprozesses[167]:

$$\text{Prozesskostensatz PKS (in EUR/Durchführung)} = \frac{\text{Prozesskosten PK}}{\text{Prozessmenge PM}}$$

Zu diskutieren bleibt der **Umfang der Prozesskosten**, die in die Ermittlung der Prozesskostensätze einbezogen werden. Bei ausschließlicher Berücksichtigung der leistungsmengeninduzierten Kosten ergibt sich ein **leistungsmengeninduzierter Prozesskostensatz**. Werden darüber hinaus auch die leistungsmengenneutralen Kosten eingerechnet, erhält man einen **Gesamt-Prozesskostensatz**, der die vollen prozess-

[164] Horváth, Péter - Mayer, Reinhold: Konzeption...(1995), S. 73 weisen in diesem Zusammenhang explizit auf die Gefahr der Festschreibung unwirtschaftlicher Abläufe hin für den Fall, dass keine analytischen Kostenplanungen zugrunde liegen.

[165] Siehe wiederum Horváth, Péter - Mayer, Reinhold: Konzeption...(1995), S. 73 und auch Mayer, Reinhold: Anwendungsfelder...(1992), S. 115 f. Diese Vorgehensweise schließt aber die Verwendung anderer Verteilungsschlüssel keinesfalls aus.

[166] Vgl. Lorson, Peter: Kostenmanagement...(1993), S. 285 f mit weiteren Notationen. Horváth, Péter - Mayer, Reinhold: Prozeßkostenrechnung...(1989), S. 218 setzen Prozesskostensätze mit Verrechnungssätzen gleich.

[167] Siehe bspw. Fischer, Thomas M.: Kostenmanagement...(1993), S. 203 f und Michel, Rudolf - Torspecken, Hans-Dieter - Jandt, Jürgen: Kostenrechnung...(1998), S. 243.

Abbildung 2-13
Zuordnung der Prozesskosten und Ermittlung der Prozesskostensätze[168]

Kostenstelle 5501 Einkauf										
Teilprozesse		Maßgröße		Zurechnung	Prozesskosten			Prozesskostensatz		Zuordnung auf HP
Nr.	Bezeichnung	Art	Menge	Basis Mannjahre	lmi	lmn	gesamt	lmi	gesamt	
1	Rahmenverträge abschließen	Rahmenverträge	70	0,70	70.000,00	10.000,00	80.000,00	1.000,00	1.142,86	HP 7
2	Abrufe über Rahmenverträge	Abrufe	5.000	1,50	150.000,00	21.428,57	171.428,57	30,00	34,29	HP 7
3	Bestellungen Serienmaterial Einzelbestellungen	Einzelbestellungen	2.000	2,00	200.000,00	28.571,43	228.571,43	100,00	114,29	HP 8
4	Bestellungen Gemeinkostenmaterial	Bestellungen	3.000	1,80	180.000,00	25.714,29	205.714,29	60,00	68,57	HP 9
5	Kontakte mit Lieferanten halten	Lieferanten	70	1,00	100.000,00	14.285,71	114.285,71	1.428,57	1.632,65	HP 6
6	Abteilung leiten			1,00		*100.000,00*				
	Summe			8,00	700.000,00		800.000,00			

bezogenen Kostenstellenkosten beinhaltet[169]. Für auf kurzfristige Entscheidungen bezogene Kalkulationen dürfen nur die leistungsmengeninduzierten Prozesskostensätze oder Teile davon verwendet werden, für längerfristige Zeiträume sind jedoch durchaus auch die Gesamt-Prozesskostensätze relevant[170].

Eine andere Meinung der Fachliteratur bezieht sich auf die **Qualität der prozessorientierten Kosteninformationen** und schlägt vor, die leistungsmengenneutralen

[168] Entnommen aus Horváth, Péter - Mayer, Reinhold: Konzeption...(1995), S. 72.

[169] Lorson, Peter: Kostenmanagement...(1993), S. 286 f weist darüber hinaus als dritte Möglichkeit die Einbeziehung der prozessunabhängigen Kosten aus und begründet dies mit veröffentlichten Fallstudien, bei denen kein gesonderter Ausweis prozessunabhängiger Kosten ersichtlich ist. Eine dritte prozesskostenrechnerische Kostenkategorie neben den leistungsmengeninduzierten und den leistungsmengenneutralen Kosten wird aber sicherlich keine praktische Relevanz erlangen. Lediglich für Kostenstellen, die komplett prozessunabhängig zu Lasten des Ergebnisses verrechnet werden ist die Kategorie der prozessunabhängigen Kosten praktikabel.

[170] Siehe Horváth, Péter - Mayer, Reinhold: Prozeßkostenrechnung...(1989), S. 217. Mayer, Reinhold: State of the Art...(1998), S. 15 fordert unter Verweis auf die entscheidungsabhängig relevanten Kosten ebenfalls den getrennten Ausweis von leistungsmengeninduzierten Kosten und Gesamtkosten auf den einzelnen Prozessebenen. Für die Beurteilung einer kurzfristigen Preisuntergrenze darf sogar nur der beschäftigungsabhängige Teil (im Sinne einer Plankostenrechnung) der leistungsmengeninduzierten Kosten herangezogen werden.

Kosten generell in einer kostenstellenübergreifenden Sammelposition zusammenzufassen und erst zuletzt mit prozentualen Zuschlägen auf die Gesamtsumme der produktspezifischen Einzel- und Prozesskosten zu verteilen[171]. Ohne an dieser Stelle einer bestimmten Methodik den Vorrang geben zu wollen, bleibt festzuhalten, dass es bei den heutigen informationstechnologischen Gegebenheiten kein Problem darstellt, abhängig von den unternehmensspezifischen Gegebenheiten zwei **parallele Prozesskostensätze** auf dem Niveau leistungsmengeninduzierter und voller Kosten bereitzuhalten oder auch in der Kalkulation fallweise prozentuale Zuschläge einzubeziehen[172].

IV. Hauptprozesse und zugrunde liegende Kostentreiber

Die **Kostensammlung** und anschließende **Kostenverrechnung** über die Hauptprozesse im Sinne von **cost pools** ist - wie bereits herausgearbeitet - ein zentraler Aspekt der Prozesskostenrechnung[173]. Die dazu notwendige **Identifikation** der unternehmensspezifischen Hauptprozesse stellt einen enormen Arbeitsaufwand bei der Einführung der Prozesskostenrechnung dar. Die Aggregation der Teilprozesskosten im Rahmen einer bereits implementierten Prozesskostenrechnung kann dagegen softwaretechnisch weitgehend automatisch gelöst werden.

Auf Hauptprozessen basierende **Prozesspläne** bilden die **Prozessinanspruchnahme** durch die einzelnen Kostenträger ab und unterstützen so die Durchführung der prozessorientierten Produktkalkulation. Im Rahmen dieser Prozesspläne können auch - in Analogie zu Produktvarianten - **Prozessvarianten** gebildet werden. Die **Kostentreiber** als die den Hauptprozessen zugrunde liegenden Maßgrößen bilden dabei nicht nur die Basis für die produktspezifische Kostenverrechnung, sondern auch für die Kostenplanung.

A Hauptprozessverdichtung und Kostensätze für Hauptprozesse

Bei der **Aggregation der Teilprozesse zu Hauptprozessen** ist darauf zu achten, dass nur sachlich zusammengehörende Teilprozesse zusammengefasst werden. Ein Indiz für diese Zusammengehörigkeit ist die enge Korrelation der den Teilprozessen zugrunde liegenden Maßgrößen. Letztendlich müssen diese Maßgrößen auch mit dem Kostentreiber des übergeordneten Hauptprozesses korrelieren.

---

[171] Siehe Coenenberg, Adolf G.: Kostenrechnung...(2003), S. 218 und ebenfalls Fischer, Thomas M.: Kostenmanagement...(1993), S. 207. Fröhling, Oliver: Kostenmanagement...(1994), S. 155 schlägt vor, die leistungsmengenneutralen Kosten unternehmenshierarchisch hoch angesiedelter Unternehmensbereiche in die periodische Ergebnisrechnung zu übernehmen.

[172] In gewisser Weise ergeben sich hier gedankliche Parallelen zu den Diskussionen über die Einsatzgebiete von Voll- und Teilkostenrechnungen, die im Endeffekt in Parallelkalkulationen sowohl mit Voll- als auch mit Teilkosten mündeten.

[173] Männel, Wolfgang: Entwicklungsperspektiven...(1999), S. 135 führt dazu aus: „Eine methodische Spezialität der Prozeßkostenrechnung besteht darin, daß sie neben den von den Ressourcen unmittelbar produktbezogen abgewickelten Prozessen auch sogenannte *Hauptprozesse (cost pools)* herausstellt" (Hervorhebungen im Original).

Über den Einsatz von verschiedenen **Mengenfaktoren** bei den Teilprozessen können auf Ebene der Hauptprozesse **Prozessvarianten** gebildet werden. Die Anzahl der notwendigen sachlich differierenden Hauptprozesse bleibt auf diese Weise in einem überschaubaren Rahmen, was die Akzeptanz einer prozessorientierten Vorgehensweise enorm erhöht. Für die einzelnen Hauptprozesse werden separate **Prozesskonten** geführt, die sowohl der Dokumentation der Prozessverwendung dienen als auch der Kostensammlung im Sinne eines cost pools.

1. Zusammenfassung von Teilprozessen zu Hauptprozessen

Die leistungsmengeninduzierten Teilprozesse der Kostenstellen werden abschließend **zu Hauptprozessen verdichtet**, denen jeweils **ein einziger Kostentreiber** zugrunde liegt[174]. Wesentliches Gedankengut der Prozesskostenrechnung ist dabei - wie bereits ausgeführt - die **kostenstellenübergreifende Zusammenfassung** und damit das Lösen von funktionsbereichsspezifischen Grenzen und Schnittstellen. Generell existieren folgende Möglichkeiten zur Bildung von Hauptprozessen[175]:

- **Kostenstellenübergreifende Aggregation** mehrerer Teilprozesse (typischer Fall der Prozesskostenrechnung),
- Aggregation mehrerer Teilprozesse **in einer Kostenstelle**, denen verschiedene Prozessgrößen zugrunde liegen, oder
- Übernahme eines einzigen Teilprozesses, der damit als **unechter Hauptprozess** charakterisiert werden kann.

Auf Teilprozessebene ist es nicht immer zwingend notwendig, dass jeder Teilprozess nur genau einem Hauptprozess zugeordnet wird. Je nach Hauptprozessdifferenzierung kann ein **Teilprozess** auch **zur Durchführung mehrerer verschiedener Hauptprozesse notwendig** sein[176]. Dies ist beispielsweise dann der Fall, wenn der Teilprozess „Terminüberwachung" der Kostenstelle Distributionslogistik sowohl für den Hauptprozess „Normalauftrag durchführen" als auch für den Hauptprozess „Eilauftrag durchführen" benötigt wird, wie dies die Abbildungen 2-14 a) und 2-14 b) zeigen[177].

---

[174] Siehe dazu die entsprechenden Ausführungen zur Identifikation und Festlegung der Kostentreiber im vorliegenden Kapitel.

[175] Vgl. dazu Michel, Rudolf - Torspecken, Hans-Dieter - Jandt, Jürgen: Kostenrechnung...(1998), S. 245 und Lorson, Peter: Kostenmanagement...(1993), S. 259.

[176] Siehe bspw. Götze, Uwe: Einsatzmöglichkeiten...(1997), S. 150.

[177] Dieses Beispiel findet sich bei Pampel, Jochen: Konzepte...(1998), S. 352 ff. Horváth, Péter - Mayer, Reinhold: Konzeption...(1995), S. 63 führen den Teilprozess „Auftragserfassung" an, der sowohl für den Hauptprozess „Kundenauftrag Inland abwickeln" als auch für den Hauptprozess „Kundenauftrag Ausland abwickeln" anfällt. Auf diese Differenzierung unterschiedlicher Prozessabwicklungsformen weist auch Mayer, Reinhold: State of the Art...(1998), S. 8 hin. Rümmelin, Ulrich - Völker, Joachim - Betz, Germar: Dauerhafter Einsatz...(1998), S. 138 f unterscheiden in ihrem Praxisbericht den Hauptprozess „Wiederholbestellungen durchführen" trotz größtenteils identischer Abläufe nach Material und Hilfsstoffen, nach Zukaufteilen und nach Werkzeugen, Bauteilen und Ersatzteilen.

Abbildung 2-14
Hauptprozessdifferenzierung durch Variation der Teilprozessmengen

a) Einmalige Prozessdurchführung der Terminüberwachung im Hauptprozess Normalauftrag durchführen

Hauptprozess Normalauftrag durchführen							
In den Hauptprozess eingehende Teilprozesse der Kostenstellen Verkauf (VK), Distributionslogistik (DL) und Vertrieb (VT)	Teilprozesskostensatz (EUR/Teilprozess)		Prozessmenge	Kosten der für den Hauptprozess benötigten Teilprozesse (in EUR)		
	lmi	voll		lmi	lmn	voll
Aufträge annehmen (KST VK)	184,60	207,15	1	184,60	22,55	207,15
Terminüberwachung (KST DL)	96,20	101,49	1	96,20	5,29	101,49
Disposition (KST DL)	110,25	116,32	1	110,25	6,07	116,32
Zwischenlagern (KST DL)	256,50	270,61	1	256,50	14,11	270,61
Versandfertig machen (KST DL)	335,50	353,96	1	335,50	18,46	353,96
Kundenbesuche (KST VT)	143,25	237,07	2	286,50	187,64	474,14
Berichte schreiben (KST VT)	71,50	118,33	2	143,00	93,66	236,66
Hauptprozesskostensatz Normalauftrag durchführen				**1.412,55**	**347,78**	**1.760,33**

b) Mehrmalige Prozessdurchführung der Terminüberwachung im Hauptprozess Eilauftrag durchführen

Hauptprozess Eilauftrag durchführen						
In den Hauptprozess eingehende Teilprozesse der Kostenstellen Verkauf (VK), Distributionslogistik (DL) und Vertrieb (VT)	Teilprozesskostensatz (EUR/Teilprozess)		Prozessmenge	Kosten der für den Hauptprozess benötigten Teilprozesse (in EUR)		
	lmi	voll		lmi	lmn	voll
Aufträge annehmen (KST VK)	184,60	207,15	1	184,60	22,55	207,15
Terminüberwachung (KST DL)	96,20	101,49	4	384,60	21,16	405,96
Disposition (KST DL)	110,25	116,32	1	110,25	6,07	116,32
Zwischenlagern (KST DL)	256,50	270,61	1	256,50	14,11	270,61
Versandfertig machen (KST DL)	335,50	353,96	1	335,50	18,46	353,96
Kundenbesuche (KST VT)	143,25	237,07	2	286,50	187,64	474,14
Berichte schreiben (KST VT)	71,50	118,33	2	143,00	93,66	236,66
Hauptprozesskostensatz Eilauftrag durchführen				**1.444,65**	**349,54**	**1.794,19**

Einen zentralen Aspekt der **Hauptprozessverdichtung** stellt auch die **Festlegung der Prozessmengen** dar, mit denen die Teilprozesse in die Hauptprozesse eingehen. Nicht zwingend ist für eine einmalige Durchführung eines Hauptprozesses auch die einmalige Durchführung eines Teilprozesses erforderlich. Der bereits angesprochene Teilprozess der Terminüberwachung wird für einen Eilauftrag zur Sicherstellung des Liefertermins sicherlich konzentrierter und damit häufiger benötigt als für einen Normalauftrag. Dieser Gedanke findet sich ebenfalls beim Vergleich von Abbildung 2-14 a) mit Abbildung 2-14 b).

In Ausnahmefällen kann es auch vorkommen, dass **kostenstellenspezifische Teilprozesse** identifiziert werden, die nicht mit anderen sachlich zusammengehörenden Teilprozessen zu Hauptprozessen aggregiert werden können, so beispielsweise die turnusmäßige Auditierung von Zulieferern in der Kostenstelle Qualitätssicherung. Unabhängig davon, ob diese Teilprozesse nun als eigenständige Hauptprozesse definiert werden, ist auch in diesem Fall für die **vollständige Abbildung der Ressourceninanspruchnahme** und auch für eine aussagefähige Ergebnisrechnung die **Dokumentation dieser Prozessdurchführungen** auf einem eigenen Prozesskonto geboten, wie dies in den folgenden Ausführungen für Hauptprozesse dargestellt wird.

2. Ermittlung der Hauptprozesskostensätze

Für die Kalkulation der **Prozesskostensätze der Hauptprozesse** finden sich in der Literatur zwei unterschiedliche Ansätze, die im Endeffekt aber zum identischen Ergebnis führen[178]. Die erste und häufiger zu findende Vorgehensweise **summiert die Teilprozesskostensätze** - eventuell multipliziert mit den Faktoren für mehrfache Prozessdurchführungen - und gelangt auf diese Weise zum Kostensatz des Hauptprozesses. Dies verdeutlicht auch die angesprochene Abbildung 2-14. Der Vorteil dieser Methode liegt in den **differenzierten Auswertungsmöglichkeiten** hinsichtlich einer Kostenstellenkontrolle und der Tatsache, dass die **Einflussgrößen der Teilprozesse** erhalten bleiben.

Die zweite Variante dagegen, die in Abbildung 2-15 aufgezeigt wird, verzichtet auf die Bildung von Teilprozesskostensätzen und **summiert die Prozesskosten der Teilprozesse** zu den Prozesskosten des Hauptprozesses auf. In diesem Sinne werden Hauptprozesse auch als „**cost pools**" verstanden, in denen die Teilprozesskosten gesammelt werden[179]. Die Gesamtkosten des Hauptprozesses werden anschließend durch die zugehörige Kostentreibermenge dividiert, um den Prozesskostensatz für die einmalige Durchführung des Hauptprozesses zu erhalten.

Geht ein Teilprozess bei dieser zweiten Variante in mehrere Hauptprozesse ein, wird dies bereits bei der Ermittlung der in den Hauptprozess eingehenden Teilprozesskosten durch eine **prozentuale Aufteilung** berücksichtigt[180]. Für den Teilprozess Terminüberwachung, der für den Normalauftrag in 2-14 a) mit dem Einsatzfaktor 1 und für den Eilauftrag aus 2-14 b) mit dem Einsatzfaktor 4 verrechnet wird, werden also die gesamten Teilprozesskosten der Terminüberwachung im Verhältnis 1:4 auf die Hauptprozesse verteilt.

---

[178] Vgl. dazu und im Folgenden Lorson, Peter: Kostenmanagement...(1993), S. 285.

[179] Vgl. Männel, Wolfgang: Entwicklungsperspektiven...(1999), S. 135.

[180] Siehe Götze, Uwe: Einsatzmöglichkeiten...(1997), S. 152.

Abbildung 2-15
Hauptprozesse als cost pools[181]

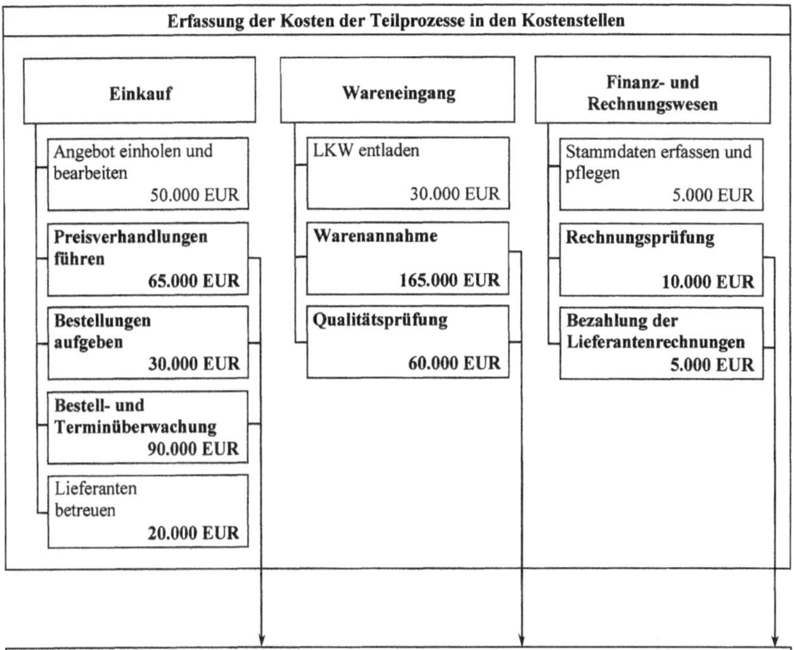

Kalkulation der Kosten des Hauptprozesses Bestellabwicklung	
Teilprozesskosten der Kostenstelle Einkauf	185.000 EUR
+ Teilprozesskosten der Kostenstelle Wareneingang	225.000 EUR
+ Teilprozesskosten der Kostenstelle Finanz- und Rechnungswesen	15.000 EUR
= Hauptprozesskosten	425.000 EUR
Kostentreibermenge	1.000 Bestellungen
Hauptprozesskostensatz	**425 EUR/Bestellung**

Für die einzelnen Hauptprozesse werden **Prozesskonten** gebildet, die die Inanspruchnahme der jeweiligen Prozesse durch Produkte oder andere Zurechnungsobjekte aufzeigen. Abbildung 2-16 zeigt die **Dokumentation des Prozesses** der Reklamationsbearbeitung auf dem zugehörigen Prozesskonto und verdeutlicht gleichzeitig die damit potenziell möglichen **Auswertungsebenen in der Ergebnisrechnung**. So kann in der vorliegenden Aufstellung nach Kundennummern, Vertriebsbereichen und einzelnen Produkten sowie darauf aufbauenden Kriterien differenziert werden.

---

[181] Gekürzt um die Komponentenkalkulation entnommen aus Männel, Wolfgang: Kostenrechnungssysteme...(2003), S. 160.

Abbildung 2-16
Prozessdokumentation auf dem Prozesskonto Reklamationsbearbeitung[182]

Reklamationsbearbeitung							
Belastung des Prozesskontos Reklamationsbearbeitung und Entlastung der Kostenstelle Verkauf							
Kunden-nummer	Vertriebs-bereich	Produkt	Prozess-menge	Prozesskosten (lmi, in EUR)	lmn-Kosten (12,22%, in EUR)	gesamt (in EUR)	**kumuliert (in EUR)**
3072	10431	31 82	1	131,25	16,04	147,29	**147,29**
3058	10025	43 51	3	393,75	48,12	441,87	**589,16**
3147	11835	47 38	1	131,25	16,04	147,29	**736,45**
3048	10025	22 18	2	262,50	32,08	294,58	**1.031,03**
3168	11270	31 82	3	393,75	48,12	441,87	**1.472,90**
2010	10351	71 19	4	525,00	64,16	589,16	**2.062,06**
3687	16716	16 12	2	262,50	32,08	294,58	**2.356,64**
3588	15212	22 18	3	393,75	48,12	441,87	**2.798,51**
2018	10351	27 69	2	262,50	32,08	294,58	**3.093,09**
3190	11317	31 82	3	393,75	48,12	441,87	**3.534,96**
3927	19682	43 51	1	131,25	16,04	147,29	**3.682,25**
3357	13511	16 12	4	525,00	64,16	589,16	**4.271,41**
2110	11360	43 51	3	393,75	48,12	441,87	**4.713,28**
3859	18182	71 19	3	393,75	48,12	441,87	**5.155,15**
3095	10375	27 69	2	262,50	32,08	294,58	**5.449,73**
3012	10428	47 38	3	393,75	48,12	441,87	**5.891,60**
Entlastung des Prozesskontos Reklamationsbearbeitung und Belastung des Betriebsergebnisses							
Gesamtkosten der Reklamationsbearbeitung							**5.891,60**

B Prozesspläne

Die Prozesskostenrechnung erfasst unabhängig von den betrieblichen Funktionsbereichen die für die Durchführung von Hauptprozessen erforderlichen **Leistungsbeziehungen** innerhalb des Unternehmens. Zur Abbildung der analysierten Beziehungen zwischen Tätigkeiten, Teilprozessen und Hauptprozessen werden in Analogie zu den Arbeitsplänen der Fertigung so genannte **Prozesspläne** angelegt und informationstechnologisch vorgehalten. Während Arbeitspläne, die Arbeitsanweisungen festhalten, nach denen ein Erzeugnis bzw. eine Komponente hergestellt wird[183], erfassen Prozesspläne die **zur Erbringung eines Hauptprozesses** (im Sinne eines Kostenträgers)

[182] Entnommen aus Pampel, Jochen: Konzepte...(1998), S. 355.
[183] Vgl. stellvertretend Kurbel, Karl: Produktionsplanung...(2003), S. 89

notwendigen Tätigkeiten und Teilprozesse (im Sinne von Arbeitsanweisungen). Abbildung 2-17 zeigt schematisch den Aufbau eines Prozessplans ausgehend von einem Kundenauftrag[184].

Abbildung 2-17
Abbildung der Leistungsbeziehungen im Prozessplan[185]

Kalkulationsobjekt Kundenauftrag

Prozessaufbau des Auftrags	
Hauptprozesse	**Anzahl**
Teilekonstruktion	2
Kleinteilebestellung	5
Spezialteilebestellung	2
Fertigungsauftragsüberwachung	1
Normalauftrag durchführen	1

→ Teilprozesspläne der Hauptprozesse

Teilprozessplan des Hauptprozesses "Normalauftrag durchführen"		
Teilprozesse	**Anzahl**	**Kostenstelle**
Aufträge annehmen	1	Verkauf
Terminüberwachung	1	Distributionslogistik
Disposition	1	Distributionslogistik
Zwischenlagern	1	Distributionslogistik
Versandfertig machen	1	Distributionslogistik
Kundenbesuche	2	Vertrieb
Berichte schreiben	2	Vertrieb

Teilprozessplan der Kostenstelle Verkauf (VK)	
Teilprozesse	**Anzahl**
Aufträge annehmen	50
Reklamationen bearbeiten	40
Umtauschaktionen durchführen	30
Telephonische Beratungen	80
Sonderverkäufe durchführen	60

Teilprozessplan der Kostenstelle Distributionslogistik (DL)	
Teilprozesse	**Anzahl**
Terminüberwachung	50
Disposition	40
Zwischenlagern	40
Versandfertig machen	40

Teilprozessplan der Kostenstelle Vertrieb (VT)	
Teilprozesse	**Anzahl**
Kundenbesuche	80
Berichte schreiben	80
Neue Aufträge akquirieren	60
Vertriebsplanung	-

[184] Siehe dazu auch Trender, Lutz: Kalkulation...(2000), S. 85 ff.
[185] Entnommen aus Männel, Wolfgang: Übung...(1997), S. 143.

Arbeitspläne enthalten darüber hinaus aus Gründen der optimalen Fertigungsplanung noch wesentlich mehr Informationen, so die in Anspruch genommenen Betriebsmittel und Kostenstellen sowie das Zeitgerüst für spätere Erzeugniskalkulationen[186] und dokumentieren damit generell den **Fertigungsablauf** auf Ebene der einzelnen Arbeitsvorgänge. Auch diese Aspekte sind auf Prozesspläne übertragbar. So ist bei den einzelnen Teilprozessen festgehalten, in welchen Kostenstellen diese ablaufen, und im Rahmen der Tätigkeitsanalyse sind auch Ausführungszeiten für die Teilprozesse festgelegt worden[187]. Prozesspläne **dokumentieren damit die Leistungserstellung in den indirekten Bereichen**.

Das **zentrale Anwendungsfeld** von Prozessplänen aus kostenrechnerischer Sicht liegt nicht im Bereich der nachträglichen Kostenverrechnung auf Kalkulationsobjekte, sondern wiederum in Analogie zu den Arbeitsplänen bei der **Erstellung von Plan- und Angebotskalkulationen**. Bereits vor der tatsächlichen Leistungserstellung kann der voraussichtliche Kostenanfall der indirekten Bereiche auf unterschiedlichen Kalkulationsebenen abgeschätzt werden. Prozesspläne bilden die **voraussichtliche bzw. durchschnittliche Inanspruchnahme der indirekten Bereiche** für verschiedene Kalkulationszwecke ab, so für die Kalkulation eines Kundenauftrags, einer vom Kunden geforderten Produktänderung oder für die Variantenkalkulation. Auf die genaue Kalkulationsmethodik der Prozesskostenrechnung wird an anderer Stelle noch eingegangen.

Abbildung 2-18 zeigt das **Zusammenwirken von Arbeits- und Prozessplänen** zur Kalkulation eines Kundenauftrags auf. Gleichzeitig verdeutlicht diese Abbildung auch, dass Kosten der Fertigungsbereiche auch bei einer prozessorientierten Kalkulation weiter über die bekannten leistungsorientierten Kalkulationsmethoden verrechnet werden und die Prozesspläne die Auftragskalkulation um eine **leistungsorientierte Verrechnung der Servicebereiche** ergänzen.

Werden die Prozesspläne im Sinne einer Prozessgrundrechnung[188] in eine unternehmensweite **Grundrechnung** im Sinne Riebels[189] integriert, die die **zeitraumbezogene Disponierbarkeit von Potenzialfaktoren** abbildet, stellt sich die auf die Disponierbarkeit bezogene Frage nach einer leistungsorientierten Kalkulation bereits wesentlich entschärft dar, da die Inanspruchnahme indirekter Bereiche zwar Eingang in die Kal-

---

186 Vgl. Glaser, Horst - Geiger, Werner - Rohde, Volker: PPS...(1992), S. 32 f sowie Kurbel, Karl: Produktionsplanung...(2003), S. 89 ff.

187 Siehe Mayer, Reinhold: Weiterentwicklung...(1997), S. 146, der den Prozessplan als Beschreibung des Zusammenhangs „zwischen übergreifendem Prozeß [...], den dazu notwendigen Aktivitäten (Teilprozessen), Durchführungsort (Kostenstelle) und Sollzeiten“ darstellt. Damit sind diese Prozesspläne die instrumentelle Voraussetzung für die methodische Gleichbehandlung der Prozesskosten des Fertigungsbereichs und der indirekten Bereiche und damit für eine Integration der Prozesskostenrechnung in bestehende Kostenrechnungssysteme.

188 Siehe zum Gedanken einer Prozessgrundrechnung Witt, Frank-Jürgen: Prozeßgrundrechnung...(1995), S. 31 ff.

189 Siehe dazu die entsprechenden Ausführungen im Kapitel ‚Marktorientierte Produktkostenkalkulation'.

Abbildung 2-18
Kundenauftragskalkulation mit Prozess- und Arbeitsplan

Kalkulationsschema Kundenauftrag

Kostenposition	prop/lmi	voll
Materialkosten	8624,96	9314,96
Fertigungskosten	7638,14	16843,71
Prozesskosten der Fertigung	7622,22	8469,24
Herstellkosten	**23885,32**	**34627,91**

Materialkosten: aus den Informationen der Stückliste

Prozessplan

Hauptprozesse	Anzahl	Prozesskostensatz lmi	Prozesskostensatz gesamt
Teilekonstruktion	2	6120,96	6581,68
Kleinteilebestellung	5	1926,71	2164,84
Spezialteilebestellung	2	1661,49	2051,22
Fertigungsauftragsüberwachung	1	2415,27	2744,62
Normalauftrag durchführen	1	3610,40	3997,13

Arbeitsplan

Tätigkeit	Kostenstelle	Dauer	Kostensatz
Werkzeuge ummontieren	Dreherei	5 Minuten	96,50
Drehteil einspannen	Dreherei	3 Minuten	57,90
drehen	Dreherei	25 Minuten	304,75
umspannen	Dreherei	2 Minuten	38,60
⋮	⋮	⋮	⋮

Hauptprozess "Spezialteilebestellung" (teilweise verdeckt; sichtbare Werte Prozesskostensatz gesamt: 185,31; 196,86; 120,59; 82,16; 206,64; 60,13; 173,92; **025,61**)

Hauptprozess "Fertigungsauftragsüberwachung" (teilweise verdeckt; sichtbare Werte Prozesskostensatz gesamt: 681,24; 246,80; 622,51; 194,33; 251,64; 250,47; 497,63; **744,62**)

Hauptprozess "Normalauftrag durchführen"

Teilprozesse	Anzahl	KSt	Prozesskostensatz lmi	Prozesskostensatz gesamt
Aufträge annehmen	1	VK	524,12	582,36
Terminüberwachung	1	DL	303,33	356,86
Disposition	1	DL	582,35	685,12
zwischenlagern	1	DL	124,90	146,94
versandfertig machen	1	DL	330,32	388,61
Kundenbesuche	2	VT	1237,32	1302,44
Berichte schreiben	2	VT	508,06	534,80
Hauptprozesskosten			**3610,40**	**3997,13**

Kostenstelle Vertrieb (VT) (teilweise verdeckt; sichtbare Werte Prozesskostensatz gesamt: 267,40; 651,22; 941,66; 713,85; 443,96)

Kostenstelle Distributionslogistik (DL) (teilweise verdeckt; sichtbare Werte Prozesskostensatz gesamt: 356,86; 685,12; 146,94; 388,61; 946,35)

Kostenstelle Verkauf (VK)

Teilprozesse	Anzahl	Prozesskostensatz lmi	Prozesskostensatz gesamt
Aufträge annehmen	50	524,12	582,36
Reklamationen bearbeiten	40	888,74	987,49
Umtauschaktionen durchführen	30	681,14	756,82
telefonische Beratungen	80	322,34	358,16
Sonderverkäufe durchführen	60	571,27	634,74
Abteilung leiten			

Kostenstelle Montage (155 Fert.Std, 20 Rüststd.) (teilweise verdeckt; sichtbare Werte gesamt: 461,25; 613,84; 762,54; 132,51)

Kostenstelle Fräserei (160 Fert.Std, 15 Rüststd.) (teilweise verdeckt; sichtbare Werte gesamt: 854,31; 426,14; 840,26; 95,61)

Kostenstelle Dreherei (150 Fert.Std, 25 Rüststd.)

Kostenarten	losabhängig	mengenabhängig	Σ prop	Fixkosten	Σ gesamt
Personal	274,18	1150,26	1424,44	6248,13	7672,57
Anlagen	-	364,37	364,37	8249,72	8614,09
Betriebsstoffe	208,21	314,46	522,67	144,61	667,28
Energie	-	-	-	82,43	82,43
Kosten EUR/Rüststunde			19,30		
Kosten EUR/Fertigungsstunde			12,19		

kulation findet, für Entscheidungen über den **Abbau von Fixkostenquanten** jedoch korrekte Informationen über zeitliche Bindungsdauern vorhanden sind[190].

C Kostentreiber

Die **Kostentreiber als den Hauptprozessen zugrunde liegende Maßgrößen** stellen eine methodische Spezialität der Prozesskostenrechnung dar. Sie bilden die **Grundlage für die Planung** der Prozesskosten und damit auch für die Kontrolle im Sinne der Überwachung und Steuerung der Wirtschaftlichkeit. Gleichzeitig dienen sie der **leistungsorientierten Kostenverrechnung** auf die Kostenträger.

1. Begriffsabgrenzung und Funktionen von Kostentreibern

Kostentreiber (Cost Driver) sind definiert als „**Haupteinflußfaktoren der Kostenentstehung**“[191], die „**zugleich als Meßgröße für die Anzahl der Prozeßdurchführungen**“[192] gelten. In diesem Sinne sind Kostentreiber Maßgrößen der Kostenverursachung und bilden eine leistungsorientierte Ressourceninanspruchnahme für kostenstellenübergreifende Hauptprozesse ab. Damit sind sie abzugrenzen von den so genannten **Prozessgrößen**, die den kostenstellenbezogenen Teilprozessen zugrunde liegen[193].

Die **Kostentreiber der Hauptprozesse** können dabei mit den Prozessgrößen der verdichteten Teilprozesse identisch sein, müssen dies aber nicht zwingend[194]. Im Regelfall werden die Prozessgrößen der zu einem Hauptprozess verdichteten Teilprozesse schon wegen des sachlichen Prozesszusammenhangs miteinander **korrelieren**, so dass unter diesen Prozessgrößen das Gesetz von der **Austauschbarkeit der Maßgrößen** gilt[195]. Dementsprechend wird für den Hauptprozess ein mit den Prozessgrößen korrelierender Kostentreiber eingeführt werden oder eine Prozessgröße wird als Kostentreiber verwendet. „Von dem Kostentreiber eines Hauptprozesses ist zu verlangen, dass er annähernd in gleicher Weise die Abhängigkeit des Gemeinkostenverhaltens aller zum

---

[190] Vgl. Back-Hock, Andrea: Implementierung...(1995), S. 38. Siehe dazu auch Reichmann, Thomas - Fröhling, Oliver: Prozeßkostenrechnung...(1995), S. 157 f, die für Standardsoftwaresysteme verschiedene Schlüsselziffern bezüglich der Kostenreagibilität vorschlagen. Horváth, Péter - Mayer, Reinhold: Konzeption...(1995), S. 69 weisen ebenfalls auf die Notwendigkeit einer verstärkten methodischen Beachtung der Veränderbarkeit von Fixkostenpotenzialen hin.

[191] Mayer, Reinhold - Glaser, Horst: Prozeßkostenrechnung...(1991), S. 297 (Hervorhebung im Original).

[192] Horváth, Péter - Mayer, Reinhold: Konzeption...(1995), S. 61 (Hervorhebung d. V.).

[193] Vgl. dazu Michel, Rudolf - Torspecken, Hans-Dieter - Jandt, Jürgen: Kostenrechnung...(1998), S. 232 und Zirkler, Bernd: Kostentreiberanalysen...(1999), S. 352. Siehe dazu auch das Beispiel einer Prozessliste mit den zugehörigen Prozessgrößen bei Coenenberg, Adolf G. - Fischer, Thomas M.: Prozeßkostenrechnung...(1991), S. 6. Horváth, Péter - Mayer, Reinhold: Konzeption...(1995), S. 65 f und Mayer, Reinhold: State of the Art...(1998), S. 10 verwenden anstelle des Begriffs der Prozessgröße den Begriff der Maßgröße für einen teilprozessspezifischen Kosteneinflussfaktor. In der Literatur zur Prozesskostenrechnung wird der Terminus Kostentreiber vielfach generell im Sinne von Kosteneinflussfaktor verwendet, ohne dass zwischen Teil- und Hauptprozessen differenziert wird.

[194] Siehe Horváth, Péter - Mayer, Reinhold: Konzeption...(1995), S. 66 und Michel, Rudolf - Torspecken, Hans-Dieter - Jandt, Jürgen: Kostenrechnung...(1998), S. 246.

[195] Vgl. dazu die Ausführungen zur Verrechnungssatzkalkulation im vorliegenden Kapitel.

Hauptprozess gehörigen lmi-Teilprozesse beschreibt, wie er dies für den Hauptprozess zu tun imstande ist"[196].

Die Kostentreiber erfüllen in der Prozesskostenrechnung eine **Doppelfunktion**[197]: zum einen dienen sie zur **Überwachung und Steuerung der Wirtschaftlichkeit** und zum anderen der **Kostenzurechnung auf die Kostenträger**[198]. Im Rahmen der Kostenplanung werden die geplanten Kostentreibermengen festgelegt[199]. Der Planung liegen dabei die hinter den Gemeinkosten stehenden Tätigkeiten und Teilprozesse zugrunde, so dass explizit ein **Mengengerüst** für die Planung bereitsteht. Bei Multiplikation der Anzahl der jeweils geplanten Prozessdurchführungen mit dem entsprechenden Prozesskostensatz erhält man die **geplanten Gemeinkosten** im Sinne der Prozesskostenrechnung[200]. Werden diesen Plandaten die Ist-Prozessmengen und die Ist-Kosten der Kostenstellen gegenübergestellt, werden **Unterauslastungen der Kosten- und Leistungsstellen** aufgedeckt und somit mittelfristig bestehende **Überkapazitäten** identifiziert[201]. Für die **kostenträgerbezogene Kalkulation** stellt die Prozesskostenrechnung Prozesskostensätze bereit, mit denen der jeweilige Kostenträger bei Inanspruchnahme eines speziellen Prozesses belastet wird[202].

2. Kriterien zur Identifikation von Kostentreibern

Die Kostentreiber legen das **Mengengerüst für die Gemeinkostenverrechnung** auf die Kostenträger fest. Da sie die Grundlage für eine wirtschaftliche Durchführung der Prozesskostenrechnung und eine hohe Akzeptanz der jeweiligen Kalkulationsergebnisse darstellen, sollten sie den im Folgenden ausgeführten Anforderungen genügen[203].

Eine **leichte Verständlichkeit und Durchschaubarkeit** der Kostentreiber ist notwendig, um die Akzeptanz der Kostenverrechnung bei den Verantwortlichen (Kostenstellenleiter oder Process Owner) zu gewährleisten. Zudem ist dadurch auch die Nach-

---

[196] Michel, Rudolf - Torspecken, Hans-Dieter - Jandt, Jürgen: Kostenrechnung...(1998), S. 246.

[197] Vgl. in Analogie dazu die Doppelfunktion der Bezugsgrößen in der Grenzplankostenrechnung bei Kilger, Wolfgang: Kostenrechnung...(1987), S. 334 f.

[198] Siehe dazu Horváth, Péter - Mayer, Reinhold: Konzeption...(1995), S. 65: Ein Kostentreiber ist „sowohl *Meßgröße für die Kostenverursachung oder besser die Ressourceninanspruchnahme als auch Meßgröße für den Leistungsoutput*" (Hervorhebungen im Original). Vgl. auch Coenenberg, Adolf G.: Kostenrechnung...(2003), S. 213.

[199] Vgl. zur Planungsmethodik und zu einer kritischen Würdigung derselben Lorson, Peter: Kostenmanagement...(1993), S. 283 ff.

[200] Siehe hierzu und im Folgenden Horváth, Péter - Mayer, Reinhold: Konzeption...(1995), S. 75 ff.

[201] Siehe dazu Friedl, Birgit: Anforderungen...(1995), S. 110 ff, die explizit darauf hinweist, dass den „Gegenstand der Kostenkontrolle (...) die *Wirtschaftlichkeit* der Prozeßrealisation sowie das Verhältnis zwischen Kapazität und *mittelfristigem Kapazitätsbedarf* bilden [muss, d. V.]" (Zitat S. 111, Hervorhebung im Original).

[202] Siehe zu einem prozesskostenrechnerisch verlängerten Kalkulationsschema Männel, Wolfgang: Prozeßkostenmanagement...(1996), S. 82 ff sowie die Ausführungen zur prozesskostenrechnerisch orientierten Kalkulation im vorliegenden Kapitel.

[203] Siehe Coenenberg, Adolf G. - Fischer, Thomas M.: Prozeßkostenrechnung...(1991), S. 6, Fischer, Thomas M.: Kostenmanagement...(1993), S. 198, Küting, Karlheinz - Lorson, Peter: Stand...(1995), S. 91 f und Lorson, Peter: Kostenmanagement...(1993), S. 281.

vollziehbarkeit der Kalkulationsergebnisse möglich. Um dem Grundsatz der Wirtschaftlichkeit zu folgen, muss eine **leichte Erfassbarkeit oder Berechenbarkeit** der Kostentreiber gegeben sein. Und schließlich muss für eine Kostenverrechnung nach dem Prinzip der anteiligen Inanspruchnahme auch ein **proportionales Verhältnis zwischen Kostentreiber und Leistungsmenge** vorliegen, da sonst keinesfalls im Vergleich zu herkömmlichen Kalkulationsmethoden beanspruchungsgerechtere Kalkulationsergebnisse erzielt werden können.

In der Literatur zur Prozesskostenrechnung finden sich nur wenige Hinweise darauf, mit welcher **Genauigkeit** Kostentreiber zu identifizieren sind. Insofern stellt sich der Prozesskostenrechnung dasselbe Problem wie der Grenzplankostenrechnung bei der Identifizierung von Bezugsgrößen, dass es durch eine entsprechend große Anzahl zumindest theoretisch möglich ist, sämtliche Kosteneinflüsse zu erfassen. Dementgegen stehen jedoch die Forderungen nach **Praktikabilität und Wirtschaftlichkeit der Kostenrechnungsverfahren**[204]. Meist wird eine Zahl von 5-10 Kostentreibern angegeben, die angemessen ist, um die Gemeinkosten praktikabel und wirtschaftlich mit der Prozesskostenrechnung abzudecken[205].

3. Strategische Kostenbestimmungsfaktoren

Die in den vorigen Abschnitten definierten Kostentreiber, die der Prozesskostenrechnung zugrunde liegen, können auch als funktionsübergreifende Kostentreiber bezeichnet werden. Auf einer höheren Ebene stehen jedoch Kostenbestimmungsfaktoren strategischer Natur[206]. Aus diesem Grund wird in der Literatur grundlegend **zwischen operativen und strategischen Kostentreibern unterschieden**[207]. Im Gegensatz zu den kurzfristig beeinflussbaren operativen Kostentreibern[208] lassen sich strategische

---

[204] Kilger, Wolfgang - Pampel, Jochen - Vikas, Kurt: Plankostenrechnung...(2002), S. 244 lehnen explizit eine zu weitgehende Bezugsgrößendifferenzierung ab, „weil sonst die Erfassung der Istbezugsgrößen zu schwierig wird und die Erfassungskosten in keinem wirtschaftlichen Verhältnis mehr zur Erhöhung der Genauigkeit einer Plankostenrechnung stehen". Siehe auch den Praxisbericht bei Berberich, Hans Joachim: Activity...(1995), S. 215 ff.

[205] Siehe Lorson, Peter: Kostenmanagement...(1993), S. 312 mit weiteren Notationen. Ausgehend von Praxisberichten für Teilbereiche von Unternehmen erscheint diese Zahl für eine unternehmensweite Gemeinkosten-Abbildung jedoch etwas niedrig, siehe dazu Peter, Hans G. - Schimank, Christof: Prozeßkostenrechnung...(1995), S. 240 und Rau, Karl Heinz - Schmidt, Jens: Implementierung...(1995), S. 182 ff. Siehe auch die detaillierten Hauptprozess-Auflistungen bei Kempf, Wolfgang - Kieninger, Michael: Kostensenkung...(1998), S. 277 und Stanek, Peter - Grünert, Lars: - Prozeßkostenmanagement...(1998), S. 419 ff.

[206] Siehe dazu Brokemper, Andreas: Kostenmanagement...(1998), S. 76 ff.

[207] Vgl. dazu Zirkler, Bernd: Kostentreiberanalysen...(1999), S. 354 f.

[208] Siehe dazu die operative Systematik von Coenenberg, Adolf G.: Kostenrechnung...(2003), S. 214 f, der nach den Stufen der Wertschöpfungskette differenziert. Ebenfalls operativ gliedern Foster, George - Gupta, Mahendra: Manufacturing...(1990), S. 333 ff die Kostentreiber nach den Phänomenen der Volumenabhängigkeit, der Komplexitätsabhängigkeit und der Effizienzabhängigkeit. Während die Abwicklung verschiedener Ausbringungsmengen die volumenabhängigen Kostentreiber bestimmt (bspw. durch die Anzahl Fertigungslose oder abgewickelter Aufträge), berücksichtigen komplexitätsabhängige Kostentreiber die Variantenvielfalt des Produktspektrums, bspw. mit der Anzahl der Prüf- oder auch Lieferpositionen. Effizienzabhängige Kostentreiber schließlich stel-

Kostentreiber „als Maßgrößen der **nachhaltigen und langfristigen Beeinflussung des Kostenniveaus** verstehen“[209].

Werden strategische Kostentreiber - wie Kostendegressionseffekte, Lernprozesse oder innerbetriebliche Verflechtungen - durch Maßnahmen des Kostenmanagements verändert, werden automatisch auch die Kostentreiber der Prozesskostenrechnung beeinflusst[210]. Strategische Kostentreiber stellen immer gleichzeitig **Vielfaltsphänomene** dar, die **erhöhte Koordinations- und Steuerungserfordernisse** und damit eine **erhöhte Komplexität** im Unternehmen bedingen. Werden zwei Varianten eines Produkts anstelle von nur einer Variante gefertigt, müssen zwei Stücklisten und zwei Arbeitspläne verwaltet werden. Im Regelfall werden auch neue Teilenummern notwendig. Falls die Variantenbildung nicht nur im Montagebereich erfolgt, sind zunächst der Fertigungsbereich und dann auch Zukaufteile und damit Lieferanten betroffen. Innerbetrieblich muss die Reihenfolge der Fertigung der beiden Varianten festgelegt werden, möglicherweise auch ein mehrfacher Wechsel zwischen den beiden Varianten. Diese **Variantenthematik** wirkt hin bis zur Ebene der Kunden.

Aus diesen Ausführungen wird deutlich, dass die angesprochene Thematik der Vielfaltsphänomene eine **Vielfalt auf den vier Ebenen Lieferanten, Technologie, Produkt und Kunde** betrifft. Diese Ebenen umfassen dabei jeweils sämtliche zugehörigen unternehmensspezifischen Sachverhalte, so gehören zur Ebene der Lieferanten nicht nur die Bestellverwaltung und die Qualitätseingangsprüfung, sondern auch die Lagerorganisation. Je mehr Kunden und Lieferanten ein Unternehmen betreut, je mehr Produkte und Varianten gefertigt werden, desto mehr Koordination und Steuerung ist nötig, dasselbe gilt für eine steigende Zahl verschiedener Fertigungstechnologien. Diese **Vielfaltsphänomene** entfalten aber auch **Wechselwirkungen**, so wird eine steigende Zahl von Produktvarianten im Regelfall auch eine steigende Zahl an Lieferanten bedingen. Umgekehrt wird eine zunehmende Zahl von Kunden, die bedient werden soll, nahezu immer eine größere Variantenzahl erfordern. Abbildung 2-19 zeigt die verschiedenen Wechselwirkungen zwischen diesen Vielfaltsphänomenen auf.

Empirisch wurde die **Komplexität als Kostenbestimmungsfaktor** am häufigsten untersucht. 15-25% der Herstellkosten der europäischen Automobilindustrie sind vielfaltsbedingt[211]. Generell steigern Unternehmen in wachsenden Märkten bei einer Verdopplung der gesamten Produktionsmenge ihre Variantenvielfalt um 180-250%, bei Unternehmen in stagnierenden Märkten liegt die Steigerung bei einer Verringerung der Produktionsmenge gar bei 300-420%[212]. Ebenfalls empirisch belegt ist ein signifikant

---

len auf leistungswirtschaftliche Sachverhalte - wie Rüst- und Wartezeiten - ab, die die Durchlaufzeit und den Anteil nicht wertschöpfender Prozesse bestimmen.

209 Zirkler, Bernd: Kostentreiberanalysen...(1999), S. 355 (Hervorhebung im Original).

210 Siehe zu strategischen Kostentreibern insbesondere Porter, Michael E.: Competitive...(1985), S. 48 ff und Shank, John K. - Govindarajan, Vijay: Vorsprung...(1995), S. 36 ff und S. 201 ff sowie Shank, John K.: Cost Driver...(2002), S. 78 ff.

211 Vgl. dazu Söffker, Christiane: Variantenvielfalt...(1996), S. 2.

212 Siehe Wildemann, Horst: Variantenmanagement...(1990), S. 37.

Abbildung 2-19
Wechselwirkungen der Vielfaltsphänomene

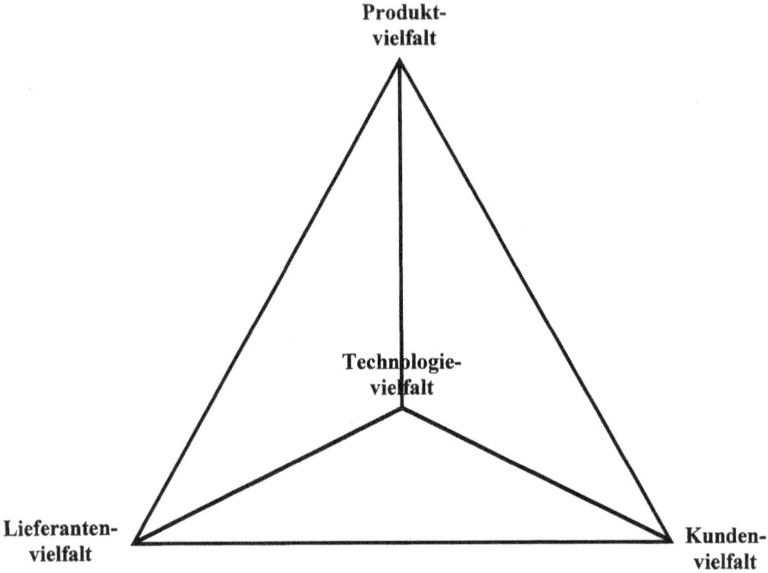

geringerer Unternehmenserfolg bei hoher Variantenvielfalt für die Elektroindustrie[213]. In der Umkehrung der Erfahrungskurve lässt sich aus diesen Ergebnissen die „**Komplexitätskurve**" formulieren: Bei einer Verdopplung der Variantenzahl steigen die Stückkosten in Abhängigkeit von der Fertigungstechnologie um 20-35%[214].

V. Prozesskostenrechnerische Kostenträgerrechnung

In der Praxis stellt die Prozessgestaltung den Einsatzschwerpunkt der Prozesskostenrechnung dar[215], dennoch führen die prozesskostenrechnerischen Kostensätze zu einer

---

[213] Siehe dazu Coenenberg, Adolf G. - Prillmann, Martin: Erfolgswirkungen...(1995), S. 1231 ff.

[214] Vgl. Wildemann, Horst: Variantenmanagement...(1990), S. 37. Siehe auch die Darstellung der Komplexitätskurve bei Brokemper, Andreas: Kostenmanagement...(1998), S. 93 ff. Aus der Sicht eines Komplexitätsmanagements nennt Rosenberg, Otto: Komplexitätsmanagement...(2002), S. 230 ff Maßnahmen der Komplexitätsvermeidung, der Komplexitätsreduzierung, der Komplexitätsverlagerung und der Komplexitätsbeherrschung als Lösung.

[215] Siehe Horváth, Péter - Mayer, Reinhold: Konzeption...(1995), S. 85, die dies aus ihrer Projekterfahrung ableiten. Mayer, Reinhold: Weiterentwicklung...(1997), S. 144 nennt die Unterstützung der Prozessoptimierung, die mengen- und prozessgestützte Budgetplanung sowie Simulationsrechnungen als praktische Einsatzschwerpunkte der Prozesskostenrechnung. Gleichzeitig weist er darauf hin, dass prozesskostenorientierte Produktkostenkalkulationen meist als Sonder- oder Parallel-

genaueren, **prozessorientierten Kalkulation** und einer idealerweise als Deckungsbeitragsrechnung ausgestalteten entscheidungsunterstützenden **prozessorientierten Ergebnisrechnung**[216].

A Strategischer Aspekt der prozesskostenrechnerischen Vollkostenrechnung

Ihrem Wesen nach ist die Prozesskostenrechnung eine **Vollkostenrechnung**, da sie volle Prozesskostensätze über die Hauptprozesse auf die Kostenträger verrechnet[217]. In diesem Sinne ermittelt sie Kalkulationsresultate, „die sich *bei einer konsequenten Anwendung des Prinzips der anteiligen Inanspruchnahme* für sämtliche Kalkulationsobjekte ergeben“[218]. Prozesskostenrechnerische Kalkulationsinformationen geben in diesem Sinne lediglich **vollkostenrechnerische Deckungslasten** vor, da keinerlei irgendwie geartete Schlüsselung von Gemeinkosten jemals „verursachungsgerecht“ sein kann[219]. Prozesskosten können so wenigstens annähernd als **langfristig erwartbare und erreichbare Kostenveränderungen** in Abhängigkeit von bestimmten Prozessvolumina interpretiert werden. Die tatsächlichen Kostenreagibilitäten hängen aber naturgemäß von den durchführbaren quantitativen **Kapazitätsanpassungsmaßnahmen** bezüglich der betrieblichen Ressourcen ab[220]. Die Prozesskostenrechnung bereitet somit mittel- und langfristige Entscheidungen vor, genau aus diesem Grund wird die prozesskostenrechnerische Kalkulation auch als strategische Kalkulation bezeichnet.

Der wesentliche Informationsgehalt vollkostenrechnerischer Prozesskosten liegt in der **Aufdeckung bewerteter Ressourcenverbräuche**. Bereits in der Produktentwicklung und Produktkonstruktion können mit derartigen Kosteninformationen besonders kostenintensive Prozesse durch eine prozessgerechte Produktgestaltung vermindert oder

---

kalkulationen erstellt werden. Insgesamt finden zwar oft Prozesskostensätze Anwendung, diese sind jedoch meist nicht in einen integrierten Wertefluss eingebunden.

216 Dem halten Eversheim, Walter - Caesar, Christoph: Kostenbewertung...(1991), S. 533 ff entgegen, dass der direkte Bezug der Hauptprozesse zu den produktbeschreibenden Parametern nicht gegeben ist und stellen vor diesem Hintergrund eine Kalkulationsmethodik mit ressourcenbezogenen Kostenfunktionen vor. Maschinenstundensatzorientierte Kostensätze werden mit den ressourcenspezifischen Verbrauchsfunktionen zu individuellen Kostenfunktionen verknüpft. Diese werden dann auf die tatsächliche Ressourceninanspruchnahme angewendet.

217 Siehe stellvertretend Back-Hock, Andrea: Implementierung...(1995), S. 37, Kloock, Josef: Flexible Prozeßkostenrechnung...(1995), S. 140 mit weiteren Notationen und Michel, Rudolf - Torspecken, Hans-Dieter - Jandt, Jürgen: Kostenrechnung...(1998), S. 224. Horváth, Péter - Mayer, Reinhold: Konzeption...(1995), S. 68 f argumentieren, dass zwar die technischen Möglichkeiten zu einer Trennung proportionaler und fixer Prozesskosten bestehen, dass dies aber aufgrund des einzelfallbezogenen Entscheidungshorizonts der Prozesskostenrechnung ex ante nicht praktikabel ist.

218 Männel, Wolfgang: Prozeßkostenmanagement...(1996), S. 84 (Hervorhebung im Original).

219 Vgl. sinngemäß Franz, Klaus-Peter: Prozeßkostenrechnung...(1991), S. 185, Männel, Wolfgang: Bedeutung...(1995), S. 17 und Männel, Wolfgang: Prozeßkostenmanagement...(1996), S. 84. Berens, Wolfgang - Schmitting, Walter: Entwicklungen...(1996), S. 13 prägen stattdessen den Begriff der beanspruchungsgerechten Schlüsselung. Auch Mayer, Reinhold: State of the Art...(1998), S. 11 verweist auf die Kostenverrechnung gemäß dem Beanspruchungsprinzip.

220 Siehe Back-Hock, Andrea: Implementierung...(1995), S. 38 und Männel, Wolfgang: Prozeßkostenmanagement...(1996), S. 84. Vgl. dazu auch Mayer, Reinhold: Weiterentwicklung...(1997), S. 149 ff.

sogar vermieden werden[221]. Darüber hinaus wurden die Verflechtungen einer Prozesskostenrechnung mit einer **ausgebauten Leistungsrechnung** und der prozesskostenrechnerische Beitrag zu einer **optimalen Ressourcendimensionierung** bereits herausgearbeitet.

B Prozessorientierte Kalkulation

Eine **prozessorientierte Kalkulationsmethodik** verrechnet traditionell als Gemeinkosten behandelte Kostenpositionen leistungsorientiert mit Hilfe von Prozesskostensätzen auf die Kostenträger. Dazu setzt sie am traditionellen Kalkulationsschema an und erweitert dieses um **Prozesskostenpositionen**. Als Ergebnis einer prozessorientierten Kalkulation ergeben sich im Vergleich zur Gemeinkostenverrechnung über Zuschlagssätze genauere Produktkosten im Sinne einer Ressourcenbeanspruchung.

1. Erweitertes Kalkulationsschema

Die prozesskostenrechnerische Kalkulationsmethodik ersetzt zumindest große Teile der herkömmlich über Zuschlagssätze auf die Kostenträger verrechneten Gemeinkosten durch eine Verrechnung über Prozesskostensätze auf Hauptprozessebene. Das **unternehmensspezifische Kalkulationsschema** wird dadurch **unternehmensindividuell erweitert und verfeinert**, gesonderte Kalkulationszeilen weisen die auf die Kostenträger verrechneten Prozesskosten aus[222]. Abbildung 2-20 zeigt eine derartige Kalkulationsmethodik.

Diese Abbildung verdeutlicht durch die Unterscheidung in **Kostenträgereinzelkosten** und **Prozesskosten** auch das gegenseitige Ergänzen von Plankostenrechnung und Prozesskostenrechnung. Gleichzeitig wird deutlich, dass die Prozesskostenrechnung nicht nur **stückbezogene Prozesskosten** ermittelt, sondern abhängig von der jeweiligen Prozessdefinition auch **losbezogene, periodenbezogene und lebenszyklusbezogene Prozesskosten**[223]. Der Produktbezug der Prozesskosten wird also nicht nur streng stückbezogen im Sinne der Grenzplankostenrechnung gesehen, sondern auf die Perioden- und Lebenszyklusebene erweitert. Für die Kostenträgerkalkulation werden diese Prozesskosten jeweils durch einfache Divisionsvorgänge auf die Erzeugniseinheit

[221] Siehe Männel, Wolfgang: Prozeßkostenmanagement...(1996), S. 85. Dies betrifft nicht nur Fertigungsprozesse und fertigungsunterstützende Prozesse, sondern den gesamten Produktlebenszyklus. Man denke dabei nur an aufwendige Recyclingprozesse, die vom Gesetzgeber immer mehr reglementiert werden. Horváth, Péter - Mayer, Reinhold: Konzeption...(1995), S. 77 und Mayer, Reinhold: Anwendungsfelder...(1992), S. 126 sehen ebenfalls die Notwendigkeit, der Entwicklungsabteilung die kostenmäßigen Konsequenzen konstruktiver Alternativen an die Hand zu geben. Mayer, Reinhold: State of the Art...(1998), S. 26 fordert weitergehend ein Instrument für „die Planer“, das „Gemeinkostenkonsequenzen konstruktiver, fertigungstechnischer und vertriebsseitiger Alternativen“ ermittelt und damit vergleichbar macht. Vgl. dazu auch die Ausführungen im Kapitel ‚Frühzeitige Produktkostenkalkulation’.

[222] Vgl. Horváth, Péter - Mayer, Reinhold: Konzeption...(1995), S. 67 und Mayer, Reinhold: State of the Art...(1998), S. 19 ff.

[223] Siehe dazu auch die Systematik der Prozesstypen in Abbildung 2-1.

Abbildung 2-20
Prozesskostenrechnerisch erweitertes Kalkulationsschema[224]

Kalkulationsposition	**Grenzkosten-kalkulation im Sinne der Prozess-kostenrechnung**	**Vollkosten-kalkulation**
Rohstoffe (EK)	EK	EK
Bauelemente (EK)	EK	EK
Zukaufteile (EK)	EK	EK
Handelswaren (EK)	EK	EK
Σ Materialeinzelkosten		
Fertigung Stelle 1 (stückbezogene PK)	**prop**	**voll**
Rüsten Stelle 1 (losbezogene PK)	**lmi**	**voll**
Fertigung Stelle 2 (stückbezogene PK)	**prop**	**voll**
Rüsten Stelle 2 (losbezogene PK)	**lmi**	**voll**
...	**prop/lmi**	**voll**
Σ Fertigungskosten		
Werkzeugkosten (EK)	EK	EK
weitere Sondereinzelkosten der Fertigung (EK)	EK	EK
Σ Sondereinzelkosten der Fertigung		
Σ HERSTELLKOSTEN im engeren Sinn		
Bestellabwicklung (losbezogene PK)	**lmi**	**voll**
Materialbereitstellung (losbezogene PK)	**lmi**	**voll**
Fertigungsauftragssteuerung (losbezogene PK)	**lmi**	**voll**
Qualitätssicherung (losbezogene PK)	**lmi**	**voll**
Σ Prozesskosten der Herstellung		
Neuproduktentwicklung (lebenszyklusbezogene PK)		**voll**
Teilekonstruktion (lebenszyklusbezogene PK)		**voll**
Lieferantenentwicklung (lebenszyklusbezogene PK)		**voll**
Σ Prozesskosten der Vorlaufphase		
Σ HERSTELLKOSTEN im weiteren Sinn		
Verkaufsprovision (EK)	EK	EK
Verpackungsmaterial (EK)	EK	EK
Versandkosten (EK)	EK	EK
Σ Vertriebseinzelkosten		
Kundenauftragsabwicklung (losbezogene PK)	**lmi**	**voll**
Großkundenbetreuung (periodenbezogene PK)		**voll**
Σ Prozesskosten des Vertriebs		
Σ VERTRIEBSKOSTEN		
Verwaltungsgemeinkosten (periodenbezogene Deckungslasten in %)		%
Σ SELBSTKOSTEN		

EK = Einzelkosten, PK = Prozesskosten, prop = proportionale Kostensätze, lmi = leistungsmengen-induzierte Kostensätze, voll = volle Kostensätze

[224] In der Struktur entnommen aus Männel, Wolfgang: Entwicklungsperspektiven...(1999), S. 136 und Männel, Wolfgang: Kostenrechnungssysteme...(2003), S. 163.

heruntergebrochen. Die Problematik ist eher in der Bestimmung der Anzahl der Erzeugniseinheiten zu sehen. Lediglich für die **Verwaltungsgemeinkosten**, für die im Regelfall kein Produktbezug identifiziert werden kann, werden im vollkostenorientierten Kalkulationsschema der Abbildung 2-20 **prozentuale periodenbezogene Deckungslasten** für die Kostenträger vorgegeben[225].

Abbildung 2-20 zeigt ebenfalls, dass auch bei einer prozesskostenrechnerischen Kalkulationsmethodik eine **Parallelkalkulation** möglich ist. Vor allem für die in den **Herstellkosten im engeren Sinn** enthaltenen Prozesskosten ist dies von Bedeutung. Für die Prozesskosten der Vorlaufphase und die Prozesskosten des Vertriebs werden dagegen organisationsabhängig überwiegend Personalkosten anfallen[226], die die Prozesskostenrechnung ja bekanntermaßen in die leistungsmengeninduzierten Kostensätze einbezieht. Aus diesem Grund dürften sich in diesen Bereichen keine gravierenden Differenzen zwischen den leistungsmengeninduzierten und den vollen Kostensätzen einstellen.

In Analogie zu einer **Primärkostenkalkulation** können auch bei einer Prozesskostenkalkulation sämtliche Kostenarten einer Kostenstelle unternehmensspezifisch untersuchungsrelevanten **Ressourcenarten** zugeordnet werden. Die Kosten dieser Ressourcenarten werden über die Prozessebenen hinweg mitgeführt und bleiben auf diese Weise transparent und erhöhen die Entscheidungsrelevanz der Prozesskosten[227].

An dieser Stelle soll nochmals darauf verwiesen werden, dass einige Autoren die Kalkulation nur auf Basis der leistungsmengeninduzierten Prozesskosten akzeptieren und fordern, leistungsmengenneutrale Prozesskosten in einer **separaten kostenstellenübergreifenden Kostenposition** zu sammeln[228]. Diese Kostenposition wird letztendlich in der Kostenträgerstückrechnung mit **prozentualen Zuschlägen** berücksichtigt, in der Kostenträgerzeitrechnung als sonstige Kosten auf der letzten Rechnungsstufe. Die analoge Vorgehensweise muss natürlich auch für die bereits angesprochenen **prozessunabhängig anfallenden Kosten** gelten[229].

2. Informationsvorteile prozesskostenrechnerischer Stückkosten

In der Literatur werden hauptsächlich drei Effekte hervorgehoben, die den **Informationsvorteil** der Prozesskostenrechnung wesentlich kennzeichnen[230]: Dies sind

---

[225] Natürlich müssen unternehmensindividuell auch andere nicht über Prozesskostensätze verrechenbare Kosten als prozentuale periodenbezogene Deckungslasten vorgegeben werden.

[226] Horváth, Péter - Mayer, Reinhold: Konzeption...(1995), S. 68 sprechen von Personal- und Personalnebenkosten von bis zu 70% der einzubeziehenden Kosten.

[227] Siehe dazu Mayer, Reinhold: State of the Art...(1998), S. 11, der als Ressourcenarten beispielhaft Personalkosten, sonstige Sachkosten, Abschreibungen sowie EDV-Kosten anführt.

[228] So Coenenberg, Adolf G.: Kostenrechnung...(2003), S. 220.

[229] Siehe dazu Mayer, Reinhold: Weiterentwicklung...(1997), S. 149.

[230] Siehe hierzu und im Folgenden Coenenberg, Adolf G.: Kostenrechnung...(2003), S. 222 ff und Fröhling, Oliver: Kostenmanagement...(1994), S. 171 ff. Vgl. auch Götze, Uwe: Einsatzmöglichkeiten...(1997), S. 159 ff, Lorson, Peter: Kostenmanagement...(1993), S. 296 ff sowie Michel, Rudolf - Torspecken, Hans-Dieter - Jandt, Jürgen: Kostenrechnung...(1998), S. 266 ff.

- der Allokationseffekt,
- der Komplexitätseffekt und
- der Degressionseffekt.

Der **Allokationseffekt** beschreibt dabei die Tatsache, dass eine wertorientierte Zuschlagskalkulation andere Kalkulationsergebnisse als eine prozessorientierte Verrechnung eines konstanten Prozesskostensatzes auf verschiedene Kostenträger erbringt. Der **Komplexitätseffekt** hebt hervor, dass Standardprodukte im Vergleich zu „Exoten“ bei einer wertorientierten Kalkulation zu teuer kalkuliert werden, und der **Degressionseffekt** schließlich verringert die Prozesskosten pro Stück bei steigenden Prozessmengen, während die Zuschlagskalkulation einen konstanten Zuschlagssatz auf die einzelnen Kostenträger verrechnet.

3. Strategische Variantenkalkulation

Die erläuterte Kalkulationsmethodik wird meist als prozessorientierte Kalkulation bezeichnet und stellt die Hauptanwendung der strategischen Kalkulation im Rahmen der Prozesskostenrechnung dar[231]. Darüber hinaus sei an dieser Stelle aber auch auf die **strategische Variantenkalkulation** eingegangen, die Anfang der 90er Jahre diskutiert wurde, mittlerweile aus Praktikabilitätsgründen aber kaum mehr Erwähnung findet[232]. Kernpunkt dieser Vorgehensweise ist die Überlegung, dass die Prozessmengen der leistungsmengeninduzierten Prozesse durch die **Variantenzahl** zum einen und das **Mengenvolumen** zum anderen determiniert werden. Entsprechend wurde versucht, für jeden Teilprozess die produktionsvolumenabhängige und auch die variantenzahlabhängige Prozessmenge anzugeben, um im Endeffekt die **Kosten der Variantenvielfalt in der Kalkulation getrennt ausweisen** zu können. Da dadurch implizit nur die Variantenzahl und das Produktionsvolumen als Kostentreiber Berücksichtigung finden, ist unmittelbar einsichtig, dass sich die strategische Variantenkalkulation nicht für eine differenzierte Abbildung des Leistungsspektrums indirekter Bereiche eignet[233].

C Prozessorientierte Ergebnisrechnung

Regelmäßig gehen nur die Prozesskosten der Abwicklungsprozesse[234] direkt in die Kostenträgerstückrechnung ein, während die restlichen Prozesskosten die Aussagefähigkeit der **Ergebnisrechnung** erhöhen[235]. An dieser Stelle sei davon ausgegangen, dass die Ergebnisrechnung idealerweise als **mehrstufige Deckungsbeitragsrechnung**

---

231 Vgl. dazu Lorson, Peter: Kostenmanagement...(1993), S. 293 f.

232 Siehe dazu wiederum Lorson, Peter: Kostenmanagement...(1993), S. 288 ff sowie Horváth, Péter - Mayer, Reinhold: Prozeßkostenrechnung...(1989), S. 218 f.

233 Siehe zur Kritik an der strategischen Variantenkalkulation insbesondere Lorson, Peter: Kostenmanagement...(1993), S. 288 ff mit weiteren Notationen.

234 Siehe zur Begrifflichkeit der Abwicklungsprozesse die entsprechenden Ausführungen auf Seite 63 der vorliegenden Arbeit.

235 Siehe Horváth, Péter - Mayer, Reinhold: Konzeption...(1995), S. 78 und S. 83.

ausgestaltet ist[236]. Im strengen Sinne einer Deckungsbeitragsrechnung dürfen in einer prozessorientierten Ergebnisrechnung nur leistungsmengeninduzierte Kostenbestandteile in den Prozesskostensätzen enthalten sein. Jegliche Umlage von leistungsmengenneutralen Kosten widerspricht genau genommen dem Gedankengut der Deckungsbeitragsrechnung. In Analogie zur Ermittlung prozesskostenrechnerischer Herstell- und Selbstkosten, die als strategische Kalkulation bezeichnet wird, kann eine **um Prozesskosten erweiterte Deckungsbeitragsrechnung als strategische Ergebnisrechnung** interpretiert werden. Wesentlich ist dabei nur, dass die tatsächlichen **Kostenreagibilitäten** im Auge behalten werden.

Sind Prozesspläne für Haupt- und auch Teilprozesse in einer **Prozessgrundrechnung** hinterlegt, stehen diese für vielfältige Auswertungsmöglichkeiten zur Verfügung[237]. Neben fest **definierten Auswertungspfaden** der Ergebnisrechnung, wie Artikelergebnisrechnungen, Absatzsegmentrechnungen oder auch Kundenerfolgsrechnungen[238], können auch **fallweise Sonderrechnungen** schnell und genau durchgeführt werden[239]. Die Ausgestaltung einer **Kundenerfolgsrechnung** mit prozessorientierter Einbeziehung der Vertriebs- und Distributionskosten ist in Abbildung 2-21 dargestellt.

Zudem können **prozessorientierte Ergebnisrechnungen** weitere wertvolle Anhaltspunkte liefern[240]: Bei **Umstrukturierungen des Produktsortiments** kann verifiziert werden, ob die durch die Eliminierung von Produkten frei werdenden Kapazitäten wirklich für rentablere Produkte zur Verfügung stehen oder ob stattdessen eine vordergründig nicht erkennbare Verschlechterung der Ergebnissituation eintritt. Für **Kosteneinsparungen bei Sortimentsstraffungen**[241] liefern prozessorientierte Ergebnisrechnungen Näherungslösungen, bei denen aber die tatsächliche Kostenreagibilität berücksichtigt werden muss. Nicht zuletzt können **Rationalisierungsmaßnahmen** zur wirtschaftlichen Prozessdurchführung initiiert werden, um zu erwartende Nachfrageverschiebungen auf der Marktseite zu antizipieren.

Werden prozessorientierte Ergebnisrechnungen unternehmensspezifisch implementiert, so werden informationstechnologisch auch die zugrunde liegenden Prozesshierarchien verankert. Über diese Prozesshierarchien ist es anschließend nur noch ein kurzer Schritt zu einem **strategisch orientierten Modell der Ergebnisplanung und**

---

236 Siehe bspw. Männel, Wolfgang: Entwicklungsperspektiven...(1999), S. 86 ff.

237 Vgl. dazu auch die Ausführungen bei Fröhling, Oliver: Kostenmanagement...(1994), S. 194 ff, der spezielle entscheidungsorientierte Anwendungsmöglichkeiten prozessorientierter Kosteninformationen aufzeigt und kritisch würdigt.

238 Siehe dazu Mayer, Reinhold: Weiterentwicklung...(1997), S. 148 und Mayer, Reinhold: State of the Art...(1998), S. 19 ff. Vgl. auch Hintze, Heinz-Günther - Michel, Uwe: Prozeßkostenmanagement...(1998), S. 309 ff sowie Moor, Dieter - Wintermantel, Florian: Kundenstrukturen...(1998), S. 342 f.

239 Horváth, Péter - Mayer, Reinhold: Konzeption...(1995), S. 67 und S. 84 führen beispielhaft die Änderungskosten für ein Produkt oder eine Produktgruppe an.

240 Vgl. hierzu und im Folgenden Warnick, Bernd: Einsatzschwerpunkte...(1995), S. 196.

241 Siehe hierzu auch Hintze, Heinz-Günther - Michel, Uwe: Prozeßkostenmanagement...(1998), S. 314.

Abbildung 2-21
Kundenerfolgsrechnung mit prozessorientierter Verrechnung der Vertriebs- und Distributionskosten[242]

Umsatzerlöse brutto
- Erlösschmälerungen
= Umsatzerlöse netto
- proportionale Herstellkosten
= DECKUNGSBEITRAG 1
- Sondereinzelkosten des Vertriebs
= DECKUNGSBEITRAG 2
Angebotskalkulation
Auftragsannahme
Auftragsüberwachung
Kundenbesuche
- **Prozesskosten des Vertriebs**
= DECKUNGSBEITRAG 3
- Fixkosten des Vertriebs
= DECKUNGSBEITRAG 4 (VERTRIEBSERGEBNIS)
Verpacken
Kommissionieren
Versand vorbereiten
Ausliefern
- **Prozesskosten der Distribution**
= DECKUNGSBEITRAG 5 (KUNDENERGEBNIS)
- sonstige Restgemeinkosten
= DECKUNGSBEITRAG 6 (GESAMTERGEBNIS)

-simulation. Mit einem derartigen prozessorientierten Modell können **Alternativrechnungen** für eine Vielzahl unterschiedlicher mittel- bis langfristiger Entscheidungssituationen aufgestellt werden, wobei aber die tatsächlichen Kostenreagibilitäten stets beachtet werden müssen[243]. Bei global tätigen Unternehmen kann eine einheitliche prozessorientierte Ergebnisrechnung aufdecken, welche Ergebniswirkung standortspezifische Prozesse aufweisen. Im Sinne eines **standortübergreifenden Prozess-**

---

[242] In Anlehnung an Müller, Petra - Jerger, Andreas: Kunden- und Markterfolgsrechnungen...(1994), S. 201.

[243] Siehe Warnick, Bernd: Datenverarbeitung...(1991), S. 138 ff. Auf die notwendige Abbildung von Kostenreagibilitäten für Kostensimulationen verweist auch Mayer, Reinhold: Weiterentwicklung...(1997), S. 157.

benchmarkings können Hinweise auf Optimierungsnotwendigkeiten und Optimierungspotenziale standortübergreifend gewonnen werden[244].

D Prozesskostenrechnerische Plankostenrechnung und Kostenkontrolle

Mit der quantitativen Festlegung der Prozessgrößen ist die zugehörige Plan-Prozessmenge und damit die **Anzahl der Durchführungen eines Teilprozesses** fixiert. Die Teilprozessmengen werden aber durch die Anzahl der Hauptprozessdurchführungen determiniert, so dass die Planung der Hauptprozessmengen bereits erfolgt sein muss[245]. Der **Planung der Hauptprozessmengen** muss dabei ein definiertes **Plan-Produktionsprogramm** und damit verbunden auch eine geplante Inanspruchnahme indirekter Prozesse zugrunde liegen, wie bspw. die notwendige Anzahl von Bestellungen, aber auch die erwartete Anzahl der Reklamationen.

Aber nicht nur die Prozessmengen, auch die in die Prozesskostensätze eingehenden **Kostenstellenkosten** müssen geplant und anschließend zu den Kosten der Teilprozesse zusammengefasst werden. Die Ermittlung der Plan-Teilprozesskostensätze erfolgt - wie ausgeführt - durch die Division der **Plan-Teilprozesskosten** durch die Plan-Teilprozessmenge. Die Ermittlung der Hauptprozesskostensätze geschieht demgegenüber auf mathematischem Weg und erfordert keine eigenständige Planung[246], da durch die Teilprozessmengen auch die Hauptprozessmengen determiniert sind. Die sich ergebenden **Prozesskostensätze** behalten im Regelfall für ein Jahr Gültigkeit[247].

Dass mit der Prozesskostenrechnung somit eine **mengenorientierte Planung der Prozesskosten** durch Multiplikation der Plan-Prozessmenge mit dem Plan-Prozesskostensatz erreicht wird, ist unbestreitbar[248]. Da der Hauptzweck jeder Plankostenrechnung aber die **Kostenkontrolle mit Hilfe von Soll-Ist-Vergleichen** ist[249], wird im Folgenden noch auf die Durchführbarkeit und auch die Aussagefähigkeit von Vergleichsrechnungen im Rahmen der Prozesskostenrechnung eingegangen.

---

[244] Siehe Hintze, Heinz-Günther - Michel, Uwe: Prozeßkostenmanagement...(1998), S. 314 ff, die sogar so weit gehen, dieses Prozessbenchmarking grundsätzlich auch zur Unterstützung für Standortentscheidungen heranzuziehen. Gleichzeitig verweisen sie darauf, dass bei global verteilten Geschäftseinheiten unterschiedliche Prozesskostenrechnungskonzeptionen und Rechnungswesenstandards die Prozesskosteninformationen verzerren können. Vgl. dazu auch die Ausführungen im Abschnitt Activity Based Costing und Prozesskostenrechnung als unterschiedliche Konzepte des vorliegenden Kapitels.

[245] Siehe Michel, Rudolf - Torspecken, Hans-Dieter - Jandt, Jürgen: Kostenrechnung...(1998), S. 240. Dies steht auch in engem Zusammenhang zur Formulierung von Hypothesen über die Hauptprozesse vor Identifizierung der Teilprozesse.

[246] Vgl. Michel, Rudolf - Torspecken, Hans-Dieter - Jandt, Jürgen: Kostenrechnung...(1998), S. 249.

[247] Siehe Mayer, Reinhold: State of the Art...(1998), S. 17.

[248] Siehe Horváth, Péter - Mayer, Reinhold: Konzeption...(1995), S. 75 und Mayer, Reinhold: State of the Art...(1998), S. 24.

[249] Siehe Michel, Rudolf - Torspecken, Hans-Dieter - Jandt, Jürgen: Kostenrechnung...(1998), S. 41 f.

Voraussetzung für eine prozessorientierte Kostenkontrolle ist die Erfassung von **Ist-Prozessmengen**[250]. Dies geschieht aus Wirtschaftlichkeitsgründen im Regelfall nur für die Hauptprozesse. Aus den damit berechenbaren **Soll-Prozesskosten** werden retrograd die Sollkosten der Teilprozesse bestimmt[251]. Die Differenz zwischen den Soll- und den Istkosten zeigt aber lediglich die Diskrepanz zwischen geplanter und angefallener Arbeitsmenge und legt noch **keine konkreten Ursachen für Kostenüber- oder Kostenunterschreitungen** offen[252]. In einem sehr stark vereinfachten Soll-Ist-Vergleich gelingt es zwar, eine Kostenabweichung auf die unwirtschaftliche Durchführung eines Hauptprozesses zurückzuführen, dennoch sind aussagefähige Soll-Ist-Vergleiche unter weniger vereinfachenden Prämissen kaum möglich[253].

Auch wenn prozessbezogen ermittelten Abweichungen keine allzu große Aussagekraft zukommt, wird dennoch in Analogie zu den Kostenstellenverantwortlichen der flexiblen Plankostenrechnung die Institutionalisierung von so genannten **Process Ownern** im Sinne von Prozessverantwortlichen gefordert[254]. Die Hauptverantwortung des Process Owners besteht in der **Dokumentation und Koordination des Prozessablaufs** und der **Identifizierung und Beseitigung von Schnittstellenproblemen**. Zusätzlich soll der Process Owner aber auch den jeweiligen Hauptprozess **kostenmäßig verfolgen und beeinflussen**[255]. Dem Prozessgedanken zuwider laufende Bereichsegoismen werden auf diese Weise vermieden.

Wird eine bereits implementierte Prozesskostenrechnung als **permanentes Planungs- und Steuerungsinstrument** eingesetzt, das auf Ressourcenebene sehr wohl Anhaltspunkte für Unterauslastungen und damit für Kapazitätsentscheidungen zu liefern vermag[256], sind die Plandaten jährlich zu überprüfen und anzupassen[257]. Die **vorhandene Prozessstruktur** ist mit der kostenstellenbezogenen Kostenplanung auf **organisatorische Veränderungen** hin zu untersuchen und gegebenenfalls zu aktualisieren. Dar-

---

[250] Die tatsächlich angefallenen Prozesskosten werden regelmäßig nicht erfasst, da bei der Kostenkontrolle Planpreise und somit auch Plan-Prozesskostensätze zugrunde gelegt werden. Die Kontrolle der tatsächlich im Ist angefallenen Kosten erfolgt kostenartenweise im Rahmen eines kostenstellenbezogenen Controllinginstrumentariums.

[251] Siehe Lorson, Peter: Kostenmanagement...(1993), S. 300 f, der auch darauf hinweist, daß andernfalls nur Plan-Ist-Vergleiche möglich sind, die aber nahezu keine Aussagekraft haben.

[252] Siehe Horváth, Péter - Renner, Andreas: Prozeßkostenrechnung...(1990), S. 103 und Lorson, Peter: Kostenmanagement...(1993), S. 301 f. Vgl. auch die kritische Würdigung einer Prozesskostenabweichungsanalyse bei Fröhling, Oliver: Kostenmanagement...(1994), S. 160 ff.

[253] Siehe Lorson, Peter: Kostenmanagement...(1993), S. 301 ff sowie die dort zu findende Argumentation. Horváth, Péter - Mayer, Reinhold: Konzeption...(1995), S. 77 konstatieren ebenfalls eine eingeschränkte Aussagekraft ermittelter Abweichungen. Auch Mayer, Reinhold: State of the Art...(1998), S. 24 hält „monatliche Soll-Ist-Vergleiche auf Prozeßebene für wenig sinnvoll“ und verweist auf die Aussagekraft jährlicher Analysen für die jeweils darauf folgende Kosten- und Kapazitätsplanung

[254] Siehe dazu Coenenberg, Adolf G.: Kostenrechnung...(2003), S. 227 f und Striening, Hans-Dieter: Prozeßmanagement...(1989), S. 327.

[255] Vgl. Michel, Rudolf - Torspecken, Hans-Dieter - Jandt, Jürgen: Kostenrechnung...(1998), S. 254 f.

[256] Siehe Mayer, Reinhold: State of the Art...(1998), S. 24.

[257] Siehe hierzu und im Folgenden Horváth, Péter - Mayer, Reinhold: Konzeption...(1995), S. 75 f.

über hinaus sind neben der bereits angesprochenen Planung der Prozessmengen für die Hauptprozesse auch Verbesserungs- und Optimierungszielsetzungen möglich, die in der Planung auf die Teilprozesse heruntergebrochen werden.

Insgesamt basiert die Gemeinkostenplanung mit prozesskostenrechnerischer Unterstützung auf einem Mengen- und Preisgerüst und wird damit im Vergleich zu den traditionellen Methoden der Gemeinkostenplanung wesentlich versachlicht. Insofern stellt letzten Endes die Prozesskostenrechnung auch ein **Instrument zur Budgetplanung auf Kostenstellenebene** dar[258].

---

[258] Vgl. Horváth, Péter - Mayer, Reinhold: Konzeption...(1995), S. 76 f.

3. Kapitel Frühzeitige Produktkostenkalkulation

Zur Erhaltung der Wettbewerbsfähigkeit und Sicherung des Unternehmenserfolgs notwendige Kostensenkungsstrategien müssen bereits in frühen Phasen der Produktentwicklung und Produktkonstruktion ansetzen. Zu diesem Zeitpunkt kann das **Produktkostenniveau** besonders effizient beeinflusst werden, da noch hohe **Freiheitsgrade** vorhanden sind. Eine Ergänzung bzw. Verfeinerung der Kostenrechnung im Hinblick auf die indirekten Bereiche kann diesem Entscheidungszweck aber nicht genügen. Vielmehr muss bereits die Produktentwicklung unter dem Blickwinkel der sich letztlich ergebenden Produktkosten analysiert und geleitet werden. Der Konstrukteur benötigt somit ein betriebswirtschaftlich fundiertes Instrumentarium zur Bestimmung der von ihm durch seine **konstruktiven Festlegungen** bestimmten Kosten.

Zur **exakten Ermittlung der Herstellkosten** benötigen traditionelle Kalkulationsverfahren abschließende Informationen aus Stücklisten, Arbeitsplänen und Prozesslisten, um das erzeugnisspezifische Mengen- und Zeitgerüst aufbauen und mit den entsprechenden Wertansätzen bewerten zu können. Bei der Entwicklung von neuen Produkten und bei der Modifikation bestehender Erzeugnisse liegen die kalkulationsrelevanten Daten aber erst nach Abschluss der Tätigkeiten der Entwicklungs- und Konstruktionsabteilung sowie der Arbeitsvorbereitung vor[1]. Werden die Herstellkosten eines Produkts aber erst zu diesem Zeitpunkt ermittelt, sind die konkrete Produktgestalt und die Produktfunktionalität bereits in den **Fertigungsunterlagen** festgeschrieben. Damit sind auch die Herstellkosten zum größten Teil determiniert.

Um bereits frühzeitig Herstellkosten abschätzen zu können, müssen schon in der Produktentwicklung Kosteninformationen Berücksichtigung finden. Dies kann einerseits durch eine enge **interdisziplinäre Zusammenarbeit** zwischen Entwicklung, Konstruktion, Kalkulation und den anderen an der Produktentwicklung und der Fertigung beteiligten Abteilungen bis hin zum Vertrieb geschehen[2], andererseits auch durch **Hilfsmittel zur Kostenfrüherkennung**, die den Konstrukteur unterstützen[3]. Die zunehmende Prozessorientierung zum Abbau von Schnittstellen zwischen den verschiedenen Unternehmensbereichen unterstützt den Informationsfluss zwischen Entwicklung, Kalkulation und anderen Funktionsbereichen und wurde im vorhergehenden Kapitel behandelt. Die Hilfsmittel zur Kostenfrüherkennung und damit die Verfahren der entwicklungs- und konstruktionsbegleitenden Kalkulation werden in diesem Kapi-

---

[1] Vgl. Lowka, Dieter: Methoden...(1997), S. 133.

[2] Siehe die Forderung nach multidisziplinärer Teamarbeit im Rahmen eines Simultaneous Engineerings bei Ehrlenspiel, Klaus - Kiewert, Alfons - Lindemann, Udo: Zielkostenorientierte...(2002), S. 116 f und bei Pahl, Gerhard - Beitz, Wolfgang - Feldhusen, Jörg - Grote, Karl-Heinrich: Konstruktionslehre...(2003), S. 180 ff. In diesem Sinne bezeichnet Tani, Takeyuki: Hauptelemente...(1997), S. 246 f einen durch eine funktionsbereichsübergreifende Zusammenarbeit während der Produktentwicklung gekennzeichneten „Rugby"-Stil in der Produktentwicklung als wichtigstes Element eines Target Cost Managements.

[3] Siehe dazu Eberle, Peter - Heil, Hans Günter: Relativkosten-Informationen...(1992), S. 782 und auch Ehrlenspiel, Klaus: Relativkosten...(1987), S. 26.

tel diskutiert[4]. Festzuhalten bleibt, dass sich die beiden genannten Möglichkeiten zur frühzeitigen Integration von Kosteninformationen in den Konstruktionsprozess nicht gegenseitig ausschließen, sondern sich idealerweise gegenseitig ergänzen[5].

In diesem Sinne stellen „die Aufdeckung von Kostenschwerpunkten und -treibern für eine Produktoptimierung zur Einhaltung von Kostenzielvorgaben sowie die Schaffung einer Entscheidungsgrundlage für Eigen- oder Fremdfertigung“[6] die Ziele der entwicklungs- und konstruktionsbegleitenden Kalkulation dar. Wesentliches Kennzeichen ist dabei eine **konstruktionsbegleitende Kostenermittlung**, die in der Lage ist den jeweils erreichten Konstruktions- und damit auch Informationsstand zu berücksichtigen.

Die tatsächlichen Herstellkosten schließlich können erst nach Abschluss des Produktionsprozesses ermittelt werden. Besonders bei länger andauernden Produktionsprozessen liegt damit zwischen der Berechnung der geplanten und der Bestimmung der tatsächlichen Herstellkosten eine bestimmte Zeitspanne, während der die geplanten Herstellkosten laufend an die tatsächlichen Produktionsverhältnisse angepasst werden müssen. Im Sinne einer **mitlaufenden bzw. produktionsbegleitenden Kalkulation** werden dem Produktionsfortschritt folgend geplante Kostenkomponenten durch tatsächliche Kostenkomponenten ersetzt, die Kostenplanung wird um tatsächliche Produktionsparameter ergänzt und erweitert.

I. Systematik der Kalkulationsphasen

In Analogie zur Unterteilung von Produkt- und Anlagenlebenszyklusmodellen[7] in einzelne Lebenszyklusphasen kann auch die Entstehung eines Produkts idealtypisch differenziert werden. Die Produktentstehung untergliedert sich in die **Phase der Produktidee bzw. des Produktentwurfs**, die **Produktentwicklungs- und Produktkonstruktionsphase**, die **Produktionsvorbereitungsphase** und die **Produktionsphase**[8]. Ein-

---

4 Tabellen- und Rechenwerke, die eine möglichst genaue Kostenermittlung in der Arbeitsvorbereitung ermöglichen und vor diesem Hintergrund fertigungstyp- oder branchenspezifische Kostenzusammenhänge abbilden, werden an dieser Stelle nicht behandelt, da im Stadium der Arbeitsvorbereitung Konstruktionsänderungen nur noch mit hohem Aufwand möglich sind. Siehe dazu stellvertretend Langheinrich, Gerhard: Vorkalkulation...(1974), S. 69 ff.

5 Vgl. dazu auch Thurm, Ralf: Nutzung...(1998), S. 187 f, der aus Kundensicht den Einbezug von Konzepten der Lebensdauerverlängerung und der Nutzungsintensivierung als Gegenpol zu den kürzer werdenden Produktlebenszyklen und auch die frühzeitige kostenrechnerische Abbildung dieser Konzepte fordert.

6 Entnommen aus Wolfram, Markus: Konstruieren...(1994), S. 45, der gleichzeitig darauf hinweist, dass der Begriff der konstruktionsbegleitenden Kalkulation zwar häufig Verwendung findet, aber noch keine allgemeine Definition dafür existiert.

7 Siehe dazu insbesondere Zehbold, Cornelia: Lebenszykluskostenrechnung...(1996), S. 16 ff und auch die entsprechenden Ausführungen im Kapitel ‚Umfassende Lebenszyklusrechnung'.

8 Vgl. dazu Männel, Wolfgang: Entwicklungsperspektiven...(1999), S. 148 f und auch Becker, Jörg: Konstruktionsbegleitende...(1992), S. 553.

gebettet in ein integriertes Lebenszykluskonzept wird dabei der dem Marktzyklus vorgelagerte Entstehungszyklus eines Produkts näher differenziert[9].

In der Produktentwicklungs- und Produktkonstruktionsphase wird - ausgehend von der Produktidee - die konkrete Ausgestaltung des Erzeugnisses entwickelt. Detaillierte Fertigungsunterlagen stellen das Ergebnis der Produktionsvorbereitungsphase dar. In der Produktionsphase schließlich erfolgt die physische Fertigung des Produkts. In Abhängigkeit vom **Informationsstand** und der zunehmend detaillierteren **kalkulationsrelevanten Datenbasis** der einzelnen Phasen des Entstehungszyklusses müssen verschiedene, sukzessiv genauer werdende Kalkulationsmethoden zur Anwendung kommen, die in Abbildung 3-1 den einzelnen Phasen zugeordnet sind[10].

A Konstruktion und Kalkulation

Der **Konstruktionsprozess** ist idealtypisch ebenfalls wieder in einzelne Phasen gegliedert, beginnend von Planung und Konzept bis hin zu Entwurf und konkreter Ausarbeitung. Dieses idealtypische Phasenschema wird aber nicht bei jeder Konstruktionsaufgabe durchlaufen. Vielmehr existieren verschiedene **Konstruktionsarten**, die verschiedene Anforderungen an die Tiefe des Konstruktionsprozesses stellen und dementsprechend auch nur die jeweils relevanten Konstruktionsphasen durchlaufen.

Die einzelnen Verfahren der entwicklungs- und konstruktionsbegleitenden Kalkulation benötigen regelmäßig keine abgeschlossenen Fertigungsunterlagen, bestimmte **Informationsanforderungen** bestehen aber doch. So sind in der Planungsphase der Konstruktion keine Kalkulationsverfahren anwendbar, die auf einzelne Baugruppen oder Komponenten zurückgreifen, da diese bestenfalls teilweise bekannt sind. Analog dazu wird aber auch in der letzten Konstruktionsphase keine Kalkulationsmethodik Anwendung finden, die auf pauschale Produktdaten zurückgreift und bereits vorhandene Detaillierungen außer Acht lässt. Letztlich werden die jeweils anzuwendenden **Verfahren in Abhängigkeit vom konstruktiven Informationsstand ausgewählt.**

1. Phasenschema des Konstruktionsprozesses

Der Konstruktionsprozess wird in der Literatur allgemein in verschiedene Phasen aufgegliedert. Bemerkenswert ist dabei, dass wirtschaftswissenschaftlich ausgerichtete Autoren ein begrifflich leicht anderes Phasenkonzept zugrunde legen als ingenieurwissenschaftlich orientierte Autoren. Inhaltlich sind jedoch kaum Differenzen festzustellen, so dass im Folgenden das **Phasenkonzept der VDI-Richtlinie 2222 Blatt 1**[11]

---

[9] Siehe dazu die Ausführungen im Kapitel ‚Umfassende Lebenszyklusrechnung', S. 306 ff.

[10] Vgl. zu einem den Konstruktions- und Fertigungsfortschritt begleitenden Informationszuwachs Knoblach, Jürgen: Angebotskalkulation…(1999), S. 15 f.

[11] Vgl. VDI: VDI-Richtlinie 2222...(1977), S. 1 ff. Siehe auch Gröner, Lothar: Vorkalkulation...(1991), S. 9 und Sprenzel, Andreas: Kostenkalkulationsverfahren…(2000), S.9 ff. Vgl. dazu das erweiterte Phasenschema eines Produktinnovationsprozesses bei Meyer, Jens Wilhelm: Produktinnovationserfolg…(2003), S. 15 ff.

Abbildung 3-1
Kalkulationsphasen und Informationszuwachs im Produktentstehungszyklus[12]

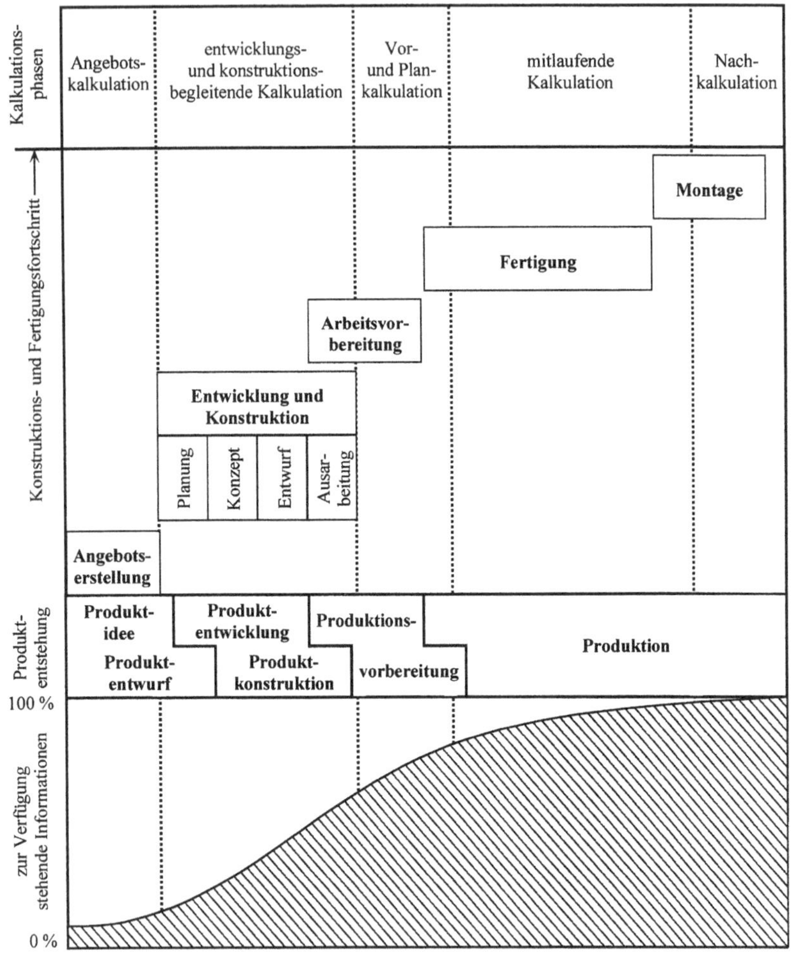

zugrunde gelegt wird, da darauf aufbauend Richtlinien zum wirtschaftlichen und kostengünstigen Konstruieren erarbeitet wurden[13], die wiederum sowohl von wirtschaftswissenschaftlichen als auch von ingenieurwissenschaftlichen Autoren als Diskussionsgrundlage verwendet wurden.

---

[12] In Anlehnung an Fischer, Werner: Erstellung...(1977), S. 27.

[13] Vgl. beispielsweise VDI: VDI-Richtlinie 2235...(1987), S. 12 ff.

Die VDI-Richtlinie 2222 Blatt 1 teilt den Konstruktionsprozess in die vier Phasen Planen, Konzipieren, Entwerfen und Ausarbeiten ein. In der **Planungsphase** werden die spezifischen Anforderungen an das zu fertigende Produkt festgehalten[14]. Diese Phase endet mit der Festlegung des Entwicklungsauftrags im Pflichtenheft[15], dem Konstrukteur sind nur die Gesamtfunktion und globale, funktionsbestimmende Größen des Erzeugnisses bekannt. In der darauf folgenden **Konzipierungsphase** wird die Gesamtfunktion des Erzeugnisses in Teilfunktionen aufgespalten. Für die einzelnen Teilfunktionen werden Lösungsprinzipien gesucht und zu Prinzipkombinationen aggregiert. Zuletzt werden Konzeptvarianten erstellt und der Auswahl eines Lösungskonzepts zugrunde gelegt[16].

In der sich anschließenden **Entwurfsphase** wird das ausgewählte Lösungskonzept bis zum maßstäblichen Entwurf verfeinert. Auf Basis dieses Entwurfs werden technische und wirtschaftliche Berechnungen durchgeführt und die einzelnen Gestaltzonen optimiert. Hier werden auch die Fertigungsverfahren und die Werkstoffe festgelegt. In der abschließenden **Ausarbeitungsphase** schließlich werden die Einzelteile detailliert definiert und optimiert. Nach der Ausarbeitung der noch fehlenden Fertigungsinformationen wird ein Prototyp erstellt, der letztendlich durch Gegenüberstellung der Daten aus der prototypspezifischen Vorkalkulation und der entsprechenden Nachkalkulation abschließend auf seine Kostenwirtschaftlichkeit untersucht wird.

Dieses Phasenschema des Konstruktionsprozesses ist natürlich nicht streng iterativ zu sehen, sondern es bestehen **Rückkopplungen** zwischen den einzelnen Phasen und auch zwischen Teilaufgaben der einzelnen Phasen, so dass bei unbefriedigenden Lösungen auf die jeweils vorgelagerte Ebene zurückgegangen wird[17]. Der Konstruktionsprozess nach VDI sieht explizit am Ende jeder Konstruktionsphase eine Entscheidung darüber vor, ob die jeweils nächste Konstruktionsphase begonnen werden kann, oder ob noch Korrekturen oder Verbesserungen notwendig sind.

Aus den vorstehenden Ausführungen wird ersichtlich, dass der **Konstruktionsvorgang einer top down-Vorgehensweise** folgt, es wird also vom Enderzeugnis retrograd hin zu den Einzelteilen konstruiert. Im Gegensatz dazu folgt die **Kalkulation einer bottom up-Methodik**, ausgehend von den Einzelteilen und Rohstoffen werden progressiv die einzelnen Baugruppen und schließlich das Enderzeugnis kalkuliert. Daraus folgt, dass für eine komplette Durchführung der Kalkulation sowohl Stücklisten als auch Arbeitspläne und Prozesspläne vorliegen müssen, so dass ein kompletter

[14] Vgl. dazu und im Folgenden Gröner, Lothar: Vorkalkulation...(1991), S. 10, Kiewert, Alfons: Kostenfrüherkennung...(1990), S. 355 f, Pahl, Gerhard - Beitz, Wolfgang - Feldhusen, Jörg - Grote, Karl-Heinrich: Konstruktionslehre...(2003), S. 168 ff und Pickel, Herbert: Kostenmodelle...(1989), S. 38 ff.

[15] Das konstruktive Äquivalent zum Pflichtenheft ist die Anforderungsliste, die die Gesamtheit aller Produktanforderungen „in der Sprache des Konstrukteurs" enthält. Ehrlenspiel, Klaus: Integrierte...(1995), S. 209.

[16] Vgl. stellvertretend Ehrlenspiel, Klaus: Integrierte...(1995), S. 210 f.

[17] Vgl. dazu die Darstellung des Konstruktionsablaufs für eine Verpackungsanlage bei Birkhofer, Herbert: Konstruieren...(1990), S. 71. Vgl. auch Ehrlenspiel, Klaus - Kiewert, Alfons - Lindemann, Udo: Produktentwicklung...(2000), S. 44.

Kalkulationslauf erst nach Abschluss der Konstruktionstätigkeit durchgeführt werden kann. Für kostensenkende Konstruktionsänderungen ist es dann jedoch meist bereits zu spät. Diese Problematik wurzelt in der funktionalen Arbeitsteilung zwischen Konstruktion und Arbeitsvorbereitung bzw. Kalkulation. Als Ausweg bietet sich zum einen die Institutionalisierung von **Entwicklungsteams** an, die aus Mitarbeitern der Konstruktion, der Arbeitsvorbereitung, der Kalkulation und aus Mitarbeitern anderer von der Produktentwicklung direkt oder indirekt betroffener Abteilungen bestehen, zum anderen muss dem Konstrukteur seine hohe **Kostenverantwortung** ins Bewusstsein gerufen werden, und er muss auch die Möglichkeiten dazu erhalten, die von ihm festgelegten Kosten bereits während seiner Konstruktionstätigkeit im Hinblick auf das vorgegebene Kostenziel zu überwachen und zu beeinflussen[18].

2. Konstruktionstiefe unterschiedlicher Konstruktionsarten

Mit der Neukonstruktion, der Anpassungskonstruktion, der Variantenkonstruktion und der Baukastenkonstruktion werden verschiedene Konstruktionsarten nach ihrer **Konstruktionstiefe** differenziert[19]. Bei der **Neukonstruktion** werden alle oben angesprochenen Konstruktionsphasen durchlaufen, das zu konstruierende Erzeugnis wird auf Basis eines neuen Funktionsprinzips entwickelt. Unter **Anpassungskonstruktion** versteht man eine Konstruktion, bei der das Erzeugnis vom Konzept und vom Fertigungsverfahren her bekannt ist[20], der Konstrukteur beginnt seine Tätigkeit meist in der Entwurfsphase. Bei der **Variantenkonstruktion** werden lediglich einzelne Erzeugnisparameter variiert, so dass im Regelfall nur die Entwurfs- und die Ausarbeitungsphase durchlaufen werden müssen. Bei der **Baukastenkonstruktion** schließlich muss der Konstrukteur nur zwischen technischen Alternativkomponenten auswählen, er trifft dementsprechend nur Entscheidungen, die der Ausarbeitungsphase zuzuordnen sind. Die Abgrenzung zwischen Variantenkonstruktion und Baukastenkonstruktion kann nicht trennscharf vollzogen werden, vielmehr ist die Baukastenkonstruktion eigentlich eine spezielle Art der Variantenkonstruktion, bei der schwerpunktmäßig auf **Wiederhol- und Normteile sowie Standardbaugruppen** zurückgegriffen wird[21].

Je nach Konstruktionsart werden also die Konstruktionsphasen unterschiedlich durchlaufen, so dass auch unterschiedliche Verfahren der entwicklungs- und konstruktionsbegleitenden Kalkulation zum Einsatz kommen. Nicht nur bei den Konstruktionsphasen sondern auch bezüglich der Konstruktionsarten ist eine eindeutige Abgrenzung der Konstruktionsart für das Gesamterzeugnis meist nicht möglich, da die **Konstruktion verschiedener Produktkomponenten im Regelfall verschiedenen Konstrukti-**

---

18 Mewes, Dieter: Informations-System...(1972), S. 14 weist allgemein darauf hin, dass die vom Konstrukteur beim Konstruktionsprozess benötigten Informationen sowohl von der Konstruktionsart als auch von der Konstruktionsphase abhängig sind.

19 Siehe stellvertretend Conrad, Klaus-Jörg: Konstruktionslehre...(1998), S. 23 ff, Ehrlenspiel, Klaus: Integrierte...(1995), S. 214 ff, Pahl, Gerhard - Beitz, Wolfgang - Feldhusen, Jörg - Grote, Karl-Heinrich: Konstruktionslehre...(2003), S. 4 und Wolfram, Markus: Konstruieren...(1994), S. 19 f.

20 Vgl. Pickel, Herbert: Kostenmodelle...(1989), S. 41. Siehe dazu auch die Ausführungen zur Standardisierung und Modularisierung im vorliegenden Kapitel.

21 Vgl. bspw. Ehrlenspiel, Klaus: Integrierte...(1995), S. 217.

onsarten zuzuordnen ist[22]. Da Modifikationen an Komponenten und Einzelteilen in der Praxis am häufigsten geboten sind, liegt der konstruktionsbezogene Schwerpunkt bei Variantenkalkulationen[23].

3. Konstruktionsphasenspezifische Kalkulationsmethoden

Die Verfahren der entwicklungs- und konstruktionsbegleitenden Kalkulation unterstützen den Konstrukteur in den verschiedenen Phasen des Konstruktionsprozesses, sie geben ihm in Abhängigkeit vom Konstruktionsstand **unterschiedlich detaillierte Kosteninformationen** zur kostenmäßigen Bewertung konstruktiver Alternativen an die Hand[24]. In Abhängigkeit vom erreichten Detaillierungsgrad der Konstruktion und der damit verbundenen Informationstiefe kommen verschiedene Verfahren der entwicklungs- und konstruktionsbegleitenden Kalkulation zur Anwendung, wie dies Abbildung 3-2 zeigt. Diese Abbildung verdeutlicht gleichzeitig, dass im Verlauf der Konstruktion komponentenspezifisch unterschiedlich differenzierte Verfahren parallel zum Einsatz kommen können, da nicht sämtliche Produktkomponenten jeweils denselben Konstruktionsstand aufweisen.

Ebenso ist die Anwendung der einzelnen Verfahren vom **Komplexitätsgrad des Produkts** abhängig. Je komplexer ein Gesamtprodukt, desto eher wird es in Komponenten bzw. Teilprojekte zerlegt werden, die separat entwickelt, konstruiert und auch kalkuliert werden[25]. So ist es bei komplexen Erzeugnissen - wie bereits bei den Konstruktionsarten ausgeführt - durchaus möglich, dass einzelne Baugruppen bereits modular kalkuliert werden, während bei anderen Baugruppen oder Komponenten noch Grobkalkulationen Anwendung finden. Für Einzelteile und Standardbaugruppen können sogar schon konkrete Vor- oder Plankalkulationen vorliegen[26].

Der Einsatzschwerpunkt einer entwicklungs- und konstruktionsbegleitenden Kalkulation liegt bei **Unternehmen mit Einzel- und Auftragsfertigung**. Auch bei der Serien- und der Massenfertigung ist eine frühzeitige Kalkulation notwendig, jedoch ist deren

---

22 Siehe Ehrlenspiel, Klaus: Integrierte...(1995), S. 218 f.

23 So beziffert eine Untersuchung von Romanow, Peter: Frühzeitige...(1994), S. 36 den Anteil der Variantenkonstruktionen im Werkzeugmaschinenbau mit 70%, 15% der Konstruktionen entfallen auf Anpassungskonstruktionen und nur 10% auf Neukonstruktionen (die restlichen 5% entfallen auf sonstige Konstruktionstätigkeiten). Auf diese Ergebnisse nimmt auch Sprenzel, Andreas: Kostenkalkulationsverfahren...(2000), S. 14 Bezug. Wolfram, Markus: Konstruieren...(1994), S. 20 verweist auf eine VDMA-Untersuchung aus dem Jahr 1992, nach der auf die Anpassungs- und die Variantenkonstruktion zusammen knapp 66% entfallen, mit leicht gestiegenem Anteil der Variantenkonstruktion. Dies bestätigt auch Conrad, Klaus-Jörg: Konstruktionslehre...(1998), S. 294.

24 Vgl. Eversheim, Walter - Schuppar, Helmut - Etzenbach, Dieter: Entwicklung...(1977), S. 5.

25 Für ein Bekleidungsunternehmen ist es sicherlich kein großes Problem, ein neu zu schneiderndes Maßhemd bereits vor der Fertigung relativ genau zu kalkulieren. Im Gegensatz dazu wird ein Automobilunternehmen zwar für einen neuen Pkw die zu erwartenden Gesamtkosten ermitteln, die Entwicklung dieses Pkws wird aber in Teilprojekte, wie Motor, Getriebe, Fahrwerk, Karosserie etc. aufgespalten und auch separat kalkuliert.

26 Vgl. zur Abgrenzung von Vor- und Plankalkulationen die Ausführungen im Punkt ‚Plan- und Angebotskalkulation' des vorliegenden Kapitels.

Abbildung 3-2
In Abhängigkeit vom Entwicklungs- und Konstruktionsstand anwendbare Kalkulationsverfahren

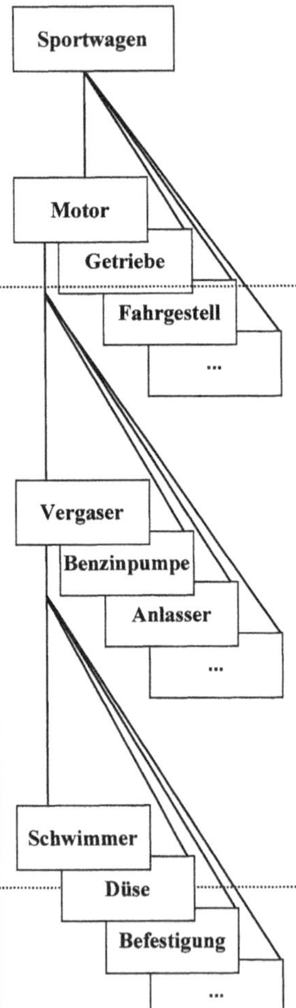

Idee **Grob- und Schätzkalkulationen**	Mit **Grob- und Schätzkalkulationen** werden **summarische Herstellkosten** berechnet, die nicht nach einzelnen Kalkulationspositionen differenzieren. Statistisch erhobene und aktualisierte **Erfahrungswerte** bilden die Datenbasis der Grobkalkulation. Auch für einzelne **Produktkomponenten** können Grobkalkulationen durchgeführt werden.
Konstruktion **Modulare Produktkostenkalkulationen**	**Modulare Produktkostenkalkulationen** und **Ähnlichkeitskalkulationen** differenzieren einerseits nach einzelnen **Kalkulationspositionen** (Materialkosten, Fertigungskosten...) und andererseits nach **Baugruppen** und einzelnen Elementen. **Kostenfunktionen** bilden die Kostenwirkungen kontinuierlich variierbarer Ausstattungsmerkmale ab: 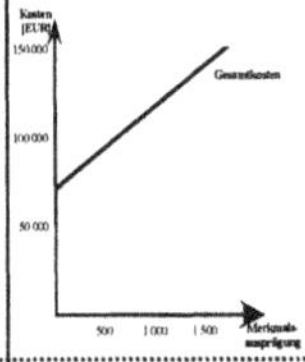 **Relativkostenkataloge** enthalten die Kosteninformationen diskret variierbarer Merkmale: 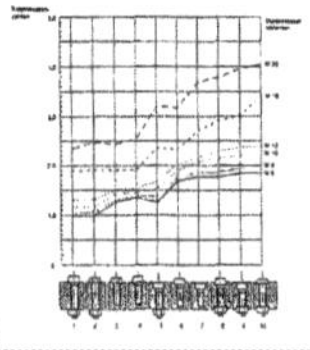
Produktion und Vermarktung **Plan- und Nachkalkulationen**	**Plan- und Nachkalkulationen** kalkulieren die **Herstell- und Selbstkosten** auf Basis der kompletten **Fertigungsunterlagen** (Stücklisten, Arbeitspläne und Prozesspläne). **Abweichungsanalysen** decken die Auswirkungen der tatsächlichen im Vergleich zu den geplanten Produktionsbedingungen auf.

Bedeutung bei diesen Fertigungstypen geringer. Während bei der Einzel- und Auftragsfertigung die **frühzeitige und möglichst exakte Kostenermittlung** sowie die **laufende Kontrolle der Kostenzielerreichung** zentrale Anliegen sind, kommt diesem Aspekt bei der Serienfertigung kein so großes Gewicht zu, da meist für einen anonymen Markt produziert wird und damit der direkte Kundenbezug fehlt. Die Unsicherheiten bezüglich der sich abschließend ergebenden Produkteigenschaften sind wesentlich geringer und damit die Erzeugnisse leichter kalkulierbar[27]. Bei der Massenfertigung ist darüber hinaus der Stellenwert der fertigungsbegleitenden Kalkulation auch deswegen geringer, da man vor allem Lern- und Erfahrungskurveneffekte auszunützen bestrebt ist[28].

Bezüglich der einzelnen **Verfahren der entwicklungs- und konstruktionsbegleitenden Kalkulation** lässt sich in der einschlägigen Literatur keine einheitliche Systematik finden[29]. Da in dieser Arbeit bereits die Konstruktionsphasen nach VDI zugrunde gelegt wurden, wird hier auch eine an diesem Phasenschema angelehnte Systematik der Verfahren der entwicklungs- und konstruktionsbegleitenden Kalkulation eingeführt[30]. In der Planungsphase und zu Beginn der Konzipierungsphase sind nur - auch als **Schätzkalkulationen** bezeichnete - **Grobkalkulationen** anwendbar, die die Erzeug-

---

[27] In diesem Zusammenhang führen Pahl, Gerhard - Beitz, Wolfgang - Feldhusen, Jörg - Grote, Karl-Heinrich: Konstruktionslehre...(2003), S. 5 aus, dass „Aufgaben für Serien- und insbesondere Massenfertigung [...] unter Zuhilfenahme von Baumustern und Prototypen besonders auf angemessene Gebrauchsdauer und auf wirtschaftliche Optimierung gründlich durchgearbeitet werden [müssen, d. V.]". Im Gegensatz dazu werden bei der Einzelfertigung regelmäßig keine Prototypen gefertigt, sondern direkt die Enderzeugnisse auf Basis der Konstruktionsunterlagen, so dass keine Möglichkeit zur Überarbeitung besteht.

[28] Siehe dazu die entsprechenden Ausführungen im abschließenden Kapitel zur Lebenszyklusrechnung.

[29] So systematisieren Horváth, Péter - Gleich, Ronald - Scholl, Kai: Betrachtung...(1996), S. 55 ff bspw. nach qualitativen Verfahren, die lediglich Aussagen darüber erlauben, wie ein Produkt kostengünstiger wird, und nach quantitativen Verfahren, die konkret die mit einer Produktlösung verbundenen Kosten berechnen. Die quantitativen Verfahren werden meist weiter untergliedert in pauschale Verfahren, die lediglich wenige konstruktive Parameter mittels einer Kostenfunktion berücksichtigen, und analytische Verfahren, die differenziert für einzelne Teile oder Baugruppen detaillierte Kostenfunktionen vorsehen. Siehe dazu auch Bock, Martina - Bock, Richard - Scheer, August-Wilhelm: Kalkulation...(1990), S. 577.

Regeln und Gut-/Schlecht-Beispiele werden in dieser Arbeit nicht behandelt, da sie einerseits überwiegend die ingenieurwissenschaftliche Seite betreffen und insofern keine konkreten aktuellen Informationen aus dem Rechnungswesen benötigen und andererseits meist unternehmensübergreifend Gültigkeit besitzen, so dass die spezifischen Datenbasen der einzelnen Unternehmen bei der laufenden Anwendung keine Rolle spielen. Sie bedürfen keiner laufenden Aktualisierung, sondern behalten über einen längeren Zeitraum Gültigkeit, auch wenn sie natürlich in gewissen Zeitabständen auf ihre Validität überprüft werden müssen. Zur Ableitung von Regeln und zur Erstellung von Gut-/Schlecht-Beispielen werden sehr wohl Kosteninformationen benötigt, diese können jedoch im Rahmen einer Projektarbeit durch Gegenüberstellung verschiedener konstruktiver Lösungen einmal erhoben und zur Gewinnung von Regeln und Gut-/Schlecht-Beispielen verwendet werden, so dass keine laufenden Kostendaten notwendig sind.

[30] Vgl. dazu insbesondere Männel, Wolfgang: Entwicklungsperspektiven...(1999), S. 148 ff und Männel, Wolfgang: Frühzeitige...(1996), S. 5 f.

niskosten pauschal auf Basis undifferenzierter Erzeugnismerkmale ermitteln bzw. schätzen[31].

Zum Ende der Konzipierungsphase sowie in der Entwurfs- und Ausarbeitungsphase sind sodann **modulare Produktkostenkalkulationen** einsetzbar. Diese Kalkulationsverfahren stellen einerseits auf Produktkomponenten ab und andererseits auf einzelne Kalkulationspositionen im Sinne von Kostenarten. Mit dem zunehmenden Informationsstand im Verlauf der Konstruktion können diese modularen Produktkostenkalkulationen immer detaillierter erstellt werden, so dass sich das Kalkulationsergebnis schrittweise mit jedem Kalkulationsdurchlauf verfeinert. Ihrem Wesen nach sind diese Kalkulationsverfahren **Variantenkalkulationen**[32], da sie auf Basis bereits kalkulierter Teile oder Baugruppen Zusammenhänge zwischen den jeweils relevanten Kosteneinflussgrößen und den daraus resultierenden Kosten quantifizieren und diese Zusammenhänge auf neue Komponenten übertragen. Implizit wird somit vorausgesetzt, dass die ermittelten Kostenwirkungen auch für das neu zu kalkulierende Erzeugnis gültig sind.

Darüber hinaus existieren noch weitere Verfahren der entwicklungs- und konstruktionsbegleitenden Kalkulation, die dazu in der Lage sind, den im Konstruktionsprozess **kontinuierlich wachsenden kalkulationsrelevanten Informationsstand** zu berücksichtigen[33].

B Plan- und Angebotskalkulation

In der Literatur wird zwischen einem Plankalkulationsbegriff im weiteren Sinn und einem Plankalkulationsbegriff im engeren Sinn unterschieden. Unter der **Plankalkulation im weiteren Sinn** werden dabei alle Kalkulationen verstanden, die sich ausschließlich auf die Planseite beziehen, also nur Plan-Mengengerüste und Plan-Zeitgerüste sowie Plan-Wertansätze bei der Kostenermittlung berücksichtigen[34]. Dieser Begriff ist also durch eine Kostenbestimmung vor Beginn der Fertigung eines Kostenträgers gekennzeichnet und kann weiter differenziert werden in die Vorkalkulation und die Plankalkulation im engeren Sinn.

Die **Vorkalkulation** ist dabei eine zeitpunktbezogene Erzeugniskostenermittlung, die auf eine konkrete Kundenanfrage hin als Angebotskalkulation oder einem spezifischen Kundenauftrag folgend als Auftragsvorkalkulation durchgeführt wird[35]. Die **Plan-**

---

[31] Oft werden diese Grobkalkulationen auch als Kurzkalkulationen bezeichnet. „Kurz" bedeutet in diesem Zusammenhang eine zeitlich und/oder sachlich vereinfachte Kalkulation. Siehe Deutsches Institut für Normung e.V.: DIN 32990 Teil 1...(1987), S. 9.

[32] Vgl. Männel, Wolfgang: Produktkostenkalkulation...(1997), S. 219.

[33] Siehe dazu insbesondere die Ausführungen im Abschnitt III. Berücksichtigung unvollständiger Informationen in der frühzeitigen Produktkostenkalkulation im vorliegenden Kapitel.

[34] Siehe Plaut, Hans-Georg - Müller, Heinrich - Medicke, Werner: Grenzplankostenrechnung...(1973), S. 204.

[35] Vgl. Kilger, Wolfgang - Pampel, Jochen - Vikas, Kurt: Plankostenrechnung...(2002), S. 505 ff und Plaut, Hans-Georg - Müller, Heinrich - Medicke, Werner: Grenzplankostenrechnung...(1973),

kalkulation im engeren Sinn wird demgegenüber planungszeitraumbezogen ohne direkten Kundenbezug erstellt und wird auch als Standardvorkalkulation bezeichnet[36]. Daraus ergibt sich, dass eine Vorkalkulation typischerweise in der kundenspezifischen Fertigung, also bei Einzel- und Auftragsfertigung erstellt wird, während eine Plankalkulation im engeren Sinn bei den Standardprodukten der kundenanonymen Wiederholfertigung und bei der Serien- und Massenfertigung Anwendung findet[37]. Im Folgenden wird, wenn nicht ausdrücklich anders erwähnt, der Plankalkulationsbegriff im engeren Sinn zugrunde gelegt.

Letztendlich bedeutet der Begriff der **Plankalkulation** im engeren Sinn, dass die Phase der Entwicklung und Konstruktion abschließend durchlaufen ist und somit die konkreten Fertigungsdaten vorliegen. Die Stücklisten und Arbeitspläne sind konstruktiv definiert und damit auch die groben Planzeiten, und auch die komponentenspezifische Wahl zwischen Eigenfertigung und Fremdbezug ist abgeschlossen. Die Kalkulation kann mit den kompletten Fertigungsunterlagen durchgeführt werden. Bei einer Vorkalkulation und auch einer Angebotskalkulation tritt dagegen regelmäßig der Fall ein, dass bis zur endgültigen Auftragserteilung noch konstruktive Änderungen aufgrund von Kundenwünschen notwendig werden, die natürlich dann zu neuen Kalkulationsergebnissen führen[38]. In diesem Sinne nimmt im Zeitablauf das Wissen über die tatsächlich gewünschten Produkteigenschaften und Merkmalsausprägungen stetig zu, so dass durchaus ein **Vergleich der Vorkalkulation und der Angebotskalkulation mit der entwicklungs- und konstruktionsbegleitenden Kalkulation** gerechtfertigt ist[39]. Dies betrifft zum einen die anzuwendenden Kalkulationsmethoden auf modularer Ebene als auch den Informationszuwachs bis hin zum Fertigungsbeginn.

C Fertigungsbegleitende und abschließende Nachkalkulation

Im Laufe der Fertigung treten vor allem bei der längerfristigen Einzel- und Auftragsfertigung Abweichungen gegenüber dem geplanten Produktionsvollzug auf. Ziel einer **fertigungsbegleitenden Kalkulation**[40] ist es, diese Abweichungen frühzeitig aufzu-

S. 200. Siehe dazu auch die einer Vorkalkulation vorausgehende „Herstellbarkeitsbewertung" bei Hoffmeister, Frank: Nachkalkulation...(1996), S. 174 f.

36 Vgl. zu dieser Differenzierung Raps, Alfons: Produktkostencontrolling...(1995), S. 201 f, Raps, Alfons - Nuppeney, Werner: Produktkosten-Controlling...(1993), S. 148 f und Scherrer, Gerhard: Kostenrechnung...(1991), S. 274 sowie die dort angegebene Literatur.

37 „Die Plankalkulation ist das Kalkulationsverfahren der Klein-, Mittel- und Großserienfertigung, nicht der Einzelfertigung". Plaut, Hans-Georg - Müller, Heinrich - Medicke, Werner: Grenzplankostenrechnung...(1973), S. 219. Vgl. dazu auch Medicke, Werner: Produktkosten-Controlling...(1988), S. 300 und Müller, Heinrich: Prozeßkonforme...(1996), S. 445.

38 In diesem Sinne führt auch Holzer, Herbert: PPS-Systeme...(2000), S. 11 aus, dass bei der Einzelfertigung „nicht immer gewährleistet [ist, d. V.], daß sämtliche Auftragsstücklisten zum Zeitpunkt der Fertigungsfreigabe zur Verfügung stehen".

39 Vgl. dazu Holzer, Herbert: PPS-Systeme...(2000), S. 122 ff, der als Verfahren der Angebotskalkulation Schätzverfahren, synthetische Verfahren wie die Materialkostenmethode oder das Kennziffernverfahren, die Einflussgrößenrechnung sowie die analytischen Verfahren anführt.

40 Die fertigungsbegleitende Kalkulation wird in der Literatur oft als mitlaufende Kalkulation bezeichnet, siehe dazu bspw. Plaut, Hans-Georg - Müller, Heinrich - Medicke, Werner: Grenzplan-

zeigen und Gegensteuerungsmaßnahmen zu ermöglichen. Es ist unmittelbar einsichtig, dass aufgrund der Komplexität des Fertigungsprozesses und der anfallenden Datenmenge eine fertigungsbegleitende Kalkulation nur mit EDV-Unterstützung einerseits und mit Hilfe von BDE-Systemen andererseits realisiert werden kann[41]. Eine weitere Voraussetzung stellt die **online-Verarbeitung** der erfassten Daten dar, da nur dadurch die rechtzeitige Aufdeckung von Abweichungen gelingen kann[42]. Durch die produktionssynchrone Erfassung der Produktionszeiten und der Produktionsmengen mit modernsten BDE-Systemen ist nicht nur der Zeitbedarf für die mitlaufende oder abschließende Kalkulation, sondern auch die Fehleranfälligkeit komplexer Kalkulationsalgorithmen wesentlich gesunken.

Nur auf Basis der Ergebnisse einer fertigungsbegleitenden Kalkulation kann das Controlling den laufenden Produktionsfortschritt nachvollziehen und **aktuelle Management-Reports** zur Verfügung stellen. Zudem können die entstandenen Kostenabweichungen direkt an jedem Kostenplatz für den Kostenträger erfasst werden und müssen nicht nachträglich über eine Zwischenrechnung verteilt werden[43].

Bereits bei der Vorkalkulation wurden Parallelen zur entwicklungs- und konstruktionsbegleitenden Kalkulation aufgedeckt. Die **Parallelen zwischen einer fertigungsbegleitenden Kalkulation und einer entwicklungs- und konstruktionsbegleitenden Kalkulation** sind regelmäßig nicht auf der Ebene der einzelnen anzuwendenden Instrumente zu finden, sondern beziehen sich auf den jeweils stattfindenden Informationsfortschritt. In diesem Sinne besteht bei einer fertigungsbegleitenden Kalkulation ebenfalls die Notwendigkeit, einen kontinuierlichen Informationszuwachs im Laufe des Fertigungsprozesses abbilden zu können. Die Vorkalkulation der Einzel- und Auftragsfertigung basiert auf einem idealtypisch abgeleiteten Plan des Produktionsvollzugs. Es ist in der betrieblichen Praxis kaum zu erwarten, dass diese Planwerte absolut eingehalten werden, vielmehr ist eine gewisse Bandbreite sowohl nach oben als auch nach unten der Regelfall. Auch die Auftragsvorkalkulation, aus der der Angebotspreis abgeleitet wird, ist mit Kalkulationsunsicherheiten behaftet, die jedoch mit dem Produktionsfortschritt laufend geringer werden. Überträgt man den Gedanken des Target Costings - also die Einhaltung bzw. Erreichung eines gegebenen Kostenziels - von der Entwicklung und Konstruktion auf die Fertigung, muss auch im Verlauf des Fertigungsprozesses permanent überprüft werden, ob der vereinbarte Angebotspreis eingehalten werden kann. In diesem Sinne kommt der fertigungsbegleitenden Kalkulation auch eine controllingspezifische **Frühwarnfunktion** zu.

---

kostenrechnung...(1973), S. 215. Es finden sich aber auch die Bezeichnungen produktionsbegleitende Kalkulation oder auch schritthaltende Kalkulation. Aufgrund des umfassenderen Begriffs und in Anlehnung an die Terminologie der entwicklungs- und konstruktionsbegleitenden Kalkulation wird in dieser Arbeit jedoch die Terminologie einer fertigungsbegleitenden Kalkulation verwendet.

41 Siehe dazu auch die entsprechenden Ausführungen zur Betriebsdatenerfassung auf S. 235 ff.

42 Pohl, Jürgen: Produktionscontrolling...(1987), S. 387 hebt in diesem Zusammenhang die „mitlaufende Nachkalkulation" im Sinne eines wöchentlich oder sogar täglich fertigungsbegleitend durchzuführenden, kalkulationszeilenweisen Soll-Ist-Vergleichs hervor. Siehe zur mitlaufenden Kalkulation auch Knoop, Jens: Kostenrechnung...(1986), S. 113.

43 Vgl. Knoop, Jens: Prozeßorientierte...(1987), S. 51.

Während einer fertigungsbegleitenden Kalkulation bei der **Einzelfertigung** eine sehr große, essenzielle Rolle zukommt, ist die Bedeutung dieser Kalkulation bei der **Serienfertigung** wesentlich geringer, da zum einen die Zeitdauer bis zur möglichen kompletten Nachkalkulation wesentlich kürzer und zum anderen auch der für Erfolg versprechende Gegensteuerungsmaßnahmen vorhandene Zeitrahmen größer ist. Bei der **Massenfertigung** hingegen ist die fertigungsbegleitende Kalkulation aufgrund der notwendigen Spezialisierung und der herrschenden Planungssicherheit bedeutungslos[44].

Bei kontinuierlicher Durchführung einer fertigungsbegleitenden Kalkulation kann die Nachkalkulation entfallen, da mit Abschluss der letzten Fertigungsstufe als Kalkulationsergebnis der mitlaufenden Kalkulation gleichzeitig das Ergebnis der Nachkalkulation verfügbar ist. Wird demgegenüber eine Erzeugniskomponente gefertigt und anschließend nachkalkuliert, so geht dieses Kalkulationsergebnis in die mitlaufende Kalkulation des Gesamterzeugnisses ein. Aufgrund dieser Überschneidungen wird die **Nachkalkulation** in dieser Arbeit **als Spezialfall einer mitlaufenden Kalkulation** angesehen.

II. Konstruktionsbezogene Ansatzpunkte für kostensenkende Maßnahmen

Die hohe Kostenverantwortung des Konstrukteurs resultiert aus den in der Konstruktion noch vorhandenen **hohen Freiheitsgraden**. So legen Konstrukteure nicht nur Teilfunktionen eines Erzeugnisses und dessen Struktur aus Baugruppen und Einzelteilen fest, sondern auch die einzusetzenden Werkstoffe und Fertigungsverfahren, die Toleranzen nicht nur in der Fertigung sondern auch bei den Produktfunktionen sowie die endgültige Produktgestalt und die Produktabmessungen[45]. Darüber hinaus werden Entscheidungen über Eigenfertigung oder Fremdbezug von Teilen oder Baugruppen getroffen[46] und die für die Fertigungsverfahren notwendigen eventuell neu zu beschaffenden Betriebsmittel werden festgelegt. Das Funktionsprinzip, die Baugröße und die Stückzahl (und damit auch die Möglichkeiten zur Normung) stellen **konstruktive Hauptkosteneinflüsse** dar, die im Regelfall auch das Fertigungsverfahren determinieren[47]. Stehen diese Größen fest, liegt das Augenmerk auf „untergeordneten" Einflussgrößen, wie Oberflächen, Toleranzen oder Gestaltungsdetails[48].

---

[44] Siehe dazu die entsprechenden Ausführungen im Kapitel Kostenträgercontrolling mit Soll-Ist-Vergleichen in der vorliegenden Arbeit.

[45] Vgl. dazu und im Folgenden: Horváth, Péter - Gleich, Ronald - Scholl, Kai: Betrachtung...(1996), S. 54.

[46] Vgl. Männel, Wolfgang: Make-or-Buy-Entscheidungen...(1997), S. 307.

[47] Siehe auch im Folgenden Ehrlenspiel, Klaus - Kiewert, Alfons - Lindemann, Udo: Produktentwicklung...(2000), S. 138 f.

[48] Da tiefergehende Ausführungen hier zu weit in den Bereich der Ingenieurwissenschaften führen würden, sei an dieser Stelle auf Ehrlenspiel, Klaus - Kiewert, Alfons - Lindemann, Udo: Produktentwicklung...(2000), S. 137 ff verwiesen, die eine große Anzahl von Möglichkeiten zur Einflussnahme des Konstrukteurs auf die Herstellkosten anführen.

Neben den kostenmäßigen Auswirkungen legen die Konstrukteure aber auch simultan die **Produktfunktionalität** und die **Produktgestalt** fest und damit auch den kundenspezifischen **Produktnutzen**. Der Produktnutzen bestimmt wiederum den Preis, den der Kunde zu zahlen bereit ist, und damit den **Produkterlös**. Insgesamt betrachtet, besteht die komplexe Aufgabe der Konstruktion also darin, „die *Beziehung zwischen Produktnutzen, Produktgestalt, Produktfunktionalität, Produktpreis, Produkterlös und Produkterfolg* simultan zu optimieren“[49]. Abbildung 3-3 zeigt den gesamten Wirkungszusammenhang der bei der Konstruktion zu treffenden Entscheidungen.

Abbildung 3-3
Wirkungszusammenhang konstruktiver Festlegungen

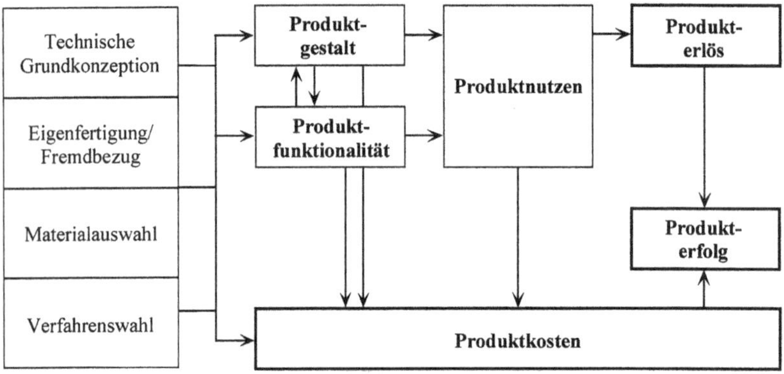

A Diskrepanz zwischen Kostenfestlegung und Kostenanfall

In der Literatur herrscht einhellig die Ansicht vor, dass etwa 70-80% der Material- und Fertigungskosten eines Produkts bereits in der Konstruktion festgelegt werden, während die Konstruktionsabteilung selbst nur ca. 6% der Herstellkosten verursacht[50]. Hier

---

[49] Männel, Wolfgang: Entwicklungsperspektiven...(1999), S. 149 (Hervorhebung im Original).

[50] Vgl. dazu im ingenieurwissenschaftlichen Schrifttum bereits frühzeitig Opitz, Herwart: Produktionstechnik...(1970), S. 525, der allerdings nur qualitative Angaben dazu macht, und auf der betriebswirtschaftlichen Seite etwa Becker, Jörg: Konstruktionsbegleitende...(1992), S. 552, Ehrlenspiel, Klaus: Frühzeitige...(1995), S. 315, Gröner, Lothar: Vorkalkulation...(1991), S. 1 f, Horváth, Péter - Gleich, Ronald - Scholl, Kai: Betrachtung...(1996), S. 54, Mirani, Alfred: Kosten- und Investitionsmanagement...(1987), S. 225 ff, Scheer, August-Wilhelm: Einführung...(1985), S. 241 ff, Steffen, Reiner: Verbindung...(1991), S. 363 und Verein Deutscher Ingenieure: VDI-Richtlinie 2235...(1987), S. 3. Schmidt, Frank: Gemeinkostensenkung...(1996), S. 55 ff weist nach, dass diese Zahlenangaben auf ein von Ehrlenspiel durchgeführtes DFG-Forschungsprojekt zurückzuführen sind, bei dem eine Wertanalyse-Untersuchung in 42 Unternehmen durchgeführt wurde und als Ergebnis dieser Wertanalyse an 135 Produkten durchschnittlich eine Kostensenkung der variablen Herstellkosten von 33% erreicht werden konnte, siehe zu diesem Projekt Augustin, Wolfgang - Balken, Jochen - Ehrlenspiel, Klaus: Wertanalysen...(1978), S. 10 ff. Empirischen Untersuchungen zufolge wurden bspw. bei General Motors 70% der Herstellkosten eines Lkw-Getriebes in der Konstruktion festgelegt, bei Rolls-Royce wurden 80% der Produktionskosten durch die Kon-

liegt somit das unternehmensspezifisch größte **Kosten- und auch Erfolgsbeeinflussungspotenzial**[51]. Die Konstruktion trägt aber nicht nur für die von ihr festgelegten Produktkosten Verantwortung, sondern zu einem großen Teil auch für die Produkt-Gesamtkosten[52]. Dieser enorme Einfluss der Konstrukteure auf die Produktkosten und auch die Produktlebenszykluskosten ist - wie bereits erwähnt - auf die im Konstruktionsprozess noch sehr hohen Freiheitsgrade zurückzuführen[53]. Daraus lässt sich die Forderung ableiten, dass gerade die Entwicklungs- und Konstruktionsabteilungen entsprechende **Kosteninformationen** zur kostenoptimalen Produktgestaltung erhalten müssen[54]. Allerdings reicht eine bloße Bereitstellung von Kostendaten allein nicht aus, sondern die relevanten Informationen müssen in für den Konstrukteur verständlicher und interpretierbarer Art und Weise zur Verfügung gestellt werden[55]. Zudem muss der Konstrukteur im **Kostenwissen** und in der Anwendung der Methoden zur **Kostenbeeinflussung** geschult werden[56].

---

struktion bestimmt, siehe Whitney, Daniel E.: Fertigungskosten...(1989), S. 106. Warschat, Joachim - Wasserloos, Georg: Simultaneous...(1991), S. 22 berichten, dass „die 'Stellschrauben' zur Beeinflussung des Produkterfolgs [...] heute zu 70 bis 80% im F&E-Bereich" liegen, da dieser zum größten Teil die wichtigsten Produkteigenschaften bestimmt.

51 Ehrlenspiel, Klaus: Frühzeitige...(1995), S. 316 und Ehrlenspiel, Klaus - Kiewert, Alfons - Lindemann, Udo: Zielkostenorientierte...(2002), S. 113 formulieren dazu allgemein die „Rule of ten", nach welcher Konstruktionsänderungen in der Produktionsvorbereitung 10mal so viel kosten wie in der Konstruktion, Änderungen in der Produktion wiederum 10mal mehr kosten als in der Produktionsvorbereitung usw. Letztlich sind Rückrufaktionen beim Endverbraucher dann nicht nur 10000mal so teuer, sondern führen darüber hinaus zu Rufschädigung und Marktanteilsverlusten. Siehe dazu auch Conrad, Klaus-Jörg: Konstruktionslehre...(1998), S. 250 und Sprenzel, Andreas: Kostenkalkulationsverfahren...(2000), S. 3. Bereits Bronner, Albert: Wertanalyse...(1968), S. 17 weist darauf hin, dass die Kosten für eine Erzeugnisänderung „in den verschiedenen Stadien von der Idee über Entwurf, Konstruktion, Erprobung, Arbeitsvorbereitung und Fertigung bis zum tatsächlichen Gebrauch des Artikels" progressiv ansteigen.

52 An dieser Stelle werden unter den Produkt-Gesamtkosten nicht nur die Lebenszykluskosten aus der Sicht des Herstellers sondern auch die dem Käufer bzw. Kunden entstehenden Kosten subsumiert, so die Betriebs- und Instandhaltungskosten. Vgl. Ehrlenspiel, Klaus - Kiewert, Alfons - Lindemann, Udo: Produktentwicklung...(2000), S. 6 f, Kiewert, Alfons: Kostenfrüherkennung...(1990), S. 350 und Kiewert, Alfons: Systematische...(1979), S. 28 ff. Gleich, Ronald: Kostenforechecking...(1994), S. 48 ff spricht von 80-90% der Produkt-Lebenszykluskosten, die in der Entwicklung und Konstruktion festgelegt werden. Siehe dazu auch Berliner, Callie - Brimson, James A.: Cost Management...(1988), S. 139 f, die von bei Beginn der Produktion festgelegten 95% der Lebenszykluskosten sprechen und dabei Blanchard, Benjamin: Design...(1978) zitieren.

53 Vgl. Bock, Martina - Kraemer, Wolfgang - Scheer, August-Wilhelm: Weiterentwicklungen...(1991), S. 120.

54 Vgl. Männel, Wolfgang: Anpassung...(1992), S. 128.

55 Vgl. Bock, Martina - Bock, Richard - Scheer, August-Wilhelm: Konzeption...(1990), S. 74 und Pickel, Herbert: Kostenmodelle...(1989), S. 1. Conrad, Klaus-Jörg: Konstruktionslehre...(1998), S. 51 beziffert den Aufwand für die Informationsbeschaffung auf 5 bis 15% der Arbeitszeit der Konstrukteure.

56 Vgl. dazu Steffen, Reiner: Kostenrechnung...(1992), S. 1220 und zur Problematik der Informationsverfügbarkeit auch Ehrlenspiel, Klaus - Kiewert, Alfons - Lindemann, Udo: Produktentwicklung...(2000), S. 25 ff.

Geht man beim heutigen Entwicklungsstand moderner CAD-Systeme davon aus, dass eine konstruktionsbegleitende Generierung von technischen Daten, wie Stücklisten oder Arbeitsplänen, möglich ist, kann durch eine Integration von Kosteninformationen eine **realtime-Bewertung** dieser Stammdaten erfolgen[57]. Der Konstrukteur kann dadurch unmittelbar die Kostenwirkungen seiner technischen Spezifikationen und Festlegungen nachvollziehen.

Tatsächlich entstehen die Kosten im Produktlebenszyklus größtenteils in der Phase der Produktion und Vermarktung, also erst nach Abschluss der Entwicklung, Konstruktion und Produktionsvorbereitung. Abbildung 3-4 zeigt diese **zeitliche Diskrepanz zwischen Kostenfestlegung und Kostenanfall.**

Abbildung 3-4
Kostenfestlegung und Kostenanfall im Produktlebenszyklus[58]

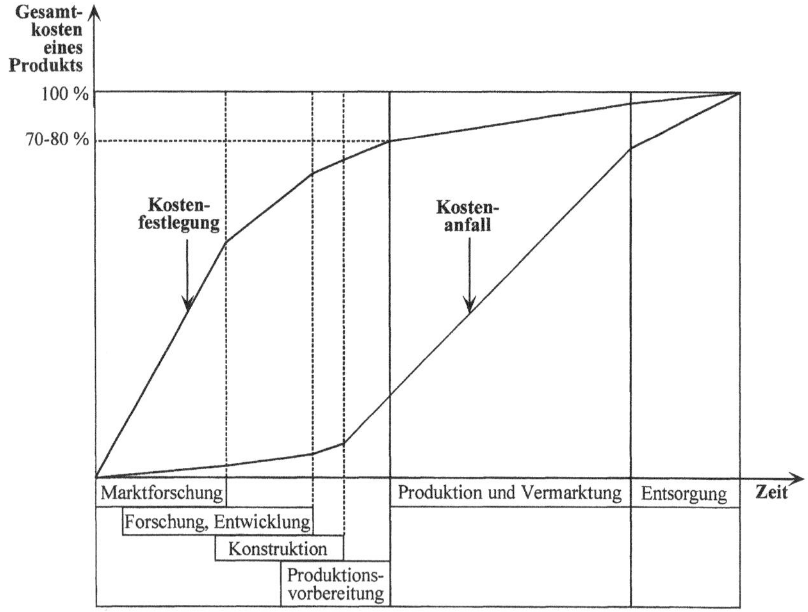

[57] Siehe dazu Bonin, Philipp Axel: Kalkulation... (1993), S. 198 f.

[58] Entnommen aus Männel, Wolfgang: Entwicklungsperspektiven...(1999), S. 137. Siehe dazu ähnlich auch Ehrlenspiel, Klaus - Kiewert, Alfons - Lindemann, Udo: Zielkostenorientierte...(2002), S. 110 sowie bereits frühzeitig Opitz, Herwart: Produktionstechnik...(1970), S. 525. In ähnlicher Weise stellt Bronner, Albert: Wertanalyse...(1968), S. 16 die möglichen Kostensenkungen (und damit die Kostenfestlegung) und die Änderungskosten von der Produktidee bis zum Produktgebrauch aus wertanalytischer Sichtweise dar.

Durch die Konstruktionsentscheidungen werden aber nicht nur die Herstellkosten beeinflusst, sondern auch die **Verwaltungs- und Vertriebskosten**[59] sowie eventuell nach der Nutzungsphase des Produkts anfallende **Kosten für Recycling oder Entsorgung**. Zudem wird in der Konstruktion indirekt auch ein Großteil der **dem Kunden entstehenden Kosten** über Betriebsstoffverbräuche oder Wartungsintervalle entscheidend gestaltet. So wird durch die Produktabmessungen und auch die „Empfindlichkeit“ des Produkts die Art und die Größe der Transportverpackung bestimmt, zudem möglicherweise auch der Transportweg und eine notwendige Transportversicherung. Für den Verwaltungsbereich wird festgelegt, ob Normteile oder Wiederholteile verwendet werden können[60], oder ob für Neuteile eine neue Lieferantenauswahl getroffen werden muss und ob neue Teilenummern und bei Eigenfertigung neue Stücklisten und Arbeitspläne erstellt werden müssen[61].

Aus diesen Ausführungen ergibt sich die Notwendigkeit, dass die angewandten Verfahren der entwicklungs- und konstruktionsbegleitenden Kalkulation grundsätzlich sowohl eine Ermittlung von **Teilkosten** als auch die Berechnung von **Vollkosten** gestatten müssen[62] und darüber hinaus sowohl die Kalkulation von **Herstellkosten** als auch von **Selbstkosten**[63].

B Vermeidung von Overengineering

Unter **Overengineering** soll in dieser Arbeit die Tatsache verstanden werden, dass Produkte und Dienstleistungen oftmals eine verglichen mit den Kundenanforderungen zu hohe Qualität aufweisen und daher **zu teuer hergestellt** sind[64]. Die daraus resultierenden überteuerten Produkte finden am Markt nur ein geringes Absatzpotenzial und können somit letztlich, über den gesamten Produktlebenszyklus gesehen, keinen positiven Deckungsbeitrag erwirtschaften[65].

---

59 Vgl. Meinecke, Christian: Kostenermittlung...(1992), S. 55 f.

60 König, Thomas: Kalkulation...(1995), S. 5 weist darauf hin, dass empirisch oftmals identische Teile mehrfach konstruiert und unter verschiedenen Sachnummern geführt werden.

61 Siehe zur Berücksichtigung der Verwaltungskosten bei der Konstruktion Pickel, Herbert: Kostenmodelle...(1989), S. 29 f.

62 Vgl. dazu Steffen, Reiner: Kostenrechnung...(1992), S. 1222.

63 Pickel, Herbert: Kostenmodelle...(1989), S. 21 weist darauf hin, dass in den meisten Fällen der Konstrukteur Entscheidungen für gegebene Betriebsmittelkapazitäten trifft und somit primär die variablen Kosten relevant sind. In Ausnahmefällen gesteht er jedoch auch Fixkosten Entscheidungsrelevanz zu.

64 Vgl. dazu stellvertretend Becker, Wolfgang: Aufgaben...(1997), S. 39 f. Generell muss zwischen Overengineering beim Produkt und Overengineering bei der Produktion differenziert werden: Ein Overengineering beim Produkt ist Gegenstand der obigen Ausführungen und wird auch dort erläutert. Unter einem Overengineering bei der Produktion versteht man eine zu weit fortgeschrittene Automatisierung der Produktion. Der Hauptgrund für die in der Praxis vorzufindende Rücknahme von Automatisierungslösungen ist die Unflexibilität hochautomatisierter Produktionsanlagen, siehe dazu insbesondere Lay, Gunter - Schirrmeister, Elna: Sackgasse...(2001), S. 1 ff.

65 Vgl. insbesondere das abschließende Kapitel dieser Arbeit.

Die Gründe für ein Overengineering sind im Bestreben der Konstruktion nach technisch perfekten Produkten und in einer fehlenden Möglichkeit zur Identifikation **qualitativ hinreichender und kostengünstigerer Konstruktionslösungen** zu sehen. Die marktspezifischen Produktanforderungen werden bei der Konstruktion nur ungenügend berücksichtigt und die sich zwangsläufig für ausgefeilte Produkte ergebenden längeren Entwicklungszeiten erhöhen die Chancen der Mitbewerber zur Entwicklung von Konkurrenzprodukten.

Zum Abbau und zur Vermeidung eines Overengineerings tragen insbesondere ein konsequent am Markt ausgerichtetes **Target Costing**, die stetige konstruktive Suche nach **Produkt- und Funktionsvereinfachungen** sowie effektive Werkzeuge zur **Kosteninformation** für den Konstrukteur bei[66]. Insbesondere mit den Kundenanforderungen harmonierende Produkt- und Funktionsvereinfachungen[67] bergen in diesem Sinne ein enormes Kosteneinsparungspotenzial in sich, dass sich auch in den Erfolgen von mitarbeiterinduzierten Verbesserungsvorschlägen für nicht frühzeitig realisierte Konstruktions- oder Produktionslösungen zeigt.

C Auswahl technischer Konstruktionsalternativen

Durch die Festlegung der **prinzipiellen Konstruktionslösung** im Konstruktionskonzept werden die wesentlichen Eigenschaften eines Produkts und seine Funktionsstruktur festgelegt. Die verwendeten Antriebs- und Energiearten sind damit ebenso bestimmt wie die Komplexität und die Baugröße[68]. Oftmals bestehen allerdings aus Sicht des Konstrukteurs bei der Festlegung des generellen Produktkonzepts nur geringe Freiräume, so dass konkrete Kosteninformationen, wenn sie überhaupt vorliegen, kaum berücksichtigt werden können. Allerdings lassen sich sehr wohl **Erfahrungswerte** und **Grundregeln für Produktkonzepte** angeben, so sind Konzepte mit einfachem Produktaufbau und geringer Teilezahl meist kostengünstiger als alternative Lösungen, dies gilt auch für Konzepte mit kleiner und leichter Bauweise[69].

---

[66] Siehe dazu auch den „Vorgehenszyklus zur Kostensenkung von Produkten“ bei Ehrlenspiel, Klaus - Lindemann, Udo - Kiewert, Alfons - Steiner, Michael: Konstruktionsbegleitende...(1997), S. 148.

[67] Man denke in diesem Zusammenhang stellvertretend an den Ersatz von tatsächlichen „Ersatzreifen“ in der Automobilindustrie zunächst durch „Noträder“ und letztlich durch chemische Substanzen, die kleinere Beschädigungen der Reifen automatisch wieder verkleben und somit eine weitere Fahrt ermöglichen.

[68] Vgl. dazu insbesondere auch die Beispiele unterschiedlicher Konzepte bei Ehrlenspiel, Klaus - Kiewert, Alfons - Lindemann, Udo: Produktenwicklung...(2000), S. 142 ff. Diese bezeichnen auf S. 137 das Konzept im Sinne des Funktionsprinzips sogar als in den meisten Fällen „kostenbestimmend“.

[69] Siehe Ehrlenspiel, Klaus - Kiewert, Alfons - Lindemann, Udo: Produktentwicklung...(2000), S. 146. Vgl. auch die Ausführungen zum Kosteneinfluss der Baugröße und der Abmessungen in derselben Veröffentlichung auf S. 154 ff sowie die Grundregeln der Produktgestaltung bei Conrad, Klaus-Jörg: Konstruktionslehre...(1998), S. 135 ff und Pahl, Gerhard - Beitz, Wolfgang – Feldhusen, Jörg - Grote, Karl-Heinrich: Konstruktionslehre...(2003), S. 285 ff.

Im Rahmen der sich anschließenden Detailkonstruktion treten aber andere Einflussgrößen in den Vordergrund, über die der Konstrukteur gezielt die Produktkosten beeinflussen kann, so die **Auslegung**, die **Oberflächenbeschaffenheit** oder auch **Gestaltungsdetails**[70]. Unter der Auslegung im technischen Sinne wird dabei die „Festlegung der Nenn-Beanspruchung von Wirkflächen“[71] verstanden. Je höher diese Beanspruchung gewählt wird, desto kleiner wird das Produkt, damit sinken die Herstellkosten und tendenziell auch die Betriebskosten[72]. Das Ausfallrisiko und damit die Instandhaltungskosten steigen allerdings mit höherer Beanspruchung. Da Konstrukteure meist mehr an der Zuverlässigkeit von Produkten und Komponenten gemessen werden und weniger an den Kosten, hat die **Betriebssicherheit** Vorrang vor **Kostenaspekten**[73].

Am Beispiel eines Gussgehäuses für ein zweistufiges Getriebe lässt sich in Abbildung 3-5 zeigen, dass bei gleicher zu übertragender Leistung und bei gleichem Umhüllungsvolumen des Radsatzes die Herstellkosten immer noch mit dem Verhältnis der Gehäusebreite zur Gehäuselänge variieren. Obwohl alle drei Varianten technisch in etwa gleichwertig sind, besteht eine Herstellkostendifferenz von 13%. Der Konstrukteur müsste also für eine **kostenorientierte Konstruktionslösung** in diesem Fall über das Kostenwissen verfügen, dass für kubische Gehäuse geringere Herstellkosten anfallen als für lang gestreckte[74].

Um nicht nur technisch optimale sondern auch kostengünstige Produkte zu entwickeln, muss der Konstrukteur im Sinne eines Benchmarkings über die Kostenwirkungen alternativer Konstruktionslösungen informiert sein. Vom ingenieurwissenschaftlichen Standpunkt aus stehen ihm dafür **Regeln**[75], **Gut-Schlecht-Beispiele** und auch **Relativ-**

---

[70] Siehe dazu ausführlich die Gestaltungsprinzipien und Gestaltungsrichtlinien bei Pahl, Gerhard - Beitz, Wolfgang - Feldhusen, Jörg - Grote, Karl-Heinrich: Konstruktionslehre...(2003), S. 324 ff.

[71] Ehrlenspiel, Klaus - Kiewert, Alfons - Lindemann, Udo: Produktentwicklung...(2000), S. 169.

[72] Siehe auch Pahl, Gerhard - Beitz, Wolfgang - Feldhusen, Jörg - Grote, Karl-Heinrich: Konstruktionslehre...(2003), S. 295.

[73] Siehe dazu Ehrlenspiel, Klaus - Kiewert, Alfons - Lindemann, Udo: Produktentwicklung...(2000), S. 170 f, die auch darauf verweisen, dass überdimensionierte Baugruppen im Praxisbetrieb aufgrund ihrer Zuverlässigkeit nicht entdeckt werden. Automobilhersteller entdecken überdimensionierte und damit zu teuere Baugruppen, indem sie auf Schrottplätzen nachforschen, welche Pkw-Teile am häufigsten in noch funktionstüchtigem Zustand ausgeschlachtet werden. In der Praxis werden durch eine Fehler-Möglichkeits- und Einfluss-Analyse (FMEA) auf Basis der Identifizierung von Schwachpunkten Optimierungsmaßnahmen frühzeitig ermöglicht, wobei die Fehlerhäufigkeit durch die zu erwartende Betriebsdauer zwischen zwei Ausfällen (MTBF – Mean Time Between Failure) repräsentiert wird, vgl. Trender, Lutz: Kalkulation...(2000), S. 106 ff, der auch Zuverlässigkeitsfunktionen darstellt.

[74] Siehe zu diesem Beispiel Ehrlenspiel, Klaus - Kiewert, Alfons - Lindemann, Udo: Zielkostenorientierte...(2002), S. 111 f.

[75] Vgl. die Konstruktionsregeln für Vorrichtungen bei Rothenbücher, Jürgen: Kostenprognose...(1986), S. 130 sowie die Regeln für eine fertigungsgerechte, eine montagegerechte und eine recyclinggerechte Gestaltung bei Conrad, Klaus-Jörg: Konstruktionslehre...(1998), S. 154 ff sowie ausführlich die Gestaltungsprinzipien und die Gestaltungsrichtlinien bei Pahl, Gerhard - Beitz, Wolfgang - Feldhusen, Jörg - Grote, Karl-Heinrich: Konstruktionslehre...(2003), S. 324 ff.

Abbildung 3-5
Herstellkosten von Gussgehäusen für Getriebe in Abhängigkeit vom Breiten-Längen-Verhältnis[76]

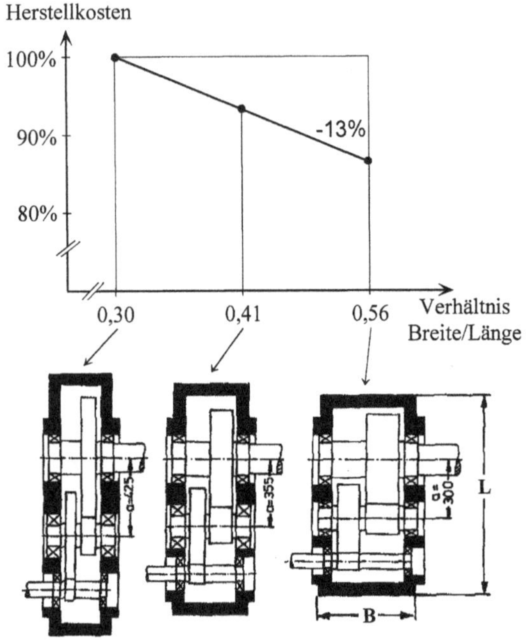

kosten-Kataloge[77] zur Verfügung. Aus betriebswirtschaftlicher Sichtweise werden **Konstruktionsteams** favorisiert. Im Sinne eines Simultaneous Engineerings[78] besteht ein Konstruktionsteam dabei neben den Konstrukteuren aus Mitarbeitern aller vom Produkt betroffenen Unternehmensbereiche. Der Konstrukteur wird also in seiner Arbeit durch zielgerichtete Informationen des Controllings, der Arbeitsvorbereitung, der Produktion, des Vertriebs und des Einkaufs unterstützt. In erweiterten Konstruktionsteams werden auch **Zulieferer und sogar Pilotkunden** einbezogen. Neben der

---

76 Entnommen aus Ehrlenspiel, Klaus - Kiewert, Alfons - Lindemann, Udo: Zielkostenorientierte...(2002), S. 112.

77 Der Grundgedanke des Benchmarkings wird bei genauer Betrachtung von Relativkosten-Katalogen besonders deutlich, siehe dazu auch die entsprechenden Ausführungen in diesem Kapitel.

78 Nach Ehrlenspiel, Klaus - Kiewert, Alfons - Lindemann, Udo: Zielkostenorientierte...(2002), S. 117 beinhaltet Simultaneous Engineering „zielgerichtete, multidisziplinäre, parallele Teamarbeit während der Produktentstehung" sowie ein straffes Projektmanagement, in das auch Kunden und Zulieferer eingebunden werden können. Siehe zur Methodik des Simultaneous Engineerings auch Ehrlenspiel, Klaus: Integrierte...(1995), S. 176 ff. Vgl. auch Pahl, Gerhard - Beitz, Wolfgang - Feldhusen, Jörg - Grote, Karl-Heinrich: Konstruktionslehre...(2003), S. 181 f.

geballten Informationsverfügbarkeit können durch interdisziplinäre Entwicklungs- und Konstruktionsteams auch **Zeiteinsparungen** von 30 bis 50% bis zum Serienanlauf realisiert werden. Bisher existierende lange Regelkreise und Abstimmungszyklen zwischen den Abteilungen entfallen und werden durch interaktive und interdisziplinäre Problemlösungen und Rückkopplungen ersetzt[79].

Die **Materialkosten** sind fast die einzigen variablen Kosten, die von der Konstruktion tatsächlich beeinflusst werden können. Im Maschinenbau stellen diese mit ca. 43% der Selbstkosten eine bedeutsame Kostenposition dar[80]. Abbildung 3-6 zeigt die spezifischen Materialkostenanteile bei ausgewählten Unternehmen der Serienfertigung. Da sich die Materialeinzelkosten[81] bekanntermaßen aus dem benötigten **Materialvolumen** multipliziert mit dem Preis pro Volumeneinheit ergeben, bieten sich prinzipiell zwei Ansatzpunkte zur Senkung der Materialeinzelkosten bei eigen gefertigten Bauteilen, wobei der Konstrukteur aber regelmäßig nur das benötigte Volumen und nicht den vorgegebenen Preis einer Materialart festlegt. Über die Verwendung alternativer Materialien können allerdings sehr wohl auch die **volumenspezifischen Materialkosten** beeinflusst werden.

Darüber hinaus beeinflusst der Konstrukteur durch die Auswahl bestimmter Materialien und Teile auch die **Prozesskosten der Materialwirtschaft**, so müssen für neue Materialien und Teile neue Identifikationsnummern vergeben werden, bestimmte Qualitäten müssen festgelegt und auch geprüft werden, neue Stücklisten, Arbeitspläne und Prozesspläne müssen angelegt werden und die neuen Materialien müssen auch gelagert und transportiert werden. Auch die im Unternehmen entstehenden Kosten für fremd bezogene Teile muss der Konstrukteur natürlich berücksichtigen[82]. Abbildung 3-7 fasst die Möglichkeiten des Konstrukteurs zur Einflussnahme auf die Materialkosten zusammen und zeigt die auf die Konstruktionsabteilung bezogenen Möglichkeiten zur Kostensenkung auf.

Da in Deutschland auf Grundlage des Kreislaufwirtschafts- und Abfallgesetzes KrW-/ AbfG produktabhängig Rücknahmeverpflichtungen von Alt-Produkten zu Lasten der

---

[79] Siehe Ehrlenspiel, Klaus - Kiewert, Alfons - Lindemann, Udo: Zielkostenorientierte...(2002), S. 116 ff und Schmidt, Frank: Gemeinkostensenkung...(1996), S. 52 f.

[80] Siehe Ehrlenspiel, Klaus - Kiewert, Alfons - Lindemann, Udo: Produktentwicklung...(2000), S. 172 f.

[81] Die Materialgemeinkosten werden traditionell über Zuschlagssätze auf die Materialeinzelkosten berechnet und sind damit für den Konstrukteur nicht beeinflussbar. Allenfalls längerfristig können über Standardisierung, Modularisierung, Vereinfachung und die Verwendung von Wiederholteilen Materialgemeinkosten gesenkt werden.

[82] Ehrlenspiel, Klaus - Kiewert, Alfons - Lindemann, Udo: Produktentwicklung...(2000), S. 133 quantifizieren die Verwaltungskosten für zusätzliche Bauteile bei Kaufteilen auf 3000-4000 DM und bei eigen gefertigten Teilen auf 6000-7000 DM zusätzlich zu den einmaligen Kosten für Entwicklung und Konstruktion des entsprechenden Bauteils. Auch Pahl, Gerhard - Beitz, Wolfgang - Feldhusen, Jörg - Grote, Karl-Heinrich: Konstruktionslehre...(2003), S. 440 verweisen darauf, dass „die Verwendung eines handelsüblichen Zukaufteils [...] oft wirtschaftlicher sein [kann, d. V.] als eine Eigenfertigung“.

Abbildung 3-6
Materialkostenanteile an den Herstellkosten bei ausgewählten Produkten der Serienfertigung[83]

Produkt	Material-kosten-anteil	Produkt	Material-kosten-anteil
Krane	78%	Dieselmotoren, stationär	53%
Pkw	75%	Dampfturbinen (über 20 MW)	49%
Pkw-Dieselmotoren	72%	Dampfturbinen (bis 20 MW)	44%
Pkw-Benzinmotoren	68%	Schwere Werkzeugmaschinen	44%
Eisenbahn-Güterwagen	68%	Kleine Apparate	42%
Großapparate	63%	Mittelschwere Werkzeugmaschinen	34%
Eisenbahn-Personenwagen	57%	Präzisionsuhren	31%
Wasserturbinen	56%	Reißzeuge	25%

Hersteller geregelt sind und darüber hinaus auch Abfallwirtschaftskonzepte und Abfallbilanzen gefordert sind[84], muss der Konstrukteur auch die **Entsorgungs- bzw. Recyclingkosten** berücksichtigen, die durch seine Festlegungen verursacht werden[85].

---

[83] Zahlenmäßig entnommen aus Ehrlenspiel, Klaus - Kiewert, Alfons - Lindemann, Udo: Produktentwicklung...(2000), S. 173.

[84] Siehe dazu das Gesetz zur Förderung der Kreislaufwirtschaft und Sicherung der umweltverträglichen Beseitigung von Abfällen (Kreislaufwirtschafts- und Abfallgesetzes - KrW-/AbfG) vom 7.10.1996 sowie die ergänzenden Regelwerke. Vgl. dazu auch Kemminer, Jörg: Kosten- und Erlösmanagement...(1999), S. 74 mit weiteren Notationen. Bezüglich des zur parlamentarischen Beratung anstehenden Elektro- und Elektronikgesetzes (ElektroG), das u. a. die Übernahme der Entsorgungskosten durch die Hersteller vorsieht, siehe Sietmann, Richard: Elektronikschrott...(2004), S. 36 ff.

[85] Vgl. insbesondere Ehrlenspiel, Klaus - Kiewert, Alfons - Lindemann, Udo: Produktentwicklung...(2000), S. 353 ff und Bopp, Reinhold: Restwertgenerierung...(2001), S. 27 f sowie die dort angegebene Literatur. Bopp, Reinhold: Restwertgenerierung...(2001), S. 60 ff zeigt auch, dass in der Praxis die Unterstützung der Konstruktion für eine recyclinggerechte Produktgestaltung unzureichend ist. Siehe dazu auch Fußnote 91 auf Seite 307 der vorliegenden Arbeit. Zur Kalkulation von Demontageprozessen siehe Trender, Lutz: Kalkulation...(2000), S. 119 ff. Conrad, Klaus-Jörg: Konstruktionslehre...(1998), S. 179 beziffert die Kosten von Demontagevorgängen auf bis zu 40% der Herstellkosten und führt diese hohen Kosten insbesondere auf das Lösen von schwer zugänglichen und schlecht lösbaren Verbindungen und damit auf konstruktive Festlegungen zurück.

Abbildung 3-7
Maßnahmen zur Senkung der Materialkosten[86]

Senkung der Rohmaterialkosten		
Senkung des eingesetzten Material-volumens	**Klein- und Leichtbau**	**Kleinbau** verringert die Baugröße von Produkten durch bspw. Parallelschaltung von Wirkflächen oder Überlastbegrenzung. **Leichtbau** durch Wahl eines leichteren Werkstoffes (Stoffleichtbau) oder Einsatz hochfester Werkstoffe (Formleichtbau).
	Sparbau	**Einsparungen** bei der Materialmenge ohne konstruktive Änderungen oder Einsatz anderer Materialien, bspw. geringere Wandstärken.
	Vermeidung von Verschwendung	**Abfallvermeidung** durch „endkonturnahe Fertigung", wie die Verwendung vorgeschmiedeter oder gegossener Rohteile für Drehteile oder Ausnützung der Bleche bei Stanzteilen. **Ausschussverringerung** durch Differentialbauweise komplizierter Guss-Stücke.
Senkung der volumen-spezifischen Material-kosten	**Verwendung kosten-günstigerer Materialien**	Ersatz von wenig gängigen Werkstoffen durch **Massenwerkstoffe** und Berücksichtigung von **kostengünstigsten Abmessungen** bei Halbzeugen und Normteilen.
	Verwendung oberflächen-behandelter Materialien	Ersatz verschleißgünstiger oder korrosionsfester Werkstoffe durch **oberflächenbehandelte kostengünstige** Kohlenstoffstähle.
Senkung der Material-gemeinkosten	Verwendung von **Norm- und Gleichteilen,** Einsatz von **Teilefamilien** und **Baukästen.**	

Senkung der Kaufteilkosten	
Zusammen-arbeit mit Lieferanten	Zusammenarbeit zwischen Konstruktion und **Einkauf** bzw. Konstruktion und wichtigen **Lieferanten**
Senkung der Material-gemeinkosten	Verwendung von **Norm- und Gleichteilen,** Einsatz von **Teilefamilien** und **Baukästen.**

---

86 Modifiziert nach Ehrlenspiel, Klaus - Kiewert, Alfons - Lindemann, Udo: Produktentwicklung...(2000), S. 174 ff.

D Wahl zwischen Eigenfertigung und Fremdbezug

Auch wenn der Konstrukteur selbst nicht die generelle Entscheidung trifft, ob Komponenten selbst gefertigt oder fremd bezogen werden sollen[87], beeinflusst er die Entscheidung über die **Eigenleistungstiefe** doch maßgeblich mit. Über die ihm zur Verfügung stehenden CAD-Systeme besteht Zugriff auf eine Vielzahl bereits konstruierter Komponenten und Module. Abhängig von der unternehmensspezifischen Organisation werden in die **Modulkataloge** nicht nur selbst produzierte sondern auch fremd gefertigte Komponenten mit ihren jeweiligen Spezifikationen und Kosteninformationen integriert[88]. Die Auswahl einer speziellen Komponente legt damit indirekt bereits fest, ob diese selbst gefertigt oder fremd bezogen wird.

Bei konstruktionsspezifischen **Kostenvergleichsrechnungen** über Eigenfertigung oder Fremdbezug bestimmter Komponenten müssen insbesondere die in den unternehmensintern berechneten Herstell- oder Selbstkosten enthaltenen **Fixkosten** berücksichtigt werden, die bei der Entscheidung für einen Fremdbezug zumindest kurzfristig weiterhin anfallen[89]. Darüber hinaus sind auch bestimmte Prozesskosten entscheidungsrelevant, die nicht unmittelbar aus den Herstell- oder Selbstkosten abgeleitet werden können[90]. Da Konstrukteure aber kaum über kostenrechnerische Kenntnisse verfügen, unterstreicht dieser Sachverhalt die Notwendigkeit eines abteilungsübergreifenden Zusammenarbeitens im Sinne von Entwicklungsteams.

Darüber hinaus kann der Konstrukteur natürlich auch die **technischen Spezifikationen** aus den Modulkatalogen variieren, wie Abmessungen, Oberflächen oder auch Toleranzen. Eine solche Variation hat aber unmittelbar zur Folge, dass die entsprechende Komponente erneut konstruiert werden muss - im günstigsten Fall auf dem

---

[87] Siehe zu dieser komplexen Entscheidungsfindung insbesondere Männel, Wolfgang: Wahl...(1981), S. 15 ff sowie Männel, Wolfgang: Make-or-Buy-Entscheidungen...(1997), S. 309 ff. Conrad, Klaus-Jörg: Konstruktionslehre...(1998), S. 70 f fordert bereits bei der Klärung der Aufgabenstellung die technisch und wirtschaftlich fundierte komponentenspezifische Entscheidung über Eigenfertigung oder Fremdbezug. Vgl. auch die Ausführungen bei Pahl, Gerhard - Beitz, Wolfgang - Feldhusen, Jörg - Grote, Karl-Heinrich: Konstruktionslehre...(2003), S. 440 f.

[88] Siehe dazu stellvertretend das Kosteninformationssystem XKIS bei Ehrlenspiel, Klaus - Kiewert, Alfons - Lindemann, Udo: Produktentwicklung...(2000), S. 439 ff. In diesem Sinne stellt ein Konstruktionskatalog „eine geordnete Sammlung bekannter und bewährter Lösungen für bestimmte konstruktive Aufgaben oder Teilfunktionen“ dar, Conrad, Klaus-Jörg: Konstruktionslehre...(1998), S. 108.

[89] Siehe dazu Männel, Wolfgang: Wahl...(1981), S. 72 ff sowie die Ausführungen über die Abbaubarkeit von Fixkosten und deren Kostenremanenz bei Plaut, Hans-Georg - Müller, Heinrich - Medicke, Werner: Grenzplankostenrechnung...(1973), S. 36 f und Reiß, Michael - Corsten, Hans: Gestaltungsdomänen...(1992), S. 1483.

[90] Siehe dazu Ehrlenspiel, Klaus - Kiewert, Alfons - Lindemann, Udo: Produktentwicklung...(2000), S. 185 f. Conrad, Klaus-Jörg: Konstruktionslehre...(1998), S. 124 ff unterstreicht die Bedeutung von Zulieferungen durch einen differenzierten Vergleich zwischen Zulieferkomponenten und Eigenentwicklungen. So ist eine weitgehend mit Zulieferteilen gefertigte Komponente trotz wesentlich höherer Materialkosten aufgrund der geringeren Montagekosten und der drastisch geringeren Kosten der Qualitätssicherung letztlich kostengünstiger als eine weitgehend in Eigenfertigung erstellte Komponente.

Weg einer **Variantenkonstruktion**. Betrifft eine solche Variation ein fremd bezogenes Bauteil, muss die Entscheidung über Eigenfertigung oder Fremdbezug neu getroffen werden, da der Zulieferer - genau wie das Unternehmen selbst - das entsprechende Bauteil ebenfalls erneut konstruieren muss.

Aus Sicht der Unternehmensführung stellt sich in diesem Zusammenhang die Frage nach der **Leistungstiefe der Produktentwicklung**, die letztlich die Produktions- und Dienstleistungstiefe der Fertigung determiniert[91]. Da die Personalkosten in der Entwicklungs- und Konstruktionsabteilung dominierend sind, bewirkt die **Fremdvergabe von Entwicklungs- und Konstruktionsleistungen** an Zulieferer oder auch externe Ingenieurbüros eine Reduzierung der unternehmensspezifischen Personal-Fixkosten. Demgegenüber muss aber dann die Abhängigkeit vom Entwicklungspartner, der erhöhte Koordinationsaufwand und auch die Gefahr eines technologiespezifischen Kompetenzverlusts ins Kalkül gezogen werden[92].

E Wahl des Produktionsverfahrens

Nach den Materialkosten nehmen die **Fertigungskosten** zumindest im Maschinenbau den größten Kostenanteil ein. Regelmäßig haben sich aber unternehmensintern bestimmte Fertigungsverfahren als optimal herausgestellt, für die sowohl das technologiebezogene Know-how als auch die notwendigen Ressourcen vorhanden sind, so dass letzten Endes die Fertigungsvorgänge weitgehend gegeben sind[93]. Steht dennoch das **Produktionsverfahren zur Disposition**, handelt es sich dabei um eine komplexe Entscheidungssituation. So ist das Produktionsverfahren abhängig von der Art, der Größe und der Menge der Werkstoffe und Einzelteile, aber auch alle anderen konstruktiven Festlegungen beeinflussen die Wahl des Produktionsverfahrens. Soll eine Komponente statt in integraler Bauweise in Differenzial- oder Verbundbauweise hergestellt werden, beeinflusst dies ebenfalls die Auswahl des Fertigungsverfahrens[94].

Unternehmen mit **Serienfertigung** müssen meist **investitionsintensive Fertigungsanlagen** bereitstellen, durch die konstruktive Produktmerkmale mitbestimmt werden. Eine nachträgliche Änderung dieser Merkmale ist wegen den dann bereits vorhandenen Ressourcen meist kaum mehr möglich, die konstruktiven Festlegungen müssen also vor der Investitionsentscheidung abschließend getroffen werden[95].

---

[91] Siehe Männel, Wolfgang: Wahl...(1981), S. 24 ff.

[92] Vgl. dazu insbesondere Ehrlenspiel, Klaus - Kiewert, Alfons - Lindemann, Udo: Produktentwicklung...(2000), S. 131.

[93] Siehe Ehrlenspiel, Klaus - Kiewert, Alfons - Lindemann, Udo: Produktentwicklung...(2000), S. 192, die bezüglich des Fertigungskostenanteils auf den Kennzahlenkompass des Verbandes deutscher Maschinen- und Anlagenbauer e. V. (VDMA) verweisen.

[94] Dies kann bspw. aus Gründen der Recyclings- oder Entsorgungsfähigkeit notwendig sein, oder auch um den Austausch von Verschleißteilen zu ermöglichen, siehe dazu Conrad, Klaus-Jörg: Konstruktionslehre...(1998), S. 151 f und Ehrlenspiel, Klaus - Kiewert, Alfons - Lindemann, Udo: Produktentwicklung...(2000), S. 192 f.

[95] Siehe Ehrlenspiel, Klaus - Kiewert, Alfons - Lindemann, Udo: Produktentwicklung...(2000), S. 195 ff.

Die Auswahl des Produktionsverfahrens ist natürlich auch von den zu fertigenden Stückzahlen abhängig. Alternative Produktionsverfahren verursachen im Regelfall **unterschiedlich hohe Fixkosten** im Sinne von Investitionsausgaben und anschließenden Abschreibungen, **unterschiedlich hohe sprungfixe Kosten** wie Werkzeug- oder Modellkosten und **unterschiedlich hohe variable Kosten** im Sinne von Rüst- und Bearbeitungskosten. Vor diesem Hintergrund müssen für alternative zu produzierende Stückzahlen Vergleichsrechnungen angestellt werden, zudem sind verfahrensbezogene Nutzschwellen zu ermitteln, die angeben, ab welcher Produktionsmenge ein Verfahren kostengünstiger wird als ein alternatives Verfahren[96]. In der ingenieurwissenschaftlichen Literatur werden diesbezüglich **Grenzstückzahlen** für die Wahl alternativer Fertigungsverfahren angegeben, die in Abhängigkeit von der Stückzahl das jeweils kostengünstigste Verfahren anzeigen[97].

F Standardisierung und Modularisierung als Rationalisierungspotenziale

Die zunehmende Variantenvielfalt und Produktkomplexität und die damit verbundenen Kostensteigerungen sind die auslösenden Faktoren für Standardisierungsbemühungen in den Unternehmen[98]. Unter **Standardisierung** wird die **planmäßige Vereinheitlichung** nach bestimmten Mustern bzw. Ähnlichkeitsbeziehungen verstanden[99]. Für die Konstruktion bedeutet dies, dass wiederkehrende Produktfunktionen und öfter verwendete Einzelteile oder auch Baugruppen nicht erneut konstruiert werden müssen[100]. Neben dem Zeitgewinn in der Konstruktion[101] müssen dadurch weniger Teile und damit auch weniger Arbeitspläne verwaltet werden und zudem können Lagerbestände gesenkt werden[102]. Gleichzeitig können auch Fertigungsverfahren und Fertigungsabläufe vereinheitlicht werden. Damit wird auch deutlich, dass Standardisierung nicht

---

96 Vgl. dazu bspw. Männel, Wolfgang: Kostenrechnungssysteme...(2003), S. 204 f.

97 Siehe bspw. Bruckner, Johannes - Ehrlenspiel, Klaus: Kosteninformationen...(1993), S. 110. Vgl. dazu auch die Kostenkennlinien bei Wunderlich, Jürgen: Kostensimulation...(2002), S. 29 f.

98 Fischer, Thomas M.: Variantenvielfalt...(1993), S. 27 ff weist die Auswirkungen der steigenden Variantenvielfalt und Produktkomplexität empirisch nach.

99 Vgl. Bitsch, Harald - Martini, Joachim - Schmitt, Hermann J.: Standardisierung...(1995), S. 66 und S. 68. Siehe dazu auch Eversheim, Walter - Wiendahl, Hans-Peter: Auftragsabwicklung...(1971), S. 75 ff.

100 Notwendige Voraussetzung dafür ist auch die Sachnummerung und die Klassifizierung als Grundlage der Ablageordnung der Konstruktionsunterlagen und der Verkettung der Teile und Baugruppen untereinander, siehe dazu grundlegend Eversheim, Walter - Wiendahl, Hans-Peter: Auftragsabwicklung...(1971), S. 45 ff, Kurbel, Karl: Produktionsplanung...(2003), S. 102 ff und auch Pahl, Gerhard - Beitz, Wolfgang - Feldhusen, Jörg - Grote, Karl-Heinrich: Konstruktionslehre...(2003), S. 540 ff.

101 Vgl. Reisert, Jakob - Reutlinger, Wolf-Dieter - Steinmann, Dieter: Veränderungen...(1990), S. 267.

102 Reisert, Jakob - Reutlinger, Wolf-Dieter - Steinmann, Dieter: Veränderungen...(1990), S. 247 heben die durch Standardisierung erreichbare Senkung der Lagerbestände durch Teilewiederverwendung hervor und berichten von einer Vielzahl von Teilen, die ohne technische Notwendigkeit in 6-8facher Version konstruiert wurden. Lehmann, Frank - Kümper, Ralf: Variantenmanagement...(1992), S. 143 berichten von einem Anstieg der Teilenummern in der Automobilindustrie von 1975 bis 1990 um 400%. Gleichzeitig stellen sie auf S. 149 ff den „Variantenbaum“ als Hilfsmittel zur Produktgestaltung vor.

einheitliche Produkte, sondern **einheitliche Produktmodule und Teile** und damit eine **Vereinfachung der Produkte** bedeutet. Die Individualisierung der Erzeugnisse erfolgt dann erst gegen Ende des Fertigungsprozesses.

Standardisierung ist die Voraussetzung für den **Einsatz von Wiederholteilen**. Dies bedeutet, dass Einzelteile oder auch Baugruppen häufig wieder verwendet werden können und auf diese Weise nicht nur die Teilevielfalt eingeschränkt wird, sondern auch Rationalisierungspotenziale bei den Wiederholteilen ausgeschöpft werden können[103]. Dabei darf aber die zentrale Rolle der entsprechenden **Informationsverfügbarkeit** nicht außer Acht gelassen werden. Die Konstrukteure können nur dann Wiederholteile verwenden, und damit Standardisierungsbestrebungen unterstützen, wenn sie auf bereits verfügbare Unterlagen zurückgreifen können[104]. In diesem Zusammenhang ist sowohl der Informationsspeicher in der Konstruktion als auch der jeweilige Informationszugriff relevant[105].

Standardisierung wird weiter untergliedert in Typung und Normung. **Typung** bezeichnet die unternehmensindividuelle Vereinheitlichung ganzer Erzeugnisse, während **überbetriebliche Normen** von Verbänden (VDI - Verein Deutscher Ingenieure), staatlichen Einrichtungen (DIN - Deutsches Institut für Normung e. V.) und internationalen Organisationen (ISO - International Organization for Standardization) geschaffen werden[106]. Normteile können nicht nur überbetrieblich eingesetzt werden, sie können wegen der unternehmensübergreifend gültigen Norm auch von verschiedenen Lieferanten bezogen werden[107].

Innerbetrieblich sind sowohl Typung als auch Normung Voraussetzung für die **Modularisierung von Produkten**. Bei einer modularen Produktstruktur werden die Produktvarianten additiv über die Kombinationen von einzelnen Modulen und deren Varianten im Sinne eines Baukastens[108] erzeugt. Da die einzelnen Module mehrfach

---

[103] Hier sind insbesondere auch Rationalisierungspotenziale aus Lern- und Erfahrungskurveneffekten zu berücksichtigen. Vgl. Pahl, Gerhard - Beitz, Wolfgang - Feldhusen, Jörg - Grote, Karl-Heinrich: Konstruktionslehre...(2003), S. 544.

[104] Vgl. zur Wiederholteilsuche Sprenzel, Andreas: Kostenkalkulationsverfahren...(2000), S. 48 ff.

[105] Vgl. Eversheim, Walter - Wiendahl, Hans-Peter: Auftragsabwicklung...(1971), S. 63, die bei einer Einzelteilklassifizierung von 399 Einzelteilen aus 5 ähnlichen Erzeugnissen im Maschinenbau zu dem Ergebnis kommen, dass 20 Teile praktisch identisch und 150 Teile untereinander teilweise formähnlich waren, so dass bei einem besseren Informationszugriff ein enormes Einsparpotenzial realisierbar ist.

[106] Siehe dazu Bitsch, Harald - Martini, Joachim - Schmitt, Hermann J.: Standardisierung...(1995), S. 71 f und Pahl, Gerhard - Beitz, Wolfgang - Feldhusen, Jörg - Grote, Karl-Heinrich: Konstruktionslehre...(2003), S. 479 ff.

[107] Ehrlenspiel, Klaus: Relativkosten...(1987), S. 28 untersucht den Anteil der genormten Teile an den gesamten Stücklistenpositionen und kommt bei der Einzel- und Kleinserienfertigung im Untersuchungsfall auf einen Anteil von insgesamt 95%, bei der Serienfertigung auf 74% und bei der Massenfertigung auf nur 25%.

[108] Ein Baukasten ist eine Sammlung verschiedener Elemente (Bausteine), die sich unterschiedlich zusammensetzen lassen. So können aus vorhandenen Elementen immer wieder andere ausgewählt, eine jeweils unterschiedliche Anzahl derselben Elemente zusammengefügt, dieselbe Anzahl derselben Elemente in verschiedenen räumlichen Anordnungen zusammengestellt oder alle drei Verfah-

verwendet werden, verfügen sie über **standardisierte Schnittstellen**. Damit ist der rationelle Einsatz von vormontierbaren und weitestgehend vorprüfbaren Baugruppen möglich[109].

In Abgrenzung zum **Baukasten**, bei dem die einzelnen Bausteine im Sinne von Baugruppen, Komponenten und Einzelteilen in unterschiedlichen Kombinationen verschiedene Gesamtlösungen ergeben, versteht man „unter einer **Baureihe** [...] technische Gebilde (Maschinen, Baugruppen oder Einzelteile), die dieselbe Funktion mit der gleichen Lösung in mehreren Größenstufen bei möglichst gleicher Fertigung in einem weiten Anwendungsbereich erfüllen"[110]. Die Rationalisierungspotenziale von Baukasten- und Baureihensystemen zielen jedoch in dieselbe Richtung, der Konstrukteur wird von wiederholten, redundanten Konstruktionstätigkeiten entlastet. Beim Baukasten greift er auf vorhandene Komponenten und Teile zurück, bei einer Baureihe wählt er eine bereits bekannte und konstruierte Lösung. Ebenfalls ergeben sich in beiden Fällen eindeutige Vorteile für die der Konstruktion nachgelagerten Bereiche.

Ein weiterer Vorteil der Baukastenfertigung ist schließlich die von der Konstruktion weitgehend unabhängige **fertigungsgerechte Erzeugnisgliederung**. Die einzelnen Komponenten eines Erzeugnisses werden in der Konstruktion regelmäßig funktional abgegrenzt, eine Differenzierung, die den Anforderungen der nachfolgenden Unternehmensbereiche nicht gerecht wird[111]. Dies führt zu mehrfachen Umgliederungsprozessen, die neben einem unnötigen Zeit- und Arbeitsaufwand auch noch eine potenzielle Fehlerquelle bei der Datenübertragung darstellen und bei einer Baukastenfertigung auf einfache Weise vermieden werden können[112].

Der in diesem Kontext ebenfalls zu nennende Begriff der **Plattform** stammt aus der Automobilindustrie und kennzeichnet ursprünglich die Mehrfachverwendung von Bodengruppe, Fahrgestell und Achsen für mehrere Fahrzeugtypen bzw. Fahrzeugvarianten[113]. Sowohl in der Automobilindustrie als auch in anderen Industriezweigen geht der

---

ren kombiniert werden. Siehe Riebel, Paul: Typen...(1965), S. 679 mit Verweis auf Ickert, Johannes: Konstruktionsgrundsätze...(1961), S. 1265 ff und Nasvytis, Algirdas: Gesetzmäßigkeiten...(1953), S. 53.

[109] Vgl. Mayas, Lothar - Groß, Bernhard - Groß, Mathias - Schuh, Günther: Wettbewerbsfähigkeit...(1993), S. 64 ff. Holzer, Herbert: PPS-Systeme...(2000), S. 132 weist darauf hin, dass ein Baukastensystem zusätzlich die Fertigungsflexibilität erhöht. Vgl. zum Baukastenprinzip auch derselbe auf S. 150 ff.

[110] Pahl, Gerhard - Beitz, Wolfgang - Feldhusen, Jörg - Grote, Karl-Heinrich: Konstruktionslehre...(2003), S. 600 (Hervorhebung im Original). Siehe zur Systematik und zur Entwicklung von Baukästen in derselben Veröffentlichung, S. 634 ff.

[111] Siehe dazu Langheinrich, Gerhard: Vorkalkulation...(1974), S. 14 ff und auch Bock, Martina - Bock, Richard - Scheer, August-Wilhelm: Konzeption...(1990), S. 72.

[112] Eversheim, Walter - Wiendahl, Hans-Peter: Auftragsabwicklung...(1971), S. 33 berichten von bis zu 20 Umgliederungsprozessen in Unternehmen des Maschinenbaus.

[113] So verweisen Kolvenbach, Claus - Krieg, Stefanie - Felten, Claudio: Brand Value...(2003), S. 526 darauf, dass die „Golf"-Plattform des VW-Konzerns, zu dem die Marken VW, Audi, Seat und Skoda gehören, für VW Golf, VW Bora/Vento, VW Beetle, Audi A3, Audi TT, Seat Toledo, Seat Leon und auch Skoda Octavia verwendet wird. Volz, Thomas: Plattformkonzepte...(1998), S. 219 führt

Begriff der Produktplattform aber längst über diese Bedeutung hinaus[114]. Die hergestellten Produkte und Produktvarianten basieren bei Plattformkonzepten weitgehend auf der Verwendung von baugleichen Produktkomponenten, die im Sinne eines Baukastensystems produktspezifisch zu den einzelnen Erzeugnissen kombiniert werden[115]. Die wesentlichen Elemente von Plattformkonzepten sind somit die **Mehrfachverwendung** von Gleichteilen und Wiederholteilen - damit sind implizit auch Typung und Normung berücksichtigt - sowie ein darauf aufbauendes **Baukastenkonzept**[116]. Die konzeptionelle Innovation ist bei Plattformkonzepten vor allem darin zu sehen, dass bereits frühzeitig und konsequent eine in ein Baukastensystem eingebettete Gleichteileverwendung gefordert wird[117].

III. Berücksichtigung unvollständiger Informationen in der frühzeitigen Produktkostenkalkulation

Wie bereits angesprochen, liegt das zentrale Problem der frühzeitigen Produktkostenermittlung in der **unvollständigen Informationsbasis der einzelnen Konstruktionsphasen**. Erst nach Abschluss der Konstruktion und der Fertigungsvorbereitung sind alle für eine exakte Kalkulation notwendigen Daten bekannt. Sowohl Grobkalkulationen als auch modulare Produktkostenkalkulationen schließen daher von einem oder wenigen bekannten Produktparametern auf die Kostendaten des gesamten Erzeugnisses, können aber aufgrund ihrer methodischen Vorgehensweise den **konstruktiven Informationszuwachs** nicht abbilden[118]. Um den zunehmenden Detaillierungsgrad in genauere Kalkulationsergebnisse umsetzen zu können, müssen andere Kalkulationsverfahren Anwendung finden.

Die im Folgenden ausgeführten ganzheitlichen Verfahren zur frühzeitigen Produktkostenermittlung beziehen einerseits zum Kalkulationszeitpunkt noch unbekannte Pro-

---

exemplarisch die auf derselben Bodengruppe basierenden Fiat Bravo, Fiat Brava und Fiat Marea an.

[114] Kolvenbach, Claus - Krieg, Stefanie - Felten, Claudio: Brand Value...(2003), S. 524 f und auch Volz, Thomas: Plattformkonzepte...(1998), S. 223 führen die Großraumlimousinen VW Sharan, Seat Alhambra und Ford Galaxy an, bei denen nicht nur ein unternehmensübergreifendes Plattformkonzept realisiert wurde, sondern prinzipiell sogar das komplette Fahrzeug als „Gleichteil" zu sehen ist, da diese in einer Fabrik mit weitestgehend identischen Teilen gefertigt werden. Volz, Thomas: Plattformkonzepte...(1998), S. 224 f führt zudem Plattformkonzepte aus den Bereichen des Werkzeugmaschinenbaus, der Haushaltsgeräteindustrie und des Mobilfunks auf.

[115] „Kern des Plattformkonzepts ist die Verwendung von möglichst vielen baugleichen Produktkomponenten sowie Produktmodulen, den sogenannten *Gleichteilen*, durch deren Kombination im Sinne eines *Baukastensystems* eine Reihe unterschiedlicher Produkte bzw. Produktvarianten hergestellt werden können", Volz, Thomas: Plattformkonzepte...(1998), S. 219 (Hervorhebung im Original). Siehe dazu auch Pfohl, Markus Chr.: Lebenszyklusrechnung...(2002), S. 49 f.

[116] Als wesentlicher wirtschaftlicher Aspekt eines Plattformkonzeptes sind natürlich die durch Mehrfachverwendung von identischen Bauteilen und Komponenten erzielbaren Skaleneffekte zu nennen, siehe Pfohl, Markus Chr.: Lebenszyklusrechnung...(2002), S. 50 ff.

[117] Siehe dazu Volz, Thomas: Plattformkonzepte...(1998), S. 221. Derselbe zeigt auf S. 222 f die Plattformstrategie des VW-Konzerns auf.

[118] Siehe dazu die entsprechenden Ausführungen in diesem Kapitel.

duktparameter in die Kalkulation mit ein und berücksichtigen andererseits bei erneuten Kalkulationsläufen auch den Informationszuwachs im Verlauf der Konstruktion. So belegen **Kostenmodelle** prinzipiell noch unbekannte Parameter mit Standardwerten oder greifen auf die Parameter bereits gefertigter ähnlicher Erzeugnisse zurück. **Neuronale Netze** schließen von Strukturen und Zusammenhängen gefertigter Produkte auf das Neuprodukt, und **Expertensysteme** beinhalten gesammeltes Konstruktions- und Kostenwissen. Gemeinsam ist diesen Methoden, dass sie sämtliche beim Kalkulationslauf bekannten Konstruktionsparameter auch mit den tatsächlichen Kostenwirkungen berücksichtigen und in einem einzigen Kalkulationslauf die Herstellkosten des Erzeugnisses ermitteln.

A Kostenmodelle zur Berücksichtigung unvollständiger Parameter

Da der Begriff **Kostenmodell** in der betriebswirtschaftlichen Literatur nicht einheitlich verwendet wird, soll hier in Abgrenzung zu den Grob- und Schätzkalkulationen auf Produktebene und den modularen Produktkostenkalkulationen auf Komponentenebene unter einem Kostenmodell ein EDV-gestütztes Programm zur Ermittlung der Herstellkosten[119] eines Produkts verstanden werden, das die Möglichkeit bietet, noch nicht festgelegte Produktparameter mit Defaultwerten im Sinne von Start- bzw. Standardwerten zu belegen und darauf aufbauend den sukzessiven Informationszuwachs während der Konstruktion zu berücksichtigen. Der zentrale Gedanke von Kostenmodellen ist also die **Kostenermittlung ohne zwingend vollständige Bestimmung einer genau definierten Anzahl von Parametern**, so dass der Einsatz nicht auf ein eng abgegrenztes Produktspektrum begrenzt ist, und zudem auch der kontinuierliche Informationszuwachs im Verlauf der Konstruktion abgebildet werden kann[120]. Im Regelfall werden in Kostenmodellen integrativ die Daten aus den technisch orientierten CAx-Bausteinen verwendet[121], wobei jedoch manuelle Eingriffsmöglichkeiten bestehen. Im Folgenden werden stellvertretend das (einem bottom up-Vorgehen folgende) flexible Kostenmodell nach Pickel, das (top down-) Kostenmodell nach Gröner und das prozessorientierte Kostenmodell von Fischer et al. dargestellt[122].

---

[119] Meist wird davon ausgegangen, dass der Konstrukteur nur einen unwesentlichen Einfluss auf die Verwaltungs- und Vertriebskosten nehmen kann, so dass die Bestimmung der Herstellkosten als Informationsbasis ausreichend ist. Vgl. Gröner, Lothar: Entwicklungsbegleitende...(1989), S. 453.

[120] Vgl. Sprenzel, Andreas: Kostenkalkulationsverfahren...(2000), S. 34 und Trender, Lutz: Kalkulation...(2000), S. 10. Siehe aber auch Wunderlich, Jürgen: Kostensimulation...(2002), S. 103 ff zu einem Kostenrechnungsmodell als Grundlage für ein Simulationsmodell zur wirtschaftlichen Produktionsgestaltung.

[121] Unter den CAx-Bausteinen werden regelmäßig das Computer Aided Engineering (CAE), das Computer Aided Design (CAD), das Computer Aided Manufacturing (CAM), das Computer Aided Planning (CAP) und das Computer Aided Quality Assurance (CAQ) subsumiert. Siehe stellvertretend Geitner, Uwe W.: CIM-Konzeption...(1991), S. 4 und auch Steffen, Reiner: Kostenrechnung...(1992), S. 1215 f.

[122] Eine Übersicht über die in der Literatur bekannten Kostenmodelle findet sich bei Horváth, Péter - Gleich, Ronald - Scholl, Kai: Betrachtung...(1996), S. 57 ff, Sprenzel, Andreas: Kostenkalkulationsverfahren...(2000), S. 26 ff und Trender, Lutz: Kalkulation...(2000), S. 35 ff, der in seiner Arbeit ein Kostenmodell zur frühzeitigen prozesskostenrechnerischen Ermittlung der Produkt-

Das **flexible Kostenmodell nach Pickel**[123] besteht aus zwei wesentlichen Komponenten, dem wissensbasierten **Transformationsmodul** einerseits und dem **Kalkulationsmodul** andererseits. Das Kalkulationsmodul beinhaltet die Kalkulationsmethodik der höchsten Detaillierungsstufe, also in der Regel eine fertigungsorientierte Methodik, um nach Abschluss der Konstruktion bei Kenntnis aller relevanten Merkmalsausprägungen ein exaktes Kalkulationsergebnis liefern zu können. Das Transformationsmodul erzeugt aus den einzelnen bereits bekannten Merkmalen und den noch nicht konstruktiv festgelegten Parametern einen vollständigen Merkmalssatz zur Kalkulation.

Bezüglich der Produktmerkmale unterscheidet Pickel zwischen **Grundmerkmalen**, die zur Kalkulation unabdingbare Voraussetzung sind, **ableitbaren Merkmalen**, die entweder über Transformationen bereits bekannter Merkmale generiert oder manuell eingegeben werden, und **nicht ableitbaren Merkmalen**. Die nicht ableitbaren Merkmale werden zu Beginn mit Standardwerten, so genannten Defaultwerten vorbelegt, die später im Verlauf der Konstruktion durch die konkreten Merkmalsausprägungen ersetzt werden. Als vierte Kategorie existieren die **Zusatzmerkmale**, die nicht in die Kalkulation an sich eingehen, jedoch beispielsweise zur Bildung von Kalkulationsobjektgruppen mit unterschiedlichen Kalkulationsparametern verwendet werden können.

Werden im Verlauf der Konstruktion konstruktiv noch nicht festgelegte Parameter für die Kalkulation benötigt, kommt das Transformationsmodul zum Einsatz, das letztlich einen vollständigen kalkulationsrelevanten Merkmalssatz erzeugt. Dabei werden die noch nicht bekannten ableitbaren Merkmale mit Hilfe der Informationen der Wissensbasis generiert und die noch nicht bekannten, aber auch nicht ableitbaren Merkmale mit den gespeicherten Defaultwerten vorbelegt. Auf diese Weise kann **trotz unvollständiger Datenbasis eine fertigungsorientierte Kalkulation** durchgeführt werden, die bei veränderten bzw. aktualisierten Ausgangsparametern auch den permanenten Informationszuwachs während des Konstruktionsprozesses berücksichtigen kann. Abbildung 3-8 zeigt den Aufbau und die Arbeitsweise dieses flexiblen Kostenmodells.

Während das flexible Kostenmodell nach Pickel dem bottom up-Vorgehen der Nachkalkulation folgt, orientiert sich das **Entwicklungsbegleitende Vorkalkulationssystem (EVKS) nach Gröner**[124] am top down-Vorgehen der Konstruktion. Je nach Stand der Konstruktion wird auf Produkt-, Baugruppen- oder auf Einzelteilebene kalkuliert. Dazu greift das EVKS auf die entsprechenden Daten bereits gefertigter Produkte in PPS-, CAx- und Kostenrechnungssystemen zurück, die mittels Clusteranalyse auf der jeweiligen Erzeugnisebene nach ihrer fertigungstechnischen Ähnlichkeit in

lebenszykluskosten entwickelt. Siehe auch Westekemper, Markus: Angebotspreisbildung...(2002), S. 17 sowie die jeweils angegebene Literatur.

[123] Vgl. im Folgenden Pickel, Herbert: Kostenmodelle...(1989), S. 78 ff. Siehe dazu auch Kiewert, Alfons: Kostenfrüherkennung...(1990), S. 367 ff.

[124] Vgl. im Folgenden Gröner, Lothar: Vorkalkulation...(1991), S. 184 ff.

Abbildung 3-8
Aufbau des flexiblen Kostenmodells nach Pickel[125]

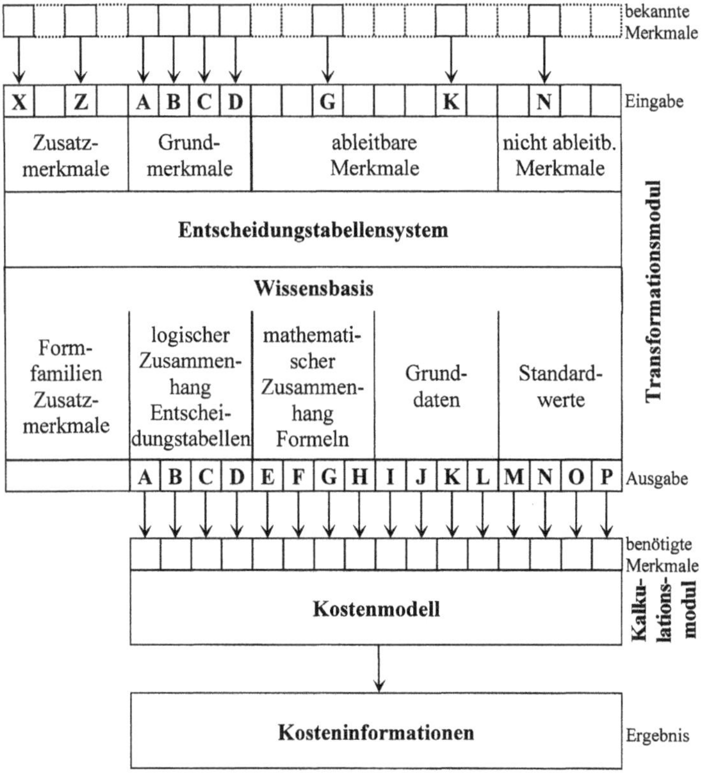

Kostenfamilien eingeteilt wurden[126]. Hervorzuheben ist, dass das EVKS über den Rückgriff auf diese Informationen auch eine Kostenträgerzeitrechnung zur Ermittlung des Periodenerfolgs erlaubt.

Das **Kostenmodell von Fischer et al.**[127] orientiert sich einerseits an der Methodik der Prozesskostenrechnung und andererseits am Produktlebenszyklus, bezieht also die Entwicklungs- und auch die Entsorgungskosten in die prozesskostenrechnerische Kalkulation mit ein. Zudem bietet dieses Kostenmodell die Möglichkeit Zielkosten vor-

---

[125] Entnommen aus Pickel, Herbert: Kostenmodelle...(1989), S. 79.

[126] Siehe dazu Trender, Lutz: Kalkulation...(2000), S. 45, der diese Kostenfamilien als Kern des Kostenmodells bezeichnet.

[127] Vgl. dazu und im Folgenden Fischer, Joachim - Koch, Rainer - Schmidt-Faber, Bastian - Hauschulte, Klaus-Bernward: Gemeinkosten...(1993), S. 259 ff.

zugeben und unterstützt so das Konzept des Target Costings[128]. Zur Realisierung dieser Vorgehensweise besteht das Kostenmodell von Fischer et al. aus zwei Hauptkomponenten. Die **Basiskomponente** stellt die notwendigen Schnittstellen zu PPS-, CAx- und Kostenrechnungssystemen sowie eine eigene Datenbank bereit. Die **Verarbeitungskomponente** beinhaltet zum einen ein Expertensystem, das aus den jeweils vorhandenen Informationen aus der Konstruktion die notwendigen Fertigungsvorgänge generiert, und zum anderen ein Kalkulationsmodul, das auf Basis gespeicherter Prozesskostensätze sowohl objektorientierte als auch prozessorientierte Kalkulationsergebnisse ausweist.

B Neuronale Netze zur Kostenermittlung bei unbekannten Zusammenhängen

Im Gegensatz zu Kostenmodellen, die auf definierten Wirkungsbeziehungen aufsetzen, stellen neuronale Netze im Rahmen der entwicklungs- und konstruktionsbegleitenden Kalkulation einen dem Kalkulator **nicht bekannten Zusammenhang zwischen den Kosteneinflussgrößen**, also den Produkteigenschaften, **und den Herstellkosten eines Erzeugnisses** her. Möglich ist auch die Ermittlung von Fertigungszeiten, die anschließend mit aktuellen Kostendaten bewertet werden[129].

Dazu verknüpfen neuronale Netze ganz allgemein über eine Vielzahl von Verarbeitungseinheiten, so genannten **Neuronen**[130], Eingabewerte über mehrere jeweils wiederum verknüpfte Verarbeitungsschichten hinweg zu Ausgabewerten[131]. Über die Neuronen der Eingabeschicht werden dem neuronalen Netz die Inputdaten übermittelt, also die Ausprägungen bestimmter Produkteigenschaften. Die Eingabeneuronen geben ihre spezifischen Werte an die nächste verknüpfte Schicht weiter, die diese Informationen gewichtet. Über **Verarbeitungs- bzw. Transformationsfunktionen** werden auf jeder Schicht die gewichteten einkommenden Werte wiederum gewichtet und somit transformiert an die nächste Schicht weitergegeben. Die Neuronen der so genannten Ausgabeschicht stellen zuletzt dem Benutzer die Ausgabewerte bereit[132]. Abbildung 3-9 zeigt den generellen Aufbau eines neuronalen Netzes mit zwei Verarbeitungsschichten und einem Ausgabeneuron, das eine Zeitgröße übermittelt.

---

[128] Damit deckt das Kostenmodell von Fischer et al. die Anforderungen, die Warschat, Joachim - Frech, Joachim: Datenbanksysteme...(1996), S. 99 ff an Vorkalkulationssysteme stellen, weitgehend ab.

[129] Vgl. Wolfram, Markus: Konstruieren...(1994), S. 50. Siehe Trender, Lutz: Kalkulation...(2000), S. 27 und zum Einsatz neuronaler Netze auch Krannich, Michael: Neural Networks...(1998), S. 221 ff.

[130] Siehe dazu ausführlich Lackes, Richard - Mack, Dagmar: Neuronale Netze...(2000), S. 25 ff und auch Westekemper, Markus: Angebotspreisbildung...(2002), S. 18.

[131] Vgl. dazu und im Folgenden Becker, Jörg: DV-Verfahren...(1996), S. 84 f, Corsten, Hans - May, Constantin: Künstliche...(1996), S. 217 ff, Knoblach, Jürgen: Angebotskalkulation...(1999), S. 70 ff und Oberhofer, Walter - Zimmerer, Thomas: Netze...(1996), S. 4 ff sowie die dort angegebene Literatur.

[132] Siehe zur Funktionsweise neuronaler Netze grundlegend Zell, Andreas: Neuronale Netze...(1998), S. 3 ff.

Abbildung 3-9
Struktur eines mehrschichtigen neuronalen Netzes[133]

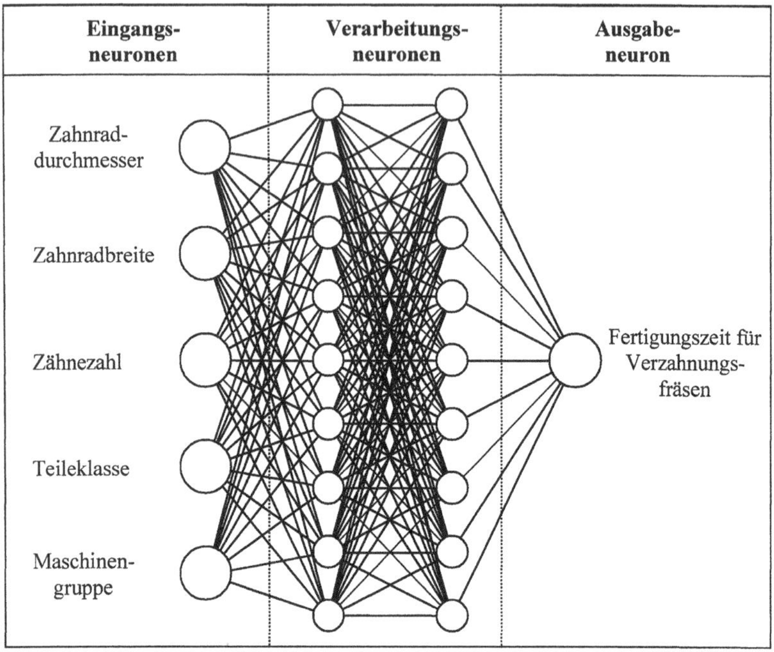

Ein neuronales Netz muss zur Ermittlung der Transformationsfunktionen der Neuronen und der spezifischen Gewichtungen „**trainiert**" werden. Dazu werden dem Netz die Ergebnisse der Nachkalkulation bereits gefertigter Erzeugnisse und die spezifischen kalkulationsrelevanten Merkmale mit ihren jeweiligen Ausprägungen bereitgestellt[134]. Auf Basis der Eingabedaten der bereitgestellten Erzeugnisse werden in einem iterativen Prozess die Ausgabewerte, hier also die Fertigungszeiten oder Erzeugniskosten der bereits gefertigten Produkte, so ermittelt, dass die geschätzten Kalkulationsergebnisse innerhalb vorgegebener Fehlertoleranzen eine möglichst geringe Abweichung von den tatsächlichen Werten aufweisen. Die dadurch „erlernten" funktionalen Zusammenhänge können dann auf neu zu konstruierende Erzeugnisse an-

[133] Um eine Verarbeitungsebene modifiziert nach Wolfram, Markus: Konstruieren...(1994), S. 51. Siehe dazu prinzipiell auch Becker, Jörg: Kalkulation...(1994), S. 169 und Krannich, Michael: Neural Networks...(1998), S. 224.

[134] Siehe stellvertretend Bode, Jürgen: Neuronale Netze...(1998), S. 101 ff, der ein neuronales Netz zur Kostenprognose von Kugellagern für einen Wälzlagerhersteller implementiert.

gewandt werden[135]. Auf diese Weise stellen neuronale Netze einen - nicht bekannten - **funktionalen, algorithmischen Zusammenhang** zwischen den Eingabedaten (Produkteigenschaften) und den Ausgabewerten (resultierende Kosten oder Zeiten) her[136].

Als wesentlicher Vorteil beim Einsatz neuronaler Netze zur konstruktionsbegleitenden Kostenermittlung zeigt sich, dass der Konstrukteur **keine komplexen Kostenmodelle** bearbeiten muss und auch keine rein statistisch fundierten Kostenfunktionen abgeleitet werden müssen. Dafür sind die Ergebnisse aber nur schwer nachvollziehbar. Problematisch stellt sich auch das „**Training**" eines neuronalen Netzes dar, da dafür konkrete, speziell aufbereitete „Trainingsfälle" in ausreichender Anzahl vorliegen müssen. Zudem müssen diesen jeweils ähnliche Kostenwirkungen zugrunde liegen wie dem zu kalkulierenden Produkt[137]. Die maßgeblichen Kosteneinflussgrößen müssen bekannt und zudem begrenzt sein. Bei einer zu großen Zahl an Kosteneinflussgrößen ist die Komplexität des neuronalen Netzes kaum mehr beherrschbar[138].

C Expertensysteme als Konstruktionsberater

Expertensysteme versuchen, den **Problemlösungsprozess menschlicher Experten nachzuahmen** und imitieren damit das „Denken von (menschlichen) Experten"[139]. Dazu besitzen sie genau wie ein Fachmann oder Experte einen Wissensvorrat als zentralen Bestandteil, die so genannte **Wissensbasis**[140]. Diese beinhaltet in modularer Form das Expertenwissen sowie Regeln zur Verknüpfung desselben und stellt eine konkrete **Wissensspeicherung** in EDV-technischer Form dar. Auf dieser Grundlage simulieren Expertensysteme den menschlichen Problemlösungsprozess. Die zusätzlich vorhandene **Wissenserwerbskomponente** dient zur Übermittlung von Informationen an das Expertensystem, die **Dialogkomponente** zur Kommunikation zwischen Benutzer und Expertensystem. Die **Erklärungskomponente** verdeutlicht dem Benutzer das Zustandekommen der gefundenen Lösung und trägt damit einerseits zur Akzeptanz des ermittelten Ergebnisses bei und andererseits auch zu dessen Nachvollziehbarkeit. Die **Inferenzkomponente** schließlich umfasst diejenigen Module und Algorithmen, die soft-

---

[135] Vgl. dazu Becker, Jörg: Informationssystemarchitektur...(1994), S. 162 ff. Der Gültigkeitsbereich der trainierten neuronalen Netze ist aber natürlich auf ähnliche Produkte begrenzt. Siehe auch Schön, Achim: Kostenprognose...(1997), S. 173 f, der das dargestellte neuronale Netz als „Multi-Layer-Perzeptron" bezeichnet. Lackes, Richard - Mack, Dagmar: Neuronale Netze...(2000), S. 70 ff verweisen darauf, dass neben den Trainingsdaten auch Validierungsdaten zur Festlegung des Abschlusses der Trainingsphase sowie Testdaten zur abschließenden Ermittlung der Güte des neuronalen Netzes notwendig sind.

[136] Siehe zur Darstellung des Lernvorgangs und zum Training neuronaler Netze ausführlich Knoblach, Jürgen: Angebotskalkulation...(1999), S. 72 ff und Lackes, Richard - Mack, Dagmar: Neuronale Netze...(2000), S. 103 ff.

[137] Siehe dazu Schön, Achim: Kostenprognose...(1997), S. 177.

[138] Siehe Bode, Jürgen: Neuronale Netze...(1998), S. 109.

[139] Leonard-Barton, Dorothy - Sviokla, John J.: Expertensysteme...(1989), S. 99. Siehe auch Borkowski, Volker Expertensystem...(2001), S. 197, der Expertensysteme (XPS) mit Wissensbasierten Systemen (WBS) gleichsetzt.

[140] Vgl. Stahlknecht, Peter - Hasenkamp, Ulrich: Wirtschaftsinformatik...(1999), S. 446.

waretechnisch Anfragen an die Wissensbasis stellen und ausgehend von der Wissensbasis sodann eine Lösung generieren[141]. Abbildung 3-10 zeigt schematisch den generellen Aufbau eines Expertensystems.

Abbildung 3-10
Genereller Aufbau eines Expertensystems[142]

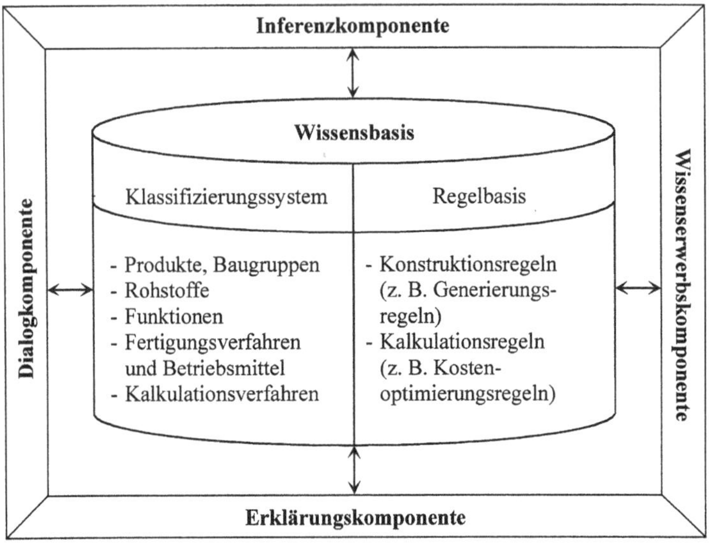

Im Bereich der Kalkulation können nun in Expertensystemen die Daten bereits gefertigter Erzeugnisse als Wissensbasis abgelegt werden. Dies bedeutet notwendigerweise eine **sachmerkmalsbezogene Klassifizierung** von Produktgruppen und eine Zusammenfassung gleicher Stücklistenstrukturen[143]. Produktionsregeln werden aus der Analyse existierender nach Teileklassen gruppierter Arbeitspläne abgeleitet[144]. Über einen Ähnlichkeitsvergleich mit Hilfe der Wissensbasis werden Stücklisten und zugehörige Arbeitspläne des zu konstruierenden Erzeugnisses identifiziert und mit Hilfe des entsprechenden Kalkulationsverfahrens bewertet, das jeweils anhand von differenzierten

[141] Siehe dazu stellvertretend Berkau, Carsten - Hirschmann, Petra - Scheer, August-Wilhelm: Produktentwicklung...(1997), S. 206, die bei ansonsten gleicher Nomenklatur die Dialogkomponente als Interviewerkomponente bezeichnen. Vgl. auch Borkowski, Volker Expertensystem...(2001), S. 197, Helbig, Hermann: Wissensverarbeitung...(1996), S. 248 ff und Stahlknecht, Peter - Hasenkamp, Ulrich: Wirtschaftsinformatik...(1999), S. 447 ff.

[142] Mit leichten Modifizierungen nach Bock, Martina - Kraemer, Wolfgang - Scheer, August-Wilhelm: Weiterentwicklungen...(1991), S. 125.

[143] Siehe Bock, Martina - Kraemer, Wolfgang - Scheer, August-Wilhelm: Weiterentwicklungen...(1991), S. 122.

[144] Siehe Wolfram, Markus: Konstruieren...(1994), S. 57.

Auswahlregeln festgelegt wurde[145]. Voraussetzung für diese Vorgehensweise ist, dass es sich nicht um eine echte Neukonstruktion handelt, da ansonsten eine **Ähnlichkeitssuche** in der Wissensbasis erfolglos bleibt[146].

Alternativ werden aus den konstruktiv jeweils festgelegten Geometrie- und Technologiedaten Grobarbeitspläne als vereinfachte Auflistung von Arbeitsschritten generiert. Für diese Arbeitsschritte werden Vorgabezeiten ermittelt und anschließend bewertet[147]. Das **Ablaufschema** folgt somit weitgehend dem der Nachkalkulation, bleibt aber - wenn schwerpunktmäßig Formelemente zur Generierung der Arbeitsschritte herangezogen werden - auf die Fertigungskosten beschränkt. Die Erweiterung von Expertensystemen um Transparenz schaffende **Prozessmodelle** ermöglicht darüber hinaus die Abbildung der Kostenwirkungen einer Prozessinanspruchnahme und somit eine prozessbezogene Kostensimulation bzw. Kostenermittlung[148].

Mit dem Einsatz von Expertensystemen zur konstruktionsbegleitenden Kalkulation ist es möglich, den **Informationszuwachs** im Verlauf der Konstruktion zu berücksichtigen. Bei der Anfrage an das Expertensystem werden die zum entsprechenden Zeitpunkt vorliegenden Erzeugnisinformationen an das System übermittelt; je weiter die Konstruktion fortgeschritten ist, desto mehr und genauere Informationen können dem System zur Verfügung gestellt werden, das seinerseits ein dem **aktuellen Informationsstand** entsprechendes Kalkulationsverfahren auswählen kann.

D Integration von CAD-Systemen und Kalkulation

Die Kernidee der Integration von CAD-Systemen und Kalkulationsprogrammen ist die **real-time Bewertung von konstruktiven Festlegungen**. Die von der Konstruktion getroffenen Produktspezifikationen werden direkt an ein Kalkulationsprogramm übergeben und sofort aktuell bewertet. Dieser theoretisch nahe liegende Gedanke stößt in der Praxis allerdings ziemlich schnell an seine Grenzen, da der Konstruktionsprozess vor allem von Erfahrung und Wissen des Konstrukteurs geprägt wird[149].

Auch die **komplexe Aufgabe der Arbeitsvorbereitung** mit der Arbeitsgangplanung und der Maschinen- und Werkzeugwahl kann nur idealtypisch automatisiert werden.

---

[145] Vgl. wiederum Bock, Martina - Kraemer, Wolfgang - Scheer, August-Wilhelm: Weiterentwicklungen...(1991), S. 122.

[146] Borkowski, Volker: Anwendungen..(2001), S. 194 f führt die Konfiguration und Kalkulation einer Produktvariante als exemplarischen Anwendungsfall eines Expertensystems an. Gleichzeitig verweist er darauf, dass der eigenen Erfahrung zufolge 75% der Expertensysteme im Bereich der Industrie angesiedelt sind. Zur Anwendung kommen Expertensysteme in der Praxis nur mehr selten als eigenständige Anwendung, vielmehr werden sie in integrierten Systemen eingesetzt und damit nicht mehr als Expertensystem klassifiziert.

[147] Vgl. Wolfram, Markus: Konstruieren...(1994), S. 56.

[148] Vgl. dazu insbesondere Berkau, Carsten - Hirschmann, Petra - Scheer, August-Wilhelm: Produktentwicklung...(1997), S. 196 ff.

[149] Siehe Pahl, Gerhard - Beitz, Wolfgang - Feldhusen, Jörg - Grote, Karl-Heinrich: Konstruktionslehre...(2003), S. 717 und auch Sprenzel, Andreas: Kostenkalkulationsverfahren...(2000), S. 15 ff und S. 47.

Tatsächliche betriebliche Gegebenheiten, wie Engpass-Situationen bei eigentlich fertigungsoptimalen Maschinen, können bisher nur durch den Menschen berücksichtigt werden. Die Verwendung aktueller und aktualisierter Daten in der Vorkalkulation ist ebenfalls aufwendig und kann durch Computer zwar unterstützt, aber nicht übernommen werden[150].

Trotzdem existieren zahlreiche Softwaresysteme, die bereits in der Entwicklung und Konstruktion auf Basis der **Modellierung kompletter Produktionssysteme** Herstell- oder Prozesskosten bestimmen können. Bezüglich einer detaillierteren Erläuterung der einzelnen Systeme sei an dieser Stelle auf die einschlägige Literatur verwiesen[151].

IV. Grob- und Schätzkalkulationen auf Produktebene

Zu Beginn der produktspezifischen Entwicklung und Konstruktion sind lediglich einige wenige Produkteigenschaften festgelegt oder gar nur ein einziges Produktmerkmal. Aus diesem Grund kommt prinzipiell nur eine Abschätzung der zu erwartenden Produktkosten in Frage, so dass Grob- und Schätzkalkulationen auf Produktebene zur Anwendung kommen.

Fachleute sind meist aufgrund ihres Expertenwissens und ihrer Erfahrung dazu imstande, die Kosten von in ihrem Spezialgebiet konstruierten Erzeugnissen ausgehend von global definierten Produktmerkmalen pauschal abzuschätzen. Diese Schätzergebnisse sind jedoch weder intersubjektiv überprüfbar noch ist diese Art der Kostenschätzung kurzfristig erlernbar[152]. Dennoch ist die **Kostenschätzung auf Basis von Erfah-**

---

150 Kurbel, Karl: Produktionsplanung...(2003), S. 26 ff weist auf die mangelnde Übereinstimmung zwischen den von PPS-Systemen aufgestellten Plänen und dem tatsächlichen Fertigungsverlauf hin und bemängelt die geringe Planaktualität. Dieses Problem tritt noch verstärkt zutage, wenn die Konstruktion Annahmen über bestimmte Fertigungsverhältnisse treffen muss.

151 Siehe Bullinger, Hans-Jörg: Entwicklung...(1995), S. 23 ff, Horváth, Péter - Gleich, Ronald - Scholl, Kai: Betrachtung...(1996), S. 53 ff und Pahl, Gerhard - Beitz, Wolfgang - Feldhusen, Jörg - Grote, Karl-Heinrich: Konstruktionslehre...(2003), S. 713 f. Ausgewählte Werkzeuge zur Modellierung kompletter Produktionssysteme analysiert Wunderlich, Jürgen: Kostensimulation...(2002), S. 29 ff und entwickelt ausgehend von den aufgedeckten Mängeln das Kostenrechnungswerkzeug „KostSim" zur simulationsgestützten wirtschaftlichen Produktionsgestaltung.

Einen gänzlich anderen Ansatz, dessen Darstellung aber den Rahmen der vorliegenden Arbeit sprengen würde, wählt eine entwicklungs- und konstruktionsbegleitende Kalkulation auf Basis von Features. Wolfram, Markus: Konstruieren...(1994), S 85 definiert ein Feature als „ein geometrisches Objekt mit zusätzlichen, zu diesem Objekt gehörigen, nicht-geometrischen Eigenschaften". Siehe zur feature-basierten Kalkulation insbesondere Becker, Jörg: Kosteneinschätzungen...(1997), S. 190 sowie die Erläuterungen zum feature-basierten Kosteninformationssystem FEKIS bei Wolfram, Markus: Konstruieren...(1994), S 103 ff. Vgl. Schumann, Sören - Grote, Karl-Heinrich: Produktmodell...(1997), S. 89 ff und Vajna, Sandor - Wegner, Britta: Features...(1996), S. 139 ff zu feature-basierten Systemen aus technischem Blickwinkel. Siehe auch Trender, Lutz: Kalkulation...(2000), S. 27 f.

152 Vgl. Ehrlenspiel, Klaus - Kiewert, Alfons - Lindemann, Udo: Produktentwicklung...(2000), S. 409 f, Eversheim, Walter - Minolla, Wolfgang - Fischer, Werner: Angebotskalkulation...(1977), S. 13 oder VDI-Gesellschaft Entwicklung Konstruktion Vertrieb - VDI-EKV: Angebotsbearbeitung...(1999), S. 124. Vgl. dazu auch die „subjektiven Beurteilungsverfahren" bei Schultz, Volker: Projektkostenschätzung...(1995), S. 87 ff.

rungswissen ein erster Schritt auf dem Weg zur Ermittlung der Herstellkosten. Sie eignet sich außerdem - bei Unabhängigkeit des Experten - zur Vorgabe eines ersten Kostenziels[153]. Das Fach- und Erfahrungswissen von Experten stellt gleichzeitig den Ausgangspunkt zur Entwicklung der bereits dargestellten Expertensystemen dar, die dieses speichern und über Problemlösungsmechanismen zugänglich und reproduzierbar machen[154]. Für verschiedene Branchen existieren außerdem auch umfangreiche Tabellenwerke, die **Kosten- und vor allem Zeitfaktoren als branchenspezifische Kennziffern** in unterschiedlicher Differenzierung angeben und somit ebenfalls eine Kostenabschätzung ermöglichen[155]. Diese branchenbezogenen Kennziffern können - neben den vorzugsweise anzuwendenden unternehmensindividuell ermittelten Größen - als Basis für die nachfolgend erläuterten Verfahren mit pauschalen Kennziffern dienen.

Grobkalkulationen zur Kostenermittlung auf Basis pauschaler Kennziffern sind dadurch gekennzeichnet, dass sie auf Produktebene operieren und **nicht nach einzelnen Kostenpositionen differenzieren**[156]. Wie bereits angesprochen gilt generell, dass Grobkalkulationen um so genauer sein können, je größer die Ähnlichkeit des zu kalkulierenden Erzeugnisses zu dem zugrunde gelegten Vergleichsobjekt ist. Eine Produktdifferenzierung erfolgt in diesem Rahmen lediglich nach **Produktklassen oder Produkttypen**, so werden in der Bauindustrie Gebäude unterteilt in Bürogebäude und Wohngebäude und Letztere wiederum in Wohngebäude mit normaler und mit gehobener Ausstattung.

Das grundlegende Problem, das allen pauschalen Verfahren zur Kostenschätzung innewohnt, ist der **Schluss von einem pauschalen Parameter auf die Herstellkosten** eines Produkts. Daraus resultiert auch die geringe Genauigkeit dieser Verfahren. Andererseits liegen im frühen Konstruktionsstadium noch keine genaueren Erzeugnisinformationen vor, so dass differenziertere Verfahren der entwicklungs- und konstruktionsbegleitenden Kalkulation noch nicht zum Einsatz kommen können. Ein weiteres Problem ist der **eingeschränkte Anwendungsbereich** der im Folgenden angesprochenen Verfahren. Grobkalkulationen sind nur dann für neue Erzeugnisse durchführbar, wenn diese eine enge **Ähnlichkeit** zu bereits gefertigten Produkten aufweisen, für die

---

153 Allerdings muss einer Untersuchung im Maschinenbau zufolge bei der Kostenschätzung mit einer mittleren Abweichung von 30% und mehr gerechnet werden, vgl. dazu Rothenbücher, Jürgen: Kostenprognose...(1986), S. 31 f.

154 Siehe dazu die Ausführungen im III. Abschnitt des vorliegenden Kapitels.

155 Vgl. bspw. Ruckes, Jakob: Betriebs- und Angebotskalkulation...(1972), S. 8 ff, der zusätzlich zu den differenzierenden Zeitangaben für die einzelnen Fertigungstätigkeiten im Stahl- und Apparatebau auch summarische Durchschnittswerte zur Durchführung und Überprüfung einer Angebotskalkulation angibt und Kiewert, Alfons: Systematische...(1979), S. 23 f sowie die dort angegebene Literatur. Siehe auch Drees, Gerhard - Kurz, Theodor: Aufwandstafeln...(1979) und Meier, Ewald: Zeitaufwandtafeln...(1990).

156 Vgl. Männel, Wolfgang: Produktkostenkalkulation...(1997), S. 217.

wiederum die entsprechenden Kostenfaktoren bekannt sind[157]. Zudem muss natürlich auch die **kalkulationsrelevante Ausprägung des entsprechenden Objektmerkmals** beim neuen Erzeugnis feststehen. Auf das Problem der Aktualität der Kostenfaktoren und der Linearitätsprämisse zwischen der jeweils gewählten Bezugsgröße und den zu errechnenden Kosten soll an dieser Stelle nicht eingegangen werden.

A Kilogramm-Kosten-Methode

Eines der bekanntesten Verfahren zur Kostenermittlung auf Basis pauschaler Kennziffern ist die Kilogramm- oder **Kilo-Kosten-Methode**[158]. Dieses auch als **Gewichtskostenkalkulation** bezeichnete Verfahren bezieht die Herstellkosten eines gefertigten Erzeugnisses (HK_0) auf dessen bekanntes Gewicht (G_0) und multipliziert diesen **Gewichtskostensatz** [in EUR/kg] mit dem erwarteten Gewicht (G_{neu}) eines zu konstruierenden Erzeugnisses, um die Herstellkosten des neuen Produkts (HK_{neu}) zu ermitteln. Es gilt mithin:

$$HK_{neu} = \frac{HK_0}{G_0} \times G_{neu}$$

Zur Ermittlung des Gewichtskostensatzes können natürlich auch mehrere bereits gefertigte ähnliche Erzeugnisse herangezogen werden, deren Herstellkosten um Störgrößen bereinigt wurden. Anwendung findet die Gewichtskostenkalkulation vor allem in **materialintensiven Unternehmen**, wie im Maschinenbau, Stahlbau oder Schiffsbau[159]. Diese Kalkulationsmethodik liefert natürlich nur dann valide Ergebnisse, wenn das Verhältnis der Fertigungskosten zu den Materialkosten sowohl bei dem bereits gefertigten als auch bei dem zu kalkulierenden Erzeugnis den gleichen Wert annimmt oder die Materialkosten im Vergleich zu den Fertigungskosten sehr hoch sind[160] und es sich zudem um gleichartige Produkte handelt[161].

---

157 Schultz, Volker: Projektkostenschätzung...(1995), S. 97 ff sieht darauf aufbauend in dem von ihm als Kennzahlenverfahren bezeichneten Kalkulationsverfahren die zugrunde liegende Methodik der Divisionskalkulation als Einschränkung.

158 Siehe dazu Fischer, Werner: Erstellung...(1977), S. 21, Kambartel, Karl-Heinz: Angebotsplanung...(1973), S. 30 ff, Plinke, Wulff: Kostenrechnung ...(1997), S. 177 ff und auch Wolfram, Markus: Konstruieren...(1994), S. 47 f.

159 Vgl. dazu Reim, Susanne: Konzepte...(1997), S. 40.

160 Vgl. VDI-Gesellschaft Entwicklung Konstruktion Vertrieb - VDI-EKV: Angebotsbearbeitung...(1999), S. 124 f. Siehe zur mathematischen Beweisführung und zu empirischen Ergebnissen Opitz, Herwart - Brankamp, Klaus - Kambartel, Karl-Heinz: Systematisierung...(1971), S. 14 ff.

161 Siehe Ehrlenspiel, Klaus - Kiewert, Alfons - Lindemann, Udo: Produktentwicklung...(2000), S. 412 f, die in diesem Zusammenhang die Genauigkeit der Gewichtskostenkalkulation verbessern, indem sie einen mit steigendem Gewicht degressiv fallenden Gewichtskostensatz annehmen. Vgl. auch Westekemper, Markus: Angebotspreisbildung...(2002), S. 14 f.

B Materialkostenmethode

Bei der durch ein ähnliches Vorgehen gekennzeichneten **Materialkostenmethode**[162] wird der Anteil der Materialkosten an den Herstellkosten eines gefertigten Erzeugnisses ermittelt. Dabei wird unterstellt, dass der Anteil der Materialkosten an den Herstellkosten, also die **Kostenstruktur aus Material- und Fertigungskosten konstant** bleibt[163]. Die Herstellkosten des zu konstruierenden Erzeugnisses (HK_{neu}) werden somit nach der Ermittlung der absoluten Materialkosten (MK_{neu}) über den konstanten **Materialkostenanteil** (MK_0/HK_0 = konstant) berechnet[164]:

$$HK_{neu} = \frac{MK_0}{HK_0} \times MK_{neu}$$

Für die **Anwendungsbedingungen und -einschränkungen** der Materialkostenmethode gelten die Ausführungen zur Gewichtskostenkalkulation analog.

C Kalkulation über leistungsbestimmende Einflussgrößen

Als weiteres Verfahren der Kurzkalkulation ist noch die **Kalkulation über leistungsbestimmende Parameter** anzuführen[165]. In seiner grundlegenden Methodik entspricht dieses Verfahren wiederum der Gewichtskostenkalkulation[166]: Auf Basis bereits gefertigter Erzeugnisse werden **Kennziffern** und entsprechende **Kostenfaktoren oder Kostenbezüge** festgelegt, über die dann nach Ermittlung der Kennzifferausprägung bei dem neu zu konstruierenden Erzeugnis die Herstellkosten errechnet werden. So sind in der Bauindustrie nach DIN 277 die Brutto-Grundrissfläche, der Brutto-Rauminhalt und die Hauptnutzfläche als Bezugsgrößen geeignet[167]. Für leistungsbestimmende Parame-

---

162 Vgl. Kambartel, Karl-Heinz: Angebotsplanung...(1973), S. 112 ff, Plinke, Wulff: Kostenrechnung...(1997), S. 182 f und Wolfram, Markus: Konstruieren...(1994), S. 48 f. Rieg, Frank-Peter: Kostenwachstumsgesetze...(1982), S. 3 weist darauf hin, dass die Berechnung von Herstellkosten über den Materialanteil im Jahr 1951 bereits von Kesselring, Fritz: Bewertung...(1951), S. 15 ff vorgeschlagen wurde.

163 Siehe zur Konstanz prozentualer Kostenanteile und zur daraus resultierenden Herstellkostenschätzung bereits frühzeitig Kesselring, Fritz: Bewertung...(1951), S. 15 ff.

164 Vgl. Ehrlenspiel, Klaus - Kiewert, Alfons - Lindemann, Udo: Produktentwicklung...(2000), S. 413 f.

165 Vgl. dazu erneut Ehrlenspiel, Klaus - Kiewert, Alfons - Lindemann, Udo: Produktentwicklung...(2000), S. 414 f.

166 So führt Rieg, Frank-Peter: Kostenwachstumsgesetze...(1982), S. 6 aus, dass sich im Rahmen der Gewichtskostenkalkulation „statt des Maschinengewichts auch Leistungen, Drehmomente o. a." verwenden lassen.

167 „Diese Norm gilt für die Berechnung der Grundflächen und Rauminhalte von Bauwerken. Grundflächen und Rauminhalte sind maßgebend für die Ermittlung der Kosten von Hochbauten", zitiert nach Cad Planungsbüro Blum: DIN 277...(2003), S. 1. Vgl. auch Männel, Wolfgang: Entwicklungsperspektiven...(1999), S. 107. Siehe dazu auch Kochendörfer, Bernd: Bauzeit...(1978), S. 94, der neben Bruttorauminhalt und Hauptnutzfläche auch die Fassadenfläche als „Kostenrichtwert" anführt.

ter als Kennziffern zur Kostenermittlung finden sich in der Fachliteratur weitere ingenieurwissenschaftliche Beispiele[168].

Da bei der Kalkulation über leistungsbestimmende Einflussgrößen ein zentraler Produktparameter als Maßstab genommen wird, gelten die bei der Gewichtskostenkalkulation aufgeführten Anwendungsvoraussetzungen analog. Sowohl die Gewichtskostenkalkulation als auch die Materialkostenmethode können streng genommen - im mathematischen Sinne - als **Spezialfall der Kalkulation über leistungsbestimmende Einflussgrößen** angesehen werden. Bei der Gewichtskostenkalkulation stellen die Kosten pro Gewichtseinheit die entsprechende Kennziffer dar und damit das Gewicht des neuen Produkts den kalkulationsrelevanten „leistungsbestimmenden“ Parameter, bei der Materialkostenmethode wird der Materialkostenanteil zur Kalkulation herangezogen. Nur in Ausnahmefällen bestimmen aber das Gewicht oder der Materialkostenanteil eines Produkts das jeweilige Leistungspotenzial, so dass diese beiden Verfahren hier eigenständig behandelt wurden.

V. Modulare Produktkostenkalkulation auf Komponentenebene

Sind im Verlauf der Konstruktion über globale Produktmerkmale hinaus bereits **konstruktive komponentenspezifische Merkmale** festgelegt, werden Verfahren der entwicklungs- und konstruktionsbegleitenden Kalkulation angewendet, die die Kosten der entsprechenden Komponenten modular kalkulieren und ermitteln können und so eine größere Genauigkeit erreichen als die Verfahren der Schätzkalkulation. Zudem werden bei modularen Produktkostenkalkulationen im Regelfall **mehrere Kosteneinflussgrößen** berücksichtigt, außerdem erfolgt meist eine **differenzierte Ermittlung nach Materialkosten und nach Fertigungskosten**[169].

Modulare Produktkostenkalkulationen können auch so ausgestaltet sein, dass für die die Kosten im Wesentlichen determinierenden **A-Komponenten**[170] eines Erzeugnisses differenzierte Kalkulationsverfahren zur Anwendung kommen, während die Kosten der restlichen Komponenten pauschal ermittelt werden[171]. Meist werden in den

[168] Siehe Ehrlenspiel, Klaus - Kiewert, Alfons - Lindemann, Udo: Produktentwicklung...(2000), S. 414 f.

[169] Vgl. dazu Männel, Wolfgang: Produktkostenkalkulation...(1997), S. 217 und Reim, Susanne: Konzepte...(1997), S. 60.

[170] Auch bei der Anwendung frühzeitiger Kalkulationsmethoden werden ABC-Analysen bezüglich der Leistungsinanspruchnahme durchgeführt, um sich nicht „in der Unzahl von Teilen, Fertigungsabläufen und Gesichtspunkten“ zu verlieren. Ehrlenspiel, Klaus - Kiewert, Alfons - Lindemann, Udo: Zielkostenorientierte...(2002), S. 122. Siehe dazu auch Conrad, Klaus-Jörg: Konstruktionslehre...(1998), S. 268 ff, Sprenzel, Andreas: Kostenkalkulationsverfahren...(2000), S. 55 ff und Westekemper, Markus: Angebotspreisbildung...(2002), S. 15 f.

[171] Vgl. Fischer, Werner: Erstellung...(1977), S. 21. Im Hochbau ist die so genannte Kalkulation über Leitpositionen verbreitet. Unter Leitpositionen werden dabei diejenigen Positionen der Leistungsverzeichnisse verstanden, die üblicherweise einen Großteil der Bauwerkskosten verursachen. Mit Hilfe einer ABC-Analyse wurden 80% der Kosten im Hochbau auf 20% der Positionen der Leistungsverzeichnisse zurückgeführt. Die angesprochenen Leitpositionen werden dem Informationsstand entsprechend so genau wie möglich kalkuliert, für die Restpositionen, die nur in geringerem

Unternehmen verschiedene Verfahren der entwicklungs- und konstruktionsbegleitenden Kalkulation jeweils in Abhängigkeit vom Konstruktionsstand nacheinander eingesetzt. Eine parallele Anwendung verschiedener Methoden kommt aber regelmäßig nicht in Betracht, da die einzelnen Verfahren informationsabhängig unterschiedliche Ergebnisse liefern und die Differenz dieser Ergebnisse für die Mitarbeiter nicht nachvollziehbar und damit kaum akzeptabel ist.

A Kostenwachstumsgesetze bei ähnlichen Produkten

Kostenwachstumsgesetze formulieren das **Verhältnis der Kosten von Baureihen oder anderen zueinander ähnlichen Produkten**[172]. Aus den Daten eines Grundentwurfs werden durch Gegenüberstellung der Kalkulationsunterlagen schnell die Kosten für Folgeentwürfe abgeleitet, ohne dass die Folgeentwürfe erst konstruiert werden müssen. So kann auch von den Kosten eines Modells auf die Kosten des tatsächlichen Produkts geschlossen werden[173].

Ganz allgemein gilt für ein **Kostenwachstumsgesetz der Herstellkosten** (HK):

$$\frac{HK_{Folgeentwurf}}{HK_{Grundentwurf}} = \varphi_{HK} = f\left(\varphi_L\right),$$

mit: φ_{HK} =Verhältnis der Herstellkosten von Folge- zu Grundentwurf, φ_L = bei geometrischer Ähnlichkeit konstantes Verhältnis der Längenmaßstäbe von Folge- zu Grundentwurf.

Die **Produktähnlichkeit** erstreckt sich bei Kostenwachstumsgesetzen auf geometrische, stoffliche, konstruktive und fertigungstechnische Ähnlichkeiten, die meist bei Baureihensystemen gegeben sind[174]. Kostenwachstumsgesetze sind meist **überbetrieblich gültig** und werden über die Kalkulation eines Grundentwurfs individuell angepasst. Die zwingend notwendige Kalkulation eines Grundentwurfs stellt aber gleichzeitig einen Nachteil der Anwendung von Kostenwachstumsgesetzen dar. Zudem

---

Umfang kostenbestimmend sind, werden die Kosten über prozentuale Anteile oder Kostenrichtwerte ermittelt. Diese Vorgehensweise ist wesentlich objektiver und genauer als die Verwendung von generellen Baupreisindizes. Siehe dazu insbesondere Diederichs, Claus-Jürgen - Hepermann, Heinrich: Kostenermittlung...(1986), S. 7 ff.

172 Siehe zum Begriff der Baureihe die Ausführungen auf Seite 150.

173 Siehe dazu und im Folgenden Ehrlenspiel, Klaus - Kiewert, Alfons - Lindemann, Udo: Produktentwicklung...(2000), S. 423 f und besonders Rieg, Frank-Peter: Kostenwachstumsgesetze...(1982), S. 38 ff.

174 Unterschieden wird zwischen geometrischer Ähnlichkeit und geometrischer Halbähnlichkeit. Liegt geometrische Ähnlichkeit vor, unterscheiden sich die Produkte nur durch einen Vergrößerungsfaktor (Stufensprung), bei der geometrischen Halbähnlichkeit ändern sich bestimmte Maße mit unterschiedlichen Faktoren. Vgl. Ehrlenspiel, Klaus - Kiewert, Alfons - Lindemann, Udo: Produktentwicklung...(2000), S. 423 und ausführlich Pahl, Gerhard - Beitz, Wolfgang - Feldhusen, Jörg - Grote, Karl-Heinrich: Konstruktionslehre...(2003), S. 696 ff. Siehe zur Anwendungsbeschränkung von Kostenwachstumsgesetzen auf Baureihen und Varianten auch Eversheim, Walter - Rothenbücher, Jürgen: Kurzkalkulation...(1985), S. 267.

existieren praktisch nicht besonders viele geometrisch ähnliche oder halbähnliche Produkte[175].

Nachstehende Gleichung zeigt ein **summarisches Kostenwachstumsgesetz**[176], das die Rüstkosten (RK), die Fertigungskosten (FK) und die Materialkosten (MK) berücksichtigt und die stückbezogenen Herstellkosten (HK) einer Baugröße i bei einer gegebenen Losgröße n angibt. Der Index 0 identifiziert die Kostendaten des Grundentwurfs, φ_L bezeichnet den Stufensprung, also den Vergrößerungsfaktor der Länge des Folgeentwurfs. Die Exponenten müssen unternehmensindividuell angepasst werden:

$$HK_{in} = \frac{RK_0}{n} \times \varphi_L^{0,5} + FK_0 \times \varphi_L^2 + MK_0 \times \varphi_L^3$$

Neben summarischen Kostenwachstumsgesetzen können auch **differenzierte Kostenwachstumsgesetze** Anwendung finden, die für bestimmte Fertigungsverfahren oder Komponenten die Abhängigkeiten zwischen konstruktiven Parametern und Herstellkosten angeben. So wurden in einer Untersuchung von Kippsegmentlagern für Dampfturbinen ausgehend von bekannten Kosten- und Zeitangaben des Grundentwurfs und der Folgeentwürfe differenzierte Kostenwachstumsgesetze für den Lagerring, die Segmente, Kleinteile sowie die Montagekosten bestimmt[177]. Dabei ergaben sich folgende Kostenwachstumsgesetze für[178]:

die Herstellkosten des Lagerrings: $HK_{Lagerring} = 0{,}26 \times \varphi_L^3 + 0{,}22 \times \varphi_L^2 + 0{,}42 \times \varphi_L + 0{,}1$,

die Herstellkosten der Segmente: $HK_{Segmente} = 0{,}37 \times \varphi_L^3 + 0{,}24 \times \varphi_L^2 + 0{,}29 \times \varphi_L + 0{,}1$,

die Herstellkosten der Kleinteile: $HK_{Kleinteile} = 0{,}08 \times \varphi_L^3 + 0{,}40 \times \varphi_L^2 + 0{,}21 \times \varphi_L + 0{,}3$,

die Montagekosten: $FK_{Montage} = 0{,}95 \times \varphi_L + 0{,}05$.

Differenzierte Kostenwachstumsgesetze für **Komponenten oder Fertigungsverfahren** haben summarischen Kostenwachstumsgesetzen gegenüber den Vorteil, dass sie auch angewendet werden können, wenn Produktkomponenten in anderen Produkten eingesetzt werden oder bewährte Fertigungsverfahren zur Erstellung neuer Erzeugnisse eingesetzt werden.

B Kostenfunktionen für stetig variierbare Produktmerkmale

Können die Merkmalsausprägungen der Komponenten **stetig** variiert werden, finden in der Regel **Kostenfunktionen**[179] Anwendung, die eine funktionale Beziehung zwischen

---

175 Vgl. die Einschränkungen zur Realisierung einer geometrischen Ähnlichkeit bei Ehrlenspiel, Klaus - Kiewert, Alfons - Lindemann, Udo: Produktentwicklung...(2000), S. 300 f.

176 Siehe zur Ableitung dieses Kostenwachstumsgesetzes Ehrlenspiel, Klaus - Kiewert, Alfons - Lindemann, Udo: Produktentwicklung...(2000), S. 150 ff und zur Anwendung ebenda, S. 476 ff.

177 Siehe zu dieser Untersuchung Rieg, Frank-Peter: Kostenwachstumsgesetze...(1982), S. 119 ff.

178 Wie bereits ausgeführt bezeichnet φ_L dabei den Stufensprung, also den Vergrößerungsfaktor der Länge des Folgeentwurfs auf den Grundentwurf bezogen.

179 In ihrer mathematischen Methodik sind sowohl die Materialkosten- als auch die Kilo-Kosten-Methode wie auch die synthetisch ermittelten Kostenwachstumsgesetze streng genommen Kosten-

Produkteigenschaften (unabhängige Variablen) und resultierenden Kosten (abhängige Variable) herstellen[180]. Je genauer und vollständiger diese Kostenfunktionen die tatsächlichen Beziehungen zwischen Einflussgrößen und Kosten abbilden, desto genauer sind die Kalkulationsergebnisse.

Die Schwierigkeit besteht nun in der **Ermittlung der Kostenfunktion**[181]. Im einfachsten Fall wird unterstellt, dass die Kosten nur von einer einzigen Einflussgröße abhängen. Dieser eindimensionale Ansatz liegt der Kilogramm-Kosten-Methode, der Materialkostenmethode und auch der Kalkulation über leistungsbestimmende Einflussgrößen zugrunde und soll an dieser Stelle nicht weiter verfolgt werden[182]. Komplexe Kostenabhängigkeiten in späteren Stadien der Konstruktion können allerdings nur mehr durch mehrdimensionale Kostenfunktionen mit mehreren verknüpften Einflussgrößen dargestellt werden. In der Praxis werden diese meist mittels **Regressionsanalysen**[183] auf Basis bereits gefertigter Produkte berechnet, man spricht deshalb auch von Regressionskalkulation[184].

Bevor die Kostenfunktion bestimmt werden kann, müssen die Kosteneinflussgrößen bekannt sein, die die **unabhängigen Variablen** darstellen. Zur Identifikation dieser Einflussgrößen werden Konstruktionszeichnungen, Stücklisten und Arbeitspläne analysiert und Expertenmeinungen aus Konstruktion und Arbeitsplanung eingeholt[185]. Die Ausprägung der entsprechenden Einflussgrößen muss für bereits gefertigte Produkte bekannt sein, da diese die Datenbasis für die Entwicklung der Kostenfunktion darstellen. Im Rahmen der Datenaufbereitung werden Mehrfachgewichtungen und Verzerrungen eliminiert. Nach der DV-technischen Ermittlung der Kostenfunktion wird diese anhand statistischer Kriterien auf ihre Güte geprüft[186]. Ein weiterer **Gütetest der Kostenfunktion** kann mit bereits gefertigten Produkten einer Prüfgruppe erfolgen, wenn

---

funktionen. Zur Abgrenzung werden unter Kostenfunktionen im engeren Sinn deshalb hier mehrdimensionale, mathematisch-analytisch abgeleitete Funktionen verstanden. Siehe dazu auch Rothenbücher, Jürgen: Kostenprognose...(1986), S. 34.

180 Siehe dazu und zu Kostenfunktionen allgemein Fischer, Werner: Erstellung...(1977), S. 33 ff und S. 47 ff. Ehrlenspiel, Klaus - Kiewert, Alfons - Lindemann, Udo: Produktentwicklung...(2000), S. 415 sprechen von einer Kalkulation mit Bemessungsgleichungen.

181 Vgl. zur Entwicklung von Kostenfunktionen ausführlich Eversheim, Walter - Minolla, Wolfgang - Fischer, Werner: Angebotskalkulation...(1977), S. 41 ff, Meinecke, Christian: Kostenermittlung...(1992), S. 89 ff und Rothenbücher, Jürgen: Kostenprognose...(1986), S. 43 ff.

182 Vgl. Eversheim, Walter - Rothenbücher, Jürgen: Kurzkalkulation...(1985), S. 267.

183 Vgl. bspw. Ehrlenspiel, Klaus - Kiewert, Alfons - Lindemann, Udo: Produktentwicklung...(2000), S. 415 ff, Kambartel, Karl-Heinz: Angebotsplanung...(1973), S. 115 ff und Meinecke, Christian: Kostenermittlung...(1992), S. 97 ff. Alternativ werden Kostenfunktionen mit Hilfe der Optimierungsrechnung ermittelt.

184 Siehe zur Anwendung der Regressionsanalyse und zur Güte der ermittelten Kostenfunktion Mymrine, Jurin - Sant, Knud: Regressionsanalyse...(1975), S. 166 f, Spur, Günter - Goetze, Harald: Prognoseentscheidungen...(1979), S. 71 ff, Sprenzel, Andreas: Kostenkalkulationsverfahren...(2000), S. 57 ff und S. 128 ff und Trender, Lutz: Kalkulation...(2000), S. 97 ff.

185 Vgl. Eversheim, Walter - Rothenbücher, Jürgen: Kurzkalkulation...(1985), S. 268.

186 Zur Anwendung kommen bspw. Standardabweichung und Variationskoeffizient.

die Produkte der Datenbasis in eine Basisgruppe zur Ermittlung der Kostenfunktion und eine Prüfgruppe zum Test der ermittelten Kostenfunktion aufgeteilt wurden.

In einem Unternehmen des Sondermaschinenbaus wurde zur Rationalisierung der Angebotserstellung eine aus Kostenfunktionen basierende **Angebotskalkulation** implementiert[187]. Da auf Ebene der absatzfähigen Enderzeugnisse die für eine Regressionsanalyse notwendige Fallzahl von Kalkulationsergebnissen ähnlicher Produkte nicht vorlag, wurde eine Kostenfunktion für die in verschiedenen Erzeugnissen enthaltene **Baugruppe** der Mehrspindelstöcke ermittelt, wobei sowohl Mehrspindelbohr- und Gewindebohreinheiten als auch Mehrspindelfräseinheiten darunter subsumiert wurden. Nach einer notwendigen Aktualisierung der Kostendaten der vorliegenden Kalkulationen und einer Identifikation der kostenbestimmenden Einflussgrößen resultierte folgende **Kostenfunktion für Mehrspindelstöcke mit sieben signifikanten Einflussgrößen**:

$$
\begin{aligned}
\text{Herstellkosten [GE]} = \; & 7335{,}263259 \\
& - 49{,}74624617 \times \text{Spindeldurchmesser [mm]} \\
& - 3102{,}30704790 \times \text{Spindelanzahl [Stück]} \\
& - 1368{,}26996595 \times \lg(\text{Leistung [kW]}) \\
& - 10076{,}63024900 \times \lg(\text{Spindelabstand [mm]}) \\
& + 5325{,}45820435 \times \lg(\text{Kastenbreite [mm]}) \\
& - 8220{,}01245781 \times \lg(\text{Kastenhöhe [mm]}) \\
& + 17045{,}65032090 \times \lg(\text{Nettogewicht - 250 [kg]})
\end{aligned}
$$

Kostenfunktionen mit maximal zwei unabhängigen Variablen können auch grafisch dargestellt werden. Die **grafische Darstellung** trägt dabei mit Sicherheit zur Akzeptanz der ermittelten Kostenfunktion bei, da die Kostenwirkungen der Variablen unmittelbar ersichtlich sind und nicht erst nach einer Berechnung deutlich werden. Abbildung 3-11 zeigt die Kostenfunktion der Stückherstellkosten k_H für Gelenkwellen in Abhängigkeit vom maximalen Drehmoment M_{max} und der Gesamtlänge L. Die sich bei zwei unabhängigen Variablen ergebende „**Kostenfläche**" gibt für jede Kombination der beiden Einflussgrößen maximales Drehmoment M_{max} und Gesamtlänge L die daraus resultierenden Stückherstellkosten an.

Für die mittels Regression ermittelten Kostenfunktionen müssen die gleichen **Anwendungsbedingungen** gelten wie für die Regressionsanalyse selbst. Bezüglich der

[187] Siehe dazu Eversheim, Walter - Minolla, Wolfgang - Fischer, Werner: Angebotskalkulation...(1977), S. 75 ff, die selbstverständlich das Ergebnis in [DM] ausweisen. An dieser Stelle wurde die neutrale Währungseinheit Geldeinheiten [GE] gewählt. Bei Sprenzel, Andreas: Kostenkalkulationsverfahren...(2000), S. 90 ff findet sich eine für die Berücksichtigung verschiedener Herstell-Länder angepasste Kostenfunktion für handgeformte Gusswerkstücke. Kraus, Margit: Kostenfunktionen...(2004), S. 1 ff führt eine empirische Schätzung von Kostenfunktionen für die bundesdeutsche Hochschulausbildung durch.

Abbildung 3-11
Kostenfunktion für die Herstellkosten einer Gelenkwelle[188]

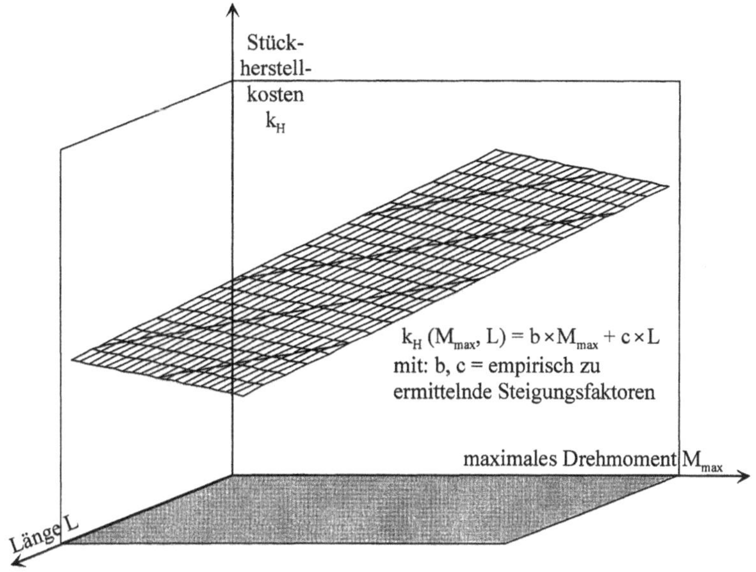

Voraussetzungen und einer kritischen Analyse der Regressionsrechnung sei an dieser Stelle auf die einschlägige Fachliteratur verwiesen[189].

Werden Kostenfunktionen für **diskret variierbare Merkmale** erstellt, müssen diese Merkmale metrisches Skalenniveau aufweisen, andernfalls kommen die im folgenden Abschnitt erläuterten Relativkosten zur Anwendung.

C Relativkosten für diskret variierbare Produktmerkmale

Die **Relativkosten-Kalkulation** dient zur Kostenermittlung bei **diskreten Merkmalen** unabhängig vom Skalenniveau. Nach DIN 32990 sind Relativkosten „auf eine oder mehrere Bezugsgrößen (...) bezogene Kosten eines Kalkulationsobjektes relativiert auf

---

188 Modifiziert nach Meinecke, Christian: Kostenermittlung...(1992), S. 90.

189 Siehe dazu bspw. Backhaus, Klaus - Erichson, Bernd - Plinke, Wulff - Weiber, Rolf: Analysemethoden...(1990), S. 1-42 und die dort angegebenen Literaturhinweise. Fischer, Werner: Erstellung...(1977), S. 39 führt aus, dass zur Gewinnung statistisch gesicherter Kostenfunktionen bei sechs Einflussgrößen ca. 20 Nachkalkulationen ähnlicher Lösungen notwendig sind. Bei Eversheim, Walter - Minolla, Wolfgang - Fischer, Werner: Angebotskalkulation...(1977), S. 75 findet sich dazu allgemein die mathematische Formel, dass für die Anzahl der für die Regression zur Verfügung stehenden Kalkulationsergebnisse n gelten muss: $n >= 7 + 3 * (m - 1)$, mit m = Anzahl der Einflussgrößen.

die in gleicher Weise bezogenen Kosten eines Vergleichsobjektes“[190]. Als Kostenniveau können sowohl die Materialkosten zum Vergleich verschiedener Einsatzmaterialien als auch die toleranzabhängigen Fertigungskosten alternativer Fertigungsverfahren zugrunde gelegt werden, aber auch die Herstellkosten für einzelne Produktkomponenten[191]. Gegenstand der Relativkosten-Kalkulation können somit **Einzelteile und Baugruppen** sowie **Fertigungsverfahren**, aber auch **Form- und Verbindungselemente** sein[192].

Ausgehend von der Kalkulation einer festgelegten Standard-Lösungsvariante[193] werden über die **Relativkosten-Zahl**, die im Sinne einer entscheidungsrelevanten Kennzahl eine **variantenspezifische Äquivalenzziffer** darstellt und somit die relative Kostenhöhe ausdrückt, die relativen Kosten der zu betrachtenden Lösungsalternative ermittelt[194]. Vor allem bei den Materialkosten sind durch den Einsatz von Relativkosten Kostensenkungen von 5 - 28% erreichbar[195]. Zudem sind Relativkosten dazu geeignet, dem Konstrukteur schnell und relativ unkompliziert **Kosteninformationen** zur Verfügung zu stellen, und sie tragen auch zur Steigerung des **Kostenbewusstseins** der Konstruktionsabteilungen bei, da relative Kostenwerte für den Konstrukteur wesentlich aussagekräftiger sind als absolute und als Einzelzahlen nur schwer interpretierbare Kostendaten.

Neben der Kostensenkung als Hauptziel bewirkt der Einsatz von Relativkosten-Katalogen[196] eine **Verkürzung der Durchlaufzeit** in Konstruktion, Arbeitsplanung

---

[190] Deutsches Institut für Normung e.V.: DIN 32990 Teil 1...(1987), S. 10 f. Ehrlenspiel, Klaus: Relativkosten...(1987), S. 33 definiert Relativkosten-Zahlen als „Bewertungszahlen für unterschiedliche, für bestimmte Anwendungsfälle aber vergleichbare Lösungsvarianten“. Siehe zur Berechnung der Relativkosten-Zahlen insbesondere Deutsches Institut für Normung e.V.: DIN 32992 Teil 3...(1987), S. 1 f.

[191] Vgl. Schuppar, Helmut: Rechnerunterstützte...(1977), besonders S. 4 f und S. 53 f. Relativkosten-Kataloge können außerdem je nach Verwendungszweck auf Voll- oder Teilkostenbasis erstellt werden, wobei teilkostenrechnerisch ermittelte Relativkosten der Regelfall sind, siehe derselbe S. 57 ff.

[192] Vgl. Männel, Wolfgang: Einsatz...(1996), S. 77. Siehe dazu auch Eberle, Peter - Heil, Hans Günter: Relativkosten-Informationen...(1992), S. 786 f und Schulze, Günther C.: Relativkostenfaktoren...(1981), S. 86 ff. Bei Deutsches Institut für Normung e.V.: DIN 32992 Teil 3...(1987), S. 2 werden Relativkosten-Zahlen auch zur Entscheidung über Eigenfertigung oder Fremdbezug verwendet.

[193] Meist kommt als Bezugsobjekt die kostengünstigste oder die am häufigsten angewendete Lösung zum Einsatz, vgl. Meinecke, Christian: Kostenermittlung...(1992), S. 82.

[194] Siehe dazu Männel, Wolfgang: Frühzeitige...(1996), S. 6 und auch Witt, Frank-Jürgen: Relativkosten...(1990), S. 19.

[195] Vgl. Eberle, Peter - Heil, Hans Günter: Relativkosten-Informationen...(1992), S. 789.

[196] Nach Deutsches Institut für Normung e.V.: DIN 32990 Teil 1...(1987), S. 11 ist ein Relativkosten-Katalog „eine Zusammenstellung von Relativkosten-Blättern nach bestimmten Ordnungskriterien“, der auch „Regeln zum Erstellen, Überarbeiten und Handhaben von Relativkosten-Zahlen“ beinhaltet. „Ein Relativkosten-Blatt [...] ist die textlich und graphisch aufbereitete Darstellung von Relativkosten-Zahlen für einen bestimmten, abgegrenzten Anwendungsfall“.

und Fertigung[197]. Für den Konstrukteur entfällt mit den Relativkosten die zeitaufwendige Suche nach Kosteninformationen für seine technischen Lösungen und zudem liegen für die aus den Relativkosten-Katalogen gewählten Fertigungsverfahren regelmäßig auch ablauforganisatorische Informationen vor, so dass letztlich auch die Durchlaufzeit verringert werden kann. Da die Relativkosten-Informationen stets aktuell sein müssen, verfügt auch die Konstruktionsabteilung über **aktuelle Informationen** bezüglich weiterentwickelter Eigenfertigungs- oder Zukaufteile oder auch über neue Fertigungstechnologien[198]. Durch die mit Relativkosten-Katalogen erreichbare „Wiederverwendung fertigungstechnisch und beschaffungsmäßig optimaler Lösungen“[199] wird außerdem das Streben nach **Standardisierung** unterstützt[200]. Abbildung 3-12 zeigt die Aussagefähigkeit eines Relativkosten-Blattes für unterschiedliche Schraubverbindungen, wobei neben dem Typ der Schraubverbindung gleichzeitig noch nach dem Schraubendurchmesser differenziert wird[201].

Relativkosten-Informationen unterstützen den gesamten Konstruktionsprozess. Aus diesem Grund müssen die **Relativkosten-Kataloge** für die einzelnen Konstruktionsphasen die jeweils **relevanten Relativkosten-Objekte** enthalten[202]. Relativkosten werden für Einzelteile sowohl für Werkstoffe und Normteile als auch für Eigenfertigungs- und Zukaufteile angegeben. Darüber hinaus finden sich in der Praxis auch Relativkosten-Informationen für Formelemente sowie für Bauteile und Baugruppen[203]. Neben der aus einem klaren und einheitlichen Aufbau und einer einfachen, schnellen

---

[197] Siehe dazu und im Folgenden Eversheim, Walter - Schuppar, Helmut - Etzenbach, Dieter: Entwicklung...(1977), S. 19 ff und Schuppar, Helmut: Rechnerunterstützte...(1977), S. 7 ff.

[198] Vgl. wiederum Eversheim, Walter - Schuppar, Helmut - Etzenbach, Dieter: Entwicklung...(1977), S. 20 und auch Schuppar, Helmut: Rechnerunterstützte...(1977), S. 8 f.

[199] Schuppar, Helmut: Rechnerunterstützte...(1977), S. 8, der bereits 1977 auf den Aspekt der Standardisierung hinweist.

[200] Siehe dazu auch Eversheim, Walter - Schuppar, Helmut - Etzenbach, Dieter: Entwicklung...(1977), S. 21.

[201] Relativkosten-Zahlen werden regelmäßig in Tabellen, Diagrammen oder auch Kurvenscharen dargestellt, siehe zu alternativen Darstellungen die tabellarischen Relativkosten für Schlauchverbindungen und die Präsentation einer Kurvenschar für Dichtungen bei Ehrlenspiel, Klaus: Relativkosten...(1987), S. 46 f. Vgl. dazu auch die Relativkosten-Darstellungen bei Deutsches Institut für Normung e.V.: DIN 32991 Teil 1...(1987), S. 3 ff sowie insbesondere die in den Beiblättern zu DIN 32991 Teil 1 präsentierten Relativkosten-Blätter.

[202] Vgl. Meinecke, Christian: Kostenermittlung...(1992), S. 83 f. Eversheim, Walter - Schuppar, Helmut - Etzenbach, Dieter: Entwicklung...(1977), S. 47 ff differenzieren Anforderungen an Relativkosten-Kataloge in Abhängigkeit von der Aufgabenstellung und vom Informationsstand in den Konstruktionsphasen Konzipierung, Entwurf und Ausarbeitung. Ebenso differenzieren sie in Abhängigkeit von der Konstruktionsart Anforderungen an Relativkosten-Kataloge bei Neu-, Anpassungs- und Variantenkonstruktionen.

[203] Siehe Schuppar, Helmut: Rechnerunterstützte...(1977), S. 10 ff.

Abbildung 3-12
Relativkosten-Zahlen für die Variantenkalkulation unterschiedlicher Schraubverbindungen[206]

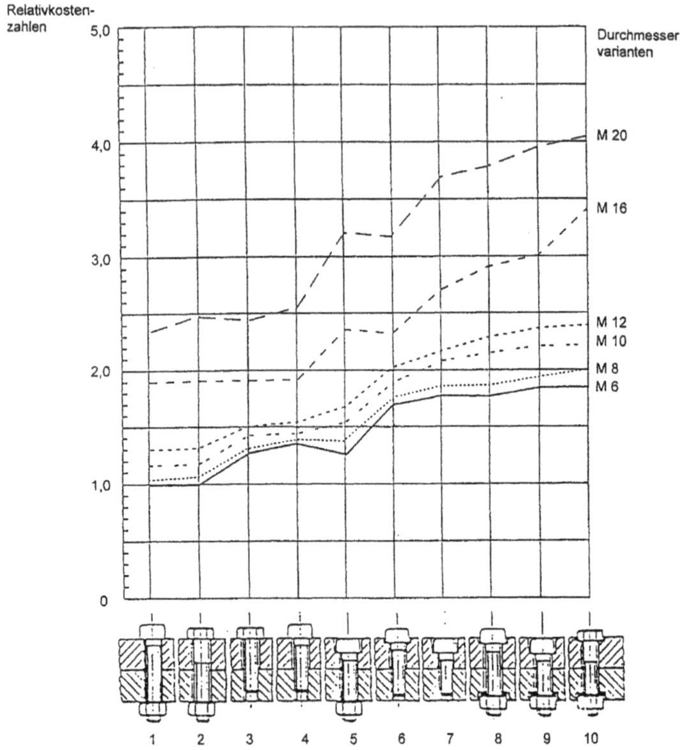

Handhabung resultierenden **Benutzerfreundlichkeit**[204] der Relativkosten-Kataloge ist vor allem die **Aktualität** der Relativkosten-Informationen von zentraler Bedeutung[205].

204 Vgl. dazu insbesondere Meinecke, Christian: Kostenermittlung...(1992), S. 87 und Schuppar, Helmut: Rechnerunterstützte...(1977), S. 12 ff.

205 So verweisen Eversheim, Walter - Schuppar, Helmut - Etzenbach, Dieter: Entwicklung...(1977), S. 31 darauf, dass „die Zuverlässigkeit und Aussagekraft von Relativkosten-Katalogen [...] davon [abhängt, d. V.], ob die den Relativkosten zugrunde liegenden Daten zum jeweiligen Nutzungszeitpunkt dem aktuellen Stand entsprechen".

206 Entnommen aus Deutsches Institut für Normung e.V.: DIN 32991 Teil 1...(1987), S. 3. Siehe dazu auch Entwurf Beiblatt 2 zu DIN 32991 Teil 1 zur Erarbeitung dieses Relativkosten-Blattes.

Einem **erheblichen Aufwand bei der Erstellung** von Relativkosten-Katalogen[207] steht ein geringerer, aber **notwendiger Aufwand zur laufenden Aktualisierung** gegenüber. Der Aktualisierungsaufwand ist deswegen geringer, weil relative Zahlen im Zeitablauf geringeren Schwankungen unterworfen sind als absolute Kosten[208]. Generell müssen also die Relativkosten-Objekte gezielt ausgewählt werden. Neben der Unterstützung der einzelnen Konstruktionsphasen liefern dafür sowohl die Kostenanteile als auch die Einsatzhäufigkeit von Komponenten und Fertigungsverfahren geeignete Anhaltspunkte[209].

D Suchkalkulation zur Bewertung ähnlicher Komponenten und Produkte

Während die bisher präsentierten produkt- und modulspezifischen Kalkulationsverfahren bestehende Zusammenhänge, meist im Sinne von mathematischen Beziehungen, aus bereits gefertigten Produkten ableiten und auf neue Produkte übertragen, wählen **Suchkalkulationen** einen gänzlich anderen Ansatz. Sie versuchen als Verfahren der modularen Produktkostenkalkulation, in einem **Lösungsspeicher**[210], der bereits gefertigte Erzeugnisse mit ihren relevanten Objekteigenschaften enthält, mit Hilfe eines **Suchverfahrens** das **dem zu konstruierenden Produkt ähnlichste Erzeugnis** zu finden[211]. Bei der einfachen Suchkalkulation werden die Ist-Kosten des ähnlichsten Objekts dann den Kosten des zu konstruierenden Erzeugnisses gleichgesetzt[212].

Beim Einsatz einer **Suchkalkulation mit Klassifizierungssystem** werden die den Merkmalsraum bestimmenden Merkmale in Klassen eingeteilt. Dem neuen Erzeugnis werden ebenfalls auf Basis der globalen Merkmale die entsprechenden Klassen zugewiesen. Mit dieser Einteilung wird das Objekt aus dem Merkmalsraum gesucht, das

---

[207] Eberle, Peter - Heil, Hans Günter: Relativkosten-Informationen...(1992), S. 788 berichten von einem Erstellungsaufwand für ein Relativkosten-Blatt von 2-3 Mann-Monaten und von 2-4 Mann-Jahren für einen Relativkosten-Katalog mit 40-80 Relativkosten-Blättern. Eversheim, Walter - Schuppar, Helmut - Etzenbach, Dieter: Entwicklung...(1977), S. 104 ff empfehlen deshalb ein stufenweises Vorgehen bei der Erstellung von Relativkosten-Katalogen ausgehend von kurzfristig realisierbaren Relativkosten-Blättern auf Basis von vorhandenen Kosten- oder Preisinformationen bis hin zur nur langfristig realisierbaren Relativkosten-Ermittlung auf Produktebene. Siehe zur Erstellung von Relativkosten-Katalogen auch Männel, Wolfgang: Relativkosten-Kataloge...(1997), S. 163 ff.

[208] Siehe Ehrlenspiel, Klaus: Relativkosten...(1987), S. 33 und Männel, Wolfgang: Relativkosten-Kataloge...(1997), S. 176 f.

[209] Siehe Meinecke, Christian: Kostenermittlung...(1992), S. 84 f und auch Ehrlenspiel, Klaus: Relativkosten...(1987), S. 34 sowie S. 50.

[210] Der Lösungsspeicher besteht aus einem n-dimensionalen Merkmalsraum, dessen n Koordinatenachsen durch die betrachteten Dimensionen, respektive Objekteigenschaften festgelegt werden. In diesem Merkmalsraum werden die bereits gefertigten Erzeugnisse anhand der Ausprägungen der betrachteten Objekteigenschaften abgebildet.

[211] Der Begriff Ähnlichkeit bezeichnet hier „den Übereinstimmungsgrad von Konstruktionsobjekten hinsichtlich der Ausprägungen ihrer konstruktiv beeinflussbaren kostenrelevanten Merkmale". König, Thomas: Kalkulation...(1995), S. 40.

[212] Siehe König, Thomas: Kalkulation...(1995), S. 144, Pickel, Herbert: Kostenmodelle...(1989), S. 45 f, Trender, Lutz: Kalkulation...(2000), S. 25 und auch Wolfram, Markus: Konstruieren...(1994), S. 51 ff.

die meisten Übereinstimmungen bezüglich der Klassen der einzelnen Produktmerkmale aufweist. Die bereits kalkulierten Kosten des so gefundenen Objekts werden sodann - falls auch logischerweise eine Kostenähnlichkeit zwischen den beiden Objekten besteht - mit den Kosten des neuen Erzeugnisses gleichgesetzt.

Die **erweiterte Suchkalkulation**[213] und die **Suchkalkulation mit Kostenfunktion**, bei der die Merkmalsdifferenzen zwischen neuem Erzeugnis und ähnlichstem Objekt explizit in die Kostenberechnung mit einbezogen werden[214], sind differenziertere Varianten der Suchkalkulation. Ausgehend von den bereits kalkulierten Kosten der ähnlichsten Objekte, die wiederum in einem Lösungsspeicher festgehalten sind, werden dabei bei der erweiterten Suchkalkulation die Kosten des neuen Erzeugnisses mittels **Gewichtungen der Kosten der ähnlichsten Objekte** interpoliert oder extrapoliert. Bei der Suchkalkulation mit Kostenfunktion werden die Kosten des ähnlichsten Objekts **mittels einer regressionsanalytisch ermittelten Kostenfunktion** in die Kosten des zu konstruierenden Objektes überführt.

Im Gegensatz zu den anderen Varianten der Suchkalkulation führt die Suchkalkulation mit Kostenfunktion zu sehr geringen Prognosefehlern[215]. Die Anwendung einer Suchkalkulation hat aber noch einen weiteren entscheidenden Vorteil für die Erzeugniskonstruktion: Über die Identifizierung der ähnlichsten Objekte ist es möglich, auf deren Stücklisten und Arbeitspläne zurückzugreifen, und auf diese Weise weitere Rationalisierungspotenziale zu eröffnen[216].

VI. Genauigkeit und Detaillierung von Plan- und Angebotskalkulationen

Eine zentrale Bedeutung kommt der entwicklungs- und konstruktionsbegleitenden Kalkulation bei der **Einzelfertigung** zu, unabhängig davon, ob diese auftragsneutral oder auftragsbezogen erfolgt. Der Entwicklung und Konstruktion eines Erzeugnisses liegt im Regelfall ein **Kostenziel** zugrunde[217], auf dessen Basis der vertragliche vereinbarte Absatzpreis festgesetzt wurde. Eine entwicklungs- und konstruktionsbegleitende Kalkulation muss die Erreichung dieses Kostenziels permanent überwachen, da ansonsten bei einer Überschreitung des Kostenziels negative Konsequenzen für das Auftrags- und auch Unternehmensergebnis drohen. Bei einer kundenauftragsbezogenen Fertigung wird vor der eigentlichen Fertigung zunächst eine Angebotskalkulation und nach der Auftragserlangung eine Auftragskalkulation durchgeführt.

Auch bei einer Serienfertigung, wie auch bei der Massenfertigung, wird für die Entwicklung eines neuen Erzeugnisses oder einer neuen Komponente unternehmensintern ein Kostenziel vorgegeben. Die Neuentwicklung muss den Unternehmen jedes Ferti-

---

213 Siehe stellvertretend König, Thomas: Kalkulation...(1995), S. 149 ff.

214 Siehe Pickel, Herbert: Kostenmodelle...(1989), S. 46 ff.

215 Pickel, Herbert: Kostenmodelle...(1989), S. 49 ff weist dies empirisch am Beispiel von 12 Peltonlaufrädern aus Stahlguss nach.

216 Vgl. König, Thomas: Kalkulation...(1995), S. 206.

217 Siehe hierzu die entsprechenden Ausführungen im Kapitel ‚Marktorientierte Produktkostenkalkulation'.

gungstyps ein entsprechendes **Absatzpotenzial** am Markt eröffnen, zumal sich die Fertigung der einzelnen Einheiten auch über mehrere Perioden erstrecken kann. Bei einer periodenbezogenen Fertigung stellt nach Abschluss der Konstruktionsphase die Plankalkulation als Standardkalkulation den Maßstab dar.

Nur die permanente Überwachung der sich konkretisierenden Erzeugniskosten mit Hilfe einer frühzeitigen Kalkulation bietet die Möglichkeit, **vorhandene Kostensenkungspotenziale zu realisieren** und somit die Einhaltung des vorgegebenen Kostenziels zu sichern. Der Einsatzschwerpunkt der entwicklungs- und konstruktionsbegleitenden Kalkulation liegt dabei in Unternehmen der Einzelfertigung, aufgrund sich verändernder Marktverhältnisse erlangt eine frühzeitige Kalkulation aber auch für andere Unternehmen zunehmende Bedeutung.

A Plankalkulation als Standardkalkulation

Plankalkulationen als zeitraumbezogen exakte Kalkulation der Herstellkosten bzw. der Selbstkosten einer Erzeugniseinheit[218] dienen dem Aufbau einer **kurzfristigen Unternehmensplanung** und der nachträglichen **Kontrolle** derselben. Aus diesem Grund werden sie grundsätzlich auf Basis von proportionalen Kosten bzw. Grenzkosten durchgeführt, da nur diese Kosten dafür entscheidungsrelevant sind. In Ausnahmefällen werden Plankalkulationen aber auch parallel dazu auf Vollkostenbasis erstellt, so wenn Leistungen für öffentliche Auftraggeber abzurechnen sind oder wenn vollkostenbasierte Kostenberichte gefordert werden. Für kurzfristige Entscheidungen im Rahmen des Planungszeitraums sind jedoch regelmäßig nur die Grenzkosten relevant.

Die **Plan-Erzeugniskosten** werden über den gesamten Planungszeitraum hinweg konstant gehalten[219]. Treten in der Planungsperiode **Veränderungen der Kostensituation** ein, beispielsweise durch gestiegene Faktorpreise oder durch den Einsatz alternativer Fertigungsverfahren, wird das Ergebnis der Plankalkulation nicht geändert, vielmehr werden die **Kostenabweichungen** in die kurzfristige Erfolgsrechnung übernommen und erst dort auf die Kostenträger verrechnet[220]. Die Plankalkulation stellt damit eine Standardkalkulation für den jeweiligen Planungszeitraum dar.

1. Kostenpositionen der Plankalkulation

Aus dem Anspruch der Exaktheit der Plankalkulation[221] folgt, dass die in die Kalkulation eingehenden Mengen- und Wertdaten Ergebnis einer **nach Kostenarten und**

---

[218] Während Kilger, Wolfgang: Kostenrechnung...(1987), S. 294 und Kilger, Wolfgang - Pampel, Jochen - Vikas, Kurt: Plankostenrechnung...(2002), S. 467 f die Plankalkulation als Selbstkostenkalkulation definieren, argumentieren Raps, Alfons - Nuppeney, Werner: Produktkosten-Controlling...(1993), S. 149, dass die Plankalkulation nur bis zu den Herstellkosten gerechnet werden muss, da eine Verrechnung der Verwaltungs- und Vertriebskosten entweder nicht erforderlich ist oder erst in der Ergebnisrechnung vorgenommen wird.

[219] Vgl. Plaut, Hans-Georg - Müller, Heinrich - Medicke, Werner: Grenzplankostenrechnung...(1973), S. 204 f.

[220] Siehe auch Jost, Helmuth: Kosten- und Leistungsrechnung...(1992), S. 183 f.

[221] Vgl. dazu Kilger, Wolfgang: Kostenrechnung...(1987), S. 294.

Kostenstellen differenzierenden Kostenplanung sein müssen. Da alle kalkulationsrelevanten Informationen in den Grunddaten eines Produktionsplanungs- und Produktionssteuerungssystems (PPS-Systems) vorhanden sind[222], erscheint es zweckmäßig, die Kalkulation auf der Datenbasis dieser technischen Systeme durchzuführen. Da eine differenzierte Kostenplanung ein bekanntes Produktionsprogramm voraussetzt, ist es unmittelbar einsichtig, dass eine Plankalkulation nur in **Unternehmen mit standardisierten Produkten** durchgeführt werden kann, da anderenfalls vor Beginn der Fertigung nicht alle Kalkulationsdaten festgelegt sind und somit eine zeitraumbezogen exakte Kalkulation nicht durchführbar ist[223].

Die **Materialkosten** der Plankalkulation werden differenziert nach Materialeinzel- und Materialgemeinkosten ermittelt. Ausgangsbasis für die Berechnung der **Materialeinzelkosten** sind dabei die Materialverbrauchsmengen der Fertigungsstückliste. Diese Mengenangaben werden ausgehend von den Einzelteilen bottom up über die Baugruppen unter Berücksichtigung von Abfall und sonstigen Materialverlusten zu Brutto-Materialverbrauchsmengen der Erzeugnisse hochgerechnet. Zur Ermittlung der Plan-Materialeinzelkosten pro Erzeugniseinheit werden abschließend die Brutto-Verbrauchsmengen mit den entsprechenden Planpreisen im Sinne von Festpreisen bewertet[224]. Ausgehend von den Brutto-Materialverbrauchsmengen der Erzeugnisse werden durch Multiplikation mit den entsprechenden Planpreisen im Sinne von Festpreisen die Materialeinzelkosten berechnet. Die **Materialgemeinkosten** werden bei einer prozesskostenrechnerischen Kalkulationsmethodik über **planmäßige Prozessinanspruchnahmen** und dafür ermittelte Plan-Prozesskostensätze errechnet und ergänzen die Materialeinzelkosten zu den gesamten Materialkosten[225].

Nach der Methodik der Bezugsgrößenkalkulation werden die arbeitsgangspezifischen **Plan-Bezugsgrößen** pro Erzeugniseinheit mit den **Kostensätzen** der entsprechenden Fertigungsstellen bewertet, um die **Fertigungskosten** zu ermitteln. In der Regel ist in diesen Kostensätzen auch eine Fertigungsgemeinkostenkomponente enthalten. Die **Sondereinzelkosten der Fertigung**, beispielsweise die Kosten für Spezialwerkzeuge

---

[222] Vgl. dazu Ternirsen, Klaus: Plankalkulation...(1993), Sp. 1545 f.

[223] Siehe auch Medicke, Werner: Nachkalkulation...(1983), S. 471. Kurbel, Karl: Produktionsplanung...(2003), S. 191 verweist ebenfalls darauf, dass bei Auftragsfertigung häufig keine definitiven Stücklisten und Arbeitspläne festgelegt sind.

[224] Durch die Bewertung mit Festpreisen wird die Grundlage für einen aussagefähigen Vergleich verschiedener Kalkulationen gelegt. Siehe dazu Plaut, Hans-Georg - Müller, Heinrich - Medicke, Werner: Grenzplankostenrechnung...(1973), S. 206 sowie die entsprechenden Ausführungen im Kapitel ‚Kostenträgercontrolling mit Soll-Ist-Vergleichen'.

[225] Siehe dazu die Ausführungen im Kapitel ‚Prozess- und ressourcenorientierte Produktkostenkalkulation'. Bei einer Zuschlagskalkulation werden die Plan-Materialgemeinkosten über einen Zuschlagssatz auf die Plan-Materialeinzelkosten aufgeschlagen, vgl. dazu insbesondere Plaut, Hans-Georg - Müller, Heinrich - Medicke, Werner: Grenzplankostenrechnung...(1973), S. 207 f.
Zu der in diesem Rahmen ebenfalls relevanten Thematik der planmäßigen Ausschusskosten siehe Kilger, Wolfgang - Pampel, Jochen - Vikas, Kurt: Plankostenrechnung...(2002), S. 219 ff.

oder Formen, werden für jede Produktart direkt geplant, wobei oft eigenständige Kalkulationen notwendig sind[226].

Die Verwaltungs- und Vertriebskosten werden bei einer prozesskostenrechnerischen Kalkulationsmethodik, die bis zu den Selbstkosten reicht, über **Plan-Prozesskostensätze** gemäß der geplanten Prozessinanspruchnahme auf die einzelnen Erzeugnisse verrechnet[227]. Die **Sondereinzelkosten des Vertriebs** werden analog zu den Sondereinzelkosten der Fertigung pro Erzeugniseinheit gesondert geplant.

Bei der Durchführung einer Plankalkulation muss man beachten, dass die Kalkulation der Herstell- bzw. der Selbstkosten auf einer **Stücklistenauflösung** beruht und daher die Genauigkeit des Kalkulationsergebnisses auch von deren Genauigkeit abhängt. Differieren die Ergebnisse der Stücklistenauflösung während der Planungsperiode, wie dies vor allem bei den relativ großen Substitutionsmöglichkeiten von Fließgütern der Fall ist, müssen die Plankalkulationen mengenmäßig aktualisiert werden[228].

2. Probleme einer periodischen Durchführung der Plankalkulation

Bei der Plankalkulation werden die Mengendaten mit Planpreisen, die Zeitdaten mit geplanten Löhnen, Gehältern und Stundensätzen und die Prozessdaten mit Plan-Prozesskostensätzen bewertet. Es kann sich dabei aber nur um **Plan-Durchschnittswerte für die Planungsperiode**[229] handeln. Somit besitzen diese Planwerte auch nur für die Planungsperiode Entscheidungsrelevanz. Trotz aller Kritik der Literatur werden in der Praxis die angesprochenen Kostendaten meist über Durchschnittsbildungen und Extrapolationen aktueller und zusätzlich auch historischer Kostenentwicklungen berechnet.

Da die Kostenplanung idealtypisch auf einer **planmäßig-analytischen Kostenspaltung** in variable und fixe Kosten auf Basis eines bestimmten Fristigkeitsgrades beruht, können für **Entscheidungsrechnungen innerhalb des Planungszeitraums**[230] nicht einfach die Wertansätze der Plankalkulation übernommen werden, sondern es müssen entscheidungsspezifisch relevante Wertansätze ermittelt werden. Die Grenzkosten der Plankalkulation werden um Preis- und Tarifabweichungen korrigiert und falls notwendig wird ein gegenüber der Plankalkulation verändertes Mengen- oder Zeitgerüst berücksichtigt. Eine **dynamische Grenzplankostenrechnung** differenziert in diesem Zusammenhang die Kostenplanung nach mehreren Fristigkeitsgraden mit unterschiedlichen Grenzkostensätzen[231]. Da eine solche entscheidungsfallbezogene Kalkulation

---

[226] Siehe zu dieser Thematik wiederum Plaut, Hans-Georg - Müller, Heinrich - Medicke, Werner: Grenzplankostenrechnung...(1973), S. 208 ff.

[227] Nicht über Prozesskostensätze verrechnete prozessunabhängige Kosten des Vertriebs- und Verwaltungsbereichs werden regelmäßig über prozentuale Zuschlagssätze auf die Erzeugniseinheiten verrechnet. Siehe dazu auch die Ausführungen im Kapitel ‚Prozess- und ressourcenorientierte Produktkostenkalkulation'.

[228] Vgl. Kilger, Wolfgang: Kostenträgerrechnung...(1986), S. 13.

[229] Diese umfasst bekanntermaßen im Regelfall den Zeitraum von einem Jahr.

[230] Man denke in diesem Zusammenhang beispielsweise an einen Zusatzauftrag im letzten Quartal des Planungszeitraums.

[231] Vgl. Kilger, Wolfgang: Kostenrechnung...(1987), S. 297.

aber im Regelfall zeitpunkt- und auch auftragsbezogen notwendig wird, muss man gemäß der im Abschnitt Plan- und Angebotskalkulation auf Seite 132 vorgenommenen Abgrenzung von einer Vorkalkulation sprechen. Zudem fällt bei Serien- und Massenfertigung das Problem der Fristigkeit meist nicht ins Gewicht[232].

Die Plankalkulation beruht zwar auf vollständigen Erzeugnis- und Fertigungsunterlagen, wird jedoch vor der tatsächlichen Fertigung durchgeführt, so dass die **tatsächlichen Fertigungsverhältnisse noch unbekannt** sind[233]. Kann bei der Kalkulation dagegen nicht auf die vollständigen Unterlagen der Arbeitsplanung zurückgegriffen werden, müssen Entscheidungen des Produktionsvollzugs, wie die Wahl zwischen alternativen Fertigungsverfahren, vorweggenommen werden. Der Kalkulator muss diese Entscheidung vor dem Hintergrund einer möglichst geeigneten **Kontrollbasis** treffen, um nicht von vorneherein Abweichungen zu „provozieren". Bei freien Kapazitäten wird er im Regelfall die Alternative mit den niedrigsten Grenzkosten zugrunde legen. Geht man jedoch von Engpass-Situationen aus, müssen bereits bei der Plankalkulation **Alternativkalkulationen** erstellt werden[234].

3. Ergänzung der Plankalkulation durch eine bedarfsgerechte Vorkalkulation

Unter gewissen Voraussetzungen kann eine Plankalkulation auch in Unternehmen mit wenigstens teilweise auftragsbezogener Fertigung eingesetzt werden. So ist der Fall denkbar, dass **Standarderzeugnisse um kundenspezifische Komponenten ergänzt** werden. Für die Standarderzeugnisse ist dann eine Plankalkulation durchführbar, die bei Eingang eines Kundenauftrags um die Ergebnisse der kundenauftragsspezifischen Vorkalkulation erweitert wird. Werden Standardkomponenten lediglich kundenspezifisch zusammengesetzt, wie dies bei der Modulbauweise der Computerindustrie der Fall ist, können ebenfalls die Ergebnisse der komponentenspezifischen Plankalkulationen mit den Kalkulationsergebnissen der **kundenauftragsspezifischen Zusammenbauvorgänge** zur Vorkalkulation des Kundenauftrags aggregiert werden[235].

Ermittelt die Plankalkulation nur die Herstellkosten eines Erzeugnisses und keine Verwaltungs- und Vertriebskosten, so können diese ebenfalls im Rahmen der **die Plankalkulation ergänzenden auftragsspezifischen Vorkalkulationen** ermittelt werden. Dies wird speziell dann interessant, wenn zur Bedienung unterschiedlicher

---

[232] Sowohl Serien- als auch Massenfertigung sind auf einen längeren Zeitraum ausgelegt und im Regelfall spielen auch kurzfristige Anpassungen aufgrund von Zusatzaufträgen kaum eine Rolle.

[233] Auch wenn dem Kalkulator im Idealfall die Daten der Arbeitsplanung zur Verfügung stehen, gehen diese Informationen in der Praxis oft an den Anforderungen der Fertigung vorbei, so berichten Eversheim, Walter - Bochtler, Wolfgang - Humburger, Rainer - Lenhart, Manfred: Arbeitsplanung...(1995), S. 54 von einer Untersuchung, nach der 30% der Fertigungsaufträge nicht den teilweise falschen und teilweise veralteten Vorgaben der Arbeitsplanung entsprechend gefertigt werden

[234] Kilger, Wolfgang: Kostenrechnung...(1987), S. 298 schlägt hier etwas theoretisch vor, grundsätzlich die kostengünstigste Alternative zu planen und die etwaige Realisierung einer anderen Alternative über Abweichungen zu erfassen. Gleichzeitig weist er aber darauf hin, dass die Plankalkulation für Entscheidungsprobleme der Produktionsvollzugsplanung meist nicht differenziert genug ist

[235] Vgl. dazu Ternirsen, Klaus: Plankalkulation...(1993), Sp. 1544 f und Kilger, Wolfgang: Kostenträgerrechnung...(1986), S. 13.

Kundengruppen stark differierende Vertriebskosten anfallen. Diese werden somit erst bei Kenntnis der tatsächlich absatzrelevanten Kundengruppe in die Erzeugniskosten einbezogen[236].

B Ableitung der Auftragsvorkalkulation aus der Angebotskalkulation

Die Vorkalkulation in ihren beiden Ausprägungen **Angebotskalkulation** und **Auftragsvorkalkulation** als „vor Auftragserteilung und vor Beginn der Produktion durchgeführte Selbstkostenberechnung mit Hilfe geplanter oder geschätzter Kostendaten"[237] kommt in Unternehmen der **Einzel- und Auftragsfertigung** zum Einsatz. Die Durchführung der Angebotskalkulation erfolgt dabei auf eine konkrete Kundenanfrage hin, also zu einem Zeitpunkt, zu dem noch nicht bekannt ist, ob das Unternehmen den Kundenauftrag tatsächlich erhält[238]. Das Ziel der Angebotskalkulation liegt dabei letztendlich in einer **Unterstützung der Preisfindung**, die die Erlangung des Kundenauftrags ermöglicht, im Falle einer Auftragserteilung aber auch den geplanten Deckungsbeitrag realisiert[239].

1. Kosten- und Gewinnelemente der Angebotskalkulation

Zur **Abschätzung realistischer Angebotspreise** müssen beim Eingang einer Kundenanfrage Selbstkosten vorkalkuliert werden[240]. Im Regelfall liegen aber bei Einzel- und Auftragsfertigung zu diesem Zeitpunkt noch nicht die kompletten Produktinformationen in letzter Detaillierung vor[241], so dass die Selbstkosten nur in einer gewissen Bandbreite ermittelt werden können. Da nur ein kleiner Teil der Kundenanfragen letztlich auch zu Aufträgen für das Unternehmen führt, die exakte Ausarbeitung der voll-

---

236 Vgl. Ternirsen, Klaus: Plankalkulation...(1993), Sp. 1545.

237 Kilger, Wolfgang: Kostenrechnung...(1987), S. 290.

238 Im Rahmen der Angebotserstellung wird zwischen Kontaktangebot, Richtangebot und Festangebot unterschieden. Das Festangebot weist dabei die höchste Genauigkeit, aber auch den höchsten Erstellungsaufwand auf, vgl. Kambartel, Karl-Heinz: Angebotsplanung...(1973), S. 46 ff. Das Festangebot steht konzeptionell aufgrund seiner Detailliertheit und seiner Genauigkeit der Auftragsvorkalkulation näher als der Angebotskalkulation. In der vorliegenden Arbeit werden daher Kontakt- und Richtangebot unter der Angebotskalkulation subsumiert, bezüglich des Festangebots sei auf die Ausführungen zur Auftragsvorkalkulation verwiesen.

239 Siehe Jacob, Dieter - Winter, Christoph - Suhr, Constanze: Kalkulationsformen...(2002), S. 29 und auch VDI-Gesellschaft Entwicklung Konstruktion Vertrieb - VDI-EKV: Angebotsbearbeitung...(1999), S. 58.

240 In der Literatur wird oftmals die Ansicht vertreten, dass die Ermittlung der Herstellkosten den eigentlichen Schwerpunkt der Angebotskalkulation darstellt, da diese einerseits den größten Kostenbestandteil ausmachen und andererseits die Verwaltungs- und Vertriebskosten meist über Zuschlagssätze auf die Herstellkosten verrechnet werden und damit deren Verrechnung von der Höhe und Genauigkeit der Herstellkosten abhängig ist. Siehe bspw. Kambartel, Karl-Heinz: Angebotsplanung...(1973), S. 97 f. Gleichwohl dem ersten Argument im Grunde zugestimmt werden kann, sind bei prozessorientierter Verrechnung der Verwaltungs- und Vertriebskosten sowie bei differenzierenden Vertriebskostenzuschlägen dennoch im Rahmen der Angebotskalkulation die auftragsspezifischen Selbstkosten zu ermitteln.

241 Siehe dazu stellvertretend Kurbel, Karl: Produktionsplanung...(2003), S. 190 ff und auch Holzer, Herbert: PPS-Systeme...(2000), S. 166 ff.

ständigen Fertigungsunterlagen jedoch für das Unternehmen mit hohen Kosten verbunden ist, muss die Angebotskalkulation unter dem **Aspekt der Wirtschaftlichkeit** gesehen werden[242]. Da auch die Geschwindigkeit der Angebotserstellung aus Kundensicht entscheidungsrelevant ist, werden unvollständige Fertigungsunterlagen erst nach erfolgter Auftragserteilung tatsächlich komplettiert.

Besteht das Produktspektrum eines Unternehmens aus **relativ ähnlichen Produkten** oder findet eine **Individualisierung der Erzeugnisse erst in den letzten Fertigungsstufen** statt, kann eine exakte Bestimmung der Erzeugnisdaten zur Angebotskalkulation ausnahmsweise möglich sein[243]. Anderenfalls bleibt als Lösung für die Angebotskalkulation nur die näherungsweise Bestimmung der Selbstkosten über die Verfahren der frühzeitigen Produktkostenkalkulation[244].

Da das Ergebnis der Angebotskalkulation als **Grundlage für die Preisverhandlungen** mit dem Kunden dient, wird meist eine vollkostenrechnerische Durchführung derselben befürwortet. Um sich der **Preisuntergrenze** bewusst zu werden, gegen die bei der herrschenden Konkurrenzsituation die Preise immer öfter tendieren, müssen aber auch die Grenzselbstkosten vorkalkuliert werden[245]. Im Rahmen der Angebotskalkulation muss also eine **Parallelkalkulation** bis hin zu den Selbstkosten durchgeführt werden[246].

Zur Abschätzung eines notwendigen bzw. zu fordernden **Gewinnelements** ist die jeweilige spezifische Unternehmenssituation genau zu analysieren. Generell gilt: Je größer der im Unternehmen vorhandene Auftragsbestand ist, desto höher werden die geforderten Deckungsbeiträge bzw. die Vollkostengewinne angesetzt werden. Darüber hinaus darf jedoch die **spezifische Zielsetzung des Unternehmens** nicht außer Acht

---

242 So berichtet Müller, Heinrich: Prozeßkonforme...(1996), S. 445 f davon, dass branchenabhängig nur 5 bis 10% der beantworteten Kundenanfragen zu Aufträgen führen. Raps, Alfons - Reinhardt, Dieter: Projekt-Controlling...(1995), S. 123 sprechen von 5 bis 15%, ebenso Plaut, Hans-Georg - Müller, Heinrich - Medicke, Werner: Grenzplankostenrechnung...(1973), S. 201. Siehe dazu auch Eversheim, Walter - Wiendahl, Hans-Peter: Auftragsabwicklung...(1971), S. 11 ff.

243 Man denke bspw. an einen Anbieter von Türen- und Fensterelementen für die Bauindustrie, dessen Produkte ähnlich und relativ einfach aufgebaut sind, so dass eine exakte Vorkalkulation durchgeführt werden kann, vgl. Kilger, Wolfgang - Pampel, Jochen - Vikas, Kurt: Plankostenrechnung...(2002), S. 505 f. Auch Unternehmen, die Produkte aus einem vorgegebenen Teile- und Baugruppenspektrum zusammenbauen, können eine nahezu exakte Vorkalkulation erstellen, da sie lediglich die Montagekosten berechnen müssen. VDI-Gesellschaft Entwicklung Konstruktion Vertrieb - VDI-EKV: Angebotsbearbeitung...(1999), S. 61 verweist ebenfalls darauf, dass die Wirtschaftlichkeit der Angebotserstellung den Rückgriff auf die Unterlagen bereits vorhandener Erzeugnisse fordert.

244 Siehe dazu insbesondere Müller, Heinrich: Prozeßkonforme...(1996), S. 447 ff sowie die entsprechenden Ausführungen im vorliegenden Kapitel.

245 Vgl. Kilger, Wolfgang: Kostenrechnung...(1987), S. 291 sowie Kilger, Wolfgang - Pampel, Jochen - Vikas, Kurt: Plankostenrechnung...(2002), S. 508. Zudem wird es bei schlechter Auftragslage auch unabdingbar, auf einen Teil der Vollkostendeckung zu verzichten!

246 Siehe bspw. Opitz, Herwart - Brankamp, Klaus - Kambartel, Karl-Heinz: Systematisierung...(1971), S. 12 f, die aber die Ermittlung der Herstellkosten als das zentrale Problem der Angebotskalkulation bezeichnen.

gelassen werden. Ein für seinen guten Kundendienst oder für seine hervorragende Produktqualität[247] bekanntes Unternehmen kann mit Sicherheit einen höheren Angebotspreis durchsetzen als ein Unternehmen ohne „Mehrwert" für den Kunden. Umgekehrt wird ein Unternehmen mit dem Ziel der Marktpenetration versuchen, im Vergleich zur Konkurrenz niedrigere Angebotspreise zu offerieren.

2. Aufbau einer Angebotskalkulation

Der idealtypische Aufbau einer **Angebotskalkulation** lässt sich in die Schritte der komponentenspezifischen Erzeugnisgliederung, der Entscheidung über Eigen- oder Fremdleistungen, der Entscheidung über Standard- oder Normkomponenten, der Bestimmung der Fertigungsdauer bei langfristiger Fertigung und der Bestimmung der Erzeugniskosten untergliedern[248].

Die **Komponentenzerlegung** eines Erzeugnisses erfolgt im Hinblick auf die Kostenkontrolle dergestalt, dass sowohl die **Konstruktion** als auch die **Kalkulation** in dieser Gliederung geschehen kann. Die einzelnen Komponenten stellen meist eigenständig zu kalkulierende Sachverhalte dar, so dass mit dieser Gliederung das bottom up-Vorgehen der Kalkulation unterstützt wird, wie dies auch Abbildung 3-13 verdeutlicht. Zudem werden auch bei Auftragsfertigung für einzelne Erzeugniskomponenten auf tieferen Fertigungsstufen meist die Grunddaten komplett vorliegen[249].

Bezüglich der **Entscheidung über die Fertigungstiefe** ist anzumerken, dass sich für potenzielle Lieferanten wiederum die Frage der Angebotskalkulation stellt. Andererseits kann es sich aber für den potenziellen Lieferanten bei der fremd zu beziehenden Komponente um ein Standardteil handeln, so dass dessen Kalkulation nahezu exakt ist. Da die Lieferanten an ihre vertraglich vereinbarten Preise gebunden sind, ist die Kalkulationsunsicherheit für Fremdleistungen geringer als für Eigenleistungen.

Im Sinne einer **Baukastenkonstruktion** müssen die Möglichkeiten für den **Einsatz von Standard- oder Normteilen** geprüft werden. Für solche Komponenten wurden bereits Plan- und Nachkalkulationen durchgeführt und zudem sind im verstärkten Einsatz solcher Teile auch wesentliche Rationalisierungspotenziale vorhanden. Für bereits im Unternehmen gefertigte Komponenten stehen die entsprechenden Grunddaten-

---

[247] Man denke beispielsweise an die heute noch bestehende Bedeutung des „Qualitätsmerkmals" „Made in Germany" im internationalen Vergleich, siehe dazu idw - Informationsdienst Wissenschaft: Gütesiegel......(1998), S. 1 ff. Siehe dazu auch Bundesministerium der Finanzen: Schutz...(2003), S. 2 mit Verweis auf die Entstehung dieses Qualitätsmerkmals im Jahr 1887.

[248] Siehe dazu und im Folgenden Kilger, Wolfgang - Pampel, Jochen - Vikas, Kurt: Plankostenrechnung...(2002), S. 505 ff. Vgl. aber auch die aus ingenieurwissenschaftlicher Sicht ausgeführten und auf konkreten Leistungsbeschreibungen basierenden Angebotskalkulationen bei Jacob, Dieter - Winter, Christoph - Suhr, Constanze: Kalkulationsformen...(2002), S.44 ff, die sich auf den Hochbau, den Straßenbau, den Tunnelbau, den Brückenbau und auch auf den Stahlbau beziehen.

[249] Dies betrifft vor allem Standardbaugruppen und Einzelteile. Vgl. dazu Kurbel, Karl: Produktionsplanung...(2003), S. 204 ff. Schuppar, Helmut: Rechnerunterstützte...(1977), S. 74 weist in diesem Zusammenhang auf die Unterstützung der Angebotskalkulation durch Relativkosten auf Baugruppenebene hin.

Abbildung 3-13
Stücklistenauflösung und Kalkulationsrichtung für einen Stahlrohrtisch[250]

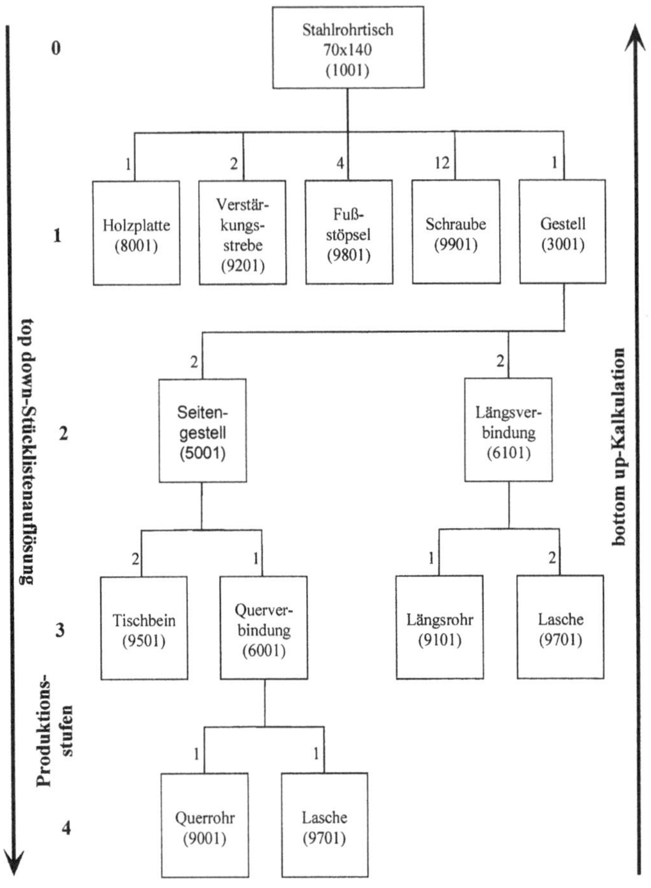

bestände zur Verfügung, so dass im Vergleich zur reinen Schätzung eine wesentlich exaktere Kalkulation möglich ist[251].

[250] In der Produktstruktur entnommen aus: Glaser, Horst - Geiger, Werner - Rohde, Volker: PPS...(1992), S. 13.

[251] Rationalisierungspotenziale beim Einsatz von Standard- oder Normteilen betreffen auch die indirekten Bereiche. So müssen keine zusätzlichen Teilenummern eingeführt und keine neuen Lagerflächen verwaltet werden. Siehe auch die Ausführungen im Abschnitt ‚Standardisierung und Modularisierung als Rationalisierungspotenziale' dieses Kapitels.

Vor der rechnerischen Ermittlung der Erzeugniskosten wird bei langfristiger Fertigung die **Dauer der Projektdurchführung** geschätzt. Dies ist notwendig um entsprechende Preisindizes und Kostenerhöhungsfaktoren abzuleiten. Die Wertansätze möglicherweise Jahre später durchzuführender Teilabschnitte des Projekts sind um diese Kostensteigerungen zu korrigieren.

Die **Berechnung der Erzeugniskosten** schließt die Angebotskalkulation ab: Neben den Herstellkosten für selbst erstellte und den Beschaffungskosten für fremd bezogene Positionen müssen Kosten der Endmontage, Gewährleistungsrisiken, Projektbearbeitungs-, Verwaltungs- und Vertriebskosten sowie Kapitalkosten und Währungsrisiken als Positionen der Angebotskalkulation berücksichtigt werden[252]. Kalkulationsrisiken beinhalten dabei vor allem die **Kosten der Endmontage** beim Kunden[253] sowie die Quantifizierung von **Gewährleistungsrisiken**, die allenfalls durch möglicherweise auf historischen Daten basierende prozentuale Zuschläge auf die Herstellkosten kalkuliert werden können. Im Bereich der **Projektbearbeitungs-, Verwaltungs- und Vertriebskosten** kommen prozesskostenrechnerisch ermittelte Kostensätze zur Anwendung. Die Ermittlung von **Kapitalkosten** nimmt vor dem Hintergrund einer wertorientierten Unternehmenssteuerung einen breiten Raum in der einschlägigen Fachliteratur ein[254]. Ein projektbezogener Liquiditätsplan ist dafür ebenso unabdingbare Voraussetzung wie eine vollständige gedankliche Durchdringung des zu beurteilenden Produktvorhabens. Zur Ableitung von **Währungsrisiken** bei Projektfertigung müssen zukünftige Werte ausgehend von historischen Entwicklungen prognostiziert werden.

Letztlich bleibt festzuhalten, dass **Interdependenzen** zwischen den einzelnen Schritten einen streng sukzessiven Ablauf der Angebotskalkulation verhindern. Im Gegensatz zu den **Kalkulationsunsicherheiten** in der langfristigen Auftragsfertigung kann bei der kurzfristigen Einzel- und Auftragsfertigung mit ihren überwiegend ähnlichen und einfach aufgebauten Produkten eine exakt durchgeführte Angebotskalkulation im Extremfall sogar die Genauigkeit einer Plankalkulation erreichen[255].

3. Detaillierung der Angebotskalkulation zur Auftragsvorkalkulation

Erteilt der Kunde den Auftrag, wird mit der Erstellung der noch fehlenden sowie mit der Aktualisierung und Überprüfung der bereits vorhandenen Erzeugnisunterlagen begonnen. Seitens des Kunden liegen bei Auftragserteilung normalerweise **alle relevanten Erzeugnisspezifikationen** vor. Allerdings muss vor allem bei Großprojekten davon ausgegangen werden, dass Teilprojekte oft schon vor der kompletten Fertigstellung der Projektunterlagen beginnen. Insofern bleiben auch bei der Auftragsvorkalkulation noch Kalkulationsunsicherheiten bestehen.

---

[252] Siehe dazu Kilger, Wolfgang - Pampel, Jochen - Vikas, Kurt: Plankostenrechnung...(2002), S. 506 ff.

[253] Kilger, Wolfgang: Plankostenrechnung...(1993), S. 734 führt hier als Beispiel einen Montageplatz an, dessen Untergrund den Einsatz kostengünstiger Großkräne nicht zulässt.

[254] Siehe Jacob, Dieter - Winter, Christoph - Suhr, Constanze: Kalkulationsformen...(2002), S. 18 und insbesondere Männel, Wolfgang: Wertorientiertes...(2003), S. 9 ff.

[255] Siehe Kilger, Wolfgang: Kostenrechnung...(1987), S. 291. Vgl. dazu auch Kilger, Wolfgang: Kostenträgerrechnung...(1986), S. 8 f.

Zur Durchführung der Auftragsvorkalkulation stehen im Vergleich zur Angebotskalkulation wesentlich **detailliertere Erzeugnisinformationen** zur Verfügung. Es liegen aktuelle Stücklisten und Arbeitspläne vor, die mit dem relevanten Wertegerüst bewertet werden können. Die so erstellte Kalkulation dient als Kontrollmaßstab für mitlaufende und abschließende Kalkulationen[256]. Bei kurzfristiger Auftrags- und Einzelfertigung entsprechen diese Planwerte den bei der Abweichungsanalyse benötigten Sollwerten. Bei **langfristiger Auftrags- und Einzelfertigung** werden die Planwerte der Auftragsvorkalkulation durch eine mitlaufende Auftragskalkulation bzw. eine modulspezifische Vorkalkulation in Sollwerte überführt[257].

Bei langfristiger Auftrags- und Einzelfertigung kann die Auftragsvorkalkulation nicht exakt von der mitlaufenden Kalkulation abgegrenzt werden. Dies ist lediglich für die einzelnen Komponenten oder Module eines Auftrags möglich. Für den Gesamtauftrag an sich sind jedoch im Regelfall bei Beginn der Fertigung nicht alle Konstruktionstätigkeiten komplett abgeschlossen. Liegen sämtliche Fertigungsunterlagen für den Gesamtauftrag vor, sind meist einzelne Komponenten bereits fertig gestellt, so dass man hier von einer **mitlaufenden Kalkulation auf aggregierter Ebene** sprechen muss.

Der Auffassung, dass es sich bei Auftragsvorkalkulationen um „exakte Kalkulationen, die auf detailliert geplanten Mengendaten basieren“[258] handelt, kann gemäß der obigen Argumentation nur dann zugestimmt werden, wenn es sich um ein Unternehmen der **kurzfristigen Auftrags- und Einzelfertigung** handelt oder wenn mit der Projektfertigung erst eine gewisse Zeitspanne nach Auftragserteilung begonnen wird. Ein dem teilprojektspezifischen modularen Aufbau der Angebotskalkulation folgender **struktureller Aufbau der Auftragsvorkalkulation** bildet die Basis für ein aussagefähiges Kostenträgercontrolling.

VII. Informationszuwachs und Aussagekraft der fertigungsbegleitenden Kalkulation

Wie bereits erläutert, kann bei kontinuierlicher Durchführung einer **fertigungsbegleitenden Kalkulation** die Nachkalkulation entfallen, da durch die mitlaufende Kalkulation zum Zeitpunkt der Fertigstellung auch das Ergebnis der Nachkalkulation vorliegt. Lediglich wenn tatsächliche Ist-Daten erst eine gewisse Zeitspanne nach Abschluss der Produktion bekannt werden und erst zu diesem Zeitpunkt die Nachkalkulation erstellt wird, kann nur noch in übertragenem Sinne von einer mitlaufenden Kalkulation gesprochen werden, mitlaufend dann bis zum Vorhandensein sämtlicher Ist-Daten. Die folgenden Ausführungen, die sich konkret auf die mitlaufende Kalkulation beziehen,

---

[256] Vgl. Kagermann, Henning: Elemente...(1986), S. 544 und auch Hahn, Dietger - Hungenberg, Harald: PuK...(2001), S. 570.

[257] Vgl. hierzu Blättchen, Klaus Alexander: Produktkalkulation...(1994), S. 74. Siehe zur Projektabrechnung die entsprechenden Ausführungen im Kapitel ‚Kostenträgercontrolling mit Soll-Ist-Vergleichen' sowie die dort angegebenen Notationen.

[258] Kilger, Wolfgang - Pampel, Jochen - Vikas, Kurt: Plankostenrechnung...(2002), S. 508.

gelten somit sinngemäß auch für die Nachkalkulation als Spezialfall der mitlaufenden Kalkulation zu einem fest definierten Zeitpunkt.

Im Fertigungsablauf treten zwangsläufig **Abweichungen zwischen geplantem und realisiertem Produktionsvollzug** auf. Diese Abweichungen sind bei der Massenfertigung nahezu zu vernachlässigen, bei der Sorten- und Serienfertigung nehmen sie eine wichtige Rolle im Rahmen des Kostenträgercontrollings ein und bei der Einzel- und Auftragsfertigung schließlich stellen die Abweichungen im Produktionsvollzug die **zentralen Kenngrößen** dar[259].

Generelles Ziel einer fertigungsbegleitenden Kalkulation bei der Serien- und der Einzelfertigung muss es sein, **Abweichungen frühzeitig aufzuzeigen** und damit **Maßnahmen zur Gegensteuerung** zu ermöglichen. Eine Integration von Planungsdaten und über Systeme der Betriebsdatenerfassung (BDE-Systeme) erfassten aktuellen Produktionsdaten ist dazu ebenso notwendig, wie der Rückgriff auf Kostendaten, wie Maschinenstundensätze oder Einstandspreise. Aufgrund der Komplexität des Fertigungsprozesses und der anfallenden Datenmenge sowie der notwendigen Aktualität der Daten, die nur über eine **online-Verarbeitung** gewährleistet werden kann, kann eine moderne fertigungsbegleitende Kalkulation nur mit **EDV-Unterstützung** realisiert werden kann.

Nur auf Basis der Ergebnisse einer fertigungsbegleitenden Kalkulation kann das Controlling den **laufenden Produktionsfortschritt** nachvollziehen und **aktuelle Management-Reports** zur Verfügung stellen. Zudem können die entstandenen Kostenabweichungen direkt an jedem Kostenplatz kostenträgerbezogen erfasst werden und müssen nicht nachträglich über eine Zwischenrechnung verteilt werden[260].

A Parallelen der fertigungsbegleitenden Kalkulation zur entwicklungs- und konstruktionsbegleitenden Kalkulation

Parallelen zwischen fertigungsbegleitender Kalkulation und entwicklungs- und konstruktionsbegleitender Kalkulation finden sich auf der Ebene der **zunehmenden Informationsgenauigkeit** im Laufe des Fertigungsprozesses. Während einerseits die Forderung nach Berücksichtigung des Informationszuwachses im Laufe der Konstruktion abgeleitet wurde, besteht andererseits ebenfalls die Notwendigkeit, einen fertigungsbegleitenden Informationszuwachs abbilden zu können. Der Unterschied besteht lediglich in der **Art des Informationszuwachses**: Während bei der entwicklungs- und konstruktionsbegleitenden Kalkulation zunächst unbekannte Parameter Gestalt annehmen, werden bei der fertigungsbegleitenden Kalkulation **Plan- bzw. Soll-Werte durch tatsächliche Daten** ersetzt.

Die Vorkalkulation der Einzel- und Auftragsfertigung basiert auf einem idealtypisch abgeleiteten **Plan des Produktionsvollzugs**. In der betrieblichen Praxis ist kaum zu erwarten, dass diese Plan-Werte absolut eingehalten werden (können). Vielmehr ist

---

259 Vgl. dazu die Ausführungen im Kapitel ‚Kostenträgercontrolling mit Soll-Ist-Vergleichen'.

260 Vgl. Knoop, Jens: Prozeßorientierte...(1987), S. 51.

eine gewisse Bandbreite sowohl nach oben als auch nach unten der Regelfall. Überträgt man den Gedanken des Target Costings - also die Einhaltung bzw. Erreichung eines gegebenen Kostenziels - von der Entwicklung und Konstruktion auf die Fertigung, muss auch im Laufe der Fertigung permanent überprüft werden, ob der **vereinbarte Angebotspreis** eingehalten werden kann. Die zu Beginn der Produktion vorliegende Kalkulationsunsicherheit wird mit dem Produktionsfortschritt laufend geringer. Somit kommt der fertigungsbegleitenden Kalkulation auch eine **Frühwarnfunktion** zu.

Ein besonderes Gewicht nimmt die fertigungsbegleitende Kalkulation bei der langfristigen Einzel- und Auftragsfertigung ein. Im Sinne einer **Projektkalkulation** sind in diesem Fall bei Produktionsbeginn nicht sämtliche kalkulationsrelevanten Sachverhalte bekannt, so dass hier ein **methodischer Brückenschlag zwischen entwicklungs- und konstruktionsbegleitender Kalkulation und fertigungsbegleitender Kalkulation** notwendig ist. Während für einzelne Komponenten konkrete Fertigungsunterlagen und damit auch abgeschlossene Kalkulationen vorliegen, kommen für andere Komponenten Instrumente der entwicklungs- und konstruktionsbegleitenden Kalkulation zum Einsatz[261].

B Ausgestaltung einer modernen fertigungsbegleitenden Kalkulation

Dezentrale Fertigungsleitstände befinden sich mitten im Produktionsgeschehen, können schnell und flexibel reagieren und sind somit Voraussetzung für die realtime-Verarbeitung der aus der Fertigung zurückgemeldeten Informationen[262]. Systeme der **Betriebsdatenerfassung** (BDE-Systeme) in der Fertigung sind an die Fertigungsleitstände gekoppelt und versorgen diese mit aktuellen Zustands- und Bewegungsinformationen[263]. In den Fertigungsleitständen ist somit das für die Kalkulation relevante aktuelle Mengengerüst der jeweiligen Fertigungssituation abgebildet. Genau dieses Mengengerüst benötigt die fertigungsbegleitende Kalkulation, um ihre Aufgaben erfüllen zu können[264].

---

[261] Siehe dazu wiederum die entsprechenden Ausführungen zum Projektcontrolling im Kapitel ‚Kostenträgercontrolling mit Soll-Ist-Vergleichen'.

[262] Unter einem elektronischen Leitstand oder auch Fertigungsleitstand versteht man ein „dezentrales EDV-System zur kurzfristigen Planung und Steuerung der Produktion", Helber, Stefan: Leitstand...(1994), S. 542. Siehe zu dieser Definition auch Kurbel, Karl: Produktionsplanung...(2003), S. 229 und Pocsay, Alexander - Ripplinger, Michael: Fertigungssteuerung...(1991), S. 360 f. Teilweise wird der Begriff Leitstand auch enger definiert, so bei Drexl, Andreas - Kolisch, Rainer: Produktionsplanung und –steuerung...(1993), S. 137, die darunter „ein computergestütztes Decision-Support-System (DSS) zur (kurzfristigen) Fertigungssteuerung" verstehen.

[263] Vgl. Kurbel, Karl: Produktionsplanung...(2003), S. 287 f. Siehe zur Betriebsdatenerfassung generell die Ausführungen im Abschnitt I.B des Kapitels ‚Kostenträgercontrolling mit Soll-Ist-Vergleichen'.

[264] Holzer, Herbert: PPS-Systeme...(2000), S. 37 führt aus, dass der Einsatz von Leitständen „eine objektivierte Entscheidungsfindung allein durch sachliche Gesichtspunkte unter Ausschluß subjektiver Elemente" bietet.

Von zentraler Bedeutung für die fertigungsbegleitende Kalkulation ist dabei, dass die BDE-Systeme bzw. die Fertigungsleitstände **mit dem Kalkulationssystem gekoppelt** sind, so dass sämtliche aktuellen kalkulationsrelevanten Informationen zusammengeführt werden können[265]. Idealerweise ist diese Kopplung über eine **Integration** realisiert, so dass die entsprechenden Nachrichten realtime verarbeitet werden können. Ist diese Kopplung über Schnittstellen verwirklicht, so dass die Informationen in gewissen Zeitabständen mittels Batch-Läufen übertragen werden, muss sichergestellt werden, dass die **Kalkulation jeweils mit den aktuellsten Daten** durchgeführt wird. Außerdem muss mit dem Kalkulationsergebnis ein Verweis auf die der Kalkulation zugrunde liegende Datensituation verknüpft werden, so dass das Ergebnis jederzeit nachvollzogen werden kann.

Die fertigungsbegleitende Kalkulation ist aber nicht nur auf die Fertigung beschränkt, sondern kann auch um die indirekten Bereiche ergänzt werden. Ist dies der Fall, können Prozesse im Sinne der Prozesskostenrechnung mengenmäßig ebenfalls laufend kalkuliert werden. Auf diese Weise kann - zumindest idealtypisch - die **Inanspruchnahme der Ressourcen indirekter Bereiche** durch die Erzeugnisse permanent aktuell abgebildet werden[266].

Letztendlich muss eine frühzeitige Produktkostenkalkulation immer in den Kontext eines geplanten bzw. erwarteten **Produkterfolgs** gestellt werden. Die Konzentration auf die unternehmensinterne Situation reicht für eine langfristige Unternehmenssicherung nicht aus. Die im Folgenden zu behandelnde **marktorientierte Produktkostenkalkulation** bezieht marktliche Gegebenheiten und damit die Erfolgsseite explizit in die Entscheidungsfindung bezüglich der Ausgestaltung neuer Produkte mit ein.

---

[265] Siehe zur Daten- und Funktionsintegration Scheer, August-Wilhelm: Leitstandkonzepte...(1996), Sp. 1066. Vgl. dazu auch Drexl, Andreas - Eversheim, Walter - Grempe, Rainer - Esser, Heinrich: Montageleitstand...(1994), S. 292.

[266] Vgl. dazu die entsprechenden Ausführungen im Kapitel zur prozess- und ressourcenorientierte Produktkostenkalkulation in dieser Arbeit.

4. Kapitel Marktorientierte Produktkostenkalkulation

Die methodische Entwicklung der Produktkostenkalkulation folgte primär dem Zweck der **Preiskalkulation**. Dementsprechend wurden die Kalkulationsverfahren speziell für den Fertigungsbereich mit dem Ziel einer möglichst **genauen Zuordnung der entstandenen Kosten** auf die einzelnen Produkte permanent weiterentwickelt. Diese lange praktizierte, ausschließlich an den Kosten orientierte Preispolitik muss vor dem Hintergrund einer enorm gestiegenen Wettbewerbsintensität durch eine **am erzielbaren Marktpreis ausgerichtete Kostenpolitik** ersetzt werden[1].

Die Entwicklung des T-Modells von Ford stellt eines der frühesten bekannten Beispiele für ein **marktorientiertes Zielkostenmanagement** dar[2]. Auch die Entwicklung des Volkswagens in den dreissiger Jahren wurde strikt auf den Absatzmarkt ausgerichtet. Bereits während der Entwicklung wurde ein Verkaufspreis von 990 Reichsmark vorgegeben. Vor diesem Hintergrund wurden alternative technische Lösungen auch unter dem Gesichtspunkt ihrer Kostenwirkungen untersucht, so führten Seilzugbremsen anstelle von hydraulischen Bremsen zu erheblichen Kosteneinsparungen[3].

Den Ausgangspunkt für die **Entwicklung des modernen Target Costings** stellt der Praxiseinsatz eines Target Costing-Ansatzes bei Toyota bereits 1965 dar[4]. Anfang der 70er Jahre wurde in vielen japanischen Betrieben aufgrund eines gewaltigen, durch die Ölkrise bedingten **Kostendrucks** ein Zielkostenmanagement eingeführt[5]. Die ersten Veröffentlichungen zu diesem Themenkreis finden sich Ende der 70er Jahre in Japan. Seit Beginn der 90er Jahre wird die Methodik des Target Costings auch in Deutschland und den USA diskutiert[6].

Auch wenn sich für das Target Costing in der Literatur keine einheitliche Definition im herkömmlichen Sinne finden lässt, so sind dennoch die **durchgängige Marktorientierung** und die Einordnung als **Instrument des Kostenmanagements**[7] kennzeichnend für diese Methodik, in deren Mittelpunkt die Frage steht: "Was darf ein

---

1 Siehe Männel, Wolfgang: Entwicklungsperspektiven...(1999), S. 139 ff und Männel, Wolfgang: Produktkostenkalkulation...(1997), S. 207.

2 „We have never considered any costs as fixed. Therefore we first reduce the price to the point where we believe more sales will result. Then we go ahead and try to make the price. We do not bother about costs. The new price forces the costs down". Ford, Henry: My life...(1923), S. 146 zitiert nach Rösler, Frank: Target Costing...(1996), S. 9.

3 Siehe dazu Franz, Klaus-Peter: Target Costing...(1993), S. 124.

4 Siehe Horváth, Péter - Niemand, Stefan - Wolbold, Markus: Target Costing...(1993), S. 3 sowie Tani, Takeyuki: Hauptelemente...(1997), S. 233.

5 Siehe Franz, Klaus-Peter: Target Costing...(1993), S. 125 und auch Becker, Wolfgang: Kostensteuerung...(1993), S. 280, der zudem auf die erfolgreiche Umsetzung des Target Costings verweist, sowie Sakurai, Michiharu: Target Costing...(1989), S. 39.

6 Vgl. Listl, Andreas: Target Costing...(1998), S. 94. Bronner, Albert: Wertanalyse...(1968), S. 18 spricht zwar bereits 1968 von Kostenzielen, bezieht sich dabei aber nur auf die unternehmensinterne Kostensituation, um davon ausgehend Rationalisierungsreserven zwischen den effektiven und den optimalen Herstellkosten aufzuzeigen.

7 Siehe zu dieser Einordnung stellvertretend Horváth, Péter - Niemand, Stefan - Wolbold, Markus: Target Costing...(1993), S. 3 und Listl, Andreas: Target Costing...(1998), S. 94.

Produkt kosten?"[8]. In der vorliegenden Arbeit soll Target Costing verstanden werden als „umfassendes *Bündel von Kostenplanungs-, Kostenkontroll- und Kostenmanagementinstrumenten*, die schon in den frühen Phasen der Produkt- und Prozessgestaltung zum Einsatz kommen, um die *Kostenstrukturen* frühzeitig im Hinblick auf die Marktanforderungen *gestalten* zu können"[9].

I. Entwicklung der Marktorientierung

Die Marktorientierung findet nicht erst mit dem Gedankengut des Target Costings Eingang in die Fachliteratur oder die betriebliche Praxis. So weisen bereits frühe Veröffentlichungen zur **Deckungsbeitragsrechnung** den Weg in Richtung einer **marktorientierten Preispolitik** und einer **marktorientierten Ergebnissteuerung**[10]. Das Hauptaugenmerk einer Deckungsbeitragsrechnung liegt dabei – wie im Folgenden gezeigt wird – auf der **Optimierung des Sales Mix** zur Maximierung der Summe der Deckungsbeiträge.

Mit der zunehmenden Marktmacht der Nachfrager und Kunden reicht eine alleinige Betrachtung der Absatzseite nicht mehr aus. Vielmehr muss zur Optimierung der Deckungsbeiträge neben dem Marktpreis auch die **Kostensituation** und damit das **innerbetriebliche Ablaufschema** einer genauen Analyse unterzogen werden. Während die Deckungsbeitragsrechnung die vorhandene unternehmensspezifische Kapazitätsausstattung als gegeben betrachtet, bezieht ein marktorientiertes Kostenmanagement neben den eigentlichen Produkten auch die **innerbetrieblichen Prozesse und Ressourcen** in die Betrachtung mit ein[11].

A Marktpreisorientierung der Deckungsbeitragsrechnung

Der Deckungsbeitragsrechnung, die in ihrem Rechenschema **ausgehend von den Bruttoerlösen** retrograd Nettoerlöse und schließlich Deckungsbeiträge auf verschiedenen Stufen ermittelt, liegt mit dieser Vorgehensweise ausdrücklich die Ausrichtung auf marktliche Gegebenheiten zugrunde. Dies wird deutlich, wenn man das in Abbildung 4-1 dargestellte **Grundprinzip der Deckungsbeitragsrechnung** genauer untersucht.

---

8 Seidenschwarz, Werner: Kostenmanagement...(1991), S. 199 und Seidenschwarz, Werner: Zielkosten...(1991), S. 193.

9 Horváth, Péter - Niemand, Stefan - Wolbold, Markus: Target Costing...(1993), S. 4 (Hervorhebung im Original). Vor diesem Hintergrund wird Target Costing in dieser Arbeit auch - über eine reine Zielkostenrechnung hinaus gehend - im Sinne eines Zielkostenmanagements verstanden, da die Zielkosten nicht nur vorgegeben werden, sondern auch deren Erreichung überwacht, gesteuert und kontrolliert werden muss.

10 So erläutert Männel, Wolfgang: Entwicklungsperspektiven...(1999), S. 142, dass „die Deckungsbeitragsrechnung von Beginn an ein Konzept zur marktpreisorientierten Kosten- und Erfolgssteuerung [war, d. V.]" und verweist in diesem Zusammenhang auf Riebel, Paul: Preiskalkulation...(1964), S. 549 ff.

11 Siehe zu diesem Themenkreis auch Pampel, Jochen: Konzepte...(1998), S. 17 ff, der für die Unternehmensführung die Entwicklung des Resource-based view als Reaktion auf die Unzulänglichkeiten des Market-based view darstellt.

Abbildung 4-1
Grundprinzip der Deckungsbeitragsrechnung[12]

Bruttoerlös
Sofortrabatte
Kundenskonti
Debitorenausfälle
Mängelrügen
Boni
- Erlösschmälerungen
= Nettoerlös
Verkaufsprovisionen
Versand
Ausgangsfracht
Vertriebseinzelkosten
Proportionale Vertriebsgemeinkosten
- Proportionale Vertriebskosten
= Verwertungsüberschuss
Materialkosten
Proportionale Fertigungskosten
- Proportionale Herstellkosten
= Deckungsbeitrag I
- Fixkosten auf verschiedenen Zurechnungsebenen der jeweiligen Auswertungshierarchie folgend
= Deckungsbeiträge der verschiedenen Auswertungsstufen

Der Bruttoerlös als Ausgangspunkt verdeutlicht die Bedeutung des Absatzmarktes für die Deckungsbeitragsberechnung. Im Gegensatz zur progressiven Vorgehensweise der Kostenkalkulation, die mit Material- und Fertigungskosten an den Unternehmensgegebenheiten ansetzt, geht die Deckungsbeitragsrechnung **retrograd von den Bruttoerlösen** und damit von der Situation am Absatzmarkt aus.

Es lassen sich aber auch noch weitere Indizien für eine Marktorientierung der Deckungsbeitragsrechnung finden. Ausgehend von den Bruttoerlösen werden zunächst **Erlösschmälerungen** und sodann **proportionale Vertriebskosten** abgezogen, um über den Nettoerlös zum Verwertungsüberschuss zu gelangen. Erlösschmälerungen wie Skonti, Boni und Mängelrügen sind im Regelfall kundenspezifisch festgelegt, auch Rabatte können kundenindividuell vereinbart werden. Noch deutlicher wird diese Marktorientierung bei den proportionalen Vertriebskosten, die von kundenspezifischen Versandwegen und Versandmodalitäten geprägt sind.

---

[12] Siehe zum Kalkulationsschema der Deckungsbeitragsrechnung grundlegend Riebel, Paul: Einzelkosten...(1959), S. 226 ff. Terminologie und Detaillierung dieser Abbildung folgen Männel, Wolfgang: Führungsinstrument...(1998), S. 110 und S. 115 ff.

Zum zentralen Gedankengut der Deckungsbeitragsrechnung gehört die **Trennung der zweckneutralen und auswertungsoffenen Grundrechnung von den fallspezifischen Auswertungsrechnungen**[13]. Für die Hauptaufgabe der traditionellen Kostenträgerrechnung - die Preiskalkulation - werden aus der Grundrechnung die entscheidungsrelevanten Kosten im Sinne von für den Entscheidungshorizont und das Betrachtungsobjekt variablen Kosten übernommen. Die Grundproblematik der Deckungsbeitragsrechnung liegt in der Identifikation von **Bezugsobjekthierarchien**, um die einzelnen Kostenarten und Kostenkategorien ungeschlüsselt erfassen zu können. Die jeweiligen **Kostenniveaus** werden dabei aber mehr oder weniger als gegeben hingenommen und nicht näher analysiert.

Da den jeweils betroffenen Abteilungen und den verantwortlichen Mitarbeitern für die einzelnen Aufträge und Erzeugnisse keine Vollkosten sondern nur Einzelkosten vorgegeben werden, ermöglicht die Deckungsbeitragsrechnung eine **flexible Preispolitik**[14]. Darüber hinaus werden differenzierte Soll-Deckungsbeiträge und ein Soll-Gewinnbeitrag für einzelne Erzeugnisgruppen im Sinne von Deckungsbudgets vorgegeben[15]. Dem Verkaufsleiter obliegt sodann die Verantwortung für die Entscheidung, mit welchen Aufträgen und Erzeugnissen er diese Deckungsvorgaben erwirtschaftet. Zweckmäßigerweise können aber bei Vorliegen von Engpässen im Unternehmen auch **engpassbezogene Deckungsbeiträge** als Deckungsbedarf je beanspruchter Leistungseinheit des betrieblichen Engpassfaktors vorgegeben werden[16]. Vor dem Hintergrund gegebener Kostenniveaus liegen die wesentlichen Entscheidungsparameter der Deckungsbeitragsrechnung somit in der **Identifikation eines deckungsbeitragsoptimalen Sales Mix**[17].

---

[13] Siehe dazu Riebel, Paul: Grundrechnung...(1979), S. 785 ff, Riebel, Paul: Deckungsbeitragsrechnung...(1994), S. 185 f und Riebel, Paul: Einzelerlös-, Einzelkosten- und Deckungsbeitragsrechnung...(1992), S. 255 mit weiteren Notationen sowie die ausführlichen Erläuterungen zur Grundrechnung als vieldimensionaler, zeitlich fortschreitender Datenbasis in derselben Veröffentlichung auf S. 267 ff. Zur DV-technischen Realisierung einer Grundrechnung siehe Sinzig, Werner: Bedeutung...(1992), S. 1253 ff sowie Stöppler, Siegmar: Kosteneinflußgrößen...(1992), S. 1265 ff.

[14] Vgl. dazu aus Marketing-Sicht Köhler, Richard: Kosteninformationen...(1992), S. 852 f. Siehe dazu auch den Verweis auf die Notwendigkeit differenzierter Informationen über die Kosten- und Erlössituation für die Absatzpolitik bei Riebel, Paul: Deckungsbeitragsrechnung...(1994), S. 177 f.

[15] Siehe zur Vorgabe von Deckungsbudgets und zu sonstigen Deckungsvorgaben ausführlich Riebel, Paul: Einzelerlös-, Einzelkosten- und Deckungsbeitragsrechnung...(1992), S. 287 ff sowie auch Männel, Wolfgang: Produktkostenkalkulation...(1997), S. 208.

[16] Siehe dazu insbesondere Riebel, Paul: Einzelkosten...(1959), S. 234 ff.

[17] Die Fokussierung auf einen deckungsbeitragsoptimalen Sales Mix zeigt sich vor allem an den absatzorientierten Bezugsobjekthierarchien entscheidungsorientierter Deckungsbeitragsrechnungen sowie der dabei notwendigen Berücksichtigung von Verbundenheitsbeziehungen, siehe dazu Riebel, Paul: Einzelerlös-, Einzelkosten- und Deckungsbeitragsrechnung...(1992), S. 280 ff. In diesem Zusammenhang berichten Plaut, Hans-Georg - Müller, Heinrich - Medicke, Werner: Grenzplankostenrechnung...(1973), S. 48 von der Sanierung eines Textilunternehmens durch eine grenzkostenorientierte Preispolitik unter Berücksichtigung engpassorientierter Deckungsbeiträge. Kilger, Wolfgang: Plankostenrechnung...(1993), S. 190 führt in anderem Zusammenhang, aber dennoch mit Blickrichtung auf die Erlösseite, aus: „Der Gewinn einer Unternehmung hängt nicht nur von den Kosten, sondern weitgehend von den Erlösen der verkauften Erzeugnisse ab".

Die Deckungsbeitragsrechnung verfolgt also eine flexible marktorientierte Preispolitik mit dem Ziel einer Optimierung des Sales Mix, lässt dabei aber die effektive Ressourcennutzung fast völlig außer Acht. Über ein differenzierendes Deckungsbeitragsmanagement werden die **Fixkostenquanten** den Deckungsbeiträgen auf verschiedenen Stufen gegenübergestellt und zeigen so die **Erfolgsbeiträge der betrachteten Bezugsobjekthierarchie** auf[18]. Die Fixkosten im Sinne von Bereitschaftskosten sind zwar in der längerfristigen Betrachtungsweise sehr wohl entscheidungsrelevant[19], in der kurzfristigen Betrachtung werden sie jedoch deckungsbeitragsrechnerisch nicht diskutiert. In diesem Sinne muss ein effektives Kostenmanagement durch ein aussagekräftiges Leistungsmanagement ergänzt werden, das sowohl zur **Steuerung des ressourcenspezifischen Leistungsspektrums** als auch zur **Vermeidung von Ressourcenverschwendung** beiträgt[20].

B Verändertes Unternehmensumfeld als Ausgangspunkt für das Target Costing

Traditionell wird ausgehend von einer Produktinvestition eine Selbstkostenkalkulation durchgeführt, aus der letztlich der Marktpreis abgeleitet wird. Unabhängig von der Tatsache, dass bei der zunehmenden Internationalisierung und dem größer werdenden Konkurrenzdruck ein Marktpreis nicht mehr ohne Berücksichtigung exogener Faktoren festgelegt werden kann, werden auch die **Vorstellungen und Anforderungen potenzieller Kunden** bezüglich der Produkte herkömmlicherweise zu spät berücksichtigt. Bei einem wettbewerbsintensiven Käufermarkt müssen die zukünftigen Kunden bereits frühzeitig in den Produktentstehungsprozess eingebunden werden, um die **Marktakzeptanz** des Produkts sicherzustellen und damit auch ein entsprechendes Erfolgspotenzial zu gewährleisten[21].

Im Sinne einer **preisorientierten Kostenpolitik** determiniert der am Markt durchsetzbare Preis das unternehmensintern akzeptable Kostenniveau. Die kostenpolitische Unternehmenssteuerung muss daher bereits bei der Produktentwicklung einsetzen und den kompletten Lebenszyklus eines Produkts begleiten[22]. Die Optimierung der Deckungsbeiträge erfolgt nicht mehr über die Zusammensetzung des Absatz-

---

[18] Vgl. dazu Männel, Wolfgang: Ergebniscontrolling...(2003), S. 155 ff und Riebel, Paul: Deckungsbeitragsrechnung...(1994), S. 178 ff. Siehe auch Plaut, Hans-Georg - Müller, Heinrich - Medicke, Werner: Grenzplankostenrechnung...(1973), S. 47 ff.

[19] Siehe dazu die entsprechenden Kalkulationsbeispiele über Entscheidungen bei veränderbaren Kapazitäten bei Coenenberg, Adolf G.: Kostenrechnung...(2003), S. 336 ff oder auch Männel, Wolfgang: Ergebniscontrolling...(2003), S. 177 ff.

[20] Siehe Männel, Wolfgang: Entwicklungsperspektiven...(1999), S. 130 ff sowie die Ausführungen zum Leistungscontrolling im Kapitel ‚Prozess- und ressourcenorientierte Produktkostenkalkulation'.

[21] Vgl. Seidenschwarz, Werner: Marktgerechte Produkte...(1993), S. 31 f. In diesem Zusammenhang sei auch auf das „magische Dreieck" von Pfeiffer, Werner - Weiß, Enno - Volz, Thomas - Wettengl, Steffen: Funktionalmarkt-Konzept...(1997), S. 40 verwiesen, die damit auf die Entstehungszyklusexpansion, die Marktzykluskontraktion und die Vorbereitungskostenexplosion hinweisen. Siehe auch die Ausführungen im Kapitel ‚Umfassende Lebenszyklusrechnung'.

[22] Siehe Männel, Wolfgang: Entwicklungsperspektiven...(1999), S. 141.

programms, sondern vielmehr über die **Beeinflussung der produktspezifischen Kostenniveaus und Kostenstrukturen**. Vor diesem Hintergrund liegt das Hauptaugenmerk nicht mehr auf dem unternehmens- oder spartenbezogenen Deckungsbeitrag, sondern auf der Optimierung der einzelnen produktspezifischen Deckungsbeiträge. Abbildung 4-2 zeigt die unterschiedlichen Ansatzpunkte einer Deckungsbeitragsrechnung und einer marktpreisorientierten Kostenpolitik auf. Neben der ergebnisorientierten Steuerung der Kosten stellt im übrigen auch die **kundennutzenorientierte Produktgestaltung** beim Target Costing einen ganz wesentlichen Aspekt dar.

Abbildung 4-2
Zielrichtungen der kostenorientierten Preispolitik und der preisorientierten Kostenpolitik[23]

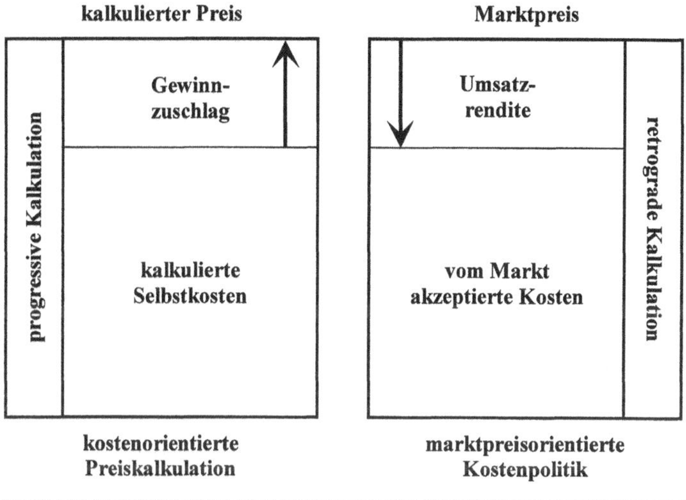

C Kalkulationsanforderungen des Kostenmanagements

Ein modernes Kostenmanagement will durch eine an dem mehrstufigen **Beziehungszusammenhang zwischen Produkten, Prozessen und Ressourcen** ansetzende Aufdeckung, Beeinflussung und letztlich auch Optimierung von Kostenniveau, Kostenstruktur, Kostenflexibilität, Kostenverhalten, Komplexitätskosten und Kostentransparenz langfristig den Unternehmenserfolg gewährleisten[24].

Zur Erstellung und Vermarktung von Produkten werden **Prozesse direkter und indirekter Leistungsbereiche** in Anspruch genommen, diese Prozesse werden als Teilprozesse und Aktivitäten in den einzelnen Kosten- und Leistungsstellen erbracht. Über

23 Entnommen aus Männel, Wolfgang: Produktkostenmanagement...(2002), S. 153.

24 Vgl. Männel, Wolfgang: Kostenmanagement...(1993), S. 210 und Männel, Wolfgang: Entwicklungsperspektiven...(1999), S. 125 ff.

innerbetriebliche Leistungsverflechtungen stehen aber auch die Kosten- und Leistungsstellen untereinander in Beziehung. Vor diesem Hintergrund betreffen kostenbeeinflussende Maßnahmen auf Produktebene automatisch auch die vorgelagerte Ebene der Haupt- und Teilprozesse.

Prozessänderungen im Sinne von Prozessvereinfachungen und Prozessgestaltungen wirken sich direkt auf die Ressourcenebene aus. In seiner eigenen Sichtweise stellt das **ressourcenorientierte Kostenmanagement**[25] diesen Beziehungszusammenhang folgendermaßen dar: Ressourcen stellen Leistungskapazitäten bereit, die Nutzung dieser Kapazitäten führt zu Leistungsprozessen und diese letztendlich zu absatzfähigen Produkten[26]. In letzter Konsequenz zielt das Kostenmanagement damit auf der unternehmensinternen Ressourcenebene sowohl auf die Effektivität der Ressourcen im Sinne einer **optimalen Dimensionierung der Ressourcen** als auch auf die Effektivität der Kapazitäten im Sinne der **Kapazitätsauslastung** und der **Kapazitätsnutzung** ab[27].

1. Maßnahmen des Kostenmanagements auf Produkt-, Prozess- und Ressourcenebene

Für eine gegebene produktspezifische Funktions- und damit auch Nutzenstruktur kommen im Rahmen eines Kostenmanagements auf Produktebene vor allem Maßnahmen aus dem Bereich der **frühzeitigen Produktkostenkalkulation** in Betracht, die bereits bei der Produktentwicklung und der Produktkonstruktion einsetzen[28]. Eine **Vereinfachung der konstruktiven und fertigungstechnischen Struktur** der Produkte und der einzelnen Module führt vorrangig zu einer Reduzierung der Komplexitätskosten und erhöht die Kostentransparenz. Die **Modularisierung** der Produkte und die **Standardisierung** der Produktkomponenten wirken der zunehmenden Variantenvielfalt auf Produkt-, Komponenten- und auch Materialebene entgegen und tragen zur Realisierung von spezifischen Kostensenkungspotenzialen bei[29]. Über die **Auswahl zwischen selbst gefertigten und fremd bezogenen Produktkomponenten** wird die Kostenflexibilität im Sinne der Produktions- und Dienstleistungstiefe entscheidend beeinflusst. Nicht zuletzt werden über die **Substitution von Einsatzmaterialien** und die **Optimierung von Produktionsverfahren** unternehmensspezifische Kostenstrukturen determiniert[30]. Abbildung 4-3 zeigt das Maßnahmenpotenzial des Kostenmanagements bezogen auf die Entwicklungs- und Konstruktionsabteilung im Überblick.

---

[25] Vgl. zu einer Darstellung des Resource-based view Pampel, Jochen: Konzepte...(1998), S. 22 ff, der sich auf Wernerfelt, Birger: Resource-based View...(1984), S. 171 ff bezieht.

[26] Vgl. dazu insbesondere Pampel, Jochen: Konzepte...(1998), S. 163. In derselben Monographie findet sich auf S. 150 ff die Differenzierung der Begriffe *Ressource* als Leistungsvermögen einer spezifischen Kombination von Potenzial- und Repetierfaktoren und *Kapazität* als periodische verwendungszweckspezifische Leistungsbereitschaft eines Potenzialfaktorsystems.

[27] Siehe dazu wiederum Pampel, Jochen: Konzepte...(1998), S. 166 ff.

[28] Vgl. dazu insbesondere die Ausführungen zur frühzeitigen Produktkostenkalkulation im vorhergehenden Kapitel.

[29] Vgl. Männel, Wolfgang: Kostenmanagement...(1993), S. 213.

[30] Siehe zur Systematik kostenwirksamer Konstruktionsentscheidungen insbesondere die Ausführungen im folgenden Kapitel dieser Arbeit sowie die dort angegebenen Notationen.

Abbildung 4-3
Frühzeitig einsetzende Maßnahmen des Kostenmanagements[31]

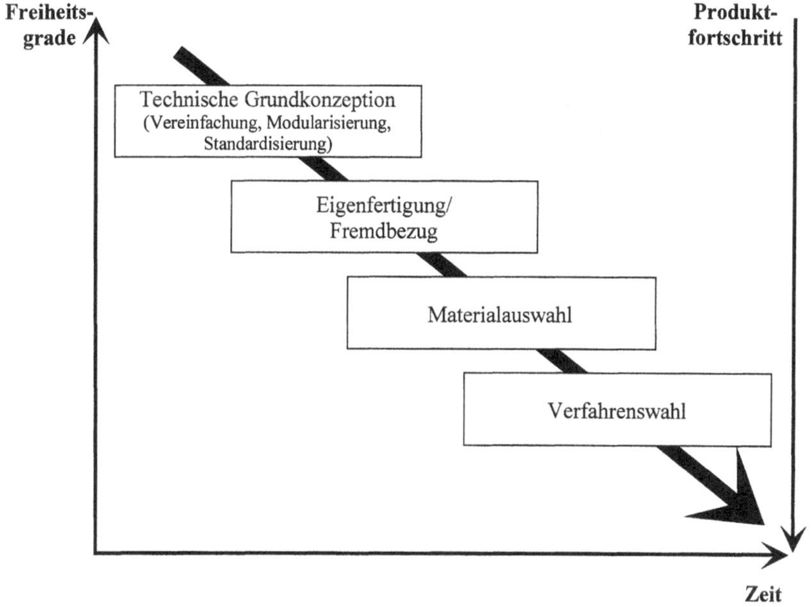

Auf der Ebene der einzelnen Leistungsprozesse sind zur Unterstützung des Kostenmanagements zunächst die **Wertschöpfungsbeiträge** der einzelnen Prozesse zu identifizieren[32]. Wertschöpfende Prozesse werden im Sinne einer Prozessgestaltung auf ihre Effektivität hin analysiert. Nicht wertschöpfende Prozesse resultieren vor allem aus den komplexen Unternehmensstrukturen. Koordinations-, Kommunikations- und Transaktionsprozesse sind zur Beherrschung dieser Komplexität zwar notwendig, leisten aber keinen Beitrag zur Wertschöpfung und müssen deshalb auf das notwendige Minimum reduziert werden[33]. Die **Identifikation und Reduzierung nicht wertschöp-**

---

[31] Vgl. Männel, Wolfgang: Seminar Kostenmanagement...(2003), S. 110, der zusätzlich noch die Wahl zwischen Kauf und Leasing von maschinellen Anlagen berücksichtigt. Diese Entscheidung ist hier jedoch nicht abgebildet, da lediglich für die Entwicklung und Konstruktion relevante Maßnahmen des Kostenmanagements betrachtet werden.

[32] Pampel, Jochen: Konzepte...(1998), S. 344 weist darauf hin, dass zur Identifikation nicht wertschöpfender Prozesse zunächst der Begriff der Wertschöpfung im Sinne der Schaffung von Kundennutzen zu definieren ist. Anschließend wird jeder einzelne Prozess auf seinen spezifischen Wertschöpfungsbeitrag hin untersucht.

[33] Zu nennen sind hier vor allem Dispositionsprozesse sowie Transport- und Lagervorgänge zwischen einzelnen Leistungsstellen, aber auch Umrüstvorgänge sowie Maßnahmen der Qualitätssicherung und der Instandhaltung in den Leistungsstellen.

fender Prozesse ist vor diesem Hintergrund eines der zentralen Anliegen der Prozesskostenrechnung[34].

Während die Optimierung der Ressourceninanspruchnahme idealtypisch bereits auf Prozessebene erfolgt, wird im Rahmen einer **ressourcenorientierten Leistungsrechnung** die Kapazitätsauslastung und die Kapazitätsnutzung einer gegebenen Ressourcenausstattung ressourcenspezifisch aufgezeigt[35]. Vor allem aus Brach-, Leer- und Stillstandszeiten resultierende **Verfügbarkeitsverluste** als nicht genutzte Kapazitäten sind im Rahmen eines Kostenmanagements zu reduzieren.

2. Ausgestaltung kostenmanagementorientierter Kalkulationsmethodiken

Eine **effektive und effiziente Kalkulationsmethodik** kann sich nicht mehr nur auf Zurechnungsprobleme beschränken, wie dies die herkömmliche Deckungsbeitragsrechnung vorsieht. Vielmehr muss sie den komplexen Unternehmensbedingungen gerecht werden und ein modernes Kostenmanagement unterstützen. Der zunehmenden Standardisierung und Modularisierung werden Unternehmen durch eine **modulare Produktkostenkalkulation** gerecht. Für Produktkomponenten liegen eigenständige Komponentenkalkulationen vor. Standardkomponenten brauchen auf diese Weise nicht bei jedem Kalkulationslauf neu kalkuliert werden, es werden nur die vorliegenden Kalkulationsergebnisse der Komponenten in die Produktkalkulation übernommen. Lediglich veränderte Produktkomponenten und Produktmodule werden neu kalkuliert. Eine modulare Produktkostenkalkulation liefert somit das Kalkulationsergebnis schneller als ein kompletter Kalkulationslauf und ist auch wegen der geringeren Komplexität weniger fehleranfällig. Gleichzeitig unterstützt sie die **frühzeitige Kostenermittlung**, da der Konstrukteur bereits auf die Kosten einzelner Komponenten zurückgreifen kann. Abbildung 4-4 zeigt den Aufbau einer modularen Produktkostenkalkulation in der Automobilindustrie sowohl für eigen gefertigte als auch für fremd bezogene Komponenten unter Berücksichtigung einer prozesskostenrechnerischen Kalkulationsmethodik.

Eine derart aufgebaute modulare Produktkostenkalkulation stellt gleichzeitig auch die Datenbasis für **Kostenvergleiche** zwischen eigen gefertigten und fremd bezogenen Komponenten zur Verfügung. Nur auf die beschriebene Art und Weise erhält der Konstrukteur bzw. das Unternehmen die relevanten Informationen zur Entscheidung über **Eigenfertigung oder Fremdbezug** in einer angemessenen Zeitspanne. Bei einer jeweils von der untersten Ebene ausgehenden kompletten Erzeugniskalkulation dagegen ist die Gewinnung entscheidungsrelevanter Kosteninformationen ein zeitaufwendiger, umständlicher und fehleranfälliger Vorgang.

---

[34] Vgl. dazu die Ausführungen im Kapitel ‚Prozess- und ressourcenorientierte Produktkostenkalkulation'.

[35] Siehe dazu wiederum die Ausführungen zum Leistungscontrolling im Kapitel ‚Prozess- und ressourcenorientierte Produktkostenkalkulation'.

Abbildung 4-4
Modulare prozesskostenrechnerische Produktkostenkalkulation[36]

Kalkulation der Produktkosten

- Kosten der Rohkarosse
- Kosten der Türen

Karosserie-Kosten

- Kosten der Aussenausstattung
- Kosten der Innenausstattung
- Kosten des Cockpit
- Kosten der Sitze

Ausstattungs-Kosten

- Kosten der Heizung
- Kosten der Instrumente
- Kosten der Bordnetze
- Kosten der Elektromechanik

Elektrik-Kosten

- Kosten der Vorderachse
- Kosten der Hinterachse
- Kosten der Räder und Reifen
- Kosten der Lenkung
- Kosten der Bremssysteme

Fahrwerk-Kosten

- Kosten des Motors
- Kosten der Abgasanlage
- Kosten des Getriebes

Aggregate-Kosten

Komponentenkosten

- Kosten des Montagematerials
- Kosten der Montagevorgänge
- Sondereinzelkosten der Montage

Montagekosten

Herstellkosten i. e. S.

- Bestellabwicklung
- Montagesteuerung
- Qualitätssicherung

Prozesskosten der Montage

Herstellkosten i. w. S.

Kalkulation einer fremd bezogenen Komponente

- Grundpreis
- Verpackungs- und Transportkosten

Einstandspreis

- Angebote und Preisverhandlungen
- Bestellungen
- Rechnungsprüfung
- Qualitätsprüfung Wareneingang

Prozesskosten der Beschaffung

- Einlagerung
- Auslagerung

Prozesskosten der Teileverwaltung

Bereitstellungskosten Türen

Kalkulation einer eigen gefertigten Komponente

- Rohstoffe
- Bauelemente
- Zukaufteile

Materialeinzelkosten

- nach Fertigungsstellen differenzierende Fertigungskosten
- nach Fertigungsstellen differenzierende Rüstkosten

Fertigungseinzelkosten

- Werkzeugkosten
- sonstige Sondereinzelkosten der Fertigung

Sondereinzelkosten der Fertigung

Herstellkosten Motor i. e. S.

- Bestellabwicklung
- Materialbereitstellung
- Fertigungsauftragssteuerung
- Qualitätssicherung

Prozesskosten der Herstellung

- Neuproduktentwicklung
- Teilekonstruktion
- Lieferantenentwicklung

Prozesskosten der Vorlaufphase

Herstellkosten Motor i. w. S.

---

[36] Die Baugruppenstrukturierung eines Pkws wurde aus Rösler, Frank: Zielkostenmanagement...(1997), S. 283 entnommen, die prozesskostenrechnerische Kalkulationsstruktur aus Männel, Wolfgang: Entwicklungsperspektiven...(1999), S. 136.

Eine modulare Produktkostenkalkulation beschränkt sich im Regelfall aber nicht nur auf die Komponentenebene, sondern es stehen Kalkulationsergebnisse bis hin zur Ebene der Einzelteile zur Verfügung. Vor diesem Hintergrund liefert eine modulare Kalkulation die **Datenbasis für unternehmensspezifische Kosteninformationssysteme**. Mit Hilfe dieser Kosteninformationssysteme lassen sich über **Relativkosten-Informationen** für diskrete Merkmale oder **Kostenfunktionen** für stetige Merkmale[37] Alternativkosten für verschiedene konstruktive oder fertigungstechnische Lösungen ermitteln. Kostengünstige Produkte lassen sich nur mit derartig detaillierten und zeitnah verfügbaren Informationen konstruieren.

Abbildung 4-4 zeigt ebenfalls die Notwendigkeit einer **prozesskostenrechnerischen Kalkulationsmethodik** zur adäquaten Abbildung kostenstellenübergreifender Hauptprozesse. Nur durch die Nutzung der Prozesskostenrechnung im Rahmen einer modularen Produktkostenkalkulation und die damit verbundene Darstellung der **Ressourceninanspruchnahme indirekter Bereiche** kann die Ermittlung relevanter Kosten gelingen[38].

Darüber hinaus dient eine modulare Produktkostenkalkulation auch als Ausgangspunkt für **entscheidungsorientierte Kostensimulationen**, da dazu die Durchdringung des komplexen unternehmensindividuellen Leistungsgefüges unabdingbare Voraussetzung ist. Bereits beim Aufbau einer modularen Kalkulation müssen die unternehmensinternen und unternehmensexternen **Leistungsverflechtungen analysiert und entsprechend abgebildet** werden. Die dadurch geschaffene Basis für Simulationswerkzeuge wird idealerweise durch eine separate Bewertungskomponente ergänzt, die wiederum auf die Daten der modularen Produktkostenkalkulation zurückgreifen kann[39].

D Frühzeitiger Einsatz des Target Costings als Instrument des Kostenmanagements

Das Target Costing als marktorientiertes Zielkostenmanagement strebt keine Ablösung der laufenden Kostenrechnung an, sondern ergänzt diese produktbezogen im Sinne einer **strategischen Kostensteuerung**[40]. Abbildung 4-5 zeigt auf, dass Zielkostenrechnungen im **Vorfeld der betrieblichen Leistungserstellung** und somit bereits frühzeitig zu Beginn der betrieblichen Wertschöpfung eingesetzt werden und diese begleiten[41].

---

37 Vgl. dazu insbesondere die entsprechenden Ausführungen im vorhergehenden Kapitel.

38 Vgl. dazu die entsprechenden Ausführungen im Kapitel zur prozess- und ressourcenorientierten Produktkostenkalkulation in dieser Arbeit.

39 Siehe dazu insbesondere Wunderlich, Jürgen: Kostensimulation...(2002), S. 57 ff und auch Knoop, Jens: Kostenrechnung...(1986), S. 135 ff. Zur Simulation im Rahmen von Optimierungsprozessen siehe generell Biethahn, Jörg - Lackner, Andreas - Range, Michael - Brodersen, Ole: Optimierung...(2004), S. 5 ff.

40 Siehe Becker, Wolfgang: Kostensteuerung...(1993), S. 280.

41 Vgl. Schmidt, Felix R.: Life...(2000), S. 70 f, der darauf hinweist, dass Target Costing auch bei bestehenden Produkten eingesetzt werden kann, die Kostenreduktionsmöglichkeiten dann aber begrenzt sind. Horváth, Péter - Niemand, Stefan - Wolbold, Markus: Target Costing...(1993), S. 5

Abbildung 4-5
Progressive Kostenkalkulation und retrograde Kostensteuerung[42]

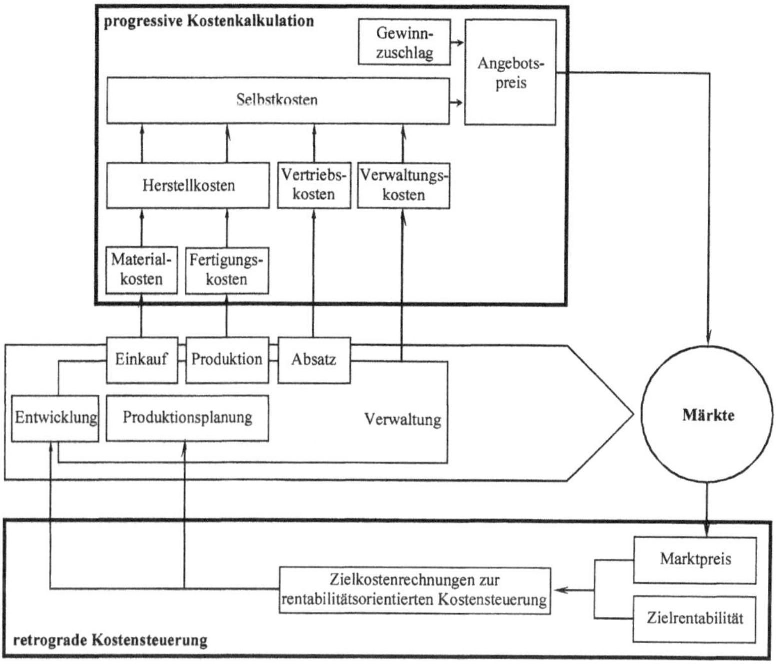

Bereits im Begriff der Marktorientierung kommt zum Ausdruck, dass sich das Target Costing an den Kundenanforderungen ausrichtet und diese schon frühzeitig berücksichtigt. Ausgehend von den Marktanforderungen an ein neues Produkt werden die **Kostenmanagementaktivitäten** bereits in der Konstruktion darauf ausgerichtet, die vorgegebenen Zielkosten zu erreichen[43]. Dabei werden zum einen bereits bestehende konstruktive Lösungsalternativen verbessert und zum anderen auch innovative Problemlösungen gesucht. Die **Berücksichtigung der gesamten Wertschöpfungskette**, die bereits bei den Lieferanten beginnt, führt zur Bildung interdisziplinärer Entwicklungsteams und auch zur frühzeitigen und dynamischen Kostenbeeinflussung und Kostensteuerung.

---

führen auch Produktionsprozesse und Prozesse indirekter Bereiche als mögliche Objekte einer Target Costing-Betrachtung an. Die einzelnen betrieblichen Teilbereiche treten bei diesem Blickwinkel quasi als Marktteilnehmer auf, die für bestimmte Leistungen einen bestimmten (Verrechnungs-)Preis zu zahlen bereit sind.

42 Entnommen aus Becker, Wolfgang: Kostensteuerung...(1993), S. 281.

43 Tani, Takeyuki: Hauptelemente...(1997), S. 236 f bestätigt den Beginn von Target Costing-basierten Management-Aktivitäten in frühen Phasen der Produktentwicklung empirisch.

Aus den vorstehenden Ausführungen wird deutlich, dass das Target Costing besonders bei den **hohen Freiheitsgraden in der Konstruktion** ein bedeutendes Erfolgspotenzial besitzt, das aber nur dann ausgeschöpft werden kann, wenn auf die Kosteninformationen einer entwicklungs- und konstruktionsbegleitenden Kalkulation zurückgegriffen werden kann. Ideale Einsatzbedingungen für ein Target Costing finden sich bei Serienherstellern komplexer Produkte mit hoher Variantenvielfalt[44]. Da bei **kurzen Produktlebenszyklen** und **hoher Wettbewerbsintensität** nach der Markteinführung eines Produkts nur wenig Zeit für kostenpolitische Korrekturmaßnahmen bleibt, erhöhen auch diese beiden Faktoren die Wirksamkeit eines Target Costings[45]. Während streng funktional ausgerichtete Unternehmensstrukturen dem Konzept des Target Costings entgegenstehen, unterstützen **markt- und prozessorientierte Organisationsformen** die Zielkostenorientierung.

Aufgrund der hohen Gemeinkostenanteile muss in der Methodik des Target Costings mit **Vollkosten** operiert werden[46]. Bei einem ausschließlichen Einbezug von Einzelkosten würden zu viele Kostenbestandteile als gegeben ausgenommen und „die Auswirkungen unterschiedlicher Produktstrukturen, Fertigungstiefen, logistischer Abläufe oder die Art der Vertriebsauftragsabwicklung auf die Gemeinkostenressourcen werden ignoriert"[47]. Der Einsatz einer vollkostenrechnerischen **Prozesskostenrechnung** unterstützt zusätzlich die **Zielkostenerreichung in den indirekten Bereichen**. **Differenzkosten** anstelle vollkostenrechnerischer Informationen sind immer dann anzusetzen, wenn Produktvarianten oder ähnliche Produkte Betrachtungsgegenstand sind. Der Aufwand für die Kostenerfassung und Kostenprognose verringert sich dadurch enorm, da nur die Kosten der jeweiligen Veränderungen berücksichtigt werden[48].

Aus dem Vergleich der vom Markt erlaubten Kosten und der vom Unternehmen bei der aktuellen Fertigungstechnologie erreichbaren Kosten werden detaillierte **Ziel-**

---

44 Siehe Gaiser, Bernd - Kieninger, Michael: Fahrplan...(1993), S. 56. Auch Rummel, Klaus D.: Zielkosten-Management...(1992), S. 239 f nennt unter Verweis auf Hasegawa, Yoshikazu: Production System...(1984), S. 283 variantenreiche Produkte als ideales Anwendungsgebiet des Target Costings. Gleichzeitig verweist er auch darauf, dass Sakurai, Michiharu: Concept...(1988), S. 12 feststellt, dass sich das Management von Softwarekosten nur unwesentlich vom Target Costing der verarbeitenden Industrie unterscheidet. Die empirische Untersuchung von Arnaout, Ali: Anwendungsstand...(2001), S. 289 ff kommt zum Ergebnis, dass die Methodik des Target Costings schwerpunktmäßig in montageintensiven Branchen der Serienfertigung bei komplexen Produkten Anwendung findet.

45 Siehe wiederum Gaiser, Bernd - Kieninger, Michael: Fahrplan...(1993), S. 56 f.

46 Vgl. Gaiser, Bernd - Kieninger, Michael: Fahrplan...(1993), S. 55 und Stippel, Nicola - Reichmann, Thomas: Target Costing...(1998), S. 100. Siehe auch Männel, Wolfgang: Produktkostenkalkulation...(1997), S. 209, der in diesem Zusammenhang auf das Kosten- und Erfolgsverständnis des Target Costings verweist, sowie Schmidt, Felix R.: Life...(2000), S. 78 ff und Listl, Andreas: Target Costing...(1998), S. 169 und die dort jeweils angegebene Literatur. Rummel, Klaus D.: Zielkosten-Management...(1992), S. 241 f verweist darauf, dass die Methodik des Target Costings nicht nur auf den vollen Kosten, sondern vielmehr auf den Gesamtkosten bezogen auf den Lebenszyklus basiert.

47 Mayer, Reinhold: Target Costing...(1993), S. 87.

48 Vgl. Schmidt, Felix R.: Life...(2000), S. 80 f.

kostenvorgaben auf Komponenten- und Baugruppenebene abgeleitet. Die Darstellung der komponentenspezifischen Zielkostenpunkte im modifizierten **Zielkostenkontrolldiagramm** deckt in einer Portfolio-Betrachtung Kostensenkungspotenziale und auch Kostensenkungsnotwendigkeiten auf[49]. Abbildung 4-6 stellt die wesentlichen Merkmale des marktorientierten Zielkostenmanagements überblicksartig zusammen.

II. Grundkonzept des Target Costings

Ausgangspunkt für die Methodik des Target Costings ist die **Festlegung der Zielkosten** für ein Erzeugnis. Zu diesem Zweck existieren verschiedene, aus der Praxis heraus entstandene Ansätze der Zielkostenfestlegung. Ausgehend von der Kostenvorgabe für das Gesamtprodukt werden im Prozess der **Zielkostenaufteilung** die jeweils funktions- und komponentenspezifischen Zielkosten ermittelt[50]. Die Initiierung von Maßnahmen zur **Erreichung der komponentenbezogenen Zielkosten** und damit letztendlich auch der aggregierten produktspezifischen Zielkosten setzt genau bei diesen Zielkosten auf Produktfunktions- und Produktkomponentenebene an. Letztlich muss die **Kostenlücke** zwischen den vom Markt erlaubten und den unternehmensintern realisierbaren Kosten nicht sofort zu Beginn der Produktion oder Vermarktung geschlossen werden, vielmehr muss über den gesamten Produktlebenszyklus hinweg die angestrebte Umsatzrentabilität sichergestellt werden.

A Unterschiedliche Konzepte der Zielkostenfestlegung

Da das Target Costing aus der japanischen Unternehmenspraxis heraus entstanden ist, existieren verschiedene Ansätze zur **Festlegung der Zielkosten** eines Erzeugnisses. So kann zwischen **top down** am Markt orientierten Ansätzen, **bottom up** am Unternehmen orientierten Ansätzen und einem **kombinierten Ansatz** der Zielkostenfindung differenziert werden[51]. Diese Ansätze werden nun im Folgenden näher erläutert.

1. Marktorientierte Ansätze der Zielkostenfindung

Bei den marktorientierten Konzepten der Zielkostenfindung kann der Ansatz des „**Market into Company**" und der Ansatz des „**Out of Competitor**" unterschieden

---

49 Wie die weiteren Ausführungen in diesem Kapitel zeigen werden, dürfen die von einem modifizierten Zielkostenkontrolldiagramm ausgehenden Handlungsempfehlungen nicht als Normstrategien verstanden werden.

50 Der häufig verwendete Begriff der Zielkostenspaltung legt eine Analogie zur Kostenspaltung im Rahmen der flexiblen Plankostenrechnung nahe. Da die Kostenspaltung der flexiblen Plankostenrechnung in fixe und variable Kosten jedoch einen grundsätzlich anderen Sachverhalt betrifft, wird in der vorliegenden Arbeit der Begriff der Zielkostenaufteilung für die komponentenbezogene Anlastung von Zielkosten entsprechend dem komponentenspezifischen Nutzenbeitrag verwendet.

51 Vgl. Rösler, Frank: Target Costing...(1996), S. 21 ff und Seidenschwarz, Werner: Target Costing...(1993), S. 116 ff. Siehe auch die Ausführungen bei Freidank, Carl-Christian - Zaeh, Philipp: Spezialfragen...(1997), S. 237 ff und Listl, Andreas: Target Costing...(1998), S. 95 ff, die zwischen marktorientierten, ingenieursorientierten und produktfunktionsorientierten Ansätzen unterscheiden.

Abbildung 4-6
Charakteristika des marktorientierten Zielkostenmanagements

Marktorientiertes Zielkostenmanagement

- **Kostenmanagementsystem** mit Kostenrechnung als informatorischer Basis
- Konsequente **Kundenorientierung** mit Berücksichtigung der kundenspezifischen Preis- und Nutzenvorstellungen
- **Innovationsorientierung** zur Kostenbeeinflussung und Kostensteuerung
- **Teamorientierung** unter Einbeziehung sämtlicher unternehmensinterner und unternehmensexterner Wertschöpfungsträger
- **Zielkostenorientierung** der Kostenmanagementaktivitäten
- **Vollkostenorientierung** des Target Costing
- Berücksichtigung des gesamten **Produktlebenszyklusses**
- Frühzeitige und dynamische **Kostenbeeinflussung und Kostensteuerung**
- Gegenüberstellung von **allowable und drifting costs**
- **Detaillierte Zielkostenvorgaben** für Produktkomponenten
- Portfolio-orientierte Aufdeckung von **Kostensenkungspotenzialen** im modifizierten Zielkostenkontrolldiagramm

werden. „Market into Company" (im Japanischen „Genka Kikaku") wird dabei als die Reinform bzw. die Idealform des Target Costings angesehen[52].

Beim Ansatz des **„Market into Company"** werden mit Hilfe der Marktforschung **produktspezifische Kundenanforderungen** analysiert und gleichzeitig wird das produktbezogen am Markt erzielbare **Preisniveau** identifiziert[53]. Ausgehend von diesem Marktpreis gelangt man durch Abzug der Bruttogewinnspanne, des so genannten **target profits**, zu den **„allowable costs"**, also zu den vom Markt erlaubten Kosten[54]. Diesen werden die **„drifting costs"** gegenübergestellt. Die „drifting costs" ergeben sich als unternehmensspezifische Standardkosten der aktuellen Fertigungstechnologie. Die Differenz zwischen den im Regelfall höheren „drifting costs" und den „allowable costs" quantifiziert die statische **Zielkostenlücke** („target gap") und damit unter der Prämisse statischer Absatzpreise und konstanter Produktionsbedingungen den Kostenreduktionsbedarf. Die anfänglichen **Zielkosten** („target costs") werden schließlich innerhalb des Intervalls zwischen höheren „drifting costs" und niedrigeren „allowable costs" festgelegt, wobei neben der Wettbewerbsintensität und der verfolgten Unternehmensstrategie als unternehmensexterne[55] auch Lern- und Erfahrungskurveneffekte

---

52 Vgl. Horváth, Péter - Niemand, Stefan - Wolbold, Markus: Target Costing...(1993), S. 10. Anderer Ansicht ist Ewert, Ralf: Target Costing...(1997), S. 302 ff, der vor dem Hintergrund der Verhaltenssteuerung dem noch zu erläuternden Ansatz des „Into and out of Company" den Vorzug gibt.

53 Vgl. dazu auch die Vorgehensweise bei Döpper, Klaus: Controlling...(1992), S. 253 f. Wolfram, Markus: Konstruieren...(1994), S. 41 weist darauf hin, dass in diesem Zusammenhang streng genommen zwischen Markt- und Kundenproduktion differenziert werden muss. Obwohl sich die Ausführungen der einschlägigen Fachliteratur regelmäßig implizit mit der Marktproduktion beschäftigen, wird auch bei der Einzelfertigung ein Preis mit dem Kunden ausgehandelt, der abzüglich des kalkulierten Gewinnelements die Kosten decken muss. Trotzdem kann aber die Methodik des Target Costings nicht 1:1 auf die kundenspezifische Produktion übertragen werden, da bereits vor der Abgabe des Angebots und damit der unternehmensseitigen Festlegung des „Preises" Produktanforderungen der Kundenseite berücksichtigt werden können und auch müssen.

In betriebswirtschaftlichen Veröffentlichungen zum Themenkreis des Target Costings findet sich meist nur der Verweis, dass der am Markt erzielbare Absatzpreis als Maßstab für das Zielkostenmanagement dient. In der einschlägigen Marketingliteratur finden sich dafür zahlreiche Modelle zur Bestimmung von Preis-Absatz-Funktionen, die die absetzbaren Produktmengen in Abhängigkeit vom jeweiligen Produktpreis angeben, siehe stellvertretend Simon, Hermann: Preismanagement...(1992), S. 110 ff. Dabei muss aber auch zwischen verschiedenen Marktformen differenziert werden. So ist bei intensiver Konkurrenz der Preis mehr oder weniger exogen vom Markt vorgegeben, während bei Produktinnovationen und Monopolmärkten der Preis zwar vom Unternehmen festgesetzt werden kann, der festgesetzte Preis aber direkt die Absatzmenge beeinflusst. Riegler, Christian: Zielkosten...(2000), S. 240 f verweist darauf, dass regelmäßig ein über den Produktlebenszyklus hinweg konstanter Absatzpreis angenommen wird, obwohl streng genommen von einer dynamischen Preis-Absatz-Funktion ausgegangen werden muss, die sowohl Konkurrenzaktivitäten als auch Marktbewegungen im Zeitablauf berücksichtigt.

54 Tani, Takeyuki: Hauptelemente...(1997), S. 238 f weist empirisch nach, dass sowohl in Japan als auch in Deutschland „nahezu ausschließlich die Vom-Markt-erlaubten-Kosten [...] für die Zielkostenbestimmung herangezogen" werden. Becker, Wolfgang: Aufgaben...(1997), S. 48 bezeichnet diese auch als „Darfkosten".

55 Vgl. Freidank, Carl-Christian - Zaeh, Philipp: Spezialfragen...(1997), S. 238 und Männel, Wolfgang: Entwicklungsperspektiven...(1999), S. 144.

sowie **motivationale Aspekte** als unternehmensinterne Faktoren berücksichtigt werden[56].

Im Gegensatz zum direkt marktorientierten Ansatz des „Market into Company" lässt sich beim Ansatz des **„Out of Competitor"** nur ein **indirekter Marktbezug** feststellen. Dieser Ansatz orientiert sich bei der Zielkostenfindung an den **Standardkosten der Konkurrenz** und enthält damit implizit Gedanken des **Benchmarkings**. Problematisch bei dieser Vorgehensweise ist sowohl die Beschaffung der notwendigen Konkurrenzdaten als auch die ex post-Ausrichtung bei der Neuproduktplanung. Nachvollziehbar ist diese Methodik aber bei Um- und Neugestaltungsprozessen im Sinne eines „Reverse Engineerings"[57].

2. Unternehmensorientierte Ansätze der Zielkostenfindung

Bei den unternehmensorientierten Konzepten sind die unternehmensspezifischen technologischen Gegebenheiten von entscheidender Bedeutung. Beim Ansatz des **„Out of Company"** werden die **Zielkosten** im Unternehmen unter Berücksichtigung der spezifischen Fertigungstechnologie auf **Basis von Erfahrungswissen** festgelegt[58]. Diese additiv bottom up ermittelten target costs müssen zur Sicherstellung ihrer Wirksamkeit aber permanent auf ihre Durchsetzbarkeit am Markt hin verifiziert werden. Um mit dieser Methodik eine Marktorientierung zu gewährleisten, müssen die betroffenen Mitarbeiter über eine enorme Marktkenntnis verfügen, was ein hohes Maß an Eigeninitiative voraussetzt[59].

Der Ansatz des **„Out of Standard Costs"** ähnelt dem des „Out of Company". Die Zielkosten resultieren hier aus den Standardkosten abzüglich festgelegter **Kostenreduktionsabschläge**. Diese Abschläge werden anhand der Kosten der Konkurrenz oder auf Basis von geplanten Produktivitätssteigerungen - die wieder unternehmensspezifische Lern- und Erfahrungskurveneffekte berücksichtigen - oder pauschalen Erfahrungswerten bestimmt. Primärer Anwendungsbereich dieses Ansatzes sind auf-

---

56 Siehe zu den Lern- und Erfahrungskurveneffekten die Ausführungen im Kapitel ‚Umfassende Lebenszyklusrechnung'. Zur Berücksichtigung motivationaler Effekte siehe stellvertretend Listl, Andreas: Target Costing...(1998), S. 95, Riegler, Christian: Zielkosten...(2000), S. 255 f und wiederum Männel, Wolfgang: Entwicklungsperspektiven...(1999), S. 144. Speziell zur Problematik der motivationalen Aspekte der Zielkostenfestlegung siehe Ewert, Ralf: Target Costing...(1997), S. 302 ff, der die Steuerungsproblematik der Zielkosten analysiert.

In diesem Kontext sollen aber auch Kosteninformationssysteme Erwähnung finden. Franz, Klaus-Peter: Target Costing...(1993), S. 129 verweist darauf, dass in der Konstruktion das Kostenbeeinflussungspotenzial am größten ist und dementsprechend parallel zur Implementierung einer systematischen Kostenfrüherkennung das Kostenwissen der Konstrukteure gefördert werden muss. Vgl. dazu auch die Ausführungen zur frühzeitigen Produktkostenkalkulation im vorhergehenden Kapitel.

57 Siehe dazu Freidank, Carl-Christian - Zaeh, Philipp: Spezialfragen...(1997), S. 239. Listl, Andreas: Target Costing...(1998), S. 96 verweist darauf, dass der Ansatz des „Out of Competitor" nur bei statischen Marktverhältnissen für ein zukunftsorientiertes Kostenmanagement geeignet ist.

58 Siehe bspw. Horváth, Péter - Niemand, Stefan - Wolbold, Markus: Target Costing...(1993), S. 10.

59 Siehe dazu Freidank, Carl-Christian - Zaeh, Philipp: Spezialfragen...(1997), S. 238 und Listl, Andreas: Target Costing...(1998), S. 96.

grund des fehlenden Marktbezugs indirekte Unternehmensbereiche wie bspw. das Informationsmanagement[60].

3. Kombinierter Ansatz der Zielkostenfindung

Der Ansatz des „**Into and out of Company**" stellt eine Kombination[61] des „Market into Company" und des „Out of Company" dar. Im **Gegenstromverfahren** werden die vom Markt erlaubten Kosten den aus den Unternehmensverhältnissen abgeleiteten Kosten gegenübergestellt. Neben dem hohen und zeitaufwendigen Koordinationsaufwand dieses Verfahrens besteht die Gefahr, dass die interne Kostensituation dominiert. Die frühzeitige Kombination von externen und internen Gegebenheiten kann jedoch die Prognosegenauigkeit der Zielkosten erhöhen[62].

B Bestimmung des target profits beim Market into Company

Bei der Bemessung des Zielgewinns kann entweder eine **Ziel-Kapitalrendite** oder eine **Ziel-Umsatzrendite** in Ansatz gebracht werden[63]. Der Vorteil einer Verwendung der Umsatzrendite liegt darin, dass auf eine Ermittlung des produktspezifisch gebundenen Kapitals verzichtet werden kann. Zudem zeigt vor allem bei einer großen Variantenzahl die Umsatzrendite die Profitabilität der einzelnen Produkte besser als die Kapitalrendite[64].

Bei einer ausschließlichen Anwendung der Umsatzrentabilität erweist sich allerdings die fehlende Berücksichtigung der Kapitalumschlagshäufigkeit als Nachteil. Dies zeigt sich vor allem bei der Betrachtung des **Return on Investment (ROI)** als bestimmendem Rentabilitätsmaß, das folgendermaßen definiert ist[65]:

$$\text{Return on Investment (ROI)} = \underbrace{\frac{\text{Betriebsergebnis}}{\text{Umsatz}}}_{\text{Umsatz-rentabilität}} * \underbrace{\frac{\text{Umsatz}}{\text{Gesamtkapital}}}_{\text{Kapitalumschlags-häufigkeit}}$$

60 Vgl. wiederum Freidank, Carl-Christian - Zaeh, Philipp: Spezialfragen...(1997), S. 239 und Listl, Andreas: Target Costing...(1998), S. 97.

61 Horváth, Péter - Niemand, Stefan - Wolbold, Markus: Target Costing...(1993), S. 10 sprechen statt von einer Kombination von einem Kompromiss der beiden Verfahren, Listl, Andreas: Target Costing...(1998), S. 161 davon, dass dieses Verfahren „den Marktbezug durch einen Abgleich mit der eigenen Kostensituation aufweicht". Anders dagegen Ewert, Ralf: Target Costing...(1997), S. 302 ff, der den Ansatz des „Into and out of Company" aus motivationalen Gesichtspunkten als zweckmäßige Vorgehensweise bezeichnet.

62 Vgl. Freidank, Carl-Christian - Zaeh, Philipp: Spezialfragen...(1997), S. 238.

63 Siehe Franz, Klaus-Peter: Target Costing...(1993), S. 127. Dieser verweist auch darauf, dass japanische Unternehmen überwiegend die Umsatzrendite ansetzen, während westliche Unternehmen üblicherweise die Kapitalrendite verwenden.

64 Vgl. wiederum Franz, Klaus-Peter: Target Costing...(1993), S. 128.

65 Vgl. stellvertretend Freidank, Carl-Christian - Zaeh, Philipp: Spezialfragen...(1997), S. 240 und auch Riegler, Christian: Zielkosten...(2000), S. 241.

Japanische Unternehmen lösen diese Problematik durch die **zusätzliche Einführung eines Just-in-time-Konzepts**[66]. Die Umsatzrentabilität wird zur Bemessung der Gewinnspanne verwendet, getrennt davon wird durch eine Optimierung der Lagerbestände das gebundene Gesamtkapital gesenkt und damit die Kapitalumschlagshäufigkeit und auch die Kapitalrentabilität erhöht, so dass auch der Return on Investment als Rentabilitätsmaß steigt[67].

Prinzipiell können beim Target Costing als Bestandteil eines ganzheitlichen Kostenmanagements sowohl **Substitutionseffekte** zwischen dem Neuprodukt und anderen Produkten berücksichtigt werden als auch die **Verdrängung anderer Produkte** durch das neue Produkt aufgrund von Kapazitätsengpässen. Obwohl in der Fachliteratur zum Target Costing derartige Aspekte nahezu vollständig fehlen, steht das Zielkostenmanagement als offenes Konzept einer Berücksichtigung unternehmensspezifischer Sachverhalte nicht entgegen. So wäre die Erfassung spezieller Sachverhalte als **Opportunitätskosten** bspw. „durch einen höheren Renditeabschlag bei der Ermittlung der ‚allowable costs' möglich"[68].

C Komponentenspezifische Aufteilung der Zielkosten

Um die Zielkostenvorgaben eines Erzeugnisses operationalisieren zu können, müssen diese auf einzelne Komponenten und Baugruppen heruntergebrochen werden. Dieser Prozess der **Zielkostenaufteilung** bzw. **Zielkostensegmentierung** geschieht mit dem Ziel, die betrieblichen Ressourcen so einzusetzen, „wie dies den vom Kunden gewünschten Produktwertrelationen entspricht"[69]. In der Literatur werden hauptsächlich zwei Varianten der Zielkostenaufteilung diskutiert, die auch in der Praxis angewendet werden: die **Komponentenmethode** und die **Funktionsbereichsmethode**[70].

1. Komponentenmethode

Bei der Komponentenmethode werden die **Zielkosten direkt auf Baugruppen und Komponenten heruntergebrochen**, wobei regelmäßig zu Vorgänger- oder Konkurrenzprodukten analoge Kostenrelationen unterstellt werden, auf einen expliziten Bezug

---

66 Siehe Coenenberg, Adolf G.: Kostenrechnung...(2003), S. 463, Franz, Klaus-Peter: Target Costing...(1993), S. 128 und Freidank, Carl-Christian - Zaeh, Philipp: Spezialfragen...(1997), S. 240 f. Dies schlägt auch Meyer, Jens Wilhelm: Produktinnovationserfolg...(2003), S. 193 ff vor.

67 Eine Erhöhung der Umschlagshäufigkeit könnte theoretisch auch durch eine Beeinflussung des Anlagevermögens oder der Forderungen erfolgen; da das Anlagevermögen jedoch die Wachstumschancen des Unternehmens beeinflusst und die Zahlungsmoral der Kunden regelmäßig exogen gegeben oder nur langfristig beeinflussbar ist, kommen diese beiden Möglichkeiten nicht ohne gravierende Konsequenzen in Betracht.

68 Coenenberg, Adolf G.: Kostenrechnung...(2003), S. 463.

69 Horváth, Péter - Seidenschwarz, Werner: Zielkostenmanagement...(1992), S. 145.

70 Vgl. bspw. Gaiser, Bernd - Kieninger, Michael: Fahrplan...(1993), S. 65 f. Nach einer empirischen Untersuchung von Tanaka, Masayasu: Cost planning...(1989), S. 53 kommt die Funktionsbereichsmethode in 76% der befragten japanischen Unternehmen zum Einsatz.
Siehe zu einer kritischen Würdigung der Funktionsbereichsmethode die Ausführungen zur Zielkostenaufteilung im vorliegenden Kapitel.

zum Kundennutzen wird verzichtet[71]. Damit eignet sich diese Methode der Zielkostenaufteilung nur für Produkte mit einem relativ geringen Innovationsgrad, die deshalb primär technologieorientiert betrachtet werden[72]. In der Konstruktionsabteilung müssen zur Anwendung der Komponentenmethode bereits konkrete Anhaltspunkte und Vorstellungen über die technische Detailstruktur des betreffenden Produkts vorliegen, etwa aus den Erfahrungen eines Vorgängerprodukts.

2. Funktionsbereichsmethode

Die Funktionsbereichsmethode[73] verteilt im Gegensatz zur Komponentenmethode die **Zielkosten in Relation zur Nutzenbewertung der Konsumenten** auf die einzelnen Produktfunktionen und daran anschließend auf die entsprechenden technischen Komponenten[74].

Die zugrunde liegende Prämisse, dass Kunden primär an der Erfüllung erwarteter Funktionen durch ein Produkt interessiert sind und nicht an der eigentlichen technischen Realisierung dieser Funktionen, gewährleistet durch den **Einbezug der entsprechenden Nutzenvorstellungen** der Konsumenten die frühzeitige Marktorientierung bereits in der Produktentwicklung. Dementsprechend wird unterstellt, dass die Teilgewichte der Produktfunktionen die **entsprechenden Kostenanteile** an den Gesamtkosten repräsentieren[75]. Bezüglich einer kritischen Würdigung dieser Prämissen sei an dieser Stelle auf die im Abschnitt 0.B ‚Grenzen der Zielkostenaufteilung' folgenden Ausführungen verwiesen.

D Zielkostenrealisierung und Zielkostendynamisierung

Stehen die Zielkosten der einzelnen Produktkomponenten fest, steht die Konstruktionsabteilung vor der Aufgabe, das gegebene Produkt mit den gegebenen Kundenanforderungen im Rahmen der Zielkosten zu konstruieren[76]. Da die vorgegebenen Zielkosten im Regelfall kaum mit einfachen Mitteln zu erreichen sind, müssen bereits in der Konstruktion Instrumente zur **Aufdeckung und Realisierung von Kostensenkungspotenzialen** zur Anwendung kommen[77].

---

[71] Vgl. Freidank, Carl-Christian - Zaeh, Philipp: Spezialfragen...(1997), S. 244, siehe ebenfalls Hagenloch, Thorsten: Zielkostenmanagement...(1997), S. 320, der auf die geringe Marktaffinität der Komponentenmethode verweist.

[72] Siehe Listl, Andreas: Target Costing...(1998), S. 98.

[73] Der Begriff „Funktionsbereichsmethode" stammt aus der Übersetzung des von Tanaka, Masayasu: Cost planning...(1989), S. 53 verwendeten Ausdrucks der „functional area method". In der deutschen Literatur wird oft auch synonym der Begriff der „Funktionsmethode" verwendet, siehe Buggert, Willi - Wielpütz, Axel Ullrich: Target Costing...(1995), S. 90 und Seidenschwarz, Werner: Target Costing...(1993), S. 24.

[74] Siehe stellvertretend Rösler, Frank: Target Costing...(1996), S. 36 und auch Rummel, Klaus D.: Zielkosten-Management...(1992), S. 234 ff.

[75] Vgl. Friedmann, Oliver: Target Costing...(1997), S. 55, der auf Horváth, Péter - Seidenschwarz, Werner: Zielkostenmanagement...(1992), S. 145 verweist.

[76] Siehe Horváth, Péter - Niemand, Stefan - Wolbold, Markus: Target Costing...(1993), S. 13.

[77] Vgl. dazu die Ausführungen im Kapitel zur frühzeitigen Produktkostenkalkulation.

Aber nicht nur in der Entwicklungs- und Konstruktionsphase, sondern auch in der **Produktions- und Vermarktungsphase des Produktlebenszyklusses** bieten sich Ansatzpunkte für Kostensenkungen[78]. Dies ist vor allem deswegen bedeutsam, da in der Praxis regelmäßig der Fall auftreten wird, dass die Kostenlücke zwischen allowable und drifting costs nicht schon zu Beginn der Produktion geschlossen werden kann. In dieser Situation werden Zielkosten vorgegeben, die erst im Zeitablauf des Produktlebenszyklusses erreicht werden können[79]. In Abhängigkeit von der Produktionsmenge und der gesamten Produktionsdauer können während der Produktion sowohl **Lern- und Erfahrungskurveneffekte**[80] realisiert als auch andere Kostensenkungspotenziale - wie kontinuierliche Verbesserungsschritte durch **Kaizen Costing**[81] - ausgeschöpft werden.

Insgesamt muss aber bei einer **Dynamisierung der Zielkostenvorgaben** über den gesamten Produktlebenszyklus hinweg die Erreichung der angestrebten Umsatzrentabilität oder eines anderen Gewinnmaßstabs sichergestellt werden[82]. Abbildung 4-7 verdeutlicht neben diesem Sachverhalt gleichzeitig auch, dass der Marktpreis nach dem Markteintritt in einem **wettbewerbsintensiven Umfeld** im Regelfall nicht konstant gehalten werden kann[83]. Den anspruchsvollen Anforderungen eines dynamischen Marktes können moderne Unternehmen letztlich nur mit dynamischen Zielkostenvorgaben gerecht werden.

Nicht zuletzt stehen den Unternehmen auch **organisatorische Maßnahmen** zur Verfügung, die sich auf den Fertigungsablauf beziehen. Hier ist vor allem an eine dem Materialfluss folgende Produktionsorganisation im Sinne eines Just-in-time-Konzepts und eine Integration von Zulieferern zu denken.

Im letzten Abschnitt dieses Kapitels werden ausgewählte Ansätze zur Aufdeckung und Realisierung von Kostensenkungspotenzialen präsentiert, die den Target Costing-Prozess auf verschiedenen Aktionsebenen unterstützen.

---

78 Vgl. Horváth, Péter - Niemand, Stefan - Wolbold, Markus: ...(1993), S. 16. Nach Ansicht von Gaiser, Bernd - Kieninger, Michael: Fahrplan...(1993), S. 67 erstreckt sich die Phase der Zielkostenerreichung von der Verabschiedung der Zielkosten nur bis zum Beginn der Serienproduktion. Wie in den weiteren Ausführungen der vorliegenden Arbeit gezeigt wird, existieren aber auch nach Serienanlauf zahlreiche Möglichkeiten zur Aufdeckung und Realisierung von Kostensenkungspotenzialen.

79 Auch Horváth, Péter - Niemand, Stefan - Wolbold, Markus: Target Costing...(1993), S. 23 fordern eine dynamische Sichtweise des Target Costings.

80 Siehe dazu die entsprechenden Ausführungen im Kapitel ‚Umfassende Lebenszyklusrechnung'.

81 Listl, Andreas: Target Costing...(1998), S. 164 führt vor diesem Hintergrund aus, dass in der Automobilzulieferindustrie häufig jährliche Preisdegressionen vereinbart werden, um Produktivitätssteigerungen wenigstens teilweise vom Zulieferer an den Kunden weiterzugeben.

82 Siehe dazu Männel, Wolfgang: Entwicklungsperspektiven...(1999), S. 143 ff. Vgl. dazu auch die Ausführungen zur Bemessung der Gewinnspanne in diesem Kapitel.

83 Vgl. Cibis, Claudius - Niemand, Stefan: Planung...(1993), S. 203 f. Man denke dabei nur an die extrem kurzen Marktzyklen und die rapiden Preissenkungen der Computerindustrie in den letzten Jahren.

Abbildung 4-7
Dynamisierung der Zielkostenvorgaben[84]

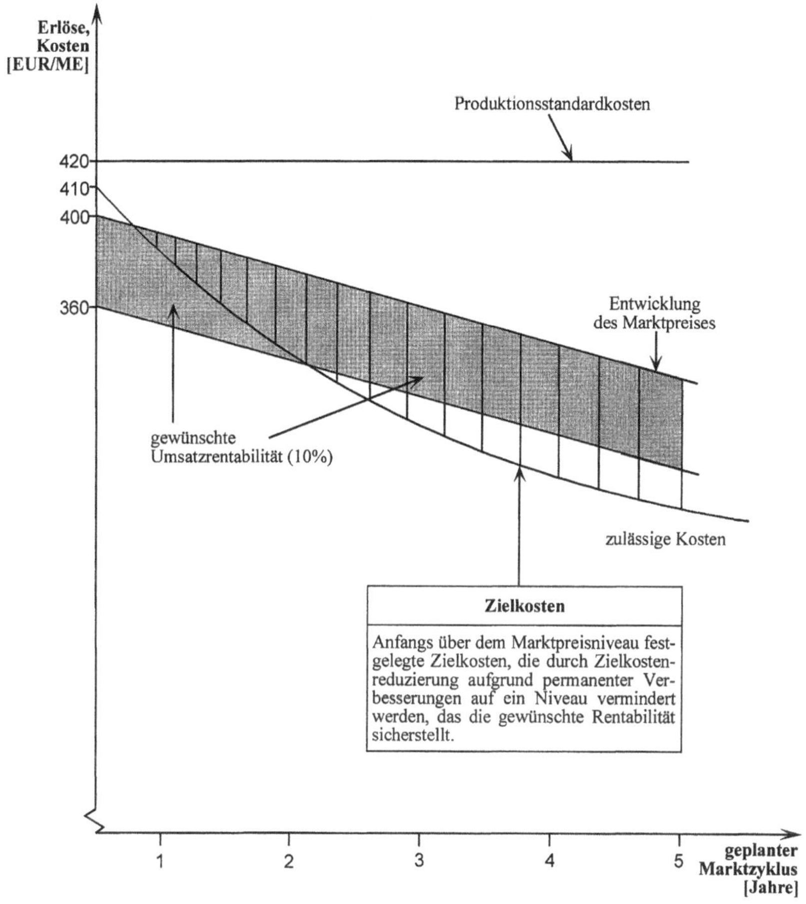

III. Zielkostenaufteilung und Optimierung der Zielkostenindizes

In der einschlägigen Fachliteratur wird für komplexe und innovative Produkte, bei denen im Entwicklungsstadium noch keine konkreten Vorstellungen über die Produktstruktur vorliegen, die **Funktionsbereichsmethode** zur Zielkostenaufteilung propa-

[84] Entnommen aus Männel, Wolfgang: Entwicklungsperspektiven...(1999), S. 144, unterer Abbildungsteil.

giert[85]. Die Anwendbarkeit dieser Methode zur komponentenspezifischen Kostenanlastung entsprechend dem jeweiligen Nutzenbeitrag soll in diesem Abschnitt aber kritisch hinterfragt werden. Ebenso werden die Grenzen der Aussagefähigkeit eines **Zielkostenkontrolldiagramms** aufgezeigt. Abschließend wird ein Modell zur Strukturierung der **Kundenanforderungen** vorgestellt.

A Theoretische Ausgestaltung der Funktionsbereichsmethode

Die Funktionsbereichsmethode folgt zur Zielkostenaufteilung einem iterativen Vorgehen, das in Abbildung 4-8 zusammengestellt ist und im Folgenden erläutert wird[86].

Ausgangspunkt für die Neuproduktentwicklung ist die grundlegende **Positionierung des neuen Produkts**[87]. Dazu muss die Entwicklungsabteilung zusammen mit Marketing und Vertrieb ein Funktionsprofil erstellen. Dieses Funktionsprofil stellt auch die Grundlage für die Befragung von Kunden und Experten im nächsten Schritt dar. Die Produktfunktionen werden regelmäßig nach den beiden Kategorien hart und weich differenziert. Harte Funktionen sind objektiv nachprüfbar und werden technisch bzw. mechanisch determiniert. Weiche Funktionen und Leistungsmerkmale dagegen werden vom Produktnutzer entsprechend seinen Annehmlichkeits- und Wertvorstellungen subjektiv wahrgenommen[88]. Sowohl harte als auch weiche Produktfunktionen werden in einem **produktbezogenen Funktionsprofil** in verschiedenen Bandbreiten oder entsprechend auch in alternativen Ausprägungen zum neuen Produkt zusammengefasst.

Die generelle **Gewichtung zwischen harten und weichen Produktfunktionen** wird zunächst in der Entwicklungsabteilung festgelegt. Der Anteil der weichen Funktionen steht dabei für den Grad der angestrebten Kundenorientierung, „in der Praxis [hat sich, d. V.] ein Erfahrungswert von 70:30 zu Gunsten der weichen Funktionen eingestellt“[89]. Mit direkten Kundenbefragungen wird anschließend die konkrete Gewichtung sowohl der einzelnen weichen Funktionen einerseits als auch der harten Funktionen andererseits festgestellt[90]. Als Ergebnis liegen die **Teilgewichte der weichen und der harten**

---

[85] Vgl. Coenenberg, Adolf G. - Fischer, Thomas - Schmitz, Jochen: Target Costing...(1997), S. 203 ff und Freidank, Carl-Christian - Zaeh, Philipp: Spezialfragen...(1997), S. 244. Friedmann, Oliver: Target Costing...(1997), S. 27 verweist sogar darauf, dass sich in letzter Konsequenz nur mit der Vorgehensweise der Funktionsbereichsmethode eine durchgängige Marktorientierung und damit auch ein theoretisch sauberes Target Costing erreichen lässt.

[86] Siehe dazu insbesondere auch das bekannte Fallbeispiel eines Tintenschreibers bei Horváth, Péter - Seidenschwarz, Werner: Zielkostenmanagement...(1992), S. 145 ff, die sich auf Tanaka, Masayasu: Cost planning...(1989), S. 56 ff beziehen.

[87] Siehe Coenenberg, Adolf G.: Kostenrechnung...(2003), S. 443.

[88] Vgl. Friedmann, Oliver: Target Costing...(1997), S. 57.

[89] Friedmann, Oliver: Target Costing...(1997), S. 58.

[90] In den meisten Veröffentlichungen zur Methodik des Target Costings findet sich die Conjoint-Analyse als das Instrument zur Ermittlung der notwendigen Teilnutzenwerte aus Kundensicht, siehe zur Conjoint-Analyse stellvertretend Meffert, Heribert: Marketing...(2000), S. 544 ff und Schubert, Bernd: Entwicklung...(1991), S. 114 ff mit weiteren Notationen. Listl, Andreas: Target Costing...(1998), S. 154 ff weist auf die alternative Anwendung der Methodik des „Analytic

Abbildung 4-8
Vorgehensweise der Funktionsbereichsmethode[91]

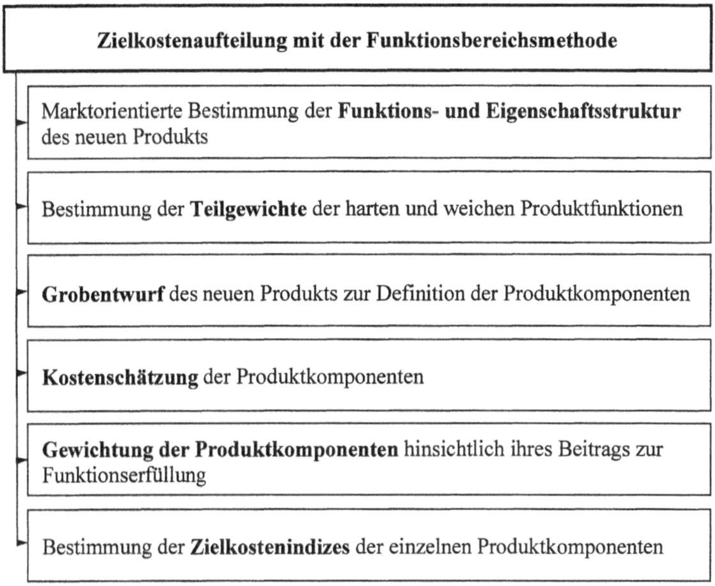

Produktfunktionen vor. Ebenfalls aus den Kundenbefragungen wird die Gewichtung zwischen harten und weichen Funktionen aus Kundensicht gewonnen[92]. Diese Gewichtung wird später zur Aufstellung eines integrierten Zielkostenkontrolldiagramms benötigt. In der weiteren Vorgehensweise werden zunächst die harten und weichen Funktionen getrennt untersucht. Da weiche Produktfunktionen explizit am Kundennutzen orientiert sind, können diese im Regelfall auch durch Kundenbefragungen adäquat er-

Hierarchy Process“ (AHP) zur Gewinnung von Eigenschaftsgewichten hin, siehe auch die dort angegebene Literatur. Da die Methodik der Conjoint-Analyse auf der Prämisse beruht, dass Teilnutzenwerte von Komponenten oder Funktionen additiv zum Gesamtnutzen eines Erzeugnisses verknüpft werden können, und diese Bedingung gerade bei komplexen Produkten in der Praxis kaum erfüllt ist, wurde weiterführend das am Ende dieses Abschnitts vorgestellte Kano-Modell entwickelt.

91 Siehe dazu Freidank, Carl-Christian - Zaeh, Philipp: Spezialfragen...(1997), S. 245 und Friedmann, Oliver: Target Costing...(1997), S. 57 ff, die noch die Optimierung der Zielkostenindizes im Zielkostenkontrolldiagramm und die Vornahme weiterer Kostensenkungen als letzten Schritt der Funktionsbereichsmethode anführen. Dieser Ansicht wird hier nicht gefolgt, da für diesen Schritt ein eigenes Methodenpotenzial zur Verfügung steht, das sicherlich nicht unter dem Begriff der Funktionsbereichsmethode subsumiert werden kann. Sie dazu auch die Ausführungen zur Aufdeckung und Realisierung von Kostensenkungspotenzialen im vorliegenden Kapitel.

92 Siehe Freidank, Carl-Christian - Zaeh, Philipp: Spezialfragen...(1997), S. 246.

mittelt werden. Problematischer dagegen gestaltet sich meist die Bewertung der harten Funktionen[93].

Sobald die Funktionsanforderungen und die Gewichtung der einzelnen Funktionen vorliegen, wird unter Berücksichtigung der Produktzielkosten ein **Grobentwurf des neuen Produkts** erarbeitet. Mit der Entwicklung dieses Grobentwurfs sind die Produktkomponenten definiert, die die Produktfunktionen erfüllen[94]. Für weiterführende Studien und zur besseren Veranschaulichung kann auch über den Grobentwurf hinaus ein **Prototyp** gebaut werden[95].

Ausgehend vom Grobentwurf des Produkts werden anschließend die **Herstellkosten der einzelnen Komponenten** auf Basis der Vollkosten geschätzt. Diesen geplanten Herstellkosten liegt die vorhandene Fertigungstechnologie zugrunde, auch auf die Kosten bereits gefertigter ähnlicher Komponenten kann zurückgegriffen werden. Für jede zur Funktionserfüllung notwendige Produktkomponente wird deren **prozentualer Anteil an den Produktgesamtkosten** ermittelt. Im Ergebnis liegen die drifting costs und die Kostenanteile für jeweils eine Produkteinheit vor[96].

Um die Bedeutung der einzelnen Produktkomponenten für die Erfüllung der gesamten Funktionalität des Produkts zu ermitteln, wird im Folgenden bestimmt, **in welchem prozentualen Umfang die einzelnen Produktteilfunktionen durch welche Komponenten realisiert** werden. Bei dieser Bewertung der Funktionserfüllung wird regelmäßig - wie bereits ausgeführt - nach harten und weichen Funktionen differenziert. Die Festlegung dieser Prozentsätze erfolgt im Regelfall durch Fachkräfte verschiedener Funktionsbereiche. Die prozentualen Funktionserfüllungsgrade der einzelnen Komponenten werden anschließend mit den Teilgewichten der Produktfunktionen multiplikativ verknüpft. Diese Einzelwerte werden je Produktkomponente aufsummiert und ergeben letztendlich den **Beitrag, den die einzelne Komponente zur Erfüllung der gesamten Funktionalität des Produkts leistet**.

Idealerweise sollte der **Kostenanteil einer Komponente an den Produktgesamtkosten** mit dem im vorherigen Schritt ermittelten **Anteil an der Funktionserfüllung** korrespondieren, die Teilgewichte der Produktmerkmale sollen damit durch analoge Kostenanteile an den Zielkosten realisiert werden[97]. Um dies zu gewährleisten, wird der so genannte **Zielkostenindex** berechnet[98]. Formelmäßig errechnet sich dieser Zielkostenindex einer Produktkomponente als:

$$\text{komponentenspezifischer Zielkostenindex} = \frac{\text{Anteil der Funktionserfüllung (\%)}}{\text{Kostenanteil (\%)}}$$

---

[93] Siehe Friedmann, Oliver: Target Costing...(1997), S. 59.

[94] Vgl. Rösler, Frank: Target Costing...(1996), S. 41.

[95] Siehe Friedmann, Oliver: Target Costing...(1997), S. 59.

[96] Siehe hierzu und im Folgenden Coenenberg, Adolf G.: Kostenrechnung...(2003), S. 451 ff.

[97] Vgl. Rösler, Frank: Zielkostenmanagement...(1997), S. 278 f.

[98] Dieser wird ebenfalls wieder getrennt für die harten und die weichen Produktfunktionen ermittelt.

Ein **Zielkostenindex von 1** bedeutet dabei, dass der Kostenanteil der entsprechenden Komponente genau ihrem Anteil an der Funktionserfüllung entspricht. Liegt der Zielkostenindex darüber, ist der Anteil der Funktionserfüllung aus Kundensicht größer als der Kostenanteil, so dass die jeweilige Komponente zu „günstig“ hergestellt wird. Ist der Zielkostenindex kleiner als 1, wird die Komponente zu „teuer“ gefertigt, da der vom Kunden wahrgenommene Anteil der Funktionserfüllung kleiner ist als der Kostenanteil. Diese kaum haltbaren Normstrategien werden im Abschnitt C ‚Aussagegehalt des Zielkostenkontrolldiagramms' einer kritischen Würdigung unterzogen.

B Grenzen der Zielkostenaufteilung

Die Zielkostenaufteilung wird in der Fachliteratur ausführlich an **einfachen Produkten** beschrieben und erläutert[99]. Darstellungen einer Target Costing-Anwendung bei komplexeren Produkten finden sich jedoch nur selten. Es ist auch kaum vorstellbar, dass die sehr detaillierten Ausführungen zur Zielkostenaufteilung des vielzitierten Tintenschreibers ohne größere Änderungen auf komplexe Erzeugnisse übertragbar sind[100].

Die wesentliche Problematik der Zielkostenaufteilung, die als Kernproblem des Target Costings bezeichnet werden kann[101], liegt - ganz abgesehen von der Ermittlung des Kundennutzens - darin begründet, dass ausgehend von der Produktwertrelation ein **proportionaler Zusammenhang zwischen Kundennutzen und Komponentenkosten** unterstellt wird[102]. Aus betriebswirtschaftlicher Sichtweise stellt sich zunächst die Frage, welche Bedeutung der Aussage zugemessen werden kann, dass eine Produktkomponente eine bestimmte Produktfunktion zu einem bestimmten Prozentsatz erfüllt. Dies mag bei **zusätzlichen Produktkomponenten**, bei denen ein direkter Zusammenhang zwischen Komponente und Funktion besteht, nachvollziehbar sein, zumal in diesem Fall der Erfüllungsgrad regelmäßig bei 100% liegt[103]. Bereits bei **notwendigen Komponenten**, die nicht ohne Probleme weggelassen werden können, tauchen aber interpretatorische Schwierigkeiten auf. So erfüllt das Lenkgestänge beim Pkw die Funktion der Lenkung (mit anderen Komponenten zusammen), es kann aber

---

99 Siehe stellvertretend Freidank, Carl-Christian - Zaeh, Philipp: Spezialfragen...(1997), S. 244 ff, die sich auf Horváth, Péter - Seidenschwarz, Werner: Zielkostenmanagement...(1992), S. 145 ff und auf Tanaka, Masayasu: Cost planning...(1989), S. 56 ff beziehen. Auch Rösler, Frank: Kundenanforderungen...(1995), S. 215 verweist auf das Beispiel eines Tintenschreibers.

100 Vgl. Franz, Klaus-Peter: Target Costing...(1993), S. 129. Auch Rösler, Frank: Zielkostenmanagement...(1997), S. 280 ist der Meinung, dass die „Übertragbarkeit der in der Literatur diskutierten Vorgehensweise des Target Costing[s, d. V.] auf Produkte wie zum Beispiel ein Automobil [...] in Frage gestellt werden [muss, d. V.]“. Siehe zu Kritikpunkten an der Zielkostenaufteilung auch Sauter, Ralf: Target Costing...(2002), S. 47.

101 Siehe Rösler, Frank: Zielkostenmanagement...(1997), S. 279.

102 Bezüglich der Ermittlung der Teilnutzenwerte sei nochmals auf die Ausführungen zum Kano-Modell im vorliegenden Abschnitt verwiesen.

103 Man denke in diesem Zusammenhang an die zusätzliche Pkw-Komponente Klimaanlage, die zu 100% die Funktion der Klimatisierung erfüllt, oder auch an ein Navigationssystem mit der Funktion eines Lotsen.

sicher bezweifelt werden, ob ein Kunde diese selbstverständliche Funktion der Lenkung mit einem kostenadäquaten Nutzenwert versieht bzw. versehen kann[104].

Dasselbe Argument gilt für **gesetzliche Produktbestimmungen**, von deren Einhaltung der Kunde selbstverständlich ausgeht[105]. Im Übrigen ist auch der Fall denkbar, dass eine **Produktfunktion durch mehrere Komponenten** erfüllt wird. Dies bedeutet, dass für jede Komponente angegeben werden muss, mit welchem Prozentsatz sie zur Funktionserfüllung beiträgt. Die Frage nach der Sinnhaftigkeit einer solchen Vorgehensweise soll an dieser Stelle ebenso unbeantwortet bleiben wie die Frage nach der generellen Möglichkeit der Ermittlung solcher Prozentsätze. Aus diesen Ausführungen kann unmittelbar geschlossen werden, dass die idealtypische Methodik des Target Costings bei Neuprodukten nur für einen Teil der Funktionalität eines komplexen Produkts, nämlich für die so genannten **Leistungsanforderungen**, Gültigkeit haben kann. Diese Leistungsanforderungen werden neben den Basis- und den Zusatzanforderungen im **Kano-Modell** dargestellt[106].

In der einschlägigen Marketingliteratur zur konsumentenspezifischen Nutzenermittlung finden sich regelmäßig Untersuchungen, die **Differenzbetrachtungen** oder **Marginalanalysen** beinhalten, dergestalt, dass Unterschiede zwischen konkurrierenden Produkten nutzenbezogen untersucht werden. Mit genau dieser Zielrichtung kann auch das Target Costing für bereits **existierende Produkte** und auch für Varianten Anwendung finden, ohne dass jeweils der komplette Target Costing-Prozess für das gesamte Erzeugnis durchlaufen wird[107]. Vor diesem Hintergrund ist es dann nicht mehr notwendig, ein komplexes Erzeugnis und seine gesamten Funktionen und Komponenten zu zergliedern, sondern es können vielmehr wichtige Funktionen isoliert betrachtet werden.

Die Aufschlüsselung und **überschneidungsfreie Darstellung** der Funktionen und Komponenten eines komplexen Produkts ist realiter sicherlich auch gar nicht möglich. Bei einem Pkw bestehen vielfältige Wechselwirkungen zwischen den einzelnen Funktionen und Komponenten, so zwischen Motorleistung, Bremsanlage und Fahrwerk. Möglichkeiten zur Berücksichtigung derartiger **Interdependenzen** im Prozess des Target Costings sucht man in der Literatur aber vergeblich. Ebenso fehlen Möglichkei-

---

[104] Dichtl, Erwin - Raffée, Hans - Beeskow, Werner - Köglmayr, Hans-Georg: Bestellverhalten…(1983), S. 178 unterscheiden bei Ihrer Untersuchung einer optimalen Ausstattungspolitik von Pkw-Modellen zwischen Muss-Optionen und Kann-Optionen und beziehen nur die Kann-Optionen und die aufpreispflichtigen Muss-Optionen (also bspw. eine Sonderlackierung, nicht aber die Lackierung generell) in die Analyse ein. Listl, Andreas: Target Costing...(1998), S. 187 führt den Fall aus, dass ein Kunde eine Funktion, die ihm von untergeordneter Bedeutung ist, trotzdem unbedingt erfüllt haben möchte, dass aber gleichzeitig deren Realisierung nur mit großem technischen Aufwand möglich ist. Meffert, Heribert: Marketing...(2000), S. 543, weist ebenfalls darauf hin, dass bei einer nutzenorientierten Preisbestimmung von den Konsumenten wahrgenommene Produkteigenschaften nicht den objektiven Gegebenheiten entsprechen müssen.

[105] So ist die generelle Verkehrssicherheit eines neuen Automobils selbstverständlich.

[106] Siehe dazu die entsprechenden Ausführungen im vorliegenden Kapitel.

[107] Anderer Ansicht ist Franz, Klaus-Peter: Target Costing…(1993), S. 129, der auf den „kaum vertretbar“ erscheinenden Aufwand eines variantenbezogenen Target Costings verweist.

ten, die Zielkosten einer Hauptbaugruppe in die Zielkosten der Unterbaugruppen und des Zusammenbaus zu zerlegen[108].

Der **Begriff des Produkts** ist für das Target Costing ebenfalls nicht eindeutig definiert. Die **steigende Variantenzahl** in den Unternehmen wurde bereits thematisiert. Der Aufwand, für jede Variante einen eigenen Target Costing-Prozess zu durchlaufen, ist aber wohl kaum gerechtfertigt. Dieser Aufwand bleibt auch dann sehr hoch, wenn für das Target Costing der einzelnen Varianten auf die Ergebnisse eines Basiserzeugnisses zurückgegriffen werden kann.

C Aussagegehalt des Zielkostenkontrolldiagramms

Im **Zielkostenkontrolldiagramm**, auch als Value Control Chart bezeichnet, werden die Zielkostenindizes der einzelnen Komponenten als **Zielkostenpunkte** grafisch zusammengestellt[109]. Die **Zielkostenzone** definiert den Bereich, in dem Abweichungen der Zielkostenindizes vom Idealwert nach der Intention des Target Costings toleriert werden. Diese mathematisch durch **Exponentialfunktionen** determinierte Zielkostenzone wird unternehmensindividuell vom Management festgelegt[110] und erlaubt bei Produktkomponenten mit relativ niedriger Bedeutung eine höhere Kostenanteilsabweichung als bei relativ bedeutenderen Komponenten mit höheren Kosten. Diese Zielkostenzone soll um so kleiner gewählt werden, je größer die **Wettbewerbsintensität** einer Branche ist[111]. Der **Innovationsgrad** eines Produkts beeinflusst die Breite der Zielkostenzone ebenfalls[112]: je innovativer das Produkt, desto breiter die Zielkostenzone. Falls bei einem neuen Produkt auf **Erfahrungen von Vorgängermodellen** zurückgegriffen werden kann, wird die Zielkostenzone enger definiert werden, da möglicherweise im Vergleich zur Konkurrenz Produktivitätsvorteile vorliegen oder Erfahrungskurveneffekte realisiert werden können[113]. Auch bereits **vorhandene Erfahrungen** mit der Zielkostenerreichung oder bereits zu Beginn des Target Costing-Prozesses nahe an den allowable costs liegende Zielkosten erlauben eine engere Festlegung der Zielkostenzone[114].

Rein mathematisch kann eine **Verschiebung der komponentenspezifischen Zielkostenpunkte** zur Erreichung der Zielkostenzone im Zielkostenkontrolldiagramm nur auf

---

108 Siehe dazu Listl, Andreas: Target Costing...(1998), S. 187.

109 Siehe zur grafischen Darstellung eines Zielkostenkontrolldiagramms stellvertretend für die Vielzahl nahezu identischer und aussagengleicher Abbildungen Freidank, Carl-Christian: Spezialfragen...(1997), S. 253.

110 Vgl. Freidank, Carl-Christian - Zaeh, Philipp: Spezialfragen...(1997), S. 251.

111 Siehe Rösler, Frank: Target Costing...(1996), S. 46, der auf Tanaka, Masayasu: Cost planning...(1989), S. 67 verweist.

112 Zur Abgrenzung und Typisierung von Produktinnovationen siehe Meyer, Jens Wilhelm: Produktinnovationserfolg...(2003), S. 5 ff. Vgl. zum Innovationsbegriff auch Pfeiffer, Werner - Weiß, Enno - Volz, Thomas - Wettengl, Steffen: Funktionalmarkt-Konzept...(1997), S. 12 ff.

113 Siehe Freidank, Carl-Christian - Zaeh, Philipp: Spezialfragen...(1997), S. 251.

114 Siehe Coenenberg, Adolf G.: Kostenrechnung...(2003), S. 454. Nach Rösler, Frank: Target Costing...(1996), S. 46 wird der vom Management festzulegende Entscheidungsparameter q zur Definition der Zielkostenzone empirisch im Regelfall kleiner als 20% gewählt.

drei verschiedenen Wegen erfolgen: durch **Veränderung der Bedeutung**, durch **Veränderung der Kosten** oder durch **gleichzeitige Veränderung der beiden Parameter**. Aus betriebswirtschaftlicher Sicht ist aber eine isolierte Veränderung der komponentenspezifischen Bedeutung sicherlich nur in Ausnahmefällen und auch nur über einen längeren Zeitraum hinweg mit Hilfe Image bildender Maßnahmen möglich, so dass für die Unternehmen prinzipiell nur die Möglichkeit bleibt, über **kostenwirksame Maßnahmen** die Zielkostenzone zu erreichen und damit regelmäßig die Komponentenbedeutung und auch das Nutzenpotenzial zu beeinflussen. Gleichzeitig ist aber auch zu beachten, dass eine Verschiebung eines Zielkostenpunktes unmittelbar auch eine **Verschiebung der Zielkostenpunkte der anderen Komponenten** zur Folge hat. Und diese Verschiebungen müssen nicht immer in eine im Sinne des Target Costings positive Richtung gehen. Dieser Aspekt findet in der Literatur regelmäßig keine Berücksichtigung[115].

Das Zielkostenkontrolldiagramm selbst erlaubt keine Aussagen darüber, bei welcher der abgebildeten Produktkomponenten **Kostensenkungspotenziale** oder auch eventuelle **Nutzensteigerungspotenziale** genauer analysiert werden müssen. Sicherlich können in der Praxis nicht alle Produktkomponenten langwierigen Kostensenkungsprogrammen unterzogen werden. Die Frage, welche Komponente einer eingehenden Untersuchung unterzogen wird, lässt sich nur über Differenzbetrachtungen beantworten. So müssen vorrangig diejenigen Komponenten betrachtet werden, bei denen eine **Kostensenkung einen verhältnismäßig geringen Nutzenverlust** bedeutet oder ausnahmsweise eine **Kostensteigerung einen relativ großen Nutzengewinn**[116]. Rein mathematisch bedeutet dies bei Komponenten außerhalb der Zielkostenzone jeweils eine Annäherung an dieselbe, so dass tendenziell diejenigen Zielkostenpunkte untersucht werden, deren Annäherung an die Zielkostenzone bei einer gegebenen Kostensenkung am größten ausfällt.

Die Forderung nach einer komponentenspezifischen Kostensenkung mag bei einem Zielkostenpunkt über der Zielkostenzone durchaus nachvollziehbar sein. Ein **Zielkostenpunkt unter der Zielkostenzone** aber würde bedeuten, dass die betreffende Komponente zur Erreichung der Zielkostenzone kostenintensiver und damit höherwertiger hergestellt werden muss. Dieser Aussage des Zielkostenkontrolldiagramms kann sicherlich nicht uneingeschränkt gefolgt werden, vor allem nicht dann, wenn eine Konsumentenbefragung das Ergebnis liefert, dass **keine Verbesserungsnotwendigkeit** aus Konsumentensicht vorliegt. Dies wird auch der Tatsache gerecht, dass Marktteilnehmer zwar Produktkomponenten nach ihrer relativen Bedeutung gewichten können, dass aber die sich ergebenden **Bedeutungen nicht notwendigerweise mit der komponentenspezifischen Kostensituation übereinstimmen** müssen.

---

[115] Siehe dazu Listl, Andreas: Target Costing...(1998), S. 194 f, der diesen in der mathematischen Vorgehensweise zur Ermittlung der Zielkostenindizes begründeten Effekt illustriert und als „Rückkopplungseffekt" bezeichnet.

[116] Der Fokus muss allerdings nicht immer auf den Kosten liegen. So verweist Franz, Klaus-Peter: Target Costing...(1993), S. 130 darauf, dass auch Fälle denkbar sind, „in denen eine Funktionsverbesserung [...] durch relativ kostenneutrale, kreative Maßnahmen möglich erscheint".

Für **Komponenten innerhalb der Zielkostenzone** liegt nach dem Ansatz des Target Costings ein akzeptables Verhältnis zwischen Kosten und Bedeutung vor. Dies darf aber nicht bedeuten, dass nicht auch diese Komponenten auf **Rationalisierungs- und Kostensenkungspotenziale** hin untersucht werden[117]. Denkbar sind hier unter anderem alternative Fertigungsverfahren, die bei gleich bleibender Qualität eine günstigere Kostensituation ermöglichen. Zudem bleibt festzuhalten, dass theoretisch auch der Fall denkbar ist, dass sämtliche Zielkostenpunkte eines Erzeugnisses direkt auf der Winkelhalbierenden liegen und damit den Idealzustand repräsentieren, die Zielkosten aber dennoch nicht erreicht werden. Wegen des Fehlens der absoluten Zielkosten ist die sich dann theoretisch ergebende Aussage des Zielkostenkontrolldiagramms schlichtweg falsch[118].

Insgesamt gesehen, liefert das Zielkostenkontrolldiagramm wichtige **Ansatzpunkte** zur Kostensenkung, darf aber trotzdem **nicht normativ** verstanden werden. Wie bei jeder anderen Methodik, die auf einer Vielzahl von Prämissen beruht, ist auch beim Target Costing eine kritische und unternehmensindividuelle und produktspezifische Auseinandersetzung mit den Ergebnissen notwendig.

D Auf dem Zielkostenkontrolldiagramm basierender Portfolioansatz

Wie aus den vorstehenden Ausführungen deutlich wird, kann dem Zielkostenkontrolldiagramm bei weitem nicht der Stellenwert zugemessen werden, der diesem in der einschlägigen Fachliteratur zugestanden wird. Allerdings können dem Zielkostenkontrolldiagramm sehr wohl **qualitative Aussagen** abgewonnen werden. Dies führt direkt zu einer längerfristigen strategischen **Portfolio-Betrachtung**.

Aus den Achsen des Zielkostenkontrolldiagramms abgeleitet, bilden die **prozentuale Bedeutung** im Sinne des Kundennutzens und der **relative Kostenanteil** die beiden **Achsen des Portfolios**. In Abbildung 4-9 sind fiktive Produktkomponenten qualitativ in ein Kosten-Nutzen-Portfolio eingetragen. In dieser Betrachtung ist es unmittelbar verständlich, dass **Komponenten mit niedrigem Kostenanteil und relativ hohem Kundennutzen** angestrebt werden, was dem Quadranten rechts unten entspricht.

Allerdings bedeutet die Position einer Komponente in diesem Quadranten nicht, dass diese nicht auch einer genaueren Analyse unterzogen werden kann. Sicherlich werden Komponenten in diesem Quadranten aber nicht den Schwerpunkt einer **kosten- und kundennutzenorientierten Komponentenbetrachtung** darstellen. Bei Komponenten mit hohem Kostenanteil und hoher Bedeutung wird man versuchen, die Kosten zu senken, während bei Komponenten mit geringem Kostenanteil und ebenso geringer Bedeutung, der Kundennutzen möglichst erhöht werden sollte, da eine weitere Kosten-

[117] Vgl. Fischer, Thomas M. - Schmitz, Jochen A.: Informationsgehalt...(1994), S. 428 ff, die das Zielkostenkontrolldiagramm um die Anteile der drifting costs an den gesamten allowable costs erweitern und daraus weitere Handlungsempfehlungen ableiten. Siehe auch Coenenberg, Adolf G.: Kostenrechnung...(2003), S. 455 ff.

[118] Siehe auch Listl, Andreas: Target Costing...(1998), S. 195 f.

Abbildung 4-9
Aus dem Zielkostenkontrolldiagramm abgeleiteter Portfolioansatz

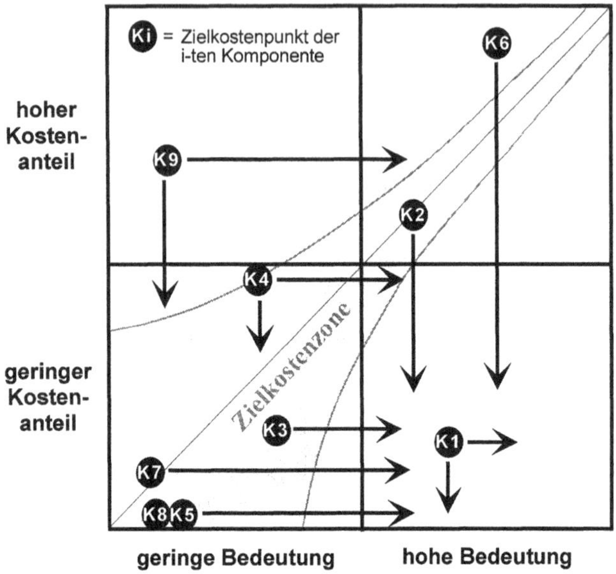

senkung kaum mehr möglich ist. Für Produktkomponenten mit hohem Kostenanteil und nur geringer Bedeutung zeigt sich sowohl der Weg der Kostensenkung als auch der Erhöhung des Kundennutzens.

Liegt tatsächlich bei einer Komponente ein extremes Missverhältnis zwischen dem vom Kunden wahrgenommenen Nutzen und dem unternehmensinternen Kostenanteil vor, bleibt noch die Möglichkeit, genau diese Komponente aus der produktspezifischen Standardausstattung zu entfernen und als **Zubehörkomponente** anzubieten. Mit dieser Vorgehensweise ist sichergestellt, dass nur Kunden diese Komponente optional erwerben, die auch bereit sind, den identifizierten Kundennutzen entsprechend zu honorieren. Zudem kann das Produkt mit der Standardausstattung für die anderen Kunden zu einem geringeren Preis angeboten werden.

Eine Portfolio-Betrachtung bietet sich auch deswegen an, weil daraus zwar **Normstrategien** und **generelle Handlungsempfehlungen** abgeleitet werden können, aber keine operativen Aussagen im Sinne von konkreten Handlungsanweisungen zulässig sind. So zeigt das Portfolio der Abbildung 4-9 auf, dass auch Komponenten, die in der rein theoretisch definierten „Zielkostenzone" liegen, einer tiefergehenden Analyse bedürfen können. Dies unterstreicht den **informativen Charakter** des Zielkostenkontrolldiagramms eindeutig.

E Strukturierung der Kundenanforderungen im Kano-Modell

Die dem Zielkostenkontrolldiagramm zugrunde liegenden Produktbeurteilungen einer Conjoint-Analyse können sich zum einen nur auf wahrnehmbare Produktmerkmale beziehen und basieren zum anderen regelmäßig auf einer additiven und addierbaren Nutzenvorstellung[119]. **Mindest- oder Basisanforderungen** - wie die Erfüllung gesetzlicher Normen - werden aber von den Konsumenten vorausgesetzt und nicht explizit artikuliert[120]. So muss ein Frachtschiff zwangsläufig schwimmfähig sein und Ladung transportieren können[121]. Bei einer generellen Anwendung der Methodik der Conjoint-Analyse auf komplexe Produkte werden sämtliche Kundenanforderungen in gleicher Weise behandelt, „unabhängig von der Fähigkeit und dem Willen des Kunden, zu diesen Anforderungen Stellung zu beziehen“[122]. Das Kano-Modell differenziert demgegenüber Basis-, Leistungs- und Zusatzanforderungen eines Produkts und führt letztlich zu dem Schluss, dass die Anwendbarkeit des Target Costings auf eine geringe Schar von Leistungsanforderungen gegeben ist, nicht jedoch für Basis- oder für Zusatzanforderungen[123].

1. Basis-, Leistungs- und Zusatzanforderungen als Faktoren der Kundenzufriedenheit

Das **Kano-Modell** stellt in diesem Zusammenhang ein **Strukturierungsmodell der Kundenanforderungen** dar: Diese werden - wie bereits erwähnt - in Basisanforderungen, Leistungsanforderungen und Zusatzanforderungen differenziert [124]. **Basisanforderungen** sind im Rahmen von Befragungen nicht oder nur schwer zu ermitteln, da deren **Erfüllung vorausgesetzt** wird. Wie nachstehende Abbildung 4-10 verdeutlicht, sind die Kunden vollkommen unzufrieden, wenn eine Basisanforderung nicht oder nur unzureichend realisiert wird. Bei der Betrachtung von Basisanforderungen muss also deren vollständige Erfüllung mit minimalen Kosten im Vordergrund stehen.

---

[119] Vgl. dazu insbesondere die in Fußnote 90 auf Seite 210 der vorliegenden Arbeit angegebene Literatur.

[120] Siehe Arnaout, Ali - Hildebrandt, Jörg - Werner, Harald: Einsatz...(1998), S. 307.

[121] Nedeß, Christian - Stalleicken, Udo: Target Costing...(1998), S. 207 bezeichnen die genannten Anforderungen als K.O.-Kriterien.

[122] Vgl. Rösler, Frank: Zielkostenmanagement...(1997), S. 280 f.

[123] Kieffer, Sonja: Kundenzufriedenheit...(2002), S. 37 ff stellt aus anderem Betrachtungswinkel und mit dienstleistungsbezogenem Schwerpunkt alternative Ansätze zur Operationalisierung und Messung der Kundenzufriedenheit dar. Letztendlich kommt sie aber zu dem Schluss, dass nur ein kombinierter Methodeneinsatz die Kundenzufriedenheit identifizieren kann.

[124] Die einschlägige Fachliteratur differenziert regelmäßig nach Basis-, Leistungs- und Begeisterungsanforderungen. Da der Begriff der Begeisterung jedoch nicht nur von der Wahrnehmung, sondern auch vom Temperamentstypus des Kunden abhängt, soll dieser Terminologie in der vorliegenden Arbeit nicht gefolgt werden. Da es sich um Anforderungen handelt, die der Kunde zusätzlich an das Produkt stellt, sei stattdessen differenziert nach Basis-, Leistungs- und Zusatzanforderungen.

Vgl. auch die Anforderungsarten der grundlegenden Anforderungen, der technisch-kundenspezifischen Anforderungen und der Attraktivitätsanforderungen bei Pahl, Gerhard - Beitz, Wolfgang - Feldhusen, Jörg - Grote, Karl-Heinrich: Konstruktionslehre...(2003), S. 192 f.

Abbildung 4-10
Basis-, Leistungs- und Zusatzanforderungen im Kano-Modell[125]

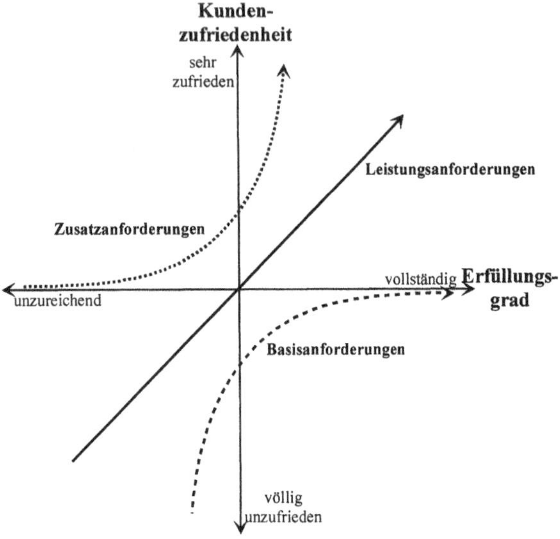

Selbst bei einer „Übererfüllung" dieser impliziten **K. O.-Kriterien** ist keine Steigerung des Kundennutzens mehr erreichbar[126].

Bei **Leistungsanforderungen** kann zumindest in gewissen Bandbreiten ein **proportionaler Zusammenhang zwischen Erfüllungsgrad und Kundenzufriedenheit** unterstellt werden. Ihre Ermittlung gestaltet sich im Regelfall relativ einfach, da sie von den Kunden wahrgenommen und somit auch erfragt werden können. Die Erfüllung von Leistungsanforderungen wird von den Kunden zwischen den jeweiligen Wettbewerbsprodukten verglichen und beeinflusst die Kaufentscheidung für ein bestimmtes Produkt wesentlich[127]. „Lediglich für die Leistungsanforderungen erscheint die Target Costing-Prämisse vom idealen Ressourceneinsatz sinnvoll"[128]. Allerdings kann für bestimmte Leistungsanforderungen auch ein **abnehmender Grenznutzen** vorliegen,

---

[125] In Anlehnung an Rösler, Frank: Target Costing...(1996), S. 108.

[126] Siehe Arnaout, Ali - Hildebrandt, Jörg - Werner, Harald: Einsatz...(1998), S. 308. Rösler, Frank: Zielkostenmanagement...(1997), S. 284 nennt die Kühlleistung eines Kühlschranks sowie die Funktionstauglichkeit eines Textverarbeitungsprogramms als Beispiele für Basisanforderungen.

[127] Vgl. wiederum Arnaout, Ali - Hildebrandt, Jörg - Werner, Harald: Einsatz...(1998), S. 308.

[128] Rösler, Frank: Zielkostenmanagement...(1997), S. 285, der unter einem idealen Ressourceneinsatz in diesem Zusammenhang den Einsatz der Ressourcen entsprechend den von den Kunden gewünschten Produktwertrelationen versteht.

so dass auch hier die Prämisse vom proportionalen Zusammenhang zwischen Erfüllungsgrad und Kundenzufriedenheit verletzt ist[129].

Zusatzanforderungen schließlich dienen aus Unternehmenssicht vor allem der **Differenzierung von den Wettbewerbern**. Wie aus Abbildung 4-10 hervorgeht, können sie bei entsprechender Realisierung die Kundenzufriedenheit ganz entscheidend erhöhen und so ebenfalls die Kaufentscheidung mitbestimmen[130]. Zusatzanforderungen können im Rahmen einer Neuproduktplanung kaum aus einer Kundenbefragung abgeleitet werden, da sie den Kunden meist im voraus nicht bekannt sind[131].

Letztendlich ist diese Differenzierung nach Basis-, Leistungs- und Zusatzanforderungen **keineswegs definitorisch** zu sehen. Sie unterliegt eindeutig den Wirkungen des technischen Fortschritts und damit einem gewissen **Wandel im Zeitablauf**. So werden Zusatzanforderungen zu Basisanforderungen oder aber Zusatzanforderungen begründen zunächst Leistungsanforderungen und werden dann zu Basisanforderungen[132].

2. Zielkostenbestimmung der Anforderungsstruktur

Aus den vorstehenden Ausführungen wird deutlich, dass es vor allem bei komplexen Produkten sinnvoll ist, zuerst ein **Basisprodukt** zu definieren, das die Basisanforderungen aus Kundensicht vollständig erfüllt. Ausgehend von bereits existierenden Produkten können alle von den Kunden explizit formulierten **Leistungsanforderungen eliminiert** werden[133]. Da die einzelnen Produktmerkmale im Regelfall nicht vollkommen unabhängig voneinander sind, müssen dabei auch **Wechselwirkungen** zwischen den einzelnen Anforderungen berücksichtigt werden. Die Kosten für das Basisprodukt ergeben sich dann aus den vorhandenen Daten des betrieblichen Rechnungswesens. Ganz wesentlich ist jedoch hierbei, dass im Unternehmen bestehende Strukturen dadurch nicht als fix angenommen werden dürfen. Die Zielkosten für das Basisprodukt, das die Basisanforderungen abdeckt, werden zwar aus unternehmensintern vorhandenen Informationen abgeleitet, müssen jedoch zur adäquaten Festlegung auch Ergebnisse eines Benchmarkings oder eines Reverse Engineerings berücksichtigen[134].

---

129 Vgl. bspw. Rösler, Frank: Target Costing...(1996), S. 111.

130 Siehe Arnaout, Ali - Hildebrandt, Jörg - Werner, Harald: Einsatz...(1998), S. 308.

131 So hätte bspw. noch vor kurzem kaum ein Kunde ein Navigationssystem in einem Pkw verlangt.

132 Zur Veranschaulichung seien PC-interne CD-RW-Laufwerke angeführt, die zunächst sicherlich der Differenzierung von Wettbewerbern galten. Nachdem ein Großteil der neuen PCs dann mit CD-RW-Laufwerken verkauft wurde, wurde die Brenngeschwindigkeit anstelle der bloßen Existenz entscheidungsrelevant. Und beim heutigen Stand der Technik schließlich sind leistungsfähige CD-RW-Laufwerke standardmäßig im PC integriert, bzw. werden gar schon von DVD-Brennern abgelöst. Eine ähnliche Entwicklung vollzieht sich aktuell bei Klimaanlagen für Pkws.

133 Siehe zu dieser Vorgehensweise ausführlicher am Beispiel der Automobilindustrie Arnaout, Ali - Hildebrandt, Jörg - Werner, Harald: Einsatz...(1998), S. 312 und Rösler, Frank: Zielkostenmanagement...(1997), S. 286. Alternativ schlägt Rösler, Frank: Target Costing...(1996), S. 119 die Ableitung eines Basismodells aus einer kleineren Modellbaureihe oder aus einem Benchmarking vor.

134 Vgl. Rösler, Frank: Zielkostenmanagement...(1997), S. 286.

Kundenbegeisterung und damit ein zusätzliches Kaufargument kann aus Unternehmenssicht nur durch **Marktinnovationen** erreicht werden[135]. Da dafür aber im Regelfall keine validen Kostendaten vorliegen oder die Entwicklungskosten des Innovationsprogramms mehreren Produkten zugerechnet werden müssen, werden die Zielkosten für die Zusatzanforderungen auf dem Weg der **Kostenschätzung** oder der **Budgetierung** gewonnen[136].

Die **Zielkosten für die Leistungsanforderungen** ergeben sich letztendlich als **Residualgröße**, die nach Abzug der Zielkosten für die Basisanforderungen und der Zielkosten für die Zusatzanforderungen von den Zielkosten des gesamten Produkts verbleibt. Genau diese Zielkosten der Leistungsanforderungen können anschließend mit Hilfe der **Funktionsbereichsmethode** oder der Komponentenmethode aufgespalten und im **Zielkostenkontrolldiagramm** den kundenbezogenen Nutzenvorstellungen gegenübergestellt werden. Mit Hilfe einer modifizierten Conjoint-Analyse können auch **Marginalanalysen** für die Leistungsanforderungen durchgeführt werden. Bei dieser Vorgehensweise wird der sich aus einer Produktänderung bzw. Produkterweiterung ergebende höhere Kundennutzen und die damit verbundene höhere Preisbereitschaft mit den notwendigerweise höheren Kosten in Beziehung gesetzt.

Abbildung 4-11 zeigt zusammenfassend die **Segmentierung der gesamten produktspezifischen Zielkosten in die Zielkosten der kundenspezifischen Anforderungsstruktur**. Zudem werden auch die möglichen Methoden zur Gewinnung der entsprechenden Kosteninformationen aufgezeigt.

IV. Aufdeckung und Realisierung von Kostensenkungspotenzialen

Sind letztendlich die Zielkosten für die einzelnen Produktkomponenten festgelegt, müssen Maßnahmen ergriffen werden, diese Zielkosten auch zu erreichen. Mögliche **Ansatzpunkte für Kostensenkungsmaßnahmen** müssen zuerst identifiziert und im Verlauf der Produktentstehung auch realisiert werden. Bei den Ansätzen zur Aufdeckung und Realisierung von Kostensenkungspotenzialen kann zwischen Instrumenten auf **verschiedenen Aktionsebenen** unterschieden werden, die Abbildung 4-12 aufzeigt.

Unter den **konstruktions- und technologieorientierten Ansätzen** zur Unterstützung des Target Costings bereits in frühen Konstruktionsphasen spielt die entwicklungs- und konstruktionsbegleitende Kalkulation eine herausragende Rolle. Die Ergebnisse von Wertanalyse- oder Wertgestaltungsprojekten unterstützen den Konstrukteur ebenfalls bei der Erreichung und Einhaltung der Zielkosten.

Benchmarking und Prozesskostenrechnung sind die beiden wesentlichen Instrumente im Rahmen **produkt- und prozessorientierter Ansätze** der Zielkostenerreichung.

---

[135] Siehe Arnaout, Ali - Hildebrandt, Jörg - Werner, Harald: Einsatz...(1998), S. 313.

[136] Siehe stellvertretend Rösler, Frank: Target Costing...(1996), S. 143.

Abbildung 4-11
Festlegung der anforderungsspezifischen Zielkosten[137]

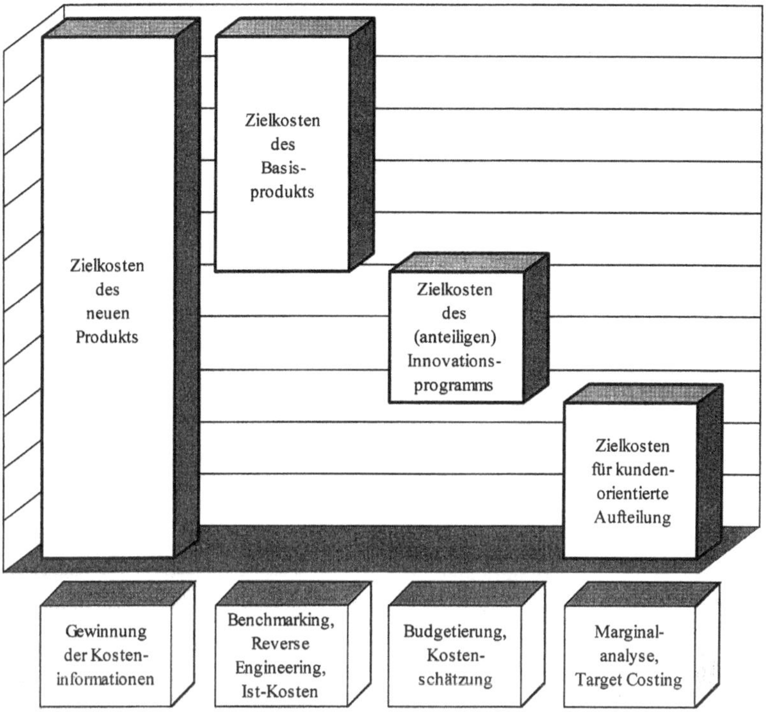

Während das Benchmarking Kostensenkungspotenziale durch Vergleiche mit unternehmensexternen Daten aufdeckt[138], unterstützt die Prozesskostenrechnung Kostensenkungsbestrebungen zum einen durch beanspruchungsgerechtere Produkt- und Komponentenkalkulationen und zum anderen auch durch die Gestaltung von Prozessen. Im Mittelpunkt des Kaizen Costings steht schließlich die Erreichung optimaler Arbeitsgänge.

Bei den **organisatorischen Konzepten** schließlich liegt das Hauptaugenmerk auf der Produktionsphase. Vor allem Organisationskonzepte wie Just-in-time und Kanban tragen zur Zielkostenerreichung bei. Die Integration von Zulieferern ist zwar ebenfalls

---

[137] Modifiziert nach Rösler, Frank: Zielkostenmanagement...(1997), S. 293 f in Verbindung mit Männel, Wolfgang: Produktkostenmanagement...(2002), S. 165.

[138] Siehe dazu stellvertretend Sauter, Ralf: Target Costing...(2002), S. 109 ff.

Abbildung 4-12
Aufdeckung und Realisierung von Kostensenkungspotenzialen auf verschiedenen Aktionsebenen[139]

Aktionsebenen	Instrumente zur Aufdeckung und Realisierung der Kostensenkungspotenziale
Konstruktions- und technologieorientierte Ansätze	• Frühzeitige Produktkostenkalkulation • Wertanalyse
Produkt- und prozessorientierte Ansätze	• Prozesskostenrechnung • Benchmarking • Kaizen
Organisatorische Ansätze	• Just-in-time • Kanban • Zuliefererintegration

den organisatorischen Maßnahmen zuzurechnen, muss aber bereits in frühen Konstruktionsphasen erfolgen, denn hier werden bereits Entscheidungen über Eigenfertigung oder Fremdbezug von Komponenten oder Bauteilen getroffen. Bei modernen Unternehmensnetzwerken werden teilweise auch Konstruktionsarbeiten an Zulieferer vergeben.

A Konstruktions- und technologieorientierte Ansätze zur Zielkostenerreichung

Die einzelnen Methoden und Verfahren der **entwicklungs- und konstruktionsbegleitenden Kalkulation**[140] ermitteln frühzeitig, das heißt vor Abschluss der Fertigungsunterlagen, die Produktkosten in den einzelnen Konstruktionsphasen. Vor diesem Hintergrund steht die frühzeitige Produktkostenkalkulation zur Verfügung, um auch für neue Produkte die **drifting costs** zu ermitteln. Vorrangig unterstützt die entwicklungs- und konstruktionsbegleitende Kalkulation aber auch den Konstrukteur bei der Entwicklung kostengünstiger Produkte. So ist es dem Konstrukteur bereits in den einzelnen Konstruktionsphasen möglich, die erst in der Fertigung auftretenden **Kostenwirkungen konstruktiver Festlegungen** abzuschätzen.

Unter der **Wertanalyse** werden sowohl die Wertverbesserung bereits existierender Produkte als auch die Wertgestaltung bereits bei der Produktentwicklung verstanden[141]. Nach DIN 69910 beschreibt die Wertanalyse das „systematische analytische Durch-

---

[139] Vgl. zu dieser Systematik und zu den folgenden Ausführungen insbesondere Horváth, Péter - Niemand, Stefan - Wolbold, Markus: Target Costing...(1993), S. 16 ff.

[140] Siehe dazu die Ausführungen zur frühzeitigen Produktkostenkalkulation in dieser Arbeit.

[141] Siehe Bullinger, Hans-Jörg - Warschat, Joachim - Frech, Joachim: Produktentwicklung...(1994), Heft 10, S. 74. Vgl. dazu auch Arnaout, Ali - Niemand, Stefan - von Wangenheim, Sascha: Kostenmanagement...(1997), S. 174 ff, Bronner, Albert: Wertanalyse...(1968), S. 16 ff und Corsten, Hans - Stuhlmann, Stephan: Grundlagen...(1997), S. 29.

dringen von Funktionsstrukturen mit dem Ziel einer abgestimmten Beeinflussung von deren Elementen (z. B. Kosten, Nutzen) in Richtung einer Wertsteigerung“[142]. Die Wertanalyse stellt damit kein konkretes Instrumentarium zur Verfügung, sondern bietet vielmehr eine **systematische Vor**gehensweise im Sinne eines anwendungsneutralen Arbeitsplans **zur Lösung komplexer Problemstellungen**, der sich nicht nur auf Produkte, sondern auch auf Dienstleistungen und Prozesse anwenden lässt[143].

Im konkreten Anwendungsfall ist die Wertanalyse durchaus **mit der Methodik des Target Costings vergleichbar**. Im Gegensatz zur Wertanalyse detailliert das Target Costing allerdings die notwendigen Instrumente und Maßnahmen und bezieht zudem sowohl den Zulieferer- als auch den Absatzmarkt in die Betrachtung mit ein[144].

B Produkt- und prozessorientierte Ansätze

Die **Prozesskostenrechnung**[145] unterstützt die Methodik des Target Costings auf drei verschiedenen Ebenen[146]. Die Bestimmung der **drifting costs** erfolgt mit Hilfe prozesskostenrechnerischer Kalkulationen unter Einbezug der indirekten Unternehmensbereiche beanspruchungsgerechter als mit herkömmlichen Kalkulationsmethoden. Darüber hinaus liefert die Prozesskostenrechnung entscheidungsrelevante Kosteninformationen über **Produktvarianten** und **Konstruktionsalternativen** und ist somit ein wertvolles Instrument bereits in der Entwicklungs- und Konstruktionsphase. Nicht zuletzt zeigt sie über die **Identifikation der hauptsächlichen Kosteneinflussfaktoren** auch diejenigen Prozesse auf, die zur Erreichung der Zielkosten beeinflusst werden müssen. Vor dem Hintergrund eines ressourcenbezogenen Kostenmanagements informiert die Prozesskostenrechnung darüber hinaus über die Auslastung und die Nutzung einer gegebenen **Kapazitätsausstattung**,

Das **Benchmarking** trägt den Wettbewerb in das gesamte Unternehmen hinein und steht damit in einer engen Beziehung zum Ansatz des Target Costings[147]. Auf Basis kontinuierlicher zwischenbetrieblicher Vergleiche mit den weltweit besten Unternehmen sollen langfristig Potenziale für Kostensenkungen und Leistungssteigerungen

---

142 Corsten, Hans - Stuhlmann, Stephan: Grundlagen...(1997), S. 28.

143 Siehe wiederum Bullinger, Hans-Jörg - Warschat, Joachim - Frech, Joachim: Produktentwicklung...(1994), Heft 10, S. 74. Bronner, Albert: Wertanalyse...(1968), S. 18 bezeichnet das systematische Vorgehen der Wertanalyse als ein grundlegendes Prinzip derselben. Siehe zur Wertanalyse auch Meyer, Jens Wilhelm: Produktinnovationserfolg...(2003), S. 246 ff.

144 Siehe genauer zu Gemeinsamkeiten und Unterschieden zwischen Wertanalyse und Target Costing Bullinger, Hans-Jörg - Warschat, Joachim - Frech, Joachim: Produktentwicklung...(1994), Heft 10, S. 79 ff sowie Meyer, Jens Wilhelm: Produktinnovationserfolg...(2003), S. 248 ff.

145 Siehe dazu die entsprechenden Ausführungen im Kapitel zur prozess- und ressourcenorientierten Produktkostenkalkulation in der vorliegenden Arbeit.

146 Siehe dazu insbesondere Horváth, Péter - Niemand, Stefan - Wolbold, Markus: Target Costing...(1993), S. 19. Vgl. zur Unterstützung des Target Costings durch die Prozesskostenrechnung auch Listl, Andreas: Target Costing...(1998), S. 123 ff.

147 Siehe dazu insbesondere Männel, Wolfgang: Produktkostenkalkulation...(1997), S. 210. Siehe zum idealtypischen Ablauf eines Benchmarkings stellvertretend Niemand, Stefan - Scholl, Kai: Benchmarking...(1995), S. 100 ff und Kreuz, Werner: Kosten-Benchmarking...(2002), S. 96 f.

aufgedeckt und damit die **Effizienz und die Effektivität der eigenen Produkte, Prozesse, Verfahren und Strukturen** verbessert werden[148]. Betrachtungsgegenstand des Benchmarkings sind nicht nur unmittelbar auf den Absatzmarkt ausgerichtete betriebliche Abläufe, vielmehr werden vor allem auch die indirekten Bereiche einer wettbewerbsorientierten Analyse unterzogen. Zudem beschränkt sich das Benchmarking nicht auf den Vergleich mit branchengleichen Unternehmen. Explizit werden **branchenfremde Unternehmen** mit einbezogen[149]. Durch die Identifikation und das Aufzeigen von Maßnahmen zur Realisierung von Kostensenkungspotenzialen unterstützt das Benchmarking die Zielkostenerreichung[150].

„Die Kaizen-Philosophie zielt auf permanente, kontinuierlich fortschreitende, langfristig andauernde Verbesserungsprozesse ab, die durch kooperative Teamarbeit in kleinen Schritten vor allem für die menschliche Arbeit zu realisieren sind“[151]. Genau aus diesem Grund sind die **Mitarbeiterführung** und das **betriebliche Anreizsystem** die zentralen Ansatzpunkte des **Kaizen Costings**[152]. Außerhalb eines konventionellen Budgetierungssystems werden Verbesserungsziele für übergreifende Geschäftsprozesse formuliert und daraus Maßnahmenpläne für die operative Ebene abgeleitet, die sowohl qualitative als auch quantitative Zielgrößen enthalten können[153]. Das stetige Herantasten an optimale Arbeitsgänge durch **kleine Verbesserungsschritte** wird in einem kreativitätsfördernden Umfeld durch Kennzahlen visualisiert[154].

C Gestaltung der Fertigungsorganisation und Integration von Zulieferern

Das **Just-in-time-Konzept** zur Realisierung von Kostensenkungspotenzialen bezieht sich auf die Gestaltung der Organisationsstruktur und des Produktionsablaufs im Unternehmen. Kernpunkt dieses Konzepts ist die Forderung, „Rohmaterial, Teile, Komponenten und Produkte erst dann bereitzustellen, zu fertigen, zu montieren und zu transportieren, wenn sie von einer intern oder extern nachfragenden Leistungseinheit

---

[148] Vgl. Listl, Andreas: Target Costing...(1998), S. 116 f.

[149] Ein Benchmarking mit branchenfremden Unternehmen zeigt in der Praxis über den reinen Kennzahlenvergleich hinaus folgende Vorteile: Branchenfremde Unternehmen sind regelmäßig eher zum Informationsaustausch bereit, da kein Konkurrenzverhältnis besteht. Die analysierten Unternehmensfunktionen können darüber hinaus in anderen Branchen eine höhere Bedeutung besitzen und somit auch betriebswirtschaftlich besser durchdrungen sein. Außerdem erfahren aus anderen Branchen eingeführte Vorgehensweisen von den eigenen Mitarbeitern im Regelfall eine höhere Akzeptanz. Siehe dazu Fischer, Thomas M.: Kostenmanagement...(1993), S. 283 und auch Kreuz, Werner: Kosten-Benchmarking...(2002), S. 92 ff.

[150] Vgl. ausführlich Listl, Andreas: Target Costing...(1998), S. 121 ff sowie zum Themenkreis der Dienstleistungen Grieble, Oliver: Vorgehensmodell...(2003), S. 3 ff.

[151] Männel, Wolfgang: Produktkostenkalkulation...(1997), S. 224 und auch Müller, Heinrich: Prozeßkonforme...(1996), S. 609.

[152] Siehe Horváth, Péter - Lamla, Joachim: Kaizen...(1996), S. 336 und Jehle, Egon - Willeke, Martin: Value Management...(1996), S. 258.

[153] Siehe Männel, Wolfgang: Produktkostenkalkulation...(1997), S. 224.

[154] Vgl. Jehle, Egon - Willeke, Martin: Value Management...(1996), S. 258 und Männel, Wolfgang: Produktkostenkalkulation...(1997), S. 224.

benötigt werden“[155]. Betrachtungsgegenstand ist der **Materialfluss** entlang der logistischen Kette vom Zulieferer über das Unternehmen bis hin zum Abnehmer und der entgegen gerichtete und zeitlich vorgelagerte **Informationsfluss**[156]. Als Konzept mit mehreren individuell zu realisierenden Bausteinen verringert der Just-in-time-Ansatz durch eine **Orientierung am Fließprinzip** und die **Reduzierung von Losgrößen** Bestände und Durchlaufzeiten im Unternehmen[157].

Beim **Kanban-System** handelt es sich um ein **dezentrales Produktionssteuerungssystem**, das unter bestimmten Voraussetzungen[158] die Aufgaben der Fertigungsauftragsplanung, der Durchlaufterminierung, des kurzfristigen Kapazitätsabgleichs und der Feinterminierung übernimmt[159]. Das Grundprinzip von Kanban besteht darin, dass jeweils zwei ablauflogisch benachbarte Produktionseinheiten zu einem **Regelkreis** zusammengefasst werden. Der Materialfluss zwischen diesen Produktionseinheiten wird mit Hilfe von Transportbehältern realisiert und über an den einzelnen Transportbehältern angebrachte „Kanbans“ (= Schild oder Karte) koordiniert[160]. Eine nachgeschaltete Fertigungsstufe generiert somit immer dann Fertigungsaufträge an die vorgelagerte Produktionsstufe, wenn ein bestimmter **Mindestbestand** an Bauteilen unterschritten wird. Zentrales Ziel einer nach dem **Pull-Prinzip** organisierten Kanban-Steuerung ist somit die **Synchronisation der Prozesse**, also die Unterstützung einer Just-in-time-Produktion[161], während das Ziel einer möglichst hohen Auslastung in den Hintergrund rückt[162]. Kanban eignet sich vor allem für Fertigungsbereiche mit geringen Bedarfsschwankungen und konstantem Produktionsprogramm und setzt aufgrund der hohen Eigenverantwortung qualifiziertes Fertigungspersonal voraus[163].

Vor allen Dingen in der Automobilindustrie wird die **Einbindung von Zulieferern** in den Produktionsprozess schon seit längerer Zeit praktiziert[164]. Die Zulieferunterneh-

---

[155] Fischer, Thomas M.: Kostenmanagement...(1993), S. 101.

[156] Siehe Wildemann, Horst: JIT-Konzept...(1987), S. 52 und auch Fischer, Thomas M.: Kostenmanagement...(1993), S. 101.

[157] Vgl. wiederum Wildemann, Horst: JIT-Konzept...(1987), S. 52 f.

[158] Siehe dazu ausführlich Fandel, Günter - François, Peter: Just-in-time-Produktion...(1989), S. 534 ff und Fischer, Thomas M.: Kostenmanagement...(1993), S. 106 f sowie die dort angegebene Literatur.

[159] Vgl. Glaser, Horst - Geiger, Werner - Rohde, Volker: PPS...(1992), S. 269. Siehe dazu auch Glaser, Horst: Verfahren...(1991), S. 22.

[160] Vgl. Glaser, Horst - Petersen, Lars: PPS-Systeme...(1996), Sp. 1415 f, Scheer, August-Wilhelm - Mattheis, Peter - Steinmann, Dieter: PPS-Konzeptionen...(1991), S. 48 f und Wildemann, Horst: Produktionssteuerung...(1988), S. 35 f.

[161] Siehe dazu Lackes, Richard: Kanban...(1996), Sp. 839.

[162] Vgl. Wildemann, Horst: Produktionssteuerung...(1988), S. 39.

[163] Vgl. wiederum Wildemann, Horst: Produktionssteuerung...(1988), S. 37 ff und Zäpfel, Günther: PPS-Systeme...(1989), S. 40.

[164] In der Automobilindustrie erfolgt die Integration von Zulieferern im Regelfall über das Fortschrittszahlenkonzept. Stellvertretend sei hier auf Heinemeyer, Wolfgang: Planung...(1988), insbesondere S. 26 und S. 31 verwiesen, der das auf Fortschrittszahlen basierende Logistikkonzept der Daimler-Benz AG erläutert. Scholz-Reiter, Bernd: CIM-Schnittstellen...(1991), S. 8 f sieht dagegen die zwischenbetriebliche Integration der Automobilzulieferer erst in Ansätzen verwirklicht. Listl,

men sind dabei online oder über Schnittstellen mit dem Produktionsbetrieb verbunden[165]. Im Rahmen des **Outsourcings**, also der **Dienstleistungstiefenoptimierung**, werden vielfach Konstruktionsaufgaben an Zulieferunternehmen vergeben, die in den entsprechenden Teilbereichen meist über mehr Know-how verfügen und später die zu konstruierenden Teile auch liefern sollen[166]. Über eine EDV-technische Kopplung zwischen Zulieferer und Produktionsbetrieb kann der aktuelle Konstruktionsstand jederzeit verfolgt werden, eventuelle auftretende Probleme können sofort online ohne Schnittstellenprobleme gelöst werden.

Darüber hinaus werden zunehmend die Konstruktions- und auch Fertigungsabläufe von Zulieferern in ein **unternehmensübergreifendes Gesamtsystem** integriert. „Dies kann bis zur unternehmensübergreifenden Fertigungssteuerung und -kontrolle mit einem zentralen EDV-System gehen“[167]. Letztlich bleibt jedoch festzuhalten, dass es keine allgemein gültige Integration der Zulieferunternehmen bei der Produktentwicklung geben kann, für jedes einzelne Entwicklungsprojekt muss die Einbindung der Zulieferer neu überprüft und auf die spezifischen Gegebenheiten ausgerichtet werden[168].

Zudem muss berücksichtigt werden, dass bei einer DV-technischen Kopplung des Unternehmens mit den Zulieferern, die auf Materialflussebene meist mit bedarfssynchronen Lieferungen einhergeht, generell **hohe Anforderungen an die Reaktionsschnelligkeit und die Flexibilität** der Zulieferunternehmen gestellt werden[169].

Andreas: Target Costing...(1998), S. 26 ff schließlich unterscheidet verschiedene Stufen der Einbindung von Lieferanten in den Automobilentwicklungsprozess.

165 EDIFACT (Electronic Data Interchange For Administration, Commerce and Transport) stellt bspw. einen für den zwischenbetrieblichen Datenaustausch konzipierten branchenneutralen Standard dar, der das Nachrichtenformat sowie die zu benutzenden Kommunikationsnetze und Kommunikationsdienste definiert. Darauf aufbauend wurden bereits branchenspezifische Standards realisiert, so ODETTE für die Automobilindustrie. Vgl. Scholz-Reiter, Bernd: CIM-Schnittstellen...(1991), S. 82 f.

166 Vgl. Scheidt, Manuela: Vertriebsprozesse...(1996), S. 239. Siehe dazu auch Gaitanides, Michael: Belieferung...(1997), S. 738 und S. 741 und Wurmbach, Jürgen: Outsourcing...(1997), S. 20 sowie Ihde, Gösta B.: Lieferantenintegration...(1996), Sp. 1086 und 1090.

167 Siebenhorn, H: CIM - Rechnerintegrierte Fertigung, in: ZWF, Nr. 79 (1984), S. 128, zitiert nach Backhaus, Klaus - Weiss, Peter A.: Integration...(1988), S. 69. Kajüter, Peter: Prozesskostenmanagement...(2002), S. 259 nennt die unternehmensübergreifende Prozessoptimierung als wichtige Säule eines Prozesskostenmanagements. Letztlich existieren mittlerweile sogar „virtuelle“ Unternehmen, wie der amerikanische Sportartikelhersteller Nike, die nicht einmal mehr über eine eigene Produktion verfügen. Siehe Wurmbach, Jürgen: Outsourcing...(1997), S. 20.

168 Vgl. Scholz, Verena - Hiddemann, Britta - Kampschulte, Thomas - Schnauber, Herbert: Konzept...(1997), S. 165 f. Siehe zum Zielkosten-Management mit Lieferanten auch Rummel, Klaus D.: Zielkosten-Management...(1992), S. 222 ff.

169 Vgl. Hansmann, Karl-Werner: Just in Time-Produktion...(1996), Sp. 833 f. Darüber hinaus muss bei einem Single Sourcing – also bei der Konzentration auf einen Zulieferer – auch die Zuverlässigkeit des Zulieferunternehmens gegeben sein. Die schwerwiegenden Folgen einer Unterbrechung der Lieferbeziehungen, wenn auch aus anderem Grund, zeigten sich besonders deutlich, als im Juni 2003 der Automobilhersteller BMW die Produktion in zwei bayerischen Werken stoppen musste, weil der Zulieferer ZF Getriebe in Brandenburg im Arbeitskampf bestreikt wurde. Siehe stellvertretend GB: Streik...(2003), S. 1.

5. Kapitel Kostenträgercontrolling mit Soll-Ist-Vergleichen

Während die prozessorientierte Produktkostenkalkulation im Wesentlichen der beanspruchungsgerechten Verrechnung der Kosten indirekter Unternehmensbereiche und der Optimierung der Ressourcennutzung dient, unterstützen die frühzeitige und auch die marktorientierte Produktkostenkalkulation die kosten- und kundenbezogene Planung und Optimierung von Produkten. Eine isolierte Anwendung dieser modernen Konzeptionen reicht aber zur Sicherung des Unternehmenserfolgs nicht aus. Vielmehr müssen die erbrachten Leistungen und damit letztlich auch die geplanten und die realisierten Unternehmensprozesse einer genauen Analyse unterzogen werden. Aus der Identifikation und der eingehenden Untersuchung ermittelter **Abweichungen zwischen Plan- und Istwerten** auf verschiedenen Ebenen werden **Steuerungsmaßnahmen** abgeleitet, um die vorgegebenen Zielgrößen tatsächlich zu erreichen. Abweichungen stellen vor diesem Hintergrund den zentralen Ansatzpunkt für das Kostenträgercontrolling dar.

Preis- und Tarifabweichungen werden bei der Durchführung des Kostenträgercontrollings regelmäßig durch Verwendung eines **Festpreissystems** eliminiert[1]. Im Regelfall werden diese Abweichungen, die nicht auf „innerbetrieblichen Unwirtschaftlichkeiten" beruhen[2], auf diese Weise schon vor dem eigentlichen Kostenträgercontrolling aus der laufenden Kostenrechnung ausgegliedert und direkt in die Kostenträgerzeitrechnung übernommen, alternativ können sie aber auch in den Soll-Ist-Kostenvergleich integriert werden, wobei die einzelnen berechneten Abweichungen letztlich wieder um die Preis- und Tarifabweichungen korrigiert werden müssen[3].

Für die im Kostenträgercontrolling **relevanten Abweichungen** existieren in Literatur und Praxis mehrere Systematiken, die regelmäßig auf einen bestimmten Anwendungsschwerpunkt zugeschnitten sind. In dieser Arbeit soll eine **Systematik** vorgestellt werden, die unabhängig vom Fertigungstyp Gültigkeit besitzt. Gleichzeitig wird die Relevanz der einzelnen Abweichungsarten für die jeweiligen Fertigungstypen analysiert. Zunächst werden im Folgenden aber die **organisatorischen und institutionellen Voraussetzungen** für ein effektives Kostenträgercontrolling dargestellt.

---

1 Siehe bspw. Kilger, Wolfgang - Pampel, Jochen - Vikas, Kurt: Plankostenrechnung...(2002), S. 156, die ausführen, dass Verrechnungspreise genau die Aufgabe haben, Preisschwankungen aus dem Soll-Ist-Kostenvergleich zu eliminieren.

2 Siehe dazu Scherrer, Gerhard: Kostenrechnung...(1991), S. 434 ff und Jakoby, Stephan - Schmitz, Jochen: Differenzierte...(1996), S. 713. Preisabweichungen können sowohl auf exogenen als auch auf endogenen Faktoren beruhen. Allerdings „liegen bislang keine Konzepte vor, die eine Preisabweichungsanalyse im Sinne der sukzessiven Ermittlung beeinflussbarer (endogener) Bestandteile der Produktionsfaktorpreise ermöglichen. [...] eine Preiskostenabweichung (kann) dem verantwortlichen Betriebsbereich materiell nicht zugerechnet werden [...]. Die Preiskostenabweichung bildet danach keinen Maßstab für die Beurteilung des Erfolgs der Einkaufsabteilung in einer Betrachtungsperiode", Scherrer, Gerhard: Kostenrechnung...(1991), S. 444.

3 Siehe wiederum Kilger, Wolfgang - Pampel, Jochen - Vikas, Kurt: Plankostenrechnung...(2002), S. 413. Diese verweisen darauf, dass letztgenannte Vorgehensweise bei stärkeren Preis- und Lohnschwankungen der Vorzug zu geben ist, da aufgezeigt werden kann, in welchem Ausmaß Preis- und Tarifabweichungen die Kalkulationssätze beeinflussen.

I. Grundlagen und Aufgaben des Kostenträgercontrollings

„**Produktkosten-Controlling (PKC)** ist ein Werkzeug, um die Zielkosten des Produktes einzuhalten. Wesentlich ist dafür die rechtzeitige Beschaffung von Daten für den Soll/Ist-Vergleich. Davon zu unterscheiden ist das **Projekt-Controlling (PC)**, das die Termine und Kosten des Produkterstellungsprozesses sichern hilft“[4]. „Produktkosten-Controlling ist durch Festlegung der Kostenziele und Beschaffung der Daten zur *rechtzeitigen* Zielkontrolle *die* notwendige Maßnahme, kostengünstige Produkte zu erstellen“[5]. Die Kostenträgerstück- und die Kostenträgerzeitrechnung liefern alle erforderlichen Unterlagen und Informationen für das Produktkostencontrolling und die Durchführung von Soll-Ist-Kostenvergleichen. Letztendlich mündet das Produktkostencontrolling kostenträgerspezifisch in eine lebenszyklusbezogene Betrachtung[6] und ist damit in ein übergreifendes auf den spezifischen Lebenszyklus bezogenes Projektcontrolling eingebunden.

Die **Ausgestaltung des Kostenträgercontrollings**[7] muss auf den jeweiligen unternehmens- oder bereichsspezifischen **Fertigungstyp** abgestimmt sein. Die Bedeutung eines Kostenträgercontrollings ist dabei um so größer, je geringer die Standardisierung in der Fertigung anzusetzen ist[8]. Die beiden extremen Ausprägungen stellen dabei wieder die Massenfertigung einerseits und die Einzel- und Auftragsfertigung andererseits dar. Während bei der Massenfertigung, die ja eine Plankalkulation durchführt, die kostenträgerbezogene Nachkalkulation „nur von begrenztem Interesse ist und außerdem nur mit hohem Aufwand realisierbar wäre“[9], wird bei der Einzel- und Auftragsfertigung eine Standard-Nachkalkulation durchgeführt, die auch bereits parallel zur Auftragsabwicklung als mitlaufende Kalkulation ausgestaltet sein kann bzw. muss[10].

Das Kostenträgercontrolling als **Instrument der Steuerung und Regelung** auf Ebene der Kostenträger[11] setzt zwingend die Existenz einer **Plankostenrechnung** voraus, die in das Zusammenspiel von Unternehmensplanung und -kontrolle eingebettet ist, wie dies nachfolgende Abbildung 5-1 aufzeigt. Gleichzeitig wird damit die Notwendigkeit

---

4 Ehrlenspiel, Klaus: Produktkosten-Controlling...(1992), S. 291 (Hervorhebungen im Original).

5 Wiederum Ehrlenspiel, Klaus: Produktkosten-Controlling...(1992), S. 293 (Hervorhebungen im Original).

6 Siehe dazu Zehbold, Cornelia: Lebenszykluskostenrechnung...(1996), S. 77 ff sowie das abschließende Kapitel ‚Umfassende Lebenszyklusrechnung'.

7 Die Begriffe Produktkostencontrolling und Kostenträgercontrolling werden im Folgenden synonym verwendet. Müller, Heinrich: Prozeßkonforme...(1996), S. 332 f. weist darauf hin, dass in diesem Zusammenhang auch die beiden Begriffe Kostenträgerrechnung und Produktkostencontrolling regelmäßig synonym gebraucht werden. Lediglich der kostenwirtschaftliche Begriff der „geschlossenen Kostenträgerrechnung“ ist mit der Integration der Ergebnisrechnung umfassender als ein Produktkostencontrolling angelegt.

8 Siehe dazu die Ausführungen im Abschnitt ‚Für das Kostenträgercontrolling relevante Unternehmenstypen dieses Kapitels.

9 Kilger, Wolfgang - Pampel, Jochen - Vikas, Kurt: Plankostenrechnung...(2002), S. 502.

10 Vgl. dazu auch Medicke, Werner: Nachkalkulation…(1983), S. 470 ff.

11 Vgl. dazu die Controllingdefinition im einleitenden Kapitel dieser Arbeit.

Abbildung 5-1
Institutionelle Voraussetzungen zur Implementierung eines Kostenträgercontrollings

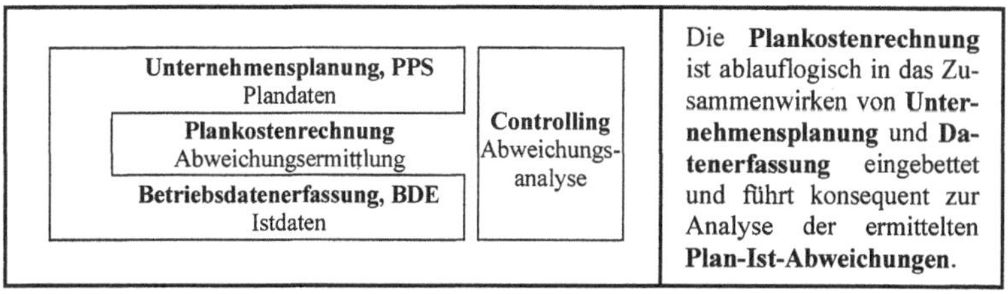

einer Integration der Kostenrechnungs- und Controllingfunktionalitäten mit den unternehmensspezifischen Planungs- und Erfassungsmechanismen deutlich.

Letztlich legt das frühzeitige Kostenmanagement das Fundament für **Kostenstruktur und Kostenniveau der Plankosten**. Bei der Bestimmung der Plankosten müssen Stücklisten und Arbeitspläne bekannt und definitiv festgelegt sein, die kostenträgerspezifische Entwicklung und Konstruktion ist abgeschlossen. Die Plankosten stellen Ausgangspunkt und gleichzeitig Messlatte für kontinuierliche Verbesserungsprozesse auch im Sinne einer Erfahrungskurve dar[12] und bilden die Basis für das Kostenträgercontrolling. Die Ursachen für eine Abweichung der tatsächlichen Produktionsgegebenheiten vom geplanten Produktionsvollzug im Sinne der Plankosten können sowohl exogen als auch unternehmensintern bedingt sein[13], wobei die Identifikation und Analyse unternehmensintern verursachter Abweichungen Gegenstand der Ausführungen dieses Kapitels ist. Für eine wirkungsvolle **Abweichungsermittlung und Abweichungsanalyse** ist - wie bereits angesprochen - ein innerbetriebliches Festpreissystem aufzubauen, da die Kostenstellenleiter i. d. R. nicht für schwankende Preise verantwortlich sein werden[14]. Weitere notwendige Voraussetzung für eine aussagefähige Abweichungsermittlung ist die Richtigkeit, die Aktualität und auch die Wesentlichkeit der zugrunde liegenden Unternehmensdaten, die nur durch den Einsatz von **Betriebs- und Unternehmensdatenerfassungs-Systemen** gewährleistet werden kann.

A Struktur der Unternehmensplanung

Die auf den Abrechnungszeitraum bezogene, meist jährlich angelegte **Kosten- und Ergebnisplanung** stellt den zentralen Aufgabenschwerpunkt zur Vorbereitung eines neuen Abrechnungsjahres dar. Die kostenträgerbezogene Kosten- und Ergebnisplanung ist in diesem Zusammenhang in die unternehmensbezogene Kosten- und

[12] Siehe dazu die Ausführungen im abschließenden Kapitel dieser Arbeit.

[13] Vgl. Wimmer, Konrad: Kostenabweichungsanalyse...(1994), S. 983.

[14] Siehe Plaut, Hans-Georg: Entwicklung...(1987), S. 360 und Plaut, Hans-Georg: Kostenrechnungssystem...(1992), S. 218.

Ergebnisplanung als **betriebliche Gesamtplanung** eingebettet[15]. Abbildung 5-2 zeigt die vorrangigen Aufgaben und den idealtypischen Ablauf der Unternehmensplanung auf operativer Ebene im Überblick.

Die nach Produktarten, Produktmengen und Produktpreisen differenzierende **Absatz- und Umsatzplanung** ist der erste Schritt einer unternehmensspezifischen Gesamtplanung. Im Ergebnis enthält der kurzfristige Absatz- und Umsatzplan in möglichst genauer Differenzierung[16] die planmäßig im Folgejahr abzusetzenden Produktarten und Produktmengen[17]. Aus diesem Plan wird unter Berücksichtigung eventuell notwendiger oder vorhandener Lagerbestände an Halb- oder Fertigfabrikaten zum Beginn oder zum Ende des Planungszeitraums der **Produktionsplan** abgeleitet. Die Produktionsplanung umfasst dabei die interdependenten Teilbereiche der **Produktionsprogrammplanung**, der **Bereitstellungsplanung** der Potenzial- und Verbrauchsfaktoren und der **Produktionsverfahrensplanung**[18].

Das geplante Produktionsprogramm bildet die Ausgangsbasis für die **Ableitung der Plan-Bezugsgrößenmengen** der primären und der **Prozessgrößenmengen** der indirekten Kostenstellen im Wege der retrograden Auflösung der Stücklisten, Arbeitspläne und Prozesspläne und führt damit zum **Leistungsplan der Kostenstellen**. Im Anschluss an die Plan-Leistungen der primären Kostenstellen werden - so weit möglich - die Bezugsgrößenmengen der sekundären Kostenstellen geplant[19]. Für die restlichen sekundären Kostenstellen werden indirekte Bezugsgrößen verwendet, so genannte „Deckungsbezugsgrößen" oder „Wertdeckungs-Bezugsgrößen"[20].

Die **über die Kostenstellen abzurechnenden Kosten** werden entweder mit statistischen oder mit analytischen Verfahren geplant[21]. Bei einem **statistischen Vorgehen** werden die Plankosten meist mittels Regressionsanalysen aus den Istdaten vergange-

---

[15] Vgl. Scherrer, Gerhard: Kostenrechnung...(1991), S. 141. Siehe zur Grenzplankosten- und Deckungsbeitragsrechnung als Grundlage der betrieblichen Planung ausführlich Kilger, Wolfgang - Pampel, Jochen - Vikas, Kurt: Plankostenrechnung...(2002), S. 581 ff. Vgl. auch Hagen, Klaus: Methoden...(1992), S. 717 ff zu den Bestandteilen einer „systematischen und umfassenden Ergebnisplanung".

[16] Unternehmensspezifisch kann hier auch eine Differenzierung nach Kundengruppen oder bei Großkunden sogar nach einzelnen Kunden erfolgen.

[17] Siehe dazu und im Folgenden Müller, Heinrich: Prozeßkonforme...(1996), S. 192 f und Scherrer, Gerhard: Kostenrechnung...(1991), S. 147 ff.

[18] Hier ist insbesondere die Auswahl unterschiedlicher Betriebsmittel, die Festlegung der Plan-Intensitäten und der Plan-Bedienungsrelationen sowie der Plan-Losgrößen zu treffen.

[19] Dies gilt bspw. für die Instandhaltung oder die Energieversorgung. Für diese Kostenstellen lassen sich aus dem Leistungsbedarf der primären Kostenstellen in Verbindung mit Wartungsintervallen oder Verbrauchsfunktionen Plan-Bezugsgrößen ableiten. Vgl. auch Kilger, Wolfgang - Pampel, Jochen - Vikas, Kurt: Plankostenrechnung...(2002), S. 256 ff.

[20] Siehe Kilger, Wolfgang - Pampel, Jochen - Vikas, Kurt: Plankostenrechnung...(2002), S. 256 und auch Schweitzer, Marcell - Küpper, Hans-Ulrich: Systeme...(2003), S. 415 ff.

[21] Siehe ausführlich wiederum Kilger, Wolfgang - Pampel, Jochen - Vikas, Kurt: Plankostenrechnung...(2002), S. 266 ff, die auf S. 272 ff die Probleme bei der Planung der wichtigsten Kostenarten ausführlich darstellen.

Abbildung 5-2
Ablauf der Unternehmensplanung[22]

Absatz- und Umsatzplanung

- Marktanalysen erstellen
- Plandaten aufbereiten
- Plandaten abstimmen
- Plandaten festlegen
- Simulation/Plan-Plan-Vergleiche durchführen

↓

Produktions- und Leistungsplanung

- Absatz auf Artikelebene zuordnen
- Produktionsmengen ermitteln
- Bedarfsauflösung durchführen
- Materialbedarf ermitteln
- Leistungsbedarf ermitteln

↓

Leistungsplanung Prozesse

- Leistungsbedarf an Cost Driver-Mengen ermitteln
- Cost Driver-Bedarf nach Prozessen verdichten
- Ressourcenbedarf mit Herkunft Prozesskosten/Bezugsgrößen ermitteln
- Ressourcenbedarf mit Herkunft Prozesskosten/Bezugsgrößen verdichten
- Bedarf mit Kapazität abstimmen

↓

Planung der Kostenstellen/Bezugsgrößen und der innerbetrieblichen Aufträge

- Planbeschäftigung ermitteln
- Planpreise ermitteln
- Kostenplanung vorbereiten und durchführen
- Kostenplanung abstimmen
- Planung der innerbetrieblichen Aufträge

↓

Planung der Prozesse

- Prozessgliederung und Cost Driver-Wahl
- Planbeschäftigung
- Kosten- und Leistungsplanung
- Kostenaufteilung
- Plankostensätze

↓

Planung der Kostenträger

- Plankalkulation durchführen
- Bestandsbewertung mit neuer Plankalkulation
- Planproduktionsmenge bewerten
- Projekte planen
- Planungsabstimmung durchführen

↓

Planung der Deckungsbeiträge und Ergebnisse

- Erlösschmälerungen und Sondereinzelkosten des Vertriebs planen
- Nettoerlöse ermitteln
- Deckungsbeiträge ermitteln
- Verwaltungs-,Vertriebs-, Forschungs- und Entwicklungskosten zuordnen
- Ergebnis zu Plan-GuV abstimmen

---

22 Mit geringen Modifikationen entnommen aus Plaut Consulting GmbH: Plankosten-Seminar...(2002), Abschnitt 2.20 Planung der Objekte, Seite 1.

ner Perioden abgeleitet. Jahreszeitlich oder saisonal bedingte Einflüsse werden dabei eliminiert und die Istkosten vergangener Perioden werden mit Indizes auf das voraussichtliche Preis- und Lohnniveau des Planungszeitraums hochgerechnet. Zuletzt werden die geplanten Kosten mittels Sollkostenfunktionen über die geplanten Bezugsgrößen abgeleitet. Bei den **analytischen Verfahren** der Kostenplanung werden die Mengen- und Zeitvorgaben auf der Grundlage technisch-kostenwirtschaftlicher Analysen berechnet, vergangenheitsorientierte Kosten finden keine Berücksichtigung. Mit dem **Leistungsplan** der Kostenstellen im Sinne eines Kostenniveauplans sind letzten Endes auch die Kostensätze der einzelnen kostenstellenspezifischen Leistungen festgelegt. Diese letztlich über die Arbeitspläne verrechneten **Kostensätze** stellen die Basis für produktspezifische Kalkulationen sowie für die Kalkulation von kostenstellenspezifischen Teilprozessen und kostenstellenübergreifenden Hauptprozessen dar und besitzen vor diesem Hintergrund eine wesentliche Bedeutung für das Produktkostencontrolling.

Für die **Planung der Einzelkosten** muss zwischen Material-, Personal- und Sondereinzelkosten differenziert werden[23]. Basis für die Planung der **Materialeinzelkosten** bilden die geplanten Produktionsmengen des Produktionsprogramms. Für diese werden über die Stücklisten die geplanten Einsatzmengen ermittelt, die um eventuelle Abfallmengen ergänzt werden. Beim Einsatz von Rohstoffmischungen, bspw. in der chemischen Industrie, geht man dagegen meist von den benötigten Mischungseinsatz-Chargen aus. Die Einzellohnkosten werden in der Plankostenrechnung regelmäßig über die Kostenstellen geplant und abgerechnet[24]. Zur Planung der Sondereinzelkosten der Fertigung und des Vertriebs sei an dieser Stelle auf die einschlägige Fachliteratur verwiesen.[25]

Die **Erfolgsplanung** bildet schließlich den Abschluss der unternehmensspezifischen Gesamtplanung. Die Plan-Erlöse aus der Absatzplanung werden zur unternehmensindividuell differenzierten Planung der Deckungsbeiträge den mit den variablen Plan-Kosten bewerteten Absatzmengen gegenübergestellt. Zur abschließenden Ermittlung des geplanten Unternehmenserfolgs werden noch die geplanten Fixkosten subtrahiert.

Aufgrund der vielfältigen **Interdependenzen** der angesprochenen Teilpläne kann der Planungsprozess nicht streng iterativ durchlaufen werden, vielmehr finden planungsprozessbegleitend permanente **Abstimmungs- und Rückkopplungsprozesse** statt, um die Erreichung gegebener strategischer Ziele zu gewährleisten.

---

[23] Vgl. Kilger, Wolfgang - Pampel, Jochen - Vikas, Kurt: Plankostenrechnung...(2002), S. 181 ff und Schweitzer, Marcell - Küpper, Hans-Ulrich: Systeme...(2003), S. 399 ff.

[24] Der Grund dafür liegt vor allem darin, dass dann eine wirksamere Kontrolle möglich ist, da Lohnkostenabweichungen im Regelfall von den Stellenverantwortlichen beeinflusst sind. Darüber hinaus können oftmals Gemeinkosten der Kostenstellen über die geleisteten Arbeitsstunden als Bezugsgröße verrechnet werden und zudem können für Einzellöhne und für Gemeinkostenlöhne dann einheitliche kalkulatorische Lohnnebenkosten geplant und verrechnet werden. Siehe Kilger, Wolfgang - Pampel, Jochen - Vikas, Kurt: Plankostenrechnung...(2002), S. 193 ff.

[25] Siehe insbesondere Kilger, Wolfgang - Pampel, Jochen - Vikas, Kurt: Plankostenrechnung...(2002), S. 214 ff.

B Betriebsdatenerfassung

Betriebsdaten sind „**im Laufe eines Produktionsprozesses anfallende und verwendete Daten**“[26]. Diese Ist-Betriebsdaten können sowohl technische (bspw. Maschinendaten oder Zeitdaten) als auch organisatorische Daten (wie z. B. Bearbeitungsreihenfolgen oder Personaldaten) sein[27]. Dazu gehören aber nicht nur die bei der Produktion anfallenden **Verbrauchs- bzw. Bewegungsdaten**, sondern auch die für die Produktion verwendeten **Zustandsdaten**, so zählen auch Auftragsdaten, Maschinenzustandsdaten und Arbeitsplatzdaten zu den Betriebsdaten[28].

Der Begriff der **Erfassung** ist in diesem Rahmen definiert als „jede vergangenheitsbezogene zahlenmäßige Feststellungsoperation, die intersubjektiv nachprüfbar und in diesem Sinne eindeutig ist“[29] sowie die ihr nachgelagerten Operationen. Aus dieser Definition ergibt sich unmittelbar, dass nicht nur maschinell erfasste Informationen unter dem Begriff der Betriebsdaten subsumiert werden, sondern bereits bei manuellen Aufschreibungen von Mengen und Zeiten von Betriebsdatenerfassung zu sprechen ist[30].

1. Entwicklung, Aufgabe und Ausgestaltung von BDE-Systemen

Am Beginn der Betriebsdatenerfassung standen **manuelle Aufschreibungen**, die vor allem Zeitdauern und Tätigkeiten betrafen. Ausgehend von den nahe liegenden Unzulänglichkeiten manueller Aufzeichnungen wurden später in den Fertigungsstellen **Terminals** installiert, in die die vom Menschen erfassten Betriebsdaten eingegeben wurden. Die Datenübermittlung wurde auf diese Weise standardisiert und enorm beschleunigt.

Die Entwicklung von **Betriebsdatenerfassungs-Systemen (BDE-Systemen)** mit der Aufgabe, die angesprochenen betrieblich relevanten Daten maschinell zu erfassen und für Zwecke der Produktionsplanung oder -steuerung am Verarbeitungsort zur Verfügung zu stellen[31], trug schließlich - abhängig von der unternehmensinternen Ausgestaltung der Datenübermittlungswege - zur sofortigen Verfügbarkeit der erfassten Daten

---

[26] Budde, Rainer - Maas, Robert: Betriebsdatenerfassung...(1986), S. 11 (Hervorhebung d. V.). Vgl. dazu auch Bichler, Klaus - Kalker, Peter - Wilken, Ernst: PPS-System...(1992), S. 173 und Kurbel, Karl: Produktionsplanung...(2003), S. 285 sowie Roschmann, Karlheinz: Betriebsdatenerfassung...(1991), S. 95.

[27] Scheer, August-Wilhelm - Mattheis, Peter - Steinmann, Dieter: PPS-Konzeptionen...(1991), S. 45 führen als Betriebsdaten „die Ist-Werte der Aufträge (Start- und Endtermine, Mengen, Qualitäten), Zustände der Betriebsmittel (Stillstandszeiten, Auslastung), Anwesenheitszeiten und Leistungsdaten der Mitarbeiter sowie Ein- und Auslagerungsvorgänge von Materialien“ an. Brankamp, Klaus - Paul, Heinz J. - Kolb, Rüdiger: Kapazitätswirtschaft...(1991), S. 88 ff. sprechen etwas umfassender von Produktionsdatenerfassung.

[28] Vgl. dazu Weis, Ekart: Leistungsumfang...(1992), S. 1343 und auch Knoop, Jens: Kostenrechnung...(1986), S. 15.

[29] Hummel, Siegfried: Kostenerfassung...(1970), S. 25.

[30] Siehe zu den Funktionen der Betriebsdatenerfassung detailliert Kittel, Thomas: Betriebsdaten...(1983), S. 32 f sowie die dort angegebenen Quellen.

[31] Siehe dazu Kraemer, Wolfgang - Wiechmann, Dirk: Betriebsdatenerfassung...(1991), S. 312 und auch Kittel, Thomas: Betriebsdaten...(1983), S. 34.

sowie zur Korrektheit dieser Daten bei. Die **Korrektheit der Unternehmensdaten** bezieht sich dabei sowohl darauf, dass nur die wirklich benötigten Daten erfasst werden, als auch darauf, dass die Ausprägungen derselben korrekt gemessen werden[32]. Die maschinelle und automatisierte Betriebsdatenerfassung schafft somit „die Voraussetzungen für eine **aktuelle zeitnahe Fertigungssteuerung** und ermöglicht eine **mitlaufende Kalkulation** auf Basis zeitnaher auftragsbezogener Daten“[33].

An **weiteren Aufgaben** der Betriebsdatenerfassung sind die technische Anlagensteuerung im Rahmen von leittechnischen Konzepten, die Qualitätssicherung als mengenbezogene Erfassung unterschiedlicher Qualitäten, das Personalwesen im Rahmen einer produktbezogenen Arbeitszeiterfassung, das kennzahlenbasierte Produktionsmonitoring zur laufenden Produktionsanalyse, die durch Diagnosesysteme unterstützte Instandhaltung und sonstige Aufgaben wie Wägedaten- oder Tankdatenerfassung aber auch die Zutrittskontrolle zu nennen[34].

Die Palette der **Datenerfassungsgeräte** reicht bei den BDE-Systemen von einfachen Lesestiften oder Lesepistolen zur Erfassung der Daten von Identträgern[35] an den interessierenden Objekten über Laser- oder Kamera-Scanner bis hin zu kompletten BDE-Terminals mit grafischen Oberflächen[36]. Moderne BDE-Systeme sind regelmäßig in **PPS-Systeme** integriert oder wenigstens über Schnittstellen damit verbunden, neuere Tendenzen gehen zur Zwischenschaltung von **Leitständen**, die von den PPS-Systemen vorgegebene Sollzustände im Zusammenspiel mit den BDE-Systemen zu erreichen

---

32 Zu den Anforderungen, die an BDE-Systeme gestellt werden, siehe bspw. Budde, Rainer - Maas, Robert: Betriebsdatenerfassung...(1986), S. 17 ff und Kraemer, Wolfgang - Wiechmann, Dirk: Betriebsdatenerfassung...(1991), S. 313 ff. Siehe dazu auch Holzer, Herbert: PPS-Systeme...(2000), S. 42 f.

33 Pickel, Herbert: Kostenmodelle...(1989), S. 19 (Hervorhebungen d. V.). Weis, Ekart: Leistungsumfang...(1992), S. 1343 führt aus, dass die Betriebsdatenerfassung „durch die Bereitstellung differenzierter Basis- und Grunddaten eine Schlüsselstellung ein[nimmt, d. V.] und [...] eine der wichtigsten Datenbasen für die Unternehmensplanung, das Rechnungswesen, die Personal- und Materialwirtschaft sowie die Produktionsplanung und –steuerung [ist, d. V.]“. Brauckmann, Otto: Betriebsdaten-Management...(2002), S. 66 f führt die Artikelnachkalkulation an, bei der die Zeiten des Arbeitsplans automatisch den durch das BDE-System erfassten Ist-Zeiten gegenüber gestellt werden.

34 Siehe dazu Roschmann, Karlheinz - Müller, Peter E.: BDE/mDE/Ident-Report...(1998), S. 21 f. Vgl. derselbe auf S. 27 f auch zu modernen Wägesystemen, die häufig als elektronische Zählwaagen in BDE-Konzepten integriert sind. Nach Brauckmann, Otto: Betriebsdaten-Management...(2002), S. 41 ff erfassen BDE-Systeme Produktions- und Stillstandszeiten sowie produzierte Mengen und Produktionsgeschwindigkeiten nahezu automatisch. Erfassten Stillstandszeiten können systemseitig 40 und mehr Störgründe zugeordnet werden, um eine spätere Analyse zu ermöglichen und Prozessverbesserungen anzustoßen.

35 Unter einem Identträger versteht man einen „Datenträger für Identifikationsdaten“, Kurbel, Karl: Produktionsplanung...(2003), S. 292.

36 Siehe exemplarisch Roschmann, Karlheinz - Geitner, Uwe W. - Paßmann, Michael: Betriebsdatenerfassung...(1994), S. 202 ff sowie auch Kurbel, Karl: Produktionsplanung...(2003), S. 293 ff.

versuchen und somit betriebsspezifisch Aufgaben der kurzfristigen Produktionssteuerung übernehmen[37].

Zwei Entwicklungstrends beherrschen aktuell die Betriebsdatenerfassung: Integration und **Vernetzung** auf der einen und **Miniaturisierung** auf der anderen Seite[38]. Automatisch über Standard-Schnittstellen von technischen Maschinensteuerungsmodulen gewonnene BDE-Informationen können systemseitig an die entsprechenden EDV-Systeme übergeben werden[39], für viele Erfassungsaufgaben werden jedoch **Sensoren**[40] benötigt, die mit einem Erfassungs- und Bearbeitungssystem über Schnittstellen verbunden oder wenigstens gekoppelt sind. Generell werden dabei Sensoren für Zustandsgrößen und Stoffeigenschaften, Sensoren für geometrische und mechanische Größen und Sensoren für elektromagnetische und optische Größen differenziert[41]. Während ein steigender Automatisierungsgrad die Anzahl notwendiger Sensoren erhöht, da mehr produktionsspezifische Parameter erfasst werden müssen, verringert das Bestreben nach kleineren Bauteilen und Baugruppen den für die Sensoren zur Verfügung stehenden Platz. Die technische Disziplin der **Mikrosystemtechnik** bemüht sich um die Weiterentwicklung der Sensortechnik und damit auch der Betriebsdatenerfassung.

2. Ausbau der Betriebsdatenerfassung zur Unternehmensdatenerfassung

Der Begriff **Betriebsdaten** soll in der vorliegenden Arbeit dahingehend erweitert werden, dass darunter auch in der Produktion vor- oder nachgelagerten Bereichen sowie in

---

37 Vgl. stellvertretend Brauckmann, Otto: Betriebsdaten-Management...(2002), S. 81 ff.

38 Schanz, Günther W.: Sensortechnik...(2003), S. 20 ff verweist besonders auf die Innovationsgeschwindigkeit auf dem Gebiet der Sensortechnik sowie auf die fortschreitende Vernetzung mit relevanten Systemen, vgl. auch Roschmann, Karlheinz - Müller, Peter E.: BDE/mDE/Ident-Report...(1998), S. 22. Siehe zur Miniaturisierung stellvertretend AMA - Arbeitsgemeinschaft Messwertaufnehmer e. V.: Technologien...(2004), S. 1 und Wende, Wolfgang: Optosensoren...(2003), S. 33.

39 Nach Brauckmann, Otto: Betriebsdaten-Management...(2002), S. 41 übernehmen BDE-Systeme „von den Maschinen Taktimpulse zur Erfassung der Nutzungszeiten oder der erbrachten Stückzahlen".

40 „Sensoren setzen physikalische und/oder chemische Größen in elektrische Signale um, mit denen Prozessabläufe regelungstechnisch beeinflusst und mithin optimiert werden können", zitiert nach Wende, Wolfgang: Optosensoren...(2003), S. 33.

41 Diese Differenzierung findet sich bei Schanz, Günther W.: Sensortechnik...(2003), S. 11. Dort finden sich auch die Größen Temperatur, Füllstand, Dichte, Viskosität, Staubgehalt, Feuchte, Gase, Rauch/Brand, Öl, pH-Wert, Redoxpotenzial, sonstige chemische Größen, Refraktometer, Temperaturverteilung, Geruch, Konzentration und Luftdruck als Messinhalte von Sensoren für Zustandsgrößen und Stoffeigenschaften. Sensoren für geometrische und mechanische Größen erfassen Länge/Weg/Abstand/Dicke, Position, Neigung, Winkel, Drehzahl, Geschwindigkeit, Beschleunigung, Drehmoment, Kraft/Wägung, Druck, Spannungsanalyse (DMS), Schwingung, Durchfluss, Schall/ Ultraschall, Rauheit, Drehrichtung sowie 3D-Form. Magnetfeld, Wiegand-Effekt, elektrischer Strom, Näherung, ionisierende Strahlung, optische Größen, Erkennungsaufgaben (Lichtschranken), sichtbares Licht (Fotosensoren), Bildaufnahme (CCD-Sensoren), Farben, Trübung sowie sonstige Größen, bspw. Code-Erkennung (OCR, Barcode), Oberflächenanalyse, UV-Strahlung und schnelle Bildaufnahme schließlich sind Erfassungsgegenstand von Sensoren für elektromagnetische und optische Größen.

Verwaltungsbereichen anfallende Daten verstanden werden. Deshalb werden hier die Begriffe Unternehmensdaten und Unternehmensdatenerfassung (UDE) eingeführt. Unter **Unternehmensdaten** werden sämtliche bei der Vorbereitung und bei der Durchführung der Leistungserstellung und Leistungsverwertung anfallende und verwendete Daten verstanden. Diese Begriffserweiterung wird der gestiegenen Bedeutung der nicht direkt produktionswirtschaftlich tätigen Bereiche gerecht.

Durch die **Unternehmensdatenerfassung** werden auch **nicht direkt am Produkt ansetzende Leistungen** transparent und damit kontrollierbar, womit der wachsenden Bedeutung der indirekten Leistungsbereiche Rechnung getragen wird. Die Vorgabe von Plandaten für diese Leistungen wird im Sinne der Budgetierung bereits praktiziert. Durch den Einsatz von Erfassungssystemen in den indirekten Bereichen werden diese Leistungen nun auch durch die Ermittlung von Istwerten über **Plan- bzw. Soll-Ist-Vergleiche** kontrollierbar. Beispielsweise können im Verwaltungsbereich Rechnerlaufzeiten oder die Dauer von organisatorischen Bearbeitungsvorgängen erfasst werden. Hervorzuheben ist allerdings, dass gerade hier das **Wirtschaftlichkeitsprinzip** besonders beachtet werden muss, da durch die rasante EDV-Entwicklung und den zunehmenden EDV-Einsatz prinzipiell nahezu alles erfassbar wird und somit generell die Gefahr besteht, dass auch kleinste Kleinigkeiten einer Kontrolle unterzogen werden.

C Flexible Plankostenrechnung und Deckungsbeitragsrechnung

Da es unmittelbar einsichtig ist, dass sowohl für Planungs- bzw. Entscheidungs- als auch für Kontrollaufgaben nur geplante Kosten im Sinne zukunftsorientierter, entscheidungsrelevanter Informationen als Maßstab geeignet sein können, stellt eine im Unternehmen implementierte **Plankostenrechnung** eine zwingende Voraussetzung **für ein effektives Kostenträgercontrolling** dar[42].

Zur Fundierung von langfristigen, produktlebenszyklusbezogenen Entscheidungen, die auch die Möglichkeit von quantitativen Anpassungen umfassen, werden vollkostenrechnerische Plankosten benötigt, da sämtliche im entsprechenden Planungszeitraum beeinflussbaren und beeinflussten Kosten entscheidungsrelevant sind[43]. Im Gegensatz dazu basieren eher kurzfristig angelegte, ergebnisorientierte Entscheidungen vor dem Hintergrund eines effektiven Kostencontrollings auf Teilkosten und bedingen eine **Grenzkosten- und Deckungsbeitragsrechnung**[44]. Nur eine strikte Trennung in proportionale und fixe Kostenbestandteile und eine korrekt durchgeführte **Kostenspaltung** erlaubt die Ermittlung adäquater Sollkosten für die erstellten Leistungen als Grundlage des Soll-Ist-Vergleichs für die entsprechenden Planungszeiträume, da die

---

42 Vgl. Vikas, Kurt: Steuerungsinstrument...(1988), S. 69.

43 Siehe zur Lebenszyklusrechnung insbesondere die Ausführungen im abschließenden Kapitel dieser Arbeit.

44 Siehe Kilger, Wolfgang: Probleme...(1988), S. 83. Vgl. zur mangelnden Aussagefähigkeit von Systemen der Vollkostenrechnung für kurzfristige Entscheidungen sowie zur Problematik von Ist- und Normalkostenrechnungen bspw. Kilger, Wolfgang - Pampel, Jochen - Vikas, Kurt: Plankostenrechnung...(2002), S. 35 ff, Männel, Wolfgang: Kostenrechnungssysteme...(2003), S. 43 ff oder Scherrer, Gerhard: Kostenrechnung...(1991), S. 65 ff.

Produktkalkulation sowohl im Plan als auch im Ist auf differenzierten Kostensätzen basiert[45]. Die folgenden Ausführungen beziehen sich mit Blickrichtung auf ein ergebnisorientiertes Kostenmanagement generell auf eine Grenzplankostenrechnung im Sinne einer flexiblen Plankostenrechnung auf Teilkostenbasis. Die Notwendigkeit einer **Parallelkalkulation** zur Abdeckung der Anforderungen sowohl des Kostenmanagements als auch einer lebenszyklusorientierten Rechnung sei aber an dieser Stelle besonders unterstrichen.

Weiter ist eine **ausgebaute Kostenstellenrechnung** Voraussetzung für eine leistungsorientierte Erfassung, Dokumentation und Verrechnung der Kostenträgergemeinkosten und somit ebenfalls für das Kostenträgercontrolling. Bereits bei der Einrichtung der Kostenstellenstruktur muss darauf geachtet werden, dass möglichst **eindeutige und proportionale Beziehungen zwischen den Kosten und Leistungen** der einzelnen Kostenstellen bestehen[46]. Dies vereinfacht zum einen die Kostenplanung und zum anderen die Abweichungsermittlung und erhöht damit auch die Aussagekraft entstandener Abweichungen im Rahmen des Kostenträgercontrollings. Im Rahmen einer flexiblen Plankostenrechnung auf Teilkostenbasis werden nur die proportionalen Plankosten weiterverrechnet. Für die von der Planbeschäftigung abweichende tatsächliche Beschäftigung einer Kostenstelle können ex post Plankosten im Sinne von **Grenzsollkosten** angegeben werden, da zur Weiterverrechnung der Kosten ein proportionaler Kostensatz Verwendung findet. Für die **Fixkosten** einer Kostenstelle wird unterstellt, dass diese im Plan und im Ist übereinstimmen[47].

Um zu guter Letzt aus den ermittelten Abweichungen und deren Ursachen die notwendigen Konsequenzen ableiten zu können, sollte für die einzelnen Kostenstellen auch eine eindeutige **Verantwortungszuordnung** im Sinne eines **Responsibility Accounting** geschaffen werden. Die Zuordnung der Abweichungen zu Verantwortungsbereichen und Verantwortlichen stellt eine notwendige Voraussetzung für die Wirksamkeit des Kostenträgercontrollings dar.

D Aufgaben und Instrumente des Kostenträgercontrollings

Grundanliegen des operativen Produktkostencontrollings sind die **Ermittlung von Plankosten** für Planungs- und Entscheidungszwecke, die **Ermittlung von Sollkosten** als Maßstab für die entstandenen Istkosten sowie die **Durchführung von Soll-Ist-Vergleichen** auf Basis der Kalkulationsobjekte[48]. Aus abrechnungstechnischer Sicht

---

45 Vgl. auch hierzu Raps, Alfons - Nuppeney, Werner: Produktkosten-Controlling...(1993), S. 146 f.

46 Siehe bspw. Männel, Wolfgang: Kostenrechnungssysteme...(2003), S. 129 f.

47 Siehe dazu bspw. Scherrer, Gerhard: Kostenrechnung...(1991), S. 112 ff.

48 Vgl. Raps, Alfons - Nuppeney, Werner: Produktkosten-Controlling...(1993), S. 146. Müller, Heinrich: Prozeßkonforme...(1996), S. 346 f sowie Raps Alfons: Produktkostencontrolling...(1995), S. 201 differenzieren in Anlehnung an die betriebliche Praxis in einen Herstellkosten-Soll-Ist-Vergleich bei der Massen- und Großserienfertigung ohne kommerzielle Fertigungsaufträge, in einen Fertigungsauftrags-Soll-Ist-Vergleich bei der Serien- und Wiederholfertigung mit kommerziellen Fertigungsaufträgen und einen Nachkalkulations-Soll-Ist-Vergleich bei der Einzelfertigung mit kommerziellen Fertigungsaufträgen. Da die wesentlichen Unterschiede abrechnungstechnischer Natur sind, sei auf diese Unterscheidung im Folgenden verzichtet.

zählen somit die Istkostenermittlung und die Durchführung der Kostenträgerzeitrechnung zu den Aufgaben des Kostenträgercontrollings[49], aus einem controllingorientierten Blickwinkel die Bereitstellung von Leistungsmaßstäben sowie die Ermittlung relevanter Bewertungsansätze für Entscheidungsrechnungen und die Bildung von Verrechnungspreisen[50].

Ein Kostenträgercontrolling im angeführten Sinn geht über die reine vergangenheitsbezogene Kontrolle produktbezogener Kosten hinaus. Vielmehr werden mit Hilfe von Plan-Soll-Ist-Vergleichen Abweichungen aufgedeckt und ursächlich analysiert, um **in die Zukunft gerichtete, zielorientierte Korrektur- und Steuerungsmaßnahmen** ergreifen zu können. **Alternativ- und Simulationsrechnungen** werden vor diesem Hintergrund immer wichtiger[51]. Abbildung 5-3 zeigt die Aufgabenschwerpunkte eines Kostenträgercontrollings, das nach einer weit gefassten Begriffsdefinition auch die Kostenträgerrechnung als integratives Element beinhaltet.

Abbildung 5-3
Aufgabengebiete und Instrumente des Produktkostencontrollings[52]

Aufgabengebiet	**unterstützendes Instrument**
Preisfindungs- und Angebotszwecke	Selbstkostenkalkulation
Planungs- und Entscheidungsrechnungen	Kalkulation der Plan-Herstellkosten, Alternativkalkulationen
Beurteilungs-Maßstab für Soll-Ist-Kostenvergleiche	Kalkulation der Soll-Herstellkosten
Soll-Ist-Kostenvergleiche und Bestandsbewertung	Ermittlung der Ist-Herstellkosten
Simulationsrechnungen	Simulationskalkulationen

Gegenstand des Kostenträgercontrollings sind vor diesem Hintergrund sowohl **stückbezogene als auch zeitraumbezogene Kalkulationsvergleiche**[53]. Mit Hilfe dieser Vergleiche wird die Zielerreichung überwacht und dokumentiert. Gleichzeitig werden daraus Korrektur- und Steuerungsmaßnahmen abgeleitet, um letztlich die Zielerreichung sicherzustellen[54].

---

[49] Siehe Medicke, Werner: Produktkosten-Controlling...(1988), S. 287.

[50] Vgl. Raps Alfons: Produktkostencontrolling...(1995), S. 199 ff.

[51] Vgl. Knoop, Jens: Kostenrechnung...(1986), S. 165 ff und Raps, Alfons - Nuppeney, Werner: Produktkosten-Controlling...(1993), S. 149.

[52] Vgl. Raps, Alfons - Nuppeney, Werner: Produktkosten-Controlling...(1993), S. 146.

[53] Siehe dazu Lehmann, Max R.: Industriekalkulation...(1951), S. 24 ff und Müller, Heinrich: Prozeßkonforme...(1996), S. 333.

[54] Vgl. bspw. Konrad, Erwin: Controlling...(1988), S. 263.

II. Für das Kostenträgercontrolling relevante Unternehmenstypisierung und Abweichungssystematik

Bei den Ausführungen zur Anwendbarkeit der einzelnen Kalkulationsverfahren wurden bereits die Produktionstypen der Massenfertigung, der Sorten- und Serienfertigung sowie der Einzelfertigung eingeführt[55]. Diese Typisierung wurde in Abhängigkeit von kalkulationsrelevanten Merkmalen getroffen. In diesem Abschnitt kommen **controllingrelevante Sachverhalte** dazu. Dabei ist vor allem die **Verfügbarkeit** und die **Genauigkeit** von kostenträgerspezifischen Informationen sowohl bei der Ermittlung der Plan- bzw. Solldaten als auch bei der Gewinnung der Istdaten zu berücksichtigen.

Wie bereits ausgeführt, sind Fertigungstypen regelmäßig nicht für komplette Unternehmen, sondern für betriebliche **Teilbereiche oder Abteilungen** zu identifizieren[56]. Vor allem bei der Fertigung komplexer Erzeugnisse, sind die einzelnen Fertigungstypen nacheinander im Fertigungsablauf anzutreffen. Generell ist dabei festzustellen, dass aufgrund der zu einem möglichst späten Fertigungszeitpunkt stattfindenden Individualisierung der Produkte Fertigungstypen mit einem höheren Standardisierungsgrad tendenziell früher im Fertigungsablauf vorzufinden sind.

Unabhängig vom zugrunde liegenden Produktionstyp lässt sich eine **Abweichungssystematik** entwickeln, die aufzeigt, welche generellen Abweichungen im Rahmen eines Kostenträgercontrollings bedeutsame Aussagekraft besitzen. Die **relative Wichtigkeit** dieser Abweichungen variiert aber sehr wohl in Abhängigkeit vom betrachteten Unternehmenstyp.

A Für das Kostenträgercontrolling relevante Unternehmenstypen

Die für die Kalkulationsverfahren getroffene Einteilung der Unternehmen in Betriebe der Massenfertigung, der Sorten- und Serienfertigung sowie der Einzelfertigung kann generell in diesem Kapitel aufrecht erhalten werden, muss aber weiter verfeinert werden. Da das Kostenträgercontrolling sowohl auf Plan- als auch auf Istdaten zurückgreift, ist neben der **Planungssicherheit und Planungsgenauigkeit** auch die **Istdatenermittlung und Istdatenverfügbarkeit** von zentralem Interesse. Je näher am Kunden die Fertigung stattfindet, desto ungenauer wird aufgrund der speziellen Kundenwünsche die Kosten- und Leistungsplanung, desto genauer aber die Datenerfassung. Derselbe Aspekt gilt aber auch für die Automatisierung der Fertigung: je

---

[55] Siehe insbesondere den Abschnitt ‚Massen-, Sorten-, Serien- und Einzelfertigung als Anwendungsgebiete der traditionellen Kalkulationsverfahren' im ersten Kapitel.

[56] In der Praxis wird generell versucht, möglichst viele Bauteile und Komponenten im Sinne der Mehrfachverwendbarkeit für verschiedene Produkte als Massen- oder Serienfertiger herzustellen und so spät als möglich im Produktionsprozess mit der Einzelfertigung bzw. der Individualisierung des Produktes zu beginnen. In diesem Sinne werden sich realiter nur Betriebsteile im Sinne von Profit Centern oder einzelnen Abteilungen finden lassen, für die eine Zuordnung zu den einzelnen Produktionstypen getroffen werden kann.

anlagenintensiver die Fertigung, desto genauer die Planung, aber desto ungenauer die Erfassungsmöglichkeiten[57].

Erweitert man die bei den Kalkulationsverfahren eingeführten Produktionstypen um die obigen Aspekte gelangt man zu den **Fertigungstypen** der Massen- und Großserienfertigung, der Serien- und Sortenfertigung, der Standard-Auftragsfertigung, der Kunden-Auftragsfertigung, der Einzelfertigung und der Projektfertigung. Diese Differenzierung verdeutlicht nachstehende Abbildung 5-4, die gleichzeitig auch die Ausprägung der einzelnen Unterscheidungsmerkmale qualitativ aufzeigt.

Der Automatisierungsgrad der Fertigung nähert sich bei der Massenfertigung 100% und damit ist bei entsprechender technischer Reife der Produktionsanlagen auch eine **gegen 100% gehende Planungssicherheit** zu erreichen. Da bei der **Massen- und der Großserienfertigung**, die idealtypisch durch eine gegen unendlich gehende Losgröße gekennzeichnet sind, keine Fertigungsaufträge im eigentlichen Sinn existieren, können Material- oder Fertigungskosten einzelnen Kostenträgern nur näherungsweise zugerechnet werden[58]. Das Kostenträgercontrolling muss für diesen Fertigungstyp für einen **definierten Zeitraum**, im Regelfall monatlich erfolgen[59]. Dies bedeutet, dass gegenüber dem Plan realiter nur in Ausnahmefällen Abweichungen auftreten. **Abweichungsanalysen** werden für die periodisch hergestellten Mengen auf Basis von Erzeugniseinheiten oder Gruppierungen davon durchgeführt[60]. Die notwendige Kontrollintensität ist aufgrund der detaillierten Planung gering.

---

[57] Bei einem theoretischen Automatisierungsgrad von 100% kann das Kosten- und Leistungsspektrum der Anlagen analytisch bis ins kleinste Detail geplant werden, abgesehen von eventuellen Maschinenausfällen. Nur kommt bei dieser „vollkommenen" Planung die Erfassung zur kurz: Die erbrachten Leistungen können keinem einzelnen Kostenträger mehr zugeordnet werden. Demgegenüber kann der Mensch sehr wohl genau aufschreiben, für welchen Kostenträger er welche Leistungen erbracht hat, die Planung dieser Leistungen aber beruht auf vielen Annahmen und Unwägbarkeiten.

[58] Vgl. Müller, Heinrich: Prozeßkonforme...(1996), S. 411, der darauf verweist, dass keine klar abgegrenzte Fertigungsmenge existiert, für die die Istkosten erfasst werden können, da bei Fehlmengen oft auf Materialmengen anderer Fertigungsaufträge zurückgegriffen wird und eine auftragsbezogene Erfassung von Schlechtstücken, Ausschuss oder Abfall nicht durchgeführt wird.

[59] Vgl. Medicke, Werner - Plaut, Hans-Georg: Abrechnung...(1991), S. 71 f und Müller, Heinrich: Prozeßkonforme...(1996), S. 346 und S. 428. Auch Kilger, Wolfgang: Kostenträgerrechnung...(1986), S. 9 ff ist der Meinung, dass Unternehmen, die standardisierte Erzeugnisse herstellen, die Abweichungsermittlung und -analyse generell schwerpunktmäßig auf die einzelnen Abrechnungsperioden hin ausrichten und auf eine laufende Nachkalkulation der einzelnen Erzeugnisse verzichten.

[60] Siehe Medicke, Werner: Produktkosten-Controlling...(1988), S. 310 und Medicke, Werner - Plaut, Hans-Georg: Abrechnung...(1991), S. 73. Nach Medicke, Werner: Produktkosten-Controlling...(1988), S. 309 werden den einzelnen Produktionsstufen und damit auch den Kalkulationsstufen folgend in der Fertigung so genannte Mess- oder Zählpunkte definiert, für die die Fertigungsmengen sowie Abfall, Ausschuss und Nacharbeit erfasst werden, und für die jeweils Sollkalkulationen durchgeführt werden. Im Idealfall sollte der Messpunktbereich, also die Fertigung vom vorhergehenden Messpunkt bis zum relevanten Messpunkt, einer Kalkulationsstufe entsprechen; der Messpunktbereich kann aber auch mehrere Kalkulationsstufen umfassen. Ein Messpunkt kennzeichnet damit „die Kostenstelle, in welcher die Mengen der Produkte gezählt, gemessen oder gewogen werden. Produkte können dabei Halb- und Fertigfabrikate sein".

Abbildung 5-4
Kriterien zur Bildung controllingrelevanter Produktionstypen

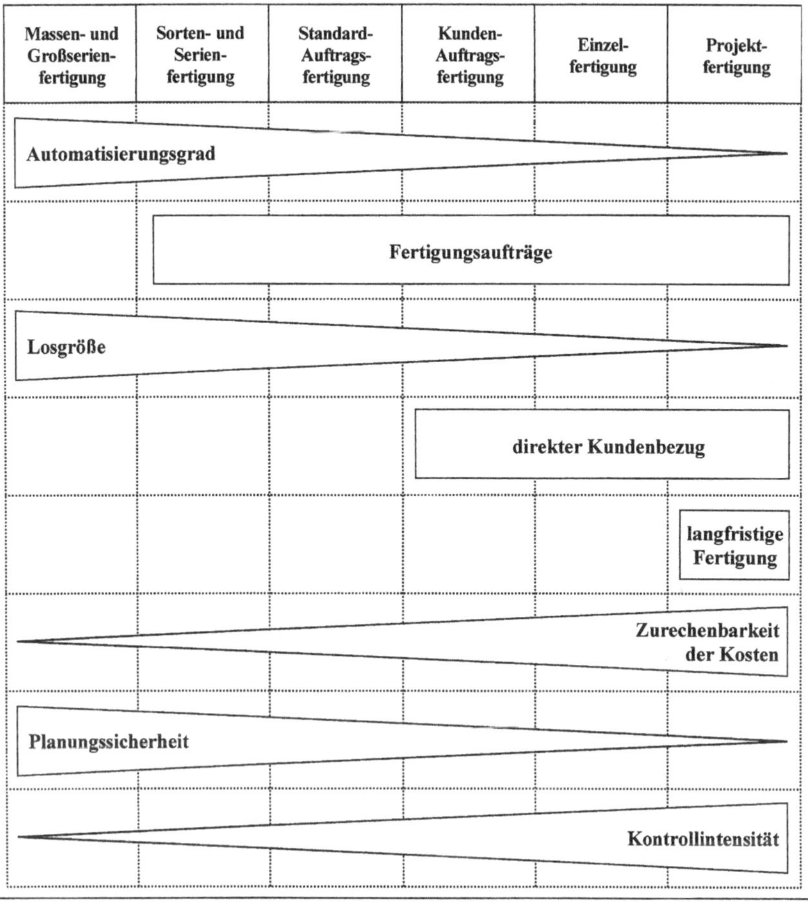

Da die periodischen Gesamtmengen regelmäßig differieren, werden die **Ergebnisse von Plan-Soll-Ist-Vergleichen als prozentuale Abweichungsgrößen** ausgewiesen, ausnahmsweise aber auch als weniger aussagekräftige betragsmäßige Abweichungen. Verschiedene Perioden werden mit Hilfe von Indexzahlen gegenübergestellt. Wesentlich ist dabei die zugrunde liegende Fiktion, dass **keine bzw. konstante Bestände** an Halbfertigerzeugnissen existieren[61]. Da keine körperlich klar abgegrenzte Produkt-

[61] Siehe Medicke, Werner - Plaut, Hans-Georg: Abrechnung...(1991), S. 72, die auch darauf verweisen, dass der Herstellkosten-Soll-Ist-Vergleich umso ungenauer wird, je länger die Laufzeit eines Produkts in einem Messpunktbereich ist. Gleichzeitig weisen sie aber auch darauf hin, dass sich die

menge gefertigt wird und das Mengengerüst der Plan- bzw. Sollkalkulation meist nicht dem Stand der Fertigung entspricht, kann der Herstellkosten-Soll-Ist-Vergleich **nicht die Genauigkeit einer auftragsweisen Nachkalkulation** erreichen[62].

Bei der **Sorten- und Serienfertigung** liegen in Abgrenzung zur Massen- und Großserienfertigung klar abgegrenzte Fertigungsaufträge im Unternehmen vor. Dies gilt auch für die **Standard-Auftragsfertigung**, bei der allerdings Losgrößen, Planungssicherheit und Automatisierungsgrad regelmäßig geringer sind. Demgegenüber steigt aber die Möglichkeit der **Zurechenbarkeit der Kosten** auf einzelne Kostenträger im Sinne von Fertigungsaufträgen an[63]. Die **Kunden-Auftragsfertigung** ist durch den expliziten direkten Kundenbezug gekennzeichnet. Der wiederum genaueren Kosten-Zurechenbarkeit stehen hier wegen dem expliziten Bezug zu sich ändernden Kundenanforderungen eine **geringere Planungssicherheit** und ein **niedrigerer Automatisierungsgrad** mit tendenziell kleineren Losgrößen und damit **höherer Kontrollintensität** gegenüber. Generell stellt bei der Auftragsfertigung der Fertigungsauftrag, respektive der Kundenauftrag als Erzeugniseinheit oder bestimmte Gruppierung davon das Erfassungs- und gleichzeitig das Kontrollobjekt des Kostenträgercontrollings dar[64]. Wie auch bei der Massenfertigung werden **prozentuale Abweichungsgrößen** aus Plan-Soll-Ist-Vergleichen ausgewiesen und Periodenvergleiche anhand von Indexzahlen durchgeführt.

Die eher kurzfristige **Einzelfertigung** schließlich grenzt sich von der langfristigen **Projektfertigung** im Endeffekt nur durch den Zeitrahmen ab, der sich aber auf die **Zurechenbarkeit der Kosten** entscheidend auswirkt. Bei der langfristigen Projektfertigung können im Extremfall annähernd 100% der Kosten direkt dem Projekt zugerechnet werden, nämlich genau dann, wenn für das Projekt eine **eigene Projektorganisation** geschaffen wird[65]. Demgegenüber steht eine Losgröße von 1 und eine extrem **geringe Planungssicherheit**[66] mit der zumindest theoretischen Notwendigkeit einer **hohen Kontrollintensität**. Für das Kostenträgercontrolling bedeutet dies, dass bei der Einzelfertigung das herzustellende Produkt mit einer Losgröße von 1 als Erfassungs- und als Kontrollobjekt zugrunde gelegt wird. Bei komplexeren Erzeugnissen wird die

---

einzelnen Fehler im Laufe der Monate ausgleichen, und führen auch Maßnahmen an, um die Vergleichbarkeit der Ist- und der Sollkosten sicherzustellen.

[62] Vgl. Medicke, Werner - Plaut, Hans-Georg: Abrechnung...(1991), S. 84.

[63] Im Gegensatz zur Massen- und Großserienfertigung umfassen die jeweiligen Aufträge klar definierte Produktmengen. Die einzelnen Fertigungsauftragsnummern, die sich häufig aus Produkt- bzw. Teilenummer und Losnummer zusammensetzen, dienen der eindeutigen Kostenerfassung. Vgl. Medicke, Werner: Produktkosten-Controlling...(1988), S. 298.

[64] Vgl. stellvertretend Müller, Heinrich: Prozeßkonforme...(1996), S. 395, der darauf verweist, dass der Auftrags-Soll-Ist-Vergleich regelmäßig kalkulationszeilenweise durchgeführt wird, die einzelnen ermittelten Abweichungen können auftragsspezifisch oder nach anderen Gliederungskriterien (wie bspw. Materialgruppen oder Kostenstellen) aggregiert werden.

[65] Hier ist stellvertretend an die Fa. Toll Collect, die mit der Realisierung der LKW-Maut in Deutschland betraut und speziell für diese Aufgabe gegründet wurde, sowie ihr Betreiberkonsortium zu denken.

[66] Dies zeigt sich insbesondere an den Kosten- und Budgetüberschreitungen in der Bauindustrie.

produktbezogene Betrachtung durch ein **modulares Controlling** ergänzt, in dem Sinne, dass einzelne Produktkomponenten oder Produktmodule einem eigenständigen Kostenträgercontrolling unterzogen werden. In diesem Sinne kann sicher nicht ein komplettes Unternehmen einem eindeutigen Produktionstyp zugeordnet werden, vielmehr findet sich ein **fertigungsablaufbezogenes Nacheinander** verschiedener Produktionstypen, beginnend mit den standardisierenden Typen[67]. Vor allem bei der komplexen und längerfristigen Projektfertigung ist ein derartiges modulares Controlling zu implementieren. Werden dabei unternehmensspezifisch Module projekt- oder auftragsneutral in Serienfertigung hergestellt, gelten für diese Module natürlich wiederum die Ausführungen zum Produktionstyp der Serienfertigung.

Bei der **Projektfertigung** als langfristige Einzelfertigung können die auf das Projekt entfallenden Kosten über Zeitaufschreibungen oder andere entsprechende Kontierungen **genau erfasst** werden. Die Fertigungsauftragsnummer ist entweder mit der Kundenauftragsnummer identisch oder zumindest aus dieser abgeleitet[68]. Demgegenüber steht die Tatsache, dass vielfach die abschließenden präzisen Projektanforderungen erst im Verlauf des Projektes abschließend konkretisiert werden. Dies bedeutet eine **geringe Planungssicherheit** und damit auch keine Möglichkeit, vordergründig einen hohen Automatisierungsgrad zu erreichen. **Abweichungen** zwischen geplantem und tatsächlichem Produktionsvollzug sind damit vorprogrammiert, die Notwendigkeit einer hohen Kontrollintensität ist evident. Der Kostenvergleich für die Einzelfertigung läuft **mehrstufig** ab, d. h. dass der fortschreitende Informationsstand nach Auftragserteilung durch jeweils neue Vorkalkulationen berücksichtigt wird[69]. Können aber in verschiedenen Vorkalkulationsstufen jeweils detailliertere Fertigungsinformationen berücksichtigt werden, kann gleichzeitig auch eine Abweichung zum vorhergehenden Kalkulationslauf ermittelt werden. Die Gegenüberstellung dieser Vorkalkulationsergebnisse führt zu **Vorkalkulationsabweichungen auf verschiedenen Stufen**, die im Regelfall für die einzelnen Unteraufträge ausgewiesen werden. Aus diesen frühzeitig ermittelten Abweichungen können Anhaltspunkte zur Überprüfung der Planung oder zur Änderung der Konstruktion oder sogar für Nachverhandlungen gewonnen werden[70].

Der **Herstellkosten-Soll-Ist-Vergleich der Einzelfertigung** wird schließlich ebenfalls dynamisch erstellt. Vergleichsbasis im Sinne der Sollkosten bleibt das letzte und damit auch genaueste Vorkalkulationsergebnis direkt vor Fertigungsbeginn. Daraus wird auch deutlich, dass die Durchführung regelmäßig auf der Ebene einzelner Unteraufträge erfolgt, dies ist besonders bei langfristiger Fertigung notwendig und direkt nachvollziehbar. Der Vergleichswert wird von einer mitlaufenden Nachkalkulation als

---

67 Vgl. dazu die entsprechenden Ausführungen im Kapitel ‚Fertigungstypspezifische Kalkulationsverfahren'.

68 Siehe wiederum Müller, Heinrich: Prozeßkonforme...(1996), S. 341.

69 Siehe die verschiedenen Vorkalkulationstypen bei Müller, Heinrich: Prozeßkonforme...(1996), S. 445 f.

70 Siehe Medicke, Werner: Produktkosten-Controlling...(1988), S. 295 f.

Summe aus Istkosten, Bestellwerten und Prognosekosten zur Verfügung gestellt[71]. Die Bestellwerte für fremd bezogene Leistungen sind sofort bei Rechnungseingang durch die dann feststehenden tatsächlichen Kosten auszutauschen und dienen insofern nur der Abschätzung der tatsächlichen Kosten[72]. Die Prognosekosten für noch fehlende, auch eigen erstellte Leistungen stellen zu erwartende Kosten dar, für die genauere Kostendaten noch fehlen.

B Für das Kostenträgercontrolling bedeutsame Abweichungen

In der Literatur lassen sich unabhängig vom Produktionstyp auf Kostenträgerebene zu identifizierende **Abweichungen in unterschiedlichen Differenzierungen** finden[73]. Interessanterweise ist die Theorie hier meist wesentlich detaillierter als die Praxis[74], so werden theoretisch stets mehrere Abweichungen identifiziert, während sich in Praxisberichten regelmäßig nur zwei oder drei Abweichungsarten finden[75]. Aufgrund ihrer

[71] Siehe Medicke, Werner: Produktkosten-Controlling...(1988), S. 296 und auch Müller, Heinrich: Prozeßkonforme...(1996), S. 459 ff.

[72] Siehe Medicke, Werner: Nachkalkulation...(1983), S. 478 und wiederum ausführlich Müller, Heinrich: Prozeßkonforme...(1996), S. 462 ff.

[73] Vgl. dazu Coenenberg, Adolf G.: Kostenrechnung...(2003), S. 359 ff, Kilger, Wolfgang - Pampel, Jochen - Vikas, Kurt: Plankostenrechnung...(2002), S. 432 ff, Männel, Wolfgang: Kostenrechnungssysteme...(2003), S. 190, Medicke, Werner - Plaut, Hans-Georg: Abrechnung...(1991), S. 74 ff und auch Müller, Heinrich: Prozeßkonforme...(1996), S. 396 ff. Siehe dazu auch Plaut, Hans-Georg - Müller, Heinrich - Medicke, Werner: Grenzplankostenrechnung...(1973), S. 281 f.

[74] Dies gilt gleichermaßen auf Kostenstellenebene. Dort führt das theoretische Konzepte der flexiblen Plankostenrechnung dazu, dass neben den Einzelkosten sämtliche Kostenarten aller Kostenstellen einem Soll-Ist-Vergleich unterzogen werden müssten, so führen Kilger, Wolfgang - Pampel, Jochen - Vikas, Kurt: Plankostenrechnung...(2002), S. 142 beispielhaft eine mittelgroße Unternehmung mit 450 Kostenstellen und 30 Kostenarten an, die vollständigerweise 13.500 Einzelabweichungen auf Kostenstellenebene ausweisen und analysieren müsste. Kraemer, Wolfgang: Kostenmanagement...(1993), S. 23 empfiehlt daher einen Fokus auf die geringe Anzahl wesentlicher Abweichungen. Als Selektionskriterien zur Identifikation dieser wesentlichen Abweichungen wurden in der Praxis bereits frühzeitig die Überschreitung einer bestimmten prozentualen Höhe der Kostenabweichung oder auch die absolute Höhe der Kostenartenbeträge verwendet. Da diese Abweichungsselektion jedoch subjektiv bestimmt ist, finden sich in der Literatur zahlreiche Entscheidungsmodelle zur Objektivierung der Kostenkontrolle. Eine Darstellung und kritische Würdigung dieser Modelle findet sich bei Kilger, Wolfgang - Pampel, Jochen - Vikas, Kurt: Plankostenrechnung...(2002), S. 142 ff und Kraemer, Wolfgang: Kostenmanagement...(1993), S. 23 ff sowie in der dort jeweils angegebenen Literatur. Praktisch hat sich jedoch die Auswahl der genauer zu analysierenden Abweichungen auf Kostenstellenebene über die Methodik eines „Management by exception" durchgesetzt. Vgl. zur Bestimmung von Toleranzgrenzen in diesem Zusammenhang wiederum Kraemer, Wolfgang: Kostenmanagement...(1993), S. 28 ff sowie die dort angegebene Literatur.

[75] Siehe dazu stellvertretend den Praxisbericht von Queißner, Eberhard: Herstellkosten-Controlling...(1986), S. 452 f, der sich explizit auf wenige Abweichungsarten beschränkt, in diesem Falle die Mengen-, die Verfahrens- und die Preisabweichung. Genau diese drei Abweichungsarten finden sich auch bei Raps, Alfons: Kostenträgerrechnung...(1999), S. 1.36-1 ff. Der Ansicht von Gans, Christian - Reiß, Michael: Rechnungswesen...(1986), S. 96, dass die prinzipielle „*Unbegrenztheit der Abweichungsarten*" (Kursivschrift im Original) eine Schwäche gängiger Kostenrechnungssysteme ist, kann daher nicht gefolgt werden.

Detailliertheit und ihrer logischen Geschlossenheit sei im Folgenden die in Abbildung 5-5 dargestellte Systematik zugrunde gelegt[76].

Abbildung 5-5
Für das Kostenträgercontrolling relevante Kostenabweichungen[77]

Verfahrensabweichungen ungeplanter Einsatz alternativer Betriebsmitel
Losgrößenabweichungen ungeplante Losgrößen
Ressourcenverbrauchsabweichungen Intensitätsabweichungen, Fertigungszeitabweichungen
Materialverbrauchs- und Materialstrukturabweichungen Mehr- oder Minderverbräuche, Abfälle, Verschnitt u. dgl.
Fremdleistungsabweichungen Mehr- oder Minderverbräuche
Mehrkosten infolge von Minderqualitäten Kosten für Nachbesserungen und Produktrückrufe, Erlösminderungen aufgrund von Mängelrügen
Kostenabweichungen aufgrund von Nichtqualitäten Ausschuss-, Entsorgungs- und Recyclingkosten

Da diese Systematik auf die Ebene der einzelnen Kostenträger bezogen ist, finden Abweichungen, die unabhängig von Los- und Auftragsgröße entstehen und damit als **losgrößen- bzw. auftragsgrößenfixe Kosten** zu bezeichnen sind, keine Berücksichtigung. Trotzdem müssen natürlich im Rahmen eines fundierten und aussagefähigen

[76] Bezüglich der dieser Abbildung folgenden, sachlogisch gebotenen Reihenfolge der Abweichungsermittlung sei an dieser Stelle auf die Ausführungen auf Seite 263 ff des vorliegenden Kapitels verwiesen. Dort wird ebenfalls in der gebotenen Kürze auf die Diskussion über die Verrechnung von Abweichungen höherer Ordnung verwiesen.

[77] Auszugsweise und modifiziert entnommen aus Männel, Wolfgang: Kostenrechnungssysteme...(2003), S. 190.

Kostenträgercontrollings auch derartige Abweichungen ausgewiesen und analysiert werden.

1. Verfahrensabweichungen

Verfahrensabweichungen treten immer dann auf, wenn die Fertigung in einer anderen als in der geplanten Leistungsstelle stattfindet und damit nicht das geplante Fertigungsverfahren Anwendung findet[78]. Der Grund dafür kann sowohl in einer nicht vorhersehbaren Vollbeschäftigung der geplanten Leistungsstelle als auch in einer außerplanmäßig notwendig gewordenen Wartungs- oder Instandhaltungsmaßnahme liegen.

Die Verfahrensabweichung ergibt sich als Differenz zwischen den Sollkosten im Sinne der Kosten der tatsächlichen Produktionsmenge beim geplanten Produktionsverfahren und den Istkosten als Kosten der tatsächlichen Produktionsmenge beim tatsächlichen Produktionsverfahren[79]. Neben dem Kostenstellenleiter ist bei Verfahrensabweichungen immer auch eine mögliche Verantwortlichkeit der Arbeitsvorbereitung in Betracht zu ziehen[80]. Praxisrelevanz erlangt diese Abweichung vor allem wegen den **Unzulänglichkeiten der Maschinenbelegungsplanung** und auch in der **chemischen Industrie**[81].

Bei der **Massen- und auch der Sortenfertigung** in ihrer hohen Spezialisierung ist eine **Verfahrensabweichung kaum denkbar**. Die Einsatzbereitschaft hoch spezialisierter Anlagensysteme wird regelmäßig über eine ausgeklügelte Instandhaltung sichergestellt. Im Extremfall werden Wartungsaufgaben produktionsbegleitend oder mit nur minimalen Unterbrechungen des Fertigungsablaufs durchgeführt[82]. Im Umkehrschluss sind Verfahrensabweichungen bei der **Einzel- und Projektfertigung** an der Tagesordnung. Da sich die Kundenanforderungen und die tatsächlichen Fertigungsgegebenheiten regelmäßig erst im Fertigungsablauf konkretisieren, respektive

---

[78] Vgl. Knoop, Jens: Kostenrechnung…(1986), S. 109. Oftmals ergibt sich eine Verfahrensabweichung aus einem Ausweichen auf eine manuelle Fertigung anstelle einer mechanisch automatisierten Fertigung.

[79] Siehe auch Medicke, Werner - Plaut, Hans-Georg: Abrechnung...(1991), S. 75. Diese weisen auch darauf hin, dass es sich ebenfalls um eine Verfahrensabweichung handelt, wenn für ein Produkt mehrere Fertigungsverfahren zugelassen sind und dafür auch verfahrensspezifische Plankalkulationen vorliegen. Queißner, Eberhard: Herstellkosten-Controlling...(1986), S. 453 f bezeichnet die Auswirkungen von „dispositiv angeordneten Verfahrenswechseln" als Verfahrensabweichung.

[80] Siehe Medicke, Werner: Produktkosten-Controlling...(1988), S. 308.

[81] So findet sich beim Verband der Chemischen Industrie e. V.: Kalkulation…(1997), S. 92 ff die Verfahrensabweichung als wesentlicher Bestandteil der Erläuterungen zum Produktkostencontrolling wieder. Dabei wird zwischen einer permanenten, für die restliche Abrechnungsperiode gültigen Verfahrensabweichung und einer temporären, aufgrund einer bestimmten Fertigungssituation disponierten Verfahrensabweichung differenziert.

[82] So sind in der Praxis Fälle anzutreffen, bei denen im 3-Schicht-Betrieb wöchentlich eine Schicht auf die Wartung entfällt und die restlichen 20 Schichten produktiv genützt werden. Diese Extremfälle sind aber natürlich nur bei hoch spezialisierten Produktionsanlagen möglich und damit nur bei der Massen- oder Sortenfertigung, die beide mit präzise dimensionierten und ausgelegten Fertigungsanlagen arbeiten.

ändern[83], können keine hochspezialisierten Verfahren eingesetzt werden. Vielmehr muss eine **hohe Änderungsflexibilität** im Unternehmen vorhanden sein.

2. Losgrößenabweichungen

Losgrößenabweichungen entstehen bei gegenüber dem Plan veränderten tatsächlichen Losgrößen in der Fertigung. Im Wesentlichen beruhen diese Abweichungen auf **stückbezogenen Degressionseffekten**[84]. Reinigungs-, Rüst- oder auch Werkzeugkosten[85] werden der tatsächlichen Losgröße zugerechnet und variieren damit auf die einzelne gefertigte Einheit bezogen mit der Anzahl der Einheiten und damit mit der Losgröße.

Genau wie bei der Verfahrensabweichung ist auch bei einer Losgrößenabweichung die Verantwortlichkeit der **Arbeitsvorbereitung** zu prüfen und möglicherweise eine Anpassung der Planlosgrößen notwendig[86]. Kostenstellenverantwortliche werden regelmäßig nicht für Losgrößenabweichungen verantwortlich gemacht werden können.

Per definitionem kann diese Abweichung in der Massenfertigung nicht auftreten, da dort keine Losgröße im eigentlichen Sinn verwendet wird. Ebenso wenig kann eine Losgrößenabweichung bei der Einzel- oder Projektfertigung berechnet werden, da dort die Losgröße 1 produktionstypimmanent feststeht. Bei der **Sortenfertigung und der Standard-Auftragsfertigung** kommt eine Losgrößenänderung nur als Reaktion auf nachhaltig veränderte marktliche Gegebenheiten in Betracht. Die Standard-Losgröße wird bei diesen Fertigungstypen nicht schon aufgrund kurzfristig geänderter Absatzbedingungen angepasst werden.

Relevanz erlangt die Losgrößenabweichung vor allem bei der **Serien- und der kundenbezogenen Auftragsfertigung**. Die tatsächlich realisierte Losgröße ist bei diesen Fertigungstypen deshalb von Bedeutung, da Fertigungs- oder Kundenaufträge bedient werden müssen. Zu geringe oder auch zu große realisierte Losgrößen können für die jeweiligen Unternehmen sowohl eine Neuauflage des jeweiligen Loses als auch unwiderruflich entgangene Gewinne bedeuten[87].

---

[83] So sei nochmals auf die schon zur Gewohnheit gewordenen, teilweise gewaltigen Budgetüberschreitungen in der Bauindustrie und auch an die zahlreichen Unwägbarkeiten großer Bauvorhaben verwiesen.

[84] Siehe Knoop, Jens: Kostenrechnung...(1986), S. 109.

[85] Dies gilt hier nur unter der Annahme, dass die Lebensdauer von Werkzeugen oder auch Modellen und Formen auf jeweils ein Los bezogen ist. Wird die Lebensdauer dagegen in bearbeiteten Einheiten gemessen, kann das Werkzeug auch bei einem späteren Los verwendet werden, so dass für die Losgrößenabweichung nur die Rüst- und Reinigungsvorgänge relevant werden.

[86] Siehe Medicke, Werner: Produktkosten-Controlling...(1988), S. 308.

[87] So beinhaltet bspw. die Möglichkeit der Überlieferung in der Druckindustrie ein enormes Erfolgspotenzial, das mit nahezu allen Mitteln ausgeschöpft wird. Andererseits hat eine Neuauflage mit einer aufgrund einer verfehlten Produktionsmenge nur geringen Stückzahl drastische negative Auswirkungen.

3. Ressourcenverbrauchsabweichung

Differieren die Ist- und die Soll-Leistung in einer Leistungsstelle, entsteht eine **Ressourcenverbrauchsabweichung**[88]. Der Grund dafür kann in einer gegenüber dem Plan geänderten **Fertigungsintensität** liegen - in diesem Sinne wird auch von einer Intensitätsabweichung gesprochen - oder in einer Abweichung von der geplanten **Fertigungszeit**, beispielsweise wegen notwendiger Einstellarbeiten. Um die Ressourcenverbrauchsabweichung rechnerisch zu ermitteln, wird die Differenz zwischen Ist- und Soll-Leistungsmenge mit dem proportionalen Plankostensatz multipliziert[89].

Tendenziell tritt eine Ressourcenverbrauchsabweichung vor allem beim Einfluss des **Produktionsfaktors Mensch** auf, je höher der Automatisierungsgrad einer Leistungsstelle desto geringer die Wahrscheinlichkeit für eine Abweichung von der Soll-Leistung. Dies gilt auch für einen **Produktionswechsel**. Je häufiger ein Produktionswechsel in einer Leistungsstelle stattfindet, desto größer wird die Ressourcenverbrauchsabweichung sein, da mit jedem Produktionswechsel notwendige Einstellarbeiten und damit auch Anlaufverluste verbunden sind.

Die wesentlichen Gründe für Abweichungen beim Ressourcenverbrauch liegen in **selbstorganisierten Unterbrechungen**[90], in **Schwankungen der Produktionsgeschwindigkeit** und in **Fehlern beim Produktionsablauf**. Diese Aufzählung verdeutlicht, dass Ressourcenverbrauchsabweichungen bei hochautomatisierten, verketteten und getakteten Produktionssystemen kaum möglich sind. Je höher aber die Personalintensität einer Leistungsstelle, desto bedeutender die auftretende Ressourcenverbrauchsabweichung.

Bei einem 24-Stunden-Betrieb einer Leistungsstelle tritt regelmäßig keine Ressourcenverbrauchsabweichung auf. Natürlich führen auch **Produktions- und Maschinenstörungen** zu Ressourcenverbrauchsabweichungen, aber auch davon sind hochspezialisierte Anlagen aufgrund ihres Entwicklungsstandes seltener betroffen, als Maschinen mit häufigem Produktionswechsel und damit auch breitem Aufgabenspektrum. Aufgrund der notwendigen sowohl maschinellen als auch personellen Flexibilität und der regelmäßig anzutreffenden Komplexität der Aufgabenstellung ist die Rolle der Ressourcenverbrauchsabweichung in der **Projektfertigung** am größten.

4. Materialverbrauchs- und Materialstrukturabweichungen

Materialverbrauchs- und Materialstrukturabweichungen[91] treten generell als **Mehr- oder Minderverbräuche von Roh- und Hilfsstoffen** zutage und können neben unwirtschaftlicher Nutzung der Einsatzstoffe oder dem Einsatz alternativer Roh- oder

---

[88] Medicke, Werner - Plaut, Hans-Georg: Abrechnung...(1991), S. 75 bezeichnen diese Abweichung als Leistungsabweichung. Die Ressourcen- oder auch Leistungsabweichung ist praktisch regelmäßig die wichtigste Abweichung.

[89] Siehe wiederum Medicke, Werner - Plaut, Hans-Georg: Abrechnung...(1991), S. 75.

[90] Geplante Unterbrechungen verursachen im Gegensatz dazu keine durch die Unterbrechung an sich definierte Abweichungen.

[91] Medicke, Werner - Plaut, Hans-Georg: Abrechnung...(1991), S. 75 bezeichnen die Materialverbrauchsabweichung als Materialmengenabweichung.

Hilfsstoffe[92] auch bspw. durch außerplanmäßigen Abfall oder Verschnitt verursacht sein. Rechnerisch wird die Materialverbrauchsabweichung allgemein als mit dem entsprechenden Festpreis multiplizierte Differenz zwischen Ist- und Soll-Verbrauchsmenge ermittelt.

Für den Fall einer **Materialsubstitution** bzw. einer **Materialstrukturänderung**, also der Verwendung alternativer Einsatzstoffe und Einsatzmengen, ergeben sich prinzipiell zwei Materialverbrauchsabweichungen: einerseits die mit dem entsprechenden Festpreis multiplizierte Ist-Verbrauchsmenge des tatsächlich eingesetzten Roh- oder Hilfsstoffes als positive Abweichung und andererseits die ebenfalls mit dem entsprechenden Festpreis multiplizierte Soll-Verbrauchsmenge des geplanten Roh- oder Hilfsstoffes als negative Abweichung[93]. De facto handelt es sich aber bei größeren Substitutionsvorgängen um einen **Produktumbau**, so dass auch andere Kosten und damit auch Abweichungsarten betroffen sind.

Mehr- oder Minderverbräuche an Einsatzstoffen können prinzipiell ab einem entsprechenden Automatisierungsgrad nur selten auftreten, häufiger bei einer **hohen Personalintensität** der Fertigung. Auch spielen bei der Massen- und Großserienfertigung aufgrund der hohen Planungssicherheit und der präzisen Spezifizierungen für die Lieferanten Materialverbrauchsabweichungen kaum eine Rolle, während diese bei der Projektfertigung fast an der Tagesordnung sind. Insofern besteht eine direkte Abhängigkeit der Materialverbrauchsabweichung von der Planungssicherheit. Für Abweichungen aus Materialsubstitution ist regelmäßig die Materialdisposition verantwortlich, während Mehrverbräuche an Einsatzmaterialien als Unwirtschaftlichkeiten zu Lasten des Kostenstellenleiters gehen[94].

5. Fremdleistungsabweichungen

Fremdleistungsabweichungen treten als Differenz der geplanten und der tatsächlichen Inanspruchnahme von außerbetrieblichen Dienstleistungen in Erscheinung. Auch diese Abweichung ist regelmäßig nur dann von Bedeutung, wenn Fremdleistungen in ihrem Umfang und ihrer Ausgestaltung nicht präzise festgelegt und verhandelt werden können, also bei der **Einzel- und Projektfertigung**. Sind Erzeugnisse mit ihren Stücklisten, Arbeitsplänen und Prozessplänen definiert, kann eine Abweichung bei den Fremdleistungen nur dann auftreten, wenn auch die Eigenleistungen vom Plan abweichen. Anders gestaltet sich dieser Sachverhalt bei der Projektfertigung, da dort wegen der vorzufindenden Planungsunsicherheit auch die Möglichkeit einer Fehleinschätzung der benötigten Mengenkomponente der Fremdleistungen besteht.

Theoretisch könnte auch für Fremdleistungen ein Festpreissystem Anwendung finden, dergestalt, dass die Planpreise auch zur Ermittlung der Sollkosten herangezogen werden. In der Praxis wird man aber bei Vorliegen der tatsächlichen Kosten auch diese **Istkosten als Vergleichsmaßstab** ansetzen. Insofern kann diese Fremdleistungs-

---

[92] Diesen Fall der Materialsubstitution bzw. der Materialstrukturabweichung bezeichnen Medicke, Werner - Plaut, Hans-Georg: Abrechnung...(1991), S. 75 als Kostengüterwahlabweichung.

[93] Siehe Medicke, Werner - Plaut, Hans-Georg: Abrechnung...(1991), S. 75.

[94] Siehe Medicke, Werner: Produktkosten-Controlling...(1988), S. 308.

abweichung als Spezialfall besonders bei der Einzel- und Projektfertigung sowohl Mengen- als auch Preisabweichungen enthalten.

Das Auftreten von Fremdleistungsabweichungen bedingt - analog zu den Materialstrukturabweichungen - ebenfalls regelmäßig weitere Abweichungsarten, wenn außerplanmäßig fremd vergebene Leistungen nicht intern erbracht werden müssen oder die außerplanmäßig intern erbrachten Leistungen nicht fremd vergeben werden müssen. Prinzipiell sind diese Fälle aber nur dann denkbar, wenn die Erzeugnisse **konstruktiv noch nicht abgeschlossen** sind, denn der Konstrukteur muss ja bereits die Eigenleistungstiefe der Produktion berücksichtigen und die konstruktiven Festlegungen dementsprechend treffen[95]. Fremdleistungsabweichungen entstehen somit vorwiegend dann, wenn Leistungen oder Leistungsansprüche nicht klar vordefiniert werden können[96].

6. Kostenabweichungen aufgrund von Minderqualitäten und Nichtqualitäten

Mehrkosten infolge von **Minderqualitäten** können in teils erheblichem Umfang bei Produktrückrufen und notwendigen Nachbesserungen entstehen[97]. Darüber hinaus kommen auch Erlösminderungen aufgrund von Mängelrügen in Betracht. Minderqualitäten in diesem Zusammenhang können **materialbedingt** aber auch **fertigungsbedingt** sein. Kennzeichnend ist, dass das Endprodukt nicht die qualitativen Anforderungen der Kunden und des Herstellers erfüllt. Wäre der qualitative Mangel bereits während der Fertigung erkannt worden, hätte dieser Mangel durch vermehrten Ressourcen- oder Materialeinsatz beseitigt werden können und damit zu einer Ressourcen- oder Materialverbrauchsabweichung geführt[98]. An diesem Beispiel zeigen sich auch deutlich die **Interdependenzen** zwischen einzelnen Abweichungsarten auf Kostenträgerebene. Bestehen für einzelne Abweichungen unterschiedliche Verantwortungsbereiche, wie dies der Regelfall sein wird, kann leicht der Fall auftreten, dass Abweichungen in andere Verantwortungsbereiche „verschoben“ werden. Abweichungen

---

[95] Vgl. dazu die Ausführungen im Abschnitt ‚Wahl zwischen Eigenfertigung und Fremdbezug' im Kapitel ‚Frühzeitige Produktkostenkalkulation'.

[96] Gerade in der Bauindustrie lassen sich vielfältige Beispiele dafür finden, dass Leistungen aufgrund unerwartet aufgetretener Schwierigkeiten ungeplant extern vergeben werden.

[97] Nach DIN 55350 wird unter Qualität die „Gesamtheit von Eigenschaften und Merkmalen eines Produkts oder einer Tätigkeit, die sich auf deren Eignung zur Erfüllung gegebener Erfordernisse beziehen“ verstanden [zitiert nach Weidner, Walter: Qualitätssicherung...(1992), S. 898]. Vgl. in diesem Zusammenhang auch die Begriffsabgrenzung sowie die Strukturierung und Erfassung der Qualitätskosten bei Fischer, Thomas M.: Qualitätskosten...(2000), S. 557 ff, Männel, Wolfgang: Qualitätskostenbegriff...(2000), S. 5 ff, Meyer, Jens Wilhelm: Produktinnovationserfolg...(2003), S. 56 ff, Sasse, Alexander: Qualitätskostenmanagement...(2002), S. 95 ff und Weidner, Walter: Qualitätssicherung...(1992), S. 900 ff. Sasse, Alexander: Qualitätskostenmanagement...(2002), S. 113 ff verweist explizit darauf, dass die Kosten für Minder- und Nichtqualitäten als Kosten des Auftretens von Abweichungen zu den Abweichungskosten und nicht zu den Qualitätskosten zu rechnen sind.

[98] Dies ist auch der Fall, wenn ein Zwischenprodukt als Ausschuss ausgesondert wird, und an seiner Stelle ein neues Zwischenprodukt in die weitere Fertigung eingeht. In diesem Fall entstehen Abweichungen in Höhe des für das ausgesonderte Zwischenprodukt notwendigen Materialeinsatzes und des dafür notwendigen Ressourcenverbrauchs. Dies gilt natürlich nur bei planmäßiger Fertigung des neu einzusetzenden Zwischenprodukts.

müssen also nicht nur genauestens auf ihre Ursachen und ihre Vermeidung hin analysiert werden, sondern auch darauf, ob sie - und dies gilt besonders für qualitätsbedingte Abweichungen - möglicherweise **frühzeitig erkannt** werden können[99]. Produkte minderer Qualität werden regelmäßig nachgebessert[100] und als Gutstücke abgesetzt oder ohne Nachbesserung als Mängelexemplare mit entsprechender Preisreduktion.

Kostenabweichungen aufgrund von Nichtqualitäten schließlich können ebenfalls material- oder fertigungsbedingt sein. Der zentrale Unterschied zu Produkten minderer Qualität besteht in diesem Fall darin, dass diese Erzeugnisse den Absatzmarkt nicht erreichen, sondern bereits baldmöglichst nach dem Erkennen des Mangels ausgemustert werden und dafür **Ausschuss-, Entsorgungs- oder Recyclingkosten** anfallen[101]. Die bis zum Erkennen der Nichtqualität bereits aufgelaufenen Herstellkosten müssen vom Unternehmen ebenso getragen werden wie die möglicherweise erneut anfallenden Herstellkosten für ein Exemplar guter Qualität[102]. Verglichen mit den Kosten für Rückrufaktionen[103] oder generellen Produktnachbesserungen dürften diese Kosten im Regelfall allerdings wesentlich geringer sein. Trotzdem gelten die obigen Ausführungen analog.

Auch bei den **Qualitätsabweichungen** spielt der Fertigungstyp eine wesentliche Rolle. Dies hängt wiederum mit der bereits angesprochenen **Planungssicherheit** zusammen. Bei der Massen- und Großserienfertigung sind die Material- und Ressourcenanforderungen genau ausgearbeitet und bekannt, Verhandlungen mit potenziellen Lie-

---

[99] Vgl. dazu analog die von Ehrlenspiel, Klaus: Frühzeitige...(1995), S. 316 und Ehrlenspiel, Klaus - Kiewert, Alfons - Lindemann, Udo: Zielkostenorientierte...(2002), S. 113 formulierte „Rule of ten", die im Kapitel über die frühzeitige Produktkostenkalkulation bereits angeführt wurde. Dazu kommt auch noch der nicht zu unterschätzende rufbeeinflussende Effekt einer Rückrufaktion, die im Regelfall öffentlich durchgeführt werden muss.

[100] Vgl. zur Behandlung der Nachbesserungskosten im Rahmen der Behebung von Abweichungen Sasse, Alexander: Qualitätskostenmanagement...(2002), S. 131 f.

[101] Sasse, Alexander: Qualitätskostenmanagement...(2002), S. 141 ff systematisiert diese abweichungsbedingten Recycling- und Entsorgungskosten

[102] Ob die Herstellung eines neuen guten Produktexemplars notwendig ist, hängt von den spezifischen Fertigungsbedingungen ab. Prinzipiell kann dieser Fall nur bei einer Kundenauftragsfertigung relevant werden. Bei der Massen-, Großserien- und auch der Sortenfertigung wird das identische Erzeugnis sofort im Anschluss nochmals gefertigt, während bei der Einzelfertigung keine Nichtqualität im eigentlichen Sinne entstehen kann, da das Erzeugnis sonst nicht abgenommen wird. Lediglich bei der Kundenauftragsfertigung liegen die kundenindividuell zu fertigenden Produkte nicht auf Lager, so dass sie speziell für den einzelnen Auftrag gefertigt werden müssen. Übersteigt dabei die Losgröße des Fertigungsauftrags die vom Kunden erwartete Menge, wie dies regelmäßig in der Druckindustrie mit ihren vereinbarten Überlieferungen der Fall ist, fallen keine erneuten Herstellkosten an, da die Kundenbestellung trotz des Falles der Nichtqualität noch befriedigt werden kann. Wenn allerdings die Kundenwünsche mengenmäßig nicht mehr mit qualitätssicheren Stücken befriedigt werden können, muss ein neuer Fertigungsauftrag eingespeist werden, und die Nichtqualität kommt dem Unternehmen teuer zu stehen. Vgl. dazu Sasse, Alexander: Qualitätskostenmanagement...(2002), S. 144.

[103] Siehe zu den Kosten von Produktrückrufaktionen insbesondere Standop, Dirk: Kosten...(1992), S. 907 ff. Vgl. zur Behandlung der Kosten von Produktrückrufen wiederum Sasse, Alexander: Qualitätskostenmanagement...(2002), S. 137 f.

feranten können regelmäßig anhand konkreter Spezifikationen geführt werden, vielfach werden Lieferanten sogar in den Produktentwicklungsprozess integriert. Bei der Einzel- und Projektfertigung gilt dies in umgekehrtem Sinne. Während des Produktionsprozesses sich konkretisierende Fertigungsanforderungen verlangen sowohl vom Unternehmen als auch vom Zulieferer eine hohe Flexibilität und Reaktionsgeschwindigkeit und letztlich spielt auch die zur Verfügung stehende Zeit eine große Rolle bei der Qualitätssicherheit.

Während **fertigungsbedingte Qualitätsabweichungen** regelmäßig dem Verantwortungsbereich des jeweiligen Kostenstellenleiters zugerechnet werden können, ist diese Zuordnung bei **materialbedingten Qualitätsabweichungen** nicht eindeutig zu treffen. Neben der Qualitätsprüfung für Eingangsmaterialien kommen sowohl das Lager (fachgerechte Lagerung der Materialien) als auch der Einkauf (Verhandlung der Qualitätsanforderungen) als verantwortliche Stellen in Betracht. Abhängig vom Produktionstyp kann aber auch die Arbeitsvorbereitung, die Produktionsplanung oder gar die Konstruktion im Rahmen der Festlegung der Materialspezifikationen für Qualitätsabweichungen verantwortlich sein.

7. Bekämpfung der Abweichungen

Die Identifizierung und Analyse der identifizierten Abweichungen muss innerbetrieblich unmittelbar zu Maßnahmen führen, die aufgetretenen Abweichungen zukünftig zu minimieren bzw. sogar komplett zu beseitigen[104]. Auch wenn keine allgemeingültigen Regeln abgeleitet werden können, welche **Gegenmaßnahmen** beim Auftreten bestimmter Abweichungsarten zu ergreifen sind, so können doch die im Folgenden abgeleiteten Empfehlungen ausgesprochen werden.

Bei einer aufgetretenen **Verfahrensabweichung** muss der Grund für den Wechsel der geplanten Betriebsmittel identifiziert werden. Bei einer Störung oder sogar einem Ausfall der ursprünglich geplanten Betriebsmittel muss die **ressourcenspezifische Fehleranfälligkeit** reduziert werden, anderenfalls bedingen **Planungsfehler** die Verfahrensabweichung, so dass die Planung kontrolliert und zukünftig verbessert werden muss. Auch zu große Freiräume und eine zu große Flexibilität im Rahmen der **Produktionsablaufplanung** führen zu einer Verfahrensabweichung. Bewusst geschaffene Freiheitsgrade im Sinne einer nicht hinreichend koordinierten Planung führen zwangsläufig zu Abweichungen gegenüber der Planung. Je enger sich allerdings die Verzahnung von Produkt und Technologie gestaltet, desto geringer sind die Planungs- und damit auch die Ausführungsfreiräume.

Losgrößenabweichungen wird bei einer kundenanonymen Fertigung regelmäßig durch **Standard-Losgrößen** entgegengetreten. Diese Abweichungsart besitzt bei der kundenbezogenen Fertigung eine hohe Bedeutung, da sich ändernde Kundenwünsche

[104] Bei Sasse, Alexander: Qualitätskostenmanagement...(2002), S. 219 ff findet sich das Beispiel einer Maschinenstörung, die auf eine defekte Leiterplatte zurückzuführen ist. Der Defekt der Leiterplatte beruht aber letztlich auf mangelhafter Wartung, so dass die aufgetretene Störung nachhaltig nur durch Optimierung der Wartung beseitigt werden kann. Dies zeigt die zwingende Notwendigkeit einer tiefgehenden Ursachenanalyse in Verbindung mit der Abweichungsermittlung.

nicht vorhersehbar sind, aber fast automatisch zu Losgrößenabweichungen führen. Auch aus den unterschiedlichsten Gründen resultierende Bedarfsschwankungen haben - zumindest bei ungenügenden Lagerbeständen - Losgrößenabweichungen zur Folge. Planerisch sind diese Unwägbarkeiten kaum in den Griff zu kriegen. Die Praxis verschiebt die Individualisierung der Produkte daher auf den spätestmöglichen Zeitpunkt im Produktentstehungsprozess und fertigt möglichst viele Standard-Komponenten und Standard-Bauteile in kundenanonymer Produktion unter Verwendung von Standardlosgrößen[105].

Die **Ressourcenverbrauchsabweichung** als Abweichung von der geplanten Fertigungsintensität oder Fertigungszeit beruht ebenfalls auf Planungsfehlern bzw. Planungsungenauigkeiten. So muss ein Fertigungsauftrag dann schneller als geplant abgeschlossen werden, wenn ein ungeplanter Zusatzauftrag noch bearbeitet werden muss. Regelmäßig liegt in diesem Sinne wieder eine kundenbezogene Fertigungssituation vor, bei der letztlich nicht alle geplanten Determinanten mit ihren Planwerten realisiert werden können. In diesem Zusammenhang dienen **ressourcenorientierte Controllingansätze** und **Konzepte der Verschwendungsvermeidung** dazu, die Ressourcennutzung zu optimieren und damit die Ressourcenverbrauchsabweichung zu minimieren[106].

Materialverbrauchs-, Materialstruktur- und auch Fremdleistungsabweichungen treten normalerweise nicht isoliert auf. Die geplanten Fertigungsverfahren mit den geplanten Losgrößen beim planmäßigen Fertigungsablauf sind regelmäßig so weit entwickelt, dass mit Ausnahme von aus Qualitätsmängeln resultierenden Abweichungen die Planwerte auch realisiert werden können. Treten Abweichungen beim Material oder bei den Fremdleistungen auf, können regelmäßig auch andere Abweichungen identifiziert werden. Materialverbrauchs- und Materialstrukturabweichungen erlangen vor allem in der **chemischen Prozessindustrie** große Bedeutung, da die verwendeten Rezepturen regelmäßig alternative Rohstoffeinsätze oder Rohstoffmischungen vorsehen. Letztendlich können Materialverbrauchs-, Materialstruktur- und auch Fremdleistungsabweichungen nur planerisch **aus der Analyse aufgetretener Abweichungen** beherrscht werden. Werden die Gründe für aufgetretene Abweichungen aufgedeckt und nachhaltig beseitigt, können diese Abweichungen zukünftig weitgehend vermieden werden.

Qualitätsabweichungen schließlich können neben direkten finanziellen Auswirkungen auf das Unternehmen auch enorme psychologische Auswirkungen auf die potenziellen Kunden haben. Neben den fast schon substanzbedrohenden Kosten für Rückrufaktionen, ist bei mangelhaften Produkten generell auch die negative Presse für das Unternehmen zu berücksichtigen. Ein betriebsspezifisch implementiertes **Total Quality Management (TQM)** geht über die reine Qualitätsprüfung hinaus und hat nicht nur

---

[105] Vgl. dazu wiederum die Ausführungen im Kapitel ‚Fertigungstypspezifische Kalkulationsverfahren'. Diese Vorgehensweise ist auch der ausschlaggebende Grund dafür, dass die Losgrößenabweichung nach der Verfahrensabweichung ermittelt wird, aber vor den restlichen Abweichungen.

[106] Siehe dazu insbesondere die entsprechenden Ausführungen im Kapitel ‚Prozess- und ressourcenorientierte Produktkostenkalkulation'.

qualitätssichere Produkte, sondern auch eine kundenorientierte Produktentstehung zur Folge[107].

C Kostenträgerbezogene Verrechnung der Abweichungen

Generell werden die Abweichungen in den einzelnen Kostenstellen der Unternehmen erfasst. Regelmäßig erfolgt diese Abweichungsidentifikation in den einzelnen Kostenstellen aber für die einzelnen unternehmensspezifischen Kostenträger, da letztlich immer Kostenträger die **finalen betrieblichen Kalkulations- und Erfolgsobjekte** darstellen. In den Kostenstellen für einzelne Kostenträger ermittelte Abweichungen werden somit den entsprechenden Kostenträgern verrechnet und sind damit auch im Kostenträgerergebnis enthalten.

In der betrieblichen Praxis ist aber auch der Fall vorzufinden, dass Abweichungen zwar kostenstellenspezifisch identifiziert, aber nicht eindeutig einem Kostenträger zugerechnet werden können. In der Literatur finden sich für diesen Sachverhalt zwei verschiedene Lösungsansätze: Entweder wird die gesamte Abweichung auf die in der Periode bearbeiteten Kostenträger verteilt oder aber die Abweichung wird direkt in die unternehmensbezogene Ergebnisrechnung übernommen und findet damit keine Berücksichtigung in der Kostenträgerrechnung[108]. Während die letztere Vorgehensweise nur bei Abweichungen vertretbar ist, die entweder in Höhe und Aussagegehalt von untergeordneter Bedeutung sind oder nur mit unverhältnismäßig großem Aufwand kostenträgerspezifisch verteilt werden können, ist mit Blickwinkel auf aussagekräftige und detaillierte kostenträgerbezogene Deckungsbeiträge und Ergebnisse der **kostenträgerspezifischen Abweichungsverrechnung** der Vorzug zu geben.

Kostenträgereinzelkosten werden per definitionem direkt auf die Kostenträger verrechnet. **Abweichungen der Kostenträgereinzelkosten** werden bereits in der Produktion vorgelagerten Kostenstellen identifiziert und auf die jeweiligen Kostenträger verrechnet[109]. Insofern werden diese Abweichungen direkt von der Kostenartenrechnung in die Kostenträgerrechnung übernommen, ohne Verrechnung über die Kostenstellen. Diese Vorgehensweise, Abweichungen bei den Einzelkosten **direkt kostenträgerbezogen** zu verrechnen, gilt unabhängig vom Fertigungstyp. Lediglich in der konkreten Ausgestaltung bestehen Unterschiede hinsichtlich der Zurechnungsmöglichkeit, so können bei der Einzelfertigung die Abweichungen direkt auf den einzelnen Kostenträger verrechnet werden, während im anderen Extremfall bei der Massenfertigung die

[107] Siehe Görgens, Josef: Prozeßmanagement...(1995), S. 31, der insbesondere die betriebliche Prozessverantwortung, eine fertigungsbegleitende Qualitätsverantwortung, die Fehlervermeidung, eine präventive Instandhaltung sowie eine systematische Qualitätssicherung als Kennzeichen eines TQMs anführt. Siehe dazu auch Sasse, Alexander: Qualitätskostenmanagement...(2002), S. 61 ff und Wildemann, Horst: Qualitätsentwicklung...(1992), S. 17 ff.

[108] Siehe dazu insbesondere Medicke, Werner - Plaut, Hans-Georg: Abrechnung...(1991), S. 79 f.

[109] Vor dem Hintergrund eines innerbetrieblichen Festpreissystems, kann ein Kostenartencontrolling mit Ermittlung und Analyse der Preis- und Tarifabweichungen in diesem Zusammenhang auch auf Kostenträgerebene stattfinden.

Abweichungen der Kostenträgereinzelkosten nur für eine ganze Gruppe von Kostenträgern summarisch identifiziert werden kann.

Unternehmen der **Serien- und Sortenfertigung** ergänzen das kostenträgerspezifisch zu **Standardkosten** ermittelte Ergebnis um die identifizierten Abweichungen, um zu den tatsächlich angefallenen Istkosten zu gelangen. Diese Methodik ist notwendig, da Rohstoffe, Bauteile und Komponenten regelmäßig zu unterschiedlichen Einstandspreisen erworben werden, die kostenorientierte Preiskalkulation in diesem Fall aber auf Durchschnitts-, bzw. Standardwerten aufbauen muss, um nicht für identische Produkte divergierende Kalkulationsergebnisse zu erhalten. Auf dem **kostenträgerspezifischen Abweichungskonto** werden auch die Mehrverbräuche gegenüber den durchschnittlich veranschlagten Planzeiten für Bearbeitungs-, Rüst- oder andere Tätigkeiten ausgewiesen[110]. Diese Ausführungen gelten analog auch für den Fertigungstyp der **Auftragsfertigung**, bei einer kundenbezogenen Auftragsfertigung allerdings nur für auftragsübergreifend hergestellte Komponenten und Baugruppen.

Vor allem Unternehmen der **Einzel- und Projektfertigung** führen ihre Nachkalkulation - so weit möglich - mit Istwerten durch, so dass sich aus der Differenz der Vorkalkulations- und der Nachkalkulationswerte die spezifischen Abweichungen und letztlich die **Kostenträgerergebnisse** ermitteln lassen. Stücklisten und Arbeitspläne liegen produktspezifisch vor und die jeweils tatsächlich angefallenen Istleistungen werden kostenträgerspezifisch erfasst. Insbesondere bei langfristiger Fertigung kann aber der Fall eintreten, dass die tatsächlich entstandenen Kosten - so für Fremdleistungen - erst eine gewisse Zeitspanne nach Abschluss der Leistung realiter bekannt sind. Dann finden **Plan- bzw. Sollwerte** Eingang in das Kostenträgerergebnis. Für häufiger verwendete Bauteile oder Komponenten fließen wiederum Standardkosten in die kostenträgerbezogene Ergebnisrechnung ein, die um die jeweils ermittelten Abweichungen zu den tatsächlich angefallenen Istkosten ergänzt werden.

Unternehmen der **Massenfertigung** kalkulieren regelmäßig ausschließlich zu Standardkosten. Sämtliche entstandenen Abweichungen werden **summarisch in das Betriebsergebnis** übernommen, da bei speziell auf die Kostenträger zugeschnittenen Fertigungstechnologien, ausgereiften und detaillierten Planungsmöglichkeiten sowie technologisch fundierten Material- und Produktspezifikationen und entsprechenden Prüfroutinen Abweichungen prinzipiell nur noch aus **Störungen des Produktionsablaufs** resultieren können. Aufgrund der spezialisierten Ressourcen und der direkt auf das Produkt abgestimmten unternehmensspezifischen Prozesse treten bei der Massenfertigung kaum Abweichungen auf, so dass auch die summarische Übernahme in das Betriebsergebnis gerechtfertigt ist.

---

110 Siehe dazu stellvertretend Männel, Wolfgang: Schraubenfertigung...(1997), S. 69 ff.

III. Plan-Soll-Ist-Kostenvergleich und Abweichungsanalyse

Die Ermittlung und Analyse von Kostenabweichungen[111] zwischen den tatsächlich angefallenen Kosten und dem entsprechenden Vergleichsmaßstab hat die Aufgabe, die **Ursachen für die eingetretenen Kostenabweichungen** transparent zu machen. Gegenstand der Kostenkontrolle sind unternehmensspezifisch insbesondere Kostenstellen sowie Kostenträger im Sinne von Produktkomponenten, Produkten und Aufträgen. Für die spezifischen Bezugsobjekte werden die **Kostenabweichungen getrennt nach einzelnen Produktionsfaktoren** oder Produktionsfaktorgruppen ermittelt und analysiert[112].

A Aufbau und Ablauf des Soll-Ist-Kostenvergleichs

Da sich Kosten stets als bewerteter Verzehr von betrieblichen Produktionsfaktoren darstellen, können sowohl bei der **Wertkomponente** als auch bei der **Mengenkomponente** Abweichungen auftreten. Um die Interpretierbarkeit und die Zurechenbarkeit der ermittelten Abweichungen auf Verantwortlichkeiten im Sinne eines Responsibility Accounting zu gewährleisten, wird - wie bereits ausgeführt - für die Repetier- und auch die Potenzialfaktoren ein **Festpreissystem** zugrunde gelegt und die entstehenden Preisabweichungen werden bereits in der Kostenartenrechnung erfasst[113]. Die Verwendung von Plan-Preisen im Sinne von Verrechnungspreisen dient zur Ermittlung und Eliminierung von Preisschwankungen aus der Abweichungsanalyse, da Preisabweichungen zwischen Ist- und Plan-Preisen im Regelfall nicht vom Kostenstellenleiter zu verantworten sind[114]. Somit sind **Abweichungen der Mengenkomponente** zentraler Gegenstand der **differenzierten Abweichungsermittlung und Abweichungsanalyse**, die im Folgenden genauer dargestellt wird[115].

---

[111] Scherrer, Gerhard: Kostenabweichungen...(1993), Sp. 1169 definiert den Begriff Kostenabweichung als „Differenz zwischen vorgegebenen und tatsächlich entstandenen Kosten [...] in einem Unternehmen oder einem betrieblichen Teilbereich (Betriebsbereich, Kostenstelle, Kostenplatz)".

[112] Siehe wiederum Scherrer, Gerhard: Kostenabweichungen...(1993), Sp. 1169.

[113] Vgl. hierzu auch Raps, Alfons - Nuppeney, Werner: Produktkosten-Controlling...(1993), S. 146 f. Zur Errechnung von Tarifabweichungen siehe Plaut, Hans-Georg - Müller, Heinrich - Medicke, Werner: Grenzplankostenrechnung...(1973), S. 118 ff. Hahn, Dietger - Hungenberg, Harald: PuK...(2001), S. 529 ff differenzieren zwischen einer Materialpreisabweichung, die im Beschaffungsbereich erfasst wird, und einer Preisabweichung bei den Einzellöhnen, die zumindest teilweise von den Kostenstellen zu verantworten ist.

[114] Vgl. Glaser, Horst: Kostenkontrolle...(1992), S. 476. Siehe dazu auch Kilger, Wolfgang - Pampel, Jochen - Vikas, Kurt: Plankostenrechnung...(2002), S. 1560, die auch darauf hinweisen, dass für „die Kostenkontrolle [...] am besten mittel- bis langfristige Planpreise geeignet [sind, d. V.], die möglichst lange konstant gehalten werden. Hierdurch wird erreicht, dass sich die Kostenabweichungen über längere Zeiträume vergleichen lassen". Raps, Alfons - Nuppeney, Werner: Produktkosten-Controlling...(1993), S. 146 f sind der Ansicht, dass Preisabweichungen und eventuell daraus resultierende Kostensatzabweichungen - wenn überhaupt - nur von der Beschaffungsabteilung zu verantworten sind. Siehe dazu ebenfalls Medicke, Werner: Produktkosten-Controlling...(1988), S. 308. Siehe dazu auch Fußnote 2 auf Seite 229.

[115] Siehe dazu Müller, Heinrich: Prozeßkonforme...(1996), S. 343.

1. Grundaufbau des Soll-Ist-Kostenvergleichs

Nachstehende Abbildung 5-6 zeigt den grundsätzlichen Aufbau eines **Soll-Ist-Kostenvergleichs**. Als in sich geschlossene Abbildung wird auch die Auftragsergebnisrechnung mit der anschließenden Abweichungsanalyse dargestellt. Der kostenträgerspezifische Soll-Ist-Kostenvergleich wird regelmäßig auf Basis der Herstellkosten durchgeführt, wie dies der obere Teil der angesprochenen Abbildung verdeutlicht. Da eine undifferenzierte Gesamtabweichung fast keinerlei Aussagefähigkeit besitzt, wird die Gesamtabweichung zwischen der Vor- und der Nachkalkulation unternehmensindividuell in einzelne **Teilabweichungen** aufgespalten. Diese Teilabweichungen werden fallspezifisch auf ihre Ursachen hin analysiert und auch den entsprechenden Verantwortlichkeiten zugerechnet.

Die Berechnung der **Sollkosten** dient der Anpassung der Plankosten der Vorkalkulation an die **tatsächliche Beschäftigung** der jeweiligen Kosteneinflussgröße. Die aus der Differenz der Ergebnisse der Vor- und der Sollkalkulation resultierende, hier als Losgrößenabweichung ausgewiesene Abweichung deckt den Anteil der Gesamtabweichung auf, der auf die gegenüber dem Plan veränderten Produktionsmengen zurückzuführen ist.

Die Materialverbrauchsabweichung zeigt im vorliegenden Fall den **Minderverbrauch an Einsatzmaterialien**, der letztlich den Anstieg der Produktverpackungskosten kompensiert. Die im Vergleich zu den Planwerten **kürzere Bearbeitungszeit** findet ihren Ausdruck in der Fertigungskostenabweichung im Sinne einer Ressourcenverbrauchsabweichung. Genügt die aus dem Fertigungsablauf resultierende Qualität einzelner Produkteinheiten nicht den selbst definierten Ansprüchen des Unternehmens, müssen diese Einheiten qualitätssteigernd nachbearbeitet werden. Da sich diese **Nacharbeit** keinesfalls aus einem planmäßigen Produktionsvollzug ergeben kann - diese wäre andernfalls im Arbeitsplan separat ausgewiesen - handelt es sich hierbei um eine Ausschussabweichung im Sinne einer Qualitätsabweichung.

Im vorliegenden Fall bleiben die **auftragsgrößenfixen Kosten** zwischen der Vor- und der Sollkalkulation unverändert, da im Vergleich zum Plan keine Änderungen an der Anzahl der Fertigungslose vorgenommen wurde. Da die auftragsgrößenfixen Kosten der Nachkalkulation geringer sind als die der Sollkalkulation, ist dieser Effekt bei gestiegenen Kosten für Druckplatten und Kopien auf die stark gesunkenen Kosten der Maschineneinrichtung zurückzuführen.

Unmittelbar deutlich wird aus diesem Beispiel, dass die **Gesamtabweichung** für sich alleine stehend keinerlei konkrete Aussage zulässt, da sie aus verschiedenen und auch **gegenläufigen Teilabweichungen** resultieren kann. Aber auch die einzelnen Teilabweichungen können aus gegenläufigen Komponenten bestehen und sind deshalb ebenfalls auf ihre Ursachen zu analysieren. Ermittelte Unwirtschaftlichkeiten werden mit den jeweiligen Verantwortlichen, im Regelfall den Kostenstellenleitern durch-

Abbildung 5-6
Grundaufbau des Soll-Ist-Kostenvergleichs[116]

Herstellkosten-Soll-Ist-Vergleich auf Basis proportionaler Herstellkosten										
	Vor-kalkulation		**Mengen-abweichung**		**Soll-kalkulation**		**Nach-kalkulation**		**Verbrauchs-abweichung**	
Menge	**170**		**16**	**9,4%**	**186**		**186**			
	EUR	**%**	**EUR**	**%**	**EUR**	**%**	**EUR**	**%**	**EUR**	**%**
Papier, Farbe	1.107	26,7	104	9,4	1.211	26,7	996	22,0	+215	+17,8
Produktverpackung	95	2,3	9	9,5	104	2,3	200	4,4	-96	-92,3
volumenabhängige Materialkosten	**1.202**	**29,0**	**113**	**9,4**	**1.315**	**29,0**	**1.196**	**26,4**	**+119**	**+9,0**
Druckerei	215	5,2	20	9,3	235	5,2	207	4,6	+28	+11,9
Verarbeitung	500	12,1	47	9,4	547	12,1	525	11,6	+22	+4,0
volumenabhängige Fertigungskosten	**715**	**17,3**	**67**	**9,4**	**782**	**17,3**	**732**	**16,2**	**+50**	**+6,4**
Nacharbeit	0				0	0,0	95	2,1	-95	
volumenabhängige Herstellkosten	**1.917**	**46,3**	**180**	**9,4**	**2.097**	**46,3**	**2.023**	**44,7**	**+74**	**+3,5**
Filme, Druckplatten	8	0,2			8	0,2	12	0,3	-4	-50,0
Satz, Kopie	146	3,5			146	3,2	189	4,2	-43	-29,5
Einrichten	731	17,7			731	16,1	541	12,0	+190	+26,0
auftragsfixe Kosten	**885**	**21,4**			**885**	**19,5**	**742**	**16,4**	**+143**	**+16,2**
volumenabhängige und auftragsfixe Herstellkosten	**2.802**	**67,7**	**180**	**6,4**	**2.982**	**65,8**	**2.765**	**61,1**	**+217**	**+7,3**

Auftragsergebnisrechnung										
	EUR	**%**	**16**	**9,4%**	**EUR**	**%**	**EUR**	**%**	**EUR**	**%**
Nettoerlös	4.141	100,0			4.531	100,0	4.522	100,0	**-9**	**-0,2**
Vertriebskosten prop.	282	6,8			309	6,8	244	5,4	**+65**	**+21,0**
Verkaufsüberschuss	3.859	93,2			4.222	93,2	4.278	94,6		
volumenabhängige Herstellkosten	1.917	46,3			2.097	46,3	2.023	44,7	**+74**	**+3,5**
auftragsfixe Kosten	885	21,4			885	19,5	742	16,4	**+143**	**+16,2**
Deckungsbeitrag (Auftragsergebnis)	**1.057**	**25,5**	**183**	**17,3**	**1.240**	**27,4**	**1.513**	**33,5**	**+273**	**+22,0**

Abweichungsanalyse		
Losgrößenabweichung	**+183**	**+17,3**
Materialverbrauchsabweichung	+119	+9,0
Fertigungskostenabweichung	+50	+6,4
Ausschussabweichung (Nacharbeit)	-95	
Abweichung der volumenabhängigen Herstellungskosten	+74	**+3,5**
Abweichung der auftragsfixen Kosten	**+143**	**+16,2**
Erlösniveauabweichung	**-9**	**-0,2**
Vertriebskostenabweichung	**+65**	**+21,0**
Deckungsbeitragsgesamtabweichung	+456	+43,1

[116] Mit geringen Modifizierungen entnommen aus Männel, Wolfgang: Kostenrechnungssysteme...(2003), S. 188 f. Die Vorzeichen der jeweils ausgewiesenen Verbrauchsabweichungen beziehen sich immer auf die aus der jeweiligen Abweichung resultierende Veränderung des Auftragsergebnisses.

gesprochen, um zukünftig geeignete und wirksame Abhilfemaßnahmen ergreifen zu können[117].

2. Bereitstellung der Sollkosten und Ermittlung der Istkosten

Als Vergleichsmaßstab für die Nachkalkulation müssen **Plandaten** zur Verfügung gestellt werden. Dies sind zum einen Material- und Artikelstämme sowie Stücklisten, Arbeitspläne und Prozesspläne für die Mengenkomponente der Kalkulation und zum anderen Materialpreise, proportionale und fixe Kostensätze, Prozesskostensätze sowie Zuschläge und Quoten für die Wertkomponente[118]. Nicht von den jeweiligen Verantwortlichen zu beeinflussende Größen müssen aus Gründen der Aussagefähigkeit bereits im Vorfeld eliminiert werden. Auf diese Weise ergibt sich der Herstellkosten-Soll-Ist-Vergleich schwerpunktmäßig als **Mengen-Soll-Ist-Vergleich**. Und genau aus diesem Grund basieren Sollkalkulationen auch nicht auf den geplanten Mengen, sondern auf den tatsächlich gefertigten Mengen[119].

Um die Richtigkeit der Kalkulation der Istkosten zu gewährleisten, müssen die **Istdaten** detailliert aus Logistik-/PPS- und BDE-/MDE-Systemen übernommen werden. Dabei handelt es sich sowohl um Ausbringungsdaten, wie Gut-, Ausschuss- oder Abfallmengen, als auch um Leistungsdaten, wie Ist-Materialverbräuche und Ist-Fertigungszeiten[120]. Zur Vermeidung von Erfassungs- und auch Implementierungsfehlern der entsprechenden EDV-Systeme kommt es vor allem auf die **zeitnahe Erfassung** und auch auf eine **Überprüfung** der erfassten betrieblichen Daten an: „*die Qualität der Daten bestimmt auch die Qualität der controllingorientierten Entscheidung*“[121]. In der Praxis werden Ist-Verbräuche regelmäßig nicht für alle eingesetzten Leistungsarten originär erfasst, sondern retrograd aus den gefertigten und rückgemeldeten Mengen abgeleitet.

Notwendigerweise müssen bei der Gegenüberstellung von Sollkosten und Istkosten **sachlich zusammengehörige Sachverhalte** verglichen werden[122], bei der Einzel- und Serienfertigung bestimmte abgegrenzte Auftragsinhalte und bei der Massenfertigung entsprechende Fertigungsbereiche und Zeiträume. Organisationstechnisch ist dafür sowohl die betriebsinterne Auftragseröffnung als auch der Auftragsabschluss unabdingbare Voraussetzung. Werden innerhalb eines Auftrags einzelne Module im Sinne

---

117 Zur Praxis der Kostendurchsprache siehe Plaut, Hans-Georg - Müller, Heinrich - Medicke, Werner: Grenzplankostenrechnung...(1973), S. 190 ff.

118 Siehe Raps, Alfons - Nuppeney, Werner: Produktkosten-Controlling...(1993), S. 147, wobei Zuschläge und Quoten mehr und mehr durch Prozesskostensätze abgelöst werden.

119 Vgl. Müller, Heinrich: Prozeßkonforme...(1996), S. 343.

120 Siehe Raps, Alfons - Nuppeney, Werner: Produktkosten-Controlling...(1993), S. 147. Medicke, Werner: Nachkalkulation...(1983), S. 471 f weist ebenfalls darauf hin, dass die Istdaten regelmäßig aus der Nachkalkulation vorgelagerten Unternehmensbereichen übernommen werden und nur in Ausnahmefällen eine kalkulatorische Istkosten-Berechnung erfolgt.

121 Müller, Heinrich: Prozeßkonforme...(1996), S. 345 (Hervorhebung im Original). Vgl. dazu auch Baumgärtner, Jost: Kosten- und Erfolgs-Controlling ...(1992), S. 328.

122 Siehe dazu die Ausführungen bei Schweitzer, Marcell - Küpper, Hans-Ulrich: Systeme...(2003), S. 34 f und Lehmann, Max R.: Industriekalkulation...(1951), S. 24 ff.

von Chargen, Teillieferungen oder auch einzelnen Komponenten separat abgeschlossen, müssen diese Module vorläufig kalkulatorisch bewertet und bei Abschluss des kompletten Auftrags regelmäßig durch Nachverrechnung von Abweichungen endgültig kalkuliert werden[123]. Produktionstypunabhängig ist es aus diesem Grund erforderlich, für die **Kontierung der angefallenen Kosten** eine Auftragsnummer als Ordnungsbegriff zu definieren. Sämtliche geplanten und die im Ist angefallenen Kostenträgerkosten werden unter dieser Auftragsnummer erfasst. Abrechnungstechnisch wird somit jeder **Fertigungsauftrag als eigenes Konto** behandelt[124].

Da der Abschluss von Fertigungsaufträgen darüber hinaus nur zufällig mit den betrieblichen Abrechnungsperioden zusammenfällt, ist für das fertigungsauftragsbezogene Kostenträgercontrolling eine **Abstimmbrücke zur periodischen Kostenrechnung** notwendig[125]. Nur auf diese Weise kann gewährleistet werden, dass auch für innerperiodisch abgeschlossene oder periodenübergreifende Fertigungsaufträge die relevanten zeitraumbezogenen Controllinginformationen bereit stehen.

3. Identität von Planungs- und Erfassungseinheit

In der herkömmlichen Plankostenrechnung werden die „Kosten der Kostenstellen nach Kostenarten - oder zumindest nach Kostenartengruppen - differenziert geplant"[126]. Für jede Bezugsgröße einer Kostenstelle wird dabei ein separater Kostenplan erstellt. Die analytische Kostenplanung setzt also auf der untersten Ebene an und aggregiert dann die Plankosten über die in Anspruch genommenen Leistungen zu den Plankosten des Kostenträgers. Demgegenüber ist die kostenartenweise Aufspaltung der Istkosten nach den einzelnen Bezugsgrößen aber - sogar mit EDV-Unterstützung - unmöglich. Es ergibt sich somit eine **Diskrepanz bezüglich der Zurechnungsobjekte zwischen Kostenplanung und Kostenerfassung**. Trotzdem wird die Kostenplanung im Regelfall auf dem gegenüber der Kostenerfassung niedrigeren Aggregationsgrad durchgeführt, da sich dadurch meist vorhandene Unwirtschaftlichkeiten der Kostenstruktur aufdecken lassen[127].

Durch den heute weitreichenden EDV-Einsatz wäre es theoretisch denkbar, die angesprochene Diskrepanz zwischen den Objekten der Kostenplanung und der Kostenerfassung aufzuheben. Mit modernen EDV-Anlagen wäre es beispielsweise möglich, Betriebsstoffverbräuche von Maschinen getrennt nach Fertigungszeiten und nach Rüstzeiten zu erfassen. Damit stellt sich allerdings die Frage, ob ein derart differenziertes Vorgehen die **Aussagekraft von Soll-Ist-Kostenvergleichen** erhöhen kann und ob das Gebot der Wirtschaftlichkeit damit noch befolgt wird. In den meisten Fäl-

---

123 Vgl. Müller, Heinrich: Prozeßkonforme...(1996), S. 346. Man beachte dabei, dass Teillieferungen, die einzeln abgerechnet werden, im Regelfall separate Fertigungsaufträge darstellen und entsprechend auch einzeln im Soll und im Ist kalkuliert werden. Dies gilt auch für die langfristige Projektfertigung, bei der aber nach dem Projektabschluss sehr wohl ein eigenständiger Soll-Ist-Vergleich für das gesamte Projekt notwendig ist.

124 Vgl. Müller, Heinrich: Prozeßkonforme...(1996), S. 340.

125 Siehe wiederum Müller, Heinrich: Prozeßkonforme...(1996), S. 346.

126 Kilger, Wolfgang - Pampel, Jochen - Vikas, Kurt: Plankostenrechnung...(2002), S. 235.

127 Vgl. Kilger, Wolfgang - Pampel, Jochen - Vikas, Kurt: Plankostenrechnung...(2002), S. 235 f.

len kann davon ausgegangen werden, dass der durch die spezifischeren Erfassungsobjekte bedingte **zusätzliche Erfassungsaufwand** in keinster Art und Weise durch den **zusätzlichen Informationszuwachs** gerechtfertigt werden kann.

Die EDV kann jedoch nach erfolgter Kostenplanung zur **Quasi-Identität** zwischen Kostenplanungs- und Kostenerfassungsobjekten beitragen, indem sie die entsprechenden Plankosten auf der Ebene der Erfassungsobjekte aggregiert und so für den Anwender kongruente Planungs- und Erfassungseinheiten zur Verfügung stellt. Der Vorteil einer Kostenplanung auf niedriger Aggregationsstufe bleibt auf diese Weise erhalten.

B Formale Abweichungsermittlung und Abweichungsanalyse

Die **Ermittlung und Analyse von Abweichungen** als Aufspaltung der Differenz zwischen Ist- und Plankosten in auf einzelne Kostenbestimmungsfaktoren zurückzuführende Teilabweichungen ist im Rahmen des Soll-Ist-Vergleichs das zentrale Instrument des Kostenträgercontrollings. Durch die **Aufspaltung der Gesamtabweichung** in einzelne Teilabweichungen können einerseits Kompensationseffekte zwischen den verschiedenen Teilabweichungen eliminiert und andererseits die speziellen Teilabweichungen auf unternehmensinterne oder auch unternehmensexterne Determinanten zurückgeführt werden[128].

Legt man die in diesem Kapitel erarbeitete **Abweichungssystematik** mit den entsprechenden Kosteneinflussfaktoren zugrunde, so lässt sich leicht erkennen, dass es nicht möglich ist, mit einer einmaligen Ermittlung von Sollkosten die gesamten Teilabweichungen zu separieren. Vielmehr müssen **Sollkosten auf verschiedenen Stufen** dadurch ermittelt werden, dass ausgehend von den Plankosten jeweils für einen oder mehrere Einflussfaktoren vom Plan- zum Istwert übergegangen wird. In der einschlägigen Fachliteratur lassen sich zahlreiche Beiträge finden, die die Vorgehensweise bei so genannten Abweichungen höherer Ordnung thematisieren und sich auch mit einer bestimmten Untersuchungsreihenfolge der Abweichungen beschäftigen[129].

---

[128] Siehe Coenenberg, Adolf G.: Kostenrechnung...(2003), S. 359 und Jakoby, Stephan - Schmitz, Jochen: Differenzierte...(1996), S. 713 und auch die bereits angesprochene Abbildung 5-6.

[129] Theoretisch entstehen bei Vorliegen multiplikativer Verknüpfungen mehrerer Kosteneinflussfaktoren Abweichungen höherer Ordnungen, die auf die simultane Wirkung zweier oder mehrerer Einflussfaktoren zurückzuführen sind. Generell kann dabei zwischen proportionaler, alternativer und kumulativer Abweichungsverrechnung unterschieden werden, siehe zu diesen Abweichungen höherer Ordnung insbesondere Coenenberg, Adolf G.: Kostenrechnung...(2003), S. 361 ff, Glaser, Horst: Kostenkontrolle...(1992), S. 477 f, Glaser, Horst: Relativität...(1999), S. 21 ff, Kilger, Wolfgang - Pampel, Jochen - Vikas, Kurt: Plankostenrechnung...(2002), S. 138 ff und Scherrer, Gerhard: Kostenrechnung...(1991), S. 421 ff sowie die dort jeweils angegebene Literatur. Jakoby, Stephan - Schmitz, Jochen: Differenzierte...(1996), S. 714 verweisen darauf, dass für die kumulative Abweichungsanalyse eine Reihenfolge der Einflussfaktoren festgelegt werden muss. Nach Ansicht des Verfassers ergibt sich jedoch eine logisch zwingende Reihenfolge der Abweichungsermittlung, so dass sich die Problematik der Ermittlung von Abweichungen höherer Ordnung nicht stellt. Coenenberg, Adolf G.: Kostenrechnung...(2003), S. 374 verweist darauf, dass sich die kumulative Abweichungsverrechnung über die Festlegung der Reihenfolge der Kostenbestimmungs-

Nach Ansicht des Verfassers ist die **Reihenfolge** bei der Abweichungsermittlung logisch zwingend gegeben. Ausgehend von der gegebenen Produktstruktur müssen zuerst die Sollkosten für das tatsächliche Produktionsverfahren ermittelt werden. Basierend auf diesem tatsächlichen Produktionsverfahren werden die Sollkosten der tatsächlichen Losgröße ermittelt. Genau auf diesen tatsächlich realisierten Werten für das Produktionsverfahren und die Losgröße basiert anschließend die Ermittlung des tatsächlichen Ressourcenverbrauchs, des Materialverbrauchs und des Fremdleistungsverbrauchs. Es wäre abwegig eine Materialverbrauchsabweichung für ein geplantes, aber nicht realisiertes Produktionsverfahren zu identifizieren, oder eine Ressourcenverbrauchsabweichung für eine geplante, aber nicht realisierte Losgröße. In diesem Zusammenhang zeigt Abbildung 5-7 die logisch gebotene Reihenfolge bei der Abweichungsermittlung.

Abbildung 5-7
Differenzierte Abweichungsermittlung über mehrere Sollkostenstufen hinweg

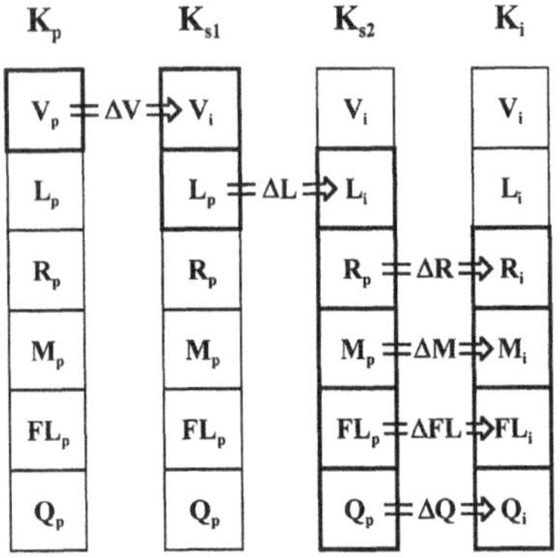

mit:
ΔV = Verfahrensabweichung,
ΔL = Losgrößenabweichung,
ΔR = Ressourcenverbrauchsabweichung,
ΔM = Materialverbrauchsabweichung,
ΔFL = Fremdleistungsabweichung und
ΔQ = Qualitätsabweichung,
p = geplante Werte,
i = realisierte Werte und
s = Sollwerte.

Ausgehend von den **Plankosten** K_p, die vom geplanten Fertigungsverfahren V_p, der geplanten Losgröße L_p, dem geplanten Ressourcenverbrauch R_p, dem geplanten Materialverbrauch M_p, dem geplanten Einsatz an Fremdleistungen FL_p und dem geplanten Qualitätsniveau Q_p determiniert werden, werden zunächst die **Sollkosten 1** K_{s1} berechnet, die neben den angesprochenen Planwerten auf dem tatsächlich angewendeten Fertigungsverfahren basieren. Als Differenz zwischen den Sollkosten 1 und den Plankosten ergibt sich damit die Abweichung, die ausschließlich auf das geänderte Fertigungsverfahren zurückzuführen ist, also die Verfahrensabweichung. Im nächsten Schritt wird zur Berechnung der **Sollkosten 2** K_{s2} die geplante Losgröße durch die tat-

faktoren nach pragmatischen Zweckmäßigkeiten gestalten lässt und deshalb praktische Anwendung findet. Glaser, Horst: Kostenkontrolle...(1992), S. 483 f nennt die im Folgenden dargestellte Vorgehensweise Variante 1 der kumulativen Abweichungsanalyse und führt als Variante 2 das umgekehrte Verfahren an, bei dem sämtliche Kostenbestimmungsfaktoren zuerst mit den Istwerten eingehen und sodann schrittweise von den Ist- auf die Planwerte gesetzt werden.

sächliche Losgröße ersetzt, das Verfahren wird mit seiner Istausprägung beibehalten, die weiteren Einflussgrößen mit den Planwerten. Die Differenz zwischen den Sollkosten 2 und den Sollkosten 1 zeigt die Abweichung, die ausschließlich auf die geänderte Losgröße zurückzuführen ist, mithin die Losgrößenabweichung[130].

Bei der Ermittlung der **Istkosten** schließlich werden die tatsächlichen Produktionsgegebenheiten zugrunde gelegt und damit alle Einflussfaktoren im Ist angesetzt[131]. Die Differenz zwischen den Istkosten und den Sollkosten 2 beinhaltet die Ressourcenverbrauchsabweichung, die Materialverbrauchsabweichung, die Fremdleistungsabweichung sowie die beiden hier nur summarisch ausgewiesenen Qualitätsabweichungen. Regelmäßig bestehen zwischen diesen Abweichungen beim tatsächlichen Fertigungsverfahren und der tatsächlichen Losgröße nur **vernachlässigbare Interdependenzen**, so dass hier keine Abweichungen höherer Ordnung berücksichtigt werden müssen. Vielmehr kann beim realisierten Fertigungsverfahren und der tatsächlichen Losgröße der Mehrverbrauch an Ressourcen als Ressourcenverbrauchsabweichung, der Mehrverbrauch an Material als Materialverbrauchsabweichung, der Mehrverbrauch an Fremdleistungen als Fremdleistungsabweichung und der Mehraufwand an qualitätssichernden und qualitätserhöhenden Maßnahmen als Qualitätsabweichung ausgewiesen werden. Es sei jedoch explizit darauf hingewiesen, dass die Qualitätsabweichung prinzipiell auf einer anderen logischen Ebene zu sehen ist, als die Ressourcenverbrauchs-, die Materialverbrauchs- und die Fremdleistungsabweichung: Über die Notwendigkeit einer Nachbesserung haben Minderqualitäten Auswirkungen auf die anderen Abweichungen, dies gilt auch für Nichtqualitäten, jedenfalls dann, wenn die Produkte qualitätssicher neu gefertigt werden müssen.

C Fertigungsbegleitender Soll-Ist-Vergleich und frühzeitige Eingriffsmöglichkeiten

Analog zum Konstruktionsprozess wird auch im Verlauf der Fertigung einerseits ein immer größer werdender Teil der Kosten festgelegt, andererseits werden eventuell notwendige **Erzeugnisänderungen** oder auch **Änderungen im Fertigungsablauf** immer kostenintensiver[132]. Es ist also vonnöten, notwendige Eingriffe in den Fertigungsprozess so früh wie möglich durchzuführen. Ausschussquoten können beispielsweise auf diese Weise durch aktuell angepasste Materialspezifikationen frühzeitig

---

[130] Diese Vorgehensweise, einen einmal vom Plan- auf den Istwert geänderten Kostenbestimmungsfaktor beizubehalten, entspricht dem Gedanken der so genannten kumulativen Abweichungsanalyse, bei der implizit Abweichungen höherer Ordnung den jeweiligen Einflussfaktoren in Abhängigkeit von der Verrechnungsreihenfolge zugeordnet werden. Wesentlicher Vorteil der kumulativen Abweichungsverrechnung aus Gründen der praktischen Akzeptanz ist die Tatsache, dass die Summe der ermittelten Teilabweichungen insgesamt der globalen Verbrauchsabweichung entspricht. Siehe zur Darstellung der kumulativen Abweichungsanalyse insbesondere Kloock, Josef: Entwicklungen...(1994), S. 628 ff und auch Coenenberg, Adolf G.: Kostenrechnung...(2003), S. 368 ff.

[131] Ein innerbetriebliches Festpreissystem wird hier vorausgesetzt, ansonsten müsste bei den obigen Ausführungen auch die Preisabweichung in die Betrachtung einbezogen werden.

[132] Vgl. Krause, Herbert - Müller, Michael R.: Produktionscontrolling...(1990), S. 325. Siehe dazu auch Kilger, Wolfgang - Pampel, Jochen - Vikas, Kurt: Plankostenrechnung...(2002), S. 219 f.

gesenkt werden. Ein **produktionsbegleitendes Kostenträgercontrolling**[133] liefert in diesem Zusammenhang aktuelle und aussagefähige Informationen über den Verlauf des Fertigungsprozesses.

Ebenso können eventuell vorliegende Konstruktionsfehler oder Konstruktionsnachlässigkeiten sowie Fehler der Arbeitsvorbereitung noch relativ kostengünstig korrigiert werden; ist eine Korrektur nicht mehr möglich, so kann wenigstens im Sinne einer **Hochrechnung** deren Auswirkung auf die voraussichtlichen Gesamtkosten prognostiziert werden[134]. Mit Blick auf die **Einhaltung vorgegebener Kostenziele** kann auf diese Weise die Erreichung der komponentenspezifischen Kostenziele laufend überwacht werden. Drohen Überschreitungen bei einer Komponente müssen diese durch geeignete Maßnahmen verhindert bzw. begrenzt werden. Andernfalls müssen die Kosten noch zu fertigender Komponenten gesenkt oder andere ausgleichende Maßnahmen ergriffen werden. Neben diesen denkbaren **Kompensationen** zeigt sich als letzter Ausweg - zumindest bei der Kundenfertigung - die Wiederaufnahme der **Preisverhandlungen** mit dem Kunden, der jedoch im Regelfall keiner Preiserhöhung zustimmen wird. Lediglich in Ausnahmefällen, beispielsweise bei gegenüber der Auftragserteilung aufgrund nicht vorhersehbarer Ereignisse drastisch gestiegenen Rohstoffpreisen oder bei öffentlichen Aufträgen, ist eine Anpassung des Preisniveaus denkbar.

Über die Betriebsdatenerfassung steht für die fertigungsbegleitende Kalkulation laufend das **aktuell gültige Mengen- und Zeitgerüst** der Fertigung zur Verfügung. Darüber hinaus werden aber nicht nur Mengen- oder Zeitabweichungen erfasst, sondern auch die **Inanspruchnahme nicht geplanter Ressourcen**. So kann beispielsweise bei wechselnd tätigen Mitarbeitern unterschiedlicher Lohngruppen der tatsächlich eingesetzte Mitarbeiter registriert werden. Wird aus störungsbedingten Gründen eine andere Maschine oder gar eine andere Technologie als die geplante eingesetzt, bleibt dem Kalkulator diese Tatsache nicht verborgen. Auch qualitätsbedingt gegenüber der Planung geänderte Rohstoffe stehen für die Kalkulation zur Verfügung.

Aus der Bewertung dieser Ist-Fertigungsdaten mit den zugehörigen Planpreisen ergeben sich die **Istkosten**, die analog zum Produktionsfortschritt **laufend aktualisiert** werden. Diese Istkosten stellen nun permanent in ihrer aktuellen Ausprägung den **Vergleichsmaßstab für die Plankosten im Rahmen des Soll-Ist-Vergleichs**. Da aber eine personelle Durchführung und Analyse dieses Soll-Ist-Vergleichs unwirtschaftlich und auch zeitraubend wäre, bietet sich die Möglichkeit, diesen **automatisiert** durch die EDV durchführen zu lassen. Für die so ermittelten Abweichungen müssen dabei **Bandbreiten** festgelegt werden. Werden diese Bandbreiten überschritten, wird der Controller im Sinne eines „Management by exception" durch ein Warnsignal auf diese Überschreitung aufmerksam gemacht und kann nach einer genauen Analyse die Gründe für die entsprechenden Kostenabweichungen feststellen und weitere Schritte veranlassen. Durch ein permanentes Kostenträgercontrolling kann also ein **Frühwarn-**

---

[133] Siehe Hahn, Dietger: Controlling...(1987), S. 30.

[134] Siehe wiederum Krause, Herbert - Müller, Michael R.: Produktionscontrolling...(1990), S. 325 sowie die Ausführungen im Abschnitt ‚Projektspezifische Hochrechnung' dieses Kapitels.

system etabliert werden, das die Kostenzielerreichung überwacht und bei Kostenabweichungen frühzeitige Gegenmaßnahmen ermöglicht[135].

Die Daten und Informationen der Betriebsdatenerfassung können auch für Maßnahmen der **Qualitätsprüfung** genutzt werden. In diesem Sinne ist der Begriff des Soll-Ist-Vergleichs über den Kostenbegriff hinaus auf die betriebliche Leistungserstellung auszudehnen. Eine frühzeitige Identifikation jener Erzeugnisse, die nicht die erforderliche Qualität aufweisen, ist notwendig, um die erfolgsmäßigen Konsequenzen von Nicht- oder Minderqualitäten möglichst gering zu halten[136]. Die zur Beseitigung von **Qualitätsfehlern** notwendigen Kosten steigen überproportional mit dem Fortschreiten des Prozesses der Leistungserstellung, während gleichzeitig die Wirksamkeit von qualitätsfördernden Maßnahmen sinkt[137].

Aus diesen Ausführungen wird deutlich, dass ein fertigungsbegleitender Soll-Ist-Vergleich seinen Einsatzschwerpunkt sicherlich bei der **Einzelfertigung** hat. Auch bei der **kundenbezogenen Auftragsfertigung** kommt einem fertigungsbegleitenden Soll-Ist-Vergleich eine große Rolle zu. Bei einer Standard-Auftragsfertigung oder gar einer Massenfertigung dagegen besteht aufgrund der spezifischen und spezialisierten Ausrichtung der Fertigung eine sehr hohe Planungsgenauigkeit, so dass Abweichungen regelmäßig nur eine untergeordnete Rolle spielen und damit auch eine fertigungsbegleitende Abweichungsermittlung kaum in Frage kommt.

D Soll-Ist-Vergleich in den indirekten Bereichen

Beim Einsatz der Prozesskostenrechnung werden in den indirekten Bereichen der Unternehmen Prozesse identifiziert und kalkuliert. Dadurch werden bisher nur über mehr oder weniger differenzierte Zuschläge auf die Erzeugnisse verrechnete Kosten beanspruchungsgerechter zurechenbar. Durch die Identifikation von **Hauptprozessen** in den indirekten Bereichen, die als Kostenträger, also als Kostenzurechnungsobjekte fungieren, kann die **Methodik des Soll-Ist-Kostenvergleichs** auch in diesen Unternehmensbereichen Anwendung finden.

Die bisherigen Ausführungen zur produktionstypspezifischen Ausgestaltung des Kostenträgercontrollings können analog auf die indirekten Unternehmensbereiche übertragen werden. So lassen sich in den indirekten Bereichen **innerbetriebliche Kostenträger** identifizieren, die in den beiden Extremfällen als **Standardleistung** oder als **Individualleistung** erbracht werden. Auch innerbetriebliche Projekte im Sinne von Baumaßnahmen, Softwareeinführungen, Markterschließungen oder Marktforschungsprojekten finden sich in den Unternehmen. Reine Massenleistungen in den indirekten

---

[135] Vor diesem Hintergrund kann der Ansicht von Gans, Christian - Reiß, Michael: Rechnungswesen...(1986), S. 95 f nicht gefolgt werden, dass die Abweichungsermittlung zu spät erfolgt und Korrekturmaßnahmen erst in der Folgeperiode möglich sind.

[136] Vgl. Sasse, Alexander: Qualitätskostenmanagement...(2002), S. 183. Derselbe, S. 88 nennt als Ziel der Qualitätsprüfung „Fehlleistungen vorhergehender Wertschöpfungsstufen festzustellen sowie Fehlleistungen der aktuellen Wertschöpfungsstufe zu identifizieren, damit diese nicht an die nächsten Glieder der Wertschöpfungskette weitergeleitet werden".

[137] Siehe Fröhling, Oliver - Wullenkord, Axel: Qualitätskostenmanagement...(1991), S. 172.

Bereichen widersprechen dagegen dem Servicegedanken dieser Unternehmensbereiche und sind dementsprechend nicht vorstellbar.

Letzten Endes kann in den indirekten Bereichen differenziert werden zwischen Leistungen, deren Mengenvolumen und damit auch Leistungsinhalt standardisiert ist, und Leistungen, deren Mengenvolumen nicht standardisiert ist. Letztere Leistungen lassen sich weiter differenzieren in **Standardleistungen**, die lediglich in der erbrachten Menge variieren, und in **Individualleistungen**, die weder mengenmäßig noch leistungsbezogen planbar sind. Bei diesen „Produktionstypen“ findet die gleiche Methodik Anwendung, die für den Fertigungsbereich vorgestellt wurde. Ein standardisiertes Leistungsvolumen wird periodisch verrechnet und kontrolliert. Leistungsstandards, deren Mengenvolumen variiert, werden volumenabhängig mit Standardkostensätzen verrechnet. Individualleistungen schließlich werden mit ihren Istkosten, die aber auf Basis der Standardkostensätze der Kostenstellen ermittelt werden, abgerechnet und nachkalkuliert. Die Relevanz des Kostenträgercontrollings zeigt sich - analog zu den direkten Unternehmensbereichen - um so geringer, je mehr Standardleistungen erbracht werden.

Mit Hilfe der **Prozesskostenrechnung** wurde in den letzten Jahren begonnen, über eine Änderung der Verrechnungsmethodik indirekte Bereiche direkt in die Kalkulation zu übernehmen. In diesem Sinne wurden Prozesskosten für kostenstellenübergreifende Hauptprozesse erfasst und als Standardkostensätze in die Kostenträgerrechnung übernommen. Bezüglich der Kostenplanung für diese Hauptprozesse sei auf die entsprechenden Ausführungen zur Prozesskostenrechnung in der vorliegenden Arbeit verwiesen[138]. Durch den Einsatz moderner EDV-Anlagen wird aber auch die **Erfassung der Istmengen und Istzeiten** für diese Hauptprozesse möglich und damit die automatisierte **Berechnung der Sollkosten**. Die Aussagekraft der Sollkosten ist dabei jedoch teilweise eingeschränkt, da sich Kostenabweichungen der Hauptprozesse im Regelfall aufgrund der oftmals feststehenden Tätigkeiten keiner personellen Verantwortung zurechnen lassen. Es können lediglich Hinweise zur Planung für zukünftige Perioden gewonnen werden. Teilweise gestaltet sich auch die Ermittlung von Sollkosten schwierig, wenn nicht sogar unmöglich, so wären im Verwaltungsbereich zwar Rechnerlaufzeiten oder Telefonatsdauern theoretisch erfassbar, dem stehen jedoch sowohl **betriebsinterne Grenzen** seitens des Betriebsrats als auch **gesetzliche Einschränkungen** entgegen[139]. Außerdem ist wiederum fraglich, ob der geringfügige Informationszuwachs den erheblichen Erfassungsaufwand rechtfertigen kann. Die analoge Argumentation gilt auch für die Ermittlung der Istmengen und damit der Istkosten. Im Regelfall erfolgt daher keine Nachkalkulation und auch keine Kontrolle der Prozesskostensätze. Diese werden vielmehr einmal jährlich einer genauen Analyse unterzogen und organisationsanalytisch neu festgelegt. Letztlich wird die Prozesskostenrechnung

---

[138] Siehe dazu die entsprechenden Ausführungen im Kapitel ‚Prozess- und ressourcenorientierte Produktkostenkalkulation'.

[139] Siehe stellvertretend § 87 Absatz I Nummer 6 Betriebsverfassungsgesetz (BetrVG): „Der Betriebsrat hat, soweit eine gesetzliche oder tarifliche Regelung nicht besteht, in folgenden Angelegenheiten mitzubestimmen: Einführung und Anwendung von technischen Einrichtungen, die dazu bestimmt sind, das Verhalten oder die Leistung der Arbeitnehmer zu überwachen“.

überwiegend als Planungsrechnung eingesetzt. Der Abgleich zwischen den geplanten und den tatsächlich realisierten Werten erfolgt in der Betriebsergebnisrechnung

Lediglich in den **fertigungsnahen Bereichen**, wie der Logistik oder der Materialwirtschaft, kann das Instrument des Soll-Ist-Vergleichs mit einer ähnlichen Aussagekraft eingesetzt werden wie im Fertigungsbereich. Das Zustandekommen der Abweichungen wird allerdings im Regelfall meist auf **Planungsungenauigkeiten** oder **Planungsfehlern** basieren. Nur in Ausnahmefällen können ausführende Mitarbeiter dafür verantwortlich gemacht werden.

Einen großen Vorteil bieten verlässliche Planungsdaten der Hauptprozesse in den indirekten Bereichen jedoch bei der **Vorkalkulation**. Können die Kosten dieser Prozesse in gewissen, engen Bandbreiten zuverlässig kalkuliert werden, kann dadurch bei der Angebots- und auch der Auftragsvorkalkulation die Ungenauigkeit bei der Verwendung von Zuschlagssätzen ausgeschaltet werden.

IV. Spezielle Anforderungen des Projektcontrollings

Da für die speziellen Belange der **Projektfertigung** ein eigenes betriebswirtschaftliches Instrumentarium entwickelt wurde, wird auf diesen Fertigungstyp im Folgenden detaillierter eingegangen[140]. Die Komplexität und die Durchführungsdauer von Projekten führen zu zusätzlichen Dimensionen für das Controlling, die mit Hilfe von Methoden der Netzplantechnik und mit Meilensteinkonzepten beherrscht werden[141]. Änderungen der Kundenwünsche, komplexitätsbedingte Unwägbarkeiten sowie die Problematik der Parallelarbeit führen zu projektspezifischen Abweichungen, die als **Leistungsabweichungen** quantifiziert werden. Ebenso wichtig ist das projektbezogene Qualitätscontrolling, das eine qualitätssichere Projektübergabe erlaubt. Letztlich darf aber auch die termintreue Fertigstellung des Projekts nicht vernachlässigt werden.

Festzuhalten ist dabei, dass auch Projektfertiger bestimmte Teile oder Baugruppen als Standardteile in Serienfertigung herstellen[142]. Die **Produktindividualisierung** auf die spezifischen Belange des Kunden erfolgt so spät wie möglich im Produktionsprozess. Insofern ist die Unterscheidung zwischen einem auf die Belange der Serien- und Massenfertigung abstellenden Kostenträgercontrolling und einem speziell für die Einzelfertigung konzipierten Projektcontrolling nur idealtypisch zu sehen[143]. Vielmehr sind

---

140 In der einschlägigen Fachliteratur sind mit dem Stichwort Projekt regelmäßig Einzelprojekte gemeint. Vor diesem Hintergrund finden sich tiefgehende Ausführungen zum Controlling einzelner Projekte, nicht aber zum Controlling einer Unternehmung, die mehrere Projekte parallel durchführt. Siehe zu einer bereichsübergreifenden Projektplanung stellvertretend Wienhold, Klaus - Schön, Dietmar: Ergebnisplanung...(1998), S. 296 ff.

141 Vgl. Pahl, Gerhard - Beitz, Wolfgang - Feldhusen, Jörg - Grote, Karl-Heinrich: Konstruktionslehre...(2003), S. 176 ff.

142 Siehe Raps, Alfons - Reinhardt, Dieter: Projekt-Controlling...(1995), S. 122.

143 Ramsauer, Helmut: Projektrechnung...(1994), S. 216 bezeichnet die Projektrechnung im Sinne einer Projektkostenrechnung als eine Sonderform der Kostenträgerrechnung.

im speziellen Fall für die einzelnen betrieblichen Teilbereiche jeweils **die dem Controllingobjekt adäquaten Controllinginstrumente** einzusetzen[144].

A Projektbegriff und Projektrisiken

„Die Deutsche Industrienorm (DIN 69901) definiert ein **Projekt** als ein Vorhaben, das im wesentlichen durch die Einmaligkeit der Bedingungen in ihrer Gesamtheit gekennzeichnet ist"[145]. Darüber hinaus umfassen Projekte regelmäßig **komplexe Vorhaben**, die im Regelfall ein großes **Leistungsvolumen** bedingen. Als weiteres Projekte kennzeichnendes Kriterium ist die über einen längeren **Zeitraum** dauernde Durchführung anzuführen. Letztendlich findet bei Projekten in aller Regel auch **Parallelarbeit** statt, die durch eine entsprechende **Modularisierung** der Projektkomponenten erst ermöglicht wird. In der betrieblichen Praxis kommt zudem bei Projekten regelmäßig eine spezielle **Projektorganisation** zur Anwendung[146], darüber hinaus können Projekte aber zumindest idealtypisch auch anhand der Zielvorgaben oder auch der zeitlichen, der personellen oder anhand sonstiger Restriktionen von anderen Vorhaben abgegrenzt werden[147]. Abbildung 5-8 zeigt die typischen Merkmale der langfristigen Auftragsfertigung im Überblick. Interne Projekte, wie Investitions-, Instandhaltungs- oder auch Forschungsprojekte[148], bedürfen ebenso der Projektform wie externe Projekte im Sinne von komplexen Kundenaufträgen[149].

---

[144] Dass natürlich die kostenrechnerischen Anforderungen bei Unternehmen der Projektfertigung gegenüber anderen Unternehmen differieren, liegt auf der Hand. Stellvertretend sei hier auf die Kalkulation der Zinskosten bei langfristiger Fertigung hingewiesen. Diese Kostenart erlangt bei der Projektfertigung ein relativ großes Gewicht, zudem sind auch Zinseszinsen zu berücksichtigen. Vielfältige Finanzierungs- und auch Zahlungsmodalitäten sind in der Praxis anzutreffen, die Zurechnung der Zinskosten auf die Kostenträger und damit die Projekte gestaltet sich dagegen meist relativ einfach. Siehe dazu Scherrer, Gerhard: Zinskosten...(1992), S. 1008 ff.

[145] Raps, Alfons - Reinhardt, Dieter: Projekt-Controlling...(1995), S. 121 (Hervorhebung im Original). Analog dazu sieht Rattay, Günter: Projektplanung...(1996), S. 373 „Projekte als neuartige, komplexe Aufgabenstellungen". Siehe zu dieser Definition auch Rösgen, Klaus: Investitionscontrolling...(2000), S. 66 f, der vor dem Hintergrund dieser Projektdefinition das Projekt- und das Investitionscontrolling voneinander abgrenzt. Vgl. auch Riezler, Stephan: Lebenszyklusrechnung...(1996), S. 10. Zu den definitorischen Merkmalen und terminologischen Festlegungen des Projektbegriffs nach DIN 69901 siehe Hahn, Dietger - Hungenberg, Harald: PuK...(2001), S. 737 und Schultz, Volker: Projektkostenschätzung...(1995), S. 6 ff. Bei Siegwart, Hans - Senti, Richard: Product...(1995), S. 148 f findet sich ebenfalls eine Kriterienliste zur Abgrenzung von Projekten, und Müller, Heinrich: Prozeßkonforme...(1996), S. 438 führt die Charakteristika der Einzelfertigung aus betriebswirtschaftlicher Sicht an.

[146] Siepert, Hans-Martin: Großanlagenbau...(1992), S. 999 nennt die Abwicklung des Projekts als Eigengeschäft oder in Form eines Konsortiums oder einer Arbeitsgemeinschaft als wesentliche Einflussfaktoren der Projektorganisation.

[147] Siehe ebenfalls Raps, Alfons - Reinhardt, Dieter: Projekt-Controlling...(1995), S. 121 und auch Schwarze, Jochen: Projektmanagement...(2001), S. 13 f.

[148] Siegwart, Hans - Senti, Richard: Product...(1995), S. 148 sehen die Neuproduktentwicklung als typisches Projektbeispiel.

[149] Raps, Alfons - Reinhardt, Dieter: Projekt-Controlling...(1995), S. 121 weisen darauf hin, dass abrechnungstechnisch keine Differenzierung zwischen den Begriffen „Projekt" und „Auftrag" not-

Abbildung 5-8
Typische Merkmale langfristiger Auftragsfertigung

Merkmale langfristiger Auftragsfertigung

- **große komplexe Produkte und Projekte**, wie z.B. Bauindustrie, Straßenbau, Anlagenbau, Schiffbau, Chemieanlagenbau
- Objekte bestehen aus mehreren **Subsystemen** und **Komponenten**, die teilweise parallel abgearbeitet werden
- **Einteilung in Projektphasen**, in der Bauindustrie Erdaushub, Innenausbau, Bedachung, Gartenanlage
- definierte Projektabschnitte im Sinne von **Meilensteinen**
- oftmals **mehrjährige Projektabwicklung**
- Planung der Projekte erfordert **anspruchsvollere Methoden des Projektcontrollings**
- **fertigungstypspezifische Bilanzierungsprobleme** wegen der Ertragsrealisation
- Auftraggeber leistet **Vorauszahlungen** bzw. **Abschlagszahlungen**

Aufgrund der spezifischen Eigenheiten eines Projekts ist die **Projektdurchführung** mit etlichen **Risiken** verbunden, die die Erreichung des Projektziels gefährden, wie den Risiken der Projektdauer und der Projektkosten, dem Risiko der Ergebnisfindung (dieses bezieht sich vor allem auf Forschungsvorhaben und die Neuproduktentwick-

---

wendig ist, da beide Begriffe Controllingobjekte darstellen und somit die gleichen Abrechnungsfunktionen angewendet werden können, vgl. dazu auch Plattner, Hasso - Kagermann, Henning: Einbettung...(1988), S. 142. Aus organisatorischer und abwicklungstechnischer Sicht geht die Projektdurchführung aber mit einem wesentlich höheren Bearbeitungsaufwand einher als die Auftragsbearbeitung.

Neben der Differenzierung zwischen internen und externen Projekten finden sich bspw. bei Schultz, Volker: Projektkostenschätzung...(1995), S. 9 ff weitere Kriterien zur Klassifizierung verschiedener Projektarten.

lung) und dem Projekterfolgsrisiko[150]. Eine geeignete Projektorganisation[151] mit den entsprechenden Verantwortlichkeiten trägt ebenso zur Beherrschung und Reduzierung dieser Risiken bei, wie ein effektives Projektcontrolling.

Eine Untergliederung eines Projektes in verschiedene **Projektphasen oder Projektstufen** erhöht die Transparenz und trägt somit zur Beherrschbarkeit der Projektaufgabe bei[152]. In Anlehnung an den Lebenszyklusgedanken wird dabei das gesamte Projekt von der Akquisition bis hin zum Betrieb und schließlich zur Stilllegung zweckgerecht gegliedert. Ohne diese **Modularisierung** wäre kaum eine Planung oder Kontrolle langfristiger und komplexer Projekte möglich[153].

Gleichzeitig wird durch eine zielführende Projektstrukturierung eine **leistungsfortschrittsgerechte Projektabrechnung** überhaupt erst ermöglicht. Prinzipiell kann differenziert werden in Projekte, für die nur ein Gesamtpreis vereinbart ist, und Projekte, bei denen für leistungswirtschaftlich abgegrenzte Teilgewerke feste Preis vereinbart sind, und die auch einzeln abgenommen werden. In ersterem Fall muss das Gesamtprojekt kosten- und leistungsmäßig verfolgt werden, im zweiten Fall bezieht sich die Kosten- und Leistungsbetrachtung schwerpunktmäßig auf die einzelnen Teilabnahmepakete, während das Gesamtprojekt im Wesentlichen rein terminmäßig gesteuert wird[154].

B Angebotskalkulation und Auftragsvorkalkulation

Wie bereits im Rahmen der frühzeitigen Produktkostenkalkulation ausgeführt, bilden die Angebots- und die Auftragsvorkalkulation die zentralen **Maßstäbe für das Con-**

---

150 Siehe dazu insbesondere Siegwart, Hans - Senti, Richard: Product...(1995), S. 149 und generell Wolf, Klaus: Risikomanagement...(2003), S. 12 ff.

151 Da die Gestaltung von Projektorganisationen den Rahmen der vorliegenden Arbeit bei weitem übersteigen würde, sei auf die entsprechende Literatur verwiesen, siehe insbesondere Menzl, Andreas: Gestaltung...(1977), S. 143 ff.

152 Siehe Schultz, Volker: Projektkostenschätzung...(1995), S. 11 ff sowie die dort angegebene Literatur zu alternativen Phasenschemata.

153 Wienhold, Klaus - Schön, Dietmar: Ergebnisrechnung...(1997), S. 226 ff verweisen im Rahmen einer montagestundensatzorientierten Projektrechnung auf die Notwendigkeit einer am Prozess der Leistungserstellung ausgerichteten Kostenstellenbildung und auch Kostenstellenabrechnung, um möglichst viele Projektkosten als Projekteinzelkosten erfassen zu können.

154 Im externen Rechnungswesen spielt dabei die Problematik der Erlösrealisation eine große Rolle. Im Sinne einer echten Teilgewinnrealisierung wird der Erlös für Teilgewerke, für die eigene Abnahmepreise vereinbart sind, nach der jeweiligen Abnahme als realisiert ausgewiesen. Die nach HGB vorgeschriebene Ertragsrealisation bei Übergabe des Gesamtprojekts an den Auftraggeber (completed-contract-method) führt zu einer verfälschten Darstellung der Leistungsfähigkeit des Unternehmens. Die percentage-of-completion-method dagegen führt zu einer sukzessiven erfolgswirksamen Vereinnahmung der vereinbarten Gesamterlöse entsprechend dem projektspezifischen Fertigstellungsgrad und hat damit eine periodengerechtere Darstellung der wirtschaftlichen Leistungsfähigkeit des Unternehmens zur Folge, allerdings auch auf das Ergebnis bezogen eine größere Unsicherheit, da Kosten- und Erlösniveaus geschätzt werden müssen.

trolling der auftragsbezogenen Einzelfertigung[155]. Dies ist besonders deshalb von Bedeutung, da bei der Projektfertigung regelmäßig keine abschließend definierten kalkulationsrelevanten Mengen- und Wertgerüste vorliegen.

Ausgehend von einer **kundenauftragsneutralen Basiskalkulation**, die auf Erfahrungswerten ähnlich strukturierter Kundenaufträge beruht, wird die **kundenauftragsspezifische Angebotskalkulation**[156] abgeleitet. Idealtypisch berücksichtigt die Angebotskalkulation alle kundenspezifischen Anforderungen, so dass einerseits die Grobstruktur des Projekts festgelegt ist, andererseits aber auch die groben Fertigungsstrukturen im Sinne der Eigenfertigung oder des Fremdbezugs[157]. Tatsächlich sind aber diese Angebotskalkulationen regelmäßig aufgrund von Änderungswünschen seitens des Kunden mehrfach zu überarbeiten[158]. Diese verschiedenen **Kalkulationsstände** sind in modernen Kalkulationssystemen parallel gespeichert zu halten, um bereits für diesen frühen Projektstand **Abweichungsanalysen** zu ermöglichen.

Zum Abschluss der Auftragsverhandlungen kann schließlich die **Auftragsvorkalkulation** erstellt werden[159]. Auch diese Vorkalkulation beruht aber auf unsicheren oder auch fehlenden Parametern, so dass mit der weiteren Planung auch hier **aktualisierte Vorkalkulationen** erstellt werden müssen, die bis hin zu den einzelnen Unteraufträgen reichen[160]. „Die genaueste Vorkalkulation liegt vor Fertigungsbeginn eines Unterauftrages vor“[161].

C Projektplanung und Projektstrukturierung

Die wesentlichen Eckpunkte der **Projektplanung und Projektsteuerung** generell sind die Zielgrößen Zeiten bzw. Termine, Qualität und Kosten[162]. Mit Hilfe eines **Projektstrukturplans**[163] wird ein komplexes Projekt systematisch in einzelne **Arbeits-**

---

155 Zu den speziellen Problemen der Angebotskalkulation sowie der Auftragsvorkalkulation sei an dieser Stelle auf die entsprechenden Ausführungen im Kapitel ‚Frühzeitige Produktkostenkalkulation' verwiesen.

156 Medicke, Werner: Produktkosten-Controlling...(1988), S. 293 spricht von einer Angebotsvorkalkulation.

157 Vgl. Raps, Alfons - Reinhardt, Dieter: Projekt-Controlling...(1995), S. 123. Pohl, Jürgen: Produktionscontrolling ...(1987), S. 380 f verweist auch auf die Möglichkeit der Verwendung von Pseudo-Baugruppen für noch nicht genau definierte Baugruppen.

158 Siehe Raps, Alfons - Reinhardt, Dieter: Projekt-Controlling...(1995), S. 124. Holzer, Herbert: PPS-Systeme...(2000), S. 17 ff verweist auf die Möglichkeit einer Stücklisten- und Arbeitsplanbestimmung mit Hilfe von Entscheidungstabellen bei der kundenindividuellen Produktion.

159 Vgl. Holzer, Herbert: PPS-Systeme...(2000), S. 122.

160 Vgl. Medicke, Werner: Produktkosten-Controlling...(1988), S. 293 f.

161 Medicke, Werner: Produktkosten-Controlling...(1988), S. 294.

162 Siehe bspw. Schmelzer, Hermann J. - Friedrich, Werner: Integriertes...(1997), S. 341. Kolisch, Rainer - Hempel, Kai: Evaluation ...(1996), S. 1000 führen zusätzlich noch einen hohen Kapitalwert des Projekts als typisches Projektziel an.

163 Siehe dazu insbesondere Schwarze, Jochen: Projektmanagement...(2001), S. 83 ff und Schultz, Volker: Projektkostenschätzung...(1995), S. 61 ff.

pakete zerlegt, die wiederum Grundlage für die Projektplanung und auch für die Projektsteuerung sind[164].

Der konkrete **Projektablauf** wird auf Basis dieser Arbeitspakete mittels Terminlisten, Balkenplänen und Netzplänen geplant. Während **Terminlisten** nur eine Aneinanderreihung wesentlicher vorgegebener oder geplanter Fertigstellungstermine enthalten, werden bei einem **Balkenplan** die einzelnen Arbeitspakete des Projektstrukturplans chronologisch geordnet[165]. Die zugehörigen zeitproportionalen Balken zeigen die zeitliche Abfolge der Arbeitspakete und somit auch die zeitkritischen Vorgänge. Bei der aussagekräftigen **Netzplantechnik**[166] schließlich werden die einzelnen Arbeitspakete untereinander verknüpft, so dass auch komplexe Wechselwirkungen untereinander identifiziert und die Konsequenzen zeitlicher Abweichungen für das gesamte Projekt deutlich werden[167]. Auch bei der Projektplanung gilt es, den **Grundsatz der Wirtschaftlichkeit** zu beachten, so dass einem erhöhten Planungs- und Strukturierungsaufwand der Netzplantechnik auch ein entsprechender Umfang und eine entsprechende Bedeutung des Projekts gegenüberstehen müssen[168].

Mit die wichtigste Zielgröße eines Projekts ist der **Fertigstellungstermin**, der im Regelfall von Auftraggeberseite her vorgegeben ist[169]. Bei Nichteinhaltung dieses Termins werden regelmäßig Konventionalstrafen fällig, die natürlich auch in eine **kostenrechnerische Projektanalyse** einbezogen werden können. Werden allerdings häufiger Termine nicht eingehalten oder zu weit überschritten, wird sich dies auf das Ansehen

---

[164] Siehe Rattay, Günter: Projektplanung...(1996), S. 379 und Schwarze, Jochen: Projektmanagement...(2001), S. 247 f. Raps, Alfons - Reinhardt, Dieter: Projekt-Controlling..(1995), S. 125 verweisen darauf, dass die einzelnen Arbeitspakete in ihrem „Umfang so gegliedert sein müssen, dass sie im Hinblick auf die zu erwartenden Kosten und Termine überschaubar werden und Aussagen zu gegenseitigen Abhängigkeiten getroffen werden können". Gleichzeitig führen sie technische Aspekte, die Organisation, Controlling-Anforderungen, kaufmännische Gesichtspunkte, PPS-Überlegungen und die Abrechnung als bedeutsame Bestimmungsfaktoren für die Projektgliederung an. Vgl. auch Hay, Paul H. - Hieronimus, Albert - Huss, Hans-Peter: Projektabrechnung...(1993), Sp. 1635 f sowie Niemand, Stefan - Riedrich, Timo - Bretz, Kay G.: Earned Value-Management...(2003), S. 325.

[165] Vgl. stellvertretend Schwarze, Jochen: Projektmanagement...(2001), S. 143 ff.

[166] Siehe zu Wesen und Konzept der Netzplantechnik generell Hahn, Dietger - Hungenberg, Harald: PuK...(2001), S. 744 f und S. 747 ff und Mellerowicz, Konrad: Planung...(1979), S. 124 ff sowie die dort angegebene Literatur. Siehe dazu komprimiert Schultz, Volker: Projektkostenschätzung...(1995), S. 21 f und auch ausführlich Schwarze, Jochen: Projektmanagement...(2001), S. 23 ff.

[167] Vgl. wiederum Rattay, Günter: Projektplanung...(1996), S. 380 f und auch Raps, Alfons - Reinhardt, Dieter: Projekt-Controlling...(1995), S. 127: „Im einzelnen werden in den Netzen *Beginn und Endtermin* aller wichtigen Projektaktivitäten geplant, *Anordnungsbeziehungen* definiert und die benötigten *Ressourcen* festgelegt" (Hervorhebungen im Original).

[168] Vgl. Raps, Alfons - Reinhardt, Dieter: Projekt-Controlling...(1995), S. 127.

[169] Schmelzer, Hermann J. - Friedrich, Werner: Integriertes...(1997), S. 341 erarbeiten die Restlaufzeit (als zeitraumbezogener Quotient des noch zu bearbeitenden Arbeitsvolumens und der Projektgeschwindigkeit) sowie die Termintreue (als ebenfalls zeitraumbezogener Anteil der rechtzeitig fertig gestellten Arbeitspakete) als wesentliche Kennzahlen für die Einhaltung des Fertigstellungstermins bei F&E-Projekten.

des Unternehmens dergestalt auswirken, dass potenzielle Auftraggeber bei einer zukünftigen Auftragsvergabe möglicherweise der Konkurrenz den Vorzug geben. Aus einem ablauforientierten Blickwinkel ist genau aus diesem Grund die enorme Bedeutung der Netzplantechnik für die Projektdurchführung und Projektsteuerung nachvollziehbar. **Meilensteinkonzepte** überwachen zusätzlich den zeitlichen Projektfortschritt, indem für bestimmte, fest definierte Zeitpunkte vollständig erbrachte Projektleistungen oder Projektteilleistungen vorgegeben und kontrolliert werden.

Eine unzureichende **Projektqualität** führt zwingend zu einer zeit- und kostenaufwendigen Nacharbeit. Sowohl die Bedeutung des **Faktors Zeit** bei der heutigen Marktsituation als auch die konkurrenzbedingt niedrigen Projektdeckungsbeiträge belegen die Bedeutung nicht nur einer termintreuen sondern auch einer qualitätssicheren Projektdurchführung.

Für ein aussagefähiges und zielführendes Projektcontrolling ist in Analogie zu den Ausführungen zum Kostenträgercontrolling eine **Kongruenz zwischen Plandaten und Ist- bzw. Solldaten** notwendig. Die Voraussetzung dafür ist eine **sachgerechte Projektstrukturierung** mit Hilfe der angesprochenen Vorgehensweisen, so dass zur Ermittlung der relevanten Abweichungen Soll- und Vergleichsmaßstab auf derselben Ebene gegenübergestellt werden können[170]. Aus kostenrechnerischer Sicht ist für eine **mitlaufende Projektkalkulation** diese sachgerechte Auftragsstrukturierung zwingende Voraussetzung. Gerade wenn von technischer Seite her Projektnetzpläne zum Einsatz kommen, kann die kaufmännische Auftragsstrukturierung auf die technische Projektstrukturierung zurückgreifen, „weil der Detaillierungsgrad für die Bestimmung der [kalkulationsrelevanten, d. V.] Leistungseinheiten in keinem Fall größer ist, als der für die Netzplantechnik erforderliche“[171]. Vor diesem Hintergrund beliefert das Projektcontrolling die projektverantwortliche Stelle mit den für eine zielgerichtete Projektsteuerung notwendigen Informationen[172].

D An den Arbeitspaketen ansetzendes Projektcontrolling

Das **Projektcontrolling** erhält seine zentrale Stellung vor allem wegen der langen Projektdauern und der damit verbundenen Imponderabilien. Die im Rahmen der Projektplanung festgelegten Richtwerte und Kenngrößen müssen laufend überwacht, ihre Einhaltung muss analysiert und letztendlich sichergestellt werden. Ein aussagekräftiges und effektives Projektcontrolling kann regelmäßig nicht nur zu fest definierten

---

170 Vgl. Raps, Alfons - Reinhardt, Dieter: Projekt-Controlling...(1995), S. 122.

171 Siepert, Hans-Martin: Projektcontrolling...(1986), S. 87. Vgl. dazu auch Hahn, Dietger - Hungenberg, Harald: PuK...(2001), S. 752 ff.

172 Vgl dazu die Ausführungen zur mitlaufenden Auftragskalkulation bei Siepert, Hans-Martin: Großanlagenbau...(1992), S. 999 ff. Eberle, Rudolf: Produktcontrolling...(1992), S. 572 ff verwendet einen „Variantenbaum“ zur Kalkulation von Produktvarianten eines Pkw-Herstellers. Dieser Variantenbaum ist die Auflösung eines Produkts in seine einzelnen Bestandteile unter der Voraussetzung der Anwendung eines Baukastensystems. Werden die einzelnen Elemente des Variantenbaums als Arbeitspakete eines komplexen Projekts interpretiert, können die Verfahren des Projektcontrollings auf die Produktvarianten angewendet werden.

Zeitpunkten im Projektverlauf durchgeführt werden, sondern muss vielmehr **projektbegleitend** stattfinden.

Die reine **Budgetanalyse** als einfache Projektkostenkontrolle beruht auf der realitätsfremden Prämisse, dass sich der tatsächliche Projektfortschritt analog zur Plan-Leistung entwickelt und subtrahiert für einen bestimmten Analysezeitpunkt die bis dahin aufgelaufenen Budgetkosten von den angefallenen Istkosten. Ermittelte Abweichungen können allerdings sowohl auf sachlichen als auch auf zeitlichen Ursachen beruhen. Da die Budgetanalyse keine weitere Differenzierung der identifizierten Abweichung vorsieht, ist sie für ein effektives Projektcontrolling ungeeignet[173]. Auf dem tatsächlich realisierten Projektstand basierende Sollkosten sind somit auch für das Projektcontrolling unabdingbar. Daraus wird deutlich, dass die Ermittlung des **tatsächlich realisierten Projektfortschritts** zu einem bestimmten Analysezeitpunkt einen zentralen Problembereich beim Projektcontrolling darstellt.

Für die Messung des **projektspezifischen Realisierungsgrades** zur Ermittlung der Projekt-Sollkosten finden sich in der einschlägigen Fachliteratur zahlreiche Vorschläge, deren Diskussion den Rahmen der vorliegenden Arbeit sprengen würde[174]. Diesen Ansätzen liegt allerdings regelmäßig die Prämisse der **kostenproportionalen Leistungserstellung** zugrunde und zudem fehlen auch **Qualitätsaspekte** völlig, so dass unter keinen Umständen ersichtlich ist, ob bereits abgearbeitete und fertig gestellte Arbeitspakete den Qualitätsansprüchen des Auftraggebers oder auch des Projektfertigers genügen. Unter Umständen sind zur **qualitätssicheren Projektfertigstellung** vor allem bei Großprojekten umfangreiche Nacharbeiten erforderlich.

Aufgrund der spezifischen Projektcharakteristika kann und muss zwar das Projektziel definiert werden, die zur Zielerreichung notwendigen Einzelleistungen können aber oft nur global detailliert werden. Zur Strukturierung der daraus fast zwingend resultierenden Soll-Ist-Abweichungen kann die im Abschnitt II. dieses Kapitels vorgestellte Abweichungssystematik für die Projektfertigung in ihren Gründzügen beibehalten werden, muss aber modifiziert werden, wie dies Abbildung 5-9 zeigt. Die **Projektstruktur- und Leistungsabweichung** nimmt daher bei der projektspezifischen Abweichungssystematik die zentrale Stellung ein[175]. Je komplexer ein Projekt ist, desto

---

[173] Siehe stellvertretend Coenenberg, Adolf G. - Fischer, Thomas - Raffel, Andreas: Abweichungsanalyse...(1992), S. 768 f.

[174] Siehe dazu stellvertretend Coenenberg, Adolf G.: Kostenrechnung...(2003), S. 425 ff. Siehe zur Ermittlung des Projektfortschritts auch Coenenberg, Adolf G. - Fischer, Thomas - Raffel, Andreas: Abweichungsanalyse...(1992), S. 771 ff, Rattay, Günter: Projektplanung...(1996), S. 388 f und Schwarze, Jochen: Projektmanagement...(2001), S. 230 ff.

[175] Besonders bei großen Bauvorhaben treten immer wieder nicht geplante Leistungserfordernisse ein. Dabei kann es sich um nicht planbare oder um fälschlicherweise nicht geplante Leistungen handeln. Wird die Ausgangssituation für ein Projekt nicht richtig beurteilt, müssen zwangsläufig zur Projektdurchführung unvorhergesehene Leistungen erbracht werden, so bspw. bei der fehlerhaften Einschätzung des Untergrundes bei Bauvorhaben, wie dies beim Neubau der ICE-Trasse Nürnberg-München geschehen ist. Nicht planbar dagegen sind Leistungserfordernisse, die auch bei gewis-

Abbildung 5-9
Für das Projektcontrolling relevante Abweichungssystematik[176]

Projektstruktur- und Leistungsabweichungen
ungeplante Leistungsstrukturen und Leistungsvolumina

Verfahrensabweichungen
ungeplanter Einsatz alternativer Betriebsmitel

Geschwindigkeitsabweichungen
ungeplanter Projektfortschritt

Ressourcenverbrauchsabweichungen
Intensitätsabweichungen, Fertigungszeitabweichungen

Materialverbrauchs- und Materialstrukturabweichungen
Mehr- oder Minderverbräuche, Abfälle, Verschnitt u. dgl.

Fremdleistungsabweichungen
Mehr- oder Minderverbräuche

Mehrkosten infolge von Minderqualitäten
Kosten für Nachbesserungen und Erlösminderungen

Kostenabweichungen aufgrund von Nichtqualitäten
Ausschuss-, Entsorgungs- und Recyclingkosten

schwieriger sind die notwendigen Teilleistungen zu überblicken, und je länger die Durchführungsdauer, desto größer die Unwägbarkeiten, die während der Projektdauer auftreten können. Vor diesem Hintergrund sind vor allem auch bei Forschungsprojekten Projektstruktur- und Leistungsabweichungen quasi vorherbestimmt. **Verfahrens-**

---

senhafter Vorbereitung nicht vorhergesehen werden konnten, wie bspw. Bombenfunde bei Bauvorhaben oder auch Projektumdefinitionen, die bspw. die Auslegung eines Frachtschiffes ändern.

Die Leistungsabweichung im hier verwendeten Sinn muss strikt von einer Leistungsabweichung, die einen vom Plan abweichenden Projektfortschritt kennzeichnet und hier als Geschwindigkeitsabweichung bezeichnet wird, abgegrenzt werden.

[176] Modifiziert und erweitert nach Männel, Wolfgang: Kostenrechnungssysteme...(2003), S. 190.

abweichungen resultieren aus der notwendig gewordenen Anwendung alternativer und nicht geplanter Fertigungsverfahren. Wie bereits ausgeführt, sind Verfahrensabweichungen bei der Projektfertigung an der Tagesordnung, da der Projektplanung regelmäßig keine ausreichenden Informationen für eine konkrete Maschinenbelegungsplanung vorliegen. Die **Geschwindigkeitsabweichung** ist vor dem Hintergrund einer termintreuen Projektfertigstellung eine ganz wesentliche Kenngröße, die anzeigt, ob der tatsächliche Projektfortschritt mit dem geplanten Projektfortschritt übereinstimmt[177]. Auf Ebene des gesamten Projekts können dafür nur zweckgerecht modifizierte Plankosten zum Einsatz kommen, während auf der Ebene einzelner Arbeitspakete und Gewerke der Arbeitsfortschritt sehr wohl durch konkrete Leistungsgrößen angegeben werden kann.

Die Losgrößenabweichung spielt definitionsgemäß bei der Projektfertigung als Einzelfertigung auf Ebene des Gesamtprojektes keine Rolle, und bezüglich der Ausführungen zur Ressourcenverbrauchsabweichung, zur Materialverbrauchs- und Materialstrukturabweichung und zur Fremdleistungsabweichung sei auf die Ausführungen im Abschnitt II dieses Kapitels verwiesen. Die **Qualitätsabweichungen** nehmen aufgrund der Tragweite mangelhafter Qualität bei einem komplexen Fertigungsvorhaben wieder eine zentrale Position ein. Nichtqualitäten können definitionsgemäß bei der Projektfertigung auf Projektebene nicht auftreten. Wird das Projekt fertig gestellt und vom Auftraggeber abgenommen, kann es sich definitiv nicht mehr um Nichtqualität, sondern allenfalls noch um Minderqualität handeln. Aber gerade bei komplexen und leistungsintensiven Vorhaben muss eine **qualitätssichere Leistungserstellung** Priorität haben, da die Beseitigung von Qualitätsmängeln sehr hohe Kosten nach sich zieht. Davon unberührt können auf Ebene einzelner Arbeitspakete und Gewerke selbstverständlich Nichtqualitäten auftreten, deren Beseitigung Ausschuss-, Entsorgungs- oder auch Recyclingkosten verursacht und die - wie ausgeführt - frühzeitig erkannt werden müssen. Es sei an dieser Stelle auch darauf hingewiesen, dass **Projektabbrüche** nicht zu Soll-Ist-Abweichungen führen[178], dass aber die bis zur Abbruchsentscheidung entstandenen projektspezifischen Kosten von anderen erfolgreich durchgeführten Projekten natürlich getragen werden müssen.

Die **Reihenfolge** der Abweichungsermittlung ist ebenfalls wieder sachlogisch zwingend vorgegeben und wird in Abbildung 5-10 demonstriert. Die geplante Projektstruktur und die geplanten Leistungsvolumina müssen zuallererst an die tatsächliche Projektstruktur und die tatsächlich notwendigen Leistungsvolumina angepasst werden. Für die gegebene Projektstruktur kann dann die Verfahrensabweichung ermittelt werden. Die sich anschließende Identifikation der Geschwindigkeitsabweichung basiert auf der tatsächlichen Projektstruktur und dem tatsächlich in Anspruch genommenen

---

177 Hahn, Dietger - Hungenberg, Harald: PuK...(2001), S. 765 sprechen in diesem Zusammenhang von einer „Zeitabweichung des Projektes".

178 Vor allem im Forschungsbereich der Pharmaindustrie und auch im Entwicklungsbereich der Softwareindustrie lassen sich zahlreiche Beispiele für abgebrochene Projekte finden, die die gesteckten Ziele nicht erfüllen konnten. Dies gilt selbstverständlich auch für die Raumfahrt.

Abbildung 5-10
Ermittlung der projektspezifischen Abweichungen auf mehreren Sollkostenstufen

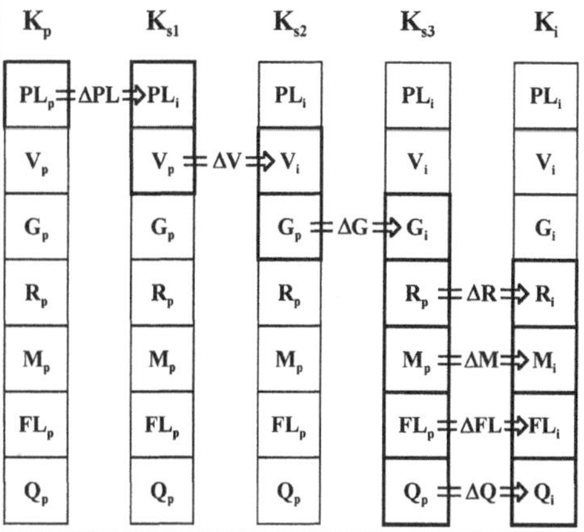

mit:
ΔPL = Projektstruktur- und Leistungsabweichung,
ΔV = Verfahrensabweichung,
ΔG = Geschwindigkeitsabweichung,
ΔR = Ressourcenverbrauchsabweichung,
ΔM = Materialverbrauchsabweichung,
ΔFL = Fremdleistungsabweichung und
ΔQ = Qualitätsabweichung,
p = geplante Werte,
i = realisierte Werte und
s = Sollwerte.

Produktionsverfahren. Die verbleibenden Abweichungen können simultan vor dem bereits sicher gestellten Hintergrund der tatsächlichen Projektstruktur, des tatsächlichen Fertigungsverfahrens und des tatsächlichen Leistungsfortschritts ermittelt werden.

Die vor allem für **Großprojekte** genutzte Earned Value Methode setzt auf einem vorhandenen Projektstrukturplan und die zugehörige Definition der Arbeitspakete auf und ermittelt ausgehend davon Kennzahlen zur Beurteilung der Kosten- und Termintreue[179]. Der so genannte **Earned Value** als der mit Abschluss eines Arbeitspakets gut geschriebene und über das gesamte Projekt aufkumulierte Wert dient dabei als Maßstab für den Projektfortschritt. Gleichzeitig werden auf dem realisierten Projektstand aufbauende Prognoseverfahren integriert, um die aufgrund der aktuellen Informationen zu erwartenden Projektgesamtkosten in einer gewissen Bandbreite angeben und damit auch frühzeitig gegensteuern zu können[180].

Es sei an dieser Stelle aber ausdrücklich darauf hingewiesen, dass die **Projektüberwachung und Projektsteuerung** für ein effektives Projektcontrolling bei den einzel-

---

[179] Siehe dazu insbesondere Niemand, Stefan - Riedrich, Timo - Bretz, Kay G.: Earned Value-Management...(2003), S. 325 ff mit weiteren Notationen. Die „Kostenvarianz“ als Differenz zwischen Earned Value und tatsächlichen Istkosten zeigt dabei für den aktuellen Projektstand eine Budgetunter- oder Budgetüberschreitung an, während die „Zeitvarianz“ als Differenz zwischen Earned Value und Planned Value (entspricht dem geplanten Budget) einen gegenüber dem Plan langsameren oder schnelleren Projektfortschritt ausdrückt.

[180] Zur Prognose greift die Earned Value Methode zumindest in den USA auf gut ausgebaute Erfahrungsdatenbanken zurück, so dass die empirische Prognosequalität als sehr hoch bezeichnet wird, Niemand, Stefan - Riedrich, Timo - Bretz, Kay G.: Earned Value-Management...(2003), S. 328.

nen Teilaufträgen im Sinne der **Arbeitspakete** erfolgen muss [181]. Dies gilt vor allem vor dem Hintergrund, dass die Bestimmung des Realisierungsgrads einen zeitproportionalen Kostenanfall unterstellt und diese Prämisse besonders bei kleinen Arbeitspaketen und relativ konstantem Ressourceneinsatz akzeptabel ist. Genau dann kann man davon ausgehen, dass die Arbeitspakete dergestalt definiert wurden, dass die Messung der bis zu einem bestimmten Stichtag erbrachten Leistung möglich ist[182].

Aus der Sicht des Controllings muss die **Istdatenerfassung** mindestens in der Detaillierung der Plandaten, also **für die einzelnen Arbeitspakete** erfolgen, um auch auf dieser Ebene Plan-Soll-Ist-Vergleiche zu ermöglichen[183]. Die gemeldeten Istleistungen sind bei der Einzelfertigung generell mit **Vollkosten** zu bewerten, wobei aber auch eine **Parallelkalkulation** zu Teilkosten unverzichtbar ist[184]. Die Notwendigkeit der Vollkostenbewertung ergibt sich aus der Tatsache, dass vor allem bei der langfristigen Einzelfertigung nicht gedeckte Fixkosten einzelner Projekte das Unternehmensergebnis direkt vermindern[185]. Darüber hinaus müssen auch die noch nicht realisierten, aber **bereits eingegangenen Verpflichtungen als Obligos** im Sinne „voraussichtlicher" oder „wahrscheinlicher" Istdaten berücksichtigt werden[186]. **Prognosedaten** im Sinne von voraussichtlich noch anfallenden Kosten oder benötigten Zeiten werden ebenfalls einbezogen[187].

Verschiedene Vorkalkulationsstände[188] werden einander beim Projekt-Controlling im Sinne von **Plan-Plan-Vergleichen** gegenübergestellt, um einerseits Möglichkeiten für konstruktive Änderungen aufzudecken und andererseits detailliertere Informationen für zukünftige ähnliche Folgeprojekte zu gewinnen. Besonders die Aussage, ob die frühere Kostenermittlung auch mit - vor dem Hintergrund genauerer Projektinformati-

---

181 Dies fordern Raps, Alfons - Reinhardt, Dieter: Projekt-Controlling...(1995), S. 127: „Projekt-Controlling kann nur von der Ebene dieser Einzelaufträge ausgehen, die selbstverständlich zu Teilprojektgruppen, Teilprojekten bis zum Gesamtprojekt verdichtet werden, um dort die Termin- und Kostenentwicklung zu überwachen und zu beeinflussen". Auch Medicke, Werner: Produktkosten-Controlling...(1988), S. 296 postuliert einen Auftrags-Soll-Ist-Vergleich für jeden einzelnen Unterauftrag.

182 Siehe Raps, Alfons - Reinhardt, Dieter: Projekt-Controlling...(1995), S. 126.

183 Vgl. Müller, Heinrich: Prozeßkonforme...(1993), S. 412 und auch Raps, Alfons - Reinhardt, Dieter: Projekt-Controlling...(1995), S. 127.

184 Siehe bspw. Hay, Paul H. - Hieronimus, Albert - Huss, Hans-Peter: Projektabrechnung...(1993), Sp. 1635.

185 Siehe besonders Raps, Alfons - Reinhardt, Dieter: Projekt-Controlling...(1995), S. 128.

186 Bei Rechnungseingang für die bestellten Lieferungen oder Leistungen erfolgt praktisch regelmäßig eine Umbuchung von den Obligokosten auf die Istkosten.

187 Siehe Hay, Paul H. - Hieronimus, Albert - Huss, Hans-Peter: Projektabrechnung...(1993), Sp. 1639 f und wiederum Raps, Alfons - Reinhardt, Dieter: Projekt-Controlling...(1995), S. 128 f. Müller, Heinrich: Prozeßkonforme...(1996), S. 459 f verweist darauf, dass zur Ermittlung der Prognosekosten dieselben Methoden und Verfahren angewendet werden wie auch zur Vorkalkulation selbst, und dass Prognosekosten im Projektcontrolling wie Istkosten behandelt werden, aber als eigene Kostenkategorie ausgewiesen werden.

188 Vgl. dazu die Ausführungen zur Angebotskalkulation und zur Auftragsvorkalkulation im Kapitel ‚Frühzeitige Produktkostenkalkulation'.

onen - später gewonnenen Kostendaten übereinstimmt, ist von zentraler Bedeutung für den weiteren Projektverlauf[189]. Im Rahmen von **Plan-Ist-Kostenvergleichen**[190] werden für jede Projektposition die Plankosten laut aktueller Planung, das bereits eingegangene Obligo, die Istkosten und die erwarteten Restkosten ausgewiesen und gegenübergestellt. Sowohl die Plan-Plan-Vergleiche als auch die Plan-Ist-Vergleiche werden hierarchisch bis hin zum Gesamtprojekt aggregiert und erlauben detaillierte Aussagen bezüglich einzelner Kostenarten oder Kostenartengruppen[191].

Den Projektverantwortlichen stehen über die angesprochenen **Kostenvergleiche** jederzeit die notwendigen Informationen über die Ausschöpfung des zur Verfügung stehenden Budgets bereit. Über die Rückmeldung der Istleistungen und die entsprechenden fachmännischen Hochrechnungen und Prognosen kann auch die **Terminsituation** transparent und übersichtlich dargestellt werden. Dem **Projektreporting** kommt somit eine zentrale Informationsfunktion zu[192].

E Projektspezifische Hochrechnung

Im Rahmen der Betriebsergebnisrechnung ist in der Literatur schon seit längerer Zeit die Notwendigkeit und auch der Nutzen einer **jahresbezogenen Hochrechnung** anerkannt[193]. Das Ergebnis einer Hochrechnung besteht dabei auf der einen Seite aus den Ist-Ergebnissen bereits abgelaufener Teilperioden der Planungsperiode und auf der anderen Seite aus den Plan-Ergebnissen der restlichen Teilperioden. Das voraussichtli-

---

[189] Siehe Medicke, Werner: Produktkosten-Controlling...(1988), S. 295 f, der beispielhaft drei Vorkalkulationsabweichungen anführt (die Vorkalkulationsabweichung 1 als Differenz zwischen Kosten der Vorkalkulation nach Auftragserteilung und Kosten der Angebotskalkulation, die Vorkalkulationsabweichung 2 als Kosten der Vorkalkulation nach Abschluss der technischen Planung abzüglich Kosten der Vorkalkulation nach Auftragserteilung und die Vorkalkulationsabweichung 3 als Differenz der Kosten der Vorkalkulation vor Fertigungsbeginn und der Kosten der Vorkalkulation nach Abschluss der technischen Planung). Vgl. auch die verschiedenen Vorkalkulationsstände bei Müller, Heinrich: Prozeßkonforme...(1996), S. 445 ff.

[190] Obwohl Medicke, Werner: Produktkosten-Controlling...(1988), S. 295 ff und Müller, Heinrich: Prozeßkonforme...(1996), S. 461 in diesem Zusammenhang von einem Soll-Ist-Kostenvergleich sprechen, wird der Begriff der Sollkosten in diesem Zusammenhang nicht als an die tatsächliche Beschäftigung angepasste Plankosten verwendet, sondern muss eher als aktualisierte Plankosten verstanden werden. Aus diesem Grund sprechen Raps, Alfons - Reinhardt, Dieter: Projekt-Controlling...(1995), S. 129 auch von einem Plan-Ist-Vergleich statt von einem Soll-Ist-Vergleich.

[191] Vgl. Raps, Alfons - Reinhardt, Dieter: Projekt-Controlling...(1995), S. 129.

[192] Siehe Schwarze, Jochen: Projektmanagement...(2001), S. 273 ff und auch Niemand, Stefan - Riedrich, Timo - Bretz, Kay G.: Earned Value-Management...(2003), S. 329.

[193] Vgl. beispielsweise Männel, Wolfgang: Ergebniscontrolling...(2003), S. 69 f. Krystek, Ulrich: Beitrag...(1992), S. 1438 bezeichnet Hochrechnungen als „eine Form der *antizipierenden Kostenkontrolle*, bei der [...] ein Vergleich zwischen Plan zum Periodenende und hochgerechnetem bzw. voraussichtlichem Ist zum Periodenende erfolgt" (Hervorhebung im Original). Gans, Christian - Reiß, Michael: Rechnungswesen...(1986), S. 98 ff sprechen von einem „Soll-Wird-Vergleich", während Gruber, Horst: Kopplung...(1996), S. 157 von einem „Ziel-Ist-Vergleich" mit der Begrifflichkeit der Zielkosten als Kostenvorgaben spricht. Wienhold, Klaus - Schön, Dietmar: Ergebnisrechnung...(1997), S. 231 sprechen von einer „rollierenden Prognoserechnung", die aber vor allem in der Erfassung neuer Projekte über die einfache Hochrechnung hinausgeht.

che Betriebsergebnis lässt sich auf diese Weise detailliert prognostizieren, und die Hochrechnung liefert Ansatzpunkte für **frühzeitige Korrekturmaßnahmen**.

Analog zur Hochrechnung der Ergebnisse auf Unternehmens- bzw. Bereichsebene können auch die projektspezifisch entstehenden Kosten im Verlauf der Fertigung hochgerechnet werden. Verknüpft man diese Hochrechnung der Projektkosten mit den voraussichtlichen bzw. vertraglich vereinbarten Erlösen, erhält man eine **projektbezogene Hochrechnung des Ergebnisses**[194]. Bei der Einzel- und Auftragsfertigung kann somit eine erzeugnisbezogene Ergebnishochrechnung auf Basis des meist vertraglich festgelegten **Abnahmepreises** und der **hochgerechneten Erzeugniskosten** durchgeführt werden. Die hochgerechneten Erzeugniskosten bestehen dabei aus den Kalkulationsergebnissen der fertigungsbegleitenden Kalkulation für die bereits gefertigten und in der Fertigung befindlichen Komponenten sowie den Ergebnissen der Vorkalkulation bzw. dem Bestellobligo für die restlichen Komponenten. Schritthaltend mit der fertigungsbegleitenden Kalkulation wird so die Hochrechnung über mehrere Rechenschritte in das tatsächliche Ergebnis überführt[195].

Führt die Hochrechnung zu einem unbefriedigenden Ergebnis oder zeigt diese einen negativen Trend auf, müssen Maßnahmen ergriffen werden, um die gesteckte Zielsetzung dennoch zu erreichen[196]. Bei extremen Struktur- oder Leistungsabweichungen sind sicherlich **Neuverhandlungen** mit den Auftraggebern möglich. Im Regelfall wird jedoch zwischen Projektfertiger und Auftraggeber ein fixer Preis vereinbart sein, so dass der Projekterfolg anderweitig sichergestellt werden muss. In Abhängigkeit von Art und Grund der aufgetretenen Abweichungen sind hier vor allem **Kompensationen** bei den noch zu leistenden Arbeitspaketen denkbar. Diese Kompensationen können zum einen den zeitlichen Aspekt über eine schnellere und damit meist auch kostenintensivere Realisierung betreffen, die damit aber den Fertigstellungstermin sichert. Zum anderen können diese Kompensationen auch die Projektkosten direkt beeinflussen, indem bei zukünftigen Arbeitspaketen qualitative Spielräume oder fertigungstechnische Toleranzen ausgenützt werden und damit diese Arbeitspakete kostengünstiger hergestellt werden. Diese Kompensationseffekte sichern die Wirtschaftlichkeit eines Projektvorhabens. Als letzter Ausweg bei einem nicht mehr erreichbaren Projektziel sowohl in zeitlicher als auch in sachlicher oder in finanzieller Hinsicht bleibt nur mehr der Projektabbruch.

---

[194] Im Zusammenhang mit einer computerintegrierten Fertigung (CIM) spricht Hahn, Dietger: Controlling...(1987), S. 35 von einer „entwicklungs- und produktionsbegleitenden Kosten- bzw. Ergebnisrechnung".

[195] Siehe dazu Raps, Alfons - Reinhardt, Dieter: Projekt-Controlling...(1995), S. 129.

[196] Vgl. Holzer, Herbert: PPS-Systeme...(2000), S. 126. Anderenfalls liegt nach Schwarze, Jochen: Projektmanagement...(2001), S. 301 eine Projektkrise vor, „wenn die Erreichung der Sach-, Zeit- oder Kostenziele eines Projekts - und damit das Projekt an sich - sehr stark gefährdet [..., ist, d. V.], oder sogar erkennbar ist, dass die Zielvorgaben nicht mehr erreichbar sind".

6. Kapitel Umfassende Lebenszyklusrechnung

Das traditionelle **Kostenträgercontrolling**, wie es auch im vorhergehenden Kapitel analysiert und dargestellt wurde, ist vor allem beim Produktionstyp der **Massen- und Großserienfertigung** eindeutig **stückbezogen**. Der Controlling-Fokus liegt auf den einzelnen gefertigten Produkteinheiten. Die **Auftragsfertigung** löst sich von dieser stückbezogenen Sichtweise und rückt **komplette Kunden- und Fertigungsaufträge** in den Controlling-Mittelpunkt, um die Erfolgsbeiträge gerade dieser Aufträge zu identifizieren und zu analysieren. Kostenträgerspezifisch stehen aber auch hier Produkteinheiten im Blickpunkt. In beiden Fällen ist der Betrachtungszeitraum auf eine isolierte **Abrechnungsperiode** fixiert, regelmäßig auf ein Kalenderjahr. Periodenübergreifende Betrachtungen finden traditionell nicht statt[1].

Bei der **Projektfertigung** steht ebenfalls die Produkteinheit als Projektgegenstand im Zentrum. Bei einer Losgröße von 1 rückt damit die Projektdauer in den Vordergrund. An die Stelle einer abrechnungsperiodenbezogenen tritt eine **projektdauerbezogene Betrachtungsweise**. In diesem Sinne ist bei der Projektfertigung bereits eine Dynamisierung des Controllings zu konstatieren, auch wenn für Abrechnungs- und Berichtszwecke der Projektzeitraum den regulären Abrechnungsperioden wieder untergeordnet wird.

Für diese zwar vom Fertigungstyp abhängige, aber dennoch **durchgängige Stückbetrachtung** wurden im traditionellen Kostenträgercontrolling die periodenbezogenen Planungs-, Erfassungs-, Kontroll- und Analysemethoden immer weiter verfeinert. **Innovationsanstrengungen** im Sinne von Leistungen der Forschungs-, Entwicklungs- und Konstruktionsabteilung wurden produktionstypunabhängig als Projekte definiert und damit für die **Methoden des Projektcontrollings** zugänglich[2]. Ein innovationsspezifischer Produkt-, Kunden- oder auch Technologiebezug wurde kostenrechnerisch nicht weiter verfolgt. Die enorme Zunahme von Innovationsleistungen und die Verkürzung der produktspezifischen Marktphasen zwingen die Praxis und die Theorie zu einer verstärkten Auseinandersetzung mit **innovationsbezogenen Phänomenen**[3].

In einer theoretisch sauberen Konzeption müssen **Innovationskosten** im Sinne von Forschungs-, Entwicklungs- und Konstruktionskosten oder auch Kosten der Arbeitsvorbereitung als lebenszyklusbezogene Deckungslasten aktiviert und **auf die Dauer der Innovationsnutzung verteilt** werden. Praktisch werden diese Kosten regelmäßig zu Lasten der Periode des Kostenanfalls verrechnet. Zur Begründung wird dabei die

---

[1] Siehe dazu auch die Ausführungen im vorhergehenden Kapitel ‚Kostenträgercontrolling mit Soll-Ist-Vergleichen'.

[2] Vgl. dazu stellvertretend Männel, Wolfgang: Forschung und Entwicklung...(1993), S. 167 f. Auch Coenenberg, Adolf G. - Fischer, Thomas M.- Raffel, Andreas: Abweichungsanalyse...(1992), S. 767 ff sprechen von Entwicklungsprojekten.

[3] In diesem Zusammenhang sprechen Pfeiffer, Werner - Weiß, Enno - Volz, Thomas - Wettengl, Steffen: Funktionalmarkt-Konzept...(1997), S. 40 von einem „magischen Dreieck", das das Zusammenwirken von Entstehungszyklusexpansion, Marktzykluskontraktion und Vorbereitungskostenexplosion verdeutlichen soll. Vgl. dazu auch die weiteren Ausführungen im vorliegenden Kapitel.

Regelmäßigkeit von Innovationsleistungen angeführt, so dass eine periodenbezogene Verrechnung nur zu einer vernachlässigbaren Verzerrung führt. Auch wenn aufgrund der hohen Personalkostenintensität der Innovationsabteilungen in den Unternehmen[4] die entsprechenden Kosten nach wie vor periodisch in ähnlicher Höhe anfallen, tragen aktuelle Entwicklungstendenzen dazu bei, dass die Innovationsintensität und damit auch die Auslastung der Innovationsabteilungen periodisch schwankt. Eine periodenbezogene Verrechnung ist daher nicht mehr haltbar und muss durch eine **auf das Leistungen empfangende Objekt bezogene Verrechnung** abgelöst oder zumindest ergänzt werden.

Neben die Innovationsleistungen im Sinne von Vorleistungen treten auch **Nachleistungen** als Gewährleistungs-, Service-, und Reparaturleistungen einerseits oder als Rücknahme-, Recyclings- oder Entsorgungsleistungen andererseits. Da diese Leistungen immer mehr **produktabhängig** auftreten, ist davon auszugehen, dass auch bei diesen Nachleistungskosten eine periodenbezogene Verrechnung nicht mehr akzeptabel ist. Diese Nachleistungen werden zudem weitgehend bereits **durch die Innovationsleistungen festgelegt**[5]. In der Praxis ist festzustellen, dass aus Sicht der Unternehmen externe Kosten aus absatzmarktbezogenen oder gesetzlichen Gründen mehr und mehr als Nachleistungskosten internalisiert werden. So führt die gestiegene Servicebereitschaft von Mitbewerbern dazu, dass Reparaturleistungen auf dem Kulanzweg erbracht werden, die noch vor einigen Jahren vom Kunden gesondert zu vergüten waren. Gesetzliche Rücknahmeverpflichtungen bedingen ebenfalls zusätzliche recycling- oder entsorgungsbezogene Nachleistungskosten[6].

Abbildung 6-1 zeigt die periodenbezogene Betrachtung als Querschnitt durch das Investitionsprogramm einer Unternehmung. Für den idealtypischen Fall einer **unternehmensspezifisch konstanten Innovationstätigkeit** zeigt diese Abbildung auch auf, dass eine Verrechnung zu Lasten der Perioden des Kostenanfalls aus dem Blickwinkel des Periodenergebnisses akzeptabel ist, da sich die Umsatzschwankungen der einzelnen Produktinvestitionen periodenbezogen gegenseitig ausgleichen. Gleichzeitig verdeutlicht Abbildung 6-1 aber auch die **Notwendigkeit einer investitionsbezogenen und damit periodenübergreifenden Sichtweise**. Dies gilt vor allem dann, wenn die Innovationstätigkeit periodenspezifischen Schwankungen unterliegt. Praktisch ist davon auszugehen, dass Phasen zunehmender, konstanter und auch abnehmender Innovationstätigkeit in losem Wechsel aufeinander folgen.

---

4 So spricht Männel, Wolfgang: Forschung und Entwicklung...(1993), S. 166 von einem Personalkostenanteil der Forschungs- und Entwicklungsabteilungen in Höhe von 60-80% der abteilungsbezogenen Gesamtkosten.

5 Siehe dazu die Ausführungen im Kapitel ‚Frühzeitige Produktkostenkalkulation'.

6 Vorwiegend betrifft dies Rücknahmeverpflichtungen der Industrie, wie bspw. die Rücknahme von Altöl der verkauften Menge entsprechend, siehe AWS – Abfallwirtschaft Stormarn: Altöl...(2004), S. 1.

Abbildung 6-1
Differierende Perspektiven der Periodenerfolgsrechnung und der auf den Marktzyklus bezogenen Investitionserfolgsrechnung

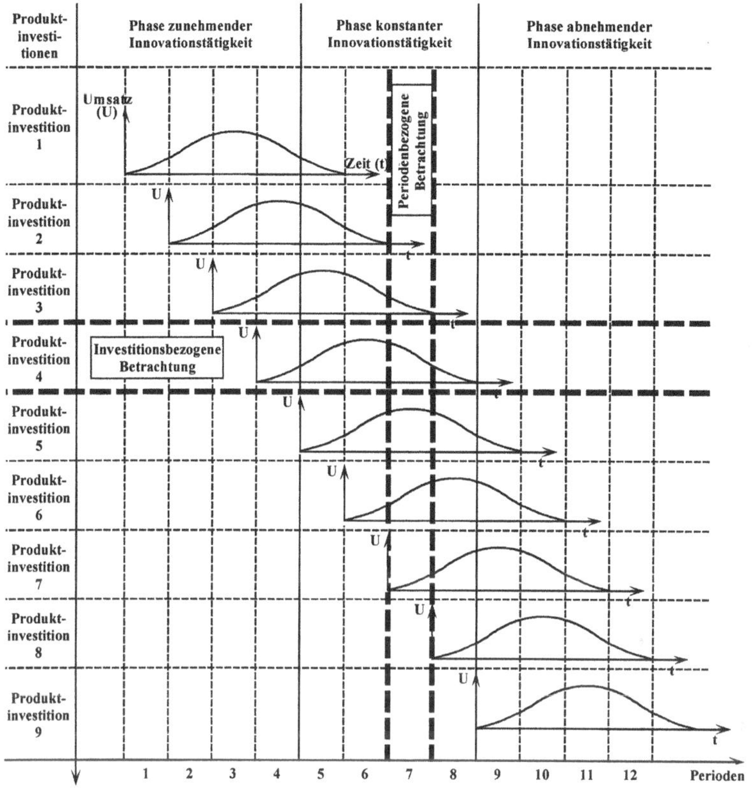

Eine auf einzelne Abrechnungsperioden bezogene Sichtweise ist insbesondere bei der Serienfertigung mit ihren Modellreihen und Varianten, aber auch bei den anderen Produktionstypen unbefriedigend, da **Prozesse mit periodenübergreifendem Bezug** zu Produkttypen oder allgemeiner Kostenträgern an Bedeutung gewinnen. In diesem Sinne können weder Vorleistungen noch Nachleistungen in ein periodisches Schema integriert werden. Insgesamt sind Produktreihen, Produkttypen, Produkte und auch Projekte als **Investitionen** zu sehen[7], **deren Wirtschaftlichkeit im Sinne einer Amortisation geplant, überwacht und gegebenenfalls auch gesteuert werden**

[7] Meyer, Jens Wilhelm: Produktinnovationserfolg...(2003), S. 35 zitiert in diesem Zusammenhang Gutenberg, Erich: Betriebswirtschaftslehre...(1979), S. 584, dass „Produktinnovationen [...] grundsätzlich als Investitionen auf[zu]fassen" sind.

muss. Und genau vor diesem Hintergrund muss eine übergreifende Betrachtung über den gesamten Lebenszyklus eines Betrachtungsobjekts stattfinden. Die traditionelle Periodenerfolgsrechnung muss dementsprechend zu einer produktbezogenen Investitionserfolgsrechnung ausgebaut werden.

„*Grundgedanke* des Life Cycle Costing[s, d. V.] ist es [somit, d. V.], dass zur Erreichung insgesamt kostengünstiger Systeme die Gesamtkosten - bestehend aus *Anfangskosten und Folgekosten* - zu analysieren sind“[8]. In der engen Auslegung des Begriffs Lebenszykluskostenrechnung[9] wird nur die Kostenseite betrachtet. Bei einer modernen weiter gefassten Auslegung sind aber **sämtliche Erfolgsvariablen Gegenstand einer lebenszyklusorientierten Betrachtungsweise**, neben der Kosten- also auch die Erfolgsseite im Sinne „*periodenübergreifende(r), den gesamten Lebenszyklus von Erzeugnissen umspannende(r) Kosten-, Erlös- und Ergebnisrechnungen*“[10]. Um dieser umfassenden Bedeutung gerecht zu werden, wird im Folgenden der Begriff der Lebenszyklusrechnung verwendet[11].

I. Ausgewählte Lebenszyklusphänomene

Der Großteil der Lebenszyklusdarstellungen in der Literatur orientiert sich am **Marktzyklus**[12] **von Produkten** der Serien- oder Massenfertigung, wobei der Fokus der konventionellen Modelle eindeutig auf der Marketingperspektive liegt[13]. Bei Erzeugnissen der Einzel- und Projektfertigung lässt sich regelmäßig kein Marktzyklus im engen Sinne identifizieren. Trotzdem finden auch hier vor dem Hintergrund der enorm gestiegenen Vor- und Nachleistungskosten Lebenszykluskonzepte als ganzheitliche Sichtweisen Anwendung.

Produktlebenszyklen sind sowohl in der Literatur als auch in der Praxis der eindeutige Anwendungsschwerpunkt von Lebenszykluskonzepten. Vor allem die immer kürzer

---

8 Zehbold, Cornelia: Lebenszykluskostenrechnung...(1996), S. 2 (Hervorhebung im Original).

9 Die Bezeichnungen Life Cycle Costing und Lebenszykluskostenrechnung werden im Folgenden synonym verwendet. Siehe zur Begriffsvielfalt für lebenszyklusorientierte Ansätze Pfohl, Markus Chr.: Lebenszyklusrechnung...(2002), S. 7 f.

10 Männel, Wolfgang: Entwicklungsperspektiven...(1999), S. 111 (Hervorhebung im Original). Vgl. dazu auch Zehbold, Cornelia: Lebenszykluskostenrechnung...(1996), S. 4. Zu weiteren Produktlebenszyklus-Definitionen siehe Fischer, Marc: Produktlebenszyklus...(2001), S. 2 ff.

11 Zehbold, Cornelia: Lebenszykluskostenrechnung...(1996), S. 3 f unterscheidet in diesem Zusammenhang zwischen einer Lebenszykluskostenrechnung im engeren Sinne und einer Lebenszykluskostenrechnung im weiteren Sinne, die über die Kostenbetrachtung hinausgeht. In der Literatur findet darüber hinaus terminologisch unsauber vielfach der Begriff der Lebenszykluskosten bzw. der Life Cycle Costs Anwendung, obwohl über die Kosten hinaus auch die Erlösseite in die Betrachtung einbezogen wird, siehe stellvertretend Rückle, Dieter - Klein, Andreas: Product...(1994), S. 341.

12 Unter einem Marktzyklus wird dabei die Lebensdauer des Betrachtungsobjektes am Markt verstanden.

13 In diesem Sinne wird ein Produktlebenszyklus auch meist als „zeitbezogenes Marktreaktionsmodell“ verstanden, siehe bspw. Meffert, Heribert: Marketing...(2000), S. 338 ff und Siegwart, Hans - Senti, Richard: Product...(1995), S. 5. Zur theoretischen Fundierung des Produktlebenszykluskonzepts siehe insbesondere Fischer, Marc: Produktlebenszyklus...(2001), S. 27 ff.

werdenden Marktzyklen unterstreichen die Notwendigkeit einer kostenrechnerischen Lebenszyklusbetrachtung auf Produktebene. Die **frühzeitige Beurteilung der Ertragskraft** bereits in der Planungs- und Konzeptionsphase nimmt an Bedeutung zu[14].

Produktlebenszyklusmodelle werden regelmäßig aus Sicht der produzierenden Unternehmen gestaltet. Betrachtet man aber Erzeugnisse der Einzel- und Projektfertigung aus Sicht der Kunden, so gelangt man unmittelbar zum **Lebenszyklus von Anlagen und Ressourcen**. Diese betrieblichen Ressourcen bilden die Rahmenbedingungen für die unternehmensspezifischen Fertigungstechnologien und Fertigungsprozesse, die wiederum einem eigenen Lebenszyklus unterworfen sind.

In der Aggregation von Produkten zu Produktprogrammen und weiter zu gesamten Unternehmen und Organisationen zeigen sich weitere Erscheinungsformen von Lebenszyklen. Aber auch unternehmensübergreifende Märkte unterliegen einem eigenen Zyklus. Abbildung 6-2 verdeutlicht den **Zusammenhang der verschiedenen Lebenszyklusphänomene**, auf die im Folgenden ausgehend vom Produktlebenszyklus näher eingegangen wird.

A Phasenabgrenzung im Produktlebenszyklus

Im traditionellen Marktmodell des Produktlebenszyklusses findet meist eine Unterteilung des Lebenszyklusses in die fünf Phasen Einführung, Wachstum, Reife, Sättigung und Degeneration statt[15]. Zur Abgrenzung der einzelnen Phasen kommen verschiedene Merkmale in Frage, wobei regelmäßig auf **Umsatz- oder Gewinngrößen** sowie auf Marktmerkmale abgestellt wird[16]. Abbildung 6-3 zeigt idealtypisch den Verlauf verschiedener Umsatzgrößen und des Gewinns im Produktlebenszyklus. Während in der **Einführungsphase** eines Produkts bei einem geringen Umsatzwachstum sehr hohe Marketingausgaben getätigt werden und insgesamt Einführungsverluste in Kauf genommen werden müssen, ist die **Wachstumsphase** durch ein starkes Umsatzwachstum und ein Erreichen der Gewinnzone bis hin zum Gewinnmaximum gekennzeichnet.

In der **Reifephase** erreicht der Umsatz seinen Höhepunkt, die Gewinne nehmen ab, befinden sich aber noch auf hohem Niveau. Die **Sättigungsphase** ist gekennzeichnet durch abnehmende Umsätze und weiter sinkende Gewinne, auch bedingt durch Konkurrenzanbieter. In der **Degenerationsphase** schließlich gehen die Umsätze weiter zurück, es besteht die Gefahr von Verlusten, falls das Produkt nicht rechtzeitig aus dem Produktionsprogramm genommen wird.

---

[14] Vgl. Männel, Wolfgang: Ergebniscontrolling...(2003), S. 141.

[15] Werden anstelle der letzten drei Phasen nur zwei Phasen differenziert, ergibt sich ein vierphasiges Modell (das oft im angloamerikanischen Raum zu finden ist) mit den Phasen Introduction, Growth, Maturity und Decline, siehe bspw. Lilien, Gary L. - Kotler, Philip - Moorthy, K. Sridhar: Marketing...(1992), S. 512 f. Siegwart, Hans - Senti, Richard: Product...(1995), S. 3 verweisen darauf, dass Zyklen üblicherweise in einzelne Phasen gegliedert werden, wobei zwar die Reihenfolge determiniert ist, nicht aber die Phasenlänge oder die Phasenanzahl.

[16] Eine ausführliche Übersicht dazu, differenziert nach Merkmalen des Marktes, der Abnehmer und der Anbieter findet sich bei Zehbold, Cornelia: Lebenszykluskostenrechnung...(1996), S. 28 f. Vgl. dazu auch Fischer, Marc: Produktlebenszyklus...(2001), S. 6 ff.

Abbildung 6-2
Lebenszyklusmodelle für verschiedene Betrachtungsobjekte

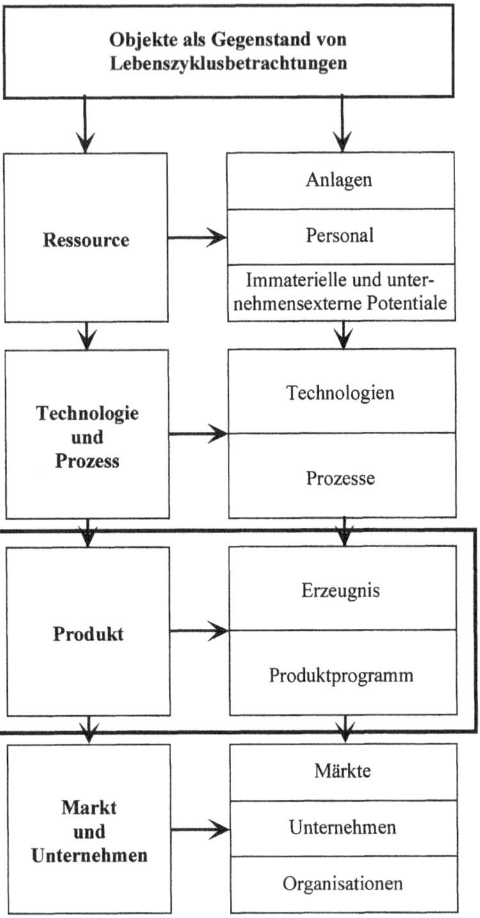

Hervorzuheben ist, dass die Abgrenzung der einzelnen Lebenszyklusphasen sowohl von der **Art** (Investitionsgut oder Konsumgut) und dem **Neuigkeitsgrad** des betrachteten Objektes abhängt, als auch vom **Aggregationsniveau** der Betrachtung (Produkt, Produktgruppe oder Produktklasse) und vom **Untersuchungszweck**[17]. Die prinzipielle

[17] Vgl. Zehbold, Cornelia: Lebenszykluskostenrechnung...(1996), S. 27. Meffert, Heribert: Marketing...(2000), S. 339 verweist darauf, dass die „Phaseneinteilung [...] ohne oder mit teilweisem Rückgriff auf die mathematischen Charakteristika des Kurvenverlaufs relativ willkürlich vorge-

Abbildung 6-3
Idealtypische Darstellung des Produktlebenszykluskonzepts[18]

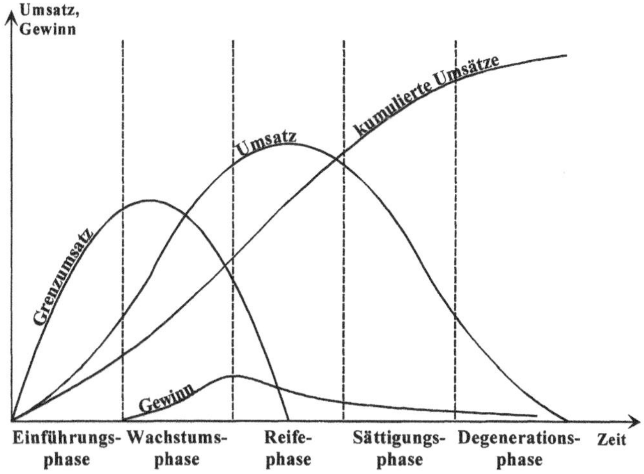

Abfolge der einzelnen Phasen bleibt jedoch unabhängig von deren Abgrenzung bestehen.

B Potenzialfaktorspezifische Lebenszyklusmodelle

Genau wie für die Leistungsverwertung im Sinne von Produkten kann auch für die Leistungserstellung im Sinne von Potenzialen eine Lebenszyklusbetrachtung erfolgen. Bei einer gesamtwirtschaftlichen oder branchenbezogenen Sichtweise findet in diesem Zusammenhang der Begriff des **Technologielebenszyklusses** Anwendung[19], auf unternehmensspezifischer Ebene werden **Anlagenlebenszyklusmodelle** eingesetzt[20]. Die zunehmende Bedeutung personalintensiver unternehmensinterner und unternehmensexterner Dienstleistungen macht zudem eine umfassende und ganzheitliche Betrachtung des **Produktionsfaktors der menschlichen Arbeitsleistung** notwendig. Darüber

nommen" wird, siehe dazu auch Kotler, Philip - Bliemel, Friedhelm: Marketing-Management...(1992), S. 542.

[18] Entnommen aus Siegwart, Hans - Senti, Richard: Product...(1995), S. 5. Siehe dazu bspw. auch Meffert, Heribert: Marketing...(2000), S. 339 und Zehbold, Cornelia: Lebenszykluskostenrechnung...(1996), S. 26 sowie die dort jeweils angegebene Literatur.

[19] Siehe dazu insbesondere die Ausführungen im nächsten Abschnitt ‚Lebenszyklen für Technologien und Prozesse'. Da der Fokus dieser Arbeit aus einer kostenträgerbezogenen Sichtweise auf Produktlebenszyklen liegt, sei bezüglich der Technologielebenszyklen auf die einschlägige Fachliteratur verwiesen, so bspw. auf Sommerlatte, Tom - Deschamps, Jean-Philippe: Einsatz...(1985), S. 37 ff oder Höft, Uwe: Lebenszykluskonzepte...(1992), S. 81 ff.

[20] Siehe dazu insbesondere Zehbold, Cornelia: Lebenszykluskostenrechnung...(1996), S. 51.

hinaus werden auch **immaterielle Potenziale** im Sinne von Rechten, Lizenzen oder auch Software einer Lebenszyklusbetrachtung unterzogen.

1. Anlagenlebenszyklus

Im Anlagenlebenszyklus[21] erfolgt eine „über die eigentliche Anlagennutzung hinausgehende Sichtweise des ‚Anlagenlebens' primär vom Standpunkt des Anlagennutzers"[22] aus. Besonders deutlich werden **Parallelen zwischen Anlagen- und Produktlebenszyklus** bei sehr spezialisierten Potenzialen, die lediglich für die Produktion einer Produktart benötigt werden. In diesem Fall sind einerseits die Investitionskosten des Potenzials im Entstehungszyklus des Produktes zu berücksichtigen, andererseits müssen zur betriebswirtschaftlichen Rechtfertigung der Investition im Sinne einer Investitionsrechnung Informationen aus dem Produktlebenszyklus integriert werden.

Ein Anlagenlebenszyklus besteht idealtypisch aus den drei Phasen des **Potenzialaufbaus** vor Beginn der Nutzungsdauer, der **Potenzialnutzung** während der Nutzungsdauer und des **Potenzialabbaus** nach Ende der Nutzungsdauer. In einer detaillierteren Betrachtung wird die Aufbauphase weiter differenziert in die Anlagenprojektierung, die Anlagenbereitstellung, die Anlageninstallation und die Anlageninbetriebnahme, zur Nutzungsphase zählt die eigentliche Anlagennutzung, die Anlageninstandhaltung und die Anlagenverbesserung, und die Phase des Potenzialabbaus untergliedert sich in die Anlagenausmusterung, die Anlagenverwertung und den Anlagenersatz[23].

In Analogie zu den Produktlebenszyklen werden bereits vor Beginn der Nutzungsdauer die wesentlichen **anlagenspezifischen Festlegungen** getroffen[24], so werden die Anlagenkapazität und die Anlagenzuverlässigkeit im Wesentlichen definiert[25]. Aber auch die Abbauphase wird bereits frühzeitig beeinflusst, so werden die Möglichkeiten und auch Notwendigkeiten der Anlagenverwertung entscheidend durch die Wahl alternativer Anlagenkomponenten und Anlagenauslegungen determiniert. Nur durch eine **lebenszyklusorientierte Betrachtung und Systematisierung der Anlagenkosten** können diese exakt und vollständig erfasst werden[26].

---

21 Der Begriff der Anlage wird im Folgenden im produktionstheoretischen, materiellen Sinn verwendet. „Anlagen sind insofern elementare Produktionsfaktoren (Betriebsmittel), die zwar der Erstellung von Leistungen dienen, in diese aber nur indirekt über die Abnutzung bzw. Entwertung eingehen", Männel, Wolfgang: Anlagenplanung...(1989), Sp. 42.

22 Zehbold, Cornelia: Lebenszykluskostenrechnung...(1996), S. 59 (im Original mit Hervorhebungen).

23 Siehe dazu insbesondere Männel, Wolfgang: Aufgaben...(1989), S. 312 f und Meyer, Johann: Anlagenkostenrechnung...(1986), S. 37 ff.

24 Vgl. Männel, Wolfgang: Technisierung...(1993), S. 306.

25 Siehe zur Systematisierung von Anlagenausfällen und den damit verbundenen Ausfallkosten Männel, Wolfgang: Komponenten...(1989), S. 235 ff.

26 Vgl. Männel, Wolfgang: Technisierung...(1993), S. 305.

2. Personallebenszyklus

In Analogie zur Anlagenwirtschaft ist auch für die Personalwirtschaft eine lebenszyklusorientierte Betrachtung notwendig[27]. Im Sinne von **Humanpotenzialen** stellen auch Mitarbeiter Ressourcen dar, die über längere Zeiträume genutzt werden sollen[28]. Berücksichtigt man dabei soziale und arbeitsrechtliche Rahmenbedingungen[29], wie gestiegene Sozialabgaben oder die reglementierten Möglichkeiten des Personalabbaus sowie die gestiegene Bedeutung von personalintensiven Dienstleistungsbereichen in den Unternehmen, ist es nahe liegend, dass vor allem der **Personalbeschaffung** im Vorfeld des Personaleinsatzes eine immer größere Bedeutung zukommt.

Idealtypisch kann die Strukturierung eines Personallebenszyklusses analog zum Anlagenlebenszyklus in die Phase der **Personalplanung und -beschaffung** vor der Personalnutzung, die Phase des **Personaleinsatzes**, der **Personalentwicklung** und des **Personalerhalts** während der Personalnutzung und in die Phase der **Personalfreistellung** nach der Personalnutzung erfolgen[30]. Bereits im Vorfeld von Stellenausschreibungen muss der Personalbedarf sowohl quantitativ als auch qualitativ in seiner zeitlichen Struktur geplant werden. Auf Basis dieser Plandaten erfolgt die Anwerbung und Auslese von potenziellen Mitarbeitern sowie die entsprechende Gestaltung der jeweiligen Arbeitsverträge. Vor dem Hintergrund eines enormen Investitionsvolumens in personelle Ressourcen[31] und der damit verbundenen langen vertraglichen **Bindungsdauern im Sinne von Kostenremanenzen**[32] müssen auch Personalkosten zur exakten und vollständigen Erfassung personallebenszyklusorientiert betrachtet und systematisiert werden.

---

[27] Zehbold, Cornelia: Lebenszykluskostenrechnung...(1996), S. 61 weist darauf hin, dass eine lebenszyklusorientierte Sichtweise der Personalwirtschaft durchaus üblich ist, dass aber noch nicht „von einem umfassenden und geschlossenen Konzept der Personalkostenrechnung" gesprochen werden kann. Graf, Anita: Personalentwicklung...(2002), S. 32 ff verwendet den Begriff der „lebenszyklusorientierten Personalentwicklung" und definiert diese auf S. 34 als „am individuellen Lebenszyklus eines Mitarbeiters [orientiert, d. V.] und [...] alle informations-, bildungs- und stellenbezogenen PE-Maßnahmen [umfassend, d. V.], die zur gezielten Entwicklung sämtlicher Mitarbeiter eines Unternehmens während ihres gesamten betrieblichen Lebenszyklus dienen. Sie versteht sich sowohl mitarbeiter- als auch unternehmensorientiert". Siehe auch Götze, Uwe: Lebenszykluskosten...(2000), S. 275 mit weiteren Notationen.

[28] Vgl. zum Entwicklungspotenzial und zur Potenzialeinschätzung im Personalbereich insbesondere Graf, Anita: Personalentwicklung...(2002), S. 235 ff.

[29] Bei Kiener, Stefan - Maier-Scheubeck, Nicolas - Weiß, Manfred: Leistungserstellung..(1990), S. 17 findet sich eine Übersicht wesentlicher Rechtsvorschriften zum Produktionsfaktor Arbeit.

[30] Siehe dazu und im Folgenden Zehbold, Cornelia: Lebenszykluskostenrechnung...(1996), S. 61 f. Vgl. dazu aus Sicht des Mitarbeiters Graf, Anita: Personalentwicklung...(2002), S. 67 ff.

[31] Die „Einstellung eines Akademikers, der eventuell 30 Berufsjahre im Unternehmen bleibt, (bedeutet) eine Investition in ‚Humankapital' von 4-5 Mio. DM", Krüper, Manfred: Personalführung...(1989), S. 108, zitiert nach Zehbold, Cornelia: Lebenszykluskostenrechnung...(1996), S. 62.

[32] Hier ist aber nicht nur die Problematik des Personalabbaus bedeutsam, wesentlich ist auch die Tatsache, dass sich Unternehmen in Zeiten vorübergehend schlechter Geschäftssituationen nicht sofort von hoch qualifizierten und spezialisierten Mitarbeitern trennen werden, da diese sonst später für einen notwendigen Personal-Wiederaufbau nicht mehr zur Verfügung stehen.

Während der Phase der Personalnutzung bzw. des Personaleinsatzes gewinnen **Maßnahmen der Personalerhaltung und der Personalentwicklung** zunehmend an Bedeutung. Vor allem die Personalentwicklung als zusätzliche Qualifizierungs- oder Weiterbildungsmaßnahmen in den Unternehmen wird immer bedeutsamer, stellt sie doch auch für potenzielle Mitarbeiter ein Entscheidungskriterium für ein bestimmtes Unternehmen dar. Hier zeigt sich auch ein zentraler Unterschied zum Anlagenlebenszyklus: Während das Leistungspotenzial von Anlagen im Zeitablauf nutzungs- oder auch zeitbedingt abnimmt, kann das **Leistungspotenzial von personellen Ressourcen** durch gewonnene Erfahrungen[33] und Maßnahmen der Personalentwicklung im Regelfall bis zu einem gewissen Grad gesteigert werden[34]. Besonders in Dienstleistungsbereichen, deren „wichtigste Kostengröße die Personalkosten darstellen, sollte die *Dynamik* und das *Entwicklungspotential* des *Produktionsfaktors Arbeit* berücksichtigt werden“[35].

In der abschließenden Phase der Personalfreistellung können in Abhängigkeit vom Freistellungsgrund ebenfalls enorme kostenmäßige Konsequenzen auftreten. Dies sind zum einen freiwillige Sozialleistungen, wie bspw. betriebliche Rentenzahlungen, und zum anderen verhandlungsbedingte Regelungen, wie bspw. Abfindungen oder Zahlungen aufgrund von Sozialplänen. Die **erfolgswirtschaftlichen Konsequenzen der Personalfreistellung bzw. des Personalabbaus** müssen ebenfalls in einer lebenszyklusorientierten Sichtweise bereits bei der Personalplanung Berücksichtigung finden.

Regelmäßig ist aber im Personallebenszyklus **kein spezieller Produktbezug** zu identifizieren, so dass eine Zurechnung von Personalkosten zu Produktlebenszyklen nur näherungsweise erfolgen kann. Eine personalspezifische Erfassung und Dokumentation der über den Personallebenszyklus hinweg anfallenden Kosten wäre außerdem zu aufwendig, so dass **Personalkosten** (auch Vor- und Nachleistungskosten im Personallebenszyklus) **periodenorientiert verrechnet** werden. Näherungsweise ist dieses Vorgehen auch gerechtfertigt, wenn in den einzelnen Perioden Personalkosten etwa in gleicher Höhe anfallen. Dies betrifft nicht nur die laufenden Lohn- und Gehaltszahlungen, sondern in der Summe auch die Kosten der Personalbeschaffung und der Personalfreistellung.

3. Immaterielle und unternehmensexterne Potenziale

Immateriellen Potenzialen, wie Patenten, Lizenzen, Konzessionen, Produktkonzeptionen, Methoden oder auch Organisationsstrukturen, ist gemein, dass sie zwar der Leistungserstellung und Leistungsverwertung des Unternehmens dienen, aber nicht körperlich fassbar sind. In diesem Sinne können auch **Geschäftsbeziehungen zu Lieferan-**

---

[33] Die Gewinnung von Erfahrungen beschreibt in einem Teilbereich auch das Konzept der Lernkurven, siehe zu einer empirischen Untersuchung über Lerneffekte im technischen Kundendienst Hellmich, Gerold: Lernkurven...(1994), S. 361 ff. Siehe dazu auch die Ausführungen im Abschnitt ‚Erfahrungskurve als periodischer Effekt' des vorliegenden Kapitels.

[34] Siehe Zehbold, Cornelia: Lebenszykluskostenrechnung...(1996), S. 62.

[35] Hellmich, Gerold: Lernkurven...(1994), S. 365 (Kursivschrift im Original).

ten und Kunden als spezielle Kategorie immaterieller Potenziale angesehen werden[36]. Bedenkt man die Bedeutung von Kooperationen für Unternehmen, auch vor dem Hintergrund moderner Management- und Organisationskonzepte wie Just-in-time oder Outsourcing, wird deren enormes Erfolgspotenzial deutlich. Die ganzheitliche Betrachtung derartiger Geschäftsbeziehungen als **Lieferanten- oder auch Kundenlebenszyklen**[37] wird unvermeidlich. Hervorzuheben ist allerdings, dass aus Wirtschaftlichkeitsgesichtspunkten die Lebenszyklusbetrachtung auf wenige, dafür aber wesentliche Lieferanten- und Kundenbeziehungen beschränkt werden muss[38].

Auch immaterielle Potenziale unterliegen einem Lebenszyklus, der in die idealtypischen Phasen des **Aufbaus**, der **Nutzung** und des **Abbaus** untergliedert werden kann. Die Spezifika der einzelnen Phasen sind jedoch aufgrund der **Heterogenität der immateriellen Potenziale** zu unterschiedlich, um nur einen einzigen Lebenszyklus für immaterielle Potenziale zu entwickeln[39]. Vor allem aufgrund der hohen Bedeutung der Computertechnologie in den Unternehmen soll im Folgenden daher kurz ein Softwarelebenszyklus vorgestellt werden.

Im Modell eines **Softwarelebenszyklusses** nehmen vor allem die Entstehungs- und die Nutzungsphase eine zentrale Stellung ein. Der Schwerpunkt auf der Entstehungsphase ergibt sich vor allem aus Sicht der Systemhersteller im Sinne einer Projektstrukturierung und Projektüberwachung. In dieser Entstehungsphase finden **Konzepte und Methoden des Projektmanagements** Anwendung. In der Nutzungsphase liegt der Fokus aus Herstellersicht fast ausschließlich auf **Serviceleistungen** zur Schulung und laufenden Verbesserung der Softwarefunktionalitäten[40].

Die Notwendigkeit eines **Potenzialabbaus für Softwarepotenziale** wurde bisher in der Literatur nicht explizit berücksichtigt. Mit dem Ende der Softwarenutzung endet im Regelfall auch der Softwarelebenszyklus, so dass eventuelle Folgekosten nicht einbezogen werden[41]. Dies mag seinen Grund darin haben, dass als Folgekosten überwiegend Umstellungskosten und Schulungskosten für die neue Software anfallen, die aber praktischerweise aus Nutzersicht bereits dem Lebenszyklus des neuen Potenzials zugeordnet werden. Gleichwohl diese Sichtweise nachvollziehbar ist, können dadurch

---

[36] Vgl. Götze, Uwe: Lebenszykluskosten...(2000), S. 275 und auch Männel, Wolfgang: Ergebnisrechnung...(1994), S. 110.

[37] Siehe insbesondere Zehbold, Cornelia: Lebenszykluskostenrechnung...(1996), S. 66 ff und die kundenspezifischen Lebenszyklusmodelle bei Götze, Uwe: Lebenszykluskosten...(2000), S. 284 f.

[38] Ein eindeutiges Indiz für den Unternehmensfokus auf Key Accounts und spezielle Kundengruppen als besonders attraktive Kunden stellt die in den letzten Jahren enorm gestiegene Verwendung des Begriffs „Key Account Management" auch in den Stellenanzeigen überregionaler Tageszeitungen dar.

[39] Vgl. dazu auch Zehbold, Cornelia: Lebenszykluskostenrechnung...(1996), S. 64.

[40] Siehe dazu insbesondere Zehbold, Cornelia: Lebenszykluskostenrechnung...(1996), S. 65 sowie die dort angegebene Literatur.

[41] Siehe wiederum Zehbold, Cornelia: Lebenszykluskostenrechnung...(1996), S. 65 f.

potenzialspezifische Interdependenzen zwischen verschiedenen Softwaresystemen nicht berücksichtigt werden[42].

In der Mehrheit ist für immaterielle Potenziale ein Produktbezug identifizierbar, so dass die entsprechenden Lebenszykluskosten dem jeweiligen Produkt zugeordnet werden können. Für die angesprochenen Potenziallebenszyklen selbst gestaltet sich dagegen die **Erfassung der Lebenszykluskosten** schwierig, da viele notwendige Tätigkeiten und Prozesse in den indirekten Unternehmensbereichen stattfinden. Andererseits kann davon ausgegangen werden, dass in Analogie zum Personallebenszyklus die jeweiligen Tätigkeiten in jeder Periode in etwa in gleicher Höhe anfallen, so dass eine **periodenspezifische Verrechnung** näherungsweise akzeptabel erscheint.

C Lebenszyklen für Technologien und Prozesse

Dem Anlagenlebenszyklus übergeordnet sind die jeweiligen **Technologie- und Prozesslebenszyklen**[43]. Ein Anlagenlebenszyklus kann zumindest idealtypisch nicht über den zugehörigen Technologielebenszyklus hinaus existieren, da mit dem Nutzungsende der Technologie auch die Nutzung der Anlagen endet. Dieser Sachverhalt gilt regelmäßig auch für immaterielle Potenziale. Andererseits können in einem Technologielebenszyklus durchaus mehrere Anlagenlebenszyklen - bedingt durch Anlagenersatz - enthalten sein. Personallebenszyklen sind im Regelfall technologieunabhängig, da durch Schulung oder Weiterqualifizierung auch neue Technologien und Potenziale beherrscht werden können. Lediglich bei extremer Spezialisierung wird aus Unternehmenssicht mit einem Ende der Technologienutzung auch der Personallebenszyklus enden.

Ein **spezifischer Produktbezug** kann für Technologien und Prozesse **regelmäßig nicht identifiziert** werden, da diese für mehrere Produkte parallel oder sequenziell verwendet werden[44]. Die Kosten der einzelnen Technologien können in der Phase der Technologienutzung über die jeweils untergeordneten Lebenszyklen erfasst werden,

---

42 Als Paradebeispiel betrachte man dafür im Verwaltungsbereich die Umstellung zwischen verschiedenen Betriebssystemen. Ein Wechsel auf ein neues Betriebssystem kann unter Umständen enorme Implementierungsarbeiten nach sich ziehen, von denen auch Anwendungssoftware betroffen ist. Dadurch verlagern sich aber nicht nur die Anforderungen an die Systembetreuer enorm, sondern auch diejenigen an die Anwender. Wird zu einem späteren Zeitpunkt, bspw. aus Markterfordernissen, eine erneute Umstellung vorgenommen, hängt der Umfang der dann notwendigen Maßnahmen von der jetzigen Entscheidung ab.

43 Eine Technologie bezeichnet „die Anwendung eines naturwissenschaftlichen Wissensbereichs auf eine industrielle Problemstellung [...], wobei ihre Nutzung eine spezialisierte Fachkenntnis erfordert und daher eine Zugangsbarriere aufweist". Sommerlatte, Tom - Walsh, I.A.: Management...(1987), S. 299, zitiert nach Kemminer, Jörg: Kosten- und Erlösmanagement...(1999), S. 85. Siehe dazu auch Pfeiffer, Werner - Metze, Gerhard - Schneider, Walter - Amler, Robert: Technologie-Portfolio...(1991), S. 64 ff und Pfeiffer, Werner - Weiß, Enno - Volz, Thomas - Wettengl, Steffen: Funktionalmarkt-Konzept...(1997), S. 69 ff.

44 Vgl. aber Pfeiffer, Werner - Weiß, Enno - Volz, Thomas - Wettengl, Steffen: Funktionalmarkt-Konzept...(1997), S. 69, die explizit auch die beiden Fälle anführen, dass ein bestimmter Bedarf durch alternative technologische Potenziale befriedigt werden kann, oder ein technologisches Potenzial alternative Bedarfe abdeckt.

die technologiebezogene Forschung in der Vorphase kann über die Definition entsprechender Kostenstellen ebenfalls lebenszyklusbezogen erfolgen. Da diese Kostenstellen regelmäßig überwiegend Personalkosten verursachen, ist die Annahme nahe liegend, dass die Kosten periodisch in gleicher Höhe anfallen. Dementsprechend ist eine **periodenbezogene Kostenverrechnung** akzeptabel.

Im Zusammenhang mit Technologielebenszyklen seien stellvertretend die Schließsysteme von Fahrzeugen angeführt[45]. Lange Zeit bestand das klassische **Pkw-Schließsystem** aus Schloss und zugehörigem rein mechanischem Schlüssel. Der Schlüsselbart wurde schließlich durch Infrarot (IR) und Ultrahochfrequenz (UHF) basierte Fernbediensysteme ersetzt. Als neueste Entwicklung gewähren so genannte Keyless-Entry-Systeme Zutritt, ohne dass eine explizite manuelle Aktion für das Entriegeln notwendig ist. Zum Entriegeln des Fahrzeugs genügt das Ziehen am Türgriff durch eine berechtigte Person[46].

Aus der Sicht eines Herstellers dieser Schließsysteme sind zur **Fertigung von modernen Keyless-Entry-Systemen** gänzlich andere Technologien und Prozesse und damit auch Anlagen notwendig als bei herkömmlicher manueller Schlüsselbedienung. Das Bedienpersonal benötigt zwar keine gänzlich andere Qualifikation, aber jedenfalls eine Einweisung bzw. Schulung für die neuen Anlagen. Immaterielle Potenziale im Sinne von Lizenzen oder Eigenentwicklungen müssen komplett neu erworben bzw. aufgebaut werden.

D Lebenszyklen für Unternehmen, Organisationen, Branchen und Märkte

Auch Unternehmen und Organisationen selbst unterliegen einem Lebenszyklus. Im Regelfall werden dabei die fünf Phasen **Kindheit**, **Jugend**, **Erwachsener**, **Alter** und **Tod** differenziert[47]. Im Zusammenhang mit den zuvor betrachteten Lebenszyklusobjekten stellt der Unternehmenslebenszyklus den **zeitlichen Rahmen sämtlicher Potenziallebenszyklen** dar, die mit dem jeweiligen Unternehmen auch nur teilweise verbunden sind. Eventuelle Vor- oder Nachlaufzyklen werden dabei auf Unternehmensebene regelmäßig nicht berücksichtigt[48].

---

[45] Siehe dazu insbesondere auch die Anwendung des Funktionalmarkt-Konzeptes auf einen Hersteller mechanischer Schlüssel bei Pfeiffer, Werner - Weiß, Enno - Volz, Thomas - Wettengl, Steffen: Funktionalmarkt-Konzept...(1997), S. 163 ff. Weitere Beispiele für verschwindende Technologien finden sich problemlos im Kommunikations- und Elektronikbereich: Sowohl Langspielplatten als auch Audio Kassetten sind technologisch praktisch ausgestorben, analoge werden zunehmend von digitalen Kommunikationstechnologien abgelöst.

[46] Siehe dazu stellvertretend Jendritza, Daniel J.: Mechatronik...(2002), S. 25. „Besonders interessant ist hierbei die Biometrie, wobei ein Sensor, der ausschließlich die gespeicherten Fingerabdrücke der registrierten Benutzer erkennt, nur diesen das Öffnen und die Aktivierung des jeweiligen Pkws ermöglicht", Frost & Sullivan Unternehmensberatung: Biometrie...(2002), S.1.

[47] Kemminer, Jörg: Kosten- und Erlösmanagement...(1999), S. 84 differenziert unter Verweis auf Becker, Jörg: Marketing-Konzeption...(1998), S. 894 ff die Phasen Gründung, Wachstum, Reife, Sättigung und Schrumpfung.

[48] Vgl. dazu Zehbold, Cornelia: Lebenszykluskostenrechnung...(1996), S. 71. Eine Ausnahme stellt die Veröffentlichung von Höft, Uwe: Lebenszykluskonzepte...(1992), S. 97 ff dar, der einen Orga-

Unternehmens- bzw. Organisationslebenszyklen können ähnlich wie Produktlebenszyklen auf verschiedenen Aggregationsstufen betrachtet werden, so bspw. auch auf Ebene abgegrenzter Geschäftsfelder[49]. Der Anwendungsbereich auf **einzelne Geschäftsfelder** ist für die vorliegende Arbeit vor allem deshalb interessant, weil dann der Geschäftsfeldlebenszyklus mit dem Produktlebenszyklusmodell auf höherer Ebene identisch ist[50].

Lebenszyklen für komplette Branchen entstehen aus der Aggregation der Lebenszyklen homogener Unternehmen. Da die vorstehenden Ausführungen sinngemäß auch für Branchenlebenszyklen gelten, sei auf eine detailliertere Darstellung an dieser Stelle verzichtet[51].

Märkte im Sinne von Absatzpotenzialen unterliegen ebenfalls einem Lebenszyklus. Ausgehend von der Identifikation neuer Marktpotenziale ist ein **Marktlebenszyklus** eng mit dem Lebenszyklus eines Produktkonzepts verknüpft. Die Erschließung neuer Marktpotenziale bedarf großer Anstrengungen vor allem von Seiten des Marketings[52]. Die dabei entstehenden regelmäßig sehr hohen Vorleistungskosten müssen den im Marktlebenszyklus abzusetzenden Produkteinheiten als Deckungslast vorgegeben werden. In Analogie zum Produktlebenszyklus gilt diese Vorgehensweise auch für eventuell anfallende Nachleistungskosten. Da ein Marktlebenszyklus regelmäßig mehrere Produktlebenszyklen umfasst, bedarf es für eine „Markterfolgsrechnung" sogar einer produktlebenszyklusübergreifenden bzw. wenigstens einer produktlebenszyklusaggregierenden Betrachtungsweise.

E Beziehungen zwischen den einzelnen Lebenszyklusmodellen

In real existierenden Unternehmen ist eine **Vielzahl von Lebenszyklusphänomenen** anzutreffen. Sogar die Unternehmen selbst unterliegen dieser Erscheinung. Gemeinsam ist allen betrachteten Lebenszyklusmodellen eine **periodenübergreifende und mehrphasige Betrachtungsweise**. Regelmäßig können mindestens die drei generellen Phasen des Aufbaus bzw. der Entstehung, der Nutzung bzw. des Absatzes und des Abbaus bzw. der Nachsorge identifiziert werden. Da Produktlebenszyklen die gesamten Stückzahlen der jeweiligen Erzeugnisse aggregieren, können diese Phasen jeweils nicht streng iterativ gesehen werden. So werden sich früher abgesetzte Produkteinhei-

---

nisationslebenszyklus um die Beobachtungsphase und die Vorbereitungsphase zur Gründung erweitert.

[49] Vgl. Höft, Uwe: Lebenszykluskonzepte...(1992), S. 99. Siehe zum Lebenszyklus von Organisationen und zu weiteren Lebenszykluskonzepten im Überblick Fischer, Marc: Produktlebenszyklus...(2001), S. 14 ff.

[50] Vgl. Kemminer, Jörg: Kosten- und Erlösmanagement...(1999), S. 83 f, Trender, Lutz: Kalkulation...(2000), S. 62 und Zehbold, Cornelia: Lebenszykluskostenrechnung...(1996), S. 72.

[51] Siehe wiederum Kemminer, Jörg: Kosten- und Erlösmanagement...(1999), S. 82 mit weiteren Notationen.

[52] Siehe zur Ableitung von Normstrategien aus dem Konzept des Marktlebenszyklusses Meffert, Heribert: Marketing...(2000), S. 256 ff. Vgl. zur Identifikation neuer Geschäftsfelder insbesondere Pfeiffer, Werner - Metze, Gerhard - Schneider, Walter - Amler, Robert: Technologie-Portfolio...(1991), S. 64 ff.

ten sicherlich bereits in der Nachsorgephase befinden, während andere Produkteinheiten eben erst gekauft werden. Bei einzelnen Betrachtungsobjekten im Sinne einer Stückzahl von 1 dagegen, werden die einzelnen Lebenszyklusphasen zwangsläufig nacheinander durchlaufen, lediglich die Trennschärfe der Phasenabgrenzung fehlt. Die wesentlichen Unterschiede der einzelnen Lebenszyklusmodelle liegen in der **Art des Betrachtungsobjekts** und in der **Betrachtungsperspektive** als Hersteller oder als Nutzer sowie in der **Differenzierung** und letztlich auch der Bezeichnung der einzelnen Phasen. Abbildung 6-4 stellt diese Unterschiede für ausgewählte Lebenszyklusmodelle gegenüber.

Für die angeführten Lebenszyklusmodelle lassen sich sowohl **hierarchische als auch andere sachlogische Beziehungen** identifizieren. So sind in der Entstehungsphase eines Produktlebenszyklusses regelmäßig technische, personelle und immaterielle Potenziale aufzubauen, deren Lebenszyklen in engem Zusammenhang mit dem jeweiligen Produktlebenszyklus stehen[53]. Unternehmens- und Organisationslebenszyklen bilden die Rahmenbedingungen für jegliche Tätigkeit der Leistungserstellung und Leistungsverwertung. Stützt man sich auf neue Geschäftsideen als Grundlage für Unternehmensgründungen, stellen Produktlebenszyklen gleichzeitig den Ausgangspunkt für Unternehmenslebenszyklen dar.

Auf anderer Betrachtungsebene werden unternehmensspezifische Produktlebenszyklen zu **branchenbezogenen oder gesamtwirtschaftlichen Produktlebenszyklen** aggregiert. Werden diese über eine gemeinsame Technologie weiter aggregiert, folgt daraus der Technologielebenszyklus[54]. Kunden- und Marktlebenszyklen bilden andererseits wiederum wesentliche Bestandteile unternehmens- und branchenbezogener sowie auch gesamtwirtschaftlicher Produktlebenszyklen.

Insgesamt ist eine Bewältigung der einzelnen Lebenszyklusphänomene eine wesentliche Voraussetzung für einen nachhaltigen Unternehmenserfolg und damit auch für das Fortbestehen der Unternehmung. Letzten Endes muss aber auch festgehalten werden, dass **Lebenszyklusphänomene auf der Kostenseite im Wesentlichen fixe Kosten betrachten**. Dies betrifft aber nur teilweise beschäftigungsfixe Kosten, vielmehr stehen durch die spezielle erzeugnisbezogene Entwicklungs-, Produktions- und Vermarktungsentscheidung determinierte Kosten im Fokus. Produktspezifische Vorleistungskosten müssen den gesamten voraussichtlich zu fertigenden Produkteinheiten als Deckungsvorgabe mitgegeben werden, analog zu den planmäßig noch anfallenden Nachleistungskosten. In diesem Sinne werden sie nach dem Prinzip der anteiligen Inanspruchnahme prozesskostenrechnerisch auf die einzelnen lebenszyklusspezifisch gefertigten Produkteinheiten verrechnet.

Die weiteren Ausführungen in diesem Kapitel beziehen sich speziell auf **Produktlebenszyklen**. Sie sind aber mit größtenteils nur geringen Modifikationen auch auf andere Lebenszyklusobjekte übertragbar.

---

[53] Siehe Zehbold, Cornelia: Lebenszykluskostenrechnung...(1996), S. 76.

[54] Vgl. dazu auch die Ausführungen bei Kemminer, Jörg: Kosten- und Erlösmanagement...(1999), S. 88 f.

Abbildung 6-4
Lebenszyklusphasen für ausgewählte Bezugsobjekte[55]

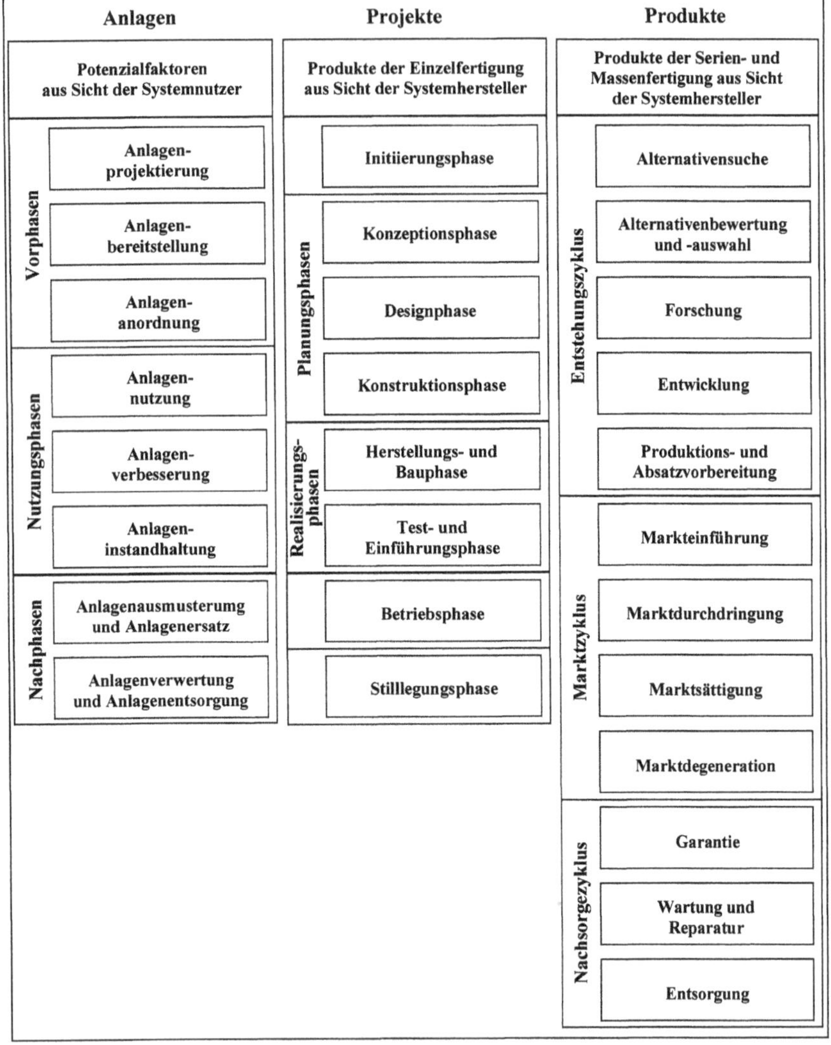

[55] Entnommen aus Zehbold, Cornelia: Lebenszykluskostenrechnung...(1996), S. 75, die sich auf die Veröffentlichungen von Männel, Wolfgang: Anlagencontrolling...(1991), S. 194, Meyer, Johann: Anlagenkostenrechnung...(1986), S. 46, Wildemann, Horst: Kostenprognosen...(1982), S. 40 und Back-Hock, Andrea: Produktcontrolling...(1988), S. 22 ff bezieht.

II. Anwendungsfelder einer Lebenszyklusbetrachtung

Die immer kürzer werdende Marktphase von Produkten in Verbindung mit der immer kostenintensiveren und immer länger dauernden Vorbereitungsphase[56] zwingt die Unternehmen dazu, sämtliche vor der Fertigung **produktbezogen anfallenden Forschungs-, Entwicklungs-, Konstruktions- und sonstigen Innovationsleistungen** auf die jeweiligen Produkte zu beziehen. Auch nach dem Absatzgeschäft notwendige **Service- und andere Dienstleistungen** müssen den jeweiligen Erzeugnissen zugerechnet werden, um ein produktbezogenes Ergebnis ausweisen und einen produktspezifischen Erfolgsbeitrag angeben zu können[57].

In ihrer Ausgestaltung als **zeit- und produktbezogene Amortisationsrechnungen** beinhalten Lebenszyklusrechnungen nicht nur statische Periodenvergleiche, sondern verdeutlichen dynamisch auch die jeweiligen **Erfolgspotenziale von Produktinvestitionen**. Einzelne Phasen von Produktlebenszyklen können dabei anhand verschiedener Kriterien idealtypisch voneinander abgegrenzt werden. In Erweiterung des traditionellen Produktlebenszykluskonzepts um einen Entstehungszyklus und einen Nachsorgezyklus werden auch Vor- und Nachleistungen für strukturierte Planungsmethoden zugänglich.

Insgesamt bestehen zwischen den einzelnen Lebenszyklusphasen sowohl aus Kundensicht als auch aus Herstellersicht Wechselwirkungen, die den Produkterfolg beeinflussen. Aus Kundensicht bestehen enge **Interdependenzen zwischen den Kosten der einzelnen Lebenszyklusphasen**. So werden höhere Anschaffungskosten dann akzeptiert, wenn dafür geringere Betriebs- und Wartungskosten sowie Entsorgungskosten anfallen[58]. Fallen geringere Anschaffungskosten an, werden relativ höhere Betriebs-, Wartungs- und Entsorgungskosten gebilligt. Aus Herstellersicht bedeutet dies, dass geringere Verkaufspreise oder Preisnachlässe über höhere Serviceerlöse in späteren Lebenszyklusphasen kompensiert werden können[59]. Andererseits werden die laufenden Kosten der Produktionsphase und auch die Kosten der Nachleistungsphase bereits in der Entstehungsphase zum größten Teil festgelegt[60]. Herstellerseitig bedeutet dies, dass über eine Intensivierung der Vorlaufaktivitäten die später anfallenden Kosten gesenkt werden können.

A Anliegen der Lebenszyklusrechnung

Für die Implementierung einer Lebenszyklusrechnung lassen sich generell mehrere Beweggründe identifizieren. An erster Stelle ist dabei eine **Überwachung der Her-**

---

56 Siehe wiederum das „magische Dreieck“ bei Pfeiffer, Werner - Weiß, Enno - Volz, Thomas - Wettengl, Steffen: Funktionalmarkt-Konzept...(1997), S. 40.

57 So bezeichnet Kieffer, Sonja: Kundenzufriedenheit...(2002), S. 8 f produktbegleitende Dienstleistungen als zentralen Erfolgsfaktor im Industriegütermarketing.

58 Vgl. Rückle, Dieter - Klein, Andreas: Product...(1994), S. 340 und auch Schmidt, Felix R.: Life...(2000), S. 81. Siehe zu diesem Trade-off zwischen Anfangs- und Folgekosten auch Trender, Lutz: Kalkulation...(2000), S. 6 und S. 128 ff.

59 Siehe bspw. Fischer, Thomas M.: Kostenmanagement...(1993), S. 158 f.

60 Siehe dazu die Ausführungen im Kapitel ‚Frühzeitige Produktkostenkalkulation'.

stellkosten oder auch einzelner spezieller Kostenarten im Zeitablauf zu nennen. Durch den Vergleich der Kostensituation verschiedener Perioden lassen sich Einsatzschwerpunkte für Kostensenkungsmaßnahmen aufdecken. Aber auch über **kontinuierliche innerbetriebliche Verbesserungsprozesse** können die Herstellkosten in kleinen Schritten gezielt im Zeitablauf modelliert werden[61]. In diesem Sinne dient die Lebenszyklusbetrachtung einer dynamischen Sichtweise im Sinne von Periodenvergleichen.

Der enorme Anstieg der **erzeugnisbezogenen Vorleistungskosten** als Entwicklungs-, Konstruktions- und auch Investitionskosten in der Vergangenheit hat zur Folge, dass die traditionelle Verrechnung dieser Vorleistungskosten als Gemeinkosten zu Lasten der jeweiligen Periode des Kostenanfalls zu immer größeren Verfälschungen der Periodenergebnisse führt. Zudem hat gleichzeitig auch die Länge der Markt- und damit der Produktlebenszyklen abgenommen[62], so dass die Vorleistungskosten noch stärker ins Gewicht fallen[63]. Da diese Vorleistungskosten einmalig für den gesamten Produktlebenszyklus anfallen, sind sie als **Lebenszykluseinzelkosten** zu betrachten und den jeweiligen Erzeugnissen als **summarische Deckungslast über den gesamten Absatzzeitraum** vorzugeben[64].

Nachleistungskosten im Sinne von Entsorgungs-, Recycling- oder auch Rücknahmekosten fallen ebenfalls immer mehr ins Gewicht[65]. Sowohl Kundendienst-Leistungen als auch Ersatzteile müssen über die Marktpräsenz eines Produkts hinaus als Nachleistungen noch jahrelang sichergestellt werden[66]. Die zunehmende Serviceorientierung, die bei einer immer kürzeren Marktphase zu immer mehr Nachleistungen führt, zeigt sich auch in der Verlängerung der gesetzlichen Gewährleistungsfrist[67]. Als **Lebens-**

---

[61] Siehe dazu die Ausführungen zu den produkt- und prozessorientierten Ansätzen der Zielkostenrealisierung im 4. Kapitel dieser Arbeit.

[62] Vgl. dazu Thurm, Ralf: Nutzung...(1998), S. 187, der von einem Rückgang der Produktlebenszyklen für Gebrauchsgüter in der Elektroindustrie von 60% für den Zeitraum der 80er und 90er Jahre spricht. Riezler, Stephan: Lebenszyklusrechnung...(1996), S. 17 beziffert den Rückgang der Marktzyklen der Elektrotechnik- und Computerindustrie in Deutschland in den 80er Jahren auf 46% und bezieht sich dabei auf Bullinger, Hans-Jörg: Forschung und Entwicklung...(1990), S. 34. Kemminer, Jörg: Kosten- und Erlösmanagement...(1999), S. 47 berichtet von empirischen Untersuchungen, die zeigen, „daß branchenübergreifend der durchschnittliche Marktzyklus – verstanden als Präsenzzeiten der Produkte am Markt – von 12 Jahren in den 70er Jahren über 9 Jahre in den 80er Jahren auf 7 Jahre in den 90er Jahren gesunken ist".

[63] Vgl. Riezler, Stephan: Lebenszyklusrechnung...(1996), S. 18.

[64] Vgl. dazu Männel, Wolfgang: Entwicklungsperspektiven...(1999), S. 111 und auch Männel, Wolfgang: Anpassung...(1992), S. 117 f.

[65] Siehe Back-Hock, Andrea: Ergebnisrechnung...(1992), S. 703, Männel, Wolfgang: Entwicklungsperspektiven...(1999), S. 110 f und auch Riezler, Stephan: Lebenszyklusrechnung...(1996), S. 19. Vgl. zum Desinvestitionscontrolling bei Sachanlagen stellvertretend Rösgen, Klaus: Investitionscontrolling...(2000), S. 314 ff.

[66] Siehe zu Kundendienstleistungen als additive Dienstleistungen Kieffer, Sonja: Kundenzufriedenheit...(2002), S. 27 f.

[67] Dies führt im Extremfall dazu, dass sich die gesetzliche Gewährleistung über die Marktphase eines Produkts hinaus erstreckt. Man denke in diesem Zusammenhang nur an die Computerindustrie, die innerhalb des gesetzlich vorgeschriebenen Garantiezeitraums von zwei Jahren nicht nur einen sondern gleich mehrere Modellwechsel vollzieht.

zykluseinzelkosten sind diese Nachleistungskosten analog zu den Vorleistungskosten den jeweiligen Erzeugnissen als **summarische Deckungslast** vorzugeben.

Aber nicht nur die Vorleistungen für einzelne Produkte, sondern auch die **Vorleistungen für ganze Produktprogramme** nehmen zu. So fallen in der Bekleidungsindustrie für die Bemusterung neuer Kollektionen und deren Bewerbung enorm hohe Kosten an, die nur den Kollektionen insgesamt als Einzelkosten zugerechnet werden können. Gleichzeitig erstreckt sich die Marktphase einer Modekollektion aber über weniger als ein halbes Jahr. Zunehmende Vorleistungen bei sinkenden wirtschaftlichen und technischen Lebensdauern lassen sich ebenso in der Computerindustrie und beim Mobilfunk finden.

Schließlich erfordert die für eine Lebenszyklusrechnung notwendige Quantifizierung teilweise weit in der Zukunft liegender Sachverhalte, eine möglichst vollständige **gedankliche Durchdringung einer komplexen Planungssituation**. Sowohl die Umwelt- und Konkurrenzsituation als auch die Lage des eigenen Unternehmens und vor allem die dynamische Entwicklung der Marktverhältnisse müssen für die Zukunft prognostiziert werden. Gerade die **Notwendigkeit der quantitativen Ergebnisdarstellung** ist trotz einer großen Prognoseunsicherheit von enormem Wert, „da sie zum sorgfältigen und frühzeitigen Durchdenken zukünftiger Gegebenheiten, wichtiger Gefährdungen, erforderlicher Maßnahmen sowie bestehender Handlungsalternativen [zwingt, d. V.]“[68].

B Informationsgehalt produkt- und programmbezogener Lebenszyklusmodelle

Neben der **langfristigen Produkt- und Programmplanung**, der **Optimierung des absatzwirtschaftlichen Instrumentariums** und der **Planung von Fertigungskapazitäten** lassen sich auf Basis der lebenszyklusorientierten Altersstruktur eines Produktprogramms aus Programmstrukturanalysen auch **Anregungen für Produktvarianten oder Neuentwicklungen** ableiten[69].

Vor allem die geschätzten und geplanten Umsatz- und Kostenentwicklungen zukünftiger Perioden bilden die Basis für **Produktergebnisplanungen** und damit auch für die **Abschätzung von Produkterfolgen** bzw. die **Planung von Amortisationszeitpunkten**. Die ganzheitliche, lebenszyklusübergreifende Sichtweise stellt hier einen neuen Ansatzpunkt dar. Gleichzeitig können Simulationen und Hochrechnungen im Verlauf des Lebenszyklusses als **Frühwarnsystem** Gefährdungspotenziale aufdecken. In der Marketingliteratur werden darüber hinaus vor allem preis- und kommunikationspolitische Handlungsempfehlungen auf einzelnen Lebenszyklusphasen begründet[70].

Das Produktlebenszykluskonzept an sich hat aber nur **beschreibenden und erklärenden Charakter**, es erlaubt keine normativen Aussagen[71]. Eine empirische Bestätigung

---

68 Riezler, Stephan: Lebenszyklusrechnung...(1996), S. 187.

69 Siehe Zehbold, Cornelia: Lebenszykluskostenrechnung...(1996), S. 29.

70 Siehe vor allem Kotler, Philip - Bliemel, Friedhelm: Marketing-Management...(1992), S. 548 ff.

71 Siehe Meffert, Heribert: Marketing...(2000), S. 346 und auch Fischer, Marc: Produktlebenszyklus...(2001), S. 90 ff.

des gezeigten Lebenszyklusverlaufs konnte bislang noch nicht erbracht werden[72], vielmehr werden empirisch neben dem idealtypischen Verlauf weitere **verschiedene Typen von Verläufen** nachgewiesen[73]. Zweifellos sind Lebenszyklusverläufe auch vom Aggregationsniveau der Produktdefinition abhängig[74]. Sowohl Produktklassen als auch Produktgruppen und einzelne Produkte können Betrachtungsobjekte für Lebenszykluskonzepte darstellen, wobei der idealtypische Kurvenverlauf „um so plausibler erscheint, je allgemeiner die Bezugsgrößen sind“[75]. Betrachtungsobjekte verschiedener Aggregationsstufen können sich durchaus auch in verschiedenen Phasen des Lebenszyklusses befinden, so dass die relevanten Bezugsobjekte mit größter Sorgfalt zu ermitteln und abzugrenzen sind[76].

---

[72] So Lilien, Gary L. - Kotler, Philip - Moorthy, K. Sridhar: Marketing...(1992), S. 513: „The empirical evidence of the existence and pervasiveness of the product-life-cycle concept is quite uneven“. Siehe auch Kemminer, Jörg: Kosten- und Erlösmanagement...(1999), S. 103.

[73] Die beiden bedeutendsten Typen sind dabei das so genannte „Zyklus-Zykluserneuerungsmuster“, das sich ergibt, wenn bei sinkenden Absatz- und Umsatzzahlen entsprechende Werbungs- und Verkaufsanstrengungen unternommen werden, und das „Kerbschnittmuster“, das aus der Entdeckung immer neuer Produkteigenschaften und Produktanwendungen folgt, die immer wieder neue Lebenszyklen begründen. Genau auf diesen empirischen Erkenntnissen begründet sich die Kritik, dass Produktlebenszyklen keine eigenständigen Gesetzmäßigkeiten darstellen, sondern auch von absatzpolitischen Aktivitäten abhängig sind.Siehe dazu Kotler, Philip - Bliemel, Friedhelm: Marketing-Management...(1992), S. 543 f, Lilien, Gary L. - Kotler, Philip - Moorthy, K. Sridhar: Marketing...(1992), S. 513 ff, Meffert, Heribert: Marketing...(2000), S. 343 und Siegwart, Hans - Senti, Richard: Product...(1995), S. 7 f sowie die dort angegebene Literatur.

[74] Genau aus diesem Grund lehnt Fröhling, Oliver: Kostenmanagement...(1994), S. 262 f auch die Verwendung des Begriffs ‚Produktlebenszyklus' ab. Siehe dazu auch den Produktgenerations-Lebenszyklus bei Thurm, Ralf: Nutzung...(1998), S. 192 ff. Kemminer, Jörg: Kosten- und Erlösmanagement...(1999), S. 103 weist ebenfalls auf unterschiedliche Lebenszyklen in Abhängigkeit vom gewählten Aggregationsniveau hin. Siehe dazu auch die dort jeweils angegeben Notationen.

[75] Meffert, Heribert: Marketing...(2000), S. 343. Im Gegensatz dazu argumentieren Siegwart, Hans - Senti, Richard: Product...(1995), S. 8 f, „daß die Umsatzentwicklung von *Produktgruppen* dem S-förmigen Verlauf am nächsten kommt, bei *Produktklassen* sich hingegen, aufgrund ihres unbestimmt langen Verbleibens am Markt, kein klares Entwicklungsmuster zeigt“ (Hervorhebung im Original). Betrachtet man vor diesem Hintergrund die bei Meffert, Heribert: Marketing...(2000), S. 342 angegebene Grafik, die eine Einordnung von ausgewählten Unternehmensbranchen in verschiedene Lebenszyklusphasen enthält, kann dieser Auffassung nicht gefolgt werden. Fischer, Marc: Produktlebenszyklus...(2001), S. 4 f verweist darauf, dass unter einem „Produkt“ im Sinne des Produktlebenszyklusses eine „konkrete Produktleistung, deren Identität über den gesamten Betrachtungszeitraum erhalten bleibt“ verstanden wird und dementsprechend der Aggregationsgrad der Produktleistung (Produkt, Produktgruppe oder Produktklasse) nicht relevant ist.

[76] Back-Hock, Andrea: Ergebnisrechnung...(1992), S. 709 weist darauf hin, dass „im Hinblick auf die Zurechnung von Kosten und Erlösen nach dem Einzelkostenprinzip *keine starken Verbundbeziehungen* zwischen verschiedenen PLZ [Produktlebenszyklen, d. V.]“ bestehen dürfen. Meffert, Heribert: Marketing...(2000), S. 343 führt das Beispiel des strategischen Geschäftsfelds Fernsehgeräte an, das sich bereits in der Sättigungsphase befindet, während die Produktlinie der 16:9-Breitbandfernsehgeräte noch in der Wachstumsphase ist.

Die Definition des Betrachtungsobjekts ist auch vor dem Hintergrund des **Neuigkeitsgrads eines Produkts** notwendig[77]. Der idealtypische Lebenszyklusverlauf findet sich am ehesten bei sowohl für das Unternehmen als auch für den Markt neuen Produkten. Ist ein Produkt lediglich für die Unternehmung neu, beeinflussen vor allem die Absatz- und Kommunikationspolitik des Unternehmens und der Wettbewerber den Kurvenverlauf. Zudem muss eine Abgrenzung stattfinden, ob es sich wirklich um ein neues Produkt handelt oder nur um eine Variante oder Modifikation[78]. Bei **Produktvarianten und -modifikationen** ist genau zu untersuchen, ob ein neuer Lebenszyklus entsteht oder ein bereits bestehender sich verändert[79]. Bedenkt man dabei die Probleme einer normativen Abgrenzung zwischen den Begriffen Produkt, Variante und Modifikation ist es unmittelbar einsichtig, dass das Konzept der Lebenszyklusrechnung lediglich beschreibenden Charakter haben kann.

Letztendlich hängt der **Aussagegehalt einer Lebenszyklusrechnung** direkt von der Möglichkeit einer **ungeschlüsselten Gemeinkostenzurechnung** ab. In traditionell funktionsorientierten Unternehmen kann nur ein geringer Teil der anfallenden Kosten direkt und ungeschlüsselt auf die einzelnen Kostenträger verrechnet werden, so dass eine Lebenszyklusrechnung nur einen geringen Informationswert besitzt. Die Lebenszyklusrechnung wird jedoch um so mehr an Aussagekraft gewinnen, je mehr sich die Unternehmen **an der Wertschöpfungskette orientieren**. Bei einer reinen erzeugnisorientierten Unternehmensgliederung schließlich können nahezu alle Kosten direkt auf die Produkte verrechnet werden, so dass eine Lebenszyklusrechnung durchaus praktische Relevanz besitzt.

Das in der Praxis verbreitete Konzept der Deckungsbeitragsrechnung beruht auf einer **Kostenspaltung** in beschäftigungsfixe und beschäftigungsproportionale Kosten, wobei dieser Differenzierung eine bestimmte Fristigkeit - regelmäßig der periodenbezogene Betrachtungshorizont - zugrunde gelegt wird. Für eine rentabilitätsorientierte Unternehmensführung ist eine Orientierung an daraus abgeleiteten Periodenerfolgen zwingend erforderlich. Deren präzise Ermittlung wird aber durch den Anfall von streng genommen nur dem gesamten Lebenszyklus zurechenbaren Vorleistungs- und Nachleistungskosten erschwert. Zur Ermittlung aussagefähiger periodenbezogener Ergebnisse müssen diese lebenszyklusbezogen anfallenden Kosten im innerbetrieblichen

---

[77] Siehe dazu Rückle, Dieter - Klein, Andreas: Product...(1994), S. 348 f und Siegwart, Hans - Senti, Richard: Product...(1995), S. 9. Vgl. auch die Ausführungen von Fischer, Marc: Produktlebenszyklus...(2001), S. 12 f, der aus der Literatur ableitet, dass der idealtypische Produktlebenszyklus lediglich für ein innovatives Produkt des Marktpioniers gilt und dessen Anwendung somit sehr beschränkt ist.

[78] Vgl. Schmidt, Felix R.: Life...(2000), S. 50 und Zehbold, Cornelia: Lebenszykluskostenrechnung...(1996), S. 31.

[79] So weist auch Fischer, Marc: Produktlebenszyklus...(2001), S. 11 darauf hin, dass anstelle einer Produktelimination mit dem alten oder einem modifizierten Produkt neue Märkte erschlossen werden können.

Rechnungswesen abgegrenzt und dann näherungsweise doch **als periodenbezogen oder als leistungsproportional kalkulierte Deckungslasten** verrechnet werden[80].

C Produktbezogene Investitionskalküle als Amortisationsrechnungen

Aus den bisherigen Ausführungen ergibt sich unmittelbar, dass **Produkte als Investitionen behandelt** werden müssen. Genau wie bei der Beurteilung der Wirtschaftlichkeit von Investitionen im Sinne von Gegenständen des Anlagevermögens kann und muss auch bei Produktinvestitionen eine **Amortisationsrechnung** durchgeführt werden. Diese zeigt als **zeit- und investitionsobjektbezogene Gewinnschwellenrechnung** zum einen die Erreichung der spezifischen Erfolgszone auf, zum anderen verdeutlicht sie aber auch die kosten- und erfolgsmäßigen Konsequenzen einer Investition und fordert vor diesem Hintergrund die gedankliche Durchdringung sämtlicher potenziell möglicher entscheidungsbezogener Konsequenzen[81].

Abbildung 6-5 zeigt im oberen Drittel systematisch den zeitlichen Verlauf des Anfalls produktbezogener Vor- und Nachleistungskosten sowie der Kosten und Erlöse während der Produktions- und Vermarktungsphase eines Erzeugnisses in einer **Lebenszyklusbetrachtung**. Der mittlere Abschnitt der Abbildung zeigt das Zustandekommen der periodenspezifischen Produktdeckungsbeiträge. Im unteren Teil dieser Abbildung werden genau diese Periodenbeiträge den kumulierten Vor- und Nachleistungskosten im Sinne einer Amortisationsrechnung gegenübergestellt, um die **Gewinnzone der Produktinvestition** zu ermitteln.

Aus Abbildung 6-5 kann auch der zentrale Einsatzbereich der Lebenszykluskostenrechnung als **Planungsrechnung** abgeleitet werden. Die Aussagekraft der geplanten Lebenszyklusergebnisse ist in Abhängigkeit von der Dauer des Lebenszyklusses eher gering. Die Notwendigkeit, sich mit längerfristig wirksamen Kosteneinflussgrößen auseinander zu setzen und die damit gegebene Zukunftsorientierung sind jedoch bedeutsame Merkmale einer **lebenszyklusbezogenen Prognose, Planung und Simulation**[82]. Zudem können an einer lebenszyklusspezifischen Amortisationsrechnung weitere Methoden des Investitionscontrollings ansetzen, so die Berechnung des internen Zinsfußes.

Überträgt man den Gedanken eines fertigungsbegleitenden Kostenträgercontrollings auf die Lebenszyklusrechnung, so wird dieses ausgebaut zu einem **produktlebens-**

---

80 Siehe dazu Männel, Wolfgang: Ergebnisrechnung...(1994), S. 109 f, der auch darauf verweist, dass diese Vorgehensweise methodisch dem Rechnen mit zeit- oder leistungsbezogenen Abschreibungen entspricht.

81 Im Gegensatz zur produktbezogenen Nutzschwellenrechnung werden bei der Lebenszyklusrechnung lebenszyklusfixe Kosten als eigenständige Kostenkategorie erfasst.

82 Zehbold, Cornelia: Lebenszykluskostenrechnung...(1996), S. 13 leitet aus diesen Kriterien in Verbindung mit der Möglichkeit der flexiblen Anwendung verschiedener Methoden den Anspruch der Lebenszykluskostenrechnung als einer dynamischen Kostenrechnung ab. Vgl. dazu auch Back-Hock, Andrea: Ergebnisrechnung...(1992), S. 704. Zur Berücksichtigung von ökologischen Aspekten siehe Thurm, Ralf: Nutzung...(1998), S. 187 ff.

Abbildung 6-5
Grundstruktur einer produktbezogenen Lebenszyklusrechnung[83]

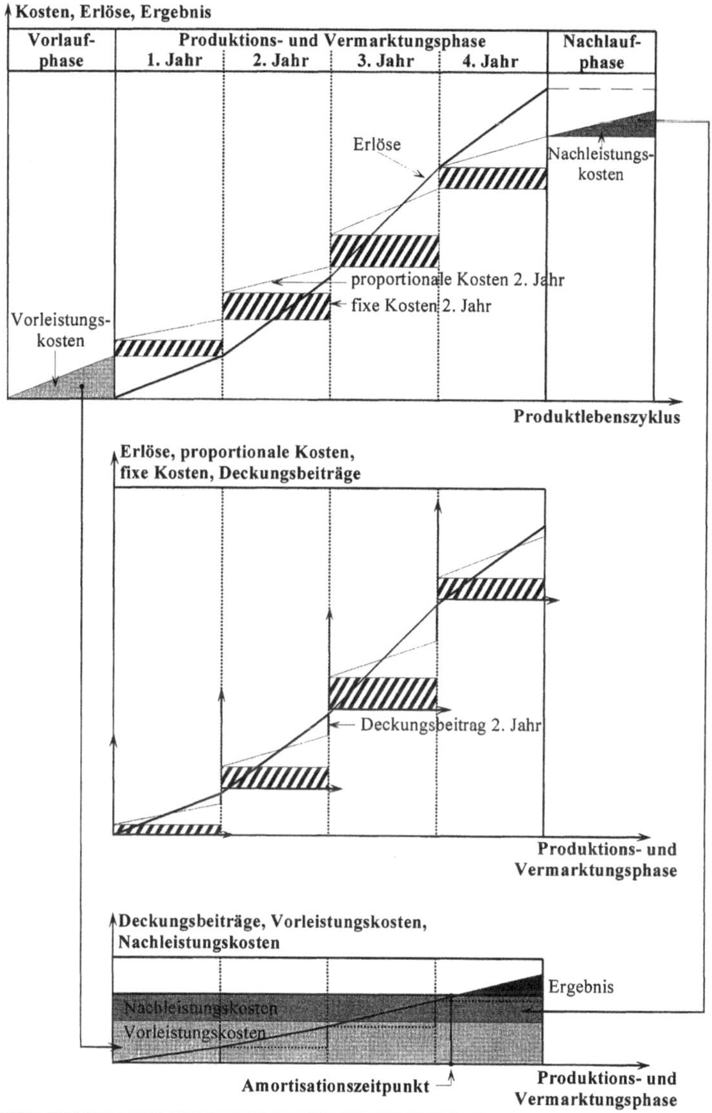

[83] Entnommen aus Männel, Wolfgang: Entwicklungsperspektiven...(1999), S. 112. Siehe dazu ähnlich Männel, Wolfgang: Kostenrechnungssysteme...(2003), S. 123 f.

zyklusbegleitenden Kostenträgercontrolling. Gleichzeitig werden sowohl die Methoden des entwicklungs- und konstruktionsbegleitenden als auch des fertigungsbegleitenden Kostenträgercontrollings integriert[84].

D Den Marktzyklus umfassender integrierter Produktlebenszyklus

Ein **integrierter Produktlebenszyklus**[85] als Erweiterung des bisher dargestellten Lebenszykluskonzepts betrachtet Vor- und Nachleistungskosten differenziert, so dass auch in den den Marktzyklus umfassenden Phasen eine genaue Planung möglich wird. Das bisher vorgestellte Produktlebenszykluskonzept betrachtet nur den Marktzyklus eines Produkts detailliert[86], Vor- und eventuell auch Nachlaufkosten werden lediglich als Kostenblock im Sinne einer Kostendeckungsvorgabe berücksichtigt. Die Bedeutung qualitätssicherer, innovativer Erzeugnisse nimmt unter den gegenwärtigen Marktbedingungen jedoch immer mehr zu. Gleichzeitig wird die Zeitspanne, die einem Unternehmen zur Verfügung steht, um ein Produkt bis zur Marktreife zu bringen, immer kürzer. Die dadurch enorm gestiegenen **Vorleistungskosten**[87] müssen zur Gewährleistung des Produkterfolgs ebenfalls geplant und gesteuert werden[88]. Die **produktgerichteten Aktivitäten des Entstehungszyklusses** führen in letzter Konsequenz zur Marktreife eines neuen Produkts und umfassen sämtliche unternehmensspezifisch dazu notwendigen Tätigkeiten[89]. Aus kostenrechnerischer Sicht fallen hier die Vorleistungskosten an. Bezüglich des sich anschließenden Marktzyklusses sei auf die vorstehenden Ausführungen dieses Abschnitts verwiesen.

---

84 Siehe dazu insbesondere die Ausführungen im Kapitel ‚Frühzeitige Produktkostenkalkulation'.

85 Vgl. zur Einführung des Begriffs eines integrierten Produktlebenszykluskonzepts Pfeiffer, Werner - Bischof, Peter: Produktlebenszyklen...(1981), S. 133 ff und auch Siegwart, Hans - Senti, Richard: Product...(1995), S. 19 ff.

86 „Im Gesamtzusammenhang langfristiger Produktplanung kann der Lebenszyklus nur als der Zeitraum definiert werden, der sowohl die Zeitdauer der Produktentstehung als auch die Dauer der Verwertung am Markt umfasst", Bischof, Peter: Produktlebenszyklen...(1976), S. 35. Auch Pfeiffer, Werner - Bischof, Peter: Produktlebenszyklen...(1981), S. 135 weisen darauf hin, dass zwischen einem Lebenszyklus im Sinne des Marktzyklusses und einem integrierten Lebenszykluskonzept, das auch Zeiträume vor Beginn des Marktzyklusses berücksichtigt, differenziert werden muss.

87 Zu den Vorleistungskosten gehören bspw. die Kosten für Forschung, Entwicklung, Konstruktion und Produktionsvorbereitung, aber auch die Investitionskosten in neue Fertigungstechnologien, siehe Männel, Wolfgang: Entwicklungsperspektiven...(1999), S. 110 und Zehbold, Cornelia: Kostenbeeinflussung...(1996), S. 46 f sowie Rückle, Dieter - Klein, Andreas: Product...(1994), S. 336 f.

88 So weisen Eversheim, Walter - Schuppar, Helmut - Etzenbach, Dieter: Entwicklung...(1977), S. 7 f aus ingenieurwissenschaftlicher Sicht bereits 1977 auf die Auswirkungen einer frühzeitigen Kostenbeeinflussung auf den Absatz eines Produkts hin und beziehen die Produktentwicklungsphase in die „Lebenskurve" ein.

89 Siehe dazu insbesondere die entsprechenden Ausführungen im Kapitel ‚Frühzeitige Produktkostenkalkulation', in welchem die Produktentstehung allerdings methodenspezifisch nach konstruktionsrelevanten Gesichtspunkten gegliedert wurde.

Auch die **Nachlaufkosten** sind in der Vergangenheit stark angestiegen. Dies betrifft sowohl Garantie-[90], Reparatur- und Servicekosten als auch Entsorgungs- und Recyclingkosten[91], so dass die Nachlaufkosten ebenfalls **antizipativ in eine integrierte Lebenszyklusbetrachtung einbezogen** werden müssen. Ein integrierter Lebenszyklus, wie in Abbildung 6-6 dargestellt, erstreckt sich daher „von der Idee eines Produkts bis zu der letzten Verpflichtung, die für das Produkt erfüllt werden muss“[92] und wird damit über die „auf den *Marktzyklus* beschränkte Sicht hinaus konsequent um den immer bedeutsameren, d. h. kostenintensiveren *Entstehungs- und Entsorgungsbereich* erweitert“[93]. Letztlich erfolgt dabei eine Internalisierung und damit eine Integration traditionell externer und damit betriebswirtschaftlich nicht beachteter Kosten, wie dies bspw. für die Kosten der Rücknahme und abschließend auch der Entsorgung von Altöl gilt.

Der das integrierte Produktlebenszykluskonzept abschließende **Nachsorgezyklus** umfasst „sämtliche primär nach der Herstellung und dem Verkauf der Produkte oder auch mit diesen gekoppelt anfallenden Leistungen“[94]. Neben der Beseitigung von Produkten oder Produktrückständen im Sinne von Entsorgung[95] oder Recycling gehören hierzu vor allem entgeltliche und unentgeltliche Serviceleistungen[96]. Wichtig ist an dieser Stelle nochmals die Feststellung, dass die Notwendigkeit und auch die konkrete Ausgestaltung von Leistungen im Nachsorgezyklus zum größten Teil **bereits in der Entstehungsphase determiniert** werden. Mit der Entscheidung für bestimmte Materialien und Komponenten, für bestimmte Lösungsprinzipien aber auch für die konkrete Aus-

---

[90] Hier ist vor allem die zum 1. Januar 2002 in Kraft getretene Verlängerung der gesetzlichen Gewährleistungsfrist auf 24 Monate für Hersteller zu nennen.

[91] So müssen Automobilhersteller gemäß dem Kreislaufwirtschafts- und Abfallgesetz (KrW-/AbfG) die Rücknahme ihrer jeweiligen Altautos organisieren. Bopp, Reinhold: Restwertgenerierung...(2001), S. 22 ff entwickelt vor diesem Hintergrund ein Verfahren zur Generierung eines Restwertes bereits in der Konstruktion, wobei als Restwert in diesem Fall die Summe der für den Recyclingprozess entstehenden Erlöse abzüglich der entsprechenden Kosten verstanden werden. Dieser Restwert soll einen finanziellen Anreiz zur Realisierung einer Kreislaufwirtschaft liefern.

[92] Siegwart, Hans - Senti, Richard: Product...(1995), S. 19.

[93] Pfeiffer, Werner - Dörrie, Ulrich - Gerharz, Anja - Goetze von, Sonja: Variantenkostenrechnung...(1992), S. 868 (Kursivschrift im Original).

[94] Zehbold, Cornelia: Lebenszykluskostenrechnung...(1996), S. 42 (im Original Hervorhebungen).

[95] Horneber, Markus: Entsorgungsmanagement...(1995), S. 40 ff führt einen Entsorgungsbegriff im weiteren Sinne ein, der sowohl Maßnahmen der Rückstandsvermeidung und Rückstandsverminderung umfasst als auch der Rückstandsbewältigung. Recycling als Rückstandsnutzung und Entsorgung im engeren Sinn als Rückstandsbeseitigung werden unter dem Begriff der Rückstandsbewältigung subsumiert. Da Maßnahmen der Rückstandsvermeidung und Rückstandsverminderung bereits frühzeitig im Entstehungszyklus im Rahmen der Produktgestaltung zur Anwendung kommen müssen, wird im Folgenden der Entsorgungsbegriff im Sinne einer Rückstandsbeseitigung verwendet.

[96] Siehe Zehbold, Cornelia: Lebenszykluskostenrechnung...(1996), S. 42 f. Zum Begriff der Serviceleistungen und auch der Servicekosten generell siehe Stauss, Bernd: Servicekosten...(2000), S. 431 ff.

Abbildung 6-6
Integriertes Produktlebenszykluskonzept[97]

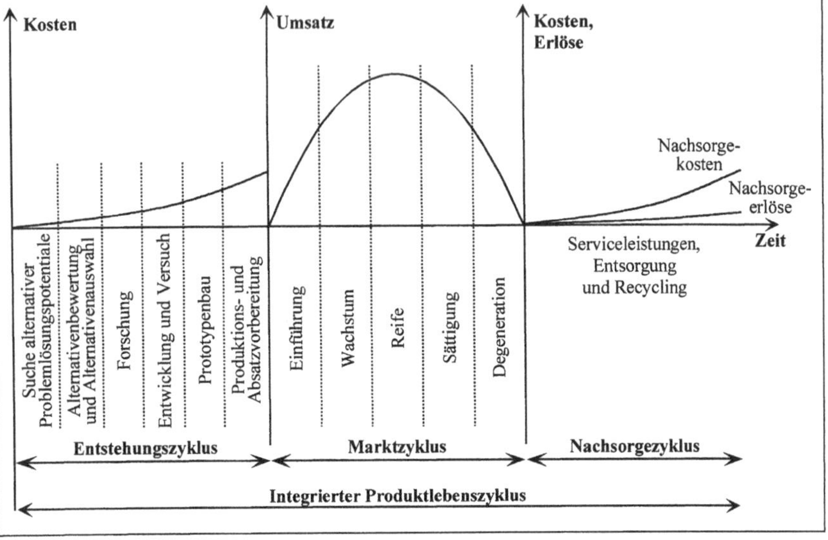

gestaltung bestimmter Produktmerkmale werden sowohl Serviceleistungen als auch Entsorgungs- und Recyclingaktivitäten beeinflusst[98].

Die Teilzyklen dieser integrierten Betrachtungsweise können natürlich nicht streng iterativ gesehen werden, vielmehr bestehen **zeitliche Überschneidungen** zwischen Entstehungs-, Markt- und Nachsorgezyklus in **Abhängigkeit vom Aggregationsniveau** des Betrachtungsobjekts. Sobald die erste Produkteinheit abgesetzt ist, beginnt für genau diese Produkteinheit der Nachsorgezyklus im Sinne von Garantie- oder Serviceleistungen[99]. Weitere Produkteinheiten werden im Unternehmen noch produziert, während andere Einheiten auf dem Markt angeboten werden. Selbst wenn zu einem späteren Zeitpunkt die Produktion dieses Erzeugnisses eingestellt wird, müssen vom Unternehmen immer noch Serviceleistungen erbracht werden. Dies beginnt bei

---

97 Mit Modifikationen und gekürzt um den Beobachtungszyklus entnommen aus Zehbold, Cornelia: Lebenszykluskostenrechnung...(1996), S. 34, die allerdings einen 4-phasigen Lebenszyklus zugrunde legt und den Nachsorgezyklus erst auf S. 38 ff behandelt. Originär findet sich diese Darstellung bei Pfeiffer, Werner - Bischof, Peter: Produktlebenszyklen...(1981), S. 136 und Pfeiffer, Werner - Metze, Gerhard - Schneider, Walter - Amler, Robert: Technologie-Portfolio...(1991), S. 27. Vgl. dazu auch Back-Hock, Andrea: Ergebnisrechnung...(1992), S. 706 und Horneber, Markus: Entsorgungsmanagement...(1995), S. 119.

98 Vgl. bspw. Schmidt, Felix R.: Life...(2000), S. 60 mit explizitem Bezug zur Festlegung ökologischer Belastungen bei der Produktgestaltung.

99 Vgl. auch Schmidt, Felix R.: Life...(2000), S. 59.

wartungs- und instandhaltungsspezifischen Leistungen[100] und endet schließlich mit Entsorgungs- und Recyclingleistungen.

Gerade für den Fall der Computerindustrie bietet es sich an, die Serviceleistungen zur Hardware in einem eigenen **Servicelebenszyklus** zu betrachten[101]. Dies wird umso bedeutsamer, je mehr die Software und die entsprechenden Unterstützungsleistungen an Gewicht gewinnen. So nehmen in der Computerindustrie Erlöse aus dem Servicegeschäft einen hohen Anteil an den Unternehmenserlösen ein, diese Servicc-Erlöse werden gegenüber dem Hardwaregeschäft aber erst mit einem **zeitlichen Versatz** realisiert. Da der größte Teil der Service-Erlöse erst in der letzten Phase eines untergeordneten Produktlebenszyklusses anfällt, empfiehlt sich bei besonders dienstleistungsorientierten Unternehmen die Implementierung eines separaten Servicelebenszyklusses. Auf diese Weise können auch die vor allem im Sinne von **Personalkosten** hohen fixen Kosten einer Serviceabteilung bzw. eines Servicesystems geplant, kontrolliert und gesteuert werden, und notwendige Investitionen zum Aufbau und zur Erhaltung der Servicebereitschaft können auf ihre Rentabilität hin untersucht werden[102].

Oftmals wird der integrierte Produktlebenszyklus auch noch um einen **Beobachtungszyklus** erweitert. In diesem Beobachtungszyklus werden - oft auch unbewusst - strategische Informationen über die Unternehmensumwelt und die Stärken und Schwächen des Unternehmens zusammengetragen mit dem Ziel, Entscheidungsprozesse zur Initiierung eines neuen Produktlebenszyklusses anzustoßen[103]. Der Beobachtungszyklus ist **dem Produktlebenszyklus übergeordnet** im dem Sinne, dass Marktbedürfnisse entdeckt und in potenzielle Produktideen umgesetzt werden sollen, die dann einen neuen Produktlebenszyklus begründen[104]. Da aber letztlich für diese Aktivitäten regelmäßig kein spezifischer Produktbezug identifiziert werden kann, soll der Beobachtungszyklus an dieser Stelle nicht vertieft werden.

III. Controllingschwerpunkte der Produktlebenszyklusrechnung

Aus der bereits an anderer Stelle dargestellten **Notwendigkeit zur frühzeitigen Produktkostenermittlung und Produktkostenbeeinflussung** ergibt sich für eine Produktlebenszyklusrechnung die *„frühzeitig einsetzende Planung, Beeinflussung, Steuerung und Überwachung des Produktlebenszykluserfolgs“*[105] als Hauptaufgabe. Eine Produktlebenszyklusrechnung soll damit die **Gesamtrentabilität einer Produktinvestition** und im Sinne einer begleitenden Betrachtung auch die Auswirkungen bestimmter Maßnahmen auf die Produktrentabilität transparent machen.

---

[100] So ist es bspw. in der Automobilindustrie unabdingbar, auch nach dem Auslaufen eines Modells weiterhin für einen beachtlichen Zeitraum Ersatzteile bereitzuhalten.

[101] Vgl. zum Servicelebenszyklus Zehbold, Cornelia: Lebenszykluskostenrechnung...(1996), S. 43 ff, die sich auf eine auf die Computerindustrie bezogene empirische Untersuchung von Potts, George W.: Exploit...(1988), S. 32 ff bezieht.

[102] Vgl. Zehbold, Cornelia: Lebenszykluskostenrechnung...(1996), S. 45 f.

[103] Vgl. Pfeiffer, Werner - Bischof, Peter: Produktlebenszyklen...(1981), S. 137 f.

[104] Vgl. Zehbold, Cornelia: Lebenszykluskostenrechnung...(1996), S. 35.

[105] Zehbold, Cornelia: Lebenszykluskostenrechnung...(1996), S. 167 (Hervorhebung im Original).

Der Grundgedanke eines entwicklungs- und konstruktionsbegleitenden Produktkostencontrollings wird sowohl zeitlich als auch sachlich erweitert[106]. Der **Betrachtungszeitraum** wird unabhängig von Produktions- oder Vermarktungszeiträumen so umfassend definiert, dass sämtliche mit einem Produkt in Verbindung stehenden Leistungen berücksichtigt werden können. In sachlicher Hinsicht werden Produktvarianten in die Betrachtung einbezogen und zudem erfolgt eine Erweiterung über die Herstellerperspektive hinaus auf die Konsumenten- und Kundensphäre. In dieser Ausweitung manifestieren sich die **Ganzheitlichkeit und die umfassende Sichtweise einer Lebenszyklusrechnung**.

Um den Aufgabenschwerpunkt einer frühzeitigen Ermittlung, Beeinflussung und Steuerung des lebenszyklusbezogenen Produkterfolgs erfüllen zu können, „ist eine in konsequenter Weise *auf den gesamten Produktlebenszyklus ausgerichtete Kosten-, Erlös- und Ergebnisrechnung* erforderlich“[107]. Über **Kostenaspekte** hinaus müssen in einer lebenszyklusorientierten Betrachtung auch **sämtliche anderen Erfolgsvariablen** einbezogen werden. Vor diesem Hintergrund kann der meist verwendete Terminus einer „Lebenszykluskostenrechnung“ im eigentlichen auf die Kostenrechnung bezogenen Sinn nicht mehr aufrechterhalten werden, vielmehr ist von einer **Lebenszyklusrechnung** generell zu sprechen[108].

Die beiden wesentlichen Einsatzbereiche der Produktlebenszyklusrechnung sind vor diesem Hintergrund zum einen der **Vergleich einzelner Perioden des Lebenszyklusses**, um zukünftig relevante Entwicklungen identifizieren und beeinflussen zu können, zum anderen aber auch die ex ante-Betrachtung über den gesamten Lebenszyklus hinweg im Sinne einer **Amortisations- oder Gewinnschwellenrechnung**. Diese beiden zentralen Aufgabenbereiche werden im Folgenden untersucht.

A Lebenszyklusrechnung als Periodenvergleichsrechnung

Eine **Deckungsbeitragsrechnung** abstrahiert letztlich vom zugrunde liegenden Produkt und geht in der **Kostenträgerzeitrechnung** über zu einer periodischen auf den regelmäßig jahresbezogenen Abrechnungszeitraum abstellenden Betrachtung. Obwohl der Fokus damit auf Zeiträumen und Perioden liegt, findet aber noch keine periodenübergreifende Berücksichtigung statt. Sowohl Vor- als auch Nachlaufkosten werden den jeweiligen Perioden des Kostenanfalls belastet.

Zwischen den einzelnen Abrechnungsperioden werden **Kostenvergleiche** vollzogen, darüber hinaus findet aber auch der Vergleich anderer unternehmensspezifisch festgelegter Größen statt. Auf Ebene der Stückkosten tragen vor allem **produktionsvolumenbezogene Lern- und Erfahrungskurveneffekte** zur Kostensenkung bei, das

---

[106] So weist auch Männel, Wolfgang: Produktkostenkalkulation...(1997), S. 224 darauf hin, dass „Entwicklungsteams [...] schon sehr frühzeitig Produktlebenszyklusergebnisse prognostizieren, planen und steuern“ müssen.

[107] Männel, Wolfgang: Anpassung...(1992), S. 117 (Kursivschrift im Original).

[108] Siehe dazu auch Fußnote 11 auf Seite 286 im vorliegenden Kapitel.

Half-Life-Konzept beschreibt die Entwicklung unternehmensindividueller Performancemaße im Zeitablauf.

1. Periodenspezifische Deckungsbeitragsvergleiche

Die **Gegenüberstellung von periodenbezogenen Deckungsbeiträgen** wird regelmäßig auf Ebene einzelner Produktarten oder Produktvarianten realisiert. Zu detaillierte Vergleichsgrößen verhindern genauere Analysen ebenso wie ein zu hohes Aggregationsniveau, da interne Kompensationseffekte nur schwer identifiziert werden können. Die jeweils relevanten Kontrollgrößen können aber nicht allgemein gültig, sondern nur unternehmensindividuell festgelegt werden. **Einmalkosten** im Sinne von Vorlauf- oder Nachlaufkosten werden zwar **den jeweiligen Nutzungsperioden als Deckungsbedarf vorgegeben**, es erfolgt aber keine Kumulation der periodenbezogenen Deckungsbeträge und auch keine explizite Gegenüberstellung der Deckungsbeiträge und der Deckungsbedarfe.

Einsatzschwerpunkt der periodenbezogenen Deckungsbeitragsvergleiche, deren Grundschema in Abbildung 6-7 dargestellt wird, ist die Darstellung der **Veränderung bestimmter Kostenpositionen im Zeitablauf**. Abbildung 6-7 zeigt die Entwicklung summarischer Kostenpositionen und zusätzlich der Nettoerlöse und resultierender Deckungsbeiträge in Zeitreihen. In einer tieferen Detaillierung kann natürlich auch die Entwicklung von Kostenartengruppen oder einzelnen Kostenarten dargestellt und analysiert werden[109]. Die Auswertung dieser **Zeitreihenvergleiche** kann sowohl „Ausreisser" als auch langfristige Fehlentwicklungen transparent machen und somit Ansatzpunkte für Kostensenkungsmaßnahmen identifizieren.

Periodenbezogene Vergleichsrechnungen können **aus den Informationen der laufenden Kostenrechnung abgeleitet** werden. Sämtliche notwendigen Kostendaten stehen in einer modernen führungsorientierten Kostenrechnung zur Verfügung, so dass nur die notwendigen **Auswertungspfade** noch implementiert werden müssen. Abbildung 6-7 verdeutlicht, dass die für regelmäßige periodenbezogene Rechnungen erfassten Daten für zusätzliche Periodenvergleichsrechnungen umgruppiert werden müssen. Diese Tatsache veranschaulicht das Wesen der Periodenvergleiche als **ergänzende Rechnung**. Aufbauend auf der Implementierung der spezifischen Auswertungspfade und einer EDV-gestützten Grundrechnung im Unternehmen können periodenbezogene Vergleichsrechnungen zu Simulationsrechnungen ausgebaut werden und stehen damit auch zur Analyse alternativer Szenarien zur Verfügung.

---

[109] Vgl. dazu Männel, Wolfgang: Kostenrechnungssysteme...(2003), S. 26 f und S. 136 f.

Abbildung 6-7
Periodenbezogenes Deckungsbeitragsschema[110]

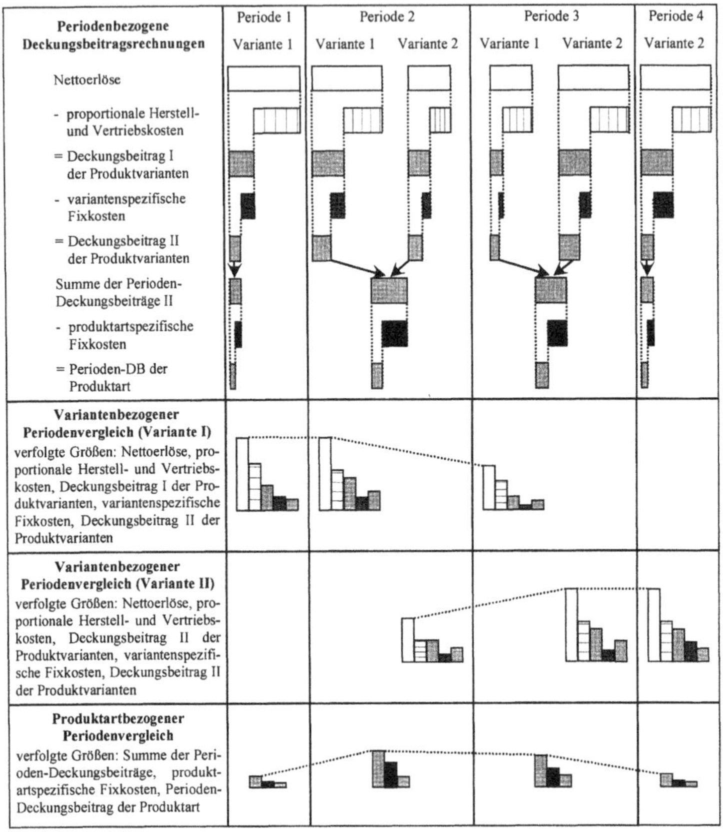

2. Erfahrungskurve als periodischer Effekt

Das Konzept der Erfahrungskurve[111] stellt unternehmens- oder auch branchenspezifisch eine **Beziehung zwischen den Stückkosten und der kumulierten Produkti-**

---

[110] Oberer Abbildungsteil entnommen aus Zehbold, Cornelia: Lebenszykluskostenrechnung...(1996), S. 219.

[111] Auch wenn zwischen den Begriffen der Lernkurve und der Erfahrungskurve oftmals nicht konsequent getrennt wird, sei an dieser Stelle zwischen diesen beiden Konzepten differenziert: „Während die Lernkurve ausschließlich die direkten Fertigungskosten einbezieht, umfasst die Erfahrungskurve die gesamten auf die Wertschöpfung bezogenen anteiligen Gesamtstückkosten eines Produktes unter Ausschluss von Vor- und Fremdleistungen", Hieber, Wolfgang Lothar: Lern- und Erfahrungskurveneffekte...(1991), S. 14.

onsmenge her: „Mit jeder Verdoppelung der kumulierten Produktionsmenge sinken die auf die Wertschöpfung bezogenen, inflationsbereinigten (realen) Stückkosten potenziell um einen konstanten Prozentsatz, z. B. 20% bis 30%“[112]. Empirisch konnte dieser Effekt der Erfahrungskurve vielfach nachgewiesen werden, eine überzeugende theoretische Begründung steht aber noch aus[113].

Das Konzept der Erfahrungskurve beschreibt ein **Kostensenkungspotenzial, das individuell identifiziert und realisiert werden muss**[114]. Dieses Potenzial ist sowohl in schnell als auch in langsam wachsenden Bereichen zu finden. Da die Erfahrungskurve eine Beziehung zwischen den Stückkosten und der kumulierten Produktionsmenge herstellt, ist es nahe liegend, dass der Erfahrungskurveneffekt in Unternehmen mit schnell wachsenden Stückzahlen deutlicher ausfällt. Andererseits konnten Erfahrungskurveneffekte **sowohl für die Investitions- als auch für die Konsumgüterindustrie**, aber **auch für Dienstleistungsunternehmen** nachgewiesen werden[115]. Die Lernkurve als Bestandteil der Erfahrungskurve ist vor allem vom **Verhältnis der Hand- zur**

Betrachtungsgegenstand der Lernkurventheorie sind damit die im Produktionsbereich bei steigenden kumulierten Ausbringungsmengen sinkenden Bearbeitungszeiten. Ausgangspunkt der Lernkurventheorie waren 1925 die Montagehallen der Wright-Patterson Air-Force Base in Ohio mit der Beobachtung, dass mit der Wiederholung von Produktionsvorgängen die Montagezeit der Flugzeuge abnahm. Darauf aufbauend veröffentlichte Wright, Thomas P.: Factors...(1936), S. 122 ff, zitiert nach Hieber, Wolfgang Lothar: Lern- und Erfahrungskurveneffekte...(1991), S. 8 erstmals ein entsprechendes Modell. Zur Strukturierung lebenszyklusbezogener Lerneffekte siehe stellvertretend Pfohl, Markus Chr.: Lebenszyklusrechnung…(2002), S. 141 ff.

Die Erfahrungskurve als Erweiterung des Lernkurvenhorizonts über den Produktionsbereich hinaus bezieht sich auf marktseitige Preisentwicklungen basierend auf unternehmensspezfischen Kostenentwicklungen und wurde von der Boston Consulting Group erstmals 1965/66 empirisch analysiert. Siehe dazu wiederum Hieber, Wolfgang Lothar: Lern- und Erfahrungskurveneffekte...(1991), S. 8 ff.

112 Henderson, Bruce D.: Erfahrungskurve...(1984), S. 19, zitiert nach Coenenberg, Adolf G.: Kostenrechnung...(2003), S. 185. Vgl. dazu auch Hieber, Wolfgang Lothar: Lern- und Erfahrungskurveneffekte...(1991), S. 83 und Nieschlag, Robert - Dichtl, Erwin - Hörschgen, Hans: Marketing...(2002), S. 132.

113 Siehe Nieschlag, Robert - Dichtl, Erwin - Hörschgen, Hans: Marketing...(2002), S. 137 f. Vgl. auch Coenenberg, Adolf G.: Kostenrechnung...(2003), S. 185, Hieber, Wolfgang Lothar: Lern- und Erfahrungskurveneffekte...(1991), S. 1 und Zehbold, Cornelia: Lebenszykluskostenrechnung...(1996), S. 240, die auf die empirisch feststellbare Regelmäßigkeit verweisen. Anders dagegen Shank, John K.: Cost Driver…(2002), S. 81 ff, der exemplarisch kleinere Unternehmen anführt, die günstigere Kostenpositionen erreichen konnten als größere Konkurrenzunternehmen. Auch wenn das Potenzial einer Erfahrungskurve erst tatsächlich realisiert werden muss, zeigt dies, dass die kumulierte Produktionsmenge nicht unbedingt den einzigen maßgeblichen Einflussfaktor auf die Stückkosten darstellt.

Bezüglich einer formalen mathematischen Darstellung der Erfahrungskurve sei an dieser Stelle verwiesen auf Coenenberg, Adolf G.: Kostenrechnung…(2003), S. 187 ff und Hieber, Wolfgang Lothar: Lern- und Erfahrungskurveneffekte...(1991).

114 Vgl. Hieber, Wolfgang Lothar: Lern- und Erfahrungskurveneffekte...(1991), S. 115 und Pfeiffer, Werner - Metze, Gerhard - Schneider, Walter - Amler, Robert: Technologie-Portfolio…(1991), S. 41.

115 Siehe dazu Hieber, Wolfgang Lothar: Lern- und Erfahrungskurveneffekte...(1991), S. 10 ff sowie die dort angegebene Literatur.

Maschinenarbeit abhängig, so dass tendenziell um so größere Lerngewinne erzielt werden können, je geringer der Anteil der Maschinenarbeit ist. Unmittelbar einsichtig ist auch die Tatsache, dass das Ausmaß der Kostensenkungspotenziale von der **Höhe der Anfangsproduktivität** abhängt[116].

a Grundlegende Problematik der Erfahrungskurve

Das Erfahrungskurvenkonzept bezieht sich auf die **Stückkosten**, ohne dass aus der Literatur eine einheitliche Definition dieses Kostenbegriffs ersichtlich wäre. In den auf die Wertschöpfung bezogenen Kosten sind sowohl die Verwaltungs- und Vertriebskosten als auch produktbezogene Forschungs- und Entwicklungskosten enthalten[117]. Dementsprechend müssen diese Kosten in der Kostenrechnung auch entsprechend ausgewiesen werden. An anderer Stelle erfolgt eine schwerpunktmäßige **Orientierung an den Herstellkosten**[118].

Wie bereits für das Lebenszykluskonzept angesprochen, ist auch der Verlauf der Erfahrungskurve stark von der Produktdefinition abhängig[119]. Geht man von ähnlichen Produkten in einem Unternehmen aus, ist es nahe liegend, dass die Erfahrungskurven ähnlicher Produkte sich gegenseitig beeinflussen. Das Ausmaß dieser so genannten **Erfahrungsübertragung** könnte theoretisch dadurch ermittelt werden, dass Erfahrungskurven für die einzelnen Komponenten gebildet werden. Dies wird allerdings aus Praktikabilitäts- und aus Wirtschaftlichkeitsgründen kaum realisierbar sein, so dass man sich auf eine **pauschale Abschätzung** der Erfahrungsübertragung beschränken muss[120].

Andererseits beziehen sich Erfahrungskurven immer auf **kumulierte Produktionsmengen**[121]. Der implizit dabei berücksichtigte zeitliche Horizont hat zur Folge, dass auch **kleine Produktmodifikationen** in der produktspezifischen Erfahrungskurve berücksichtigt werden müssen. Durch geänderte Merkmalsausprägungen sind aber streng genommen die Kostenrelationen der einzelnen Produkte nicht mehr vergleichbar[122]. Auch **Änderungen der Vertriebswege** oder Ausweitungen der Absatzmärkte beeinflussen die zugrunde liegenden Kostenrelationen. Während eine sehr breite Produkt- und auch Marktabgrenzung die Berücksichtigung der meisten Quellen von Erfahrungsübertragungen ermöglicht, besteht bei einer zu breiten Abgrenzung die Gefahr,

---

116 Siehe wiederum Hieber, Wolfgang Lothar: Lern- und Erfahrungskurveneffekte...(1991), S. 9.

117 Coenenberg, Adolf G.: Kostenrechnung...(2003), S. 202 weist auf die Notwendigkeit und auch das Problem der produktspezifischen Verrechnung dieser Kostenarten hin.

118 Siehe bspw. Kotler, Philip - Bliemel, Friedhelm: Marketing-Management...(1992), S. 701, die darauf verweisen, dass bei einer erfahrungskurvenbezogenen Preisfestsetzung im Regelfall die „Herstellungskosten" im Mittelpunkt stehen.

119 Vgl. Coenenberg, Adolf G.: Kostenrechnung...(2003), S. 202.

120 Vgl. Hieber, Wolfgang Lothar: Lern- und Erfahrungskurveneffekte...(1991), S. 89 f.

121 Eventuell vorhandene Kapazitätsbeschränkungen bleiben im Erfahrungskurvenkonzept unberücksichtigt. Siehe Coenenberg, Adolf G.: Kostenrechnung...(2003), S. 203.

122 So weist auch Fischer, Thomas M.: Kostenmanagement...(1993), S. 32 darauf hin, dass die Erfahrungskurve vorrangig für standardisierte Massengüter gilt, „die ohne Anpassungsmaßnahmen, z. B. durch technische Weiterentwicklungen, am Markt angeboten werden".

wichtige Erfahrungspotenziale zu übersehen. **Nach Produkten und auch Märkten differenzierende Erfahrungskurvenanalysen** bieten hier eine Möglichkeit zur Abhilfe, erhöhen den Erfassungs- und Analyseaufwand aber enorm[123].

Dadurch dass die Erfahrungskurve auf kumulierten Produktionsmengen basiert und der Prozentsatz der Kostensenkung immer auf eine Verdoppelung der Produktionsmenge bezogen ist, wird **implizit unterstellt, dass die produzierten Stückzahlen auch abgesetzt werden** können. Dies ist prinzipiell nur dann möglich, wenn ein Unternehmen mit einem neuen Produkt auf hohe Marktwachstumsraten trifft bzw. eine hohe Preiselastizität der Nachfrager besteht. Zudem muss das Unternehmen auch die zweifellos vorhandenen Effekte der Erfahrungskurve realisieren können[124].

b Einflussgrößen der Erfahrungskurve

Die der Erfahrungskurve zugrunde liegende Beziehung zwischen den Stückkosten und der Erfahrung im Sinne der kumulierten Produktionsmenge beruht auf dem Zusammenwirken mehrerer Faktoren, die in Abbildung 6-8 zusammengestellt sind. Unter **dynamischen Skaleneffekten**, die bei Betrachtung kumulierter Produktionsmengen deutlich werden, werden die **Lernkurve** sowie **technischer Fortschritt** und **Rationalisierung** subsumiert, zu den **statischen Skaleneffekten** gehören die **Fixkostendegression** und **Betriebsgrößeneffekte**, die bereits bei periodischen Vergleichsrechnungen sichtbar werden[125]. Prinzipiell bedeuten dynamische Skaleneffekte eine Verschiebung bzw. Veränderung der **Durchschnittskostenkurve**, während statische Skaleneffekte eine Bewegung entlang der Durchschnittskostenkurve induzieren[126].

Abbildung 6-8
Wirkungsfaktoren der Erfahrungskurve[127]

Dynamische Skaleneffekte	Statische Skaleneffekte
• Lernkurve • Technischer Fortschritt • Rationalisierung	• Fixkostendegression • Betriebsgrößeneffekt

Die Differenzierung zwischen Lernkurve und Erfahrungskurve und auch die Charakterisierung der **Lernkurve als wesentliche Determinante der Erfahrungskurve** wird oftmals nicht treffscharf vorgenommen[128]. In Abgrenzung zur Erfahrungskurve bezieht sich die Lernkurve auf die notwendigen Bearbeitungszeiten im Fertigungsbereich, für

---

123 Vgl. Hieber, Wolfgang Lothar: Lern- und Erfahrungskurveneffekte...(1991), S. 90 f.

124 Siehe dazu Fischer, Thomas M.: Kostenmanagement...(1993), S. 32 f und Pfeiffer, Werner - Metze, Gerhard - Schneider, Walter - Amler, Robert: Technologie-Portfolio...(1991), S. 42 f.

125 Vgl. Nieschlag, Robert - Dichtl, Erwin - Hörschgen, Hans: Marketing...(2002), S. 134 f.

126 Vgl. dazu auch Hieber, Wolfgang Lothar: Lern- und Erfahrungskurveneffekte...(1991), S. 93.

127 Siehe dazu Hieber, Wolfgang Lothar: Lern- und Erfahrungskurveneffekte...(1991), S. 91 ff und Zehbold, Cornelia: Lebenszykluskostenrechnung...(1996), S. 241.

128 Siehe zur Thematik der Lernkurve ausführlich Hieber, Wolfgang Lothar: Lern- und Erfahrungskurveneffekte...(1991), S. 17 ff.

die ebenfalls mit steigenden Stückzahlen ein degressiver Verlauf unterstellt wird[129]. Die Lernkurve beeinflusst somit schwerpunktmäßig die Lohnkosten der Fertigung.

Der **technische Fortschritt** im Verlauf des Produktlebenszyklusses bezieht sich auf die Anwendung neuer Produktionstechnologien zur Produkterstellung[130]. Technischer Fortschritt führt zum Einsatz neuer Technologien, durch die bereits marktpräsente Produkte kostengünstiger hergestellt werden können. **Neue Technologien** beeinflussen einerseits die durchschnittlichen Stückkosten in Abhängigkeit von der Ausbringungsmenge und den veränderten Fixkosten und andererseits auch die Kostenstruktur, meist als Substitution von Personalkosten durch Maschinenkosten[131]. Bei **betrieblichen Rationalisierungsmaßnahmen** steht generell die Produktivitätssteigerung im Vordergrund. Dies wird durch Umstrukturierung, Umorganisation und Substitution von Produktionsfaktoren erreicht. Da dabei stets Kostensenkungen angestrebt werden, beeinflussen Rationalisierungsmaßnahmen auch die Erfahrungskurve.

Die **Fixkostendegression** bezeichnet bekanntermaßen den Effekt, dass bei konstanten Kapazitäten mit steigender Auslastung die von den einzelnen Produkteinheiten zu tragenden Fixkostenanteile sinken. Dies gilt in gewissen Bandbreiten und unter der Annahme degressiv steigender oder linearer Gesamtkostenverläufe. **Betriebsgrößeneffekte** (Economies of Scale) ergeben sich demgegenüber als Größenvorteile bei wachsender Betriebsgröße bspw. durch Ausnutzung von Kostenvorteilen im Einkauf[132].

Die Wirkungen der dargestellten Einflussgrößen auf die Erfahrungskurve lassen sich sowohl theoretisch als auch praktisch kaum separieren. Dies liegt zum einen daran, dass statische Skaleneffekte einer periodischen Betrachtung unterliegen und somit kaum ein funktionaler Zusammenhang zu kumulierten Produktionsmengen hergeleitet werden kann[133]. Andererseits bestehen **enge Interdependenzen zwischen den einzelnen Wirkungsfaktoren**: Lerneffekte initiieren und ermöglichen häufig erst Rationalisierungsmaßnahmen, im Rahmen von Rationalisierungsmaßnahmen werden Kapazitäten beeinflusst, und technischer Fortschritt ist oftmals die Voraussetzung für rationellere Produktionsbedingungen[134]. Trotzdem kann das Erfahrungskurvenkonzept wertvolle Informationen über Kostensenkungspotenziale liefern und dadurch die Effizienz von Kostenprognosen erhöhen. Insgesamt ermöglicht es damit eine realistische Einschätzung der unternehmensspezifischen Kostensituation[135].

---

129 Siehe Kilger, Wolfgang - Pampel, Jochen - Vikas, Kurt: Plankostenrechnung...(2002), S. 197.

130 Technischer Fortschritt im Sinne „der Schaffung neuer oder qualitativ verbesserter Güter und [...] der Entwicklung und Nutzbarmachung neuer Mittel und Wege zur besseren Befriedigung menschlicher Bedürfnisse“ kann zum aktuellen Stand der Theorie noch nicht erfasst werden. Hieber, Wolfgang Lothar: Lern- und Erfahrungskurveneffekte...(1991), S. 98.

131 Siehe vor allem Hieber, Wolfgang Lothar: Lern- und Erfahrungskurveneffekte...(1991), S. 99 ff.

132 Vgl. dazu insbesondere Coenenberg, Adolf G.: Kostenrechnung...(2003), S. 187.

133 Vgl. Hieber, Wolfgang Lothar: Lern- und Erfahrungskurveneffekte...(1991), S. 97.

134 Siehe wiederum Hieber, Wolfgang Lothar: Lern- und Erfahrungskurveneffekte...(1991), S. 108.

135 Vgl. Zehbold, Cornelia: Lebenszykluskostenrechnung...(1996), S. 247.

3. Half-Life-Konzept zur Beschreibung relevanter Performancemaße

Analog zum Konzept der Erfahrungskurve beschreibt das **Half-Life-Konzept**[136] das Lernen in Unternehmen und Organisationen. Im Gegensatz zur Erfahrungskurve geht das Half-Life-Konzept von einem **zeitabhängigen Lernfortschritt** aus, der von der Produktionsmenge unabhängig ist. „A half-life curve measures the time it takes to achieve a 50% improvement in a specified performance measure"[137]. Vom mathematischen Grundgedanken ausgehend sind damit die formalen Ähnlichkeiten zwischen Erfahrungskurve und Half-Life-Konzept unverkennbar. Inhaltlich ist die Erfahrungskurve nur von der realisierten Produktionsmenge abhängig, das Half-Life-Konzept dagegen betrachtet die Zeit als unabhängige Variable.

Während bei der Erfahrungskurve nur die Auswirkungen auf die Stückkosten untersucht werden, stellt das Half-Life-Konzept flexibel auf **unternehmensspezifisch relevante Performancemaße** ab. Für einen bestimmten unternehmensspezifischen Prozess wird eine eindeutige Maßgröße bestimmt und das Niveau dieser Maßgröße zu bestimmten Zeitpunkten gemessen. Mittels Regressionsrechnung kann dann **die Half-Life-Funktion** analog zur Erfahrungskurve ermittelt werden. Diese Half-Life-Funktion drückt aus, **in welchem Zeitraum sich die jeweilige Maßgröße halbiert**. Abbildung 6-9 zeigt diese Vorgehensweise für die über die Anzahl rückständiger Aufträge gemessene Lieferperformance eines Unternehmens. Diese Abbildung verdeutlicht auch, dass aus der Half-Life-Kurve ein angestrebtes Verbesserungspotenzial im Sinne einer Vorgabegröße für einen bestimmten Zeitraum abgeleitet werden kann.

Gegenstand von Half-Life-Betrachtungen können somit sämtliche unternehmensspezifisch relevanten Maßgrößen sein. Stellvertretend seien an dieser Stelle nur die Maßgrößen Entwicklungsdauer, Durchlaufzeit, Montagezeit, Prozessausbeute, Ausschussquote sowie Anzahl Kundenreklamationen genannt. Mit Hilfe des Half-Life-Konzepts können explizit auch ausgewählte **nicht finanzielle Kennzahlen einer Balanced Scorecard** im Zeitablauf überwacht und gesteuert werden[138].

Die **Kostensenkungspotenziale** beim Half-Life-Konzept ergeben sich im Gegensatz zur Erfahrungskurve **nur aus dynamischen Degressionseffekten**[139]. Vorrangig ist hier die Rationalisierung von Abläufen und Prozessen durch Maßnahmen des **Kaizen**

---

[136] Siehe dazu stellvertretend Coenenberg, Adolf G.: Kostenrechnung...(2003), S. 497 ff und Hug, Werner: Kaizen-Controlling...(2003), S. 55 ff.

[137] Garvin, David A.: Organization...(1993), S. 89, zitiert nach Coenenberg, Adolf G.: Kostenrechnung...(2003), S. 497.

[138] Die Balanced Scorecard setzt neben der finanziellen Perspektive in der Kundenperspektive, der Perspektive der internen Geschäftsprozesse und der Perspektive Lernen & Wachstum überwiegend nicht finanzielle Messgrößen ein. Siehe dazu stellvertretend Botta, Volkmar: Balanced Scorecard...(2000), S. 73 ff und Kaplan, Robert S. - Norton, David P.: Strategieumsetzung...(1997), S. 313 ff. Gerade über den Einsatz von zugrunde liegenden Messgrößen kann das Half-Life-Konzept auch diese Perspektiven abbilden.

[139] Siehe dazu insbesondere die Ausführungen zu den Einflussgrößen der Erfahrungskurve in diesem Kapitel.

Abbildung 6-9
Half-Life-Kurve zur Verbesserung der Lieferperformance[140]

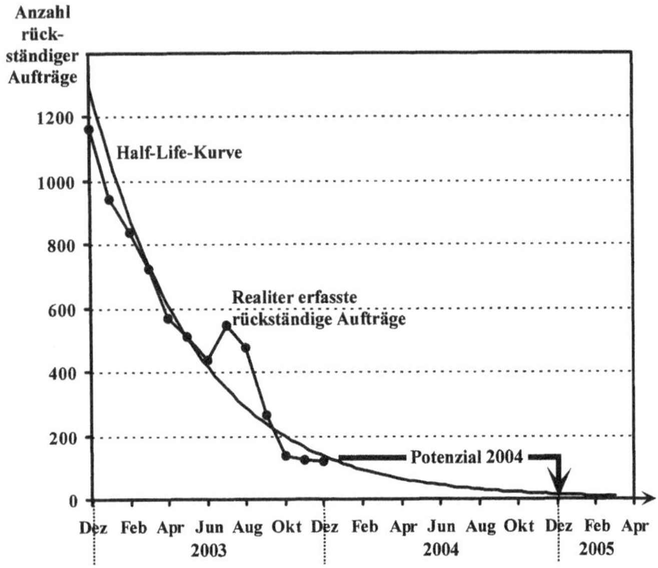

Costings[141] zu nennen. Permanente Prozessanalysen und Prozessverbesserungen sowie eine kontinuierliche Identifikation von Schwachstellen sind hierzu unabdingbare Voraussetzung. Allerdings wird in der Half-Life-Kurve jeweils **nur ein Leistungsparameter betrachtet**, so dass Wechselwirkungen zwischen verschiedenen Parametern unberücksichtigt bleiben. Gerade vor dem Hintergrund der vielfältigen Verflechtungen betrieblicher Kenngrößen, bedarf diese Tatsache der besonderen Aufmerksamkeit bei der Anwendung des Half-Life-Konzepts.

4. Lebenszyklusrechnung als Planungs- und Kontrollrechnung

Während für die Teilperioden des Marktzyklusses das bekannte und etablierte Instrumentarium der Deckungsbeitragsrechnung eingesetzt werden kann, müssen zur Planung und Steuerung der Vor- und Nachleistungskosten die **Methoden des Projektcontrollings** Anwendung finden. In diesem Sinne müssen sowohl in der Entstehungsphase als auch in der Nachleistungsphase Zeit-, Leistungs- und Kostendaten geplant, gesteuert und kontrolliert und in einer übergreifenden Betrachtung in eine Lebenszyklusrechnung überführt werden.

---

[140] Entnommen aus Hug, Werner: Kaizen-Controlling...(2003), S. 56.

[141] Siehe dazu die entsprechenden Ausführungen im Kapitel ‚Marktorientierte Produktkostenkalkulation'.

Um die Lebenszyklusrechnung über die Planungsrechnung hinaus zu einer Kontrollrechnung auszubauen, müssen **Verfahren der Abweichungsermittlung und -analyse** integriert werden. Diese Verfahren sind in ihrer prinzipiellen Ausgestaltung sowohl im Rahmen von Projektkostenrechnungen als auch für periodenspezifische Deckungsbeitragsrechnungen in den Unternehmen etabliert. Notwendig ist an dieser Stelle also nicht die Entwicklung eines neuen Methodenpotenzials, sondern die **Verankerung bestehender Konzepte und Verfahren** in einer übergreifenden und umfassenden Lebenszyklusrechnung. Lebenszyklusrechnungen stellen zwar ein eigenes Planungs- und Kontrollinstrumentarium dar, dieses soll aber die in den Unternehmen etablierten Konzepte, Methoden und Verfahren nicht ersetzen, sondern lebenszyklusorientiert ergänzen[142].

Ganz wesentlich ist für eine Lebenszykluskostenrechnung, dass **keine Doppelverrechnungen** vorgenommen werden dürfen. Die möglicherweise weiter differenzierten Kostenblöcke der Vor- und Nachleistungskosten dürfen nicht in periodenbezogenen Fixkostenbeträgen enthalten sein. Für die praktische Durchführung bedeutet dies, dass aus einer laufenden periodenbezogenen Rechnung genau die Kostenbeträge eliminiert werden müssen, die ihre Entsprechung in den lebenszyklusbezogen separat zu führenden Kostenkategorien der Vor- und Nachleistungskosten finden. Abbildung 6-10 zeigt schematisch die **Differenzierung zwischen periodenbezogenen und lebenszyklusbezogenen Deckungsbeitragsrechnungen** auf. Diese Abbildung verdeutlicht auch, dass eine Lebenszyklusrechnung das traditionelle periodische Rechnungswesen nicht ersetzt, sondern eine **fallspezifische Ergänzung** dazu darstellt.

Die **Kumulation der periodenbezogenen Deckungsbeiträge** zum lebenszyklusbezogenen Deckungsbeitrag und die Gegenüberstellung der Vor- und Nachleistungskosten verdeutlicht schon im Planungsstadium die Erfolgsaussichten einer Produktentwicklung. Die jeweiligen Plan-Daten werden in der Lebenszyklusrechnung permanent und fortschrittsbegleitend durch tatsächliche Ist-Daten ersetzt. Die sich auf diese Weise ergebende **Hochrechnung von Ist- und Plan-Daten** zeigt jederzeit das zu erwartende Lebenszyklusergebnis. Gleichzeitig können frühzeitig relevante **Planabweichungen** identifiziert werden und rechtzeitig **Gegensteuerungsmaßnahmen** ergriffen werden.

B Lebenszyklusrechnung als periodenübergreifende Rechnung

Um frühzeitig den lebenszyklusbezogenen Produkterfolg beeinflussen und steuern zu können, muss die unternehmensspezifische **Kosten-, Erlös und Ergebnisrechnung** konsequent den gesamten Produktlebenszyklus umfassen. Diese Anforderung verdeutlicht Abbildung 6-10. Dazu folgt der grundsätzliche Aufbau einer Lebenszyklusrechnung einer Deckungsbeitragsrechnung, wie dies bereits in Abbildung 6-5 aufgezeigt wurde. In ihrem strukturellen Kern ist eine Lebenszyklusrechnung somit eine **zeitbezogene Nutzschwellenrechnung bzw. Amortisationsrechnung als Weiterführung**

---

[142] Siehe Männel, Wolfgang: Produktkostenkalkulation...(1997), S. 225.

Abbildung 6-10
Deckungsbeitragsschema einer Produktlebenszyklusrechnung[143]

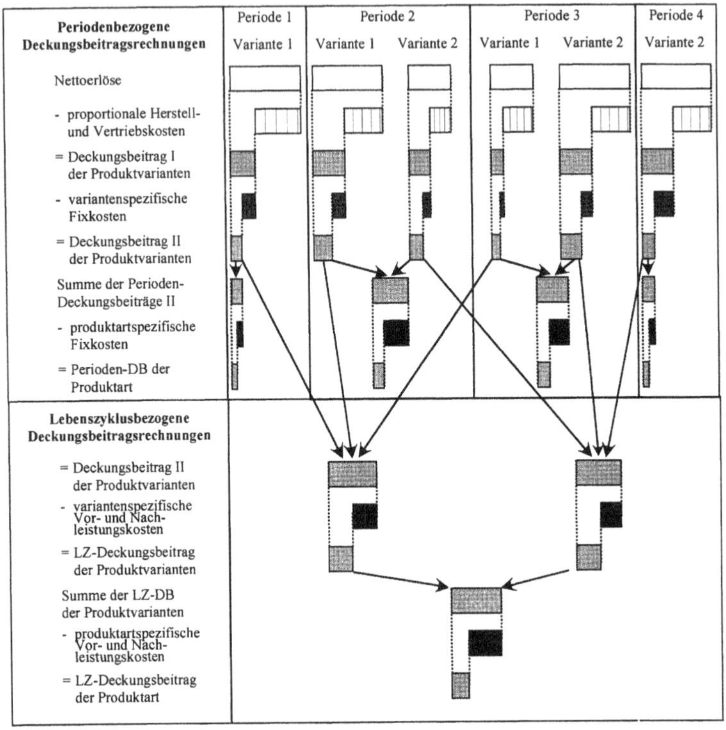

periodischer Deckungsbeitragsrechnungen[144]. Ausgehend von produktbezogenen, differenzierenden, stufenweisen Deckungsbeitragsrechnungen werden im Marktzyklus Periodenbeiträge analysiert. Kumulierte Vor- und Nachleistungskosten werden diesen während der Marktphase auflaufenden periodenspezifischen Deckungsbeiträgen gegenübergestellt, um insgesamt den Amortisationszeitpunkt der Produktinvestition zu ermitteln[145].

1. Lebenszyklusorientierung der Einzelkosten- und Deckungsbeitragsrechnung

Aus den Grundprinzipien der Einzelkosten- und Deckungsbeitragsrechnung lässt sich die Forderung nach einer **gesamtunternehmensbezogenen Lebenszykluskosten-**

---

[143] Mit geringen Modifikationen entnommen aus Zehbold, Cornelia: Lebenszykluskostenrechnung...(1996), S. 219.

[144] Siehe insbesondere Zehbold, Cornelia: Lebenszykluskostenrechnung...(1996), S. 195.

[145] Vgl. Männel, Wolfgang: Produktkostenkalkulation...(1997), S. 224 f.

rechnung ableiten. In konsequenter Verfolgung dieser Prinzipien werden aber auch zeitablaufbezogene und lebenszyklusorientierte Deckungsbeitragsrechnungen für hierarchisch untergeordnete Objekte im Sinne von Potenzialen, Produkten, Prozessen und auch Zeitabschnitten gefordert[146].

Nach dem **Identitätsprinzip** werden „die von derselben (identischen) unternehmerischen Entscheidung ausgelösten Leistungen und Kostengüterverzehre [...] als gekoppelte Wirkungen derselben Ursache begriffen“[147]. Ausgehend von diesem Prinzip erfolgt eine **Relativierung des Einzelkostenbegriffs** ebenso wie der **Einzelerlöse** und der Deckungsbeiträge in Bezug auf grundsätzlich alle betrachtungsrelevanten Dispositions-, Zurechnungs- und Abrechnungsobjekte. **Objektspezifische Deckungsbeiträge** werden als Überschüsse der Einzelerlöse über die Einzelkosten des jeweils betrachteten Objekts verstanden[148]. Zur konsequenten Erfassung dieser relativen, objektbezogenen Einzelkosten und Einzelerlöse werden nach unterschiedlichen Kriterien **Bezugsobjekthierarchien** im Sinne von parallel existierenden Zurechnungsstrukturen gebildet, die zu einem mehrstufigen und mehrdimensionalen Ausweis von Deckungsbeiträgen führen[149].

Da bei einer konsequenten Umsetzung der Einzelkosten- und Deckungsbeitragsrechnung auf jegliche Schlüsselung verzichtet wird, wird in diesem System kein periodenbezogener Nettoerfolg ausgewiesen[150]. Vielmehr werden für die einzelnen Perioden **Periodenbeiträge** ermittelt, die letztlich zum **Totalgewinn einer Unternehmung** führen. Eine Totalerfolgsrechnung, die vom Grundkonzept her als Lebenszyklusrechnung konzipiert ist, kann somit in diesem Sinne als ganzheitliche Unternehmenslebenszyklusrechnung verstanden werden[151].

Auch für Produkte, Potenziale oder Prozesse wird in der Einzelkosten- und Deckungsbeitragsrechnung ein objektspezifischer Deckungsbeitrag ermittelt, der den Totalerfolg der Unternehmung mit determiniert. Um in einer Zeitablaufsrechnung auch die Amortisation der den jeweiligen Objekten nicht als relative Einzelkosten zurechenbaren Gemeinkostenblöcke sicher zu stellen, werden **objektspezifische Deckungsspannen** vorgegeben. Diese Deckungsvorgaben müssen von den einzelnen Objekten im Laufe des objektspezifischen Lebenszyklusses erwirtschaftet werden, um den Unternehmenserfolg zu gewährleisten. Dem mehrstufigen und mehrdimensionalen Ausweis der Deckungsbeiträge folgend, werden auch die Deckungsspannen in **parallelen hierarchischen Strukturierungen** ausgewiesen.

---

[146] Siehe dazu Zehbold, Cornelia: Lebenszykluskostenrechnung...(1996), S. 143 ff.

[147] Männel, Wolfgang: Einzelkosten- und Deckungsbeitragsrechnung...(1983), S. 1189. Siehe dazu auch Riebel, Paul: Urphänomen und Problemquelle...(1993), S. 5 ff.

[148] Siehe Riebel, Paul: Einzelkosten...(1959), S. 225.

[149] Siehe Männel, Wolfgang: Einzelkosten- und Deckungsbeitragsrechnung...(1983), S. 1188 f.

[150] Vgl. Männel, Wolfgang: Einzelkosten- und Deckungsbeitragsrechnung...(1983), S. 1190.

[151] Vgl. dazu die Ausführungen bei Zehbold, Cornelia: Lebenszykluskostenrechnung...(1996), S. 144.

2. Notwendigkeit einer DV-gestützte Grundrechnung

Aus der Vielzahl der zu sammelnden Daten und dem Zeitraum, für den diese Daten vorgehalten werden müssen, lässt sich zwingend die Forderung nach einer DV-Unterstützung der Lebenszyklusrechnung ableiten. Sämtliche lebenszyklusrelevanten Informationen werden in einer **datenbankgestützten Grundrechnung** gespeichert und stehen für die jeweils relevanten **Auswertungsrechnungen** zur Verfügung[152].

Der enorme Datenumfang bei einem Betrachtungszeitraum von mehreren Jahren führt auch bei modernen DV-Anlagen dazu, dass lebenszyklusbezogene Daten **komprimiert gespeichert** werden müssen. Mit Hilfe einer so genannten **Erfahrungsdatenbank** können diese verdichteten Daten näherungsweise wieder extrahiert werden[153].

Der Gedanke einer Grundrechnung mit **atomar gespeicherten Daten** ist deshalb für eine Lebenszyklusrechnung wesentlich, da in einem frühen Stadium eines Produktlebenszyklusses Annahmen über die Zukunft getroffen werden müssen, und diese Erwartungen mit fortschreitender Zeit immer weiter konkretisiert werden. Diese Konkretisierung kann auch dazu führen, dass Annahmen ganz aufgehoben werden oder neue Annahmen getroffen werden müssen. Die Grundrechnung muss prinzipiell für jeden in der Zukunft denkbaren Fall die notwendige **Datenbasis** zur Verfügung stellen. **Aktualisierte Auswertungsrechnungen** können mit relativ geringem Zeitaufwand implementiert werden, eine konzeptionelle Änderung an der Grundrechnung dagegen ist im laufenden Betrieb kaum denkbar.

3. Zahlungsorientierung einer Lebenszyklusrechnung

„Langfristigkeit der Betrachtung, damit einhergehende Variabilität der meisten Betriebsmittel sowie das Anfallen von erwünschten und unerwünschten Konsequenzen zu unterschiedlichen, in der Regel weit auseinander liegenden Zeitpunkten kennzeichnen die Planungssituation“[154] der lebenszyklusbezogenen Kosten- und Leistungsrechnung. Die notwendigerweise periodenübergreifende Betrachtung erfordert dabei eine **Diskontierung später anfallender Kosten- und Erlösdaten auf den Betrachtungszeitpunkt**. In ihrem Grundaufbau sind Lebenszyklusrechnungen folglich wie **Investitionsrechnungen** aufzubauen[155].

---

152 Siehe Back-Hock, Andrea: Ergebnisrechnung…(1992), S. 708. Riezler, Stephan: Lebenszyklusrechnung...(1996), S. 138 weist darauf hin, dass die direkte Erfassung projektbezogener Zahlungen in einem datenbankorientierten Ansatz in der Praxis im allgemeinen noch nicht realisiert ist.

153 Vgl. dazu wiederum Back-Hock, Andrea: Ergebnisrechnung…(1992), S. 709.

154 Rückle, Dieter - Klein, Andreas: Product...(1994), S. 351.

155 Siehe Männel, Wolfgang: Anpassung...(1992), S. 118. Auch Fischer, Thomas M.: Kostenmanagement...(1993), S. 157 weist im Zusammenhang mit der Diskontierung der Rechengrößen auf die Anlehnung des Life Cycle Costings an investitionsrechnerische Verfahren hin. Riezler, Stephan: Lebenszyklusrechnung...(1996), S. 11 postuliert noch deutlicher, dass die *„Anwendung dynamischer Investitionsrechenverfahren* zur Wirtschaftlichkeitsbeurteilung in Planungs- und Überwachungsrechnungen den Kern der Lebenszyklusrechnung [bildet, d. V.]“ (Hervorhebung im Original). Kemminer, Jörg: Kosten- und Erlösmanagement…(1999), S. 17 führt aus, dass in einer Lebenszyklusrechnung der zeitliche Aspekt im Mittelpunkt steht und aus genau diesem Grund die statischen Verfahren der Investitionsrechnung zu vernachlässigen sind.

Da investitionsrechnerische Kalküle regelmäßig notwendigerweise auf Ein- und Auszahlungsströmen basieren[156], finden die für das Entscheidungsobjekt relevanten **Ein- und Auszahlungen als Rechengrößen** der Lebenszyklusrechnung Verwendung. „Die Verwendung von Zahlungsgrößen ermöglicht gegenüber durchschnittlichen Kosten und Erlösen eine wesentlich transparentere Darstellung und Überwachung geplanter *Veränderungen im Zeitablauf* (insbes. bei Absatzmengen und Absatzpreisen sowie Leistungsverbesserungen)“[157]. Von traditionellen Investitionsrechnungen unterscheidet sich die Lebenszyklusrechnung letztlich nur durch den **Betrachtungsgegenstand**, die Implementierung als **begleitende Rechnung** und die Integration in ein **betriebswirtschaftliches Informationssystem**[158].

Die für die Lebenszyklusrechnung relevanten Ein- und Auszahlungen können mit den entsprechenden Korrekturen **aus der laufenden Kosten- und Leistungsrechnung abgeleitet** werden. Dies unterstreicht die Forderung nach einer **konzeptionellen und datenmäßigen Integration** der Kosten- und Leistungsrechnung und der Investitionsrechnung[159].

Bezüglich der Planung und der konkreten Ermittlung der zu erfassenden Zahlungen sowie der **zahlungsorientierten Abbildung innerbetrieblicher Leistungsvorgänge** sei an dieser Stelle auf die einschlägige Fachliteratur verwiesen[160].

4. Ausgestaltung einer Lebenszyklusrechnung als dynamische Amortisationsrechnung

Die im Entstehungszyklus eines Produkts anfallenden Auszahlungen müssen notwendigerweise durch die Mittelrückflüsse im Marktzyklus und im Nachsorgezyklus amortisiert werden. Da dies der Definition eines Investitionsbegriffs im Wesentlichen ent-

---

[156] Siehe Kilger, Wolfgang - Pampel, Jochen - Vikas, Kurt: Plankostenrechnung...(2002), S. 152. Vor diesem Hintergrund argumentiert auch Coenenberg, Adolf G.: Kostenrechnung...(2003), S. 473, dass der Begriff Kosten in Zusammenhang mit dem Lebenszykluskonzept unpräzise ist, da keine Periodisierung vorgenommen werden muss, und verwendet die Rechengrößen Ein- und Auszahlungen. Vgl. auch Götze, Uwe: Lebenszykluskosten...(2000), S. 272 ff und Riezler, Stephan: Lebenszyklusrechnung...(1996), S. 135.

[157] Riezler, Stephan: Lebenszyklusrechnung...(1996), S. 11 (Hervorhebung im Original). Siehe dazu auch die ausführliche Argumentation mit weiteren Notationen bei Riezler, Stephan: Lebenszyklusrechnung...(1996), S. 134 ff, die auf S. 137 zu dem Ergebnis führt, „dass die Verwendung von *Zahlungen als grundlegenden Rechengrößen der Lebenszyklusrechnung* die *theoretisch richtige* und auch *aus Praktikabilitätsgründen zweckmäßigste Vorgehensweise* ist“ (Hervorhebung im Original). Auch Meyer, Jens Wilhelm: Produktinnovationserfolg...(2003), S. 89 verweist darauf, dass Produktlebenszyklusrechnungen als Anwendungsfall der dynamischen Investitionsrechnung im allgemeinen Zahlungsgrößen verwenden. Kemminer, Jörg: Kosten- und Erlösmanagement...(1999), S. 217 ff verwendet dagegen für das lebenszyklusorientierte Kosten- und Erlösmanagement einen pagatorischen Kosten- und Erlösbegriff.

[158] Siehe dazu wiederum Riezler, Stephan: Lebenszyklusrechnung...(1996), S. 12.

[159] Siehe dazu insbesondere die Ausführungen bei Rösgen, Klaus: Investitionscontrolling...(2000), S. 176 ff zur Ableitung der Investitionszahlungen aus den investitionsrelevanten Mengen- und Zeitgerüsten.

[160] Siehe Riezler, Stephan: Lebenszyklusrechnung...(1996), S. 138 ff, Rösgen, Klaus: Investitionscontrolling...(2000), S. 176 ff sowie die dort angegebenen Quellen.

spricht, bietet sich auch das **für eine dynamische Investitionsrechnung entwickelte Instrumentarium** zur Beurteilung von Produktinvestitionen an. Anhand eines internen Zinsfußes oder auch des **Kapitalwerts** kann jeweils die Vorteilhaftigkeit beurteilt werden[161], während eine **dynamische Amortisationsrechnung** ergänzend die **Kapitalwiedergewinnungszeit** aufzeigt[162].

Die Vorteilhaftigkeitsbeurteilung im Sinne einer Wirtschaftlichkeitsvorrechnung muss bereits vor Beginn einer Produktinvestition alle mit der spezifischen Entscheidungssituation verbundenen Konsequenzen antizipieren und berücksichtigen. Abbildung 6-11 verdeutlicht den **Grundaufbau einer lebenszyklusbezogenen Wirtschaftlichkeitsvorrechnung** mit der lebenszyklusbezogenen Investitionsrechnung als Kernstück. Ausgangspunkt jeder Lebenszyklusbetrachtung ist die gedankliche Durchdringung sämtlicher mit der Produktentscheidung verknüpften betriebswirtschaftlichen Folgewirkungen. Ganz wesentlich sind dabei die explizite **Offenlegung der Planungsprämissen** und die **Dokumentation der jeweils zugrunde gelegten Projektwirkungen**. Dies dient der Überprüfbarkeit der Planungsgrundlagen auch zu späteren Zeitpunkten, aber insbesondere auch für Simulations-, Alternativ-, Kontroll- und Hochrechnungen[163].

Im Rahmen monetär nicht quantifizierbarer Projektwirkungen muss unternehmensintern vor allem der **Know how-Erwerb** in die Entscheidungsfindung einbezogen werden. Unternehmensextern müssen vorrangig **Imagewirkungen** berücksichtigt werden. In sehr frühen Planungsstadien tritt die **auf Durchschnittswerten basierende Vorkalkulation** an die Stelle der investitionsrechnerischen Lebenszyklusrechnung, diese Vorkalkulation stellt aber lediglich eine Näherungslösung dar und entspricht der informationsstandbezogenen Vorgehensweise der Praxis[164].

Kernpunkt der Lebenszyklusrechnung ist die Identifikation der wesentlichen Bestimmungsfaktoren des Projekterfolgs und deren Zahlungswirkungen. Vor allem Zeit-, Mengen- und Preisdaten sowie innerbetriebliche Kennzahlen und Strukturdaten werden hier festgelegt, um letztendlich die **Erfolgssituation für den gesamten Lebenszyklus planerisch abbilden** zu können. Zur Quantifizierung der Zahlungswirkung der jeweiligen Bestimmungsfaktoren werden regelmäßig **mathematische Funktionen** abgeleitet bzw. unterstellt. Diese reichen von einfachen Veränderungsfaktoren bei Gehältern oder der Eigeninstandhaltung - so diese überwiegend aus Personaleinsatz

---

[161] Ökonomisch beziffert der Kapitalwert auf den Gegenwartszeitpunkt bezogen die Vermögenserhöhung eines Investors bei Durchführung der (Produkt-)Investition. Vgl. dazu Kemminer, Jörg: Kosten- und Erlösmanagement...(1999), S. 18 mit Verweis auf Kruschwitz, Lutz: Investitionsrechnung...(1995), S. 86 ff.

[162] Nach Kemminer, Jörg: Kosten- und Erlösmanagement...(1999), S. 20 ist die „dynamische Amortisationszeit diejenige Zeitspanne, die verstreicht, bis der Kapitalwert erstmals den Wert Null annimmt. [...] Eine Investition ist aus Sicht der dynamischen Amortisationsrechnung immer dann vorteilhaft, wenn die dynamische Amortisationszeit die geplante Nutzungsdauer des Investitionsobjektes nicht überschreitet".

[163] Siehe dazu Riezler, Stephan: Lebenszyklusrechnung...(1996), S. 191 ff.

[164] Vgl. dazu Riezler, Stephan: Lebenszyklusrechnung...(1996), S. 191 und S. 197.

Abbildung 6-11
Lebenszyklusrechnung als Wirtschaftlichkeitsvorrechnung[165]

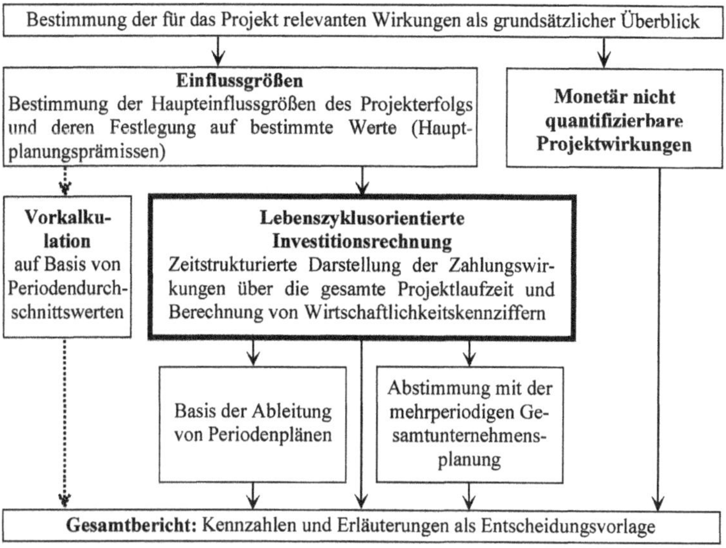

besteht - bis hin zu komplexen Ursache-Wirkungs-Beziehungen für die Umsatzeinzahlungen mit zugrunde liegenden Preis-Absatz-Funktionen[166]. Die folgende Abbildung 6-12 zeigt den Grundaufbau einer Lebenszyklusrechnung in einer tabellarischen Darstellung. Dass eine derart ausgestaltete Rechnung **unternehmens- und projektspezifisch** aufgebaut werden muss, ist unmittelbar einsichtig. So müssen in der vorliegenden Rechnung Produktionshallen errichtet und spezielle Maschinen eingesetzt werden, die aber nach der Marktphase anderen Verwendungszwecken zugeführt werden können[167].

Bei einem derartigen mathematisch fundierten und tabellarischen Aufbau sind die zugrunde liegenden **Verknüpfungen der einzelnen Rechengrößen** von zentraler Bedeutung. Aus diesem Grund darf beim Aufbau von produktbezogenen Amortisationsrechnungen auch nicht von Vergangenheitswerten ausgegangen werden, sondern sämtliche Rechengrößen müssen **originär geplant und abgeleitet** werden. Letztendlich stellt eine derart ausgestaltete Lebenszyklusrechnung ein Partialmodell eines Unternehmens dar und muss damit auch die komplexen Zusammenhänge und Leistungs-

---

[165] Entnommen aus Riezler, Stephan: Lebenszyklusrechnung...(1996), S. 192.

[166] Siehe dazu ausführlich Riezler, Stephan: Lebenszyklusrechnung...(1996), S. 205 ff.

[167] Vgl. dazu auch den Aufbau einer prototypgestützten Lebenszyklusrechnung bei Pfohl, Markus Chr.: Lebenszyklusrechnung...(2002), S. 165 ff.

Abbildung 6-12
Tabellarische Darstellung einer Lebenszyklusrechnung als Amortisationsrechnung[168]

Kalkulationszinssatz: 9%	Barwert	Summe	Perioden							
			1	2	3	4	5	6	7	8
I. Vorlaufphase										
Gebäude	-1.771	-1.840	-1.000	-840						
Maschinen	-4.565	-4.800	-2.500	-1.700	-600					
Werkzeuge	-2.088	-2.200	-1.200	-700	-200	-100				
projektbezogene FuE	-584	-650	-200	-200	-150	-50	-50			
Produktionsvorbereitung	-176	-200		-100	-100					
Personalschulung	-168	-200			-200					
Σ **projektbedingte Zahlungen der Vorlaufphase**	**-9.351**	**-9.890**	**-4.900**	**-3.540**	**-1.250**	**-150**	**-50**	**0**	**0**	**0**
Deckungsvorgaben	-144	-160	-50	-50	-30	-30				
Σ **projektbedingte Zahlungen der Vorlaufphase nach Deckungsvorgaben**	**-9.495**	**-10.050**	**-4.950**	**-3.590**	**-1.280**	**-180**	**-50**	**0**	**0**	**0**
II. Marktphase										
Nettoumsätze	17.634	27.700			400	600	5.400	9.600	7.500	4.200
RHB-Stoffe	-4.267	-6.694			-100	-150	-1.317	-2.341	-1.786	-1.000
Energie	-427	-669			-10	-15	-132	-234	-179	-100
Werkzeuge	-213	-335			-5	-8	-66	-117	-89	-50
Löhne	-1.707	-2.678			-40	-60	-527	-937	-714	-400
Gehälter	-194	-284			-45	-46	-47	-48	-49	-50
Fremd-Instandhaltung	-621	-930			-80	-150	-150	-200	-200	-150
Eigen-Instandhaltung	-108	-158			-25	-26	-26	-27	-27	-28
innerbetriebl. Leistungsverr.	-54	-79			-13	-13	-13	-13	-14	-14
Σ **projektbedingte Zahlungen der Marktphase**	**10.045**	**15.873**			**83**	**133**	**3.123**	**5.683**	**4.443**	**2.409**
Deckungsvorgaben	-293	-430			-50	-70	-80	-100	-80	-50
Σ **projektbedingte Zahlungen der Marktphase nach Deckungsvorgaben**	**9.752**	**15.443**			**33**	**63**	**3.043**	**5.583**	**4.363**	**2.359**
III. Nachlaufphase										
Restwert Gebäude	274	500								500
Restwert Maschinen	438	800								800
Gewährleistung	-109	-200								-200
Σ **projektbedingte Zahlungen der Nachlaufphase**	**602**	**1.100**								**1.100**
IV. Projektdaten										
Σ **projektbedingte Einzahlungsüberschüsse**	**1.296**	**7.083**	**-4.900**	**-3.540**	**-1.168**	**-17**	**3.073**	**5.683**	**4.443**	**3.509**
Σ **Einzahlungsüberschüsse nach Deckungsvorgaben**	**859**	**6.493**	**-4.950**	**-3.590**	**-1.248**	**-117**	**2.993**	**5.583**	**4.363**	**3.459**
Alle Angaben in Tausend Euro pro Jahr										

168 In der Grobstruktur entnommen aus Riezler, Stephan: Lebenszyklusrechnung...(1996), S. 211. Siehe zum grundsätzlichen Aufbau auch Riezler, Stephan: Produktlebenszykluskostenmanagement...(2002), S. 214 ff.

beziehungen der Realität wenigstens in vereinfachter Form abbilden. Nur so kann gewährleistet werden, dass nicht formale Fehler die Aussage einer Lebenszyklusrechnung beeinträchtigen.

Vor allem für **Alternativ-, Sensitivitäts- und Simulationsrechnungen** eignen sich tabellarische Darstellungen mit zugrunde liegenden mathematischen Verknüpfungen vorzüglich. So kann beispielsweise mit wenigen Änderungen simuliert werden, wie sich unter den gegeben Prämissen eine Preissenkung um einen bestimmten Prozentsatz auf den Projekterfolg auswirkt. Auch die Veränderung innerbetrieblicher Strukturen und deren Auswirkungen auf den Lebenszyklus kann über **Parameteränderungen** simuliert werden. Ebenso können zentrale **Planungsprämissen**, wie der Zeitpunkt der Markteinführung, in ihren Auswirkungen auf den Projekterfolg untersucht werden[169].

Als den Lebenszyklus begleitende Wirtschaftlichkeitsrechnung verfolgt die Lebenszyklusrechnung permanent die tatsächlichen Ausprägungen der geplanten Daten und berücksichtigt auf diese Weise veränderte Bedingungen oder auch neue Marktsituationen. Als **Prognoserechnung** verknüpft sie zu bestimmten Berichtszeitpunkten **bereits aufgelaufene Ist-Werte mit aktualisierten Plan-Werten** und liefert so einen aktualisierten erwarteten Projekterfolg. Auch die Planungsprämissen werden regelmäßig überprüft und aktualisiert, so werden auch die Auswirkungen von nicht erwarteten Faktorpreisänderungen oder aufgrund verstärkter Konkurrenzaktivitäten geringerer Absatzmengen in die aktuelle Planung und **Hochrechnung** einbezogen.

Letztendlich werden auch in der Lebenszyklusrechnung **Abweichungsanalysen** durchgeführt, um die Gründe für die Planabweichungen aufzudecken und mögliche Gegensteuerungsmaßnahmen einzuleiten[170]. Die **Ursachenanalyse** und die **Ableitung von Problemlösungsvorschlägen** stehen eindeutig im Mittelpunkt. Im Gegensatz zur kostenträgerbezogenen Abweichungsanalyse treten wegen des längeren Planungshorizonts wesentlich mehr Abweichungen zutage, die keiner innerbetrieblichen Verantwortlichkeit zugerechnet werden können. Diese Planungsunsicherheiten müssen aber dennoch analysiert werden, um nicht zuletzt daraus **Anhaltspunkte für die Planung neuer Lebenszyklen** zu gewinnen[171].

---

[169] So verweist Riezler, Stephan: Produktlebenszykluskostenmanagement...(2002), S. 221 f explizit auf die auf Sonderrechnungen basierende entscheidungsunterstützende Funktion der Lebenszyklusrechnung..

[170] Vgl. wiederum Riezler, Stephan: Produktlebenszykluskostenmanagement...(2002), S. 221 f.

[171] Siehe derselbe, S. 244 ff.

Schlussbetrachtung

Über eine **Erörterung** aktueller Kalkulations- und Controllinginstrumente auf Kostenträgerebene hinaus wurden in der vorliegenden Arbeit **Perspektiven** für den effektiven und effizienten Einsatz dieser Instrumente sowie deren Verbindungen zum **Kostenmanagement** aufgezeigt. Die wesentlichen Entwicklungslinien der führungsorientierten Kostenrechnung wurden aufgenommen und auf ihren aktuellen Stand und das innewohnende **Potenzial** hin untersucht.

Die unterschiedlichen Kalkulationsanliegen wurden in dieser Arbeit vor dem Hintergrund aktueller methodischer und konzeptioneller Entwicklungen betrachtet. Ausgehend von den klassischen Kalkulationsaufgaben der auf tatsächlich angefallenen Kosten basierenden **Istkalkulation** und der nach Abschluss der Fertigung durchgeführten **Nachkalkulation** entwickelte sich aus dem Streben nach ex ante-Kostenvorgaben eine **Plankalkulation**, die letztlich über die Integration von Plan-Soll-Ist-Vergleichen zu einem **Steuerungsinstrument** ausgebaut wurde. Diese stellt die Voraussetzung für ein differenzierendes **Ergebniscontrolling** dar, das wiederum den Ausgangspunkt für die konkrete Ausgestaltung einer Kostenträgerzeitrechnung als **Betriebsergebnisrechnung** bildet.

An wesentlichen Neuerungen und Weiterentwicklungen im Bereich der **Kalkulationsmethoden und Kalkulationskonzepte** sind die Leistungsrechnung in Verbindung mit einer zunehmenden Ressourcenorientierung, die Prozessorientierung, die frühzeitige Kostenermittlung auch in sachlicher Hinsicht sowie eine den Lebenszyklus umfassende Betrachtungsweise, die auch eine - über den Hersteller hinaus - den Kunden einbeziehende marktorientierte Berücksichtigung erfordert, zu nennen. Moderne **Managementkonzepte** bedienen sich dieser Kalkulationsmethoden und entwickeln daraus Steuerungskonzepte, zu denen auch der Herstellkosten-Soll-Ist-Vergleich zu rechnen ist. Letztlich muss aber über den reinen Kalkulationsbezug hinaus auch bereits aufgrund der jeweils zugrunde liegenden Betrachtungsweise beim Konzept der Leistungsorientierung, bei Lebenszyluskonzepten und beim Konzept der Marktorientierung von Managementkonzepten gesprochen werden. Die einzelnen Kalkulationsinstrumente stellen letztendlich die Basis bereit, von der aus über die Methodik des Kostenträgercontrollings der Brückenschlag zum **Kostenmanagement** gelingt. Hervorzuheben ist an dieser Stelle nochmals, dass Kalkulationen stets so angelegt sein müssen, dass dadurch auch Benchmarking-Konzepte unterstützt werden.

Die in dieser Arbeit behandelten aktuellen **Kalkulations- und Controllingkonzepte** wurden und werden in Wissenschaft und Praxis intensiv diskutiert. Gleichwohl besitzen sie jeweils unterschiedliche **Bedeutung** für die einzelnen Fertigungstypen. Nur in Ausnahmefällen können bei der Beurteilung des vorgestellten Methodenpotenzials aber komplette Unternehmen betrachtet und dafür generell gültige Aussagen getroffen werden. Lediglich für **Teilbereiche von Unternehmen** lassen sich spezifische Fertigungstypen identifizieren, die mit ihren typischen Merkmalen ganz entscheidend die Relevanz der einzelnen Methoden beeinflussen.

Eine **prozess- und ressourcenorientierte Produktkostenkalkulation** spielt bei der Massenfertigung keine große Rolle, da die Fertigungsprozesse speziell auf das jeweilige Produkt ausgerichtet sind. Auch in den indirekten Bereichen sind bei einer Massenfertigung zwar spezielle, aber permanent zu wiederholende und volumenmäßig eher untergeordnete Prozesse anzutreffen, so dass eine prozesskostenrechnerische Kalkulation keinen zusätzlichen Erkenntnisgewinn bringt. Für die Projektfertigung gilt genau der umgekehrte Fall, dass sich zum einen die abzuwickelnden Prozesse derart unterschiedlich gestalten, dass sich der Einsatz einer Prozesskostenrechnung verbietet, und zum anderen der indirekte Bereich im Vergleich zur Bedeutung des direkten Fertigungsbereichs fast schon vernachlässigbar ist. Im Gegensatz dazu ist der Einsatz einer prozess- und ressourcenorientierten Kalkulationsmethodik bei der Sorten- und Serienfertigung nahezu zwingend geboten, wie auch die Ausführungen im entsprechenden Kapitel dieser Arbeit zeigen.

Die **frühzeitige Produktkostenkalkulation** spielt bei der Projektfertigung eine zentrale Rolle. Bereits im Vorfeld der Auftragserlangung sollte idealtypisch das projektspezifische Erfolgspotenzial identifiziert werden können. Bei der Massenfertigung muss zwar auch frühzeitig die zu erwartende Kostensituation bekannt sein, allerdings ist die Planungssituation der Massenfertigung als überschaubar und fast schon deterministisch zu bezeichnen, und die extreme Produktorientierung der Fertigung trägt ebenfalls dazu bei, dass eine entwicklungs- und konstruktionsbegleitende Kalkulation nicht dasselbe Gewicht wie bei der Projektfertigung erlangt. Da bei einer Sorten- und Serienfertigung in ganz überwiegendem Maße auf bereits vorhandene Konstruktionen und Produkte zurückgegriffen werden kann, ist auch bei diesem Fertigungstyp die Bedeutung einer frühzeitigen Produktkostenkalkulation vor allem zur Unterstützung eines Target Costings zwar hoch, besitzt aber nicht die entscheidende Bedeutung wie bei der Projektfertigung.

Eine **marktorientierte Produktkostenkalkulation** ist bei allen Fertigungstypen notwendigerweise geboten. Bei der Massenfertigung kann aufgrund der Spezialisierung der Produktionsanlagen sowie der insgesamt zu fertigenden Produktmenge und dem damit verbundenen Potenzial von scale-Effekten eine ganz andere Kostensituation erreicht werden als bei der Sorten- und Serienfertigung. Dementsprechend ist die marktorientierte Produktkostenkalkulation bei der Sorten- und Serienfertigung von herausragender Bedeutung. Bei der Projektfertigung dagegen muss letzten Endes zwar auch der vertraglich vereinbarte Preis im Vergleich zur Kostenposition betrachtet werden, aber sowohl der Projektpreis als auch die Projektdurchführung sind bereits vertraglich fixiert, so dass nicht alleine Kostenbetrachtungen ausschlaggebend sein können.

Ein **auf Soll-Ist-Vergleiche gestütztes Kostenträgercontrolling** tritt bei der Massenfertigung nahezu völlig in den Hintergrund. Abweichungen treten aufgrund der Spezialisierung und auch der Determiniertheit der Massenfertigung kaum auf. Bei der Sorten- und Serienfertigung dagegen sind die rechtzeitige Identifizierung und Analyse von Abweichungen und die daraus resultierenden Steuerungsmaßnahmen zwingende Voraussetzung für die Sicherung des Unternehmenserfolgs. Bei der Projektfertigung spielen Soll-Ist-Vergleiche ebenfalls eine zentrale Rolle. Aufgrund der Komplexität und des Zeithorizonts von Projekten sind dabei neben Kostengrößen auch Zeitgrößen und Qualitätsmaßstäbe zu beachten und Soll-Ist-Vergleichen zu unterziehen.

Die Bedeutung einer **umfassenden Lebenszyklusrechnung** ist bei einer Massenfertigung aus den bereits beim Kostenträgercontrolling angeführten Gründen ebenfalls eher gering. Sowohl bei der Sorten- und Serienfertigung als auch bei der Projektfertigung spielt die Lebenszyklusrechnung mit der Berücksichtigung von Vorlaufkosten und Nachlaufkosten eine bedeutsame Rolle. Die Sorten- und Serienfertigung muss bereits im Vorfeld der Produktion sämtliche erzeugnisbezogenen Kosten antizipieren und damit auch Nachlaufkosten im Sinne von Service-, Rücknahme- oder Entsorgungskosten berücksichtigen. Bei der Projektfertigung bestehen komplexitätsbedingt vielfältige projektinterne und projektexterne Schnittstellen, die in eine umfassende Betrachtung einbezogen werden müssen. Und selbst wenn über einen langen Zeithorizont nicht alle eintretenden Ereignisse kostenmäßig antizipiert werden können, bringt eine Lebenszyklusrechnung den Vorteil mit sich, dass sich die Unternehmen der potenziellen Folgen von Produktinvestitionen und Projektdurchführungen systematisch bewusst werden.

Zusammenfassend lässt sich eine **zunehmende Verflechtung und Integration des Methodenpotenzials** feststellen. So wird die entwicklungs- und konstruktionsbegleitende Kalkulation in die Methodik des Target Costings eingebettet, um die Zielkostenerreichung sicher zu stellen. Die prozess- und ressourcenorientierte Kalkulation unterstützt sowohl die frühzeitige Kalkulation als auch darüber hinaus gehend das Target Costing bei der Ermittlung beanspruchungsgerechter Kosten über sämtliche Unternehmensbereiche hinweg. Schließlich integriert eine frühzeitige Kalkulation über die Produktionskosten hinaus auch die Service- und Entsorgungs- bzw. Recyclingkosten als Nachleistungskosten im Sinne einer Lebenszyklusbetrachtung. Die Bedeutung einer konsequent auf den jeweiligen Lebenszyklus ausgerichteten Betrachtungsweise wird zukünftig weiter an Bedeutung gewinnen, wobei diese Betrachtung nicht auf die Perspektive der Hersteller begrenzt bleibt, sondern auch die Produktnutzer einbezieht. Zudem müssen über Kostengesichtspunkte hinaus auch Leistungs-, Qualitäts- und Umweltaspekte in eine umfassende Lebenszyklusbetrachtung integriert werden. In diesem Sinne wird die Entwicklung und Weiterentwicklung neuer und aktueller Konzepte und Methoden der Produktkostenkalkulation und des Produktkostencontrollings vor dem Hintergrund einer übergreifenden, auf den spezifischen Lebenszyklus bezogenen Betrachtungsweise stattfinden.

Literaturverzeichnis

Adam, Dietrich (Produktionsmanagement): Produktionsmanagement, 9. Aufl., Wiesbaden 1998.

Albrecht, Peter (Gestaltung): Gestaltung der Deckungsbeitragsrechnung in der Personen- und Schadenversicherung, in: Handbuch Kostenrechnung, hrsg. v. W. Männel, Wiesbaden 1992, S. 1101-1124.

AMA – Arbeitsgemeinschaft Messwertaufnehmer e. V. (Technologien): Technologien, http://www.ama-sensorik.de/content.php?nr=1030&was=text&z=103, Stand: 22.07.2004.

Andler, Kurt (Losgröße): Rationalisierung der Fabrikation und optimale Losgröße, München 1929.

Arnaout, Ali (Anwendungsstand): Anwendungsstand des Target Costing in deutschen Großunternehmen – Ergebnisse einer empirischen Untersuchung, in: Controlling, 13. Jg. (2001), Heft 6, S. 289-299.

Arnaout, Ali - Hildebrandt, Jörg - Werner, Harald (Einsatz): Einsatz der Conjoint-Analyse im Target Costing. Ein Fallbeispiel des Geschäftsfeldes Personenwagen der Daimler-Benz AG, in: Controlling, 10. Jg. (1998), Heft 5, S. 306-315.

Arnaout, Ali - Niemand, Stefan - von Wangenheim, Sascha (Kostenmanagement): Kostenmanagement, in: Die Kunst des Controlling, Prof. Dr. Péter Horváth zum 60. Geburtstag, hrsg. v. R. Gleich und W. Seidenschwarz, München 1997, S. 161-200.

Arthur D. Little International (Hrsg.): Management im Zeitalter der strategischen Führung, Wiesbaden 1985.

Augustin, Wolfgang - Balken, Jochen - Ehrlenspiel, Klaus (Wertanalysen): Auswertung von Wertanalysen zur Ermittlung von Kosteneinflüssen und Hilfsmitteln zum kostenarmen Konstruieren, Abschlußbericht des Forschungsvorhabens SPP Konstruktionsforschung, München 1978.

AWS – Abfallwirtschaft Stormarn (Altöl): Rückgabe von Altöl nach Altölrücknahmeverordnung, http://www.aw-stormarn.de/index.php?name=Altoel&content=template_check_frei.php, Stand: 13.08.2004.

Backhaus, Klaus - Erichson, Bernd - Plinke, Wulff - Weiber, Rolf (Analysemethoden): Multivariate Analysemethoden, 6. Aufl., Berlin/Heidelberg/New York u. a. 1990.

Backhaus, Klaus - Funke, Stephan (Managementherausforderungen): Managementherausforderungen fixkostenintensiver Unternehmen, in: Kostenrechnungspraxis (krp), 40. Jg. (1996), Heft 2, S. 75-76.

Backhaus, Klaus - Weiss, Peter A. (Integration): Integration von betriebswirtschaftlich und technisch orientierten Systemtechnologien in der Fabrik der Zukunft, in: Fertigungssteuerung I, Schriften zur Unternehmensführung (SzU), Band 38, hrsg. v. H. Jacob et al., Wiesbaden 1988, S. 49-72.

Back-Hock, Andrea (Ergebnisrechnung): Produktlebenszyklusorientierte Ergebnisrechnung, in: Handbuch Kostenrechnung, hrsg. v. W. Männel, Wiesbaden 1992, S. 703-714.

Back-Hock, Andrea (Implementierung): Implementierung und Nutzung der Prozeßkostenrechnung, in: Prozeßkostenrechnung, hrsg. v. W. Männel, Wiesbaden 1995, S. 37-39.

Back-Hock, Andrea (Produktcontrolling): Lebenszyklusorientiertes Produktcontrolling - Ansätze zur computergestützten Realisierung mit einer Rechnungswesen-Daten- und Methodenbank, Diss., Erlangen-Nürnberg 1988.

Baumgärtner, Jost (Kosten- und Erfolgs-Controlling): Operatives Kosten- und Erfolgs-Controlling in einem Unternehmen der Elektroindustrie, in: Controlling, 4. Jg. (1992), Heft 6, S. 328-340.

Baumöl, Ulrike - Scheer, René (Informationskostenmanagement): Dynamisches Informationskostenmanagement, in: Handbuch Kosten- und Erfolgs-Controlling, hrsg. v. Th. Reichmann, München 1995, S. 207-225.

BDI – Bundesverband der Deutschen Industrie e. V. (Empfehlungen): Empfehlungen zur Kosten- und Leistungsrechnung, Bergisch Gladbach 1980.

Becker, Jörg (DV-Verfahren): DV-Verfahren zur Unterstützung frühzeitiger Kostenschätzungen, in: Kostenrechnungspraxis (krp), 40. Jg. (1996), Sonderheft 1, S. 81-85.

Becker, Jörg (Informationssystemarchitektur): Konstruktionsbegleitende Kalkulation mit Neuronalen Netzen innerhalb einer integrierten Informationssystemarchitektur, in: Rechnungswesen und EDV, 15. Saarbrücker Arbeitstagung 1994, hrsg. v. A.-W. Scheer, Heidelberg 1994, S. 157-167.

Becker, Jörg (Kalkulation): Konstruktionsbegleitende Kalkulation mit Neuronalen Netzen, in: Kostenrechnungspraxis (krp), 38. Jg. (1994), Heft 3, S. 167-171.

Becker, Jörg (Konstruktionsbegleitende): Konstruktionsbegleitende Kalkulation als CIM-Baustein, in: Handbuch Kostenrechnung, hrsg. v. W. Männel, Wiesbaden 1992, S. 552-562.

Becker, Jörg (Kosteneinschätzungen): DV-Verfahren zur Unterstützung frühzeitiger Kosteneinschätzungen, in: Frühzeitiges Kostenmanagement: Kalkulationsmethoden und DV-Unterstützung, hrsg. v. W. Männel, Wiesbaden 1997, S. 181-190.

Becker, Jörg (Marketing-Konzeption): Marketing-Konzeption, 6. Aufl., München 1998.

Becker, Wolfgang (Aufgaben): Aufgaben und Instrumente der frühzeitigen kostenpolitischen Steuerung, in: Frühzeitiges Kostenmanagement: Kalkulationsmethoden und DV-Unterstützung, hrsg. v. W. Männel, Wiesbaden 1997, S. 37-54.

Becker, Wolfgang (Kostensteuerung): Frühzeitige markt- und rentabilitätsorientierte Kostensteuerung, in: Kostenrechnungspraxis (krp), 37. Jg. (1993), Heft 5, S. 279-287.

Becker, Wolfgang - Weber, Jürgen (Hrsg.): Kostenrechnung: Stand und Entwicklungsperspektiven; Wolfgang Männel zum 60. Geburtstag, Wiesbaden 1997.

Beinhauer, Manfred - Vikas, Kurt (Gemeinkostencontrolling): Gemeinkostencontrolling im System der Grenzplankostenrechnung, in: Modernes Kostenmanagement, hrsg. v. W. Männel und H. Müller, Wiesbaden 1995, S. 99-109.

Berberich, Hans Joachim (Activity): Activity Based Costing bei John Deere, in: Prozeßkostenrechnung, hrsg. v. W. Männel, Wiesbaden 1995, S. 213-226.

Berens, Wolfgang - Schmitting, Walter (Entwicklungen): Neuere Entwicklungen im industriellen Rechnungswesen: Produktionsprogrammplanung im Spannungsfeld zwischen Theorie und Praxis, in: Betriebswirtschaftliches Controlling. Festschrift für D. Adam zum 60. Geburtstag, hrsg. v. B. Rieper, T. Witte und W. Berens, Wiesbaden 1996, S. 1-29.

Berkau, Carsten (Geschäftsprozeß-Controlling): Effizientes Geschäftsprozeß-Controlling mit modellbasierter Prozesskostenrechnung, in: Kostenorientiertes Geschäftsprozessmanagement, hrsg. v. C. Berkau und P. Hirschmann, München 1996, S. 181-201.

Berkau, Carsten (Prozeßmanagement): Verteiltes, wissensbasiertes Prozeßmanagement, in: Rechnungswesen und EDV. 14. Saarbrücker Arbeitstagung, hrsg. v. A.-W. Scheer, Heidelberg 1993, S. 141-169.

Berkau, Carsten - Flotow, Peter (Management): Kosten- und mengenorientiertes Management von Prozessen, in: Management & Computer (m&c), 3. Jg. (1995), Heft 3, S. 197-206.

Berkau, Carsten - Hirschmann, Petra (Hrsg.): Kostenorientiertes Geschäftsprozeßmanagement, München 1996.

Berkau, Carsten - Hirschmann, Petra - Scheer, August-Wilhelm (Produktentwicklung): Kostengerechte Produktentwicklung mit Expertensystemen, in: Frühzeitiges Kostenmanagement: Kalkulationsmethoden und DV-Unterstützung, hrsg. v. W. Männel, Wiesbaden 1997, S. 191-211.

Berliner, Callie - Brimson, James A. (Cost Management): Cost Management for Today's Advanced Manufacturing, Boston 1988.

Betriebswirtschaftlicher Ausschuß des Verbandes der Chemischen Industrie e. V. (Kostenrechnung): Kostenrechnung in der Chemischen Industrie, Wiesbaden 1962.

Bichler, Klaus - Kalker, Peter - Wilken, Ernst (PPS-System): Logistikorientiertes PPS-System, Wiesbaden 1992.

Biethahn, Jörg - Hönerloh, Albrecht - Kuhl, Jochen - Leisewitz, Marie-Claire - Nissen, Volker - Tietze, Martin (Hrsg.): Betriebswirtschaftliche Anwendungen des Soft Computing. Neuronale Netze, Fuzzy Systeme und Evolutionäre Algorithmen, Braunschweig/Wiesbaden 1998.

Biethahn, Jörg - Lackner, Andreas - Range, Michael - Brodersen, Ole (Optimierung): Optimierung und Simulation, München 2004.

Birkhofer, Herbert (Konstruieren): Konstruieren im Sondermaschinenbau - Erfahrungen mit Methodik und Rechnereinsatz, in: VDI Berichte 812. Rechnerunterstützte Produktentwicklung. Integration von Konstruktionsmethodik und Rechnereinsatz. Tagung Bad Soden, 1. und 2. März 1990, hrsg. v. Verein Deutscher Ingenieure - VDI, Düsseldorf 1990, S. 67-88.

Bischof, Peter (Produktlebenszyklen): Produktlebenszyklen im Investitionsgüterbereich, Göttingen 1976.

Bitsch, Harald - Martini, Joachim - Schmitt, Hermann J. (Standardisierung): Betriebswirtschaftliche Behandlung von Standardisierung und Normung, in: Zeitschrift für betriebswirtschaftliche Forschung (zfbf), 47. Jg. (1995), Heft 1, S. 66-85.

Blanchard, Benjamin (Design): Design and Manage to Life-Cycle Cost, Portland 1978.

Blättchen, Klaus Alexander (Produktkalkulation): Die Bedeutung von PPS-Systemen und BDE-Systemen für die Produktkalkulation, Diplomarbeit, FAU Erlangen-Nürnberg 1994.

Bock, Martina - Bock, Richard - Scheer, August-Wilhelm (Kalkulation): Konstruktionsbegleitende Kalkulation mit Expertensystem-Unterstützung, in: Zeitschrift für wirtschaftliche Fertigung (ZwF), 85. Jg. (1990), Heft 11, S. 576-579.

Bock, Martina - Bock, Richard - Scheer, August-Wilhelm (Konzeption): Konzeption eines Rahmensystems für einen universellen Konstruktionsberater, in: Information Management, 5. Jg. (1990), Heft 1, S. 70-78.

Bock, Martina - Kraemer, Wolfgang - Scheer, August-Wilhelm (Weiterentwicklungen): CIM-spezifische Weiterentwicklungen von Kosteninformationssystemen, in: Kostenrechnungspraxis (krp), 35. Jg. (1991), Heft 3, S. 119-130.

Bode, Jürgen (Neuronale Netze): Neuronale Netze zur konstruktionsbegleitenden Kalkulation, in: Betriebswirtschaftliche Anwendungen des Soft Computing. Neuronale Netze, Fuzzy Systeme und Evolutionäre Algorithmen, hrsg. v. J. Biethahn, A. Hönerloh, J. Kuhl, M.-C. Leisewitz, V. Nissen, und M. Tietze, Braunschweig/Wiesbaden 1998, S. 97-113.

Böhler, Winfried (Prozeßkostenrechnung): Prozeßkostenrechnung als funktionale Komponente einer geschlossenen Kostenrechnungsstandardsoftware, in: Prozeßkostenrechnung, hrsg. v. W. Männel, Wiesbaden 1995, S. 329-342.

Bonin, Philipp Axel (Kalkulation): Konstruktionsbegleitende Kalkulation, in: Rechnungswesen und EDV. 14. Saarbrücker Arbeitstagung 1993, hrsg. v. A.-W. Scheer, Heidelberg 1993, 197-218.

Bopp, Reinhold (Restwertgenerierung): Ein Verfahren zur Restwertgenerierung in der Konstruktion, Heimsheim 2001.

Borkowski, Volker (Anwendungen): Expertensystem, Anwendungen in der Betriebswirtschaft, in: Lexikon der Wirtschaftsinformatik, hrsg. v. P. Mertens, 4. Aufl., Berlin/Heidelberg/New York u. a. 2001, S. 194-196.

Borkowski, Volker (Expertensystem): Expertensystem, Grundlagen, in: Lexikon der Wirtschaftsinformatik, hrsg. v. P. Mertens, 4. Aufl., Berlin/Heidelberg/New York u. a. 2001, S. 197-198.

Botta, Volkmar (Balanced Scorecard): Die Balanced Scorecard als Controlling-Instrument für Leistungsprozesse, in: Produktion und Controlling, hrsg. v. H. Wildemann, München 2000, S. 71-89.

Brankamp, Klaus - Paul, Heinz J. - Kolb, Rüdiger (Kapazitätswirtschaft): Kapazitätswirtschaft, in: CIM-Handbuch, hrsg. v. U. W. Geitner, 2. Aufl., Braunschweig 1991, S. 78-94.

Brauckmann, Otto (Betriebsdaten-Management): Integriertes Betriebsdaten-Management, Wiesbaden 2002.

Brokemper, Andreas (Kostenmanagement): Strategieorientiertes Kostenmanagement, München 1998.

Bronner, Albert (Kalkulation): Entwicklungs- und konstruktionsbegleitende Kalkulation, in: Kostenrechnungspraxis (krp), 37. Jg. (1993), Heft 6, S. 364-373.

Bronner, Albert (Wertanalyse): Wertanalyse als integrierte Rationalisierung, in: Werkstattstechnik, wt - Zeitschrift für industrielle Fertigung, 58. Jg. (1968), Heft 1, S. 16-21.

Bruckner, Johannes - Ehrlenspiel, Klaus (Kosteninformationen): Kosteninformationen für den Konstrukteur, in: VDI-Z, 135. Jg. (1993), Heft 11/12, S. 107-112.

Budde, Rainer - Maas, Robert (Betriebsdatenerfassung): Die Praxis der Betriebsdatenerfassung, Zürich 1986.

Buggert, Willi - Wielpütz, Axel Ullrich (Target Costing): Target Costing - Grundlagen und Umsetzung des Zielkostenmanagements, München 1995.

Bullinger, Hans-Jörg (Entwicklung): Kostenorientierte Entwicklung mit innovativen CAD-Systemen. MoKoKo - durch Montage-, Fertigungs- und Kostengerechte Konstruktion schneller zu neuen Produkten, Stuttgart 1995.

Bullinger, Hans-Jörg (Forschung und Entwicklung, Hrsg.): IAO-Studie F+E heute. Industrielle Forschung und Entwicklung in der Bundesrepublik Deutschland, München 1990.

Bullinger, Hans-Jörg - Warschat, Joachim - Frech, Joachim (Produktentwicklung): Kostengerechte Produktentwicklung. Target Costing und Wertanalyse im Vergleich, in: VDI-Z, 136. Jg. (1994), Heft 10, S. 73-81.

Bundesministerium der Finanzen (Schutz): Schutz geographischer Herkunftsangaben, http://www.zoll-d.de/b0_zoll_und_steuern/d0_verbote_und_beschraenkungen/f0_gew_rechtsschutz/b0_geographische_herkunft/, Stand: 24.10.2003.

Busse von Colbe, Walther (Hrsg.): Lexikon des Rechnungswesens, München/Wien 1990.

Bussmann, Karl F. (Rechnungswesen): Industrielles Rechnungswesen, 2. Aufl., Stuttgart 1979.

Cad Planungsbüro Blum (DIN 277): DIN 277 (Ausgabe Juni 1987), http://www.bau-doch-selber.de/bautipps/din277.html, 2.) Stand 19.10.2003.

Ceynowa, Klaus - Finkeißen, Alexander (Prozeßkostenmanagement): Prozeßkostenmanagement in wissenschaftlichen Bibliotheken - Erfahrungen der ULB Münster, in: Prozeßkostenmanagement, hrsg. v. Horváth & Partner GmbH, 2. Aufl., München 1998, S. 465-480.

Chmielewicz, Klaus - Schweitzer, Marcell (Hrsg.): Handwörterbuch des Rechnungswesens (HWR), 3. Aufl., Stuttgart 1993.

Christmann, Albert - Jórasz, William (Kalkulation): Kalkulation von Fertigungsgemeinkosten bei Verwendung mehrerer Bezugsgrößen, in: Handbuch Kostenrechnung, hrsg. v. W. Männel, Wiesbaden 1992, S. 563-574.

Cibis, Claudius - Niemand, Stefan (Planung): Planung und Steuerung funktioneller Dienstleistungen mit Target Costing - dargestellt am Beispiel der IBM Deutschland GmbH, in: Target Costing, hrsg. v. P. Horváth, Stuttgart 1993, S. 191-228.

Coenenberg, Adolf G. (Kostenrechnung): Kostenrechnung und Kostenanalyse, 5. Aufl., Stuttgart 2003.

Coenenberg, Adolf G. - Fischer, Thomas M. (Prozeßkostenrechnung): Prozeßkostenrechnung - Strategische Neuorientierung in der Kostenrechnung, in: Die Betriebswirtschaft (DBW), 51. Jg. (1991), Heft 1, S. 21-38.

Coenenberg, Adolf G. - Fischer, Thomas - Raffel, Andreas (Abweichungsanalyse): Abweichungsanalyse bei Projekten im F&E-Bereich, in: Handbuch Kostenrechnung, hrsg. v. W. Männel, Wiesbaden 1992, S. 767-781.

Coenenberg, Adolf G. - Fischer, Thomas - Schmitz, Jochen (Target Costing): Target Costing und Product Life Cycle Costing als Instrumente des Kostenmanagements, in: Kostenmanagement: Aktuelle Konzepte und Anwendungen, hrsg. v. C.-C. Freidank, U. Götze, B. Huch und J. Weber, Berlin/Heidelberg/New York u. a. 1997, S. 195-232.

Coenenberg, Adolf G. - Prillmann, Martin (Erfolgswirkungen): Erfolgswirkungen der Variantenvielfalt und Variantenmanagement, in: Zeitschrift für Betriebswirtschaft (ZfB), 65. Jg. (1995), Heft 11, S. 1231-1253.

Conrad, Klaus-Jörg (Konstruktionslehre): Grundlagen der Konstruktionslehre, München/ Wien 1998.

Cooper, Robin (Activity-Based Costing): Activity-Based Costing - Was ist ein Activity-Based Cost-System, in: Kostenrechnungspraxis (krp), 34. Jg. (1990), Heft 4, S. 210 - 220.

Cooper, Robin (Costing): Activity-Based Costing, in: Handbuch Kostenrechnung, hrsg. v. W. Männel, Wiesbaden 1992, S. 360-383.

Corsten, Hans (Dienstleistungen): Die Produktion von Dienstleistungen. Grundzüge einer Produktionswirtschaftslehre des tertiären Sektors, Berlin 1985.

Corsten, Hans - May, Constantin (Künstliche): Künstliche Neuronale Netze - Aufbau, Funktionsweisen und Anwendungsfelder, in: das wirtschaftsstudium (WISU), 25. Jg. (1996), Heft 3, S. 217-222.

Corsten, Hans - Stuhlmann, Stephan (Grundlagen): Grundlagen eines rechtzeitigen Kostenmanagement, in: Frühzeitiges Kostenmanagement: Kalkulationsmethoden und DV-Unterstützung, hrsg. v. W. Männel, Wiesbaden 1997, S. 19-36.

Däumler, Klaus-Dieter - Grabe, Jürgen (Kostenrechnung): Kostenrechnung 1, 7. Aufl., Berlin 1996.

Dellingshausen, Christoph von - Gläser, Martin - Pracht, Beate - Walter, Klaus - Winkelhage, Christoph (Kalkulationssystematik): dmmv-Kalkulationssystematik. Leitfaden zur Kalkulation von Multimedia-Projekten, Düsseldorf/München 2004.

Dellmann, Klaus - Franz, Klaus Peter (Hrsg.): Neuere Entwicklungen im Kostenmanagement, Bern/Stuttgart/Wien 1994.

Deutsches Institut für Normung e.V. (DIN 32990 Teil 1, Hrsg.): DIN 32990 Teil 1, Entwurf: Kosteninformationen, Begriffe und Zeichen für Kostenrechnung und Kosteninformationsunterlagen, Berlin/Köln 1987.

Deutsches Institut für Normung e.V. (DIN 32991 Teil 1, Hrsg.): DIN 32991 Teil 1, Kosteninformations-Unterlagen, Gestaltungsgrundsätze, Berlin/Köln 1987.

Deutsches Institut für Normung e.V. (DIN 32992 Teil 1, Hrsg.): DIN 32992 Teil 1, Entwurf: Kosteninformationen, Berechnungsgrundlagen. Kalkulationsarten und -verfahren, Berlin/Köln 1987.

Deutsches Institut für Normung e.V. (DIN 32992 Teil 3, Hrsg.): DIN 32992 Teil 3, Kosteninformationen, Berechnungsgrundlagen, Ermittlung von Relativkosten-Zahlen, Berlin/Köln 1987.

Deutsches Institut für Normung e.V. (Hrsg.): Kosteninformationen zur Kostenfrüherkennung: Handbuch für Entwicklung, Konstruktion und Arbeitsvorbereitung, Berlin/Köln 1987.

Dichtl, Erwin - Issing, Ottmar (Hrsg.): Vahlens Großes Wirtschaftslexikon, 2. Aufl., München 1994.

Dichtl, Erwin - Raffée, Hans - Beeskow, Werner - Köglmayr, Hans-Georg (Bestellverhalten): Faktisches Bestellverhalten als Grundlage einer optimalen Ausstattungspolitik bei Pkw-Modellen, in: Zeitschrift für betriebswirtschaftliche Forschung (zfbf), 35. Jg. (1983), Heft 3, S. 173-196.

Diederichs, Claus-Jürgen - Hepermann, Heinrich (Kostenermittlung): Kostenermittlung im Hochbau durch Kalkulation von Leitpositionen, Bonn-Bad Godesberg 1986.

Döpper, Klaus (Controlling): Target orientiertes Controlling bei Toshiba in Europa, in: Effektives und schlankes Controlling, hrsg. v. P. Horváth, Stuttgart 1992, S. 245-259.

Drees, Gerhard - Kurz, Theodor (Aufwandstafeln): Aufwandstafeln von Lohn- und Gerätestunden im Ingenieurbau zur Kalkulation angemessener Baupreise, Wiesbaden/Berlin 1979.

Drees, Gerhard - Paul, Wolfgang (Kalkulation) Kalkulation von Baupreisen, 7. Aufl., Berlin 2002.

Drexl, Andreas - Eversheim, Walter - Grempe, Rainer - Esser, Heinrich (Montageleitstand): CIM im Werkzeugmaschinenbau - Der PRISMA-Montageleitstand, in: Zeitschrift für betriebswirtschaftliche Forschung (zfbf), 46. Jg. (1994), Heft 3, S. 279-295.

Drexl, Andreas - Kolisch, Rainer (Produktionsplanung und –steuerung): Produktionsplanung und -steuerung bei Einzel- und Kleinserienfertigung. Grundlagen, in: Wirtschaftswissenschaftliches Studium (WiSt), 22. Jg. (1993), Heft 2, S. 60-66.

Eberle, Peter - Heil, Hans Günter (Relativkosten-Informationen): Relativkosten-Informationen für die Konstruktion, in: Handbuch Kostenrechnung, hrsg. v. W. Männel, Wiesbaden 1992, S. 782-790.

Eberle, Rudolf (Produktcontrolling): Produktcontrolling bei zunehmender Variantenvielfalt, in: Rechnungswesen und EDV. 13. Saarbrücker Arbeitstagung 1992, hrsg. v. A.-W. Scheer, Heidelberg 1992, S. 564-583.

Ehrlenspiel, Klaus (Frühzeitige): Frühzeitige Kostenbeeinflussung durch Produktkosten-Controlling und Simultaneous Engineering, in: Kostenrechnungspraxis (krp), 39. Jg. (1995), Heft 6, S. 313-320.

Ehrlenspiel, Klaus (Integrierte): Integrierte Produktentwicklung. Methoden für Prozeßorganisation, Produkterstellung und Konstruktion, München/Wien 1995.

Ehrlenspiel, Klaus (Produktkosten-Controlling): Produktkosten-Controlling und Simultaneous Engineering, in: Effektives und schlankes Controlling, hrsg. v. P. Horváth, Stuttgart 1992, S. 289-308.

Ehrlenspiel, Klaus (Relativkosten): Relativkosten/Kostenvergleiche für Norm- und Kaufteile, in: Kosteninformationen zur Kostenfrüherkennung: Handbuch für Entwicklung, Konstruktion und Arbeitsvorbereitung, hrsg. v. Deutsches Institut für Normung e.V., Berlin/Köln 1987, S. 21-61.

Ehrlenspiel, Klaus - Kiewert, Alfons - Lindemann, Udo (Produktentwicklung): Kostengünstig entwickeln und konstruieren: Kostenmanagement bei der integrierten Produktentwicklung, 3. Aufl., Berlin/Heidelberg/New York 2000.

Ehrlenspiel, Klaus - Kiewert, Alfons - Lindemann, Udo (Zielkostenorientierte): Zielkostenorientierte Produktentwicklung, in: Kostenmanagement: Wertsteigerung durch systematische Kostensteuerung, hrsg. v. K.-P. Franz und P. Kajüter, 2. Aufl., Stuttgart 2002, S. 109-133.

Ehrlenspiel, Klaus - Lindemann, Udo - Kiewert, Alfons - Steiner, Michael (Konstruktionsbegleitende): Konstruktionsbegleitende Kalkulation in der integrierten Produktentwicklung, in: Frühzeitiges Kostenmanagement: Kalkulationsmethoden und DV-Unterstützung, hrsg. v. W. Männel, Wiesbaden 1997, S. 145-159.

Eisele, Wolfgang (Technik): Technik des betrieblichen Rechnungswesens, 6. Aufl., München 1998.

Eschenbach, Rolf (Hrsg.): Controlling, 2. Aufl., Stuttgart 1996.

Evans, Philip B. - Wurster, Thomas S. (Internet-Revolution): Die Internet-Revolution: Alte Geschäfte vergehen, neue entstehen, in: Harvard Business manager, 20. Jg. (1998), Heft 2, S. 51-62.

Eversheim, Walter - Bochtler, Wolfgang - Humburger, Rainer - Lenhart, Manfred (Arbeitsplanung): Die Arbeitsplanung im geänderten produktionstechnischen Umfeld. Teil 2: Integration von Arbeitsplanung und Fertigung, in: VDI-Z, 137. Jg. (1995), Heft 5, S. 54-57.

Eversheim, Walter - Caesar, Christoph (Kostenbewertung): Produktionsnahe Kostenbewertung am Beispiel variantenreicher Serienprodukte, in: Die Betriebswirtschaft (DBW), 51. Jg. (1991), Heft 4, S. 533-536.

Eversheim, Walter - Minolla, Wolfgang - Fischer, Werner (Angebotskalkulation): Angebotskalkulation mit Kostenfunktionen in der Einzel- und Kleinserienfertigung, Berlin/Köln 1977.

Eversheim, Walter - Rothenbücher, Jürgen (Kurzkalkulation): Kurzkalkulation von Spannvorrichtungen für die mechanische Fertigung, in: Zeitschrift für wirtschaftliche Fertigung (ZwF), 80. Jg. (1985), Heft 6, S. 266-274.

Eversheim, Walter - Schuh, Günther - Caesar, Christoph (Produktionscontrolling): Produkt- und Produktionscontrolling innerhalb integrierter Produktionssysteme, in: Finanz- und Rechnungswesen als Führungsinstrument. Festschrift für H. Vormbaum, hrsg. v. D. Ahlert, K.-P. Franz und H. Göppl, Wiesbaden 1990, S. 74-107.

Eversheim, Walter - Schuppar, Helmut - Etzenbach, Dieter (Entwicklung): Entwicklung einer Methode zur Erstellung und Aktualisierung von Relativkosten-Katalogen, Projekt Rechnerunterstützes Entwickeln, Konstruieren und Fertigen, KFK - CAD 45, Laboratorium für Werkzeugmaschinen und Betriebslehre, Rheinisch-Westfälische Technische Hochschule RWTH Aachen, Lehrstuhl für Produktionssystematik, Karlsruhe Dezember 1977.

Eversheim, Walter - Wiendahl, Hans-Peter (Auftragsabwicklung): Rationelle Auftragsabwicklung im Konstruktionsbereich, Essen 1971.

Ewert, Ralf (Target Costing): Target Costing und Verhaltenssteuerung, in: Kostenmanagement: Aktuelle Konzepte und Anwendungen, hrsg. v. C.-C. Freidank, U. Götze, B. Huch und J. Weber, Berlin/Heidelberg/New York u. a. 1997, S. 299-321.

Fandel, Günter - François, Peter (Just-in-time-Produktion): Just-in-time-Produktion und -Beschaffung. Funktionsweise, Einsatzvoraussetzungen und Grenzen, in: Zeitschrift für Betriebswirtschaft (ZfB), 59. Jg. (1989), Heft 5, S. 531-544.

Farny, Dieter (Kosten-, Leistungs- und Erfolgsrechnung): Kosten-, Leistungs- und Erfolgsrechnung in Versicherungsbetrieben, in: Handbuch Kostenrechnung, hrsg. v. W. Männel, Wiesbaden 1992, S. 1085-1100.

Fischer, Joachim - Koch, Rainer - Schmidt-Faber, Bastian - Hauschulte, Klaus-Bernward (Gemeinkosten): Gemeinkosten vermeiden durch entwicklungsbegleitende Prozeßkostenkalkulation - Ein Ansatz zur konstruktionssynchronen Prognose von Lebenszykluskosten, in: Marktnähe und Kosteneffizienz schaffen, hrsg. v. P. Horváth, Stuttgart 1993, S. 259-274.

Fischer, Marc (Produktlebenszyklus): Produktlebenszyklus und Wettbewerbsdynamik, Wiesbaden 2001.

Fischer, Thomas M. (Hrsg.): Kosten-Controlling, Stuttgart 2000.

Fischer, Thomas M. (Kostenmanagement): Kostenmanagement strategischer Erfolgsfaktoren, München 1993.

Fischer, Thomas M. (Qualitätskosten): Qualitätskosten, in: Kosten-Controlling, hrsg. v. Th. M. Fischer, Stuttgart 2000, S. 555-589.

Fischer, Thomas M. (Variantenvielfalt): Variantenvielfalt und Komplexität als betriebliche Kostenbestimmungsfaktoren?, in: Kostenrechnungspraxis (krp), 37. Jg. (1993), Heft 1, S. 27-31.

Fischer, Thomas M. - Schmitz, Jochen A. (Informationsgehalt): Informationsgehalt und Interpretation des Zielkostenkontrolldiagramms im Target Costing, in: Kostenrechnungspraxis, o. Jg. (1994), Heft 6, S. 427-433.

Fischer, Werner (Erstellung): Rationelle Erstellung von Angeboten, Diss., Rheinisch-Westfälische Technische Hochschule RWTH Aachen 1977.

Ford, Henry (My life): My life and work, New York 1923.

Foster, George - Gupta, Mahendra (Manufacturing): Manufacturing Overhead Cost Driver Analysis, in: Journal of Accounting and Economics, 12. Jg. (1990), S. 309-337.

Franz, Klaus-Peter (Kostenbeeinflussung): Moderne Methoden der Kostenbeeinflussung, in: Handbuch Kostenrechnung, hrsg. v. W. Männel, Wiesbaden 1992, S. 1492-1505.

Franz, Klaus-Peter (Prozeßkostenrechnung): Prozeßkostenrechnung - Ein neuer Ansatz für Produktkalkulation und Wirtschaftlichkeitskontrolle, in: Rechnungswesen und EDV, 12. Saarbrücker Arbeitstagung 1991, hrsg. v. A.-W. Scheer, Heidelberg, 1991, S. 173-189.

Franz, Klaus-Peter (Target Costing): Target Costing. Konzept und kritische Bereiche, in: Controlling, 5. Jg. (1993), Heft 3, S. 124-130.

Franz, Klaus-Peter - Kajüter, Peter (Hrsg.): Kostenmanagement: Wettbewerbsvorteile durch systematische Kostensteuerung, 2. Aufl., Stuttgart 2002.

Freidank, Carl-Christian - Götze, Uwe - Hoch, Burkhard - Weber, Jürgen (Hrsg.): Kostenmanagement: Aktuelle Konzepte und Anwendungen, Berlin/Heidelberg/New York u. a. 1997.

Freidank, Carl-Christian - Zaeh, Philipp (Spezialfragen): Spezialfragen des Target Costing und des Kostenmanagements, in: Kostenmanagement: Aktuelle Konzepte und Anwendungen, hrsg. v. C.-C. Freidank, U. Götze, B. Huch und J. Weber, Berlin/Heidelberg/New York u. a. 1997, S. 233-274.

Friedl, Birgit (Anforderungen): Anforderungen unterschiedlicher Rechnungsziele an die Prozeßkostenrechnung, in: Prozeßkostenrechnung, hrsg. v. W. Männel, Wiesbaden 1995, S. 103-113.

Friedmann, Oliver (Target Costing): Target Costing in der Produktentwicklung am Beispiel eines Automobilzulieferers: ein methodisch-empirischer Ansatz zur zielkostenorientierten Produktentwicklung, Frankfurt a. Main/Berlin/Bern u. a. 1997.

Fröhling, Oliver (Kostenmanagement): Dynamisches Kostenmanagement, München 1994.

Fröhling, Oliver (Thesen): Thesen zur Prozeßkostenrechnung, in: Zeitschrift für Betriebswirtschaft (ZfB), 62. Jg. (1992), Heft 7, S. 723-741.

Fröhling, Oliver - Baumöl, Ulrike (Informationsprozeß-Controlling): Informationsprozeß-Controlling, in: Kostenorientiertes Geschäftsprozessmanagement, hrsg. v. C. Berkau und P. Hirschmann, München 1996, S. 141-164.

Fröhling, Oliver - Wullenkord, Axel (Qualitätskostenmanagement): Qualitätskostenmanagement als Herausforderung an das Controlling, in: Kostenrechnungspraxis (krp), 35. Jg. (1991), Heft 4, S. 171-178.

Frost & Sullivan Unternehmensberatung (Biometrie, Hrsg.): Biometrie macht Autos sicherer, http://www.kfz-elektronik.de/b_020030.htm, Juni 2002, Stand 29.11.2003.

Fuchs, Hans - Fuchs, Martin (Kalkulation): Grundwissen der Kalkulation. Reihe Fleischkaufmann & Praktiker, 2. Aufl., Frankfurt am Main 2001.

Gaiser, Bernd (Prozeßkostenrechnung): Prozeßkostenrechnung und Activity Based Costing (ABC), in: Prozeßkostenmanagement: Methodik und Anwendungsfelder, hrsg. v. Hórvath & Partner GmbH, 2. Aufl., München 1998, S. 65-77.

Gaiser, Bernd - Kieninger, Michael (Fahrplan): Fahrplan für die Einführung des Target Costing, in: Target Costing, hrsg. v. P. Horváth, Stuttgart 1993, S. 53-73.

Gaitanides, Michael (Belieferung): Integrierte Belieferung - Eine ressourcenorientierte Erklärung der Entstehung von Systemlieferanten in der Automobilzulieferindustrie, in: Zeitschrift für Betriebswirtschaft (ZfB), 67. Jg. (1997), Heft 7, S. 737-757.

Gans, Christian - Reiß, Michael (Rechnungswesen): Diagnostisches Rechnungswesen: Die Nutzung der Kostenrechnung zur Erkennung betrieblicher Handlungsnotwendigkeiten, in: Kostenrechnungspraxis (krp), 30. Jg. (1986), Heft 3, S. 95-100.

Garvin, David A. (Organization): Building a Learning Organization, in: Harvard Business Review, 71. Jg. (1993), Heft 4, S. 78-91.

Gau, Eberhard (Vertriebskosten): Die Kalkulation der Vertriebskosten, Stuttgart 1959.

GB (Streik): Strafe für Streik, in die tageszeitung (taz), Nr. 7083, 20.06.2003, Seite 1, zitiert nach http://www.taz.de/pt/2003/06/20/a0002.nf/text, Stand 02.11.2003.

Geitner, Uwe W. (CIM): CIM (Computer Integrated Manufacturing), in: Handwörterbuch der Produktionswirtschaft (HWProd), hrsg. v. W. Kern, H.-H. Schröder und J. Weber, 2. Aufl., Stuttgart 1996, Sp. 292-310.

Geitner, Uwe W. (CIM-Konzeption): Die CIM-Konzeption, in: CIM-Handbuch, hrsg. v. U. W. Geitner, 2. Aufl. Braunschweig 1991, S. 1-41.

Geitner, Uwe W. (Hrsg.): CIM-Handbuch, 2. Aufl., Braunschweig 1991.

Glaser, Horst (Kostenkontrolle): Kostenkontrolle durch Abweichungsanalyse, in: Handbuch Kostenrechnung, hrsg. v. W. Männel, Wiesbaden 1992, S. 476-485.

Glaser, Horst (Relativität): Zur Relativität von Kostenabweichungen, in: Betriebswirtschaftliche Forschung und Praxis (BFuP), 49. Jg. (1999), Heft 1, S. 21-32.

Glaser, Horst (Verfahren): Verfahren zur Fertigungssteuerung in alternativen PPS-Systemen - Eine kritische Analyse, in: Fertigungssteuerung - Expertenwissen für die Praxis, hrsg. v. A.-W. Scheer, München/Wien 1991, S. 21-37.

Glaser, Horst - Geiger, Werner - Rohde, Volker (PPS): PPS. Produktionsplanung und -steuerung, 2. Aufl., Wiesbaden 1992.

Glaser, Horst - Petersen, Lars (PPS-Systeme): PPS (Produktionsplanungs- und -steuerungs)-Systeme, in: Handwörterbuch der Produktionswirtschaft (HWProd), hrsg. v. W. Kern, H.-H. Schröder und J. Weber, 2. Aufl., Stuttgart 1996, Sp. 1405-1418.

Gleich, Ronald (Kostenforechecking): Kostenforechecking, in: Controlling, 6. Jg. (1994), Heft 1, S. 48-50.

Gleich, Ronald - Pfohl, Markus (Kostenrechnungssysteme): Voll- und Teilkostenrechnungssysteme, in: Kosten-Controlling, hrsg. v. Th. M. Fischer, Stuttgart 2000, S. 167-205.

Gleich, Ronald - Seidenschwarz, Werner (Hrsg.): Die Kunst des Controlling, Prof. Dr. Péter Horváth zum 60. Geburtstag, München 1997.

Görgens, Josef (Prozeßmanagement): Prozeßmanagement (Teil 1), in: Management & Computer (m&c), 3. Jg. (1995), Heft 1, S. 29-34.

Götze, Uwe (Einsatzmöglichkeiten): Einsatzmöglichkeiten und Grenzen der Prozeßkostenrechnung, in: Kostenmanagement: Aktuelle Konzepte und Anwendungen, hrsg. v. C.-C. Freidank, U. Götze, B. Huch und J. Weber, Berlin/Heidelberg/New York u. a. 1997, S. 141-174.

Götze, Uwe (Lebenszykluskosten): Lebenszykluskosten, in: Kosten-Controlling, hrsg. v. Th. M. Fischer, Stuttgart 2000, S. 265-289.

Grabowski, Hans - Gittinger, Armin - Schmidt, Martin (Informationslogistik): Informationslogistik für die Konstruktion, in: VDI-Z, 136. Jg. (1994), Heft 10, S. 48-51.

Graf, Anita (Personalentwicklung): Lebenszyklusorientierte Personalentwicklung, Bern/Stuttgart/Wien 2002.

Grieble, Oliver (Vorgehensmodell): Prozessorientiertes Vorgehensmodell für das Benchmarking von Dienstleistungen, Veröffentlichungen des Instituts für Wirtschaftsinformatik, Heft 172, Saarbrücken, Januar 2003.

Gröner, Lothar (Entwicklungsbegleitende): Entwicklungsbegleitende Vorkalkulation, in: Rechnungswesen und EDV. 10. Saarbrücker Arbeitstagung 1989, hrsg. v. A.-W. Scheer, Heidelberg 1989, S. 427-455.

Gröner, Lothar (Vorkalkulation): Entwicklungsbegleitende Vorkalkulation, Berlin/ Heidelberg/New York 1991.

Gruber, Horst (Kopplung): Feed-Forward-Kopplung. Ein neuer Ansatz im operativen Kostenmanagement, in: Controlling, 8. Jg. (1996), Heft 3, S. 156-163.

Güde, Udo (Geschäftspolitik): Geschäftspolitik der Sparkassen, 6. Aufl., Stuttgart 1995.

Güde, Udo (Sparkassenkalkulation): Die Bank- und Sparkassenkalkulation, Meisenheim am Glan 1967.

Gustafsson, Anders - Herrmann, Andreas - Huber, Frank (Hrsg.): Conjoint Measurement. Methods and Applications, 3. Aufl., Berlin/Heidelberg/New York 2003.

Gutenberg, Erich (Betriebswirtschaftslehre): Grundlagen der Betriebswirtschaftslehre, Band 2: Der Absatz, 16. Aufl., Berlin/Göttingen/Heidelberg 1979.

Gutenberg, Erich (Einführung): Einführung in die Betriebswirtschaftslehre, Wiesbaden 1958.

Haberlandt, Karlheinz (Kostenrechnung): Kostenrechnung im Maschinenbau, in: Handbuch Kostenrechnung, hrsg. v. W. Männel, Wiesbaden 1992, S. 967-983.

Hagen, Klaus (Methoden): Methoden und Instrumente der Ergebnisplanung und Ergebnisanalyse, in: Handbuch Kostenrechnung, hrsg. v. W. Männel, Wiesbaden 1992, S. 715-732.

Hagenloch, Thorsten (Zielkostenmanagement): Zielkostenmanagement und unterstützende Instrumente, in: Kostenrechnungspraxis (krp), 41. Jg. (1997), Heft 6, S. 319-327.

Hagenmüller, Karl Fr. (Dienstleistungsgeschäfte): Der Bankbetrieb, Band II. Aktivgeschäfte und Dienstleistungsgeschäfte, 4. Aufl., Wiesbaden 1978.

Hagenmüller, Karl Fr. (Rechnungswesen): Der Bankbetrieb, Band III. Rechnungswesen - Bankpolitik, 4. Aufl., Wiesbaden 1978.

Hahn, Dietger (Controlling): Controlling - Stand und Entwicklungstendenzen unter besonderer Berücksichtigung des CIM-Konzeptes, in: Rechnungswesen und EDV. 8. Saarbrücker Arbeitstagung 1987, hrsg. v. A.-W. Scheer, Heidelberg 1987, S. 3-39.

Hahn, Dietger (Produktionstypen): Produktionstypen, in: Gabler-Wirtschafts-Lexikon, 13. Aufl., Wiesbaden 1993, S. 2665-2666.

Hahn, Dietger - Hungenberg, Harald (PuK): PuK, Planung und Kontrolle, Planungs- und Kontrollsysteme, Planungs- und Kontrollrechnung, Wertorientierte Controllingkonzepte, 6. Aufl., Wiesbaden 2001.

Hahn, Dietger - Kaufmann, Lutz (Maschinenstundensatzrechnung): Maschinenstundensatzrechnung und Prozeßkostenrechnung - Grundzüge und vergleichende Würdigung, in: Kostenrechnung: Stand und Entwicklungsperspektiven; Wolfgang Männel zum 60. Geburtstag, hrsg. v. W. Becker und J. Weber, Wiesbaden 1997, S. 219-234.

Hahn, Dietger - Laßmann, Gert (Produktionswirtschaft): Produktionswirtschaft, Band 1, 2. Aufl., Heidelberg 1990.

Hahn, Oswald (Bankbetriebslehre): Bankbetriebslehre, Stuttgart/Berlin/Köln/Mainz 1967.

Hammer Michael - Champy, James (Reengineering): Business Reengineering. Die Radikalkur für das Unternehmen, 3. Aufl., Frankfurt 1994.

Hansmann, Karl-Werner (Just in Time-Produktion): Just in Time-Produktion, in: Handwörterbuch der Produktionswirtschaft (HWProd), hrsg. v. W. Kern, H.-H. Schröder und J. Weber, 2. Aufl., Stuttgart 1996, Sp. 827-838.

Harrmann, Alfred (Fertigungslohn): Der Fertigungslohn als Zuschlagsbasis in kritischer Sicht, in: Betriebswirtschaftliche Forschung und Praxis (BfuP), 14. Jg. (1962), Heft 10, S. 589-594.

Hartung, Wolfgang (ABC): Implementierung von ABC in bestehende Finanz- und Operationssysteme - vom Konzept zur Umsetzung, in: Effektives Kostenmanagement und Activity Based Costing, hrsg. v. Institute of International Research und Arthur Andersen & Co. GmbH, Stuttgart 1991, S. 3-18.

Hasegawa, Yoshikazu (Production System): Production System of Variety of Product with Small Volume Production, Nikkankogyo 1984.

Hauptverband der deutschen Bauindustrie - Zentralverband des deutschen Baugewerbes (KLR-Bau, Hrsg.): KLR-Bau, 5. Aufl., Düsseldorf/Wiesbaden/Berlin/Köln 1990.

Hauptverband Farbe Gestaltung Bautenschutz (Preisberechnung, Hrsg.): Grundlagen der Preisberechnung im Maler- und Lackiererhandwerk, Stuttgart/München 2002.

Hay, Paul H. - Hieronimus, Albert - Huss, Hans-Peter (Projektabrechnung): Projektabrechnung, in: Handwörterbuch des Rechnungswesens (HWR), hrsg. v. K. Chmielewicz und M. Schweitzer, 3. Aufl., Stuttgart 1993, Sp. 1635-1643.

Heber, Arthur - Nowak, Paul (Betriebstyp): Betriebstyp und Abrechnungstechnik in der Industrie, in: Festschrift für Eugen Schmalenbach, gewidmet von Schülern und vom Verlag, Leipzig 1933.

Heine, Bernd (Binnenschiffahrt): Grundfragen der Deckungsbeitragsrechnung in der Binnenschiffahrt, Opladen 1972.

Heinemeyer, Wolfgang (Planung): Die Planung und Steuerung des logistischen Prozesses mit Fortschrittszahlen, in: Fertigungssteuerung II, Schriften zur Unternehmensführung (SzU), Band 39, hrsg. v. H. Jacob et al., Wiesbaden 1988, S. 5-32.

Heinen, Edmund (Reformbedürftige): Reformbedürftige Zuschlagskalkulation, in: Zeitschrift für handelswissenschaftliche Forschung (ZfhF), 10. Jg. (1958), S. 1-27.

Helber, Stefan (Leitstand): Elektronischer Leitstand, in: Vahlens Großes Wirtschaftslexikon, hrsg. v. E. Dichtl und O. Issing, 2. Aufl., München 1994, S. 542.

Helbig, Hermann (Wissensverarbeitung): Künstliche Intelligenz und automatische Wissensverarbeitung, 2. Aufl., Berlin 1996.

Hellmich, Gerold (Lernkurven): Lernkurven als Instrument der Kostenplanung, in: Kostenrechnungspraxis, o. Jg. (1994), Heft 5, S. 361-365.

Henderson, Bruce D. (Erfahrungskurve): Die Erfahrungskurve in der Unternehmensstrategie, 2. Aufl., Frankfurt am Main/New York 1984.

Henzel, Friedrich (Kostenrechnung): Die Kostenrechnung, 4. Aufl., Essen 1964.

Henzel, Friedrich (Zuschlagskalkulation): Die Zuschlagskalkulation in der Kritik, in: Zeitschrift für Betriebswirtschaft (ZfB), 33. Jg. (1963), S. 157-166.

Herter, Ronald N. - von Wangenheim, Sascha (Controlling): Controlling von Recyclingprozessen, in: Kostenmanagement: Aktuelle Konzepte und Anwendungen, hrsg. v. C.-C. Freidank, U. Götze, B. Huch und J. Weber, Berlin/Heidelberg/New York u. a. 1997, S. 425-444.

Herzog, Ernst (Bezugsgrößenkalkulation): Bezugsgrößenkalkulation mit Prozeßkosten, in: Prozeßkostenrechnung, hrsg. v. W. Männel, Wiesbaden 1995, S. 125-135.

Herzog, Ernst (Entwicklungen): Neuere Entwicklungen der Kostenrechnung in den USA, in: Handbuch Kostenrechnung, hrsg. v. W. Männel, Wiesbaden 1992, S. 338-347.

Herzog, Ernst (Stand): Stand und Entwicklungstendenzen des innerbetrieblichen Rechnungswesens in den USA, in: Rechnungswesen und EDV, 10. Saarbrücker Arbeitstagung 1989, hrsg. v. A.-W. Scheer, Heidelberg, 1989, S. 313-326.

Hieber, Wolfgang Lothar (Lern- und Erfahrungskurveneffekte): Lern- und Erfahrungskurveneffekte und ihre Bestimmung in der flexibel automatisierten Produktion, München 1991.

Hintze, Heinz-Günther - Michel, Uwe (Prozeßkostenmanagement): Prozeßkostenmanagement zur Steuerung global tätiger Geschäftseinheiten bei *Hoechst Trevira*, in: Prozeßkostenmanagement, hrsg. v. Horváth & Partner GmbH, 2. Aufl., München 1998, S. 303-321.

Hoffmeister, Frank (Nachkalkulation): Vor- und Nachkalkulation auf der Basis von Maschinenstundensätzen, in: Controlling, 8. Jg. (1996), Heft 3, S. 172-179.

Höft, Uwe (Lebenszykluskonzepte): Lebenszykluskonzepte - Grundlage für das strategische Marketing- und Technologiemanagement, Berlin 1992.

Hoitsch, Hans-Jörg (Produktionswirtschaft): Produktionswirtschaft, 2. Aufl., München 1993.

Hölscher, Reinhold (Lebensversicherung): Marktzinsorientierte Ergebnisrechnung in der Lebensversicherung, Stuttgart 1994.

Holzer, Herbert (PPS-Systeme): PPS-Systeme als Voraussetzung für ein wirksames operatives Controlling am Beispiel der Einzelfertigung, Aachen 2000.

Horneber, Markus (Entsorgungsmanagement): Innovatives Entsorgungsmanagement, Göttingen 1995.

Hórvath & Partner GmbH (Hrsg.): Prozeßkostenmanagement: Methodik und Anwendungsfelder, 2. Aufl., München 1998.

Horváth, Péter (Controlling): Controlling, 6. Aufl., München 1996.

Horváth, Péter (Hrsg.): Effektives und schlankes Controlling, Stuttgart 1992.

Horváth, Péter (Hrsg.): Marktnähe und Kosteneffizienz schaffen, Stuttgart 1993.

Horváth, Péter (Hrsg.): Target Costing, Stuttgart 1993.

Horváth, Péter - Gleich, Ronald - Scholl, Kai (Betrachtung): Vergleichende Betrachtung der bekanntesten Kalkulationsmethoden für das kostengünstige Konstruieren, in: Kostenrechnungspraxis (krp), 40. Jg. (1996), Sonderheft 1, S. 53-62.

Horváth, Péter - Kieninger, Michael - Mayer, Reinhold - Schimank, Christof (Prozeßkostenrechnung): Prozeßkostenrechnung - oder wie die Praxis die Theorie überholt, Kritik und Gegenkritik, in: Die Betriebswirtschaft (DBW), 53. Jg. (1993), Heft 5, S. 609-628.

Horváth, Péter - Lamla, Joachim (Kaizen): Kaizen Costing, in: Kostenrechnungspraxis (krp), 40. Jg. (1996), Heft 6, S. 335-340.

Horváth, Péter - Mayer, Reinhold (Konzeption): Konzeption und Entwicklung der Prozeßkostenrechnung, in: Prozeßkostenrechnung, hrsg. v. W. Männel, Wiesbaden 1995, S. 59-86.

Horváth, Péter - Mayer, Reinhold (Prozeßkostenrechnung): Prozeßkostenrechnung: Der neue Weg zu mehr Kostentransparenz und wirkungsvolleren Unternehmensstrategien, in: Controlling, 1. Jg. (1989), Heft 4, S. 214-219.

Horváth, Péter - Niemand, Stefan - Wolbold, Markus (Target Costing): Target Costing - State of the Art, in: Target Costing, hrsg. v. P. Horváth, Stuttgart 1993, S. 1-27.

Horváth, Péter - Renner, Andreas (Prozeßkostenrechnung): Prozeßkostenrechnung, in: Fortschrittliche Betriebsführung/Industrial Engineering (FB/IE), 39. Jg. (1990), Heft 3, S. 100-107.

Horváth, Péter - Seidenschwarz, Werner (Zielkostenmanagement): Zielkostenmanagement, in: Controlling, 4. Jg. (1992), Heft 3, S. 142-150.

Hübers-Kemink, Rainer (Preiskalkulation): Formen der Preiskalkulation in der Bauwirtschaft, in: Handbuch Kostenrechnung, hrsg. v. W. Männel, Wiesbaden 1992, S. 1017-1028.

Hug, Werner (Kaizen-Controlling): Kaizen-Controlling und ergebnisorientiertes Produktionsmanagement, in: Fachtagung Controllingkonzepte für die Praxis, hrsg. v. W. Männel, Lauf a. d. Pegnitz, 2003, S. 51-62.

Hummel, Siegfried (Kostenerfassung): Wirklichkeitsnahe Kostenerfassung. Neue Erkenntnisse für eine eindeutige Kostenermittlung, Berlin 1970.

Hummel, Siegfried - Männel, Wolfgang (Kostenrechnung 2): Kostenrechnung 2, 3. Aufl., Wiesbaden 1983.

Hummel, Siegfried - Männel, Wolfgang (Kostenrechnung): Kostenrechnung 1, 4. Aufl., Wiesbaden 1986.

Ickert, Johannes (Konstruktionsgrundsätze): Die Konstruktionsgrundsätze für den Aufbau eines rationellen Erzeugnisprogramms, in: VDI-Zeitschrift, 103. Jg. (1961), S. 1265-1268.

idw - Informationsdienst Wissenschaft (Gütesiegel): Gütesiegel „Made in Germany", Mitteilung vom 2.12.1998, http://idw-online.de/public/pmid-8051/zeige_pm.html, Stand 13.01.2004.

Ihde, Gösta B. (Lieferantenintegration): Lieferantenintegration, in: Handwörterbuch der Produktionswirtschaft (HWProd), hrsg. v. W. Kern, H.-H. Schröder und J. Weber, 2. Aufl., Stuttgart 1996, Sp. 1086-1095.

Inderfurth, Karl (Produktrecycling): Neue Aufgaben und Lösungsansätze der Produktionsplanung bei Produktrecycling, in: Produktion und Controlling, hrsg. v. H. Wildemann, München 2000, S. 139-154.

Institute of International Research - Arthur Andersen & Co. GmbH (Hrsg.): Effektives Kostenmanagement und Activity Based Costing, Stuttgart-Sindelfingen, 6. und 7. März 1991, Stuttgart 1991.

Jacob, Dieter - Winter, Christoph - Suhr, Constanze (Kalkulationsformen): Kalkulationsformen im Ingenieurbau, Berlin 2002.

Jacob, Herbert et al. (Hrsg.): Fertigungssteuerung I, Schriften zur Unternehmensführung (SzU), Band 38, Wiesbaden 1988.

Jacob, Herbert et al. (Hrsg.): Fertigungssteuerung II, Schriften zur Unternehmensführung (SzU), Band 39, Wiesbaden 1988.

Jakoby, Stephan - Schmitz, Jochen (Differenzierte): Differenzierte (Kosten-) Abweichungsanalysemethoden, in: Die Betriebswirtschaft (DBW), 56. Jg. (1996), Heft 5, S. 713-716,

Jehle, Egon (Divisionskalkulation): Divisionskalkulation, in: Handwörterbuch des Rechnungswesens (HWR), hrsg. v. K. Chmielewicz und M. Schweitzer, 3. Aufl., Stuttgart 1993, Sp. 379-384.

Jehle, Egon - Wiesehahn, Andreas - Willeke, Martin (Gemeinkostenmanagement): Ansätze des prozeßorientierten Gemeinkostenmanagement, in: Kostenrechnung: Stand und Entwicklungsperspektiven; Wolfgang Männel zum 60. Geburtstag, hrsg. v. W. Becker und J. Weber, Wiesbaden 1997, S. 271-296.

Jehle, Egon - Willeke, Martin (Value Management): Value Management und Kaizen als Instrumente des Kostenmanagement, in: Kostenrechnungspraxis (krp), 40. Jg. (1996), Heft 5, S. 255-260.

Jendritza, Daniel J. (Mechatronik): Mechatronik prägt die zukünftige Kfz-Elektronik, in: Auto&Elektronik, o. Jg. (2002), Heft 3, S. 12-26.

Jerger, Andreas (Ergebnisrechnung): Prozeßorientierte Verrechnung von Vertriebs- und Distributionskosten für die marktorientierte Ergebnisrechnung, in: Kostenrechnungspraxis (krp), 39. Jg. (1995), Heft 2, S. 107-114.

Johnson, Thomas H. - Kaplan, Robert S. (Relevance Lost): Relevance Lost. The Rise and Fall of Management Accounting, Boston Mass. 1987.

Jokisch, Jens (Kalkulation): Kalkulation, in: Handwörterbuch des Rechnungswesens (HWR), hrsg. v. K. Chmielewicz und M. Schweitzer, 3. Aufl., Stuttgart 1993, Sp. 1021-1030.

Jost, Helmuth (Kosten- und Leistungsrechnung): Kosten- und Leistungsrechnung, 6. Aufl., Wiesbaden 1992.

Kagermann, Henning (Abbildung): Abbildung prozeßorientierter Kostenrechnungssysteme mit Hilfe von Standardsoftware, in: Die Betriebswirtschaft (DBW), 51. Jg. (1991), Heft 3, S. 291-292.

Kagermann, Henning (Dienstleistungskalkulation): Dienstleistungskalkulation und Prozeßkostenrechnung, in: Rechnungswesen und EDV. 13. Saarbrücker Arbeitstagung 1992, hrsg. v. A.-W. Scheer, Heidelberg 1992, S. 353-371.

Kagermann, Henning (Elemente): Elemente der Kostenträgerrechnung in einem integrierten System, in: Rechnungswesen und EDV. 7. Saarbrücker Arbeitstagung 1986, hrsg. v. W. Kilger und A.-W. Scheer, Heidelberg 1986, S. 522-569.

Kaiser, Alexander (Möglichkeiten): Möglichkeiten der Integration von Internet in die betriebliche Informationswirtschaft, in: Journal für Betriebswirtschaft (JFB), 45. Jg. (1995), Heft 2, S. 95-104.

Kajüter, Peter (Prozesskostenmanagement): Prozesskostenmanagement, in: Kostenmanagement: Wertsteigerung durch systematische Kostensteuerung, hrsg. v. K.-P. Franz und P. Kajüter, 2. Aufl., Stuttgart 2002, S. 249-278.

Kals, Hubert Jan Jozef - Geiger, Manfred - Shirvani, Bez - Singh, U. P. (Hrsg.): Sheet Metal 1998, Proceedings of the 6th International Conference, Volume II, Twente (Netherlands) 1998.

Kambartel, Karl-Heinz (Angebotsplanung): Systematische Angebotsplanung in Unternehmen der Auftragsfertigung - Möglichkeiten zur Rationalisierung der Angebotserstellung auf der Grundlage definierter Angebotsformen, Diss., Rheinisch-Westfälische Technische Hochschule RWTH Aachen 1973.

Kaplan, Robert S. - Norton, David P. (Strategieumsetzung): Strategieumsetzung mit Hilfe der Balanced Scorecard, in: Die Kunst des Controlling, hrsg. v. R. Gleich und W. Seidenschwarz, München 1997, S. 313-342.

Kasper, Roland - Gabbert, Ulrich - Grote, Karl-Heinrich - Vajna, Sandor (Hrsg.): Entwicklungsmethoden und Entwicklungsprozesse im Maschinenbau, 3. Magdeburger Maschinenbau-Tage, 11. bis 13. September 1997, Tagungsband 1, Berlin 1997.

Kemminer, Jörg (Kosten- und Erlösmanagement): Lebenszyklusorientiertes Kosten- und Erlösmanagement, Wiesbaden 1999.

Kempf, Wolfgang - Kieninger, Michael (Kostensenkung): Kostensenkung durch Prozeßoptimierung bei *Knoll*, in: Prozeßkostenmanagement: Methodik und Anwendungsfelder, hrsg. v. Hórvath & Partner GmbH, 2. Aufl., München 1998, S. 271-286.

Kern, Werner (Hrsg.): Handwörterbuch der Produktionswirtschaft (HWProd), Stuttgart 1979.

Kern, Werner - Schröder, Hans-Horst - Weber, Jürgen (Hrsg.): Handwörterbuch der Produktionswirtschaft (HWProd), 2. Aufl., Stuttgart 1996.

Kesselring, Fritz (Bewertung): Bewertung von Konstruktionen, Düsseldorf 1951.

Kieffer, Sonja (Kundenzufriedenheit): Kundenzufriedenheit durch additive Dienstleistungen, Wiesbaden 2002.

Kiener, Stefan - Maier-Scheubeck, Nicolas - Weiß, Manfred (Leistungserstellung): Betriebliche Leistungserstellung, 3. Aufl., Regensburg 1990.

Kieninger, Michael (Reengineering): Reengineering und Prozeßoptimierung, in: Prozeßkostenmanagement: Methodik und Anwendungsfelder, hrsg. v. Hórvath & Partner GmbH, 2. Aufl., München 1998, S. 29-45.

Kiewert, Alfons (Kostenfrüherkennung): Kostenfrüherkennung in der Konstruktion durch Kopplung von CAD und Kostenrechnung, in: Rechnungswesen und EDV, 11. Saarbrücker Arbeitstagung 1990, hrsg. v. A.-W. Scheer, Heidelberg 1990, 350-378.

Kiewert, Alfons (Systematische): Systematische Erarbeitung von Hilfsmitteln zum kostenarmen Konstruieren, Diss., TU München 1979.

Kilger, Wolfgang (Absatzplanung): Optimale Produktions- und Absatzplanung, Opladen 1973.

Kilger, Wolfgang (Industriebetriebslehre): Industriebetriebslehre, Band 1, Wiesbaden 1986.

Kilger, Wolfgang (Kostenrechnung): Einführung in die Kostenrechnung, 3. Aufl., Wiesbaden 1987.

Kilger, Wolfgang (Kostenträgerrechnung): Die Kostenträgerrechnung als leistungs- und kostenwirtschaftliches Spiegelbild des Produktions- und Absatzprogramms. in: Rechnungswesen und EDV, 7. Saarbrücker Arbeitstagung 1986, hrsg. v. W. Kilger, A.-W. Scheer, Heidelberg 1986, S. 3-53.

Kilger, Wolfgang (Plankostenrechnung): Flexible Plankostenrechnung und Deckungsbeitragsrechnung, 10. Aufl., Wiesbaden 1993.

Kilger, Wolfgang (Probleme): Offene Probleme der Plankosten- und Deckungsbeitragsrechnung, in: Grenzplankostenrechnung: Stand und aktuelle Probleme, hrsg. v. A.-W. Scheer, Wiesbaden 1988, S. 83-104.

Kilger, Wolfgang - Pampel, Jochen - Vikas, Kurt (Plankostenrechnung): Flexible Plankostenrechnung und Deckungsbeitragsrechnung, 11. Aufl., Wiesbaden 2002.

Kilger, Wolfgang - Scheer, August-Wilhelm (Hrsg.): Rechnungswesen und EDV, 4. Saarbrücker Arbeitstagung 1983, Würzburg/Wien 1983.

Kilger, Wolfgang - Scheer, August-Wilhelm (Hrsg.): Rechnungswesen und EDV, 6. Saarbrücker Arbeitstagung 1985, Würzburg/Wien 1985.

Kilger, Wolfgang - Scheer, August-Wilhelm (Hrsg.): Rechnungswesen und EDV, 7. Saarbrücker Arbeitstagung 1986, Heidelberg 1986.

Kimms, Alf (Losgrößenplanung): Modelle der Losgrößenplanung und das MRP II-Konzept, in: Wirtschaftswissenschaftliches Studium (WiSt), 26. Jg. (1997), Heft 5, S. 227-231.

Kittel, Thomas (Betriebsdaten): Beitrag zur Aktualisierung EDV-gestützter Produktionsplanungs- und -steuerungssysteme auf der Basis EDV-maschinell erfaßter Betriebsdaten, Diss., Rheinisch-Westfälische Technische Hochschule RWTH Aachen 1983.

Klingebiel, Norbert (Leistungsrechnung): Leistungsrechnung/Performance Measurement als bedeutsamer Bestandteil des internen Rechnungswesens, in: Kostenrechnungspraxis (krp), 40. Jg. (1996), Heft 2, S. 77-84.

Kloock, Josef (Entwicklungen): Neuere Entwicklungen des Kostenkontrollmanagements, in: Neuere Entwicklungen im Kostenmanagement, hrsg. v. F. Dellmann und K. P. Franz, Bern/Stuttgart/Wien 1994, S. 607-644.

Kloock, Josef (Flexible Prozeßkostenrechnung): Flexible Prozeßkostenrechnung und Deckungsbeitragsrechnung, in: Prozeßkostenrechnung, hrsg. v. W. Männel, Wiesbaden 1995, S. 137-151.

Kloock, Josef (Prozeßkostenrechnung 1): Prozeßkostenrechnung als Rückschritt und Fortschritt der Kostenrechnung (Teil 1), in: Kostenrechnungspraxis (krp), 36. Jg. (1992), Heft 4, S. 183-191.

Kloock, Josef (Prozeßkostenrechnung 2): Prozeßkostenrechnung als Rückschritt und Fortschritt der Kostenrechnung (Teil 2), in: Kostenrechnungspraxis (krp), 36. Jg. (1992), Heft 5, S. 237-245.

Knoblach, Jürgen (Angebotskalkulation): Beitrag zur rechnerunterstützten verursachungsgerechten Angebotskalkulation von Blechteilen mit Hilfe wissensbasierter Methoden, Bamberg 1999.

Knoop, Jens (Kostenrechnung): Online-Kostenrechnung für die CIM-Planung. Prozeßorientierte Kostenrechnung zur Ablaufplanung flexibler Fertigungssysteme, Berlin 1986.

Knoop, Jens (Prozeßorientierte): Prozeßorientierte Kostenrechnung - Ein Instrument zur Planung flexibler Fertigungssysteme, in: Kostenrechnungspraxis (krp), 31. Jg. (1987), Heft 2, S. 47-58.

Koch, Helmut (Kostenkalkulation): Die industrielle Kostenkalkulation als Stufenrechnung, Diss., Hannover 1948.

Kochendörfer, Bernd (Bauzeit): Bauzeit und Baukosten von Hochbauten, Wiesbaden/Berlin 1978.

Köhl, Eva (Datenintegration): Optimale Datenintegration bei rechnerintegrierter Produktion, Berlin/Heidelberg/New York 1990.

Köhler, Richard (Kosteninformationen): Kosteninformationen für Marketing-Entscheidungen (Marketing-Accounting), in: Handbuch Kostenrechnung, hrsg. v. W. Männel, Wiesbaden 1992, S. 837-857.

Kolisch, Rainer - Hempel, Kai (Evaluation): Experimentelle Evaluation der Kapazitätsplanung von Projektmanagementsoftware, in: Zeitschrift für betriebswirtschaftliche Forschung (zfbf), 48. Jg. (1996), Heft 11, S. 999-1018.

Kolvenbach, Claus - Krieg, Stefanie - Felten, Claudio (Brand Value): Evaluating Brand Value – A Conjoint Measurement Application for the Automotive Industry, in: Conjoint Measurement. Methods and Applications, hrsg. v. A. Gustafsson, A. Herrmann und F. Huber, 3. Aufl., Berlin/Heidelberg/New York 2003, S. 523-540.

König, Thomas (Kalkulation): Konstruktionsbegleitende Kalkulation auf der Basis von Ähnlichkeitsvergleichen, Bergisch Gladbach/Köln 1995.

Konrad, Erwin (Controlling): Controlling als Voraussetzung und Bestandteil einer kosten-/ ergebnisorientierten Führung, in: Grenzplankostenrechnung, hrsg. v. A.-W. Scheer, Wiesbaden 1988, S. 261-286.

Kotler, Philip - Bliemel, Friedhelm (Marketing-Management): Marketing-Management, 7. Aufl., Stuttgart 1992.

Kraemer, Wolfgang (Kostenmanagement): Effizientes Kostenmanagement: EDV-gestützte Datenanalyse und -interpretation durch den Controlling-Leitstand, Wiesbaden 1993.

Kraemer, Wolfgang - Wiechmann, Dirk (Betriebsdatenerfassung): Die Betriebsdatenerfassung als integraler Bestandteil der Fertigungssteuerung und Kostenrechnung, in: Fertigungssteuerung - Expertenwissen für die Praxis, hrsg. v. A.-W. Scheer, München/Wien 1991, S. 311-353.

Krämer, Horst - Fischer, Rudolf M. (Kalkulation): Kalkulation im Busverkehr, Ein Leitfaden für die Preiskalkulation im Linien- und Gelegenheitsverkehr, 2. Aufl., München 2002

Krannich, Michael (Neural Networks): Tool Cost Calculation using Neural Networks, in: Sheet Metal 1998, Proceedings of the 6th International Conference, hrsg. v. H. J. J. Kals, M. Geiger, B. Shirvani, U. P. Singh, Volume II, Twente (Netherlands) 1998, S. 221-230.

Kraus, Margit (Kostenfunktionen): Schätzung von Kostenfunktionen für die bundesdeutsche Hochschulausbildung: Ein konzeptioneller Ansatz im empirischen Test, ftp://ftp.zew.de/pub/zew-docs/dp/dp0436.pdf, Discussion Paper 04-36, Zentrum für Europäische Wirtschaftsforschung (ZEW) GmbH, Mannheim 2004.

Krause, Herbert - Müller, Michael R. (Produktionscontrolling): DV-gestütztes Produktionscontrolling auf der Basis von Standardsoftware, in: Controlling, 2. Jg. (1990), Heft 6, S. 320-327.

Krcmar, Helmut (Informationsproduktion): Informationsproduktion, in: Handwörterbuch der Produktionswirtschaft (HWProd), hrsg. v. W. Kern, H.-H. Schröder und J. Weber, 2. Aufl., Stuttgart 1996, Sp. 717-728.

Kreuz, Werner (Kosten-Benchmarking): Kosten-Benchmarking: Konzept und Praxisbeispiel, in: Kostenmanagement: Wertsteigerung durch systematische Kostensteuerung, hrsg. v. K.-P. Franz und P. Kajüter, 2. Aufl., Stuttgart 2002, S. 91-103.

Krüper, Manfred (Personalführung): Personalführung und Personal-Controlling in den 90er Jahren, in: Controlling, 1. Jg. (1989), Heft 2, S. 104-109.

Kruschwitz, Lutz (Investitionsrechnung): Investitionsrechnung, 6. Aufl., Berlin/ New York 1995.

Krystek, Ulrich (Beitrag): Beitrag der Kostenrechnung zur Krisen-Früherkennung, in: Handbuch Kostenrechnung, hrsg. v. W. Männel, Wiesbaden 1992, S. 1429-1446.

Küpper, Hans-Ulrich (Entwicklungslinien): Entwicklungslinien der Kostenrechnung in Dienstleistungsunternehmen, in: Grenzplankostenrechnung, hrsg. v. A.-W. Scheer, Wiesbaden 1988, S. 53-82.

Küpper, Hans-Ulrich (Produktionstypen): Produktionstypen, in: Vahlens Großes Wirtschaftslexikon Band 3, hrsg. v. E. Dichtl und O. Issing, 2. Aufl., München 1994, S. 1718-1720.

Küpper, Hans-Ulrich - Weber, Jürgen - Zünd, André (Zum Verständnis): Zum Verständnis und Selbstverständnis des Controlling, in: Zeitschrift für Betriebswirtschaft (ZfB), 60. Jg. (1990), Heft 3, S. 281-293.

Kurbel, Karl (Produktionsplanung): Produktionsplanung und -steuerung: Methodische Grundlagen von PPS-Systemen und Erweiterungen, 5. Aufl., München 2003.

Küting, Karlheinz - Lorson, Peter (Benchmarking): Benchmarking von Geschäftsprozessen als Instrument der Geschäftsprozeßanalyse, in: Kostenorientiertes Geschäftsprozeßmanagement, hrsg. v. C. Berkau und P. Hirschmann, München 1996, S. 121-140.

Küting, Karlheinz - Lorson, Peter (Stand): Stand, Entwicklungen und Grenzen der Prozeßkostenrechnung, in: Prozeßkostenrechnung, hrsg. v. W. Männel, Wiesbaden 1995, S. 87-101.

Lackes, Richard (Datenbankgestütztes): Datenbankgestütztes Kosten- und Erfolgs-Controlling bei intensiver Variantenfertigung, in: Handbuch Kosten- und Erfolgs-Controlling, hrsg. v. T. Reichmann, München 1995, S. 279-307.

Lackes, Richard (Herausforderungen): Herausforderungen an ein fortschrittliches Kosteninformationssystem, in: Kostenrechnungspraxis (krp), 34. Jg. (1990), Heft 6, S. 327-338.

Lackes, Richard (Kanban): Kanban, in: Handwörterbuch der Produktionswirtschaft (HWProd), hrsg. v. W. Kern, H.-H. Schröder und J. Weber, 2. Aufl., Stuttgart 1996, Sp. 839-852.

Lackes, Richard - Mack, Dagmar (Neuronale Netze): Neuronale Netze in der Unternehmensplanung, München 2000.

Langheinrich, Gerhard (Vorkalkulation): Die neuzeitliche Vorkalkulation der spangebenden Fertigung im Maschinenbau, 12. Aufl., Berlin 1974.

Lay, Gunter - Schirrmeister, Elna (Sackgasse): Sackgasse Hochautomatisierung, Mitteilungen aus der Produktionsinnovationserhebung, Fraunhofer Institut für Systemtechnik und Innovationsforschung ISI, Nummer 22, Mai 2001, Karlsruhe 2001.

Lehmann, Frank - Kümper, Ralf (Variantenmanagement): Variantenmanagement durch verursachungsgerechte Produktbewertung, in: Effektives und schlankes Controlling, hrsg. v. P. Horváth, Stuttgart 1992, S. 141-168.

Lehmann, Max R. (Industriekalkulation): Industriekalkulation, 4. Aufl., Stuttgart 1951.

Leonard-Barton, Dorothy - Sviokla, John J. (Expertensysteme): Expertensysteme setzen sich durch, in: HARVARDmanager, 11. Jg. (1989), Heft 1, S. 98-105.

Lilien, Gary L. - Kotler, Philip - Moorthy, K. Sridhar (Marketing): Marketing Models, Englewood Cliffs 1992.

Listl, Andreas (Target Costing): Target Costing zur Ermittlung der Preisuntergrenze. Entscheidungsorientiertes Kostenmanagement dargestellt am Beispiel der Automobilzulieferindustrie, Frankfurt a. Main/Berlin/Bern u. a. 1998.

Loos, Günter (Ermittlung): Ermittlung von Verrechnungs- und Zuschlagssätzen, in: Handbuch Kostenrechnung, hrsg. v. W. Männel, Wiesbaden 1992, S. 523-530.

Lorson, Peter (Kostenmanagement): Straffes Kostenmanagement und neue Technologien: Anforderungen, Instrumente und Konzepte unter besonderer Würdigung der Prozeßkostenrechnung, Herne/Berlin 1993.

Lowka, Dieter (Methoden): Methoden zum Abschätzen von Herstellkostenanteilen, in: Frühzeitiges Kostenmanagement: Kalkulationsmethoden und DV-Unterstützung, hrsg. v. W. Männel, Wiesbaden 1997, S. 133-144.

Maier, Helmut (Integration): Integration von Produktionsplanung und Kostenträgerrechnung als Bestandteil eines umfassenden Kostenrechnungssystems, in: Kostenrechnungspraxis (krp), 33. Jg. (1989), Sonderheft 1, S. 82-90.

Männel, Wolfgang (Anlagencontrolling): Anlagencontrolling, in: Zeitschrift für Betriebswirtschaft (ZfB), 61. Jg. (1991), Ergänzungsheft 3, S. 193-216.

Männel, Wolfgang (Anlagenplanung): Anlagenplanung, in: Handwörterbuch der Planung, hrsg. v. N. Szyperski, Stuttgart 1989, Sp. 41-51.

Männel, Wolfgang (Anpassung): Anpassung der Kostenrechnung an moderne Unternehmensstrukturen, in: Handbuch Kostenrechnung, hrsg. v. W. Männel, Wiesbaden 1992, S. 105-137.

Männel, Wolfgang (Aufgaben): Aufgaben und Schwerpunkte des Controlling für anlagenintensive Produktionsstrukturen, in: Perspektiven, Führungskonzepte und Instrumente der Anlagenwirtschaft, hrsg. v. W. Männel, Köln 1989, S. 311-334.

Männel, Wolfgang (Bedeutung): Zur Bedeutung der Prozeßkostenrechnung, in: Prozeßkostenrechnung, hrsg. v. W. Männel, Wiesbaden 1995, S. 15-22.

Männel, Wolfgang (Divisionskalkulation): Kalkulationsverfahren - Divisionskalkulation, in: Kostenrechnungspraxis (krp), 30. Jg. (1986), Heft 2, S. 69-73.

Männel, Wolfgang (Einzelkosten- und Deckungsbeitragsrechnung): Die Einzelkosten- und Deckungsbeitragsrechnung - ein Konzept zur Abbildung der Realität durch das Rechnungswesen, in: Zeitschrift für Betriebswirtschaft (ZfB), 53. Jg. (1983), Heft 12, S. 1187-1196.

Männel, Wolfgang (Entwicklungsperspektiven): Entwicklungsperspektiven der Kostenrechnung, 5. Aufl., Lauf a. d. Pegnitz 1999.

Männel, Wolfgang (Entwicklungstendenzen): Entwicklungstendenzen entscheidungsorientierter Kostenrechnungskonzepte, in: das wirtschaftsstudium (WISU), 17. Jg. (1988), Heft 3, S. 139-145.

Männel, Wolfgang (Ergebniscontrolling): Ergebniscontrolling, 4. Aufl., Lauf a. d. Pegnitz 2003.

Männel, Wolfgang (Ergebnisrechnung): Frühzeitige Kostenkalkulation und lebenszyklusbezogene Ergebnisrechnung, in: Kostenrechnungspraxis (krp), 38. Jg. (1994), Heft 2, S. 106-110.

Männel, Wolfgang (Exportkalkulation): Kalkulationsverfahren - Exportkalkulation, in: Kostenrechnungspraxis (krp), 30. Jg. (1986), Heft 6, S. 226-228.

Männel, Wolfgang (Fixkostencontrolling): Fixkostencontrolling, in: Kostenrechnungspraxis (krp), 40. Jg. (1996), Heft 2, S. 57.

Männel, Wolfgang (Forschung und Entwicklung): Kostenrechnung, Kostencontrolling und Kostenmanagement für Forschung und Entwicklung, in: Kostenrechnungspraxis (krp), 37. Jg. (1993), Heft 3, S. 165 - 170.

Männel, Wolfgang (Frühzeitige): Frühzeitige Produktkostenkalkulationen für das Kostenmanagement, in: Kostenrechnungspraxis (krp), 40. Jg. (1996), Sonderheft 1, S. 1-8.

Männel, Wolfgang (Führungsinstrument): Kostenrechnung als Führungsinstrument, 4. Aufl., Lauf a. d. Pegnitz 1998.

Männel, Wolfgang (Gesamtzusammenhang): Gesamtzusammenhang der Teilgebiete der Kosten-, Leistungs-, Erlös- und Ergebnisrechnung, in: Handbuch Kostenrechnung, hrsg. v. W. Männel, Wiesbaden 1992, S. 67-75.

Männel, Wolfgang (Grundlagen): Grundlagen der Kostenrechnung, 11. Aufl., Lauf a. d. Pegnitz 2004.

Männel, Wolfgang (Hrsg.): Fachtagung Controllingkonzepte für die Praxis, Lauf a. d. Pegnitz 2003.

Männel, Wolfgang (Hrsg.): Frühzeitiges Kostenmanagement: Kalkulationsmethoden und DV-Unterstützung, Wiesbaden 1997.

Männel, Wolfgang (Hrsg.): Handbuch Kostenrechnung, Wiesbaden 1992.

Männel, Wolfgang (Hrsg.): Kongreß Kostenrechnung '94, Lauf a. d. Pegnitz 1994.

Männel, Wolfgang (Hrsg.): Kongreß Kostenrechnung 1995, Lauf a. d. Pegnitz 1995.

Männel, Wolfgang (Hrsg.): Perspektiven, Führungskonzepte und Instrumente der Anlagenwirtschaft, Köln 1989.

Männel, Wolfgang (Hrsg.): Prozeßkostenrechnung, Wiesbaden 1995.

Männel, Wolfgang (Kalkulation): Kalkulation von Kuppelprodukten, in: Kostenrechnungspraxis (krp), 31. Jg. (1987), Heft 1, S. 31-36.

Männel, Wolfgang (Komponenten): Bedeutsame Komponenten der Anlagenausfallkosten, in: Perspektiven, Führungskonzepte und Instrumente der Anlagenwirtschaft, hrsg. v. W. Männel, Köln 1989, S. 235-247.

Männel, Wolfgang (Kostenmanagement): Kostenmanagement als Aufgabe der Unternehmensführung, in: Kostenrechnungspraxis (krp), 37. Jg. (1993), Heft 4, S. 210-213.

Männel, Wolfgang (Kostenrechnungssysteme): Kostenrechnungssysteme, 6. Aufl., Lauf an der Pegnitz 2003.

Männel, Wolfgang (Kunststoffertigung): Kostenrechnungs-Konzept Kunststoffertigung, unveröffentlichtes Gutachten, Arnold Knipping Holding GmbH Gummersbach, Lauf an der Pegnitz 1997.

Männel, Wolfgang (Make-or-Buy-Entscheidungen): Make-or-Buy-Entscheidungen, in: Kostenrechnungspraxis (krp), 41. Jg. (1997), Heft 6, S. 307-311.

Männel, Wolfgang (Moderne Konzepte): Moderne Konzepte für Kostenrechnung, Controlling und Kostenmanagement, in: Kostenrechnungspraxis (krp), 37. Jg. (1993), Heft 2, S. 69-78.

Männel, Wolfgang (Produktkostenkalkulation): Frühzeitige Produktkostenkalkulation für das Kostenmanagement, in: Die Kunst des Controlling, hrsg. v. R. Gleich und W. Seidenschwarz, München 1997, S. 201-229.

Männel, Wolfgang (Produktkostenmanagement): Produktkostenmanagement im Sinne des Target Costing, in: Hauptseminar Kostencontrolling und Kostenmanagement, Sommersemester 2002, veranstaltungsbegleitende Unterlagen.

Männel, Wolfgang (Prozeßkostenmanagement): Prozeßkostenmanagement, in: Kostenorientiertes Geschäftsprozeßmanagement, hrsg. v. C. Berkau und P. Hirschmann, München 1996, S. 69-91.

Männel, Wolfgang (Qualitätskostenbegriff): Gedanken zum Qualitätskostenbegriff, in: Kostenrechnungspraxis (krp), 44. Jg. (2000), Sonderheft 1, S. 5-9.

Männel, Wolfgang (Relativkosten-Kataloge): Einsatz von Relativkosten-Katalogen für das konstruktionsbegleitende Kostenmanagement, in: Frühzeitiges Kostenmanagement: Kalkulationsmethoden und DV-Unterstützung, hrsg. v. W. Männel, Wiesbaden 1997, S. 161-177.

Männel, Wolfgang (Schraubenfertigung): Kostenrechnungs-Konzept Schraubenfertigung, unveröffentlichtes Gutachten, Arnold Knipping Holding GmbH Gummersbach, Lauf an der Pegnitz 1997.

Männel, Wolfgang (Seminar Kostenmanagement): Seminar zum Kostenmanagement. Veranstaltungsbegleitende Unterlagen. Universität Erlangen-Nürnberg SS 2003.

Männel, Wolfgang (Technisierung): Zunehmende Technisierung und Modernisierung der Kostenrechnung, in: Kostenrechnungspraxis (krp), 37. Jg. (1993), Heft 5, S. 304-309.

Männel, Wolfgang (Übung): Veranstaltungsbegleitende Unterlagen zur Übung Kostenmanagement im WS 1997/98 an der Universität Erlangen-Nürnberg, Nürnberg 1997.

Männel, Wolfgang (Verbundwirtschaft): Verbundwirtschaft, in: Handwörterbuch der Produktionswirtschaft (HWProd), hrsg. v. W. Kern, Stuttgart 1979, Sp. 2077-2093.

Männel, Wolfgang (Verrechnungssatzkalkulation): Verrechnungssatzkalkulation, in: Kostenrechnungspraxis (krp), 30. Jg. (1986), Heft 5, S. 189-190.

Männel, Wolfgang (Wahl): Die Wahl zwischen Eigenfertigung und Fremdbezug, 2. Aufl., Stuttgart 1981.

Männel, Wolfgang (Wertorientiertes): Wertorientiertes Controlling, Lauf a. d. Pegnitz 2003.

Männel, Wolfgang (Ziele): Ziele und Aufgabenfelder des Kostenmanagements, in: Handbuch Kosten- und Erfolgs-Controlling, hrsg. v. Th. Reichmann, München 1995, S. 25-45.

Männel, Wolfgang (Zuschlagskalkulation): Kalkulationsverfahren: Zuschlagskalkulation, in: Kostenrechnungspraxis (krp), 30. Jg. (1986), Heft 4, S. 149-155.

Männel, Wolfgang - Müller, Heinrich (Hrsg.): Modernes Kostenmanagement, Wiesbaden 1995.

Männel, Wolfgang - Warnick, Bernd (Druckindustrie): Kosten- und Leistungsrechnung Druckindustrie: Neue Richtlinien für die betriebliche Praxis, Teil VI: Kalkulation und Auftragsergebnisrechnung, Wiesbaden 1993.

Mayas, Lothar - Groß, Bernhard - Groß, Mathias - Schuh, Günther (Wettbewerbsfähigkeit): Wettbewerbsfähigkeit durch Modularisierung. Bewertung von Produktstrukturen im Anlagenbau durch das Programmsystem VARIANTENBAUM, in: VDI-Z, 135. Jg. (1993), Heft 3, S. 64-66.

Mayer, Reinhold (Anwendungsfelder): Anwendungsfelder der Prozeßkostenrechnung zur Center Steuerung, in: Effektives und schlankes Controlling, hrsg. v. P. Horváth, Stuttgart 1992, S. 113-126.

Mayer, Reinhold (Prozeßkostenrechnung): Prozeßkostenrechnung und Prozeß(kosten)optimierung als integrierter Ansatz - Methodik und Anwendungsempfehlungen, in: Kostenorientiertes Geschäftsprozeßmanagement hrsg. v. C. Berkau und P. Hirschmann, München 1996, S. 43-67.

Mayer, Reinhold (State of the Art): Prozeßkostenrechnung - State of the Art, in: Prozeßkostenmanagement: Methodik und Anwendungsfelder, hrsg. v. Hórvath & Partner GmbH, 2. Aufl., München 1998, S. 3-27.

Mayer, Reinhold (Target Costing): Target Costing und Prozeßkostenrechnung, in: Target Costing, hrsg. v. P. Horváth, Stuttgart 1993, S. 75-92.

Mayer, Reinhold (Weiterentwicklung): Die Weiterentwicklung von Plankostenrechnung und Prozeßkostenrechnung zu einem integrierten System mit hoher Kostentransparenz, in: Die Kunst des Controlling: Prof. Dr. Péter Horváth zum 60. Geburtstag, hrsg. v. R. Gleich und W. Seidenschwarz, München 1997, S. 139-160.

Mayer, Reinhold - Glaser, Horst (Prozeßkostenrechnung): Die Prozeßkostenrechnung als Controllinginstrument. Pro und Contra, in: Controlling, 3. Jg. (1991), Heft 6, S. 296-303.

Medicke, Werner (Nachkalkulation): EDV-maschinelle Nachkalkulation in Form eines Soll-Ist-Kostenvergleichs als Instrument der auftragsbezogenen Kostenkontrolle, in: Rechnungswesen und EDV. 4. Saarbrücker Arbeitstagung 1983, hrsg. v. W. Kilger und A.-W. Scheer, Würzburg/Wien 1983, S. 470-489.

Medicke, Werner (Produktkosten-Controlling): Produktkosten-Controlling in Unternehmen mit Einzel-, Serien-, Sorten- und Massenfertigung, in: Grenzplankostenrechnung, hrsg. v. A.-W. Scheer, Wiesbaden 1988, S. 287-315.

Medicke, Werner - Plaut, Hans-Georg (Abrechnung): Die Abrechnung in Unternehmen mit Massen-, Sorten- und Serienfertigung, in: Kostenrechnungspraxis (krp), 35. Jg. (1991), Heft 2, S. 71-84.

Meffert, Heribert (Marketing): Marketing, 9. Aufl., Wiesbaden 2000.

Meier, Ewald (Zeitaufwandtafeln): Zeitaufwandtafeln für die Kalkulation von Hochbau- und Stahlbetonarbeiten, 3. Aufl., Wiesbaden/Berlin 1990.

Meinecke, Christian (Kostenermittlung): Konstruktionsbegleitende Kostenermittlung für industrielle Erzeugnisse im Rahmen einer computerintegrierten Produktion, Diss., Uni Hannover 1992.

Mellerowicz, Konrad (Betriebswirtschaftslehre): Betriebswirtschaftslehre der Industrie, 1. Band, 3. Aufl., Freiburg 1958.

Mellerowicz, Konrad (Industrie): Betriebswirtschaftslehre der Industrie, 7. Aufl., Freiburg 1981.

Mellerowicz, Konrad (Kosten): Kosten und Kostenrechnung I, Berlin/New York 1973.

Mellerowicz, Konrad (Planung): Planung und Plankostenrechnung. Band 1. Betriebliche Planung, 3. Aufl., Freiburg im Breisgau 1979.

Menzl, Andreas (Gestaltung): Die Gestaltung komplexer Unternehmensorganisationen, Bern/Stuttgart 1977.

Mertens, Peter (Hrsg.): Lexikon der Wirtschaftsinformatik, 4. Aufl., Berlin/Heidelberg/New York u. a. 2001.

Merz, Thomas (Kalkulationsverfahren): Innovative Kalkulationsverfahren von Kreditinstituten im internationalen Vergleich. Ein ganzheitlicher Ansatz der Bankkalkulation, Osnabrück 2001.

Mewes, Dieter (Informations-System): Ein Informations-System für die Entwicklung und Gestaltung von Produkten der Maschinenbauindustrie, Diss., Rheinisch-Westfälische Technische Hochschule RWTH Aachen 1972.

Meyer zu Selhausen, Hermann (Bank-Informationssysteme): Bank-Informationssysteme, Stuttgart 2000.

Meyer, Jens Wilhelm (Produktinnovationserfolg): Produktinnovationserfolg und Target Costing, Wiesbaden 2003.

Meyer, Johann (Anlagenkostenrechnung): Grundzüge einer entscheidungsorientierten Anlagenkostenrechnung unter besonderer Berücksichtigung der Anlagenkostenerfassung, Diss., Dortmund 1986.

Michel, Rudolf - Torspecken, Hans-Dieter - Jandt, Jürgen (Kostenrechnung): Neuere Formen der Kostenrechnung mit Prozeßkostenrechnung, 4. Aufl., München/ Wien 1998.

Miller, Jeffrey G. - Vollmann, Thomas E. (Fabrik): Die verborgene Fabrik, in Harvard Manager, o. Jg. (1986), Heft 1, S. 84-89.

Miller, Jeffrey G. - Vollmann, Thomas E. (Hidden factory): The hidden factory, in Harvard Business Review, 63. Jg. (1985), Heft 5, S. 142-150.

Mirani, Alfred (Kosten- und Investitionsmanagement): Kosten- und Investitionsmanagement für moderne Industrieanlagen, in: Kostenrechnungspraxis (krp), 31. Jg. (1987), Heft 6, S. 225-230.

Monden, Yasuhiro - Sakurai, Michiharu (Hrsg.): Japanese Management Accounting, Cambridge 1989.

Moor, Dieter - Wintermantel, Florian (Kundenstrukturen): Kundenstrukturen und Prozesse optimieren - das Beispiel des Handelshauses *ABB Normelec*, in: Prozeßkostenmanagement, hrsg. v. Horváth & Partner GmbH, 2. Aufl., München 1998, S. 337-353.

Müller, Dieter - Winkler, Wolfgang (Elektro-Installationen): Elektro-Installationen planen und kalkulieren, Würzburg 2001.

Müller, Heinrich (Prozeßkonforme): Prozeßkonforme Grenzplankostenrechnung: Stand, Nutzanwendungen, Tendenzen, 2. Aufl., Wiesbaden 1996.

Müller, Petra - Jerger, Andreas (Kunden- und Markterfolgsrechnungen): Genaue Kunden- und Markterfolgsrechnungen durch prozeßorientierte Verrechnung von Vertriebs- und Distributionskosten, in: Kongreß Kostenrechnung '94, hrsg. v. W. Männel, Lauf a. d. Pegnitz 1994, S. 189-202.

Mymrine, Jurin - Sant, Knud (Regressionsanalyse): Regressionsanalyse für die Kostenvorherbestimmung beim Entwickeln neuer Produkte, in: VDI-Z, 117. Jg. (1975), Heft 4, S. 165-167.

Nasvytis, Algirdas (Gesetzmäßigkeiten): Gesetzmäßigkeiten kombinatorischer Technik, Berlin/Göttingen/Heidelberg 1953.

Nedeß, Christian - Stalleicken, Udo (Target Costing): Target Costing für komplexe Investitionsgüter. Beispiel Handelsschiffbau, in: Controlling, 10. Jg. (1998), Heft 4, S. 202-209.

Neubürger, Heinz-Joachim - Sen, Michael (Unternehmensführung): Wertorientierte Unternehmens- und Geschäftsführung im Siemens Konzern, in: PuK, Planung und Kontrolle, Planungs- und Kontrollsysteme, Planungs- und Kontrollrechnung, Wertorientierte Controllingkonzepte, hrsg. v. D. Hahn und H. Hungenberg, 6. Aufl., Wiesbaden 2001, S. 1035-1102.

Niemand, Stefan - Riedrich, Timo - Bretz, Kay G. (Earned Value-Management): Earned Value-Management: Effiziente Steuerung großer Entwicklungsprojekte, in: Zeitschrift für Controlling und Management (ZfCM), 47. Jg. (2003), Heft 5, S. 324-330.

Niemand, Stefan - Scholl, Kai (Benchmarking): Benchmarking und Target Costing, in: Fortschrittliche Betriebsführung/Industrial Engineering (FB/IE), 44. Jg. (1995), Heft 3. S. 100-105.

Nieschlag, Robert - Dichtl, Erwin - Hörschgen, Hans (Marketing): Marketing, 19. Aufl., Berlin 2002.

Nowak, Paul (Betriebstyp): Betriebstyp und Kalkulationsverfahren, Wuppertal-Elberfeld 1936.

o. V. (Unternehmenskultur): Wir brauchten eine neue Unternehmenskultur, in: Managementwissen, o. Jg. (1985), Heft 5, S. 28-33.f

Oberhofer, Walter - Zimmerer, Thomas (Netze): Wie künstliche Neuronale Netze lernen: ein Blick in die Black Box der Backpropagation Netzwerke, Regensburger Diskussionsbeiträge Nr. 292, Universität Regensburg 1996.

Oebel, Christoph (BDI-Empfehlungen): BDI-Empfehlungen zur Kosten- und Leistungsrechnung, in: Handbuch Kostenrechnung, hrsg. v. W. Männel, Wiesbaden 1992, S. 957-966.

Oeters, Stefan - Woitke, Oliver (Reihenfolgeplanung): Auswahl problemadäquater Verfahren der Losgrößen- und Reihenfolgeplanung in linearen Fertigungsstrukturen, in: Wirtschaftswissenschaftliches Studium (WiSt), 24. Jg. (1995), Heft 12, S. 651-653.

Opitz, Gerhard (Selbstkostenermittlung): Selbstkostenermittlung für Bauarbeiten, Teil I und Teil II, 3. Aufl., Berlin/Wien/Leipzig 1944.

Opitz, Herwart (Produktionstechnik): Moderne Produktionstechnik. Stand und Tendenzen, Essen 1970.

Opitz, Herwart - Brankamp, Klaus - Kambartel, Karl-Heinz (Systematisierung): Systematisierung der Angebotsplanung im Rahmen des integrierten Informationsflusses der Unternehmen, Opladen 1971.

Pahl, Gerhard - Beitz, Wolfgang - Feldhusen, Jörg - Grote, Karl-Heinrich (Konstruktionslehre): Konstruktionslehre. Grundlagen erfolgreicher Produktentwicklung. Methoden und Anwendung, 5. Aufl., Berlin/Heidelberg/New York 2003.

Pampel, Jochen (Konzepte): Konzepte und Instrumente für das ressourcenorientierte Management, Habilitationsschrift, Nürnberg 1998.

Peiser, Herbert (Rechnungswesen): Rechnungswesen im Maschinenbau, Berlin 1930.

Peter, Hans G. - Schimank, Christof (Prozeßkostenrechnung): Prozeßkostenrechnung bei der Ravensburger Spieleverlag GmbH, in: Prozeßkostenrechnung, hrsg. v. W. Männel, Wiesbaden 1995, S. 237-246.

Pfarr, Karlheinz (Handbuch): Handbuch der kostenbewußten Bauplanung, Wuppertal 1976.

Pfeiffer, Werner - Bischof, Peter (Produktlebenszyklen): Produktlebenszyklen - Instrument jeder strategischen Produktplanung, in: Planung und Kontrolle, hrsg. v. H. Steinmann, München 1981, S. 133-166.

Pfeiffer, Werner - Dörrie, Ulrich - Gerharz, Anja - Goetze von, Sonja (Variantenkostenrechnung): Variantenkostenrechnung, in: Handbuch Kostenrechnung, hrsg. v. W. Männel, Wiesbaden 1992, S. 861-877.

Pfeiffer, Werner - Metze, Gerhard - Schneider, Walter - Amler, Robert (Technologie-Portfolio): Technologie-Portfolio zum Management strategischer Zukunftsgeschäftsfelder, 6. Aufl., Göttingen 1991.

Pfeiffer, Werner - Weiß, Enno - Volz, Thomas - Wettengl, Steffen (Funktionalmarkt-Konzept): Funktionalmarkt-Konzept zum strategischen Management prinzipieller technologischer Innovationen, Göttingen 1997.

Pfohl, Hans-Christian - Stölzle, Wolfgang (Anwendungsbedingungen): Anwendungsbedingungen, Verfahren und Beurteilung der Prozeßkostenrechnung in industriellen Unternehmen, in: Zeitschrift für Betriebswirtschaft (ZfB), 61. Jg. (1991), Heft 11, S. 1281-1305.

Pfohl, Markus Chr. (Lebenszyklusrechnung): Prototypgestützte Lebenszyklusrechnung, München 2002.

Pickel, Herbert (Kostenmodelle): Kostenmodelle als Hilfsmittel zum Kostengünstigen Konstruieren, München/Wien 1989.

Picot, Arnold - Franck, Egon (Planung): Die Planung der Unternehmensressource Information (I), in: das wirtschaftsstudium (WISU), 17. Jg. (1988), Heft 10, S. 544-549.

Picot, Arnold - Reichwald, Ralf - Wigand, Rolf T. (Unternehmung): Die grenzenlose Unternehmung: Information, Organisation und Management, Wiesbaden 1996.

Plattner, Hasso - Kagermann, Henning (Einbettung): Einbettung eines Systems der Plankostenrechnung in ein EDV-Gesamtkonzept, in: Grenzplankostenrechnung, hrsg. v. A.-W. Scheer, Wiesbaden 1988, S. 137-178.

Plaut Consulting GmbH (Plankosten-Seminar): Plankosten-Seminar, C05 - Teil 1.1 Unternehmensplanung, München 4.3.-8.3.2002.

Plaut, Hans-Georg (Entwicklung): Die Entwicklung der flexiblen Plankostenrechnung zu einem Instrument der Unternehmensführung, in: Zeitschrift für Betriebswirtschaft (ZfB), 57. Jg. (1987), Heft 4, S. 355-366.

Plaut, Hans-Georg (Grenz-Plankostenrechnung): Die Grenz-Plankostenrechnung. Zweiter Teil, in: Zeitschrift für Betriebswirtschaft (ZfB), 23. Jg. (1953), S. 402-413.

Plaut, Hans-Georg (Kostenrechnungssystem): Grenzplankostenrechnung- und Deckungsbeitragsrechnung als modernes Kostenrechnungssystem, in: Handbuch Kostenrechnung, hrsg. v. W. Männel, Wiesbaden 1992, S. 203-225.

Plaut, Hans-Georg - Müller, Heinrich - Medicke, Werner (Grenzplankostenrechnung): Grenzplankostenrechnung und Datenverarbeitung, 3. Aufl., München 1973.

Plinke, Wulff (Kostenrechnung): Industrielle Kostenrechnung, 4. Aufl., Berlin/Heidelberg/New York u. a. 1997.

Pocsay, Alexander - Ripplinger, Michael (Fertigungssteuerung): Controllingorientierte Fertigungssteuerung, in: Fertigungssteuerung - Expertenwissen für die Praxis, hrsg. v. A.-W. Scheer, München/Wien 1991, S. 355-369.

Pohl, Jürgen (Produktionscontrolling): DV-gestützte Vor- und Nachkalkulation als Steuerungsinstrument für das Produktionscontrolling, in: Rechnungswesen und EDV, 8. Saarbrücker Arbeitstagung 1987, hrsg. v. A.-W. Scheer, Heidelberg 1987, S. 369-390.

Porter, Michael E. (Competitive): Competitive Advantage, New York 1985.

Potts, George W. (Exploit): Exploit Your Product's Service Life Cycle, in: Harvard Business Review, 66. Jg. (1988), Heft September-Oktober, S. 32-36.

Queißner, Eberhard (Herstellkosten-Controlling): Praxisorientiertes Herstellkosten-Controlling mit Hilfe einer integrierten Kostenrechnung, in: Zeitschrift für Betriebswirtschaft (ZfB), 56. Jg. (1986), Heft 4/5, S. 452-464.

Quella, Ferdinand (Hrsg.): Umweltverträgliche Produktgestaltung, Erlangen 1998.

Ramsauer, Helmut (Projektrechnung): Die Projektrechnung und ihre duale Integration, in: Journal für Betriebswirtschaft (JFB), 44. Jg. (1994), Heft 5, S. 216-228.

Raps, Alfons (Kostenträgerrechnung): Kostenträgerrechnung/Produktkosten-Controlling, Ergebnisrechnung/Vertriebs-Controlling und Einführung in das Standard-Softwaresystem R/3, veranstaltungsbegleitende Unterlagen, Universität Erlangen-Nürnberg, Sommersemester 1999.

Raps, Alfons (Produktkosten- und Produktionscontrolling): Produktkosten- und Produktionscontrolling, in: Kongreß Kostenrechnung '95, hrsg. v. W. Männel, Lauf a. d. Pegnitz 1995, S. 199-212.

Raps, Alfons (Produktkostencontrolling): Produktkosten- und Produktionscontrolling, in: Kongreß Kostenrechnung 1995, hrsg. v. W. Männel, Lauf a. d. Pegnitz 1995, S. 199-212.

Raps, Alfons - Nuppeney, Werner (Produktkosten-Controlling): Produktkosten-Controlling im System der Grenzplankostenrechnung, in: Kostenrechnungspraxis (krp), 37. Jg. (1993), Heft 3, S. 145-155.

Raps, Alfons - Reinhardt, Dieter (Projekt-Controlling): Projekt-Controlling im System der Grenzplankostenrechnung, in: Modernes Kostenmanagement, hrsg. v. W. Männel und H. Müller, Wiesbaden 1995, S. 121-130.

Rattay, Günter (Projektplanung): Projektplanung und -steuerung, in: Controlling, hrsg. v. R. Eschenbach, 2. Aufl., Stuttgart 1996, S. 371-412.

Rau, Karl Heinz - Schmidt, Jens (Implementierung): Implementierung der Prozeßkostenrechnung, in: Prozeßkostenrechnung, hrsg. v. W. Männel, Wiesbaden 1995, S. 177-186.

Reichmann, Thomas (Hrsg.): Handbuch Kosten- und Erfolgs-Controlling, München 1995.

Reichmann, Thomas (Stand): Stand und Entwicklungslinien im Kosten- und Erfolgs-Controlling, in: Die Kunst des Controlling, hrsg. v. R. Gleich und W. Seidenschwarz, München 1997, S. 115-137.

Reichmann, Thomas (Zuschlagskalkulation): Zuschlagskalkulation, in: Handwörterbuch des Rechnungswesens (HWR), hrsg. v. K. Chmielewicz und M. Schweitzer, 3. Aufl., Stuttgart 1993, Sp. 2262-2272.

Reichmann, Thomas - Fröhling, Oliver (Prozeßkostenrechnung): Prozeßkostenrechnung und Fixkostenmanagement, in: Prozeßkostenrechnung, hrsg. v. W. Männel, Wiesbaden 1995, S. 153-175.

Reim, Susanne (Konzepte): Konzepte, Methoden und Instrumente der frühzeitigen Produktkostenkalkulation, Diplomarbeit, FAU Erlangen-Nürnberg 1997.

Reiser, Herbert (Rechnungswesen): Rechnungswesen im Maschinenbau, Berlin 1930.

Reisert, Jakob - Reutlinger, Wolf-Dieter - Steinmann, Dieter (Veränderungen): Veränderungen der Unternehmensstrukturen als erster Schritt der Realisierung eines CIM (Computer Integrated Manufacturing)-Konzepts, in: CIM im Mittelstand. Fachtagung Saarbrücken 1990, hrsg. v. A.-W. Scheer, Berlin/Heidelberg/New York/Tokyo 1990, S. 237-270.

Reiß, Michael - Corsten, Hans (Gestaltungsdomänen): Gestaltungsdomänen des Kostenmanagements, in: Handbuch Kostenrechnung, hrsg. v. W. Männel, Wiesbaden 1992, S. 1478-1505.

Rendenbach, Hans-Georg (Prozesskostenmanagement): Prozesskostenmanagement in der Assekuranz, in: Kostenmanagement: Wertsteigerung durch systematische Kostensteuerung, hrsg. v. K.-P. Franz und P. Kajüter, 2. Aufl., Stuttgart 2002, S. 279-296.

Rendenbach, Hans-Georg - Mayer, Reinhold (Geschäftsprozeßoptimierung): Geschäftsprozeßoptimierung und Prozeßkostenmanagement bei der R+V Versicherung, in: Prozeßkostenmanagement, hrsg. v. Horváth & Partner GmbH, 2. Aufl., München 1998, S. 401-417.

Riebel, Paul (Deckungsbeitragsrechnung): Einzelkosten- und Deckungsbeitragsrechnung, 7. Aufl., Wiesbaden 1994.

Riebel, Paul (Einzelerlös-, Einzelkosten- und Deckungsbeitragsrechnung): Einzelerlös-, Einzelkosten- und Deckungsbeitragsrechnung als Kern einer ganzheitlichen Führungsrechnung, in: Handbuch Kostenrechnung, hrsg. v. W. Männel, Wiesbaden 1992, S. 247-299.

Riebel, Paul (Einzelkosten): Das Rechnen mit Einzelkosten und Deckungsbeiträgen, in: Zeitschrift für handelswissenschaftliche Forschung (ZfhF), 11. Jg. (1959), S. 213-238.

Riebel, Paul (Erzeugungsverfahren): Industrielle Erzeugungsverfahren in betriebswirtschaftlicher Sicht, Wiesbaden 1963.

Riebel, Paul (Grundrechnung): Zum Konzept einer zweckneutralen Grundrechnung, in: Zeitschrift für betriebswirtschaftliche Forschung (zfbf), 31. Jg. (1979), S. 785-798.

Riebel, Paul (Kuppelproduktion): Kuppelproduktion, in: Handwörterbuch der Produktionswirtschaft, hrsg. v. W. Kern, H.-H. Schröder und J. Weber, 2. Aufl., Stuttgart 1996, Sp. 991-1004.

Riebel, Paul (Marktprobleme): Die Kuppelproduktion. Betriebs- und Marktprobleme, Köln/Opladen 1955.

Riebel, Paul (Preiskalkulation): Die Preiskalkulation auf Grundlage von Selbstkosten oder von relativen Einzelkosten und Deckungsbeiträgen, in: Zeitschrift für betriebswirtschaftliche Forschung (zfbf), 16. Jg. (1964), S. 549-312.

Riebel, Paul (Typen): Typen der Markt- und Kundenproduktion in produktions- und absatzwirtschaftlicher Sicht, in: Zeitschrift für betriebswirtschaftliche Forschung (zfbf), 17. Jg. (1965), S. 663-685.

Riebel, Paul (Urphänomen und Problemquelle): Kuppelproduktion - Urphänomen und Problemquelle, in: Paul Riebel zu Ehren, Ansprachen und Vorträge gehalten bei der Verleihung der Ehrendoktorwürde an Herrn Professor Dr. Dr. h. c. mult. Paul Riebel durch den Fachbereich Wirtschaftswissenschaften der Georg-August-Universität zu Göttingen am 1. Juli 1992, hrsg. v. Karl Heinrich Kaufhold, Göttingen 1993.

Rieg, Frank-Peter (Kostenwachstumsgesetze): Kostenwachstumsgesetze für Baureihen, Diss., TH Darmstadt 1982.

Riegler, Christian (Zielkosten): Zielkosten, in: Kosten-Controlling, hrsg. v. Th. M. Fischer, Stuttgart 2000, S. 237-263.

Rieper, Bernd - Witte, Thomas - Berens, Wolfgang (Hrsg.): Betriebswirtschaftliches Controlling. Festschrift für D. Adam zum 60. Geburtstag, Wiesbaden 1996.

Riezler, Stephan (Lebenszyklusrechnung): Lebenszyklusrechnung. Instrument des Controlling strategischer Projekte, Wiesbaden 1996.

Riezler, Stephan (Produktlebenszykluskostenmanagement): Produktlebenszykluskostenmanagement, in: Kostenmanagement: Wertsteigerung durch systematische Kostensteuerung, hrsg. v. K.-P. Franz und P. Kajüter, 2. Aufl., Stuttgart 2002, S. 207-223.

Roever, Michael (Ertragsreserven): Neuentdeckte Ertragsreserven durch Abbau von Überkomplexität in Betrieben, in: Effektives und schlankes Controlling, hrsg. v. P. Horváth, Stuttgart 1992, S. 99-111.

Romanow, Peter (Frühzeitige): Frühzeitige Kalkulation von Maschinenkonzepten am CAD-Arbeitsplatz, in: CIM-Management, 10. Jg. (1994), Heft 2, S. 36-40.

Roschmann, Karlheinz (Betriebsdatenerfassung): Betriebsdatenerfassung, in: CIM-Handbuch, hrsg. v. U. W. Geitner, 2. Aufl., Braunschweig 1991, S. 95-109.

Roschmann, Karlheinz - Geitner, Uwe W. - Paßmann, Michael (Betriebsdatenerfassung): Betriebsdatenerfassung 1994. Teil 1: Situations- und Trendanalysen mit Beispielen, in: Fortschrittliche Betriebsführung/Industrial Engineering (FB/IE), 43. Jg. (1994), Heft 5, S. 196-234.

Roschmann, Karlheinz - Müller, Peter E. (BDE/mDE/Ident-Report): BDE/mDE/ Ident-Report ´98 - Auswahlhilfe für das Informationsmanagement, Darmstadt 1998.

Rosenberg, Otto (Komplexitätsmanagement): Kostensenkung durch Komplexitätsmanagement, in: Kostenmanagement: Wertsteigerung durch systematische Kostensteuerung, hrsg. v. K.-P. Franz und P. Kajüter, 2. Aufl., Stuttgart 2002, S. 225-246.

Rosenhagen, Klaus (Informationsversorgung): Informationsversorgung von Führungskräften, in: Controlling, 6. Jg. (1994), Heft 5, S. 272-280.

Rösgen, Klaus (Investitionscontrolling): Investitionscontrolling, Frankfurt am Main/Berlin/ Bern u. a. 2000.

Rösler, Frank (Kundenanforderungen): Kundenanforderungen als Determinante des Kostenmanagements komplexer Produkte, in: Kostenrechnungspraxis (krp), 39. Jg. (1995), Heft 4, S. 214-219.

Rösler, Frank (Target Costing): Target Costing für die Automobilindustrie, Wiesbaden 1996.

Rösler, Frank (Zielkostenmanagement): Target Costing in der Automobilindustrie - Ein Anwendungsbeispiel des Zielkostenmanagements, in: Kostenmanagement: Aktuelle Konzepte und Anwendungen, hrsg. v. C.-C. Freidank, U. Götze, B. Huch und J. Weber, Berlin/Heidelberg/New York u. a. 1997, S. 275-297.

Roßbeck, Frederic (Feuerversicherungsmarkt): Preisbildung auf dem industriellen Feuerversicherungsmarkt, Diss., Ludwigs-Maximilians-Universität LMU München 1998.

Rothenbücher, Jürgen (Kostenprognose): Ein Beitrag zur Kostenprognose und Analyse der Effizienz im Betriebsmittelbau, Diss., TH Aachen 1986.

Ruckes, Jakob (Betriebs- und Angebotskalkulation): Betriebs- und Angebotskalkulation im Stahl- und Apparatebau, 3. Aufl., Berlin/Heidelberg/New York 1972.

Rückle, Dieter - Klein, Andreas (Product): Product-Life-Cycle-Cost Management, in: Neuere Entwicklungen im Kostenmanagement, hrsg. v. K. Dellmann und K. P. Franz, Bern/ Stuttgart/Wien 1994, S. 335-367.

Rummel, Klaus D. (Zielkosten-Management): Zielkosten-Management – der Weg, Produktkosten zu halbieren und Wettbewerber zu überholen, in: Effektives und schlankes Controlling, hrsg. v. P. Horváth, Stuttgart 1992, S. 221-244.

Rummel, Kurt (Kostenrechnung): Einheitliche Kostenrechnung, 3. Aufl., Düsseldorf 1967.

Rümmelin, Ulrich - Völker, Joachim - Betz, Germar: (Dauerhafter Einsatz): Dauerhafter Einsatz des Prozeßkostenmanagements bei *OBE Präzision*, in: Prozeßkostenmanagement: Methodik und Anwendungsfelder, hrsg. v. Hórvath & Partner GmbH, 2. Aufl., München 1998, S. 135-152.

Sakurai, Michiharu (Concept): The Concept of Target Costing and its Effective Utilization, Tokyo 1988.

Sakurai, Michiharu (Target Costing): Target Costing and How to Use it, in: Journal of Cost Management for the Manufacturing Industry, Summer 1989, S. 39-50.

Sasse, Alexander (Qualitätskostenmanagement): Ganzheitliches Qualitätskostenmanagement, Wiesbaden 2002.

Sattler, Henrik - Schirm, Karsten (Measuring): Measuring the Credibility of Product-Preannouncements with Conjoint Analysis, in: Conjoint Measurement. Methods and Applications, hrsg. v. A. Gustafsson, A. Herrmann und F. Huber, 3. Aufl., Berlin/Heidelberg/New York 2003, S. 97-122.

Sauter, Ralf (Target Costing): Marktorientierte Steuerung der Gemeinkosten im Rahmen des Target Costing, Frankfurt am Main/Berlin/Bern u. a. 2002.

Schäfer, Erich (Industriebetrieb 1): Der Industriebetrieb Band 1, Köln/Opladen 1969.

Schäfer, Erich (Industriebetrieb 2): Der Industriebetrieb Band 2, Opladen 1971.

Schanz, Günther W. (Hrsg.): Sensortechnik aktuell – Ausgabe 2003, München 2003.

Schanz, Günther W. (Sensortechnik): Sensortechnik: Information ist (fast) alles, in: Sensortechnik aktuell – Ausgabe 2003, hrsg. v. G. W. Schanz, München 2003, S. 20-24.

Scheer, August-Wilhelm (CIM): CIM - Der computergesteuerte Industriebetrieb, 4. Aufl., Berlin/Heidelberg/New York/Tokyo 1990.

Scheer, August-Wilhelm (Einführung): Einführung von Vorkalkulationen in CAD-Systemen, in: Rechnungswesen und EDV, 6. Saarbrücker Arbeitstagung 1985, hrsg. v. W. Kilger - A.-W. Scheer, Würzburg/Wien 1985, S. 241-273.

Scheer, August-Wilhelm (Hrsg.): CIM im Mittelstand. Fachtagung Saarbrücken 1990, Berlin/Heidelberg/New York/Tokyo 1990.

Scheer, August-Wilhelm (Hrsg.): Fertigungssteuerung - Expertenwissen für die Praxis, München/Wien 1991

Scheer, August-Wilhelm (Hrsg.): Grenzplankostenrechnung: Stand und aktuelle Probleme, Wiesbaden 1988.

Scheer, August-Wilhelm (Hrsg.): Rechnungswesen und EDV, 8. Saarbrücker Arbeitstagung 1987, Heidelberg 1987.

Scheer, August-Wilhelm (Hrsg.): Rechnungswesen und EDV, 10. Saarbrücker Arbeitstagung 1989, Heidelberg 1989.

Scheer, August-Wilhelm (Hrsg.): Rechnungswesen und EDV, 11. Saarbrücker Arbeitstagung 1990, Heidelberg 1990.

Scheer, August-Wilhelm (Hrsg.): Rechnungswesen und EDV, 12. Saarbrücker Arbeitstagung 1991, Heidelberg 1991.

Scheer, August-Wilhelm (Hrsg.): Rechnungswesen und EDV. 13. Saarbrücker Arbeitstagung 1992, Heidelberg 1992.

Scheer, August-Wilhelm (Hrsg.): Rechnungswesen und EDV, 14. Saarbrücker Arbeitstagung 1993, Heidelberg 1993.

Scheer, August-Wilhelm (Hrsg.): Rechnungswesen und EDV, 15. Saarbrücker Arbeitstagung 1994, Heidelberg 1994.

Scheer, August-Wilhelm (Leitstandkonzepte): Leitstandkonzepte, in: Handwörterbuch der Produktionswirtschaft (HWProd), hrsg. v. W. Kern, H.-H. Schröder und J. Weber, 2. Aufl., Stuttgart 1996, Sp. 1061-1073.

Scheer, August-Wilhelm (Modellunterstützung): Modellunterstützung für das kostenorientierte Geschäftsprozessmanagement, in: Kostenorientiertes Geschäftsprozessmanagement, hrsg. v. C. Berkau und P. Hirschmann, München 1996, S. 3-25.

Scheer, August-Wilhelm - Mattheis, Peter - Steinmann, Dieter (PPS-Konzeptionen): PPS-Konzeptionen, in: CIM-Handbuch, hrsg. v. U. W. Geitner, 2. Aufl., Braunschweig 1991, S. 45-53.

Schehl, Michael (Kostenrechnung): Die Kostenrechnung der Industrieunternehmen vor dem Hintergrund unternehmensexterner und -interner Strukturwandlungen: eine theoretische und empirische Untersuchung, Berlin 1994.

Scheidt, Manuela (Vertriebsprozesse): Vertriebsprozesse optimieren - Kundenorientierung als Schlüssel zum Erfolg. Beziehungswandel in der Automobilindustrie, in: Management & Computer (m&c), 4. Jg. (1996), Heft 4, S. 237-241.

Scherrer, Gerhard (Kostenabweichungen): Kostenabweichungen, in: Handwörterbuch des Rechnungswesens (HWR), hrsg. v. K. Chmielewicz und M. Schweitzer, 3. Aufl., Stuttgart 1993, Sp. 1168-1179.

Scherrer, Gerhard (Kostenrechnung): Kostenrechnung, 2. Aufl., Stuttgart/New York 1991.

Scherrer, Gerhard (Zinskosten): Erfassung und Kalkulation der Zinskosten bei langfristiger Fertigung von Produkten und Anlagen, in: Handbuch Kostenrechnung, hrsg. v. W. Männel, Wiesbaden 1992, S. 1008-1016.

Schierenbeck, Henner (Kreditgewerbe): Geschäftsstellen-, Produkt- und Kundenkalkulation im Kreditgewerbe, in: Handbuch Kostenrechnung, hrsg. v. W. Männel, Wiesbaden 1992, S. 1057-1084.

Schierenbeck, Henner - von Schimmelmann, Wulf - Rolfes, Bernd (Hrsg.): Bank-Controlling 1988, Frankfurt a. Main 1988.

Schindler, Erich - Schimank, Christof (Prozeßkostenrechnung): Prozeßkostenrechnung im integrierten Wertefluß bei *Leica*, in: Prozeßkostenmanagement: Methodik und Anwendungsfelder, hrsg. v. Hórvath & Partner GmbH, 2. Aufl., München 1998, S. 81-96.

Schmalenbach, Eugen (Kostenrechnung): Kostenrechnung und Preispolitik, 8. Aufl., Köln/Opladen 1963.

Schmalenbach, Eugen (Selbstkostenrechnung): Selbstkostenrechnung und Preispolitik, 6. Aufl., Leipzig 1934.

Schmelzer, Hermann J. - Friedrich, Werner (Integriertes): Integriertes Prozeß-, Produkt- und Projektcontrolling, Controlling, 9. Jg. (1997), Heft 5, S. 334-344.

Schmidt, Felix R. (Life): Life Cycle Target Costing, Aachen 2000.

Schmidt, Frank (Gemeinkostensenkung): Gemeinkostensenkung durch kostengünstiges Konstruieren, Wiesbaden 1996.

Scholz, Bernd (CIM-Seminar): CIM-Seminar: Grundlagen der rechnerintegrierten Produktion, in: CIM-Management, 5. Jg. (1989), Heft 1, S. S1-S4.

Scholz, Verena - Hiddemann, Britta - Kampschulte, Thomas - Schnauber, Herbert (Konzept): Das Konzept der Teamarbeit in der Produktentwicklung, in: Zeitschrift Führung + Organisation (zfo), 66. Jg. (1997), Heft 3, S. 164-167.

Scholz-Reiter, Bernd (CIM-Schnittstellen): CIM-Schnittstellen, 2. Aufl., München/Wien 1991.

Schön, Achim (Kostenprognose): Kostenprognose in der Planungsphase mit Hilfe von neuronalen Netzen, in: Entwicklungsmethoden und Entwicklungsprozesse im Maschinenbau, 3. Magdeburger Maschinenbau-Tage, 11. bis 13. September 1997, Tagungsband 1, hrsg. v. R. Kasper, U. Gabbert, K.-H. Grote und S. Vajna, Berlin 1997, S. 169-178.

Schubert, Bernd (Entwicklung): Entwicklung von Konzepten für Produktinnovationen mittels Conjoint-Analyse, Stuttgart 1991.

Schuh, Günther - Tanner, Rudolf (Prozeßkostenmanagement): Ressourcenorientiertes Prozeßkostenmanagement. Integration des Systems KOMO® in Anwendungen des Prozeß- und Kostenmanagements, in: Kostenorientiertes Geschäftsprozessmanagement, hrsg. v. C. Berkau und P. Hirschmann, München 1996, S. 255-274.

Schultz, Volker (Projektkostenschätzung): Projektkostenschätzung, Wiesbaden 1995.

Schulze, Günther C. (Relativkostenfaktoren): Relativkostenfaktoren in der metallverarbeitenden Fertigung, in: Fortschrittliche Betriebsführung/Industrial Engineering (FB/IE), 30. Jg. (1981), Heft 2, S. 86-101.

Schumann, Sören - Grote, Karl-Heinrich (Produktmodell): Methodisches 3D-Modellieren - Der bessere Weg zum Produktmodell, in: Entwicklungsmethoden und Entwicklungsprozesse im Maschinenbau, 3. Magdeburger Maschinenbau-Tage, 11. bis 13. September 1997, Tagungsband 1, hrsg. v. R. Kasper, U. Gabbert, K.-H. Grote und S. Vajna, Berlin 1997, S. 89-98.

Schuppar, Helmut (Rechnerunterstützte): Rechnerunterstützte Erstellung und Aktualisierung von Relativkosten-Katalogen, Diss., Rheinisch-Westfälische Technische Hochschule RWTH Aachen 1977.

Schwarze, Jochen (Projektmanagement): Projektmanagement mir Netzplantechnik, 8. Aufl., Herne/Berlin 2001.

Schwarzer, Bettina - Krcmar, Helmut (Prozeßorientierung): Grundlagen der Prozeßorientierung. Eine vergleichende Untersuchung in der Elektronik- und Pharmaindustrie, Wiesbaden, 1995.

Schweitzer, Marcell - Küpper, Hans-Ulrich (Systeme): Systeme der Kosten- und Erlösrechnung, 8. Aufl., München 2003.

Seidenschwarz, Werner (Kostenmanagement): Target Costing: Ein japanischer Ansatz für das Kostenmanagement, in: Controlling, 3. Jg. (1991), Heft 4, S. 191-203.

Seidenschwarz, Werner (Marktgerechte Produkte): Target Costing - durch marktgerechte Produkte zu operativer Effizienz oder: Wenn der Markt das Unternehmen steuert, in: Target Costing, hrsg. v. P. Horváth, Stuttgart 1993, S. 29-52.

Seidenschwarz, Werner (Target Costing): Target Costing: Marktorientiertes Zielkostenmanagement, München 1993.

Seidenschwarz, Werner (Zielkosten): Target Costing: Schnittstellenbewältigung mit Zielkosten, in: Synergien durch Schnittstellencontrolling, hrsg. v. P. Horváth, Stuttgart 1991, S. 191-209.

Serfling, Klaus - Schultze, Ronald (Target Costing): Target Costing – Kundenorientierung in Kostenmanagement und Preiskalkulation, in: Frühzeitiges Kostenmanagement: Kalkulationsmethoden und DV-Unterstützung, hrsg. v. W. Männel, Wiesbaden 1997, S. 55-76.

Shank, John K. - Govindarajan, Vijay (Vorsprung): Vorsprung durch strategisches Kostenmanagement, Landsberg a. Lech 1995.

Shank, John K. (Cost Driver): Cost Driver Analysis: One Key to Effective Cost Management, in: Kostenmanagement: Wertsteigerung durch systematische Kostensteuerung, hrsg. v. K.-P. Franz und P. Kajüter, 2. Aufl., Stuttgart 2002, S. 77-89.

Siebiera, Guido - Elsweiler, Bernd (IPS-Systeme): IPS-Systeme machen mobil. Neue Trends bei der EDV-Unterstützung für die Instandhaltung, in: Instandhaltung, o. Jg. (1997), Heft 6, S. 46-48.

Siebuhr, Werner (Simultaneous): Simultaneous Engineering in der Anwendung, in: Fortschrittliche Betriebsführung/Industrial Engineering (FB/IE), 40. Jg. (1991), Heft 1, S. 28-30.

Siegwart, Hans - Raas, Fredy (CIM-orientiertes): CIM-orientiertes Rechnungswesen. Bausteine zu einem Systemcontrolling, Stuttgart 1991.

Siegwart, Hans - Senti, Richard (Product): Product Life Cycle Management: die Gestaltung eines integrierten Produktlebenszyklus, Stuttgart 1995.

Siepert, Hans-Martin (Großanlagenbau): Projektcontrolling im Großanlagenbau, in Handbuch Kostenrechnung, hrsg. v. W. Männel, Wiesbaden 1992, S. 995-1007.

Siepert, Hans-Martin (Projektcontrolling): Projektcontrolling im Großanlagenbau (Teil 2), in: Kostenrechnungspraxis (krp), o. Jg. (1986), Heft 3, S. 85-92.

Sietmann, Richard (Elektronikschrott): Elektronikschrott - Hersteller unter Druck, in: c't magazin für computertechnik, o. Jg. (2004), Heft 20, S. 36-38.

Simon, Hermann (Preismanagement): Preismanagement, 2. Aufl., Wiesbaden 1992.

Sinzig, Werner (Bedeutung): Die Bedeutung relationaler Datenbanken zur DV-Unterstützung der entscheidungsorientierten Kostenrechnung, in: Handbuch Kostenrechnung, hrsg. v. W. Männel, Wiesbaden 1992, S. 1251-1264.

Söffker, Christiane (Variantenvielfalt): Variantenvielfalt im Geschäftssystem der Unternehmung, in: Akademie, 41. Jg. (1996), Heft 1, S. 2-6.

Sommerlatte, Tom - Deschamps, Jean-Philippe (Einsatz): Der strategische Einsatz von Technologien - Konzepte und Methoden zur Einbeziehung von Technologien in die Strategieentwicklung des Unternehmens, in: Management im Zeitalter der strategischen Führung, hrsg. v. Arthur D. Little International, Wiesbaden 1985, S. 37-76.

Sommerlatte, Tom - Walsh, I.A. (Management): Das strategische Management von Technologie, in: Praxis der strategischen Unternehmensplanung, hrsg. v. A. Töpfer und H. Afheldt, 2. Aufl., Frankfurt am Main 1987, S. 298-321.

Sprenzel, Andreas (Kostenkalkulationsverfahren): Integrierte Kostenkalkulationsverfahren für die Werkzeugmaschinenentwicklung, München 2000.

Spur, Günter - Goetze, Harald (Prognoseentscheidungen): Prognoseentscheidungen anhand von Kostenfunktionen, in: Zeitschrift für wirtschaftliche Fertigung (ZwF), 74. Jg. (1979), Heft 2, S. 67-74.

Stahlknecht, Peter - Hasenkamp, Ulrich (Wirtschaftsinformatik): Einführung in die Wirtschaftsinformatik, 9. Aufl., Berlin/Heidelberg/New York u. a. 1999.

Standop, Dirk (Äquivalenzziffernkalkulation): Äquivalenzziffernkalkulation, in: Handwörterbuch des Rechnungswesens (HWR), hrsg. v. K. Chmielewicz und M. Schweitzer, 3. Aufl., Stuttgart 1993, Sp. 36-41.

Standop, Dirk (Kosten): Kosten von Produktrückrufen, in: Handbuch Kostenrechnung, hrsg. v. W. Männel, Wiesbaden 1992, S. 907-916.

Stanek, Peter - Grünert, Lars (Prozeßkostenmanagement): Prozeßkostenmanagement in Klein- und Mittelbetrieben - das Beispiel der *EBV Leasing*, in: Prozeßkostenmanagement: Methodik und Anwendungsfelder, hrsg. v. Hórvath & Partner GmbH, 2. Aufl., München 1998, S. 419-430.

Stauss, Bernd (Servicekosten): Servicekosten, in: Kosten-Controlling, hrsg. v. Th. M. Fischer, Stuttgart 2000, S. 429-452.

Steffen, Reiner (Kostenrechnung): Kostenrechnung und CIM, in: Handbuch Kostenrechnung, hrsg. v. W. Männel, Wiesbaden 1992, S. 1215-1223.

Steffen, Reiner (Verbindung): Verbindung computergestützter Erzeugniskonstruktionen (CAD) mit der Kosten- und Erlösrechnung in CIM-Konzeptionen, in: Zeitschrift für betriebswirtschaftliche Forschung (zfbf), 43. Jg. (1991), Heft 4, S. 359-375.

Steger, Johann (Kostenrechnung): Kosten- und Leistungsrechnung, München/Wien 1996.

Steinmann, Horst (Hrsg.): Planung und Kontrolle, München 1981.

Stippel, Nicola - Reichmann, Thomas (Target Costing): Target Costing und Wertanalyse. Konkurrierende oder sich ergänzende Instrumente für die marktorientierte Gestaltung neuer Produkte?, in: Controlling, 10. Jg. (1998), Heft 2, S. 98-105.

Stöppler, Siegmar (Kosteneinflußgrößen): Kosteneinflußgrößen und Kostenabhängigkeiten sowie deren Abbildung in einer Daten- und Funktionenbank, in: Handbuch Kostenrechnung, hrsg. v. W Männel, Wiesbaden 1992, S. 1265-1278.

Szyperski, Norbert (Hrsg.): Handwörterbuch der Planung, Stuttgart 1981.

Tanaka, Masayasu (Cost planning): Cost Planning and Control Systems in the Design Phase of a New Product, in: Japanese Management Accounting, hrsg. v. Y. Monden und M. Sakurai, Cambridge 1989, S. 49-71.

Tani, Takeyuki (Hauptelemente): Die Hauptelemente des Target Cost Managements (TCM) in Japan und Deutschland, in: Die Kunst des Controlling, hrsg. v. R. Gleich und W. Seidenschwarz, München 1997, S. 231-260.

Ternirsen, Klaus (Plankalkulation): Plankalkulation, in: Handwörterbuch des Rechnungswesens (HWR), hrsg. v. K. Chmielewicz und M. Schweitzer, 3. Aufl., Stuttgart 1993, Sp. 1544-1551.

Thurm, Ralf (Nutzung): Nutzung neuer Kostenrechnungsmethoden zur Unterstützung einer nachhaltigen, umweltverträglichen Produktentwicklung, in: Umweltverträgliche Produktgestaltung, hrsg. v. F. Quella, Erlangen 1998, S. 187-195.

Töpfer, Armin - Afheldt, Heik (Hrsg.): Praxis der strategischen Unternehmensplanung, 2. Aufl., Frankfurt am Main 1987.

Trender, Lutz (Kalkulation): Entwicklungsintegrierte Kalkulation von Produktlebenszykluskosten auf Basis der ressourcenorientierten Prozeßkostenrechnung, Diss., Universität Karlsruhe 2000.

Troßmann, Ernst - Trost, Stefan (Gemeinkosten): Was wissen wir über steigende Gemeinkosten? - Empirische Belege zu einem vieldiskutierten betrieblichen Problem, in: Kostenrechnungspraxis (krp), 40. Jg. (1996), Heft 2, S. 65-74.

Vajna, Sandor - Wegner, Britta (Features): Features - Informationsträger für den Produktentstehungsprozeß, in: Effiziente Anwendung und Weiterentwicklung von CAD/CAM-Technologien, VDI Berichte 1289, Düsseldorf 1996, S. 139-151.

VDI-Gesellschaft Entwicklung Konstruktion Vertrieb - VDI-EKV (Angebotsbearbeitung, Hrsg.): Angebotsbearbeitung für Investitionsgüter und industrielle Dienstleistungen, Berlin/Heidelberg/New York 1999.

Verband der Chemischen Industrie e. V. (Kalkulation): Chemiespezifische Kalkulation – Ihre Bedeutung für das Controlling, Schriftenreihe des Betriebswirtschaftlichen Ausschusses und des Finanzausschusses, Heft 23, Frankfurt 1997.

Verein Deutscher Ingenieure - VDI (Hrsg.): VDI Berichte 812. Rechnerunterstützte Produktentwicklung. Integration von Konstruktionsmethodik und Rechnereinsatz. Tagung Bad Soden, 1. und 2. März 1990, Düsseldorf 1990.

Verein Deutscher Ingenieure - VDI (Hrsg.): VDI Berichte 1289. Effiziente Anwendung und Weiterentwicklung von CAD/CAM-Technologien, Düsseldorf 1996.

Verein Deutscher Ingenieure - VDI (Hrsg.): VDI-Richtlinie 2222, Blatt 1: Konzipieren technischer Produkte, Düsseldorf 1977.

Verein Deutscher Ingenieure - VDI (Hrsg.): VDI-Richtlinie 2235, Wirtschaftliche Entscheidungen beim Konstruieren, Düsseldorf 1987.

Verein Deutscher Ingenieure - VDI (Hrsg.): VDI-Richtlinie 2243 (Entwurf), Konstruieren recyclinggerechter technischer Produkte, Düsseldorf 1991.

Vikas, Kurt (Besonderheiten): Besonderheiten der Kosten-, Leistungs-, Erlös- und Ergebnisrechnung in Dienstleistungsbetrieben, in: Handbuch Kostenrechnung, hrsg. v. W. Männel, Wiesbaden 1992, S. 1043-1055.

Vikas, Kurt (Controlling): Controlling im Dienstleistungsbereich mit Grenzplankostenrechnung, Wiesbaden 1988.

Vikas, Kurt (Dienstleistungskalkulation): Dienstleistungskalkulation, in: Kostenorientiertes Geschäftsprozessmanagement, hrsg. v. C. Berkau und P. Hirschmann, München 1996, S. 27-42.

Vikas, Kurt (Grenzplankostenrechnung): Grenzplankostenrechnung im Dienstleistungsbereich, in: Grenzplankostenrechnung, hrsg. v. A.-W. Scheer, Wiesbaden 1988, S. 229-259.

Vikas, Kurt (Konzepte): Neue Konzepte für das Kostenmanagement. Controllingorientierte Modelle für Industrie- und Dienstleistungsunternehmen, Wiesbaden 1991.

Vikas, Kurt (Steuerungsinstrument): Grenzplankostenrechnung als Steuerungsinstrument im Betriebsbereich der Banken, in: Bank-Controlling 1988, hrsg. v. H. Schierenbeck, W. von Schimmelmann und B. Rolfes, Frankfurt a. Main 1988, S. 69-79.

Vikas, Kurt - Klein, Andreas (Prozeßkostenmanagement): Wege zum Prozeßkostenmanagement, in: Kostenrechnung: Stand und Entwicklungsperspektiven; Wolfgang Männel zum 60. Geburtstag, hrsg. v. W. Becker und J. Weber, Wiesbaden 1997, S. 465-483.

Volz, Thomas (Plattformkonzepte): Zeit- und Kostensenkungspotentiale durch Plattformkonzepte, in: Innovative Unternehmensführung, hrsg. v. E. Weiß, Nürnberg 1998, S. 215-237.

Vormbaum, Herbert - Ornau, Hartmut (Kalkulationsverfahren): Kalkulationsverfahren im Überblick, in: Handbuch Kostenrechnung, hrsg. v. W. Männel, Wiesbaden 1992, S. 533-551.

Warnick, Bernd (Datenverarbeitung): Dezentrale Datenverarbeitung für Kostenrechnung und Controlling, Wiesbaden 1991.

Warnick, Bernd (Einsatzschwerpunkte): Praktische Einsatzschwerpunkte der Prozeßkostenrechnung, in: Prozeßkostenrechnung, hrsg. v. W. Männel, Wiesbaden 1995, S. 187-198.

Warschat, Joachim - Frech, Joachim (Datenbanksysteme): Objektorientierte Datenbanksysteme als Informationsbasis für die Produktkostenkalkulation in der Konstruktionsphase, in: Kostenrechnungspraxis (krp), 40. Jg. (1996), Sonderheft 1, S. 96-104.

Warschat, Joachim - Wasserloos, Georg (Simultaneous): Simultaneous Engineering, in: Fortschrittliche Betriebsführung/Industrial Engineering (FB/IE), 40. Jg. (1991), Heft 1, S. 22-27.

Wäscher, Dieter (Gemeinkosten-Management): Gemeinkosten-Management im Material- und Logistik-Bereich, in: Zeitschrift für Betriebswirtschaft (ZfB), 57. Jg. (1987), Heft 3, S. 297-315.

Wäscher, Dieter (Prozeßanalysen): Prozeßanalysen und Prozeßkostenrechnung für das Qualitätskosten-, Gemeinkosten- und Produktivitätskostenmanagement, in: Prozeßkostenrechnung, hrsg. v. W. Männel, Wiesbaden 1995, S. 201-212.

Weber, Hans (Wertschöpfung): Wertschöpfung, in: Lexikon des Rechnungswesens, hrsg. v. W. Busse von Colbe, München/Wien 1990, S. 511-514.

Weber, Jürgen (Controlling): Einführung in das Controlling, 7. Aufl., Stuttgart 1998.

Weber, Jürgen (Logistik-Controlling): Logistik-Controlling, 2. Aufl., Stuttgart 1991.

Weber, Jürgen (Prozeßkostenrechnung): Prozeßkostenrechnung und Veränderung von Organisationsstrukturen, in: Prozeßkostenrechnung, hrsg. v. W. Männel, Wiesbaden 1995, S. 27-30.

Weber, Jürgen - Kalaitzis, Dimitrios (Aufgaben): Aufgaben, Zwecke und Grundanforderungen einer entscheidungsorientierten Kosten- und Leistungsrechnung, in: das wirtschaftsstudium (WISU), 13. Jg. (1984), Heft 10, S. 447-452.

Weidner, Walter (Qualitätssicherung): Kosten der Qualitätssicherung, in: Handbuch Kostenrechnung, hrsg. v. W. Männel, Wiesbaden 1992, S. 898-906.

Weis, Ekart (Leistungsumfang): Leistungsumfang einer mit Systemen der Fertigungsplanung und -steuerung integrierten Kostenträgerrechnung, in: Handbuch Kostenrechnung, hrsg. v. W. Männel, Wiesbaden 1992, S. 1341-1353.

Weiß, Enno (Hrsg.): Innovative Unternehmensführung, Nürnberg 1998, unter Mitarbeit von Harald Dirsch.

Wende, Wolfgang (Optosensoren): Lichtleiterlose Miniatur-Optosensoren – Innovationspotenzial für den Maschinenbau, in: Sensortechnik aktuell – Ausgabe 2003, hrsg. v. G. W. Schanz, München 2003, S. 33-37.

Wernerfelt, Birger (Resource-based View): A Resource-based View of the Firm, in: Strategic Management Journal, 5. Jg. (1984), S. 171-180.

Westekemper, Markus (Angebotspreisbildung): Methodik zur Angebotspreisbildung - am Beispiel des Werkzeug- und Formenbaus - Diss., Rheinisch-Westfälische Technische Hochschule RWTH Aachen, Aachen 2002.

Whitney, Daniel E. (Fertigungskosten): Mit multifunktionalen Teams die Fertigungskosten halbieren, in: Harvard Manager, (1989), Heft 1, S. 106-113.

Wiendahl, Hans-Peter - Dräger, Heinrich - Franken, Thomas - Fastabend, Holger (Überwachung): Überwachung und logistische Positionierung von Prozessketten auf der Basis von Kosten-Durchlaufdiagrammen und Kennlinientechniken, in: Kostenorientiertes Geschäftsprozessmanagement, hrsg. v. C. Berkau und P. Hirschmann, München 1996, S. 203-227.

Wienhold, Klaus - Schön, Dietmar (Ergebnisplanung): DV-gestützte Projekt- und Ergebnisplanung im Baugewerbe, in: Controlling, 10. Jg. (1998), Heft 5, S. 296-304.

Wienhold, Klaus - Schön, Dietmar (Ergebnisrechnung): Montagestundensatzorientierte Projekt- und Ergebnisrechnung. Ein innovatives Instrument für das Bau- und Baunebengewerbe, in: Controlling, 9. Jg. (1997), Heft 4, S. 226-234.

Wildemann, Horst (Hrsg.): Produktion und Controlling, München 2000.

Wildemann, Horst (JIT-Konzept): Das JIT-Konzept als Wettbewerbsfaktor, in: Fortschrittliche Betriebsführung/Industrial Engineering (FB/IE), 36. Jg. (1987), Heft 2, S. 52-58.

Wildemann, Horst (Kostenprognosen): Kostenprognosen bei Großprojekten, Stuttgart 1982.

Wildemann, Horst (Produktionssteuerung): Produktionssteuerung nach KANBAN-Prinzipien, in: Fertigungssteuerung II, Schriften zur Unternehmensführung (SzU), Band 39, hrsg. v. H. Jacob et al., Wiesbaden 1988, S. 33-50.

Wildemann, Horst (Qualitätsentwicklung): Qualitätsentwicklung in F&E, Produktion und Logistik, in: Zeitschrift für Betriebswirtschaft (ZfB), 62. Jg. (1992), Heft 1, S. 17-41.

Wildemann, Horst (Variantenmanagement): Kostengünstiges Variantenmanagement, in: io Management Zeitschrift, 59. Jg. (1990), Heft 11, S. 37-41.

Wille, Friedrich (Kosten- und Erfolgsrechnung): Fortschrittliche Kosten- und Erfolgsrechnung, Stuttgart 1962.

Wimmer, Konrad (Bankkalkulation): Moderne Bankkalkulation, 2. Aufl., Stuttgart 2002.

Wimmer, Konrad (Kostenabweichungsanalyse): Kostenabweichungsanalyse und Kostensenkung, in: Zeitschrift für Betriebswirtschaft (ZfB), 64. Jg. (1994), Heft 8, S. 981-998.

Witt, Frank-Jürgen (Prozeßgrundrechnung): Prozeßgrundrechnung als Datenbasis für das Prozeßcontrolling, in: Prozeßkostenrechnung, hrsg. v. W. Männel, Wiesbaden 1995, S. 31-36.

Witt, Frank-Jürgen (Relativkosten): Relativkosten und Relativerlöse im Lebensmittelbereich, in: Kostenrechnungspraxis (krp), 34. Jg. (1990), Heft 1, S. 18-22.

Wolf, Klaus (Risikomanagement): Risikomanagement im Kontext der wertorientierten Unternehmensführung, Wiesbaden 2003.

Wolfram, Markus (Konstruieren): Feature-basiertes Konstruieren und Kalkulieren, München/Wien 1994.

Wright, Thomas P. (Factors): Factors affecting the cost of airplanes, in: Journal of the Aeronautical Sciences, 3. Jg. (1936), Heft 2, S. 122-129.

Wunderlich, Jürgen (Kostensimulation): Kostensimulation - Simulationsbasierte Wirtschaftlichkeitsregelung komplexer Produktionssysteme, Dissertation, Universität Erlangen-Nürnberg 2002.

Wurmbach, Jürgen (Outsourcing): Outsourcing: attraktive Alternative mit vielen Facetten, in: Online, 34. Jg. (1997), Heft 8, S. 20-23.

Yoshikawa, Takeo - Innes, John - Mitchell, Falconer (Funktionsanalyse): Prozeßorientierte Funktionsanalyse der Gemeinkostenbereiche, in: Controlling, 7. Jg. (1995), Heft 4, S. 190-198.

Zäpfel, Günther (Hrsg.): Neuere Konzepte der Produktionsplanung und -steuerung, Linz 1989.

Zäpfel, Günther (PPS-Systeme): Dezentrale PPS-Systeme - Konzepte und theoretische Fundierung, in: Neuere Konzepte der Produktionsplanung und -steuerung, hrsg. v. G. Zäpfel, Linz 1989, S. 29-59.

Zehbold, Cornelia (Kostenbeeinflussung): Frühzeitige, lebenszyklusbezogene Kostenbeeinflussung und Ergebnisrechnung, in: Kostenrechnungspraxis (krp), 40. Jg. (1996), Heft 1, S. 46-51.

Zehbold, Cornelia (Lebenszykluskostenrechnung): Lebenszykluskostenrechnung, Wiesbaden 1996.

Zell, Andreas (Neuronale Netze): Einführung in Künstliche Neuronale Netze, in: Betriebswirtschaftliche Anwendungen des Soft Computing. Neuronale Netze, Fuzzy Systeme und Evolutionäre Algorithmen, hrsg. v. J. Biethahn, A. Hönerloh, J. Kuhl, M.-C. Leisewitz, V. Nissen, und M. Tietze, Braunschweig/Wiesbaden 1998, S. 3-34.

Ziegler, Hasso (Kostenrechnung): Prozeßorientierte Kostenrechnung im Hause Siemens, in: Betriebswirtschaftliche Forschung und Praxis (BFuP), 42. Jg. (1992), Heft 4, S. 304-318.

Zimmermann, Gebhard (Kostenrechnung): Prozeßorientierte Kostenrechnung in der öffentlichen Verwaltung, in: Prozeßkostenrechnung, hrsg. v. W. Männel, Wiesbaden 1995, S. 281-290.

Zirkler, Bernd (Kostentreiberanalysen): Kostentreiberanalysen für die Prozeßkostenrechnung, in: Kostenrechnungspraxis (krp), 43. Jg. (1999), Heft 6, S. 352-355.

Zirkler, Bernd (Management Accounting): Führungsorientiertes US-amerikanisches Management Accounting, Wiesbaden 2002.

FSC
www.fsc.org
MIX
Papier | Fördert gute Waldnutzung
FSC® C083411

Kolibri 360 GmbH
Ferdinand-Jühlke-Straße 7
99095 Erfurt, Deutschland
produktsicherheit@kolibri360.de

Druck:
CPI Druckdienstleistungen GmbH
im Auftrag der
Kolibri 360 GmbH
Ferdinand-Jühlke-Str. 7
99095 Erfurt